近世イギリスの誕生

上

稲上 毅

東信堂

目次／近世イギリスの誕生【上巻】

　　凡　例　viii

はじめに——本書のテーマと中世レジームについて ………… 3
　　3つのテーマ　3
　　中世レジームとは何か　5
　　　注　7

第1章　複合国家と集権的封建制——制限君主制の生成 …… 9
　　梗　概　9
第1節　ノルマンの征服がもたらしたもの …………………… 11
　　王位継承の正当化　11
　　征服王の統治政策——ウェセックス朝後期との連続と断絶　14
　　ノルマン朝からアンジュー朝へ　26
　　アンジュー帝国の成立とその統治　30
　　集権的封建制——富沢霊岸の所説　33
　　制限君主制と集権的封建制　37
第2節　マグナ・カルタと法治国家 …………………………… 39
　　ジョン王の失政と第1次バロン戦争　39
　　マグナ・カルタ——5つの原本　41
　　最初のマグナ・カルタ　43
　　改訂マグナ・カルタとの異同　59
　　親子二代の「愚政」　61
　　オックスフォード条項（1258年）とモールバラ制定法（1267年）　62
　　エドワード1世の十字軍遠征　70
　　制定法の法典化　74
　　ウェールズ征服　78
　　スコットランドとイングランド——長い紛争とアーブロース宣言　79
　　エドワード1世の長期フランス滞在　84
　　ユダヤ人追放　85
　　前哨戦・模範議会・憲章再確認　86
　　エドワード2世の寵臣政治——その廃位と暗殺　90

注 92

第2章　黒死病と農奴制の崩壊 …… 103
　　梗　概　103

第1節　黒死病と人口動態 …… 104
　　黒死病の襲来　104
　　為す術を知らず　105
　　ひとつの流言飛語　107
　　ユダヤ人迫害の背景　108
　　イングランドのユダヤ人　110
　　伝播ルートと被害の拡散　111
　　イングランドの人口激減　113
　　『ドゥームズデイ・ブック』以降の長期人口変動　115
　　マルサスの経済循環　116
　　マルサス図式に親和的な時代　117

第2節　中世社会政策とワット・タイラーの乱 …… 119
　　労働者勅令　119
　　労働者条例　122
　　労働者立法の効力　123
　　奢侈禁止令　125
　　人頭税の導入　128
　　農民一揆の勃発　131
　　叛徒の高邁な理念と一揆の鎮静化　134
　　中世レジームの解体宣言──中間的なまとめ　141

第3節　農奴制の解体と商業化 …… 144
　　中世イングランド農村──コミュニティと社会階層　144
　　崩壊の趨勢と地域格差　146
　　イングランドの農奴制はいつ崩壊したのか　153
　　大陸ヨーロッパとの比較──フランスとドイツ　154
　　商業化の進展と「新しい中世像」　157
　　暫定的な評価　161
　　15世紀とは──もうひとつのマクロ・ミクロ・ギャップ　162
　　15世紀の「大不況」　164

注 166

第3章　中世プロテスタンティズムの盛衰 …………… 177
　　梗　概 177
　第1節　終末論と清貧論争 ……………………………… 178
　　　ヨアキムの終末論と歴史意識 179
　　　カタリ派とワルドー派――「異端」の風貌 182
　　　ドミニコ会の役割 186
　　　清貧論争（1）――フランチェスコ会の内部抗争 187
　　　清貧論争（2）――教皇対聖霊派とオッカム 193
　　　オッカムの聖書主義と聖俗分離論 197
　　　教皇主義の「敗北」 199
　　　聖職者の職域拡大と利害対立 203
　第2節　ウィクリフのプロテスタンティズム ………… 204
　　　教会法対市民法――愛国的な聖書福音主義 206
　　　ブルージュ使節団 210
　　　異端視されるウィクリフ 211
　　　聖体拝受説批判・大学追放・聖書英訳 213
　　　ウィクリフの宗教的教義――小括と補足 215
　第3節　ロラード派の台頭とその鎮静化 ……………… 219
　　　ロラード派の「12ヵ条の結論」 220
　　　三つ巴の政治地図 224
　　　異端者火刑法（1401年）と「アランデル憲法」（1408年） 226
　　　オールドカースルの乱 228
　　　小さな補足 231
　　　後期ロラード派の地下水脈 234
　　　注 237

第4章　複合国家の解体と王権強化 ………………… 247
　　梗　概 247
　第1節　複合国家の解体――百年戦争の帰結 ………… 249
　　　画期・国際環境・「国家のなかの国家」 249
　　　ふたつの構造的争点 250

直接の引き金　252
　　　4つの画期　253
　　　イングランドの優勢とカレー条約——第1期のプロフィール　254
　　　フランス優勢・休戦協議・長期内紛——第2期のプロフィール　259
　　　リチャード2世の寵臣政治と内戦勃発　262
　　　内戦介入とトロワ条約——ヘンリー5世優勢の第3期　264
　　　内戦終結からフランスの勝利へ——第4期のプロフィール　267
　　　百年戦争の歴史的意義　272

　第2節　薔薇戦争の経緯とその歴史的意義 …………… 276
　　　ジャック・ケイドの乱　277
　　　薔薇戦争とは——近世主権国家への序曲　280
　　　画期とそのプロフィール　281
　　　ヨーク派残党の反乱とその背景　292
　　　薔薇戦争の歴史的意義　296

　第3節　エドワード4世の王権強化政策 …………… 299
　　　エドワード4世の重商主義政策　312
　　　いくつかの余韻と残照——ここまで書き終えて　319
　　　　注　325

第5章　テューダー朝前期の宗教改革 …………… 335
　　　梗概　335

　第1節　ヘンリー7世の社会再構築と平和外交 ……… 336
　　　社会秩序の再構築——ヘンリー7世の内政　337
　　　ヘンリー7世の外交政策　344

　第2節　宗教改革の地響き——人文主義とルター主義 ……… 351
　　　ロラード派の蘇生と民衆の宗教意識　352
　　　ハン事件とスタンディッシュ事件——聖職者特権の廃止問題　355
　　　イタリア人文主義の移植　360
　　　コレット——先駆的なイングランド人文主義者　365
　　　デジデリウス・エラスムス——人文主義の雄　370
　　　ヘンリー8世の好戦的外交政策　378
　　　「信仰の擁護者」ヘンリー8世のルター批判　380
　　　自由意志論争（1）——エラスムスの主張　384

ドイツ農民戦争とルターの『平和勧告』　388
　　自由意志論争(2)——ルターのエラスムス批判　392
　　ドイツとスイス——宗教改革の進展　397
　　イングランドのルター主義——ティンダールとクランマー　399

　第3節　ヘンリー8世の宗教改革 …………………………………… 413
　　キャサリンとの婚姻無効問題　414
　　宗教改革議会　419
　　修道院解散の先例——イングランドとヨーロッパの経験　439
　　リンカンシャーの乱・恩寵の巡礼・ビゴッドの乱　442
　　修道院解散がもたらしたもの　454
　　ヘンリー8世の身辺事情とクロムウェルの処刑　465
　　国教会の教義づくり——宗教改革の小さな振り子　468
　　キャサリン・ハワードとキャサリン・パー　472
　　ヘンリー8世の原初的関心と国際情勢　477
　　　注　490

第6章　宗教改革の振り子 ……………………………………………… 505
　　梗概　505

　第1節　王権の危機——ふたつの反乱と護国卿の失政 ……… 506
　　祈祷書の反乱　507
　　ロバート・ケットの乱　511

　第2節　エドワード6世時代の宗教改革 …………………………… 516
　　英語版「祈祷書」の作成と改訂　516
　　改革派教会法のヨーロッパ的統一　520
　　イングランド教会の教義づくり　521
　　外国人教会の創設　522
　　礼拝堂解散　524
　　「9日間の女王」とワイアットの乱　528

　第3節　メアリー1世のカトリック化政策 …………………………… 532
　　主要人事とカトリック化法制　532
　　「血塗られたメアリー」——プロテスタントの弾圧と亡命　535
　　「メアリーの亡命者」のヨーロッパ逃避行　539
　　点描・亡命都市　544

フランクフルト論争　547
　　フェリペとの結婚とイタリア戦争　548
　　スコットランド女王メアリーの帰国と再婚　554
　第4節　エリザベス1世の中庸的「解決」……………… 555
　　首長令と祈祷統一令の復活　556
　　ウェストミンスター会議　557
　　スコットランド出兵とエディンバラ条約　558
　　ユグノー戦争の始まりとフランス出兵　563
　　39ヵ条（1563年）の制定　564
　　祭服論争　570
　　カトリシズムの反撃　576
　　ピューリタニズムの成長　583
　　「勧告」論争——カートライト対ホイットギフト　586
　　カルヴァンの教会論　601
　　分離主義と会衆主義　607
　　ホイットギフトによる分離主義と会衆主義の弾圧　613
　　フッカーの法哲学と宗教思想　621
　　英西戦争——オランダ独立戦争・無敵艦隊・アイルランド9年戦争　632
　　ひとつの時代認識　651
　第5節　変わる経済と社会——テューダー朝からスチュアート朝へ　653
　　人口・階層・社会移動　653
　　「教育革命」と識字率の向上　661
　　いくつかの経済産業活動　669
　　民衆の生活と救貧法　682
　　変わる徴利の理解と徴利政策　697
　　　注　707

下巻目次

第7章　大内戦から共和制・護国卿時代、そして王政復古へ
　　　　──宗教戦争・軍事独裁・宗教的寛容 …………… 3 (725)
　第1節　ジェームズ1世の統治 ………………………… 7 (729)
　第2節　大内戦への急流──チャールズ1世の失政 …… 41 (763)
　第3節　大内戦とピューリタン革命 …………………… 68 (790)
　第4節　共和制と軍事政権の盛衰──護国卿時代の実態 130 (852)

第8章　イングランド啓蒙・科学革命・経済発展　201 (923)
　第1節　寛容政策と反カトリシズム …………………… 202 (924)
　第2節　科学革命とその原因──マートン命題ともうひとつの見方 241 (963)
　第3節　王政復古後の経済変動と「合理的な資本計算」 295 (1017)
　第4節　名誉革命とヨーロッパ列強戦争──ヒューム命題の重み 344 (1066)

結論と示唆 ……………………………………………… 435 (1157)

附　論──ウェーバー命題について …………………… 447 (1169)

引用文献一覧 ……………………………………………… 491 (1213)
あとがき ………………………………………………… 539 (1261)
年表 ……………………………………………………… 543 (1265)
王朝系統図 ……………………………………………… 556 (1278)
人名索引 ………………………………………………… 558 (1280)
事項索引 ………………………………………………… 578 (1300)

凡 例

- 本文や注にある略号のうち、「WP」（たとえば、'Magna Carta', WP）は英文の Wikipedia を、「WPj」は日本語版ウィキペディアを、また「EB」は Encyclopedia Britannica（原則 1911 年版）をさす。
- 引用表記が、たとえば（Postan, 1939 [1973: 42]）となっている場合、最初の年次（1939 年）は初版の公刊年を示し、[　]内が実際に参照した文献の出版年とそのページ数（1973 年、42 ページ）をさす。
- 欧文の文献に日本語訳がある場合、欧文の出版年およびページ数のあとに邦訳のページ数を、たとえば「訳 104」「下巻 28」というように記した。
- 官職や組織等の呼称は原則として松村赳・富田虎雄編著『英米史辞典』（研究社、2000 年）に準拠した。なお、一部そうでない場合が含まれる。
- 聖公会や国教会という名は使わず、原則としてイングランド（イギリス）教会と表現している。また、Bishop も主教ではなく、司教という呼称を使っている。
- 「引用文献一覧」には、1 次史料、2 次文献といった区別をせず、著者名または法令集（たとえば、*The Statutes of the Realm* [王国法令集]）の名称でアルファベット順に記載した。

近世イギリスの誕生

【上巻】

はじめに
──本書のテーマと中世レジームについて

3つのテーマ

　近世は初期近代（early modernity）と別称されるように、近代性をその身に帯びている。本書は、史上初めて資本主義的工業化に成功したイングランド（イギリス）に素材を求め、近世イングランドの誕生にいたる歴史的経緯を辿ってみる。

　その起点は中世後期のイングランド社会。その中世レジームの構成要素は封建制、農奴制、ローマ教皇主義の3つ。このうち、前二者が衰弱あるいは崩壊したあと、イングランド社会はローマ教皇主義の超克という大きな課題に直面する。

　したがって、本書の第1のテーマは、イングランド封建制および農奴制の崩壊プロセスをあとづけ、意図した行為の思わざる結果や状況的要因にも目配りしながら、その因果関係の連鎖を解き明かすことにある。それに続けて、百年戦争の敗北後、薔薇戦争の勝者となったヨーク朝初代エドワード4世による近世主権国家形成の企てを追尾する。第1章、2章、4章がこの第1のテーマに照準をあわせている。

　本書の第2のテーマは、教皇主義がいかにして克服されたのかを問うことにある。オッカムやウィクリフの斬新な「中世プロテスタンティズム」は印象的なものであるが、第3章でそれについてふれたのち、16世紀および17世紀に出現したイングランド宗教改革のふたつの高峰連山を凝視する。16世紀のイングランド宗教改革（前期宗教改革という。）に先鞭をつけたのはイタリア人文主義のイングランドへの移植であるが、それを重要な契機とする宗教改革の最初の高い連峰は、テューダー朝第2代ヘンリー8世による「上からの」宗教改革にはじまり、かれの腹違いの3人の子供たち、登位順にエドワード6世、メアリー1世、エリザベス1世の宗教政策によって浮き彫りされた。それはイングランド宗教改革の振り

子が動きはじめたときでもあった。第5章と6章を費やしてこの最初の高峰連山の起伏に富んだ情景を描き出す。

宗教改革のもうひとつの高い嶺々は、スチュアート朝第2代チャールズ1世を処刑台に追いやり、不安定で脆弱な共和制と護国卿体制を産み落としたピューリタン革命（後期宗教改革）に求めることができる。第7章ではこのピューリタン革命あるいは大内戦を取り上げ、その革命の実態に迫るとともに革命の政治史的「失敗」にふれ、その原因を探る。

これら宗教改革の経験と制限君主制というイングランドの政治的伝統を踏まえて、王政復古から30年ほどした名誉革命によって、教皇主義を克服したイングランド（イギリス）の宗教的個性のみならず、立憲君主制という政治形態がふたつながら結晶化する。揺るぎない近世イングランド（イギリス）の誕生であった。

第3のテーマとして、こうした後期宗教改革の熱狂とりわけピューリタン宗教改革運動と最初の資本主義的工業化の成功とのあいだにいかなる関係があったのかについて考えてみる。おのずから、いまも論争的なウェーバー命題の歴史的検証という課題が脳裏に浮かぶ。

その検証のため、巻末の附論でウェーバー命題の内容とその問題点を洗い出し、それをひとつの導きの糸として、第8章ではまず科学革命に関するマートン命題、ついでウェーバー命題がどれほど歴史的事実と整合的だったのかについて検討する。附論はウェーバーの「倫理」論文（「プロテスタンティズムの倫理と資本主義の『精神』」[Weber, 1904-05 (1920)]）を中心とする第8章のための学説史的覚え書きであるが、第8章の関心はマートン命題およびウェーバー命題の歴史的検証そのものに注がれている。

このように、第1にはイングランド封建制と農奴制の崩壊および近世主権国家生成プロセスの解明、第2に前期および後期宗教改革の経験とその振り子運動の観察、第3にマートン命題とウェーバー命題の歴史的検証という3つが本書の中心的テーマを構成する。

中世レジームの崩壊プロセスの帰結である「近世イギリスの誕生」がその社会に何をもたらしたのかについては、本書の分析と叙述を待って答えるべきことがらではあるが、世俗化および啓蒙の精神という言葉に深い関わりのある、したがって宗教的熱狂とは対照的な新たな思想空間と社会的心情とが浮かび上がることだ

ろう。

中世レジームとは何か
　つぎに、中世レジームという言葉遣いについて簡潔にふれておこう。上記のように、それは3つの柱からなる。第1に封建制、第2に農奴制、第3にローマ教皇主義(以下、教皇主義という。)である。政治的には封建制、経済的には農奴制、宗教的には教皇主義が対応する。

　第1の柱である封建制は軍務または金銭と封土(feudum)を媒介とする国王と諸侯(貴族)あるいは諸侯と家臣との身分的または契約的な臣従関係を意味している。

　古典的には、とりわけドイツでは、諸侯は国王に対する軍役的忠誠とひきかえに封土と保護を与えられ、その土地の一部をさらに騎士に下封してその軍事力を調達するのが一般的だった。しかし、中世封建社会にあって、軍役と封土の交換関係がいつでもどこでも支配的であったわけではない。軍役が傭兵化し、それだけ封建制が「商業化」していったからである。それが「財政的封建制」[1]と呼ばれた現象である。

　封建制は、その崩壊プロセスから生み出された絶対王政などを考えてみれば明らかなように、第一義的には国王と封建諸侯の関係が問題になる。強力な封建制は基本的に分権的統治を生み出し、王権強化に歯止めをかける。しかし、両者の関係がいつでもどこでもゼロサム的であるとはかぎらない。強い王権が封建制の発展を促すといった国や時代もあったからである。この封建制と教皇主義のふたつから浮上する問題のひとつが教皇・君主・諸侯(貴族)の権力トライアドである。しかし、これら三者の連携と対立の構図は単純なものではない。君主も諸侯も複数存在し、多くの同君連合を含む複合国家が存在したからである。

　第2の支柱である農奴制には、古典的マナーだけでなく純粋マナーが含まれる。領主によるマナーの所有、農奴(villeinまたはserf[2])による領主直営地における賦役労働、農奴や自由農からの地代(労働地代・生産物地代・貨幣地代)[3]および諸税(遺産相続税や婚姻税など)の徴収、農奴の地理的移動および土地売買の原則禁止、領主によるマナーあるいは教会裁判所の運営といった要素によって構成される。その領主には国王、貴族のほか、教会や修道院、世俗地主などが含まれる。

　第3の柱であるローマ教皇主義は制度および教義としてのカトリシズム、すな

わち神と俗人の媒介者としての教会制度と聖職者、聖体拝受説あるいは化体説[4]（transubstantiation）、煉獄の存在、偶像崇拝、説教権の占有、異端者・異教徒の審問と破門、聖俗にわたる最高権威者としてのローマ教皇、それに基づく聖職者叙任権の占有といった諸要素から成り立っている。

したがって、中世レジームの崩壊というとき、教皇主義にしぼっていえば、こうしたカトリシズムを構成する思想と制度の実態がどこまで否定されたか、またそのプロセスを通じて教皇の権威と権力が超克され、多くの場合、近世主権国家（君主制あるいは共和制）がいかにして立ち上がったのかを追尾することになる。

しかし、この中世レジームの衰退はもうすこし別の観点からもみることができる。

教皇主義には、その実態はどうあれ、宗教を最高位におき、ついで政治、その下に経済を位置づけるといった文化的ヒエラルキーが内蔵されていた。したがって、教皇主義の崩壊プロセスを追う場合、まずは宗教から政治が、政治から経済が自立していくプロセス、なかでも中間項に位置する政治の自立とその権能に注目する必要がある。そればかりでなく、こうした社会分化とパラレルに進む聖俗価値の逆転現象、すなわち俗なるもの（政治と経済）が聖なるもの（宗教）に優位していく世俗化の進展にも目配りしなければならない。理念的には、この教皇主義は教皇を頂点とする国際政治の支配システムを示唆しており、中世が国際社会だったことをうかがわせる。この厚い壁を突破してはじめて近世主権国家が誕生する。

また農奴制の融解は、ひとつには自治あるいは統治ユニットの拡大を示唆している。いいかえれば、古い有機体的コミュニティであるマナーやギルド、自治都市といった制度が相対的に衰微し、新たなコミュニティである主権的法治国家のなかにそれらが包摂され、再編成されていくことを意味する[5]。しかも、その国家形成のプロセスは教皇主義の否定を伴う。それはまた、商業化（commercialization——まずは市場経済の発達、都市や産業の発展、国際交通網の構築、社会的分業の発展など）と並行して社会移動[6]を含む個人の自由が伸張していくプロセス[7]でもある。

この中世レジームにあっては、経済がそれ固有の仕方でその社会に埋め込まれている。そうであれば、その時代に内在的な経済の見方が重要になるだろう。一般均衡理論に基づいてイングランドのマナー制を分析しようという試み[8]もあるが、自由な市場経済を前提にして構想された理論をそのまま中世経済に適用する

わけにはいかない。理論が機能するための制度的土壌を欠いているからである (Hatcher and Bailey, 2001: 2, 10, 63)。

さらに、封建制が崩壊して登場する近世主権国家についていえば、安定した国境の確定、分権的統治システムの中央集権化、その集権化を恒常的に支える立法・行政・司法のみならず、軍事・宗教・教育といった諸制度の整備、そして国民あるいは国家意識といった文化形成にも関心を注ぐ必要があるだろう。

さて、言葉の定義はこの程度にしておこう。過度に正確な定義は却って素材の個性を傷つけてしまうからである。概念によって事実を裁断してはならない。

大切なことは、中世レジームは封建制、農奴制、教皇主義という3つの支柱から構成されるものと考え、それぞれの中身を上記のようにおおまかに理解したうえで、そのそれぞれがいかなる衰退プロセスを辿り、どこに到達したのか、その経緯と因果プロセスを洗い出すことである。

注
1 「封建制とは土地の授受を仲立ちとした主君による臣下の保護と家臣による主君への軍事奉仕の関係の組織化と制度化」と理解するならば、イングランドでは、そうした封建制は13世紀末のエドワード1世治世においてすでに消滅の過程に入っていた。その軍役奉仕が金銭的なものに変わっていき、知行（封）は金銭的収入源とみなされるようになったとき、そこに残された形骸化された封建制をさして「財政的封建制」という（城戸、1980: 165）。
2 14世紀あるいは中世後期になると、villein と serf は同義語として用いられるようになった（Stubbs, 1875, vol. 2: 475）。しかし元々をたどれば、その語源を異にする。というのは、serf は元来奴隷を意味し、『ドゥームズデイ・ブック』によれば、イングランド全体で1割ほどの奴隷がいた。他方、villein はアングロ・サクソン時代には多くの農民が villein であり、かれらは自由民と奴隷の中間的存在だった。かれら villein は領主の所領に法的に拘束され、決して自由農ではなかった。

図式的にいえば、ノルマン征服後、とくに13世紀を通じて領主の支配が強まるなかで奴隷はほとんどいなくなり、それとともに villein と serf (servus) の境界線が曖昧になっていった。その結果、基本的には領主、自由農、農奴からなる3層構造が生み出された。それでも、villein であれ serf であれ（土地等の財産所有は認められていたが）、自由農とは違って、かれらは農奴であるかぎり、領主の承諾なしに自由な住居

移動を禁じられ、私的なマナー裁判所の裁定に服し、賦役や地代、遺産相続税や域外婚姻税、私生児出産税などを課された。それでも、かれら農奴にも土地所有などの機会が与えられていたから（とくに農地開墾に伴う土地所有）、自由農になることができた。イングランドの場合、一般的にいえば、この農奴制は黒死病の大流行を契機にして衰弱し、16世紀初頭までに農奴制はほぼ姿を消した。詳しくは Maitland (1897: § 2-3: 26-66)、簡潔には Hilton (1969: 13-4、訳 12-4)、'Villein', WP 参照。

3 　地代が賦役（労働地代）であるか、あるいは生産物地代または定額の金納化によって、さらにその違いにも関連する領主直営地の大小を加味したうえで、古典的マナーと純粋マナーを区別し、前者から後者への移行を「中世農奴解放」として捉える見方がある（伊藤、1972）。しかし、ここで農奴制というとき、この純粋マナーを含んでいる。

4 　ミサで司祭が与えるパンと葡萄酒がキリストの肉と血になるという教説を意味する。その教義は、教皇インノケンティウス3世（在位1198-1216年）が召集した第4ラテラノ会議（1215年）において承認されて以降、カトリシズムの揺らぎない教えとなった。

5 　こうした見方は、ウィリアム・カニンガム (William Cunningham: 1849-1919) のなかに読み取ることができる。カニンガムによれば、この「包摂」はイギリスが最も早く、ついでフランス、そしてドイツが3ヵ国のなかでは最も遅かった (Cunningham, 1914: 53f.)。

6 　社会移動 (social mobility) という場合、この研究のパイオニアのひとりであり、ロシアからの亡命学者だったピトリム・ソローキン (Pitirim A. Sorokin: 1889-1968) によれば、現代社会学の通念的理解（社会階層上の移動を社会移動と呼ぶ。）とは異なり、地理的移動と社会階層上の移動の双方が含まれていた (Sorokin, 1927)。

7 　中世の社会有機体（コミュニティ）が崩れ、そのなかから経済的個人主義が誕生したという図式はトーニーのものである (Tawney, 1926 参照)。
　　もっとも、プロテスタンティズム左派の神学者は、「経済的個人主義を宗教の純潔さを損なう怠惰と放縦のもうひとつの表現にほかならないと考えた」。ちなみに、トーニーは経済的個人主義の発展が製造業ではなく、商業と金融業の発展によってもたらされ、かつてないほど投機的利潤を提供したとみている (Tawney, 1926: 81, 141. 上巻 139、下巻 15)。

8 　たとえば、ロバート・タウンゼンド (Townsend, 1993) がその代表例である。

第1章

複合国家と集権的封建制
――制限君主制の生成

梗　概

　イングランド中世後期の節目はノルマンの征服にある。旧知のエドワード懺悔王の義弟ハワード2世をヘイスティングズの戦いで破ったノルマンディー公ギヨーム2世（イングランド王ウィリアム1世）による征服はイングランドの政治社会に大きな変革をもたらした。特異な複合国家が誕生し、集権的封建制が生み出されたからである。

　イングランド平定後、かれは「上から」封建制を注入していった。それが集権的封建制である。『ドゥームズデイ・ブック』という大規模検地が王権の絶大な権力を象徴している。征服王はウェセックス時代の支配層を一掃する一方、旧来の制度・慣行をできるだけ継承しようと試みた。

　ノルマン朝3代と20年ほどの内戦のあと、アンジュー朝あるいはプランタジネット朝を開いたヘンリー2世はウェールズ、アイルランド、フランスの西域半分を支配する「アンジュ帝国」を築いた。しかし、その子ジョン失地王の失政は図らずもマグナ・カルタという大きな果実をイングランドにもたらした。それは大小の改訂を施され、王位3代にわたって合計5つの原本がつくられた。集権的封建制に愚王が君臨したとき、なにが起きるか。その悪政と腐敗を未然に防ぐため、制限された君主制が構築された。それは短期ではあったが、貴族制的寡頭政治を産み落とし、また行政・司法制度の整備を通じてノルマンの征服から1世紀のうちにヨーロッパ大陸に先駆けてイングランドに法治国家をもたらした。共和制時代を除き、その制限君主制の伝統は14世紀以降もよく風雪に耐え、名誉革命によって立憲君主制に結実する。

中世後期のイングランド政治社会がもった個性とその進化プロセスを理解するためには、ノルマンの征服（1066年）にまで戻ってみる必要がある。
　第1節では、ノルマンの征服がイングランド政治社会に何をもたらしたのかについて検討する。複合国家[1]の誕生と集権的封建制を検討の俎上にのせる。第2節ではマグナ・カルタを取り上げ、制限君主制の生成プロセスを明らかにする。
　この時代の国内統治システムを解き明かすための戦略的概念として、集権的封建制（centralized feudalism）や制限君主制（limited monarchy）といった言葉が有効な手懸かりになる。聖俗司法権や徴税権をめぐる国王・諸侯・教会の力関係（権力トライアド）はもちろん、戦争や内戦における君主の軍事力とその戦費調達の方法が問題になるだろう。
　いうまでもなく、国際政治とのインターフェースも見落とせない。ひとつの主題は教皇主義と王権の確執である。教皇選出における国王の発言力、その逆に国王登位における教皇の認証、高位聖職者叙任権（とくに外国人聖職者）をめぐる権力の優劣、国内における修道院領の下賜と没収、司法権の棲み分け、カトリック公会議における国王の影響力などに目配りする必要がある。もうひとつの主題が王朝間の戦争である。それが因となり果となって原初的ナショナリズムを育み、民衆の国家意識、国民感情を培養していった。それなしには、主権国家が生まれることはなかった。
　一般的にいって、中世においても国内政治と国際政治は密接に結びついており、容易に分離することができない。この点は歴史的事象をみるなかでおのずから明らかになるだろう。じっさい、ヨーロッパ中世世界は国家あるいは諸侯の合従連衡が複雑に組み込まれ、幾度となく繰り返される王国間戦争とときにローマ教皇主義によって媒介された、歴とした国際社会であった。
　ところで、制限君主制といえば、ヘンリー1世の戴冠憲章やマグナ・カルタ、2度のバロン戦争とその成果がすぐにも念頭に浮かぶだろう。その制限君主制は集権的封建制に対する拮抗力として生み出されたものだった。したがって、ことがらの順番として、まず集権的封建制を取り上げることにしよう。そうなれば、おのずからノルマンの征服とその影響を注視しなければならない。

第1節　ノルマンの征服がもたらしたもの

　この節での主たる関心は――ピューリタン革命のなかで唱えられた神話的ナラティヴであるが、アングロ・サクソン時代のイングランドは自由で平等な社会だったけれども、ノルマンの征服によってイングランドの民衆は不自由な隷属の民となったという「ノルマンの軛」(the Norman yoke) といわれる言説を頭の片隅におきながら――、ノルマンの征服とノルマン朝の成立によって、いったい後期ウェセックスの初代エドワード懺悔王の統治に比べて何が変わり、何が変わらなかったのかを明らかにすることにある。

王位継承の正当化

　まず、この征服劇の経緯についてごく簡潔にふれておこう。ノルマンディー公ギヨーム2世 (William the Conqueror: c.1027-87 ――ノルマン朝初代の征服王ウィリアム1世、在位1066-87年) のイングランド征服を決定づけたのは1066年10月14日のヘイスティングズの戦い (Battle of Hastings) である。戦いの相手は7王国[2]を統一してイングランド王家となったウェセックス家との関係が深いゴドウィン家のハロルド2世 (Harold II: c.1022-66) だった (本章注4参照)。ギヨームがイングランド南部のペヴェンシー (Pevensey) に上陸したのが1066年9月28日のこと。それを知ったハロルドは、ノルウェー王ハロルド・ハードラーダ (Harold Hardrada: 在位1046-66年) を9月25日、ヨークシャーのスタンフォード・ブリッジの戦い (Battle of Stamford Bridge) で破ったのち、かなりの軍勢を北部に残したまま急遽南部にとって返し、イースト・サセックスのヘイスティングズでウィリアム軍と交戦した。7000-8000人のハロルド軍は重装歩兵が中心だったが、ほぼ同数のノルマンディー軍には2000騎以上の鎧甲で身を固めた騎士のほか、多くの射手がいた。ハロルドはふたりの兄弟とともにこの戦いであえなく戦死。ハロルド軍はセイン (thegn――主君から所領を下賜された武人であり、行政官でもあった) や下層自由農チェオルルあるいはケオル (céorl or churl) を中心とするフュルド (fyrd) と呼ばれた民兵的歩兵隊だったから、太刀打ちできるわけもなかった。この闘いによってセインは衰退し、騎兵の優位が確立した (Oman, 1885: 24-6, 49f.)。

　この「中世最初の大規模な戦闘」といわれる戦いは、当時の年代記作家によれ

ば、凄惨を極めたものだった。ある市街戦で若者から年寄りまでほとんどが皆殺しにされたとか、「戦士は燃え盛る火のなかに王の従者100人を投げ込んで焼き殺した。灰色の狼が餌を求めてフランス人（ノルマン人）の死体を食らっていた」といった類の記述が残されている (Thomas, 2003: 59)。

しかし、ノルマンの征服がこの戦いで終わったわけではない。ヘイスティングズの戦いはそのあと数年にわたって続くイングランドを舞台とする長い征服戦争のはじまりにすぎなかった。

ハロルドを打ち倒したウィリアムにとって予想外だったのは、イングランドの高位聖職者や大貴族、高官などによって構成される賢人会議 (Witenagemot)[3] がエドガー・アシリング (Edger Ætheling: 在位1066年10-12月) をイングランドの王位継承者に指名したことだった。

もちろん、それにはそれなりの背景があった。継子がなかった後期ウェセックス朝のエドワード懺悔王 (Edward the Confessor: c.1004-66、在位1042-66年) は、前期ウェセックス朝最後の王エドマンド2世 (Edmund II: c.988/93-1016、在位1016年4-11月) の子だったエドワード・アシリング (Edward Ætheling: 1016-57) を自分の王位継承者とするため、亡命先から呼び寄せた。しかしかれは1057年に帰国した直後に亡くなってしまう（殺害説が有力）。そのため、エドワードの子の上記エドガー・アシリング (Edgar Ætheling: c.1051-c.1126) を法定相続人（王位継承者の最有力候補）としたが、そのエドガーはまだ6歳だった。そこで1066年に懺悔王が亡くなると、賢人会議は懺悔王の義弟にあたるハロルド・ゴドウィンソン (Harold Godwinson: c.1022-66) をハロルド2世としてイングランド王位を継承させた[4]。そのハロルドが戦死したのだから、賢人会議がそれまでの経緯に照らして、あらためてエドガーに王位を継承させようとしたのは自然なことだった。

他方、ギヨーム2世にもイングランドの王位継承について相応の理由があった。アングロ・サクソン時代の末期、イングランド王のエゼルレッド2世（在位第1期978-1013年、第2期1014-6年）はノルマンディー公リシャール1世（在位942-96年）の娘で「ノルマンの宝石」と呼ばれたエマ・オブ・ノルマンディー[5] (Emma of Normandy: c.985-1052) と2度目の結婚をし、ふたりの間に生まれたのがエドワード懺悔王だった。しかし、デーン朝 (1013-4年、1016-42年) の成立によってイングランドを追われたエドワードはその後じつに25年間にわたって母エマの郷里ノ

ルマンディーに留まった。その間、ノルマンディー公ロベール1世の庶子だった若きギヨーム（Guillaume ——征服王）と親交を結んだ。そのエドワードが42年にイングランド王位を継いだとき、ノルマンディーの廷臣や軍人、聖職者がイングランドに同行した。かれはフランス語を話し、ほとんど「ノルマン・フレンチ化した外国人」として帰国した（青山、1991: 195）。

すでにふれたように、エドワードには継子がなかったから、かれが1066年1月5日に亡くなると、3人（ウェセックス伯ハロルド、ノルウェー王ハードラーダ、ノルマンディー公ギヨーム2世）が王位継承権を主張し、激しい跡目争いとなった。

ギヨームは、生前エドワード懺悔王によってイングランド王位継承を約束されており、しかもそのことをハロルドも了解していた[6]と言い張って正統な王位継承者として名乗りを挙げた（富沢、1988: 77-8）。1060年、アンジュー伯ジェフリー2世（在位1040-60年）とフランス王のアンリー1世（在位1031-60年）が相次いで死去、ノルマンディー公国防衛の懸念が和らいだことがギヨームの背中を押した（Blumenthal, 1988: 147）。

ウィリアムは、イングランドの王位継承者としての正当性を高めるため、教皇のお墨付き（教皇旗）を手に入れた。その仲介役となったのがかつてベック修道院長[7]だったランフランク（Lanfranc of Bec: c.1005-89）である。かれはイタリアのパヴィアの生まれ、1034年に創設されたベック修道院で研鑽を重ねて声望を高め、やがてかれを慕って多くの俊英がヨーロッパ各地から集まるようになった。そのなかにはのちの教皇アレクサンデル2世（在位1061-73年）もいた。

そのランフランクとウィリアムの関係は、ウィリアムと近親のフランドル伯ボードゥアン5世（在位1035-67年）の娘マティルダ（Matilda of Flanders: 1031-83）の結婚が教皇レオ9世（在位1049-54年）によって無効とされたものの、ランフランクが教皇ニコラウス2世（在位1058-61年）に進言した結果、レオ9世の結婚禁止令が撤回されたことに遡る。その出来事がふたりの深い信頼関係の絆となった。その証のひとつが1070年のランフランクのカンタベリー大司教（在位1070-89年）への叙任だった。これによって長く半自立的だったイングランド教会は少なくとも形式上、ローマ教会の傘下に入ることになった。

そのランフランクはすぐにヨーク大司教のトーマス・オブ・バイユー（Thomas of Bayeux: 生年不詳、1100年11月18日没）とのあいだで、いずれの大司教が上位に

あるのかをめぐって首位職論争を展開し、征服王からカンタベリー大司教が優位するという判断を引き出した（山代、1996: 第10-11章）。これ以降、いまに至るまでカンタベリー大司教がイングランド教会の最高位に位置づけられている。

ところで、ウィリアムはヘイスティングズの戦いのあとも、多くのイングランドの抵抗勢力に対処しなければならなかった。67年3月にノルマンディーに帰国したウィリアムはすぐにイングランドに戻った。イングランド各地で次々と反乱の狼煙が上がったからである。67年のケントの反乱、68年後半のウェールズを巻き込んだマーシアの反乱、69年のノーサンブリアの反乱、同年8-9月のデンマーク王の侵攻、70-1年のデーン人の反乱、75年のデーン人の支援をえたノーフォーク公やヘリフォード公の反乱などがそれである。このうち、最後のものを除くすべての反乱をウィリアム自らが制圧した。

こうした反乱の続発を抑えるため、ウィリアムは南部のヘイスティングズやドーヴァーから西部のヘリフォードやチェスター、北部のニューカッスル、ダラム、ヨークに至るまで多くの石造りの強大な城や要塞を築いた。それはノルマンディーからイングランドへの築城技術の移転を意味していた。

ともあれ、ウィリアムはウェセックス朝に代わって、血縁ではなく軍事力によって新たにノルマン朝を開いた。ひとつの王位簒奪であるにちがいない。

征服王の統治政策——ウェセックス朝後期との連続と断絶

ヘイスティングズの戦いのあと、1066年12月25日、ウェストミンスター大聖堂でウィリアムはサクソン的伝統に則って戴冠した。イングランドをおよそ平定し終えた1072年以降、ウィリアムは亡くなるまでの生活の4分の3をノルマンディーで過ごした。ノルマンディー公領の守備に神経を尖らせねばならなかったからである。じじつ、ノルマンディー公ギヨーム2世（征服王）はフランス王フィリップ1世（在位1060-1108年）、フランドル伯ロベール1世（在位1071-93年）、アンジュー伯フルク4世（在位1067-1109年）に挟撃される形でいくどもかれらと交戦しなければならなかった。それにとどまらず、長男ロバール（ノルマンディー公ロベール2世 [Robert II: c.1054-1134]）がそれらの勢力に通じて2度も反乱を起こし、また信頼していた義兄弟のバイユー司教でケント伯のオド（Odo of Bayeux, Earl of Kent, Bishop of Bayeux: c.1030-97）も反旗を翻すことがあった。最終的にギヨームはオドや

ロベールを許したが、かれの晩年は郷里ノルマンディーにあっても気の休まることがなかった。

　かれの後継者たちもその在位中、イングランドの「不在君主」となることが多かった。そのためにも、イングランド王国の統治が可能となるような制度と体制づくりが必要だった。

　では、ウィリアムのイングランド統治はいかなるものだったのか。

　第１に、かれは上記の多くの反乱を画策した有力な旧王族やそれにつながる貴族たちを追放し、その土地を没収して臣下に分け与えた。旧勢力の反乱とその鎮圧、首謀者の追放と土地没収、家臣への土地分賦といったサイクルがいくども繰り返された (Carpenter, 2004: 75-6, 79-80)。

　もっとも、歴史家ウィリアム・スタッブス (William Stubbs: 1825-1901 ──オックスフォード大学近代史欽定講座教授、のちにオックスフォード司教、ヨーロッパでも令名高かったイギリス憲政史家) によれば、敵陣に与した者でも、ウィリアムをイングランド国王として受け入れた者には没収地を買い戻させ、支払いの約束をして人質を出した者にもその土地を返還した (Stubbs, 1875 [1903, vol. 2: 281])。

　それにもかかわらず、晩年のウィリアムが調査を命じた、のちにもふれる『ドゥームズデイ・ブック』(「最後の審判の日」の書) によれば、北部イングランドを流れるツイード河以南 (その以北およびロンドン、ウィンチェスターは調査対象外) をとると、征服後にイングランド人の手許に残されたのは全所領のわずか5%にすぎなかった。南部にいくほど、また身分の高い者ほど、土地保有者の入れ替わりが激しかった。

　しかも、新たな領主への所領の下賜はひとまとまりの広大な土地ではなく、すでにサクソン時代にもそうした傾向がみられたが、地域的に分散して小片化した所領を分け与えた。フランスやドイツのように、強力な封建諸侯が広域的に分権割拠するといった統治システムをウィリアムは意図的に封じ込めようとした。その対象者には、さきのオド (Odo: c.1030-97、ケント伯でバイユー司教、ウィリアムに捕らえられて獄死) や長男ロベール (Robert: c.1031-90、モルタン伯爵) も含まれていた。そのため、かれらのマナー直営地の経済的価値は、総額でいえば、ウィリアムのわずか15%にすぎなかった。それだけウィリアム征服王はイングランドで強大な集権的王政の樹立をめざしたということであり、ノルマンディー公として十

分に実現できなかったこと[8]をイングランド王として達成しようとしたのだった（Huscroft, 2009: 238-9）。

　もっとも、謀反人の役職追放とその所領没収といった手段に訴えたものの、初代ノーサンブリア伯ウォルセフ（Waltheof, Earl of Northumbria: 生年不詳、1076年5月31日没。2度の叛乱でウィリアム征服王によって処刑された唯一のイングランド貴族）のような例外的ケースを別にすれば、かれらの命まで奪うことはなかった。それと符合するのがウィリアムの死刑廃止という考え方だったかもしれない。重罪人に対してもウィリアムは失明あるいは手足切断の刑で臨み、処刑することはなかった（Freeman, 1890: 129-30; 'William the Conqueror', WP）。

　第2に、有力諸侯への所領下賜という文脈で見落とせないのが自治領（palatineまたはcounty palatine）の創設である。この「パラティン」という言葉はときに「王権州」と訳されるが、その意味は王権が支配する州ではなく、王権に匹敵するほどの自治権をもった地方統治圏を意味し、パンテノンの宮殿が建つ丘（Palatine hill）という表現に由来する[9]。国王側近の直属封臣（tenant-in-chief）とは異なり、主としてイングランド王国の辺境防衛を強化するために設けられた制度であり、国王から独立した統治権を与えられた。国王からの勅令は伝達されない代わりに、議会に対する代表権をもたなかった。この制度は一朝一夕に出来上がったものではないが、最初はウェールズとの境界地帯のチェスター（1071年）やシュロップシャー（Shropshire, 1067-71年）、北部のダラム司教区（自治領的実態はノルマン征服以前に遡るが、正式には1293年）に導入され、のちに西部のコーンウォール公領（1337年）、北部のランカスター公領（1351年）にも適用された。さらに一時期ではあるが、アイル・オブ・イーリー（Isle of Ely）、ケント州などにもこうした権限が与えられた（'County Palatine', 'Palatine', WP; 松村・冨田編著、2000: 553）。

　第3に、それでもエリート層の交代はめざましかった。エドワード懺悔王時代の高位・高官ポストのほとんどがノルマンディー人に明け渡された。エドワード時代から継承された賢人会議のメンバーもすべてが入れ替わった。そのため1075年以降、すべての伯爵位がノルマン人によって占められることになった。イングランド人は精々のところ、地方政治の権力者である州長官（sheriff）に任命されたにすぎない。

　その余波ともいえるが、一部の貴族も含めて多くのイングランド人がスコッ

トランド、アイルランド、スカンジナビアなどへ脱出した。その最大のものが1070年代にみられたビザンチン帝国への移住だった。合計235艘での脱出行だったといわれる。同帝国が傭兵を必要としていたことがその大きな背景になっていた。かれらは黒海周辺にニューロンドンやニューヨークという名前の町をつくった（Daniell, 2013: 13-4;'Norman Conquest', WP）。

　高位聖職者についても、すでにみたように、カンタベリー大司教やヨーク大司教にそれぞれ当代切ってのノルマンディーの神学者が叙任された。新たなカンタベリー大司教で「ウィリアムの右腕」といわれたランフランクは、政教分離の考え方に沿って独自の聖職者会議を設け、その機関決定に基づいて旧来のイングランド人司教や修道院長をノルマン人などに更送していった。征服後、イングランド司教で残ったのはウスター司教のウォルフスタンだけだった（Douglas and Greenaway eds., 1953 [1981: 1070-5]）。

　しかし、短期間でのこうした劇的なエリート交代劇は民族的差別というよりも統治上の必要から生じたものであり、「ノルマン人のプラグマティズム」にその多くを負っていた（Thomas, 2003: 83-4, 202-3）。

　じっさい、下位聖職者の多くはノルマンの征服によってもその地位を追われることはなかったし、2代あとの碩学王ヘンリー1世（Henry I: 1008-1135、在位1100-35年、ノルマンディー公アンリ1世在位1106-35年）の時代になると、高位聖職者となるイングランド人も現れた。ノルマンディー人とイングランド人との社会文化的な同化が進み、混血も日常茶飯事になっていった。

　第4に、奴隷貿易の禁止も見落とせない。同じような考え方はウェセックス朝の時代にあった。前期ウェセックス朝エゼルレッド2世は11世紀はじめ、勅令を発してキリスト教徒の奴隷を海外に「輸出」する行為を禁止した。主たるルートは西イングランドのブリストルからアイルランドのデーン人への売買だった。この禁止規定はそのままデーン朝のクヌート大王（在位1016-35年）に引き継がれた。征服王ウィリアムもその先例に倣って奴隷売買を行った者は財産を没収すると宣言した。

　エゼルレッドとクヌート両王の聖俗法典作成に深く関与した上記のウスター司教ウォルフスタン（Wulfstan: 生年不詳、1023年没、のちにヨーク大司教を兼任）は奴隷制を批判し、ブリストルまで出向いて奴隷売買に関わるイングランド商人を説

得したが、事態は一朝一夕には改善されなかった (Pollock and Maitland, 1895, vol. 1: 12; Freeman, 1890: 129)。

じっさい、『ドゥームズデイ・ブック』によれば、イングランドには11世紀末期、2万8000人の奴隷がいた。ノルマン征服のときにはもっと多かったとみられる[10]。しかし、12世紀半ばには奴隷はほとんどいなくなっていた (Huscroft, 2009: 327)。イングランド教会が奴隷制に反対したことのほか、奴隷制を維持するための費用が嵩むという事情もあった。その奴隷は農奴となって農奴制を支えることになった。その限りで、それは「奴隷から農奴へ」という身分的上昇移動を意味していた。

もっとも、この移動はアングロ・サクソン時代のチェオルルと呼ばれた下層自由農がノルマン征服ののち、地域によってはそれに先立って半ば強制的に農奴化されていったという下降移動の流れ (その規模は判然としない) とパラレルに進んだことを忘れてはならない (Pollock and Maitland, 1895, vol. 1: 337f.; Stenton, 1943 [1971: 277-82]; 青山、1991: 181-2)。

第5に、ウィリアム征服王のイングランド統治の基本には融和政策があった。かれはできるかぎり、後期ウェセックス朝のエドワード懺悔王の時代にあった法制を引き継ごうとした。この点『ノルマンのイングランド征服史』(全6巻 [第6巻は索引]、1867-76年) で知られるエドワード・フリーマン (Edward A. Freeman: 1823-92 ——上記のスタッブスの後を襲ったオックスフォード大学近代史欽定講座教授、建築美術家であり政治家) はその縮約版『小史』(1880 [3rd ed. 1922]) のなかで、「アングロサクソン時代の諸慣行はノルマンの征服によってかえってよく保たれたようにみえる」(Freeman, 1922: 134) といい、別の箇所ではもっと象徴的な言い方をして、「ノルマンの征服はサクソンの征服だった」(Freeman, 1876, vol. 5: 169) とまで記している。ウィリアム征服王はその統治にあたってサクソン人が築いたウェセックス朝の法制度をイングランド全域に押し広めた、とフリーマンはみていたからである。

ともあれ、ウィリアムはイングランドの理不尽で無慈悲な侵略者、王位簒奪者としての風貌を抑え、ウェセックス朝のエドワード懺悔王の正統な後継者たらんとしたことは否めない (富沢、1968: 254)。

そのひとつの現れでもあるが、ウィリアムはイングランドの未亡人やその娘たちのノルマン人との結婚を奨励した。じっさい、ノルマンディーからイングランドにやってきた征服者の息子たちの世代になると、その母親はしばしばイング

ランド人だった。そのため、息子たちは次第に自分たちをイングランド人と見做すようになった。基本的には、イングランド人がノルマン人になったのではなく、ノルマン人がイングランド人になっていく同化作用が働いたとフリーマンはみている (Freeman, 1922: 142)。その結果、征服後1世紀もすると、イングランド人とノルマン人の混血はごく一般的なものとなった。

　第6に、ウィリアムは法による支配を重視した。かれの法制度改革は漸進的なものだった。まったく未知の新たな法制度がノルマンディーからイングランドに移植されたということはない。したがってウィリアムの融和政策も含めていえば、歴史家ジョン・ラウンド（John H. Round: 1854-1928）やその弟子フランク・ステントン卿（Sir Frank Merry Stenton: 1880-1967、オックスフォード大学名誉フェロー、王立歴史協会会長）のように、ノルマン征服前後のイングランド社会の変化を過度に断絶的に捉えることには無理があるようにみえる[11]。

　もちろん、見落とせない重要な変化もあった。まず、行政機構にかかわる名称変更が行われた。州はシャー（shire）からカウンティ（county）へ、州長官はシェリフ（sheriff あるいは shire reeve）からヴァイカウント（viscount）へ、また賢人会議はウィテナイェモート（witenagemot）からパーラメント（parliament）へと変えられた。しかし最後の「議会」などを除けば、実際にイングランドに定着した表現は少なかった (Freeman, 1890: 127)。

　ノルマンの征服から40年経った1106年に施行された法律は100年前のものとその骨格において変わるところがなかった。アングロ・サクソンの統治システムのほうがノルマンディーのそれより洗練されていたからだという理解が多い（城戸、1991a: 211; Thomas, 2007: 59; Huscroft, 2009: 187;）。

　それでも、ウィリアムが手懸けた重要な改革であり、ウェセックス時代との違いがめだつもののひとつに騎士役の創設がある。その理由のひとつになっていたのがヘイスティングズの闘いでの戦勝だった。およそイングランドを平定した1070年頃、ウィリアムはイングランドの直属諸侯に対して聖俗の別を問わず、国王のための軍務につく騎士役を設け、それにみあう騎士領を用意するように命じた。それが騎士役賦課（servitium debitum）である。

　その騎士役の総数はイングランド全体で4000から5000にのぼった。エセックス伯領やウィンチェスター司教領が最も多くて騎士60人、ロンドン司教領で20

人、最小の場合、騎士 5 人といった所領もあった。かりに 1 騎士当たりの所領が 5 ハイド（地域差が大きいので一概にいえないが、1 ハイドは最小 40 エーカー、最大 120 エーカー）だとすれば、その総面積は 2 万から 2.5 万ハイドとなり、当時のイングランド所領全体（約 7 万ハイド）の 3 分の 1 ほどが国王のための騎士領に充当されるという計算になる (Douglas, 1964,273-83; 富沢, 1968: 254, 1988: 88-9)。まことに広大な騎士領といわなければならない。しかし、実際には騎士役の創設と騎士領の確保が同時に行われたわけではない。しかも、後者は次第に空洞化していった。

　この騎士役の割当ては国王と諸侯の個別交渉によって決まったが、騎士の調達方法については諸侯の裁量に委ねられた。その方法は大別してふたつ。ひとつは、諸侯がみずからの領地を 1 区画数 100 エーカーから 1000 エーカー（つまり、1 ハイドから数ハイドほど）に分割して騎士に下封し、その封土保有と土地からの収益を騎士に保証するというもの。騎士のほうはその代償として配下のエスクワイア（esquires ——かれらの多くは騎士に準じる存在として騎乗能力をもっていた。）やジェントリーなどのほか、武具類、馬などを用意して年 40 日間の軍役を提供するというものだった。もうひとつは、そうした封土分割は行わず、諸侯が直営地からの収入などによって必要な数の「お傭い騎士」を必要な期間だけ雇い上げ、その騎士にしかるべき俸給を払って軍役に就かせるというものだった。

　その実態について、軍事史家チャールズ・オーマン (Charles Oman: 1860-1946) によれば、最初はこれらふたつのやり方を組み合わせた中間的なケースが一般的であり、お傭い騎士のなかには騎士見習中の騎士の子弟（かれらもエスクワイアと呼ばれた。）などが数多く含まれていた。しかし時代が下るとともに、そうしたお傭い騎士が増えていった (Oman, 1898: 360-3)。

　諸侯と封土を与えられた騎士の関係をみると、それはイングランドの封建社会化と映る。しかし国王と（諸侯を介した）騎士の関係は、アングロ・サクソン時代のフュルド (fyrd) 制[12]という国王のための自由農などによる軍役制度とは違っている[13]。そういう意味で、この騎士役賦課はノルマンの征服によってイングランドにもたらされたものだということができるだろう。

　もうひとつ、諸侯が必要なときに一定期間雇い入れる「お傭い騎士」は一種の傭兵制といってよい。それもまた、ノルマン征服によってもたらされたものだった。平時にあっては、お傭い騎士はやがて諸侯の家政官吏となっていった。封建

的家臣団の形成である。それが肥大化していけば、疑似封建制を生み出すことになる。

こうした傭兵制は封建制の「商業化」を象徴していた。これが国王と諸侯の関係にまで広がれば、軍役免除金 (scutage) の拠出という制度になっていく。お傭い騎士はそれを先取りしていたようにみえる[14] (富沢、1968: 328-51)。

第7に、ノルマン征服後、中央および地方の行政官僚制は大きな発展を遂げた。アングロ・サクソン時代にも国王周辺には王室庁あるいは宮内庁 (bedchamber or chamber) や納戸庁 (wardrobe) があった。しかし、その業務は「あまりにも家政的なものであり、公的な王政と私的な宮廷事務とが混淆していた」(富沢、1968: 265)。大蔵庁 (treasury) は国王の地方巡幸とともに移動した。それがノルマンの征服後になると、集権的王政の拡大とともに王室庁に新たに大法官 (chancellor、尚書部長官という訳語もある) という役職がおかれ、その書記局として大法院 (chancery) も設けられた。それと並行して王政スタッフも専門分化していった。ちなみに1068年、ウィリアムが最初の大法官に任命したのはノルマンディー生まれであり、ノルマン征服にも参加したハーファスト (Herfast: 生年不詳、1085年頃没、大法官後にエルムハムおよびセットフォード司教) だった。

さらに、つぎのウィリアム2世 (在位1087-1100年) の時代になると、国王の行政補佐官として最高司法官 (chief justiciar) というポストが置かれるようになり、初代最高司法官には同じくノルマン人のラナルフ・フランバード (Ranulf Flambard: c.1060-1128、1099-1128年までダラム司教) が就いた。また、つづくヘンリー1世の時代には、すでにアングロ・サクソン時代から存在していた王権下にある地方巡回裁判制度が一段と整備され、数十人の全国巡回裁判官 (justiciarii tutius anglie) が任命され、専門の裁判官集団がつくられた。

こうした中央レベルにおける司法制度の官僚制化と並行して、もうひとつ従来の大蔵庁とは別に、いまふれた最高司法官の行政府として財務府 (exchequer) が設けられた。ヘンリー1世が王位に就いてまもない12世紀はじめのことである。ちなみに、この財務府の権限がしだいに拡大し、大法官と大法院の下にありながら大蔵庁に優位するようになっていった。

とりわけ、プランタジネット朝初代のヘンリー2世 (在位1154-89年——ヘンリー1世の孫) 治下の1180年、イングランド最初の実務法典『イングランド王国の法

と慣習に関する考察』(*Tractatus de Legibus et Consuetudinibus Regni Angliae* [1188 年前後の執筆、民事・刑事訴訟と裁判手続き、農奴の身分解放、遺産相続、債務返済、弁護人などが主題[15]])の著者[16]とされるラヌフ・デ・グランヴィル(Ranulf de Glanvill: c.1112-90)が最高司法官になると、財務府はその行政府として一層大きな権力を振るうようになった(富沢、1968: 274)。

　ノルマン朝最後のヘンリー1世のあと、ブロワ朝唯一の国王スティーブン(在位1135-54年)の時代に生じた無秩序を修復するため、ドーヴァー海峡を跨いだ広大ないわゆる「アンジュー帝国」(イングランド、ウェールズ、アイルランド、フランス王国の西半分を支配)を築いたプランタジネット朝(アンジュー朝)のヘンリー2世は、グランヴィル法典もそのひとつだが、大々的な法整備を進め、王権を強化してイングランドのコモン・ロー史上重要な一時代を築いた。とりわけ裁判制度の整備が注目される。イングランドのすべての法律が専門裁判官を擁する常設的な国王(王座)裁判所によって集権的に統合された。たとえば教会裁判権を抑制することになった1164年のクラレンドン法[17] (Constitutions of Clarendon, 1164)、陪審員制の導入を含めて犯罪人訴追のための刑事訴訟手続を定めた1166年のクラレンドン条例[18] (Assize of Clarendon, 1166)が目を引く。かくして、ヘンリー2世は法による支配を力強く推し進めた(Stubbs, 1870 [1913: 22])。

　こうしたことの結果、ノルマンの征服から1世紀のうちに、イングランドはヨーロッパでも随一の法治国家に成長した。フランスやドイツの国王や皇帝は国内平和を維持するため、封建領主たちと和平協定を結ぶことに躍起となっており、とても包括的な国内法を整備できる状態にはなかったからである(Pollock and Maitland, 1895, vol. 1: 117, 146)。こうした法治制度の充実が示唆していたのは、イングランドにおける集権的で強大な王権あるいは集権的封建制の所在についてであった。

　ところで、アングロ・サクソン時代末期の各州における地方権力は司教と伯爵(貴族)および国王が任命する州長官(shire-reeve or sheriff)の三者が分かちもっていた。ノルマン征服ののち、司教や伯爵の権力は削がれたため、国王の派遣する州長官の力が一挙に強大化した。州長官は地方行政全般について大きな力をもち、徴税や裁判、軍事についてもその権限を掌握した。しかしそれが権力腐敗の温床となり、やがてその専制ぶりが1215年の第1次バロン戦争のひとつの引き金と

なった (McKechnie, 1914: 312-3, 訳 331)。

　ともあれ、ウィリアム征服王による司法・行政組織の整備充実はこうしたその後につづく多くの法治国家制度づくりの重要な基石となった。

　第8に、ウィリアム征服王による教会改革、王権と教皇権の確執にも注目すべきものがある。ウィリアムは自らの「右腕」ランフランクによる教会改革を支援した。その背景には、イングランド教会の伝統を遵守するという動機とともに、ウィリアム、ランフランク、ローマ教皇（アレクサンデル2世およびグレゴリウス7世）三者の微妙な関係があった。

　まず、教会改革についていえば、ウィリアムは教会関係の係争事案をハンドレッド（郡）巡回法廷から分離し、それについて司教が独自の裁判権をもつことを容認した[19]。それはひとつの政教分離であり、そのかぎりでの教会権力の相対的強化だった。折しもローマでは、1073年にアレクサンデル2世の後を襲って、グレゴリウス改革やカノッサの屈辱で知られるグレゴリウス7世（在位1073-85年）が教皇になった。国王からの聖職者叙任権の奪還、聖職者の綱紀粛正（聖職者の妻帯および聖職売買の禁止）のふたつがその改革の眼目だった。

　イングランドでは、アングロ・サクソン時代から教会聖職者は結婚するのがごく一般的な慣行になっていた。しかし、ランフランクは既婚者も含めてすべての聖堂参事会会員の妻帯を禁じ、教区司祭についても既婚者の妻帯は認めたものの、独身者の新たな妻帯は禁止した。ひとつの「綱紀粛正」であり、ローマ・カトリック化だった。

　他方、聖職者叙任権に関する征服王ウィリアムの態度は揺るぎないものだった。かれは歴代のイングランド諸王の考え方と行動を踏襲した。じっさい、これまでのイングランド諸王は国内の大司教・司教や修道院長に対して記章や指輪を与えて叙任してきた。その当時、ノルマンディーでも同様の慣行が一般化していた。これに対して、グレゴリウス7世は各国の皇帝や国王から高位聖職者叙任権を奪い返そうと企てた。しかし、教皇はアレクサンデル2世の下でヒルデブラント（Hildebrand）と名乗っていた時代、ウィリアムのイングランド征服を強く支持してきたこともあり、またベック修道院での恩師ランフランクとウィリアムの親しい関係に対する配慮もあって、すぐにはイングランド王の慣習化した叙任権について口を挟もうとはしなかった[20]。そのため、ウィリアム1世もまたその子の

ウィリアム2世もこれまでどおり、その聖職者叙任権を侵害されることはなかった (Freeman, vol.4: 438, vol. 5: 130-1)。

しかし、教皇グレゴリウスはあるときウィリアムに書簡を送り、土地所有者一人ひとりから1ペニーを寄進させる「ピーターズ・ペンス」(peter's pence or peterpence) と呼ばれた上納金を集め、それを定期的に教皇庁に収めるよう要請した。それだけでなく、ウィリアムに対して「教皇の臣下」となるよう求めてきた。

ウィリアムはただちに返書を送り、これまでのイングランド王がしてきたのだから寄進は行ないましょう。しかし、これまでイングランド王は誰一人としてローマ「教皇の臣下」であったことはなく、それはお断わりしなければなりませんと回答した (Freeman, 1922: 122-3)。もし臣下となれば、聖職者叙任権を剥奪されることは火を見るよりも明らかなことだった。

さらに、征服王ウィリアムは教皇につぎのように主張して譲らなかった。第1に、国王はローマ教皇の登位に対する承認権をもつ。第2に、教皇書簡の受領には国王の許可が必要である。第3に、領土内での教会会議の決議は国王の承認なしには正当化されない。第4に、いかなる司教も国王の許可なしに諸侯や役人を破門することはできない (山代、1996: 51)。このようにウィリアムは、イングランドの歴史を踏まえたうえで、敢然として教皇権に優位する王権という考え方を表明した。それはグレゴリウス改革とは相容れない主張だった。

ちなみに、ノルマンの征服に先立つ時代、イングランド教会は「ローマ教会の子」であることを任じてきたが、他の西欧諸国のどの教会よりも「独立」した立場を堅持してきた。イングランド諸王も賢人会議も国内の教会事案に関する決定権を保持してきたのだった。イングランドでは、王権が優位する形で国家と教会が一体的に運用されてきたという歴史があった (Freeman, 1922: 136)。のちのヘンリー8世の首長令 (1534年) をみる思いがする。

第9に、ノルマンの征服は言語の世界にも大きな影響を与えた。ノルマン人はすでにデーン語を忘れており、かれらがイングランドにやってきたときにはノルマン語あるいはフランス語を話していた。そのため、しばらくのあいだ複数の言語が併用された。やがて公式文書は中世英語からラテン語に変わり、文学や芸術の世界ではラテン語が浸透していった。それでも、民衆の話す英語に特段の変化はなかった。身分の高い者はある程度までバイリンガルである必要があった。こ

うした言語の混淆を通じてアングロ・ノルマン語が生み出された。その当時、まだ英語で書物を著す習慣はなく、フランス語の書物がいくつも英訳された。

建築の世界にも新風が吹き込まれた。征服前の大型建造物といえば、教会や城壁になるが、そのほとんどは木造だった。しかし、11世紀になるとイタリアで発達したロマネスク様式が移入され、征服後それと類似した北ゴールで広まっていたノルマン様式が大々的に移植された。建造物は大型化し、石造りとなった。多くの城塞建築技術もノルマンディーから持ち込まれた。

第10に、ウィリアムは亡くなる前年の1086年、ひとつの歴史的偉業を後世に残した。それが『ドゥームズデイ・ブック』にまとめられた国家事業としての画期的な検地調査である。この前例のない詳細かつ大規模な先駆的検地を行えたこと自体、いかにウィリアム征服王が大きな権力をもっていたかがうかがえる。その調査事業は集権的封建制を象徴するものだった。

その『ドゥームズデイ・ブック』[21]とは、ごく簡潔にいえば、北イングランドのツイード河以北とイングランド随一の都市ロンドンや当時の「非課税」の首都ウィンチェスターなどを除くイングランド全域(1万3418地区)について大きくは各州別、細かくはマナー別にその土地の広さと種類(領主直営地、自由農保有地、森林、耕作地、牧草地などの種類のほか、所有者異動の経緯)、家畜の所有状況、それら全体の金銭的価値、所有者、自由人・自由農(sokemen)、農奴および奴隷の数などを調査したものである。ラテン語で著され、大小2巻(Great Domesday と Little Domesday)からなる。大巻が31州、小巻はエセックス、ノーフォーク、サフォークの3州を調査したものであり、調査内容は後者のほうが詳しい。

なぜウィリアムはこの大規模な調査を命じたのか。戦費徴収のための課税可能性を調べるためとか、あるいは180人ほどの直属封臣である諸侯[22](tenants-in-chief)の財力を調べ、騎士領拠出の可能性を把握するためだったとかいわれる。しかし、確たることは分からない。

この『ドゥームズデイ・ブック』によって明らかにされたことは数知れない。なかでも、ウィリアムとその王族の所領だけでも、調査対象となったイングランド全体の17%、直属封臣の諸侯が54%、修道院・教会が全体の4分の1を保有していたこと、またデーンロー地方には土地を保有する多くの自由人がいたこと、その逆にウェスト・ミッドランド地方には多くの奴隷が残っていたことなども明

らかにされた。のちの時代に土地紛争が起きたとき、しばしば『ドゥームズデイ・ブック』が文字どおり「最後の審判」を伝える権威ある典拠として引証されることになった。

　もうひとつ、ウィリアムは1086年8月1日、ソールズベリーに直属封臣のみならず、すべての領主を集めてかれらの国王への忠誠を求めた。それがソールズベリーの宣誓(Oath of Salisbury)である。この象徴的宣誓を踏まえて、『ドゥームズデイ・ブック』に基づいて保有地1ハイド当たり6シリングという税金を納めさせた。しかし、その年はイングランドもノルマンディーも凶作だったから、この徴税は領主たちの大きな不興を買うことになった('William the Conqueror', 'Norman Conquest of England', WP)。

　以上、ウィリアムの統治についてふれたが、フランス王の封臣であるノルマンディー公がイングランド王となることによって、その後イングランド王はフランス王との多くの覇権争いに巻き込まれていく。ヘンリー2世による「アンジュー帝国」の建設、ジョン失地王によるフランス所領の大喪失、第1次バロン戦争時のルイ8世のイングランド進攻などを経て百年戦争に流れ込んでいくイングランドとフランスの激しい確執の種子はこのノルマンの征服によって蒔かれていた(Freeman, 1922: 137; Huscroft, 2009: 327-8)。

ノルマン朝からアンジュー朝へ

　ウィリアム征服王は厄介な火種を残して亡くなった。というのも、長男ロベール2世(c.1054-1134)にノルマンディー公領を与え、弟のウィリアムをイングランド王(ウィリアム2世)としたからだった。このこと自体ノルマン朝の性格(ノルマンディー公領への関心の優位)を暗示しているが、その結果、ノルマンディーとイングランドの両方に所領をもつ直属封臣たちは厄介な事態に直面することになった。いずれか一方の側につけば、他方から恨みを買うことになったからである。最善の方法は一人の支配者がノルマンディーとイングランドを同時に治めてくれることだった。

　懸念されたとおり、ウィリアム征服王が亡くなると、翌88年、バイユー司教で征服王の異父弟だったオドがノルマンディーでウィリアム2世に対して反旗を翻した。3年後の91年には、逆にウィリアム2世がノルマンディーに攻め込んだ。

同じようなことはヘンリー1世が即位したときにも起きた。ウィリアム2世がニューフォレストで部下のウォルター・ティレル (Walter Tirel: 1065-1100年以後の死亡) の矢に射貫かれて40歳で亡くなった1ヵ月後、1100年9月に十字軍遠征から戻ったノルマンディー公ロベール2世はイングランドの王位継承をめざしてイングランドに進攻した。兄弟同士の戦いだった。その6年後、ヘンリー1世がノルマンディーを侵略し、兄ロベール2世を破ってノルマンディー公領を手に入れた。

しかし、そのヘンリー1世 (在位1100-35年) の登位については、ランフランクの後を襲ったカンタベリー大司教アンセルムス (在位1093-1109年) や有力貴族をはじめ、反対する者が少なくなかった。というのも、父のウィリアム征服王から所領を与えられず、兄ウィリアム2世の家臣となっていたヘンリーによる王位継承の根拠が判然としなかったからである。その事態を改善するため、ヘンリーは即位とともに「戴冠憲章あるいは自由憲章」(Charter of Coronation or Liberties Charter, 1100) を公布した。その主旨は兄ウィリアム2世の放蕩かつ乱脈だった統治を改め、恣意的な王権行使を自戒するとともに、直属封臣や有力貴族の権益を保証するというものだった。

この戴冠憲章 (全14ヵ条) の骨子を抜き書きすれば、以下のようになる。高位聖職者が亡くなったとき、後継者が決まるまでの間、国王は当該の土地や財産を没収あるいは売却しないこと (第1条)。公爵など貴族が亡くなったとき、その相続人は遺産売却を強要されず、法と慣習に則ってその資産は返還されるべきこと (第2条)。貴族の娘が婚約するとき、あるいは寡婦が再婚するとき、国王に相談するものとするが、相手が国王の敵でないかぎり、原則その意思を尊重するべきこと (第3条)。貴族の妻が未亡人となったとき、その持参金は保全され、再婚はその意思に基づいて行われるべきこと。また亡くなった貴族の子弟を後見する貴族はその土地と利益を法に従って保全すべきこと (第4条)。エドワード懺悔王の時代にはなかった都市や州の自治統治権 (common seigniorages) を廃止すること (第5条)。合法的なものを除き、兄ウィリアム (2世) に帰すべき債務は破棄されること (第6条)。貴族による金銭や所有物の寄進は名誉ある行為だが、武力に基づいて寄進を強要しないこと (第7条)。貴族が罪を犯したとき、父ウィリアム (1世) および兄ウィリアムの時代にそうだったごとく、金銭を払うことによって免罪さ

れるものとする。ただし、国王への背信や極悪非道の罪を犯した者はしかるべき責任を問われること（第8条）。私（ヘンリー1世）が国王となる以前の殺人は赦免される。しかし、その後の殺人は国王裁判所において裁かれること（第9条）。貴族の同意に基づき、父ウィリアム（1世）の時代に拓かれたすべての森林は維持されること（第10条）。軍役に携わる騎士は穀物など農産物を国王に収めるよう求められることがないようにすること（第11条）。国王はわが王国に平和を築くよう努め、臣下はその平和を維持すること（第12条）。法制はエドワード懺悔王時代の法律および父ウィリアムが貴族の助言をえて行った改正時の状態に戻すこと（第13条）。父ウィリアムの死後、私が奪われたすべてのものを罰金なしに直ちに返還すること、そうしない場合には重税を課すこと（第14条）といった内容になっている。そしてこの文書の末尾には、この憲章の「証人」としてロンドン司教モーリス、次期ウィンチェスター司教ウィリアム、さらに公爵など11人の名前が書き添えられていた（Adams and Stephens eds., 1901: 4-6; McKechnie, 1914: 481-3, 訳 519-22）。

ウィリアム征服王はエドワード懺悔王に深い敬意を抱いていたが、この憲章からもうかがえるように、ヘンリー1世は懺悔王と父ウィリアムの統治から継承すべき多くのものがあると考えていた。兄ウィリアム2世統治の悪弊を正すにあたっては、いったんエドワード懺悔王あるいはウィリアム征服王時代の統治あるいは法制に戻るべきだというのがヘンリーの基本的判断だった。

しかし、王権抑制的なこの憲章にもかかわらず、やがてヘンリー1世は合法的により大きな王権を掌中に収めるようになる。そのひとつの契機が会計院の創設であり、また1129-30年からはじまった王室財政記録である「パイプ出納文書」（Pipe Rolls ──この名前は諸文書が巻かれて管理され、パイプ状になっていたことに因む）の作成だった。これによって、従前に比べれば、王室財政に関する腐敗や不正行為が抑止され、課税もより正当な手続きによって行われるようになった。その記録は当時の西欧諸国では例のない精妙なものだった。

ところで、兄ウィリアム2世はアンセルムスと聖職叙任権をめぐって激しく対立した。そのアンセルムスはランフランクの弟子だったが、師以上にグレゴリー改革を支持していた。しかしウィリアム2世は1089年にランフランクが亡くなると、あたかも重石がなくなったかのように教会に対する王権拡大を図った。大司教領や司教領の財産を没収し、カンタベリー大司教を空位のまま放置した。4

年経った 1093 年 12 月、アンセルムスはカンタベリー大司教に叙任されたが、そのときかれはウィリアム 2 世に対して 3 つの条件を願い出た。第 1 に大司教区から没収した財産を返還すること、第 2 に大司教の教会事案に関する判断を受け入れること、第 3 にウルバヌス 2 世を教皇として認めることだった。

しかし、ウィリアムは最初の条件に一部応じただけだった。アンセルムスはパリウム (pallium ——教皇が大司教に親授する一種の祭服) を授与されるため、ローマに出向こうとしたが、ウィリアムはそれを許さなかった。かれはイングランド国王が大司教を叙任するという慣行に拘っていたからである。他方、アンセルムスは聖職者叙任について世俗権力が介入することを拒んだ。そのため、ウィリアム 2 世の存命中、この大司教叙任問題は決着することがなかった。

次代のヘンリー 1 世も、はじめはそれまでの慣例にしたがって国王の聖職者叙任権を譲ろうとしなかった。そのため、教皇やアンセルムスとの対立は深刻化した。しかし、1107 年のウェストミンスター宗教会議でようやく和解が成立。高位聖職者の叙任にあたっては国王の同意が必要であるという条件づきで教会が叙任権をもつことになった。それが 15 年後のヴォルムス協約 (1122 年) の雛形になった。こうして、父ウィリアムが手放さなかった高位聖職者叙任権は子ヘンリーによって教会に譲渡されることになったのである ('Anselm of Cantabury', WP)。

もうひとつ、騎士役賦課の変化についてもふれておこう。ウィリアム征服王が直属封臣や領主たちに課した騎士役賦課は、当初意図した国王のための騎士軍役の提供ではなく、国王が聖俗領主から軍役免除金を徴収するための制度に変わっていった。興味深いのは、こうした変化が早くもノルマン征服から半世紀後の 1109 年に起きていたことである。免除金は会計院に集められ、「封建的土地所有に基づいた封建的軍隊よりも有効な、より職業的専門的な傭兵を中核とした国王軍を形成する」(富沢、1968: 340) ことに使われた。一方で聖俗領主から軍役免除金を徴収し、他方では専門的傭兵を雇用するという新たな制度に移行していった。ヘンリー 1 世は 1101 年、フランドル侯ロベールから 1000 人の騎士を、また 1110 年にも 500 人の騎士を傭った。こうして、領主と家臣の土地保有と軍役奉仕を媒介とする封建制的契約関係は、征服王ウィリアムの発案 (すでに変化の芽が撒かれていた) から半世紀ほどして大きく変質しはじめた。こうした事態は封建制の「商業化」とでも呼ぶべきものの先駆的事象とみることができる。

アンジュー朝（プランタジネット朝[23]）のヘンリー2世の時代になると、すでにふれた中央行政官僚制や裁判制度を含む法秩序の整備とともに、この軍役免除金制が一段と普及した。一方でウェールズやアイルランドなど国境地帯への遠征に伴う戦費が嵩み、他方でバロン（直属封臣）に課した1年40日間という軍役義務に応じられない聖俗領主が続出したためだった。かれらは軍役に代わってその免除金を納めた。

　さて、ヘンリー1世はその晩年、王位継承問題に直面した。かれには20人ほどの庶子がいた。しかし嫡子はわずかにマティルダ (Matilda: 1102-67 ――通称モード皇后 [Empress Maud]、1114年に12歳で神聖ローマ皇帝ハインリッヒ5世と結婚、しかし25年に夫が死去。28年にアンジュー伯ジョフロワ4世と再婚。その長男がアンジュー朝初代のヘンリー2世）とウィリアム (William Adelin: 1103-20) のふたりだけだった。

　そのウィリアムが1120年11月25日、ホワイトシップの遭難と呼ばれる海難事故で死亡。そのため、ヘンリー1世はマティルダを王位継承者に指名した。しかし、彼女は戴冠せず、実効統治期間も数ヵ月だったため、イングランドの歴代王リストに載らないことが多い。彼女が対立したのはブロワ家のスティーブンだった。かれの母方の祖父がウィリアム征服王だったことを根拠にして、35年にヘンリー1世が亡くなるとロンドンに進攻し、ウィンチェスター司教やロンドン市民の支援を得て35年12月25日にウェストミンスター寺院で戴冠した。しかし、数年後にはマティルダ派の反撃と巻き返しにあって劣勢となり、ノルマンディー公領を隣接するアンジュー伯によって奪われると、イングランド国内での信頼は失墜し、「無政府時代」(the anarchy) となった。最終的には、スティーブンはウォーリングフォードの和平 (Treaty of Wallingford, 1153) を結び、イングランドにおける所領などの利権保全と引き換えにマティルダの子であるアンジュー伯アンリーを養子に迎えた。これによって1154年10月25日、アンリーがヘンリー2世として登位し、8代245年にわたるアンジュー朝が開かれた ('Henry I of England', WP)。

アンジュー帝国の成立とその統治

　ヘンリー2世（在位1154-89年）は「アンジュー帝国」(Angevin Empire, Empire Plantagenêt) を築いた。

その「アンジュー帝国」という言い方は 19 世紀の歴史家ケート・ノルゲート（Kate Norgate: 1853-1935）がその『アンジュー諸王治下のイングランド』（*England under the Angevin Kings*, 2 vols., 1887）の第 2 巻第 5 章につけたタイトル（「The Angevin Empire: 1175-1183」, p. 169）に由来する。プランタジネット朝の所領は最盛期、イングランド、フランスの西半分（ノルマンディー、ブルターニュ、メーヌ、アンジュー、アキテーヌ、ガスコーニュ）のほか、実質的にはウェールズやアイルランドに及んだ。

注目すべきことに、それらの所領は戦勝の成果ではなく、まずは[24]血縁に基づく爵位相続と婚姻戦略によって手に入れたものだった。ヘンリー 2 世は 1150 年に父からノルマンディー公領を譲られ、51 年には父の死によってアンジュー伯領も継承した。52 年にはフランス王ルイ 7 世（カペー朝第 7 代、在位 1137-80 年）の妃だった年上のエリナー・オブ・アキテーヌ（フランス名はアリエノール・ダキテーヌ［Aliénor d'Aquitaine: 1122-1204］——52 年にルイと離婚）と結婚し、彼女が相続したアキテーヌ公領、ガスコーニュ公領、ポワティエ伯領の共同統治者となった。

しかし、「帝国」を構成する王国や公領・伯領はその歴史のみならず、法制度と統治形態（司法・行政組織の整備や自治の水準）、経済状況や文化的伝統でも互いにその性格を異にしていた。したがって、「帝国」とはいっても基本的な統一性に欠け、その実態は、同時代人ジョン・ソールズベリー（c.1120-80 ——のちのカンタベリー大司教トマス・ベケット［在位 1162-70 年］の秘書、のちにフランスのシャルトル司教）が書いた政治道徳的な著作『多権力型政体』（*Policraticus*, 1159）というタイトルがよく当て嵌まるようなものだった。

その「帝国」のなかでは、イングランド王国が最も集権的かつ司法・行政制度が整備されており、それに次ぐのがノルマンディー公領の統治システムだった。しかし、西南フランスのガスコーニュは両者の対極にあった。またブルターニュ伯はノルマンディー公に臣従していたし、ウェールズの統治は自治的性格が強かった。

ここで、ヘンリー 2 世のイングランド内政をみておこう。ヘンリー 2 世が手を染めたものには、すでにふれたグランヴィル法典の編纂、クラレンドン法および条例の制定、新貨幣（銀貨）鋳造、ロンドンやブリストルおよびそのギルドや市民への特権付与のほか、一連の軍事制度改革があった。

ヘンリー 2 世はイングランド国内秩序の回復のため、司法・行政制度改革と

ともに国王の軍事力強化を図った。戴冠の翌年 (1155 年)、ヘンリーが最初に手懸けたのはバロン(直属封臣)たちが許可なく築いていた城塞の取り壊しだった。まもなくバロンたちの領主裁判所を廃し、国王裁判所の出先を各地においた。州長官にその司法機能を監督させ、巡回裁判官とともに各地を巡視させた。ヘンリー2世自身もしばしば地方を巡回した。また教会裁判権を弱め（クラレンドン法[25]）、犯罪告発陪審制度を導入した。これらの集権的な法治制度は社会的秩序の再構築に役立っただけでなく、国王の徴税能力を高め、戦費調達にも貢献した。

軍役免除金の拡大についてはすでにふれたが、ヘンリーは 66 年 3 月、バロン回答書 (cartae baronum) という調査を実施した。これは直属封臣が騎士に対して所領を下封している場合、その時期と騎士の数、さらにその名前を調べようとしたものだった。というのも、王権の強化——具体的には領主裁判所や教会裁判所の権限抑制と、それに伴う州長官や執行吏、法律家などの影響力の増大——によって生じていたバロンや教会関係者の不満と「武装」規模を把握しておく必要があったからである。その結果は、州長官を介して財務府に集められた。

「不完全」ながらも、この調査によってイングランド王国の騎士総数は 4500 人から 5000 人ほどであり、そのうち 4000-4200 人を世俗バロンが擁し、教会騎士は 800 人ほどいたといったことのほか、その騎士の出自[26]がじつに多様であり、大陸からやってきた放浪戦士も含まれていたことなどが明らかになった (Oman, 1898: 364-5)。

また、その州長官に対して 1170 年、州長官審問 (inquest of sheriff) が行われた。かれらが王権強化の影に隠れて不正行為を働いているという風聞が絶えなかったからである。この調査の結果、かなりの数の州長官が更迭された[27]。

1176 年、ヘンリーはさきのクラレンドン条例 (1166 年) を強化してノーサンプトン条例[28] (1176 年) を発布し、刑事訴訟の事例に貨幣偽造と放火を追加した。さらに 3 年後には、民事訴訟の手続きを制度化して大条例を公布し、陪審制度の充実を図った。

しかし注目すべきは、81 年の武器保有条例 (Assize of Arms, 1181) の制定である。全 12 条からなるこの規則は国王のための武具常備と忠誠心を義務づけたものあり、騎士領保有者と騎士、地代・賃貸料が 16 マーク以上ある「自由土地保有者」は誰であれ、鎧甲、楯と槍を常備すること (第 1-2 条)、またすべての「自由人」

(omes burgenses et tota commmuna liberorum hominum ——自治都市の市民と自由農)は鉄製胴着、鉄兜、槍を所持すること(第3条)、これら武具の保有者が死亡したとき、法定相続人がそれを保管すること(第5条)、しかし規定以上の武具をもってはならず、過大に武具をもっている者は他者に売却または寄付・贈与すること(第6条)、ユダヤ人が武具を隠匿したり、保持したりしてはならないこと(第7条)、国外へ武具を搬出あるいは売却してはならないこと(第8条)、地方巡回裁判官はこれらの規定が遵守されるよう監督し、宣誓させること(第9条)、しかし遵守しない者がいてもその土地や賃貸料を奪取してはならないこと(第10条)、「自由人」の武具保有について、かれらのうち宣誓しない者がないようにすること(第11条)、地方巡回裁判官はイングランドを出航する船舶とともに、武具や木材を外国に売却しようとする者がないように監督すること(第12条)と定めていた(Douglas and Greenaway eds., 1981, vol. 2: 449-51; 邦訳として川瀬、2010: 35-8参照)。

この条例で興味深いのは、武具の外国への搬出や売却の禁止、この条例施行のための巡回裁判官の派遣もさることながら、国王への忠誠とその証である武具の用意を直属封臣や騎士に対してだけでなく、すべての「自由人」に義務づけたことである。そういう意味で、この武器保有条例にはアングロ・サクソン時代のフュルド制(5ハイド1戦士の民兵制)を思い起こさせるものがある。

この条例はヘンリー2世が統治するフランス所領にも適用されたが、この武器保有条例によって武装した「自由人」(free layman)が動員されることはほとんどなかった。というのも、この条例は国防のための武器保有を義務づけたものだったからである(Norgate, 1887, vol. 2: 178)。

集権的封建制——富沢霊岸の所説

こうした軍役免除金といい、武器保有条例といい、それが示唆しているのは、イングランドの封建制が大陸ヨーロッパのそれとは異質なものだったということである。当時のフランスやドイツで封建制といえば、軍役と封土の互酬契約的な(あるいは身分秩序的な)一対一の忠誠と保護をその内容とする臣従関係を意味していた。一対一というのは、この臣従関係がいわば一等親にかぎられ、二等親以上に及ばないということである。したがって、直属領主と臣従関係にある騎士は国王に対して特段の権利も義務ないということになり、それが封建制の分権的性格

を培い、担保することにもなっていた。しかし国王からみれば、そこに封建制の泣き所があり、「主たる弊害」があった (Denton, 1888: 27-8)。

　征服王ウィリアムはイングランド統治にあたってこの欠陥を取り除こうとしたようにみえる (Stubbs, 1874, vol. 1: chap. 9; Denton, 1888: 10, 27-9)。つまり、ウィリアム征服王はイングランド封建制の集権化をめざした。理論的には、それはイングランドの所領すべてが最終的には国王に帰属するという考え方あるいは歴史的事実に基づいていた。征服後、ほとんどすべての領主をアングロ・サクソン人からノルマン人などに据え替えたことがこの理論に現実的根拠を与えた。所有者が曖昧な土地あるいは後継者が判然としない所領はことごとく国王の手許に集約されたのである。

　くわえて、上記の軍役免除金やイングランドのすべての「自由人」に対する武器保有といった法令は「古典的」封建制を形骸化し、後者は原初的ナショナリズムのひとつの培養基となった。集権的封建制という言葉にはそういう見落とせない含みがある。征服王ウィリアムはエドワード懺悔王の統治を踏まえつつ、その封建制を集権化し、フランスやドイツに先んじて集権的封建制の構築をめざしたが、ヘンリー2世は法制度等を整備してそれに拍車をかけたといってよい。

　では、大陸ヨーロッパとくにドイツ的観念からすれば、互いに矛盾しかねない王権強化と封建制存続とはイングランドでいかにして整合しえたのか。

　この点については、いまから半世紀も前に、当時の世良＝堀米論争[29]を踏まえつつ、とくに堀米庸三の示唆的立論を受けて、富沢霊岸が興味深い議論を展開している。その要点を摘記すれば、第1に、「イギリス封建制の特徴を封建制と王権との協調、調和」に求めることができる。第2に、イギリス封建制の最盛期は、「サクソン末期より征服直後にかけての時期」にあった。第3に、そののち12世紀から13世紀後半にかけての時代（ヘンリー2世からエドワード1世[在位1272-1307年]まで）、次第に「封建的発展を下向させる要素」（「下向」とは衰弱の意）がめだつようになった。その要素とは騎士領の細分化と金納化であり、「理論的には封建化にきわめて非適合的な」貨幣経済の進展であり、また非典型的マナーの偏在化であった。これらの動きは封建化の潮流を堰き止めて王権を強化し、イングランドを絶対王政化させていった、と要約することができる (富沢, 1968: 399-400, 402)。注目すべきひとつの歴史的鳥瞰図である。

ちなみに、富沢がイングランドにおける封建化というとき、第 1 に、征服後 20 年ほどのうちに「自由農民の農奴化を基調とする封建的支配体制の急速な進展」がみられたこと、第 2 に、「騎士役賦課に象徴される軍事的封建的土地所有の画期的な展開」、第 3 に、「封建領主による農奴的支配体制の強化」、第 4 に、『ドゥームズデイ・ブック』から 2 世紀後の「ハンドレッド・ロールズ」(最初のものはハンチンドンシャー、ケンブリッジシャー、ベッドフォードシャー、バッキンガムシャー、オックスフォードシャー、ウォーリックシャー等ミッドランド地方に関する 1279 年の土地台帳)までの間にみられた「イギリスの封建的所領経営の一層の発展」、第 5 に、12-3 世紀における「封建的慣習法の古典的確立」などをさしている (富沢、1968: 398-9)。逆に、封建制の集権化とは、すでにふれたように、アングロ・サクソン時代からの封建所領の王権による分散的封与のほか、多面的な中央行政官僚制の発展、とりわけ司法制度や国庫会計制度、軍役制度の強化充実などを意味している。

　こうした富沢の所説についていくつかコメントしておこう。第 1 に、イングランド封建制の個性を明らかにするため、富沢がこだわったのは封建制の一般と特殊といった区分でもなければ、進んだ封建制と後れた封建制という対比でもない。着眼点は封建制の類型にあった。富沢は『封建制と王政』(1968 年) の終章で、「資本主義的発展に立遅れた」ドイツを念頭において国家による資本主義化という事実にふれ、その類推として強い王権による「上からの」封建化という理論的見通しを立て、イングランドの集権的封建制がもつ個性を摘出しようとしたのである。ひとつの興味深い着眼点であるにちがいない。

　第 2 に、征服後のウィリアムの統治はそれに先立つアングロ・サクソン社会とどれほど連続的かあるいは断絶的かという基本的問題について、富沢は「連続的進化」という表現を用いている。

　しかし、征服前から存在していた自由農やソークマン (私的な領主裁判所の下にあって、国王・州・郡裁判所に上訴できない自由農に準じる存在)、農奴、奴隷は征服後どうなったのかといえば、征服後 20 年間ほどのうちに奴隷は農奴に上昇移動したが、同時に一部の自由農やソークマンは下降移動して「急速に農奴化していき」、全体として農奴制が確立するという形で封建化していった (富沢、1988: 95-6)。したがって、自由農やソークマンに注目すれば、かれらの一部はノルマンの征服後、不本意にも急速に農奴化され、零落の道を歩んだ。その歴史的経緯があった

ればこそ、のちにかれらの末裔はそれ（自由農やソークマンであった事実）を根拠にして自由希求の狼煙をあげ、抵抗の正当性根拠とした。この自由農やソークマンの没落もまた奴隷の農奴化も、いずれも封建化に違いないが、その事態は果たして「連続的進化」という言い方とよく馴染むのかどうか、議論の余地があるだろう。上からの封建化と同様に、「上からの農奴化」が進行したからである。

では、いつまで封建化は進展したのか。この点、富沢はせいぜいエドワード1世治下の13世紀末までとみている。封建的発展の3つの「下向的」力学（騎士領の細分化と騎士役の金納化、貨幣経済の浸透、「非典型的マナー」の遍在）の力学が働いたからである。したがって、12世紀から13世紀にかけて、イングランドでは封建化と商業化がせめぎあい、13世紀末までに商業化が封建化に優位するようになったというのが富沢の見方である (富沢、1968: 399-401)。

ということは、「ハンドレッド・ロールズ」(1279年) はその封建化のピーク時に行われた調査だったということになる。それによれば、『ドゥームズデイ・ブック』と同じく、かなりの地位差（たとえば中部諸州では自由農保有地がめだって多かった）がみられたが、農奴あるいは不自由農が土地比率では全体の62％、自由農や小土地保有者が38％を占めていた。また世帯数でみても農奴・不自由農が58％、自由農が42％という割合になっている (Kosminsky, 1956: 203-6)。

したがって、封建制がその頂点に達した13世紀末のイングランドにおいても4割ほどの自由農がいたということになる。自由農と不自由農の生活実態の違いは必ずしも大きなものではなかったが、この自由農4割という事実は見落とせない。それは狭くは「不完全な農奴制」「成熟しなかった農奴制」を意味し、広くは「不完全な封建制」「成熟しなかった封建制」とでも呼ぶべき現実を示唆しているようにみえる。

第3に、主権国家の胎動という関心からすれば、富沢モデルでは背景に押しやられているひとつの要因がある。それは聖職者叙任権紛争に象徴されるローマ教皇と王権の確執という問題である。

すぐあとでふれるジョン失地王の教皇への「屈服」といい、14世紀のエドワード3世治下でのブルージュ使節団を含む教皇と王権の鍔競り合いといい、イングランド王権が教皇権に揺るぎない形で優位するまでには、そののち長い歳月を要した。ヘンリー8世の「上からの」宗教改革を待たねばならなかったからである。

なお、その点に関連して想起する必要があるのは、すでにふれたように、アングロ・サクソン時代からウィリアム征服王までの時代、イングランド教会は長くローマ教皇に対して「独立」した地位を保ち、聖職者叙任権も王権の下にあったという事実である。

13世紀のイングランドは、自由農の「上からの」農奴化という動きとパラレルに、イングランド教会は次第に教皇制という枠組みのなかに包摂されていった。14世紀におけるウィクリフの中世プロテスタンティズムの形成は大いに刮目すべきものであるが、それに続く15世紀の後期ロラード派の衰弱にみられたように、15世紀を通じて教皇制の枠組みはイングランドを緊縛し続けたようにみえる。

その桎梏の鎖を切ったのが16世紀前半のヘンリー8世による「上からの」宗教改革だったという意味でいえば、イングランド中世レジームの3つの構成要素のうち、封建制と農奴制はフランスやドイツに先んじて早くから崩れはじめたものの、教皇制は16世紀半ばまで、見方によってはさらに1世紀、いわゆるピューリタン革命の時代まで執拗に存続したということができる。ピューリタニズムという言い方は、第6章でみるように、まずはイングランド教会のなかに残っていたローマ教皇制的要素を「純化あるいは浄化する」という思想と運動だったからである。

制限君主制と集権的封建制

もうすこし補足が要るかもしれない。集権的封建制が成熟していくなかで分権的な封建制的要素が色褪せていけば、王権の強化だけが残り、絶対主義あるいは絶対王政に至りつくという見取り図には一般的にいって誤りはないのかもしれない。しかし実際には、イングランドの歴史はそうしたプロセスを歩んではいない。集権的封建制の進展を王権化と封建化というふたつのプロセスに分解してみると、後者の封建化はノルマンの征服後、早くからその商業化が進み、農奴制の崩壊に先立って衰弱していった(第2章)。

では、前者の王権化はどうか。時期的には農奴制の崩壊よりも1世紀半も早く制限された君主制への道を歩みはじめたといってよいだろう。マグナ・カルタがそれを象徴する。そういう意味で、王権化(集権化)は13世紀はじめにいったん天井を打った。13世紀半ばのシモン・ド・モンフォールの乱やその議会を思い

浮かべれば、尚更である。そのように理解するかぎり、富沢が掲げた 13 世紀以降の「絶対王政化」という図式には応分の修正を免れない (富沢, 1968: 400)。

ところで、この制限された君主制という概念[30]を人口に膾炙させた思想家といえば、それはヒュームになる。かれは『政治論集』(Political Discourses, 1752) に収めた諸篇のなかで、17 世紀のピューリタン革命で処刑されたチャールズ 1 世と名誉革命で追われたジェームズ 2 世の統治を念頭におきながら、イングランドの政治システムを、一方の絶対君主制、他方の共和制を対比させたうえで、第 3 の類型として制限君主制 (limited monarchy) を挙げていた。何が王権あるいは君主制を制限するのかといえば、制度的には議会と法制であり、人の面では当初は直属封臣や有力貴族であり、時代を下れば騎士やジェントリー、さらに商人や一般民衆になる。議会の制度史的起源は征服王ウィリアムがアングロ・サクソン諸王から継承した賢人会議に遡ることができる。制限君主制に関わるその後の出来事では、ジョン失地王が署名したマグナ・カルタ、シモン・ド・モンフォールの議会、エドワード 3 世治下における二院制の導入などを見落とすことができない。

一般的にいって、集権的封建制と制限君主制とはいかなる関係にあったのか。制限君主制が君主の権能に掣肘をくわえるものであるかぎり、封建制の集権化を抑えることになる。じじつ、のちにみるように、ジョン失地王からヘンリー 3 世時代までの経験を顧みれば、「無能な」国王の恣意的権力行使を抑えるべく、2 度にわたってバロンの反乱 (戦争) が起き、その成果としてオックスフォード条項やモールバラ制定法がつくられ、一時的とはいえ、貴族寡頭制的な合議的統治システムが現実のものとなった。それらが物語っているのは、集権的封建制と制限君主制の排他的関係についてである。たしかに一連の制定法づくりに傾注したエドワード 1 世の前期には、両者の関係は必ずしも排他的とはいえない側面がみられた。しかし、「模範議会」開催の経緯をみれば、やはり集権的封建制と制限君主制の相容れない関係が浮かび上がるだろう。

こうした歴史的見取り図を念頭におきながら、まずは制限君主制の基礎を築いたマグナ・カルタの作成プロセスを追ってみることにしよう。

第2節　マグナ・カルタと法治国家

　2015年は「マグナ・カルタ制定800年」ということで、イギリスでは多くの公式行事や催し物、研究会議が開かれた。13世紀の時代状況に照らしてみても、このマグナ・カルタが含みもつ政治史的あるいは憲政史的意義はきわめて大きいものだった。

ジョン王の失政と第1次バロン戦争

　ヘンリー2世の子ジョン (John Lackland: 在位1199-1216年) は、兄のリチャード1世 (在位1189-99年——41歳で亡くなるまで、第3回十字軍遠征も含め、生涯のほとんどをフランスに滞在して戦闘に費やした。) が中部フランスで戦死したため、その後を襲って1199年に即位した。

　しかし、4年後の1203年、ジョン派によって甥アーサーが暗殺されると、アーサーの後見人を自負していたフランス王のフィリップ2世 (Phillippe II、在位1180-1223年) との全面戦争に突入した。そのジョンは相つぐ敗戦によって、1214年までにフランスにあったイングランド所領のほとんどを失ってしまう。後世「失地王」と呼ばれた所以である。

　そればかりではない。カンタベリー大司教の任命問題で教皇インノケンティウス3世 (在位1198-1216年) と激しく対立したジョンは、教皇を支持する司教たちの教会領を没収した。そのために13年1月、ジョンは教皇に破門されてしまう。しかもその教皇がフィリップ2世によるイングランド侵攻を支持し、それに呼応するイングランド諸侯が反乱を画策していることを知ったジョンは逃げ場のない窮地に追い込まれた。

　1213年5月23日、彼は教皇の使者パンドルフ (Pandulf Masca: 生年不詳、1226年没、ノリッジ司教) に接見し、没収したすべての教会財産を返還すること、スティーブン・ラングトン (Stephen Langton: c.1150-1228) がカンタベリー大司教になることも受け入れた。さらにその2日後の5月25日、ジョンはパンドルフの前に跪き、教皇に恭順の意を示し、その証としてイングランドとアイルランド全土をいったん教皇に献上し、あらためて「教皇の臣下」として両所領を与えられるという前代未聞の失態を演じた (McKechnie, 1905 [1914:26、訳26-7])。そればかりでなく、ジョ

ンとその後継王は毎年教皇に 700 マークを献上することも約束したのである。

　こうした深刻な軍事的敗北と外交的失政にくわえて、かれは戦費調達のための重税を課した。そのためイングランド諸侯はジョンに強く反発し、ついに反旗を翻した。その結果、1215 年 6 月 15 日、ジョンはマグナ・カルタ（大憲章）に署名する羽目になった。

　しかし、事態はこれで収束しなかった。というのも、ジョンは教皇にマグナ・カルタの不承認と反乱諸侯の破門を願い出たからである。このジョンの振る舞いに怒り心頭に発した諸侯たちは、フランス王フィリップ 2 世の長男ルイ（のちのルイ 8 世——在位 1223-6 年）にイングランド出兵を要請。ルイは抵抗なしに易々とロンドンまで進軍し、そこで諸侯や市民から大歓迎された。かれは戴冠こそしなかったが、イングランド王位につくことを宣言した。そしてその後、ルイはジョンが逃れたウィンチェスターまで進攻した。1216 年 6 月のことである。

　けれども、その 4 ヵ月後にジョン王が急死、かれの子ヘンリー 3 世（在位 1216-72 年）がマグナ・カルタを認めて抵抗する諸侯と和解した。そのため、ルイは一転守勢に立たされた。若き王の摂政となったウィリアム・マーシャル（William Marshall: 1146-1219 ——初代ペンブルック伯、ヘンリー 2 世以下歴代 5 王に仕えた騎士で政治家）の巧みな戦略によって、その後 1 年近く続いた戦闘は収束し、ルイの軍勢は 1217 年 9 月 28 日、ランベス条約[31]（Treaty of Lambeth）に署名、イングランドから撤退した。

　このように、最初のマグナ・カルタ（1215 年）を契機とする第 1 次バロン戦争（1215-7 年）は、ジョン王およびその子ヘンリー 3 世と反抗諸侯との内戦であるとともに、イングランドを舞台とするイングランドとフランスの戦いでもあり、まかり間違えば、フランス王がイングランド王となる可能性をもった重大な出来事だった。

　それにしても、フランス領土の喪失といい教皇への臣従礼といい、国内諸侯の反乱といい、ジョン失地王はのちに「イングランド史上最低の君主」と呼ばれるようになったのも頷ける。しかし皮肉といえば皮肉、かれは意図せずして歴史に偉大な足跡を残すことになった。それがマグナ・カルタの制定であり、もうひとつがイングランドのフランスに跨がる複合国家からの最初の「退却」だった。諸侯や領主層はイングランドの在地領主となり、ウェールズとスコットランドに目

を注ぎながら一国統治への関心を高めていった (城戸、1980: 35)。

マグナ・カルタ——5つの原本

　そこで、マグナ・カルタを追ってみよう。17世紀以降、それは次第に政治的重要性を増し、ジェームズ1世やチャールズ1世が王権神授説によってその王権を強化し、制限君主制の手枷足枷を外そうとしたとき、エドワード・コーク卿 (Sir Edward Coke: 1552-1634 年、庶民院議長、王座裁判所首席裁判官、「権利の請願」[the Petition of Right in 1628] の起草者) をはじめ、それに批判的だった人々の理論的拠り所となったのがマグナ・カルタである。その後も、マグナ・カルタは名誉革命時の「権利章典」(1689 年)、さらに100年後のアメリカ合衆国憲法 (1788 年) の修正条項にも大きな影響を与えることになった。

　この文書をめぐっては、コーク卿の創作とされる「マグナ・カルタの神話」を暴く研究がのちに数多く出版され、いまも論争の種となっている。しかし奇しくも「マグナ・カルタ 800 周年」にあたる 2015 年、その近代政治史的意義を否定する者はいない。

　ところで、ひとくちにマグナ・カルタといっても、それには複数の原本がある。「知られざる自由憲章」(1214-5 年) や下記の「諸侯の要求事項」(1215 年) を除いても[32]、5つのマグナ・カルタが存在する。

　最初のものは 1215 年 6 月 10 日、ロンドン近郊のテームズ河畔ラニーミード (Runnymede) で反抗派諸侯がジョン王に会ったときに手渡した「諸侯の要求事項」(The Articles of the Barons) をさきのラングトンが「和平協約」として加筆して文書化したものであり、まもなくして「大憲章」と呼ばれるようになった。全 63 条からなるこの文書 (以下、A 書 [ジョン王の大憲章] と呼ぶ——なお、63 条の区分はオリジナル版にはなく、のちに印刷本になったとき、便宜のために挿入されたもの) は 6 月 19 日、両者間で合意され、反抗的諸侯もあらためてジョン王への忠誠を誓った。そして同時に、その第 61 条に基づいて 25 人の諸侯による会議体が設けられ、マグナ・カルタの履行を監視することになった。

　しかし、すでにふれたように、ジョンは間髪を入れず、教皇の威光を借りてマグナ・カルタを破棄しようと企てた。8 月 24 日付けの教皇からの返書には、反抗的諸侯の破門とラングトンの停職に続いて、国王が署名を強いられた大憲章な

ど、「恥知らずで下劣なもの、不法かつ不正なもの」であり、国王ジョンは遵守するには及ばないと記されていた。

　まもなくしてジョンが急死したため、わずか9歳で王位を後継した若きヘンリーは10月28日、教皇使節のビッキーリ枢機卿（Guala Bicchieri: 1150-1227）の下で戴冠し、父と同じく教皇への忠誠を誓い、「教皇の臣下」となることによって王位と所領を継承することができた。摂政マーシャルの判断に基づいてヘンリーは改心する諸侯への所領返還、批判的諸侯にとって不利な内容に改訂された大憲章（B書［ヘンリー3世の第1大憲章、1216年11月12日］と呼ぶ。）の発布といった条件を出して反抗派諸侯との和解を図ったが、功を奏さなかった。

　明けて17年5月、フランスのルイ軍はリンカーンの戦いでイングランドのマーシャル軍に破れ、ルイは9月にランベス条約を締結した。11月初め、1217年の大憲章（C書［ヘンリー3世の第2大憲章］と呼ぶ。）が公布された。その内容はB書と似ていたが、反抗派の諸侯に有利ないくつかの条文が書き加えられた。この「自由大憲章」とも別称される文書には御料林憲章[33]（Carta de Foresta, 1217）も添えられた。正確には別書きとしてマグナ・カルタから独立させられたものである。

　ヘンリー3世の治世は次第に落ち着きはじめたが、1223年になって厄介な事案がもちあがった。ヘンリーが領主の財産や収益に対して新たな課税強化を行おうとしたためである。大憲章を楯にとって反発の声が高まった。国王周辺からは、王が強制されて署名した大憲章に拘束力はないという反論も立った。

　それから2年後、ルイ8世はヘンリー3世のフランス所領（ポワトゥーとガスコーニュ）に攻め込んだ。たちまちポワトゥーは陥落、イングランドからの新たな派兵がないかぎり、ガスコーニュの占領も時間の問題とみられていた。賢人会議の系譜につらなる国王諮問会議（magnum concilium）が開かれ、フランス派兵のための費用4万ポンドの出費が認められた。しかし、その代償として諸侯たちはマグナ・カルタと御料林憲章の再公布を求めた。その内容はC書と大きく変わるものではなかったが、それまでの大憲章と違っていたのは、18歳になった国王の自発的意思に基づいて定められた大憲章だったということであり、王璽も押された。1225年2月11日のことである（D書［ヘンリー3世の第3大憲章］と呼ぶ）。20歳になったヘンリーは1227年、あらためて親政を敷いた。その折り、今後の大憲章の制定はみずからの意思と判断によっておこなうと宣言した。

その後も、いくどかこの D 書の再確認がおこなわれたが (McKechnie, 1914: 157-9、訳 160-3)、最後のマグナ・カルタ (E 書 [エドワード 1 世の大憲章]) は 1297 年 10 月 12 日、さきの御料林憲章ともども D 書 (1225 年) をほぼ再公布する形で (厳密には国王の課税権を制約する条文が一部付加された)、したがって「両憲章の確認書」(Confirmation Cartarum) という形でエドワード 1 世によって公にされた。そしてそのときも、憲章の確認が新税導入のための交換条件となった。しかし、この E 書 (「憲章確認」) もまた、エドワード 1 世の要請に基づいて 1305 年、教皇クレメンス 5 世 (在位 1305-14 年) によって破棄されてしまったのである。

このように、少なくとも 5 種類あるマグナ・カルタの改訂プロセスを理解するためには、イングランド王とその王政に批判的だった有力バロン (直属封臣) や諸侯との対立だけでなく、フランス王との確執やローマ教皇への配慮やその影響力も視野に入れなければならない。

最初のマグナ・カルタ

そのマグナ・カルタの中身であるが、なにより注目されるのは A 書 (1215 年) である。

その A 書の理解については、17 世紀半ばのイングランド革命期のエドワード・コーク卿を皮切りにして、啓蒙時代のウィリアム・ブラックストーン卿 (Blackstone, 1759)、リチャード・トムソン (Thomson, 1829)、マグナ・カルタ解釈にひとつの転機を与えたエドワード・ジェンクス (Jenks, 1904) などが注視されてきた。しかし逐条的解釈という点では、いまでも法制史家ウィリアム・マッケクニの『マグナ・カルタ』(McKechnie, 1905, 2nd 1914 ——とくに全面改定された第 2 版) の浩瀚な作品が有益である[34]。その注釈を参照しながら、各条の中身を追ってみよう。

ちなみに、各条の要約にあたっては、高木八尺ほか編『人権宣言集』(岩波文庫) 所収の田中英夫訳、マッケクニ著『マグナ・カルタ』の英文と禿氏好文訳、上記トムソンによる英訳 (1829 年)、田中秀央によるラテン語からの訳業 (田中秀央訳『羅和対訳マグナ・カルタ』、デーヴィス著『マグナ・カルタ』城戸毅訳)、デーヴィッド・カーペンターによる最新の英訳 (Carpenter, 2015) などを参照した。

まず、前文では、カンタベリー大司教スティーブン (ラングトン) 以下 27 人の名前を挙げ (抵抗派諸侯とは異なる穏健派の人々——McKechnie, 1914: 189, n.2、訳 194、

注1)、これら朕（ジョン王——以下も同じ）の忠誠な人々の諫言を容れてこの憲章を定める。その目的は神の栄光と神聖なる教会の繁栄のため、また朕とその子孫の魂の救済のため、そしてイングランド国の改革のためであるとしている。

また、冒頭にあるジョンの称号は、「イングランド王、アイルランド領主、ノルマンディー公、アキテーヌ公、アンジュー伯」となっている。のちの御料林憲章(1217年)でも同じ称号が用いられている。

第1条は、ひとつにはイングランド教会[35]の自由、とりわけかれらが聖職者を選任する自由およびかれらの諸権利を恒久的に保障すること。もうひとつ、この憲章で以下の各条に列挙される「すべての自由をわが王国のすべての自由人 (omunibus liberis hominibus regni nostri)」とその相続人に与える、と記している。

このイングランドにおける聖職者叙任権の確保など「イングランド教会の自由」の保証は、それに先立つジョン王の立ち居振る舞いの基本を真正面から否定したものであり、字義どおりに実行されることはなかったが注目に値する。というのも、この規定は明らかに反君主的かつ反教皇的だったからである。また文中に「自由」という言葉がいくども登場する点も興味深い。

しかし、「自由人」(liber homo)とは誰か。この点の解釈をめぐっては論争——下記の第20条を除けば、自由人という表現が意味しているのは精々自由農までなのか、あるいはもっと広く民衆一般(commons)まで包摂するのかをめぐる論争 (McKechnie, 1914: 113-9、訳 116-23参照)——があるが、この自由人という言葉は第15、20、27、30、34、39条にも登場する。第19条には、自由保有農 (libere tenentes) という表現もみられる。第20条では、自由人とは区別して商人と農奴 (villanus, villein) が挙げられ、第34条では、自由人がマナー裁判所で裁判を受ける権利についてふれている。こうした点からすれば、「自由人」とは、まずは自由農をさしているが、もうすこし広く捉えることもできる[36]。自由農のほか、自治都市の市民などが含まれるだろうからである。

さて、つぎの第2条から第8条までは、国王の直属封臣が亡くなったとき、その相続人は「旧来の相続料」(relevium, relief——それぞれの全所領について伯爵とバロンは100ポンド、騎士は100シリング) を支払えば、財産を相続ができること。その相続人が後見されている場合、その後見人の権限は合理的範囲に制約されること。また成人後は「人あるいは物を毀損することなく」、すべての財産を相続人

に返還しなければならないこと。相続人は「不似合の婚姻の強制」(disparagatio) されないこと。寡婦は相続財産および持参金(maritagium)を継承でき、また婚姻(再婚)を強制されることがないことなどについて定めている。

したがって、裏返していえば、これらの規定のうち、国王の後見権にふれた箇所は、国王がしばしば恣意的に相続人の財産および婚姻関係に介入したことを示唆している。また、第4条にみられる「人あるいは物の毀損」のうち、「人の毀損」のなかには農奴の解放が含まれる。さらに、第7条にある相続財産である寡婦産とは、1217年の上記C書で明言されているが、夫の土地および動産の3分の1を意味する。総じていえば、これらの条文はすでにみた戴冠憲章(1100年)を彷彿とさせるものが少なくない。

第9条は、債務者の財産差押え、債務者の保証人となった者の権利と義務について記している。ひとつは債権者による財産差押えの順番についてであり、まず債務者の動産ついでその不動産、さらに保証人による弁償となっており、そのさい保証人の債務者財産に対する権利を保証するという内容になっている。もうひとつは、債務者の財産が債務を弁償するのに十分なものであるとき、債権者は土地等を差し押さえてはならないとしている。負債に不釣り合いな高価な物品等の差押えが行われないようにするためだった。ちなみに、多くの場合、ここでいう債権者とは国王をさしている。

第10条および第11条は、「法的に無能力な」、そして「王によって掠奪され、民衆によって迫害された」ユダヤ人の高利貸しについての規制であり、基本的に債務者が死亡したとき、あるいはその相続人が成人するまでのあいだ、債務の利息は生じないこと。また国王の債権も元本以上のものを取り立ててはならないとしている。

第12条は、国王に上納する軍役免除金や援助金(auxilium, aid)は国王諮問会議(commune consilium, common counsel)の決議によるものでなければ、課すことができない。また、ロンドン市からの援助金についても同じ扱いとすると定めている。

ここでいう援助金とは、バロンや高位聖職者、自治区の市民の「自発的」で自由な意思による国王への個人的贈与をさす。したがって、軍役免除金と併記されるような性格のものではない。しかし、この規定は援助金の拠出が半ば強制的なものだったことを示唆している。

また、この条文は下記の第 15 条、すなわち自由人からの援助金徴収の廃止と一対をなしている。

　しかし、もうひとつの注記が見落とせない。というのは、この援助金と別に、王の強制徴収による特別賦課税というものが存在したからである。国王は援助金に制約を課されたとしても、特別賦課税を取り立てることができた。実際には都市からの特別賦課税徴収はエドワード 3 世時代の 1340 年まで続いていた（McKechnie, 1914: 238、訳 250）。

　ともあれ、この条文は都市や自治区の市民層にふれており、それに自由農を加えれば尚更のこと、マグナ・カルタは王と諸侯との王権抑制的な約束だったとする見方は狭きに失することがわかるだろう。

　じじつ、つぎの第 13 条では、ロンドン市は「すべての古来の自由」と「自由な関税」を保有すること。また他のすべての都市や自治区（boroughs）、町や港湾も「すべての自由」と「自由な関税」と保有すると定めている。

　ここでいう「すべての古来の自由」とは何か。それは、ロンドン市民がその市長および地代徴収役のシェリフを選出し、かつ任命することができる自由をさしている。ヘンリー 1 世の時代、したがって 12 世紀になって、ロンドンは都市としての体裁を整え、国王からいくつかの特権（ロンドン市の恒久的借地権と年 300 ポンドという減額地代、市長および隣接するミドルセックス州長官の任命権、そして市裁判官の任命権など）を手にしていた。12 世紀半ばには一時期その特権を失ったが、12 世紀末のリチャード 1 世の時代に、ロンドン市はフランスから「コミューン」という名を借用して自治市としての諸制度をもつようになり、ふたたびヘンリー 1 世時代の特権を回復した。この条文はその延長線上にあるものと理解することができる。

　しかし、ロンドンだけが例外扱いされたわけではない。他のすべての都市や自治区、町や港湾も、その実態を字義どおりには受け取れないとしても、「すべての自由」と「自由な関税」を享受するとしていたからである。印象的なことだが、この 13 条にも第 1 条と同じく、いくども「自由」という言葉が登場する。

　第 14 条は、大司教と司教、修道院長、伯爵と有力バロンからなる上記の国王諸問会議の召集手続きを定めている。

　第 15 条は、国王は今後、「自由人」から援助金を徴収しないと規定している。

但し、王が自らの身代金を払うとき、王の長男が騎士になるとき、王の長女が最初に嫁ぐ場合にはその限りでない。しかし、その金額も合理的範囲でなければならないとしている。

　第16条は、何人も騎士封 (feodo militis) だけでなく、他の自由封土についても、その封土に伴うもの以上の奉仕を強要されることはないと定めている。ここでいう「何人」とは誰をさすのか。基本的には王の直属封臣たるバロン (諸侯) であるとみてよいだろう。

　第17条は、民事訴訟は国王の宮廷とともに移動することがないよう、一定の場所で開かれるとしている。ちなみに、ここでの民事訴訟とは、その裁判の結果が国王の利益に影響を与えないものを意味し、「一定の場所」とはウェストミンスターをさしている。

　第18条と第19条は、不動産および聖職推薦権 (ultima presentation, darrein presentment) に関する権利回復訴訟の審議は州裁判所において行われること、その判事団は国王あるいは最高司法官が年4回地方巡回するために指名する2人および各州の騎士4人によって構成されるとしている。

　この第19条では、係争事案が多い場合、州裁判所が選ぶ騎士とともに自由農も審問に関わることができるとしている点が印象的である。

　第20条は、「自由人」、商人および農奴の違法行為に対する罰金はその罪状の軽重によって決められるが、罰金は「自由人」については「生計の維持に必要な財産」を、また商人についてはその商品を、さらに農奴についてはその農耕具をそれぞれ除外するものとしている。また、罪状認否については、「近隣の誠実な人々の宣誓」に基づくものでなければならないというもうひとつの制限を加えている。

　したがって、違法行為に罰金を科すとしても、その額は過重なものであってはならず、「生計の維持に必要な財産」「商品」「農耕具」を奪うことがあってはならないと定めている。ちなみに、マグナ・カルタで農奴に言及しているのはこの第20条だけである。

　じっさい、「自由人」(自由農、自由市民) の違法行為に対する罰金は僅少なものであり、大罪でないかぎり3ペンスが一般的だった。

　しかし、マグナ・カルタのD書 (1225年のヘンリー3世の第3大憲章) にも基本的に継承されたこの条文は、「人民の権利の偉大な防御物」というよりも、13世紀

初期のイングランドの政治経済的秩序を傷つけず、安定的なものにすることにその主眼があったと理解されている。

第21条は、伯爵やバロンの違法行為に対する罰金についても、前条と同じく、その罪状の軽重に従い、また同僚の宣誓に基づいて科されるものであるとしている。

第22条は、聖職者に罰金を科す場合、第20条および第21条と同じくその罪状に見合ったものであること、しかも聖職禄の金額を考慮したものでなければならないとしている。

第23条は、いかなる村落も個人も、古来法律上義務づけられている者以外、橋梁建設を強要されることはないと定めている。ここでいう「個人」とは「自由人」のことである。

第24条は、州長官や城代 (constabularius)、王室財務官 (coronator) などは王座裁判所を開いてはならないと規定している。

いいかえれば、本条は、州長官など国王が任じる地方高官による不法行為がしばしばあったことを示唆している。じっさい、「この時代の記録はかれら（上記の州長官以下の役人）の残酷と圧政の物語で充ち溢れている」(McKechnie, 1914: 305、訳323) とマッケクニは記している。

第25条は、国王の直轄マナーを除き、各州およびハンドレッドや郡 (hundrerede et wapentakii ――南部ではハンドレッド、北部のデーン地方ではウォプンテイク) は追加金 (incrimentum) を課されることなく、旧来のレント (firmas) を国王に上納するとしている。

この規定が示唆しているのは、一方で徴収請負人でもある州長官の悪徳的行為に歯止めをかけること、他方では王が州長官に重税を課せば、それがドミノ現象となってつぎつぎと下層に転嫁され、地方行政の腐敗と下層民の苦難を生んでいくという事態についてである。

第26条は、国王から封禄をえている世俗人が死亡したとき、州長官などは、本人が国王に負っていた債務をその限度内において動産として差し押さえることができる。また、その債務が弁済されるまでその動産を他に移転してはならない。さらに、国王への負債がない場合、その動産は妻や子に与えられる合理的部分 (rationabilis pars) を除き、他はすべて死者に帰すと定めている。

第1章　複合国家と集権的封建制　49

　この規定は、その表向きの表現とは違って、州長官などの地方高官が国王の権益を守るという口実で債務者が支払うべき金額を超えて動産を差し押さえる、あるいはそれを売却して利鞘をえるといった悪行を廃絶するために設けられたものだった。
　この条文では、遺された妻や子の「合理的部分」(取り分) について明言していないが、遺言の内容にかかわらず、慣習的にそれぞれ全体の3分の1となっており (子がいないときは2分の1)、したがって残りは「死者」のものになる。では、その死者の取り分はどう処分されるのか。一般的には、「司教区の裁判官」といってよい司教の判断に基づいて教会へ寄進されることが多かった。
　第27条は、「自由人」が遺言せずに亡くなった場合、その動産は教会の監視下、その近親者や友人に分配されると規定している。
　しかし、この条文はB書以降のマグナ・カルタでは消えている。教会の権力拡大を抑えるためだったとみられる。逆にいえば、この条文 (「教会の監視下で」) を手懸かりにして、教会はしばしばその貪欲な触手を遺言なき「自由人」の遺産に伸ばしていたということである。
　第28条は、城代や執行吏 (ballivus, bailiff) など国王の役人は、即金を支払うか、あるいは売り手の意思で猶予される場合を除き、何人の穀物や動産を取得してはならないと定めている。
　多くの他の条文もそうであるが、この条文が禁じている行為が現実にしばしば起きていたことを暗示している。じっさい、マグナ・カルタは国王の徴発権 (purveyance)、つまり国王が必要とする必需品を取り立てる特権を禁じることはできなかった。その必需品のなかには強制労働もあれば、兵士の民家への宿泊も含まれていたからである。
　第29条は、城代は、騎士がみずから城を警護する意思があるとき、あるいはやむを得ない事情で他の適任者に代わらせようとするとき、城の警護に代えて騎士から金銭を取り立ててはならないと規定している。
　第30条は、州長官や国王の官吏は運搬を目的として「自由人」の馬や荷馬車をその意思に反して徴発してはならないとしている。
　この規定は、1216年のB書では、一定の金額を払えば (二頭立て荷車は1日10ペンスなど)、所有者 (自由人) の同意がなしに借り出すことができると改められた。

第 31 条は、国王もその家臣も、築城など国王のために、他人が所有する材木をその者の意思に反して徴発してはならないと定めている。

　第 32 条は、国王は重罪を犯した者の土地を 1 年 1 日以上保有することはせず、その期間を超えれば、その土地は封建領主に返還されるとしている。

　イングランドの古来の慣習によれば、反逆罪などの重罪犯の土地はその封建領主に与えられるのが一般的だった。しかし、ノルマン朝の諸王は中間的領主（大領主の臣下であるマナー領主など）の受封者が重罪を犯したとき、イングランド所領の「最終的」領主は国王であると主張して、その土地の帰属について介入することがあった。この規定はそうした事情を背景にしていた。

　第 33 条は、海岸に設置されたものは除き、テームズ河とメドウェイ河およびイングランド全土から魚梁 (kydells) を除去すると定めている。

　この狙いは、しばしば漁業権の独占を排除するためと理解されてきたが、船の航行を妨げる可能性のあるもの（その代表的なものが魚梁）を除去することにあった。折しも商業がめざましい勢いで成長しつつあった時代、水路はそのために欠くことのできない大動脈だったからである。

　第 34 条は、国王は、「自由人」に対してマナー裁判所での審理を受けさせないために「プレシピ」(praecipe) という令状を発することはないと規定している。

　この規定は慣習的司法を蚕食していった王権に制約を加えようとするものだった。マナーの土地紛争をめぐる係争はマナー裁判所で判断されるという慣行があった。しかし、国王はしばしば権利令状かプレシピ令状を発行することで領主の裁判権を侵犯し、当該事案の審理を王座裁判所に移管した。それはまた、領主の裁判収入を国王に移し替えることでもあった。

　第 35 条は、ワイン、ビール、穀物などについてイングランド共通の単一の枡目あるいは重量を設けると定めている。この条例に先立つものとして、たとえばリチャード 1 世による度量衡条例 (1197 年) やジョン王のワイン条例 (1199 年) があった。

　第 36 条は、生命と四肢に関する令状 (brevi inquisicionis de vita vel membris)、すなわち遺恨や憎悪あるいは拘禁事由審査に関する令状の発給は無料とするとしている。

　この条文は決闘裁判を回避するためのものだった。殺人の罪で不当に私訴された者を決闘の危険から保護するという狙いがあった。長い時間を要したが、決闘

裁判は次第に隣人による評決へと変わっていった。

　第37条は、国王は地代づき自由保有、鋤奉仕保有あるいは自治区土地保有の相続人に対して後見権をもたないと定めている。

　この規定は複雑なものだが、基本的には国王大権に基づく強引な後見権の行使を制限しようとするものだった。

　第38条は、国王の執行吏は今後信頼すべき証人なしに自らの主張のみに基づいて人を裁判にかけてはならないと規定している。地方に配置された執行吏もまた、しばしばその権限を乱用し、怠慢、情実あるいは賄賂によって、民事であれ刑事であれ、被告人を裁こうとした。この条文は、こうした不法な執行吏の行為を禁じようとしたものである。

　第39条は、いかなる「自由人」も同輩による合理的裁判または国の法律によるのでなければ、逮捕、投獄、侵奪、法外放置または追放されることはないとしている。

　この条文のうち、「同輩による裁判」という考え方はアングロ・サクソンの時代からのものであり、目下の者によって裁かれてはならないという含みがある。それだけではなく、ユダヤ人にとってはユダヤ人によって、外国商人にとってはかれの出身国の者を含む陪審によって、ウェールズ人にとっては辺境地方の出身者によって裁かれるという意味も込められていた (McKechnie, 1914: 378-9、訳403)。

　なお、1217年のC書以降のマグナ・カルタは「侵奪」(disseisin) の中身を自由保有財産や慣習的権利などを列挙して具体的に規定している。

　第40条は、国王は何人に対しても権利と正義を金銭で売ることはしないし、何人に対しても正義と公正を拒否したり、その実行を遅延させたりしないと規定している。

　第41条は、すべての商人は旧来の関税を払えば、イングランド国の内外を自由かつ安全に行き来し、商業活動を行うことができる。ただし、戦時における相手国の商人はその限りでないとしている。

　その「相手国の商人」は、イングランドの商人が相手国においていかに取り扱われているかが判明するまで、その身柄と財産は損害を受けることなく保留される。しかし、相手国におけるイングランド商人の自由と安全が確認されれば、イングランドにおいても相手国の商人を同等に取り扱うと規定している。

この条文は、さきの第13条（ギルドを含め、国内商人の諸権利を保証していた）とあわせ考えてみれば、主として外国商人についての規定だと理解することができる。というのも、外国商人は商業上の特権や身の安全を法律ではなく、国王の恣意的判断に依存しなければならなかったからである。逆に、そのことが国王に不当に利権をもたらす契機となっていた。この第41条はそうした国王利権に制約を加えようとするものだった。
　第42条は、戦時の短期間を除き、法的に拘禁されている者あるいは法外放置されている者、さらにイングランドと戦争状態にある国の者を除き、すべての者は国王への忠誠を前提としてイングランドを自由に出国し、また帰国することができるとしている。
　この規定が主として念頭においていたのは聖職者だったようにもみえる。そうであれば、本条は1164年のクラレンドン法第4条——イングランドの大司教、司教、教区司祭 (personae) は国王の許可なしに出国することを禁じていた——を破棄することを狙ったものだったということになる。
　第43条は、国王が没収したバロン領から封土を得ていた受封者が死亡したとき、その相続人となった者は、バロンが存命であった場合に支払うべき相続税以外のものを国王に支払う必要はないと定めている。
　この規定が意味しているのは、ジョン王が憚ることなく実行したことだが、バロン領の受封者相続人が、王領の受封者相続人と同じように、国王から多額の恣意的な相続税を強要されることを防ごうとするものだった。
　第44条は、御料林の外に住む者は、今後一般的召喚状によって御料林司法官 (justiciariis nostris de foresta) に呼び出されることはない。ただし、御料林問題で訴訟中である者および同事案で逮捕された者や保証人である者を除くとしている。
　この御料林という言い方は自然的実在（つまり森林）ではなく、法的概念であり、その内部では王権が絶対的、したがってコモン・ローの及ぶ余地はなかった。こうした考え方はアングロ・サクソン時代にはほとんどなかったものである。
　ノルマンの征服後、諸王はこの御料林の拡大に熱心だったが、国王の侵害行為はその境界線が曖昧な荒蕪だけでなく、それまで自由保有されていた地域にも及んだ。新たな御料林指定に努めたヘンリー2世は、御料林裁判にあたって御料林内の住民だけでなく、その域外の者も裁判官に面接することを強制した。

第45条は、国王はイングランドの法律に通暁し、かつそれを遵守する意思のある者でなければ、裁判官、城代、州長官、執行吏として任命することはしないと定めている。
　この規定は、本条と関連がある第50条で外国人寵臣を念頭において定められたものである。
　第46条は、修道院を創設したバロンであって国王特許状をもつ者、また古くから修道院を保有する者は、当該聖職が空位となったとき、その後見権をもつことができるとしている。
　この条文は世俗権力と教会権力の対立ではなく、後見権をめぐる国王とバロンの私設修道院管理をめぐる係争に関するものである。
　第47条は、国王(朕)の時代に新たに指定された御料林は直ちにその指定を解く。また、鷹狩り区に指定された河川堤防についても同様の扱いとするとしている。
　この規定はジョン王が御料林を拡大してバロンや自由保有者に対する権利侵害を行ったことを認め、その土地を返還するとしたものだが、第53条と併読すべきものである。
　第48条は、御料林および狩猟地、料林官 (forestariis) および狩猟官 (warennariis)、州長官とその官吏、河川監視官に関わるすべての悪習について、各州の善良なる人々によって選ばれ、かつ宣誓した騎士12人によって直ちに調査され、その終了後40日以内に同じ騎士たちによって完全に廃止させる。但し、国王(朕)あるいは国王が不在の時は最高司法官に対して事前告知する必要があるとしている。
　この条文の「悪習」が何であるかについては特に定めはなく、その決定は騎士12人からなる地方陪審の調査と判断に委ねられていた。
　第49条は、国王(朕)は平和または誠実な勤務を担保するために臣下から差し出させた人質および証文をすべて直ちに返還すると規定している。
　ジョン王は忠誠心に欠けるとみたバロンからいくども人質をとった。そうした行為はそれまで例外的なことだったが、かれはそれを常套手段とした。この条文はそうした行為を否定するものだった。
　第50条は、国王(朕)はジェラール・ド・アテ一族 (parentes Gerardi de Athyes) を執行吏の職位から追放するとしている。
　その筆頭に名指しされたのはアンジェール・ド・シゴニュだが、かれはジェラー

ル・ド・アテー（Gérard d'Athée）の甥であり、1209 年にグロスターとヘリフォードの州長官の地位を叔父から継承した。この条文で名前を列挙された者たちはジョン王がフランスで失った領土（アンドレ・エ・ロワール県トゥレーヌの近郷 3 村）に住むひとまとまりの親族だった。かれらはジョンによって州長官、御料林の管理官や国王の守備隊指揮官などに登用された。しかしかれらは政治家でも貴族でもなく、バロンたちから怖れられた軍人だった (McKechnie, 1914: 444-5、訳 475)。

第 51 条は、国王（朕）は平和が回復したとき、イングランドを害するために馬や武器を携えてやってきた外人の騎士、石弓射手、下級戦士、傭兵は直ちに国外に退去されるとしている。

この約束は一部実行され、外人部隊の傭兵は解散し、国外に退去させられた。しかしマグナ・カルタの公布後、第 1 次バロン戦争が始まるとこの条文は反故になった。

第 52 条は、「同輩による合法的裁判」なしに国王（朕）によってその領地や城塞、権利などを奪われた者にはそれらの所領等を返還する。この点で係争が生じたとき、後記（第 55 条および第 61 条）の 25 人のバロンによる裁判によって決着させるとしている。

ただし、父ヘンリー 2 世、兄リチャード 1 世（在位 1189-99 年）が合法的裁判なしに奪取した領地や城および権利であって国王（朕）が保有するもの、また他人が保有するもので国王（朕）が担保しているものについては（朕が参加する）十字軍の通常期間（3 年）が終了するまでのあいだ、裁判を猶予する。なお、出兵以前に裁判が始まっているものは別とし、国王（朕）が外征を中止したとき、あるいは外征から帰還したときに裁判手続きに入ると規定している。

ちなみに、ジョンは十字軍参加の誓いを立てたが、実際に遠征することはなかった。

第 53 条は、父ヘンリー 2 世、兄リチャード 1 世が御料林としたものの指定を解くかどうかについて、また他人の封土に関する国王（朕）の後見権について、さらには他人の封土に建設された修道院（院長空位のため、ジョンが奪取したもの）について、領主がその保有権を主張したときにはそれぞれ裁判を行う。ただし、前条と同じく十字軍遠征に伴う猶予期間を設けるとしている。

第 54 条は、何人も女性の私訴 (appellum) によって逮捕、監禁されることはない。

ただし、その婦人の夫の死(夫の謀殺)についてはその限りでないと定めている。

　この条文に関連して、決闘裁判の事情にふれておこう。刑事訴訟で決闘が認められたときでも、女性や60歳以上の男性あるいは負傷あるいは障害のある者は、自らの「代理人の戦士」を立てて決闘することが許されていた。しかし、被告人男性は自ら闘わねばならなかった。バロンたちはこうした事態を改善したいと願っていた。この本条は女性の告訴権を本人に対する強姦および夫の謀殺に限定するものだった。

　第55条は、不当にあるいは国の法律に反して、国王(朕)に支払われた罰金や負担金はすべて免除される。ただし、その判断は下記(第61条)の25人のバロンまたはその半数からなる裁判によるものとするとしていた。

　この裁判にはカンタベリー大司教スティーブン(ラングトン)のほか、かれが望ましいとする者が加わること、また25人のうち本件の紛争当事者が含まれる場合はその者を排除し、残りのバロンたちによって別の者が選任されるとしている。

　この規定の原案になったのがさきの「諸侯の要求事項」の第37条である。したがって、「負担金」とは寡婦から取り立てられたものであり、その意味で本条は第7条(寡婦の持参金や相続財産の保全と取得)を補足するものとなっている。

　ちなみに、ジョン王の時代は恣意的な負担金制度の乱用が最高潮に達したときだった(McKechnie, 1914: 455、訳487)。

　第56条は、国王(朕)がウェールズ人からかれらの「同輩の合法的裁判」なしに奪取した土地および権利は直ちに返還する。それに関わる係争が生じたとき、イングランドあるいはウェールズのそれぞれの法律に基づいて裁定するとしている。

　第57条は、ヘンリー2世、リチャード1世がウェールズ人からかれらの「同輩の合法的裁判」なしに奪取した土地および権利で国王(朕)が保有するものの返還については十字軍遠征期間が終わるまで猶予される。但し、十字軍出兵以前に裁判が始まっているものはその限りでない。また国王(朕)が出征しないかあるいは帰還した時、ウェールズの法律に基づいて裁判が行われると規定している。

　第58条は、平和を担保するために差し出されているルウェリン(ジョン王庶出の娘ジョウンの夫)の息子、ウェールズのすべての人質および証文は直ちに返還するとしている。

　したがって、以上の第56条から58条までのウェールズ人に関わる規定は、

ウェールズ人とイングランド人を同等に取り扱うこと（第49条、第52条参照）を意味しており、抵抗派バロンがウェールズとの同盟関係を重視していたことを示唆している。

　第59条は、スコットランド王アレグザンダー2世(在位1214-49年)の姉妹とその人質およびかれの権利の返還については、イングランドのバロンに対して行ったと同じ方式によって行う。しかし、かれの父である先王ウィリアム1世(在位1165-1214年)から国王(朕)が得ている証文により別の措置がとられる場合はその限りでないとしている。

　この条文は、抵抗派バロンたちがウェールズのみならず、スコットランドとも友好関係を築きたいと考えていたことを示している。

　第60条は、国王(朕)がその臣下に対して遵守するとした上記の諸々の慣習および自由は、イングランドの聖俗を問わず、すべての者がその臣下に対しても遵守することとしている。

　この条文にある「すべての者」とはバロンをさし、国王とバロンの関係（慣習と自由の遵守）をバロンとその臣下の関係にも適用しようというのがこの条文の主旨である。

　第61条は、国王(朕)はイングランド王国を改革するため、また国王(朕)とバロンのあいだで生じた紛争を鎮めるため、上記の諸条文にあるすべてのことを享受せしめること。そのため、下記のことがらについてもかれらにそれを許容し、かつ保証するとしている。

　すなわち、かれらバロンは25人のバロンを選び、その25人は、国王(朕)がこの憲章で確認した平和と諸々の自由を尊重し、かつ遵守するよう監視するとしている。

　その具体的な手続きは以下のようになる。すなわち、国王(朕)および最高司法官、執行吏あるいは国王(朕)のその他の役人が非行をなす、あるいは平和またはこの憲章の諸条項を侵犯し、その行状が上記25人のうち4人のバロンに通告されたとき、直ちに国王(朕)あるいは(朕が王国外にいるときは)最高司法官にその旨を通告し、遅滞なくその逸脱行為を正すように要求すること。つぎに、その通告から40日以内に国王(朕)が逸脱行為を正さなかったときは、4人のバロンは残りのバロンにその裁定を付託すること。そして25人のバロンは、全国の同志(自

由人の意味か——引用者)とともに(cum communa totius terre, together with the community of the whole land)、かれらの裁定どおりに事態が正されるまで、国王(朕)およびその王妃と子どもたちに危害を加えることはせず、しかし城塞や領地、財産の差押えなど可能なかぎりの手段を用いて国王(朕)に叱責と圧力を加えることができる。

しかし、逸脱行為が正されたとき、バロンは以前と同様に国王(朕)のために忠誠を尽くすものとする。また、何人も上記すべてのことを実行するため、25人のバロンの命令に従い、かれらとともに国王(朕)に叱責と圧力を加えると宣誓させることができるものとしている。

これら25人のバロンの誰かが死亡や出国、その他の理由で上記の諸条項を実行することができなくなった場合、残りのバロンがその代わりのバロンを選出し、その者に他のバロンと同じ役割を果たすことを宣誓させることができる。

また、25人のバロンの意見が分かれたとき、多数決をもってその結論とすることができる。さらに国王(朕)がこの憲章にある諸々の保証と自由のいずれについてもそれを取り消すとか、その効果を減じようとしてはならないこと。仮にそうしたとしても、それは無効であると定めている。

本条はマグナ・カルタのなかでも最長の条文であり、その内容はマグナ・カルタの施行手続きを定めているという点で、他の諸条文とは違っている。

もし国王がこのマグナ・カルタが保証している諸々の権利や自由を反故にするようなことがあれば、「全国の同志とともに」、国王とその家族に危害を加えない限りにおいて——25人のバロン[37]は2-3人のほかはすべてがジョンに敵対した人々だったが——、国王の「城塞や領地、財産の差押える」ことができる。これが本条文の基本的メッセージだった。その意味で、第61条はひとり恣意的な王権行使を牽制するだけでなく、情勢によっては、のちのオックスフォード条例(1258年)にみられるような貴族寡頭制的統治システムへ移行する可能性を認めた条文であるということができる。

そうなると尚更のこと、「全国の同志とともに」という表現が気にかかる。「全国の同志」とは誰を意味しているのか。日本語訳も、「全国の総員」(原田慶吉訳[1948:106——その意味について原田は「封建法上の総受封者かないしは総官吏」というマッケクニの解釈を付記している)、「全国の人々」(田中英夫訳[1957: 52])、「全国の共同団体」(田中秀央訳[1973: 141])、「全国の一般の人々」(城戸毅訳[1990: 34]、および

朝治啓三訳 [2003: 327]）、「全国の共同体」（禿氏好文訳 [1993: 503]。朝治にも「共同体」という訳語がみられる）、「全国土のコミューヌ」（森岡敬一郎訳 [2000: 549]）などさまざまである。

　学説的には——マグナ・カルタ A 書全体の理解にも関わることがらであるが[38]——、一方に 17 世紀のコック卿の系譜につながる「民衆一般」といった理解があり、他方にはマッケクニやホルトなどのように、抵抗派バロンが象徴する諸侯の「諸特権の集合体」が「共同体」にほかならないとする解釈がある（McKechnie, 1914; Holt, 1969）。上記の禿氏、森岡も程度の差はあれ、この後者の考え方を採用しているようにみえる。

　しかし、マグナ・カルタを国王と抵抗派バロンとの王権抑制的な約束ごとにすぎないとみるのは、マグナ・カルタの解釈がコック卿の対極に振り切れており、やや狭いようにみえる。問題はこの大憲章による権利と自由保証の視界が、仮に聖職者やウェールズ人、スコットランド人を除くとしても、イングランドの自由人（自由農）、商人、都市や自治区の広範な自由市民、例外的には農奴に及んでいるのであり、したがってこれらの人々を広く視野に収めたうえで、それをどう表現するか問われている。とりあえず、ここでは「全国の自由人」と意訳した[39]。

　第 62 条は、紛争のときから、あるいは国王（朕）の治世 16 年（1214 年）の復活祭から平和が回復するまでのあいだ、聖俗の別を問わず、国王（朕）の臣下のあいだで生じた悪意、憤怒、遺恨、違反行為についてこれを赦免する。それのみならず、上記すべての国王（朕）による容認についてもそれを保証するため、カンタベリー大司教スティーブン卿、ダブリン大司教ヘンリー卿ならびに前文にある諸司教、教皇の使者パンドルフに保証書を作成させたとしている。

　この条文の前半はマグナ・カルタに先立つ一連の騒擾に対する国王の大赦にふれたものだが、後半はマグナ・カルタ全体について高位聖職者がその内容保証を行うことになっている。前文も含めて抵抗派バロンたちの周到な配慮がうかがわれる。

　最後の第 63 条は、第 1 条を復唱し、イングランド教会の自由とこの大憲章に掲げられた諸々の自由と権利および許容事項のすべてを国王（朕）の王国の人々とその相続人が恒久的に保有することを確認し、正しく平和裡にかつ完全に享受できるよう国王（朕）もバロンも宣誓したとして、その日付（朕の治世 17 年、つまり

1215年6月15日)と場所(ラニミード)を記している。

　この条文のうち、ひとつだけ見落とせないのが——さきの第61条の「全国の同志とともに」という表現の理解と重なるが——、「国王(朕)の王国の人々」(quod homines in regno nostro)という言い方である。ここにある「人々」を抵抗派バロンとその周辺にいた諸侯や貴族などに限定するのは狭すぎるようにみえる。

改訂マグナ・カルタとの異同

　5つのマグナ・カルタの異同について簡潔にふれておこう。

　第1に、A書とB書以下のマグナ・カルタのあいだには作成主体の違いがある。B書はヘンリー3世の摂政マーシャルと穏健派の人々が抵抗派バロンを懐柔しようとして作成した政権側の宣言であり、抵抗派バロンによってジョン失地王に「強要」されたA書とはその性格を異にしている。その点ではむしろA書が例外だったといってよい。

　第2に、文書改訂の理由のひとつにもなっているが、A書の条文には「朕は○○する」という表現がしばしば登場する。そこにはマグナ・カルタは朕であるジョン王の約束事だった(にすぎない)という含みがあり、したがって急死した父ジョンから王位を継承した若きヘンリー3世からみても、あるいは抵抗派や穏健派の諸侯からみても、新たなマグナ・カルタが再公布される必要があった。

　第3に、では5つの文書の内容的な違いはどこにあるか。A書からD書までのマグナ・カルタの条文異同については、禿氏好文が簡便な比較対照表を作成しており、そこには「諸侯の要求事項」(1215年)や御料林憲章(1217年)も追記されている(McKechnie, 1914 の邦訳の「訳者あとがき」に添えられた「関係条文比較対照表」)。

　この対照表によってマグナ・カルタの各版を比較してみると、いくつかのことに気づく。まず、(a) A書にあってB書以下にはない条文がある。具体的にはA書の10条から12条まで、14条と15条、25条と27条、42条と45条、48条から53条まで、55条、57条から59条まで、61条から63条までがB書以下では削除されている。合計22条にのぼる。

　これら削除された条文をみて注目されるのは、国王諮問会議の権限強化とその召集手続き(第12条と14条——B書やC書では、「諸侯の共通の助言」を大切にする規定が残っていた)、25人の抵抗派バロンによる逸脱的王権の停止(第52条、55条、

61条)、「善良なる人々」が選出した12人の騎士による「悪習」の調査と廃止(第48条)など王国の恣意的な権力行使を改革しようとした条文がある。これら王権を否定しかねない条文をすべて削除しようとしたことがわかる。

　もうひとつ、ユダヤ人の高利貸し行為(第10条と11条)、外国との往来自由(第42条)、外国人寵臣の資格要件(第45条)、ジェラール一族の追放(第50条)、外国人騎士・傭兵の国外追放(第51条)、ウェールズ人およびスコットランド人の権利回復(第58条と59条)などの条文を破棄している点も見落とせない。これらは外国人や外国との関係をマグナ・カルタ以前の状態に戻すための削除だった。

　逆に、(b) A書にはなく、B書以下で新たに付加された条文がある。ひとつは、B書33条、C書26条、D書21条にある州長官あるいは執行吏による荷馬車の強制的な有料調達とその禁止規定(聖職者や騎士、女性領主に対する禁止)である。また、C書39条(D書32条)の規定も注目される。すなわち、今後はいかなる「自由人」もかれに義務づけられた奉仕に必要な土地を上回る余剰の土地があるからといって、それを譲渡あるいは売却してはならないとしている。この規定は拡大しつつあった土地市場が農奴制の存続にとってマイナスの影響を与える可能性があることを懸念し、その発展を抑えようとするものだった。さらにC書42条(D書35条)では州裁判所を毎月1回開くこと、州長官と執行吏は年2回、慣習地でハンドレッド裁判所を開催すること、そのさい州長官は臨時課徴金をとることなく、ヘンリー2世時代にそうであったように、地域の十人組(franco plegio, tything or frankpledge ——これはアングロ・サクソン時代に遡る、近隣10人からなる自警のため、あるいは法令遵守のための組織)が平和を維持するべく機能しているかどうかを監視するとしている。もうひとつ、D書37条では、軍役免除金についてはヘンリー2世時代の徴収慣行に戻すこと、また大司教以下のすべて聖職者、伯爵やバロンが以前から保持していた特権と自由な慣習的権利を付与すること、しかしその代償として、これらの者にくわえて「自由保有者および国王(朕)の王国のすべての者」はその動産の15分の1を国王に献じるとしている。

　第4に、D書の末尾には、65人の「証人」の名前が記されている。カンタベリー大司教スティーブンを筆頭に司教11人の名前があり、ついで大修道院長20人と最高司法官1人、9人の伯爵とチェスター城代、そのあとに無冠表記の22人のバロンと推定される人物の名前が記されている。このうち、A書の前文にも登場

する人物が何人かいる。冒頭のカンタベリー大司教のほか、4人の司教、2人の伯爵、バロン2人の合計9人である。したがって、65人中の9人がA書とD書の「証人」として重なっていることがわかる。この証人の異同はマグナ・カルタの性格が変わったことが第一であるが、世代交代が進んだという理由もある。

このように、ジョン失地王のA書とヘンリー3世のD書を比べてみると、最大の違いのひとつはA書第61条にある25人の抵抗派バロンによる貴族寡頭制的統治システムの構想と、B書以下でのその全面的否定という点にある。

D書には、イングランド統一システムを祖父ヘンリー2世時代に戻したいというヘンリー3世の意図がみてとれる。しかし目先の状況についていえば、すでにみたように、ヘンリー3世は、ルイ8世がフランスのイングランド所領に攻め込んだため、巨額の戦費調達と交換にD書を再公布してフランスへ出陣しなければならなかった。したがって、一方では抵抗派バロンやその共鳴者たちを懐柔してかれらの国王への忠誠心をとりつけ、他方では国内での軍備増強を図りながら外国人や外国との関係はマグナ・カルタ以前の状態に戻しておく必要があった。

親子二代の「愚政」

ところで、ヘンリー3世の統治はイングランドの内外を問わず、惨憺たるものだった。というのも、ヘンリーはオックスフォード条項(1258年)の承諾に端を発し、シモン・ド・モンフォールら改革派諸侯の反乱を経てモールバラ裁定(1267年)に落着する一連のバロン戦争という苦汁を舐めねばならなかったからであり、またフランスとは、ルイ9世とのあいだでのちの百年戦争のひとつの伏線となったパリ条約(1259年)を締結して多くの所領を正式に放棄するとともに、フランス王に対する新たな臣従関係を強いられることになったからである。

じっさい、父ジョン失地王とその子ヘンリー3世の統治にはいくつかの共通点がある。フランスとの闘いのための戦費調達と増税、フランスでの広大なイングランド所領の喪失、教皇への忠誠と臣従礼、有力バロンの反乱、そして意図せざるパラドックスであったが、マグナ・カルタ、オックスフォード条項、モールバラ制定法など王権抑制的な新たな統治システムの構想や制限君主制の形成に期せずして大きく貢献することになったからである。この親子2代の統治期間(1199年から1272年まで)だけでも13世紀の4分の3世紀になる。親子の二代の治世は

決して褒められたものではなかった。

オックスフォード条項 (1258年) とモールバラ制定法 (1267年)

ヘンリー3世に対して、1250年代になると、地方の中小領主やジェントリーから不満が吹き出した。大領主による中小領主の所領紛合、大領主が支配する地方司法行政に対する批判などがその背景になっていた。そのほか、ヨーロッパ諸国における王位継承権への介入やそれに伴う海外遠征、ヘンリーの異父弟にあたるリュジナン家 (the Lusignan) の4兄弟によって代表されるフランス人寵臣の重用、そして財政難と課税強化といった施策に対する諸侯たちの不満が爆発、ついに1258年には、ヘンリー3世の義弟にあたる第6代レスター伯シモン・ド・モンフォール (Simon de Montfort: 1208-65)[40]など抵抗派あるいは改革派諸侯によるクーデタが起きた。かれらは当時のイングランドにおける最も有力な貴族だった。

その直接の契機となったのは、ヘンリー3世が教皇から求められていたシチリア遠征とそのための費用調達だった。その遠征の背景には、教皇によるヘンリーの次男エドムンドへのシチリア授封だった。1258年4月、ヘンリーがロンドンに召集した会議にモンフォールをはじめ一部の諸侯が武装して現れた。かれらは教皇の巧みな誘いに応えようとするヘンリーの姿勢に終始批判的だったが、この好機にイングランドの統治システムを改革すべきだと考えていたのである。

激論のすえ、改革派諸侯は遠征費用の徴収に協力する代わりに、一連の国政改革構想をもちだした。国王側と諸侯側からそれぞれ12人[41]を選び、その「24人委員会」でその構想を煮詰めること、そして6月のオックスフォードでの会合で国政改革の具体案を決めることになった。その成果がオックスフォード条項 (Provisions of Oxford) である (Adams and Stephens eds., 1901: 56-62)。

この条項でとくに重要なのは、第1に、国政の基本方針と政策を決定する新たな仕組みがつくられたことである。これまで国王の助言機関だった国王諮問会議に代えて、「15人会議」(council of fifteen)[42]が創設され、それが最高行政機関となった (オックスフォード条項の第9条)。また議会 (parliament) を年3回、すなわち10月6日、2月3日、6月1日に開催し、「王国の現状を概観し、王と王国にとって必要な事項について討議する」ことになった。その議会には15人会議のメンバーのほか、それを補佐する「12人委員会」のメンバーが参加した。その12人には、

バロン（直属封臣）のなかから 15 人に準ずる世俗諸侯が選ばれた。

　こうして、国王に代わって改革派諸侯がそのリーダーシップをとる 15 人会議が実質的に国政の最高意思決定機関となった。イングランドの統治システムは——ごく短期間とはいえ (1258-61 年および 1263-5 年)、そしてそれ自体、君主制を否定するものではなかったけれども——、国王の恣意的専制から貴族寡頭制的合議システムへと大きく転換した。それはマグナ・カルタ (A 書) 第 61 条の実現とみることもできる。

　第 2 に、その一環ともいえるが、ウィリアム 2 世時代に創設されたものの、ヘンリー 3 世の親政によって空位となっていた最高司法官職が復活した。第 4 代ノーフォーク伯の弟ヒュー・バイゴッド (Hugh Bigod: 1211-66) が国王ではなく、このオックスフォード条項に基づいて最高司法官に任命された。また大法官の権限が縮小され、国家財政の財務府長官に一元化された。しかも、これら役職任命は国王ではなく、すべて 15 人会議の指示命令によって行われたのである。

　第 3 に、地方行政制度の改革も注目される。ひとつは州長官の資格に制限をくわえ、州内にしかるべき資産と地位をもつ在地の騎士とし、任期は 1 年、在職中は報酬を与える（したがって一種の公務員化）ことによって賄賂など不正行為に巻き込まれることを排除しようとした。

　また、この州長官を含む国王の地方役人の不正行為の有無について大規模な調査が行われた。しかし、こうした地方行政の実態解明は、期せずしてその改革を既得権の侵害とみる諸侯たちの不満を生み出し、モンフォールを頂点とする改革派諸侯のなかに亀裂が生じた。グロスター伯リチャード・ド・クレア (Richard de Claire: 1222-62) がそのリーダーだった。さらに、地方に築かれていた国王城塞の城代も更迭され、5 港と 15 城の城代がさきの 24 人委員会の指名する人物に据え替えられた。

　さきのリュジナン家 (the Lusignan) の 4 兄弟はこの措置に激しく反抗したが、マグナ・カルタの「24 人委員会」(4 兄弟のうち 1 人が国王側委員になっていた) の多数決によって、「王が外国人に与えた土地や収入は王の負債の償却にあてるために没収し、また王の城で外国人に託されているものは取り上げること、さらにオックスフォードの諸侯会議に出席している諸侯と騎士は会議の決定を遵守するべく宣誓すること」になった。真っ先に、城代更迭とその財産没収の槍玉に上がったの

がそのリュジナン家の4人だった。かれらの抵抗にもかかわらず、その財産は没収され、こぞってイングランドから立ち去らなければならなかった。

くりかえしになるが、このオックスフォード条項はつぎの3点で注目に値する。第1に、その精髄をなす貴族寡頭制的な合議的統治システムという「きわめて斬新な」構想は当時のヨーロッパ世界にあって一頭抜きんでた先進的試みだった(城戸、1980: 122-3)。第2に、この斬新な企てはジョン王のマグナ・カルタ第61条の延長線上に位置づけることができる。第3に、各地の州長官に送付されたオックスフォード条項はラテン語とフランス語だけでなく、英語でも作成された。それは、ノルマンの征服後、英語で記された最初の政府公文書であり、上記の外国人の資産没収なども考えあわせれば、13世紀半ばに原初的な「英国化」(anglicisation)[43]の潮流が生まれていたようにみえる。ちなみに、さきのマグナ・カルタはラテン語とフランス語で書かれていた。

このオックスフォード条項の一部ともいえるが、翌59年10月にはウェストミンスター条項(Provisions of Westminster, 1259)が制定された。全24条からなるこの条項の中身は大きく分けてふたつ。ひとつは、封建諸侯の特権に制約を加えつつ、騎士など陪臣の諸権利を保護しようとする一連の規定であり、国王裁判所の業務や抑圧的な罰金制度の改革なども盛り込まれた。もうひとつは、州長官職に在地騎士層の登用を一層促進すること、州長官などの国王官吏や領主の役人の不正行為を調査する機関を常設することのほか、議会に出席する諸侯は武装しないこと、15人会議については諸侯数人(内容的にはシモン・ド・モンフォール派)に権限が集中する傾向を排除しようとする規定も入れられた(Adams and Stephens eds., 1901: 63-7; Tout, 1905, 98f.)。

このように、ウェストミンスター条項はオックスフォード条項をもう一歩進め、国王の官吏や地方の有力諸侯の特権濫用を排除しつつ、中小領主や在地騎士などの権益を保全しようとするものだったが、それと同時に、シモン・ド・モンフォールなど少数の改革派諸侯に権力が集中する傾向を抑えようとするものでもあった。そこにはすでに改革派諸侯の内部で生じていたレスター伯とグロスター伯の確執が微妙な影を落としていた。

しかし、そうした内部対立を超えて、国政改革をめざす諸侯はより深刻な状況に直面することになった。というのは、勢力を回復しつつあったヘンリー3世

は、父ジョン失地王がそうしたように、またぞろ教皇の権威を借りて事態を反転させようと画策していたからである。かれはローマに使者を送り、オックスフォード条項を遵守するという自らの誓約を破棄するため、教皇アクサンデル4世(在位1254-61年)の承認勅書(1261年4月13日付け——Treharne and Sanders eds., 1973: 239-41)を手に入れた。そして61年6月12日、ヘンリー3世はオックスフォード条項の破棄を宣言した。それにとどまらず、ヘンリーは15人会議が任命した22人の州長官をすべて解任し、新たに国王派諸侯をその座に据えた。

そうなれば、改革派諸侯も黙ってはいられない。一時期、レスター伯とグロスター伯は協力してヘンリー3世に対峙した。しかしいくつかの紆余曲折を経て、1261年12月9日にキングストン協定が結ばれ、レスター伯ら14人の急進派バロンを除く他の有力諸侯はヘンリー3世と和解した。州長官人事もヘンリー3世の意に沿った形で旧態に復した(城戸、1980: 132-7)。

もっとも、この諸侯の分裂によって国政改革運動が収束したわけではなかった。というのも、改革派諸侯のなかで反モンフォール派のリーダーだったさきのリチャード・ド・クレアが62年7月に39歳の若さで亡くなると、その機に乗じてヘンリー3世はグロスター伯の所領や権益に介入した。その行為が不満を抱えたままの在地の中小領主や騎士層のヘンリーに対する怒りを再燃させたからである。こうした情勢のなかで反王権派諸侯の求めに応じてレスター伯は1263年4月、フランスから帰国し、あらためて国政改革運動の先頭に立つことになった。

まず、かれはオックスフォード条項の再誓約をヘンリーに迫ったが、国王がそれを拒否したため、一挙に緊張が高まった。改革派の諸侯、ウェールズ辺境地方の諸侯、各地の中小領主や騎士、それに都市の一般市民などがモンフォール陣営に加わった。しかし全国的にみれば、諸侯勢力のなかで改革派の力は5年前よりめだって衰えており、多くの諸侯が再燃した改革運動に対して中立的あるいは傍観者的態度をとった。それでも63年7月には、改革派の軍勢はイングランド東南部を制圧し、ヘンリー3世に対して1258年体制の承認、国王の城塞明け渡し、イングランド人による統治体制の確立、オックスフォード条項修正のための委員会設置などを要求し、ヘンリーは不承不承それを受け入れた。1263年7月22日、シモン・ド・モンフォールはその軍勢を率いてロンドンに入り、1263年の内戦はレスター伯ら改革派の勝利に終わった。こうして束の間、かれは二度目の美酒

を味わった。

　しかし、改革派にはかつての勢いはなかったから、当代の名君との誉れ高かったフランス国王ルイ 9 世（在位 1226-70 年、ヘンリー 3 世はその義弟）を仲介者として内戦に終止符を打てないものかという和解論が諸侯のなかで優勢となり、モンフォールもそれを受け入れた。63 年 9 月、ヘンリー 3 世と国王派諸侯、それに改革派諸侯がブルゴーニュに集まった。けれども、ヘンリー 3 世がレスター伯を裁くかのごときその会議が成功するわけもなかった。

　そこで改革派は 64 年 1 月、ルイ宛に 2 つの文書を送った。それらは、いまもイングランドに渦巻く不平不満と最近数年間の紛争にふれながら、国王の誓約と実際の行動がいかなるものであったかを明らかにし、近くはオックスフォード条項、遠くはマグナ・カルタの精神を継承発展させることがイングランド王国に正義を実現し、その公共的利益を増進するためにいかに重要であるかを説いた。とくに印象的なのは、「イングランドの抑圧に対する不満」（Grievances which oppressed the land of England, January 1264）という文書でしばしばマグナ・カルタ（D 書、1225 年）に言及していたことである。

　けれども、その直後の 1264 年 1 月 23 日、ルイはアミアン協定（Mise of Amiens ——正式名は「イングランド王ヘンリーと諸侯との平和再構築」）を提示した。そこに記されていたのは、教皇もそうしたように、「棄却され無効とされた」オックスフォード条項につながる諸勅令と法令が「国王の諸権利と名誉を大きく傷つけてきた」としたうえで、あらためてオックスフォード条項を無効と宣言（第 9-10 項）し、ヘンリー 3 世の政府高官任免権を承認（第 14 項）、国王がその裁量に基づく外国人処遇を決定することを認める（第 15 項）という内容だった（Treharne and Sanders eds., 1973: 287-9）。このように協定の内容は一方的なものであり、ルイは「仲介者」として振る舞うことができなかった（'Mise of Amiens', WP）。

　当然のことながら、アミアン協定がイングランドに伝えられると、改革派から一斉に激しい非難の声があがり、国内は騒然となった。レスター伯に同情的だった司教たちの仲介の労も功を奏さず、いよいよ国王軍と改革軍の衝突は避けがたいものとなった。

　かくして第 1 次バロン戦争から半世紀後、いわゆる第 2 次バロン戦争（1264-7 年）が始まった。64 年 5 月 14 日のルーウィスの戦い（Battle of Lewes）でレスター伯軍

が大勝し、ヘンリー3世、弟のコーンウォール伯リチャードなどが捕らえられた。その結果、ルーウィス協定が結ばれ、24歳の王太子エドワードやコーンウォール伯の子ヘンリーが人質となった。

1264年6月22日には議会が開かれ、レスター伯、グロスター伯（ギリバート・ド・クレア［Gilbert de Clare: 1243-95 ―― さきのリチャード・ド・クレアの子］）、チチェスター司教の3人による暫定政権が樹立され、同時に各州から地域代表として4人の騎士が議会に出席することになった。これら3人によって国王の助言機関として「9人会議」も設けられ、6月28日にはそれらを盛り込んだ「統治の形態」（forma regiminis）が公布された。翌65年1月20日には、ウェストミンスター宮殿で3月半ばまで「シモン・ド・モンフォールの議会」が開かれ、高位聖職者と諸侯に加えて各州から騎士2人、ヨーク、リンカーン、サンウィッチなど主要都市から代表者各2人が出席した。

このように、この議会には地方の騎士のほか、主要都市の代表者が召集されたが、エドワード1世（在位1272-1307年）の時代になると、それが慣習となった。そのため、このシモン・ド・モンフォールの議会を「イギリス最初の議会」といい、またレスター伯を「下院の創始者」と呼ぶことがある（Rush, 2005: 32）。そういう意味で、この「議会」は中世イングランドの国政史上ひとつの画期的な出来事となった（Tout, 1893: 38; Treharne and Sanders eds., 1973: 393）。

もっとも、その時の政治権力の実態はモンフォール体制とでも呼ぶべきものになっていた。折しもレスター伯の求心力が衰え、諸侯の人心がいよいよレスター伯から離れていくその最中、「シモン・ド・モンフォールの議会」が開かれた。

こうして、またまたモンフォールの脆弱な政権基盤は大きく揺らぎはじめ、事態は新たな局面を迎える。致命的だったのは65年5月に3人のトップリーダーのひとり、グロスター伯が離反したことである。それが契機となって、国王派によるレスター伯包囲網が構築されたが、そのリーダーが若き王太子エドワード（のちのエドワード1世）とグロスター伯だった。こうした情勢下で8月4日、ウスターシャーでイヴシャムの戦い（Battle of Evesham）と呼ばれる戦いがあり、そこでシモン・ド・モンフォールと息子ヘンリーはあえなく戦死してしまった。第2次バロン戦争はその旗頭を失い、オックスフォード条項とシモン・ド・モンフォールの議会を生み落とした抵抗派諸侯による国政改革運動は一挙に収束にむかった

(‘Simon de Monfort’, WP)。

　ヘンリー3世は1265年9月17日、内乱終結の勅令発布を踏まえ、反乱諸侯などの土地を没収、それらをさしたる原則なしに臣下に分け与えた。それがモンフォール派の強い反発を招き、第2次バロン戦争を不必要に長引かせることになった。改革派の残党はレスター伯の居城で難攻不落といわれたケニルワース城や東部イリーなどに立て籠もって抗戦した。しかし66年5月、チェスターフィールドの戦いで改革派ダービー伯の軍勢が破れ、その夏、ヘンリーは教皇ロンドン使節オットボノ・フィエスキ (Ottobuono Fieschi: c.1210-76 ──のちに短期間、教皇ハドリアヌス5世 [1276年6-8月] に就任) の勧奨を受け入れ、平和的手段による解決をめざしてケニルワースで内乱終結のための議会を開いた。その結果、66年10月31日、12人の委員によるケニルワース裁定 (Dictum of Kenilworth, 1266) が公布された。その12人の委員とはエクスター司教のウォルター・ブランコム (Walter Branscombe: c.1220-80) ら司教4人、上記のギルバート・ド・クレアら国王派の伯爵・バロン8人から構成された。

　しかし注目すべきことに、その「裁定」の中身はさきのアミアン協定とは違って、国王派に偏ったものではなかった。国王の権限を内乱以前の状態に回復させると謳いながらも、国王による任官行為も含め、それまで承認されてきた諸権利と法制および長期にわたる慣行を遵守することを国王に求めている (第1-2条)。また教会の権利のみならず、マグナ・カルタと御料林憲章を再確認すること (第3条)、その代償としてオックスフォード条項を破棄する (第7条) としていた。

　また、そこには戦死したシモン・ド・モンフォールを聖人化することを厳禁するという条文もあった (第8条)。さらに、モンフォール体制下の諸決定を白紙還元する一方で (第9条)、改革派諸侯に加担してきたロンドン市に特赦を与えた (第11条)。第12条以下では、国王が没収した内乱諸侯の土地をかれらに買い戻させるための一連の条文が続いている。必ずしもその規定どおりに実行されたわけではないが、その罰金は原則として領地収入の5年分としながら、罪状の軽重に応じてそれぞれの領地収入の半年分、1年分、2年分と細分され、最も重罪を犯したとされるふたり、すなわち第6代ダービー伯ロバート・フェレール (Robert de Ferrers: 1239-79) とケニルワース城代ヘンリー・ヘイスティングズ (Henry de Hastings: c.1235-c.69 ── 1264年、シモン・ド・モンフォールによって初代ヘイスティングズ伯に

任じられた人物)については、その年間領地収入の7年分を払うことでその領地を返還するとしている(第12条、14条、17条、27条——'Dictum of Kenilworth', WP)。

こうした「裁定」にもかかわらず、それに不満や不信感を抱く改革派の一部はなおも抗戦した。しかし結局、67年夏までに戦乱は収まった。そして1267年11月19日、イングランド最初の制定法[44]ともいわれるモールバラ制定法(Statute of Marlborough, 1267)が公布されたのである。

その前文には、国王は正義と諸侯との平和を実現するため必要な立法に着手し、王国の人々に平穏と安寧をもたらすというこの制定法の基本精神が謳われ、武力によらない国王裁判所での紛争解決(第1条)やマグナ・カルタ(D書、1225年)および御料林憲章の遵守(第5条)など、全体としてウェストミンスター条項、ケニルワース裁定を再説するような内容になっている。したがって、この制定法は改革派バロンの国政改革運動を否定する「反動的な」ものではなく、むしろ「ケニルワース裁定の理想主義」(Powicke, 1962: 216)を継承しようとするものだった。すなわち、王国での紛争撲滅と平和の達成、正義に適った行政、高位聖職者や貴族だけでなく、騎士や自治都市代表者を含む議会の開催、ヘンリー3世の第3大憲章(1237年と53年にも再確認済み)の遵守などが明記されていたからである。

ちなみに、この制定法の正式名称は、「わがヘンリー王、ドイツ王リチャード(Richard King of the Romans: 1209-72——ジョン王の次男で初代コーンウォール伯、1257-69年のドイツ王)、ヘンリーの長男エドワード、イングランドの教皇使節オットボノ侯が臨席し、モールバラで作成された条項(Provisions)」となっている。興味深いことに、このなかにすでにふれたオットボノの名前がある。かれは65年10月から68年7月までイングランドに滞在し、ローマ教皇使節として大いに活躍した。モールバラ制定法の策定にもかかわり、「偉大な平和の創造者」といわれる(Powicke, 1962: 218-9; 'Statute of Marlborough', WP)。

そしてケニルワース裁定にある改革派バロンの土地買い戻しの動きが目立ちはじめた70年になると、ロンドン市は市長の自由な選出などかつての諸特権をエドワードから手に入れた。

このように、ヘンリー3世と改革派諸侯との短期間でその勝者がめまぐるしく入れ替わった第2次バロン戦争は、最終的にはマグナ・カルタ(D書、1225年)の系譜につながるケニルワース裁定やモールバラ制定法をもたらした。王国での紛

争は「戦場ではなく法廷で」争われるべきこと、高位聖職者や貴族諸侯だけでなく、地方の騎士や自治都市の市民代表者が参加する議会を開いてその機能を高めていくことが大切であるという社会的合意が形成された。これら一連の動きが、さらにイングランドを確固たる法治国家へと成長させていく大きな礎となったのである。

そしてもうひとつ、制限君主制という観点からみると、シモン・ド・モンフォールの議会によって象徴される貴族寡頭制的な合議統治システムはマグナ・カルタの思想的系譜につながるものであり、君主制そのものを否定するものではないだけに、当代において考えられる制限君主制のひとつの究極的形態であったようにみえる。

エドワード 1 世の十字軍遠征

1272 年に父ヘンリー 3 世が亡くなり、その王位を継承した若きエドワードはこの新たな動きを揺るぎないものとした。

かつて歴史家トマス・タウト (Thomas Tout: 1855-1929) はエドワード 1 世を捉えて、ウィリアム征服王、ヘンリー 2 世 (アンジュー朝初代)、ヘンリー 8 世 (テューダー朝第 2 代)、17 世紀のクロムウェルの 4 人を除けば、かれに並び立つイングランドの支配者はいないと書いた (Tout, 1893: 75-6)。また、聖職者で著述家でもあったウィリアム・デントン (William Denton: 1815-88) は、エドワード 1 世の没後 (1307 年死去)、イングランドはめだって衰退しはじめ、次代のエドワード 2 世 (在位 1307-27 年) の時代になると、その動きが加速し、農村は荒れ果て、農民は赤貧に喘ぎ、逃散する人びとが相次いだ。しかしそれとは対照的に、経済的豊かさのみならず、道徳や倫理さらに芸術分野においても、13 世紀後半のエドワード 1 世の時代は 2 世紀後のテューダー朝ヘンリー 7 世 (在位 1485-1509 年) の時代に勝るとしている (Denton, 1888: 120-3)。

じっさい、第 2 章でみるように、14 世紀の前半、イングランド社会は経済的にも人口的にも大いに疲弊し、やがて襲来する波状的な黒死病の未曾有の大災禍によって民衆のなかに終末論的意識が芽生え、それが中世プロテスタンティズム誕生のひとつの培養基となった。

ところで、エドワードは 20 歳のころ、父ヘンリー 3 世の政治的愚鈍さに気づき、

距離をおいて自立心を高めていった。かれはオックスフォード条項やウェストミンスター条項を遵守すると誓約しただけでなく、一時期ではあったが、叔父のレスター伯シモン・ド・モンフォールを支援する姿勢をみせた。

　そればかりではない。第2次バロン戦争の頃にはすっかり明らかになっていたが、父ヘンリーはすでに息子エドワードの「操り人形」と化していた。レスター伯を打ち倒したイヴシャムの戦いにおける国王派の実質的旗頭はヘンリーではなくエドワードだったし、その後の反乱派諸侯に対するケニルワース裁定に基づく「寛大な」対応もまた、すでにふれた教皇使節オットボノの力添えもさることながら、基本的にエドワードの決断にその多くを負っていた。そうであればこそ、モールバラ制定法にレスター伯の遺志が引き継がれることにもなったのである。じっさい、「かれ（エドワード1世）は、自分の最も頑強な敵になるまでは友であり師でもあった叔父シモン伯の主たる憲法的構想を自己のものとして採用した」(Mckechnie, 1914: 161、訳165)。

　そのエドワードは前後9年におよぶ第2次バロン戦争の渦中で捕囚の身になったことも含めて多くの経験を積み重ね、為政者として大きく成長していった (Tout, 1893: 28, 39-43)。かれは文武両道に秀で、生涯を通じてウェールズ、スコットランド、フランスなどとの多くの戦いの先頭に立った。しかしそれだけでなく、かれは優れた統治者・立法者として重要な業績を残した。

　まず、第9回十字軍遠征からイングランド帰国までについてふれておこう。11世紀末に始まった十字軍遠征はすでに終末期を迎えていたが、歴史的に十字軍の主役はフランス王であり、13世紀後半にはその色彩を一段と濃くしていた。1268年、第1次十字軍によって北イスラエルに建設されたアンティオキア公国 (Principality of Antioch, 1098-1268) がイスラム勢力の手に落ちると、ルイ9世の呼びかけに応えてエドワードは真っ先に十字軍遠征への名乗りをあげた。1268年6月のことである。

　しかし、かれはすぐに出立することができなかった。父ヘンリー3世の負債が嵩み、遠征費用は大いに不足していたからである。そこで、ルイの臣下アキテーヌ公 (Duke of Aquitaine) として十字軍に参加するという名目でルイから1万7500ポンドの借金をした。それでもかなり資金が不足していた。国内で課税するほかなかった。イングランドのすべての司教と諸侯、さらに騎士や主要な自治都市

の代表者、一部の自由農 (free tenants) まで召集して開かれた1270年10月の議会において、戦費調達のための課税をめぐって議論がたたかわされた。結論的には、高位聖職者や貴族諸侯のほか、自由人まで含めて各動産に12分の1税を課すことになった。その代わりとして、エドワードはマグナ・カルタの再確認 (E書ではない) とユダヤ人の高利貸し規制の強化などの条件を受け入れねばならなかった。こうした形で3万ポンドの資金が手に入れられるだろうと踏んだエドワードは議会開催に先立つ2ヵ月前、勇躍ドーヴァーからフランスへ渡った。少なくとも騎士225人、兵士1000人が随行した (Prestwich, 1997: 71)。

聖俗諸侯のみならず、コモンズ代表が参加する議会において (やがては議会下院において)、戦費調達のための課税などを承認する代わりに、国王から一定の譲歩を引き出すというパターンはその後いくどとなく繰り返されることになった。それが制限君主制と法治国家の理念に沿ったものだとみなされたのである。

ところで、1270年8月25日、ルイ9世が遠征先のチュニスで疫病に倒れた。ルイに同行していた子のフィリップ (のちのフィリップ3世) は叔父のアンジュー伯のシャルル・ダンジュー (Charles d'Anjou ——ルイの末弟でシチリア王 [在位1282-5年]) のいうが侭に、戦況好転せずと判断して休戦協定を結んだ。

そのため1271年5月9日、エドワードは単独キプロスを経由してアッコ (Acre) にむかった。エルサレムはすでに1244年、イスラム勢力の掌中にあり、アッコがキリスト教国家の中心地になっていたからである。その地で暗殺者の刃によって深傷を負ったエドワードは、一命を取り留めたものの、遠征の目的を果たせないままイングランドへの帰途についた。病身の父ヘンリー3世からの帰国懇請に応えてのことだった。

1272年8月にアッコを発ち、7週間をかけてシチリアのトラーパニに到着してまもなく、エドワードが耳にしたのは祖国からのいくつかの訃報だった。すでに1年前に長男ジョンが5歳で亡くなっていたこと (71年8月3日没)、叔父のドイツ王リチャード (72年4月2日没) に次いで、最近父ヘンリーも死去したこと (72年11月16日没) を知らされた。

エドワードは74年8月2日にイングランドに戻ったが、その2年前、かれはすでに父から王位を継承していた。帰国途上、かれはローマに立ち寄って教皇グレゴリウス10世 (在位1271-6年) に謁見し、パドア大学で法学名誉博士の称号を

授与され、ミラノで大歓迎された。どこでも「勇猛な十字軍戦士エドワード」の名前が轟いていた。しかし、それを不愉快に思っていたフランス諸侯は少なくなかった。そのためか、ブルゴーニュ公の臣下シャロン伯と馬上に跨がって槍で渡り合うこともあった。

　アルプス越えをしてフランス王領に入ったとき、すでに多数の武装騎士団がエドワードを警護していた。1273年7月の末、エドワードはパリに入った。両国間には大きな懸案事項が残されていた。父ヘンリー3世とルイ9世のあいだで取り交わされたパリ条約（1259年）がほとんど履行されていなかったからである。

　この条約では、イングランド王は失地王ジョンのときに失ったノルマンディー（チャネル諸島を除く）、アンジュー、メーヌ、ポワティエの領有権を放棄すること、ルイに対してアキテーヌ公として臣従することを条件として、ガスコーニュなどアキテーヌの一部を領有すること[45]、フランス王はイングランド王家の継承権を放棄すること、そして3つの司教領（リモージュ、カオール、ペリゴー）をイングランドに譲渡することなどが決められた。しかし条約履行をめぐる交渉は不調に終わった。

　埒が開かないとみたエドワードはアキテーヌにむかい、その地に1年以上留まった。予想外のことだった。フィリップ3世（父はルイ9世）の支援を背景に、73年にアキテーヌのリモージュとビアーンで内乱が起き、それを鎮圧しなければならなかったからである。

　帰路の最後、エドワードはカレー近くでフランドル伯に会った。イングランド産の羊毛がフランドル市場から閉め出されていたことについて交渉し、その改善を約束させた。

　帰国して5年、エドワードは1279年5月23日、長い外交協議の末、ようやくフィリップ3世との所領紛争についてアミアン条約（Treaty of Amiens, 1279）を締結することができた。イングランド王にアキテーヌのアジャンとアジュネを割譲すること、さきのアキテーヌ紛争の終結にあたって、フィリップが求めていたアキテーヌのエドワード臣下に対する臣従礼を廃止すること、エドワードの妻エリーナ（Eleanor of Castile: 1241-90）が母親から継承したポンティエ伯領を与えることなどが決められ、これによってジョン失地王以来の紛争に終止符を打たれたかにみえた（Tout, 1893: 86-92; 'Edward I of England', WP）。

しかし、実際には 15 年後にエドワード 1 世とフィリップ 3 世はふたたび戦火を交え、最後は孫のエドワード 3 世の時代、イングランドとフランスは百年戦争へと突入していった。

エドワード 1 世が不在の 2 年間、イングランドの統治はロバート・バーネル (Robert Burnell: 1239-92 ── 1274-92 年まで大法官、1279-92 年までカンタベリー大司教) を中心とする国王諮問会議が担っていた。

制定法の法典化

帰国して 8 月 19 日に戴冠したエドワード 1 世は翌 75 年 4 月 22 日、ウェストミンスターで最初の議会を招集した。一連の制定法づくりが企図された。不在中に荒廃していたイングランドの社会秩序を回復し、永続的な安定軌道に乗せるためには、法制度の体系的整備が必要不可欠だと考えたからである。

たしかに「13 世紀は立法者と法律家の時代」。エドワードは「イングランドのユスティニアヌス」(Stubbs, 1874-5, vol. 2: 109; Tout, 1893: 120, 122) と呼ばれた。この言い方にも示されているが、かれが行ったのはなにか革命的な立法ではなく、既存の各種法令や規則、慣習をひとつの整合的体系にまとめあげる法典化の作業だった。イングランドでも、大陸ヨーロッパの影響を受け、教会法研究とパラレルに、それとは対立関係にあるローマ法に淵源する市民法・国家法の研究が行われていた。当時、ヨーロッパ各地に有力な大学が創設され、法学研究を盛り上げていたが、イングランドもその一翼を担っていた。

すでにみたように、イングランドでは、ヘンリー 2 世時代の末期にグランヴィル法典が編纂され、ヘンリー 3 世の時代にはヘンリー・ブラクトン (Henry de Bracton: c.1210-68) によって『イングランドの法と慣習法』(*De Legibus et Consuetudinibus Angliae* ── 1235 年以前に編纂開始、現存 4 巻の未完書) の法典化が行われたが、エドワード 1 世は 75 年から矢継ぎ早に制定法を公布していった。法秩序の確立による安定した良き治世の実現という考え方は、ヘンリー 2 世とエドワード 1 世によって共有されていた。

エドワード 1 世による法典化はウェストミンスター第一制定法 (1275 年)、グロスター制定法 (1278 年)、モートメイン (死手) 制定法 (1279 年)、ウェストミンスター第二制定法 (1285 年)、ウィンチェスター制定法 (1285 年)、ウェストミンスター第

三制定法 (1290年) などによって現実のものとなった。それまで自由に繁茂した枝葉を取り払って全体の形を整えるというこの法典化作業には全体としていくつかの狙いがあった。ローマ教皇の介入を招く教会権力の制限、濫用されかねない領主の特権的管轄権の抑制、直属諸侯の利害関係への配慮、王権の強化と国民諸階層の利益表明などがそれである。

したがって、一方では、バロンら直属封臣が「王国のなかに王国をつくる」がごとき企て、したがって地方権力の自立化に対してエドワードは断固たる姿勢で臨んだ。しかし、そのためにも欠かせないのがかれらの不平不満や利害関係にも配慮しつつ、地方政治を司る州長官や執行吏ら国王が任命する役人の不正行為を厳格に取り締まることだった。他方、教会やその裁判所の利権拡張にも目を光らせ、それを抑えなければならなかった。エドワード1世もまた、市民法・国家法が教会法に優位する統治構造を確立したいと考えていたのである。

上記のうち、ウェストミンスター第一制定法 (Statute of Westminster the First) は既存の諸法規を全51条に法典化したものである。その第5条 (自由選挙の規定) や第50条は21世紀のいまも機能している。この第一制定法には、一般的な刑法と罰金条項、州長官など国王が任じた行政官の不正行為の禁止、民事訴訟の処理手続きなどが含まれていた。スタッブスもいうように、そこには60年前のマグナ・カルタの精神が息づいており、その後のオックスフォード条項やモールバラ制定法の思想を引き継ぎ、過重な罰金の徴収廃止、後見権の濫用禁止、領主や役人による封建的献金の恣意的強要禁止などの条文が盛り込まれた (Stubbs, 1874-5, vol. 2: 113)。

ついで、75年10月13日からはじまった秋の議会では、エドワードは財政再建に着手した。膨れ上がった債務を返済するため、羊毛や皮革に輸出関税を課すこと、動産に対する15分の1税を徴収することについて承認をとりつけねばならなかった。というのも、十字軍遠征の経費は総額10万ポンドにものぼり、帰国途上でエドワードはイタリアのマーチャント・バンカーであるルカ・リッカルディ商会 (Societas Riccardorum de Luka) から2万3000ポンドを借り受け、留守役のバーネルも同社から7600ポンドの借金をしていたからである。イングランド王室の借金の相手はユダヤ人商人からイタリアの豪商や銀行家へと代わろうとしていた。この課税によってエドワードは8万ポンドを手にし、ようやく財政的に一

息つくことができた (Tout, 1893: 66; Prestwich, 1980 [2003: 9])。

　グロスター制定法 (Statute of Glouchester) は、領主特権の正統性根拠（当初は証拠となる文書の提示を課した）を問うことで、地方における領主の管轄権と裁判権の濫用を改善しようとするものだった。ヘンリー3世時代の末期、領主特権が曖昧になり、その悪用がめだつようになっていたからである。この制定法はその眼目から「いかなる正統な根拠によってなのか」(Quo warranto [by what warrant?]) を問う制定法 (Statute of *quo warranto*) とも別称された。興味深いことだが、エドワード1世はこの制定法に先立って1274年、のちに「ハンドレッド・ロールズ」(1279年にも同じ調査を実施) としてまとまる大規模な調査を実施している。領主特権の明確化について、かれの姿勢がいかに強固なものだったかがうかがえる。しかし、この調査と制定法は領主の強い反発を招いた。随所でいまさら何を言い出すのかという非難の声が挙がった。エドワードは地方に裁判官を派遣し、この制定法の実効性を確保しようとした。それでも領主たちの不満は収まらず、最終的には領主の意見に歩み寄る内容をウェストミンスター第三制定法に盛り込むほかなかった。

　翌79年、エドワードはモートメイン制定法 (Statute of Mortmain) を定めた。王権の許可なく、遺産である土地を教会に譲渡してはならないというのがその骨子だった。教会領となってしまえば、遺産相続などにおける課税対象から外れてしまい、領主財政ひいては王権を劣化させかねないからだった。この教会領や修道院領をめぐる問題が最終的に「解決」するためには、250年後のテューダー朝ヘンリー8世による修道院解散、修道院領と財産没収を待たねばならなかった。

　1285年には、ウェストミンスター第二制定法とウィンチェスター制定法が定められた。このうち、ウェストミンスター第二制定法 (Statute of Westminster the Second) は全50条からなる法典であるが、とくに第1条 (De donis conditionalibus) はイングランドの中世土地法制の基本原理のひとつとなったものである。土地保有者あるいは血縁上の優先的相続人 (the heir of his body) は保有する土地の一部を他者に譲渡することができた。この後者は「条件づきの譲渡あるいは贈与」と呼ばれた。反逆罪による土地没収といったケースを除けば、譲渡された者はその土地を他人に自由に売買できる。しかし、譲渡可能な範囲を条件づけて狭く限定しておくことが領主のみならず、王権の利権にも適っていた。野放図に土地市場が広がっていくならば、それは封建的土地所有制度の崩壊につながる恐れがあったからであ

る。

　また第30条によって地方巡回裁判の充実が図られた。年3回各地方を巡回し、すべての民事訴訟事件を包括的に取り扱うことになった。さらに15年後 (1300年) には、民事にくわえて刑事訴訟も取り扱うようになり、巡回裁判官の権限は一層拡充された。裁判の迅速化がひとつの狙いだった (Tout, 1893: 127-9)。

　もうひとつ、同年に公布された全6条からなるウィンチェスター制定法 (Statute of Winchester) では、社会秩序の安定化のため、郡裁判所 (hundred court)、フュルド制、武器保有条例 (1181年) に新たな生命が吹き込まれた。第1条では、殺人や窃盗など重犯罪の取り締まりが不十分である現状にふれ、積極的訴訟を含む新たな対応策が記された。第2条と3条では、広域的な犯罪調査や民衆による通報協力の必要性が謳われ、第4条では都市とその郊外防犯体制の強化が述べられ、第5条では交通網の整備など広域捜査のための障害物除去が掲げられ、第6条では15歳から60歳までのすべての男性による武器保有と自警体制の構築、あわせて教会ヤード内でのフェアや市の開催が禁止された (Adams and Stephens eds., 1901: 76-9)。重犯罪の広域捜査、民衆通報制の整備、一般民衆による武器保有と自警といった構想が注目されてよい。

　1290年のウェストミンスター第三制定法 (Statute of Westminster the Third, Statute of Quia Emptores ――ラテン語は「買い手ゆえに」の意) の意義も大きい。それは、教会への土地の永代譲与を規制するさきのモートメイン制定法の世俗版とでもいうべきものだった。今後、すべての自由人はみずからの土地や保有財産を合法的に売却することができる。但し、新たに土地保有者となった者は前の保有者がその領主に対して負っていたと同じ封建的義務や慣習的サービスを引き継ぐことになった。したがって、この制定法は、一方では土地の合法的で自由な売買を認めつつ、他方では新たな買い手は封建的義務を継承するという形で封建的土地所有制の瓦解に一定の歯止めをかけ、領主や国王の権益を保全しようとするものだった。端的にいえば、領主への義務代行 (substitution) を課す形で土地の自由売買を認めつつ、土地の再下封 (subinfeudation) を規制するという性格をもっていた。

　しかし、そうした法的歯止めがどこまで有効だったかについては疑問がある。最大の封建的義務といえば、軍役になるが、それは早くから軍役免除金に変わり、領主や主君に対する忠誠心は空洞化していった。領主への義務代行もまた金銭的

に処理されることが多かったからである。

ともあれ、エドワード1世の腹心バーネルが1292年に亡くなると、「偉大な立法家の世代」は急速に萎縮していった (Stubbs, 1874-5, vol. 2: 113-7; Tout, 1893: 124-34)。

もうひとつふたつ、エドワード1世の「模範議会」やマグナ・カルタの再確認などにもふれておく必要があるが、その前にウェールズ征服、スコットランド紛争、そして百年戦争の前哨戦といってよいフランスとのギエンヌ戦争について一瞥を与えておこう。

ウェールズ征服

ノルマンの征服後、ウェールズは一時的に「アンジュー帝国」に組み込まれたときも自治領としての性格を保ち続けた。そして1258年、グウィネッズ王のルフェリン・アプ・ギリフィズ (Llywelyn ap Gruffydd: c.1228-82) がウェールズ大公を名乗ってウェールズ公国が成立した。まもなくしてイングランドで第2次バロン戦争が起きると、かれはシモン・ド・モンフォールと同盟を結び、ヘンリー3世に対抗した。しかし、レスター伯が戦死すると、ヘンリー3世の宗主権を認めることでウェールズ大公としての承認をとりつけた。かれは75年にシモン・ド・モンフォールの娘エレナーと結婚しようとしたが、エドワード1世は自分に無断で行われたこの婚姻に異議を唱え、兄のアモーリ (Amaury de Montfort) に付き添われてフランスからウェールズにむかっていた花嫁を捕らえ、釈放の条件としてルフェリンの臣従を迫った。1277年、その返事がないことに業を煮やしたエドワードはウェールズに攻め入り、ルフェリンを屈服させた。その結果、コンウェイ条約 (Treaty of Conway) が結ばれた。

このウェールズ征服とコンウェイ条約に基づいて、ウェールズに州制 (shire system) も含めてイングランド法が適用され、各地に強固な城塞が建設され、エドワードの任じる役人がウェールズ統治にあたった。しかし、それに強く反発したウェールズ諸侯は82年春、ルフェリンを担いでイングランドに対する反旗を翻した。しかしその反乱は鎮圧され、ルフェリンはあえなく戦死してしまう。けれども、その後も87年と94-5年に反イングランドの反乱が起きた。

最終的には、テューダー朝のヘンリー8世によってイングランドとウェールズの政治的統合が果たされたのであるが、1301年にエドワードの子エドワード

(のちのエドワード2世)がプリンス・オブ・ウェールズに任じられて以降、ウェールズはイングランド王権から相対的に自由な自治的統治を行うことが許された(Tout, 1893: 107-19)。

スコットランドとイングランド——長い紛争とアーブロース宣言

バロン戦争に翻弄されたヘンリー3世だったが、かれもアンジュー朝初代のヘンリー2世以来、名目的とはいえ、スコットランド王国に対して宗主権を継承していた。

1261年12月、スコットランド王のアレグザンダー3世(在位1249-86年)はそのヘンリー3世の娘マーガレットと結婚した。そのときヘンリーから臣従を強いられたが、72年のヘンリーの死によってその要求は宙に浮いた。エドワード1世は親しい義弟のアレグザンダーに対して、はじめは臣従を強要しなかった。しかし、75年に妹の王妃マーガレットが亡くなってから両者の関係は悪化しはじめ、78年になると、エドワードはアレグザンダーに臣従を求めるようになった。

まもなくして、アレグザンダーはいくつもの不幸に見舞われた。81年には次男デイヴィッドが8歳で他界、その2年後にはノルウェー王エリク・マグヌースンの王妃になっていた長女マーガレットも死去。さらに翌84年には長男アレグザンダーまでも20歳で亡くなってしまった。かれはすでに結婚していたが、子はなかった。こうして、アレグザンダー3世は短時日のうちに王位後継者をすべて失ってしまった。途方に暮れる暇もなく85年10月、かれはフランスのドゥリュー伯ロベール4世(1241-82年)の娘ヨランドと再婚した。しかしこともあろうか、翌86年3月19日の深夜、王妃が待つ離宮にむかう途中、アレグザンダーは落馬事故で不帰の人となった。結局、王位はノルウェー王マグヌースンと亡くなったマーガレットのあいだに生まれた3歳のマーガレットが継承し、スコットランド最初の女王となった。

エドワード1世はこの好機を見逃さなかった。というのも、三男のエドワード(のちのエドワード2世)と幼い女王とを結婚させようと考えたからである。ふたりは又従兄弟の関係にあるから、エドワードはローマ教皇に特免状を求める用意周到さだった。エドワードはダラム司教アントニー・ベクを介してスコットランド王室の重臣と交渉を重ね、ノルウェー王室を含めたソールズベリー条約(Treaty of Salisbury of 1289)、ついでスコットランドとのバーガム条約 (Treaty of Birgham of 1290) を締結した。ふたりが結婚したあとも、スコットランド王国の所領、スコットランド教会、スコットランド議会もそれぞれこれまでどおり保全するとしたが、王位継承権がイングランドに移行するという条文だけは譲らなかった。幼い女王マーガレットはすぐにノルウェーから呼び寄せられた。しかし、彼女はスコットランドにむかう途中、海上で大しけに遭ってあえなく事故死してしまう。不幸の津波がスコットランド王室を覆い尽くした。

エドワード1世はスコットランドの王位継承問題にますます深入りしていった。王位継承者として名乗りを上げたのはベイリャル家のジョン・ベイリャルやブルース家のロバート・ド・ブルース（のちのロバート1世）をはじめ、13人にのぼった。最後はエドワードが仲介役となり、ベイリャル (John Balliol、在位1292-6年) がスコットランド王となったが、かれはエドワード1世に臣従を誓ったため、スコットランドの有力諸侯から「エドワードの傀儡王」とみなされた。

スコットランドの有力諸侯は新王に背をむけ、フランスのフィリップ4世に急接近していった。他方、ベイリャルは94年にはひとりの封臣としてロンドンに赴き、イングランドの議会に出席した。しかし、そのときの傲慢無礼な処遇に激怒したベイリャルは、エドワード1世の命によるフランスへの出兵要請を拒み、翌95年10月にはフランスと「古い同盟」(auld alliance ——スコットランドとフランスの同盟はこれが最初であり、この言い方は後世の呼称) を結び、96年には臣従の誓いも破棄してイングランド北部に攻め入った。かくして、長い第1次スコットランド独立戦争 (1296-1328年) が始まった。

しかし、ベイリャルはエドワード軍に破れて敗走、代々スコットランド王の戴冠式がその上でおこなわれた「スクーンの石」(stone of scone) まで奪われてしまう。エドワードの軍勢にはベイリャルと王座を争ったロバート・ド・ブルース (Roberet de Brice:1274-1329 ——のちのロバート1世[在位1306-29年]) も加わっていた。ベイリャルは廃位させられ、3年間ロンドン塔につながれたのち、1299年釈放され、ノルマンディーに隠遁した。その結果、つぎのロバート1世が即位するまでの10年間、スコットランド王は空位となった。

しかし、これでイングランドとスコットランドの紛争が終結したわけではなかった。翌97年5月、イングランドの支配に反発する民衆の反乱が起きた。ウィ

リアム・ウォーレス (Sir William Wallace: c.1270-1305) 率いる軍勢がイングランド人のラナーク州長官ウィリアム・ヘゼルリグ (Sir William Hezelrig) を殺害した。ウォーレスは 1297 年 9 月 11 日のスターリング・ブリッジの戦い (Batte of Stirling Bridge) でもイングランド軍を破った。この戦勝によってかれは騎士に叙せられたが、翌 98 年 7 月 22 日のフォルカークの闘い (Battle of Falkirk) では大敗を喫した。それでも、その後もかれはゲリラ活動を続けてイングランド軍に執拗に抵抗した。しかし 1305 年 8 月 5 日に捕らえられ、ウェストミンスターにおいて反逆罪で裁判にかけられ、同月 23 日、残虐刑（首吊り、内臓抉り出し、四肢分断、晒しものの刑）に処された。それがかえってスコットランドの人びとの国民感情を鼓舞することになり、多くの反乱を誘発することになった。

　さきのブルースもそのひとりだった。情勢によって変幻自在に立場を変えて憚らないロバートは最大の政敵だったジョン・カミン 3 世 (John Comyn III: c.1274-1306、ジョン・ベイリャルの甥) を教会内で殺害し（そのためロバートは教皇によって破門）、独断で戴冠した。エドワードは直ちに精鋭討伐軍を派遣してロバート軍を打ち倒し、ロバートの協力者を斬首した。しかしロバートはさいわい難を逃れた。

　ところが、1307 年 3 月、ロバートの右腕だったジェームズ・ダグラス (Sir James Douglas: c.1286-1330) がダグラス城を落としてからは、ふたたびロバート軍が勢いを盛り返した。この事態を重視したエドワード 1 世は自ら出征したが、1307 年 7 月 7 日、カーライル近郊で病没した。これ以降、ロバート軍はますます勢いづき、14 年にはスコットランドのほとんどを制圧、バノックバーンの闘い (Battle of Bannockburn) でもイングランド軍を破った。これが戦いの決定打となった。その結果、1318 年にはすべてのイングランド軍がスコットランドから撤退し、20 年にはスコットランドのイングランドからの独立を謳ったアーブロース宣言 (Declaration of Arbroath, 1320) が発せられ、23 年には教皇ヨハネス 22 世（在位 1316-34 年）もこの事態を追認してロバートの破門を解き、かれがスコットランド王であることを公認した。こうしてスコットランド王国は独立し、ロバート 1 世は名実ともにスコットランド王となったのである。

　ちなみに、のちのスコットランド社会に大きな影響を及ぼすことになるアーブロース宣言は教皇宛ての宣誓という形式をとっていた。その内容をみると、イングランド王エドワード 1 世はスコットランドに侵攻したとき、「虐殺、掠奪、放火」

など暴挙のかぎりを尽くし、修道院を焼き払って修道士を多数殺害した。われらは不屈のロバートを新王にいただき、スコットランドの自由と独立のため、すべてを捧げる用意がある。しかしそのロバートといえども、もしイングランド人とその法に屈するならば、かれを敵視し、われわれの権利を破壊する者とみなすだろう、と書かれてあった（'Declaration of Arbroach', WP;「アーブロース宣言」WPj——その末尾に全文が邦訳されている）。スコットランド王がイングランド王に臣従することなどありえないからである。

まもなくして、イングランドで重大な出来事が起きた。1327年1月24日、「あまりにも無能な」エドワード2世（在位1307-27年）が王妃イザベラ・オブ・フランス（フランス王フィリップ4世の第4子、長兄がルイ10世、次兄がフィリップ5世、三兄がシャルル4世、叔母マーガレット・オブ・フランスはエドワード1世の2番目の王妃）とその寵臣マーチ伯ロジャー・ド・モーティマー（Roger de Mortimer: c.1287-1330）によって廃位され、9月21日に殺害されてしまう。直ちにイザベラの息子エドワード3世が15歳で王位に登った。

イザベラとモーティマーはスコットランド情勢を不利とみて、第1次スコットランド独立戦争終結のため、エディンバラ・ノーサンプトン条約（Treaty of Edingburgh-Northampton, 1328）を結んだ。そこには、ロバートが10万ポンドをイングランドに支払うこと、それと交換にイングランド王はスコットランド王国の独立を認め、併せてロバート1世とその後継者をスコットランド王として承認すること、スコットランドとイングランドの境界線はアレグザンダー3世時代に戻すことなどが記されていた。

しかし、イザベラとモーティマーには別の魂胆があった。エドワード3世の末妹ジョアン（Joan of England: 1321-62）とロバート1世の長男デイヴィッド（のちのデイヴィッド2世）を結婚させ、イングランドとスコットランドの和睦を図りつつ、スコットランド領有の機会をうかがっていた。ともあれ、まずはエディンバラ・ノーサンプトン条約の締結によって両国関係は落ち着くかにみえた。けれども、この和睦によってもスコットランド国内が安定化することはなかった。

ロバート1世が29年に亡くなり、デイヴィッドが5歳でデイヴィッド2世（在位1329-71年）として即位したが、ロバートの死去がきっかけとなって、それまでに所領没収の憂き目にあい、不満を募らせていたベイリャル家の一族が息を吹き

返し、ブルース家との闘いが再開されたからだった。スコットランドの空に重い暗雲が垂れ込めた。

　1332年8月、エドワード3世の支援をえて、ジョン・ベイリャルの子エドワード・ベイリャル (Edward Bailliol、在位 1332-56年) が32年8月のダプリン・ムーアの闘い (Battle of Dupplin Moor) に勝ち、新たにスコットランド王となった。ところが、新王はエドワード3世に臣従の礼をとり、スコットランドの南部諸州を割譲してしまう。これは明らかにアーブロース宣言に抵触する行為だった。

　案の定、スコットランド貴族で護国官 (guardian) のアーチボルト・ダグラス (Sir Archibald Douglas: 1298年以前の生まれ、1333年没) が反乱を起こした。第2次スコットランド独立戦争 (1332-57年) の始まりである。かれはエドワード・ベイリャルを破り、エドワードはイングランドに逃れた。しかしそれも束の間、翌33年アーチボルトがハリドン・ヒルの闘い (Battle of Halidon Hill) でエドワード3世軍に敗れて戦死。そのため、デイヴィッド2世は34年、王妃ジョアンとともにフランスに逃れた。こうしてスコットランド王が不在となった。そのため、デイヴィッド2世の甥ロバート・スチュアート (のちのスチュアート朝初代のロバート2世) が摂政役に就いた。

　1337年にイングランドとフランスの百年戦争がはじまると、フランス王フィリップ6世 (在位1328-50年) の要請を受け、デイヴィッド2世は41年6月、スコットランドに戻り、イングランドに闘いを挑んだ。しかし同年10月のネヴィルズ・クロスの戦い (Battle of Nevill's Cross) に破れ捕虜になった。それでも先王エドワード・ベイリャルには、そのデイヴィッドに代わって王座に返り咲くだけの余力はなく、56年にエドワード3世に王位と所領を譲って退位した。かれは独身で後継者もおらず、ベイリャル家は断絶した。

　他方、デイヴィッド2世の立場も似たり寄ったりだった。翌57年10月、デイヴィッド2世は10万マーク (10年払い) の身代金を払うという約束で釈放され、スコットランドに帰国した。しかしスコットランドでは議会が王権に優位する時代になっており、もはやかれに居場所はなかった。結局67年、デイヴィッドはイングランドに舞い戻り、71年には後継者がいないまま亡くなった。かくしてブルース家も断絶。スコットランド王国の一時代が終焉した (Tout, 1893: 164-78, 199-218; ditto, 1905: 302-4; 森、1988: 94-145; 'Wars of Scottish Independence', WP)。

エドワード1世の長期フランス滞在

さて、話をイングランドに戻そう。すでにふれたパリ条約 (1259年) によって、イングランド王国あるいはアンジュー王家がフランスにもつ所領はアキテーヌのギエンヌとガスコーニュだけになっていた。フランス王は宗主権を翳してしばしばその統治に介入し、一時その一部を占拠することもあった。フランス王の関心はそのアキテーヌの領有のみならず、イングランドとの関係が深いフランドル公領にも注がれていた。

エドワード1世からみれば、パリ条約を一歩前進させたアミアン条約 (1279年) ではあったが、フィリップ3世はその履行に乗り気でなかった。しかしそのフィリップが85年、アラゴン十字軍遠征中に病没、息子のフィリップ4世 (在位1285-1314年) が後継した。第3章でみるように、彼がアナーニ事件を起こしてボニファティウス8世を憤死させ、アヴィニョンの捕囚を企てて王権が教皇権に優位することを示し、テンプル騎士団を壊滅させた人物である。かれの場合も、その直接的背景にあったのは膨大な戦費調達の必要だった。

ところで、さきのウェストミンスター第二制定法とウィンチェスター制定法を定めたエドワード1世は翌86年5月、妻のエリーナ、大法官のバーネル司教のほか、多くの貴族を引き連れてフランスへむかった。ガスコーニュ公としてフィリップ4世に臣従の礼をとる必要があったし、アミアン条約を約束どおり履行させるという狙いもあった。くわえてガスコーニュ情勢を確かめたいという気持も強かった。89年8月の帰国までかれの滞在は3年余に及んだ。滞仏中、エドワードはシチリア王国をめぐるアラゴン十字軍 (1284年結成) に関わる紛争解決に大いに尽力した。一方では教皇ホノリウス4世 (在位1285-7年) とフランス王のフィリップ4世、他方ではアラゴン王のアルフォンソ3世 (在位1285-91年) との確執を和平に導いた (Tout, 1893: 99-100; 富沢、1988: 151-2)。

ともあれ、かれが3年間もイングランドを留守にできたのは国内情勢がそれだけ落ち着いていたからだった。エドワードの不在中は甥の第2代コーンウォール伯エドマンド (Edmund, 2nd Earl of Cornwall: 1249-1300) が摂政役を務めた。しかしエドワードのフランス滞在が長引くにつれて、不穏な空気が流れはじめた。87年から88年にかけて、南ウェールズでリイズ・アプ・メルダッド (Rhys ap Maredudd:

c.1250-92) が積年の不満を晴らそうと反乱を起こした。その鎮圧のため、エドマンドはイタリア豪商から1万ポンドを借りた。もっと厄介だったのはグロスター伯とヘリフォード伯のあいだで起きた所領争いである。エドマンドはその仲裁に翻弄された。しかしそれ以上にエドマンドを悩ませたのは国王裁判所の判事や中央・地方高官による収賄や公文書偽造などの職権濫用、殺人犯放免などの不正行為だった。

　エドワードは89年に帰国すると、こうした悪行に関する苦情が殺到した。かれはすぐさま特別調査を行い、民事訴訟裁判所の主任判事トマス・ウェイランド (Thomas Weyland: 1230-98) や「13世紀イングランドの最大の無節操な大高利貸し」といわれた財務府高官のアダム・ストラットン (Adam de Stratton: 生年不詳、1292-4年頃没) などを罷免した (Tout, 1905: 172-3)。

ユダヤ人追放

　エドワードは帰国した翌年、ユダヤ人追放に踏み切った。かれは敬虔なキリスト教徒としてユダヤ人の高利貸しに対して強い不快感を抱いていた。ユダヤ人嫌いといってもよい人物だった。じじつ、十字軍遠征から戻ってすぐに、エドワードはユダヤ人条例 (1275年) を発布した。かれが目の当たりにしたのは、ユダヤ人の貪欲な土地漁りであり、そのために多くの庶民が貧窮に喘いでいる姿だった。かれはユダヤ人の経済活動と生活様式を厳しく規制しなければならないと考えた。エドワードはこの条例によってユダヤ人の高利貸しを禁止し、かれらの居住地域を都市や町の一部に限定し、イングランドでの土地所有を禁じ、17歳以上のユダヤ人に黄色のバッジをつけさせ、さらに12歳以上の全ユダヤ人から毎年3ペンスの特別税を徴収した。

　1270年代後半のこと、ユダヤ人がイングランド銀貨の縁を削りとってコインを悪鋳することがあった。そのため商品価格が暴騰した。78年、エドワードはこの事件に関わった300人ほどのユダヤ人を逮捕してロンドン塔に投獄し、そのうち200人を縛り首にしてその財産を没収した。

　しかし、エドワードはユダヤ人を90年に追放したとき、かれらがその動産を海外に持ち出すことを許しただけでなく、かれらを殺害したりその金品を強奪したりするドーヴァーやヘイスティングズなど南東部5港の船員達を厳罰に処した。

じつは、エドワードはアキテーヌでの3年間の滞在中、同じようにその所領からユダヤ人を追放した経験があった。その意味で1290年のイングランドからのユダヤ人追放はその第2ラウンドということができる。もちろん、追放に伴うユダヤ人の財産没収という狙いがなかったといえば嘘になるだろう (Tout, 1893: 161-3; ditto, 1905: 175-6)。

興味深いことに、1306年にはフィリップ4世もフランスで同じようなユダヤ人追放令を出し、かれらの財産を没収した。その対象はテンプル騎士団にも及んだ。いずれの王国も財政は火の車、あまつさえ戦費調達が避けがたい喫緊の課題になっていた。

前哨戦・模範議会・憲章再確認

すこし時間を遡るが、1202年、フランス王フィリップ2世 (在位1180-1223年) は宗主権を楯に「アンジュー帝国」に介入し、ガスコーニュ以外のアンジュー家のフランス所領すべてを奪い取った。その帰結がパリ条約 (1259年) であり、またアミアン条約 (1279年) だった。

13世紀末、ひとつの事件が起きた。イングランド5港市とガスコーニュの商船団がブルターニュ近海でノルマンディーの商船団を攻撃し、多くのフランス人船乗りが戦死した。余勢を駆って、イングランド船団は西フランスの港湾都市ラ・ロッシュを封鎖した。1293年当時、こうした小規模な海上での衝突は珍しいことではなかった。商船が運んでいたのは一般商品だけでなく、武器も含まれていた。フランス船団がガスコーニュ (ボルドーが首都) からイングランドへのワイン輸送を妨害することもあった。商船団が合法的な商取引のためのものなのか、あるいは海賊行為のためのものなのか、判然としないケースも多かった。

フィリップ4世はこの事件に関するアキテーヌ公エドワードの責任を追及し、損害賠償を請求した。エドワードはフランス側に不満があるのであれば、イングランドの裁判所で審議する用意があると応酬した。そのため、フィリップはエドワードを謀叛人と決めつけ、94年5月、ガスコーニュを含むアキテーヌ公領を没収すると宣告した (Tout, 1893: 179-81)。

こうして1294年から1303年 (実戦は98年のみ) まで続くガスコーニュ戦争あるいはギエンヌ戦争が始まった。この戦いは百年戦争の前哨戦といってよいもの

だった。緒戦はフィリップ 4 世軍が優勢だった。ウェールズでの反乱に対処していたエドワードは甥ジョン・オブ・ブリタニー（John of Brittany: c.1266-1334）らをガスコーニュに派遣したが、戦果は挙がらなかった。折しも 96 年、臣従礼を破棄してスコットランド王デイヴィッド 2 世がイングランド北部に侵攻。そのため、ガスコーニュ戦争は 1298 年から 1303 年まで休戦となった。

　しかし、フランス王家に対するガスコーニュの人びとの反感と抵抗意識は根深く、執拗なものだった。かれらは、ワインの大切な輸出先であるイングランドに親近感をもっていただけでなく、フランス王家から自立した「自由地」（allodium）としてのガスコーニュの歴史的伝統を尊重してくれるイングランド王家に忠誠心さえ抱いていた[46]。

　最終的に、このギエンヌ戦争は、エドワード 1 世がフィリップ 4 世にあらためて臣従の礼をとり、アキテーヌ公に留まることで決着をみた。10 年に及ぶ戦争の結果は元の木阿弥、旧態に復しただけだった。両王国には、いつまた再燃するかしれない火種が残された。

　しかし、残されたのはそれだけではなかった。フィリップもエドワードもすでに膨大な戦費を投じていた。フィリップは足かけ 5 年間で 43 万 2 千ポンド（かれのその間の総歳入の 61.5%）を、エドワードも大いに不評を買った重税を課し、このガスコーニュ戦争に 40 万ポンドを費やしていた（Curry, 2002: 14-5）。

　かれらの手許には巨額の借財が残っていた。エドワードは「ガスコーニュ方面だけでも 94 年初冬から 1303 年夏までに 30 万ポンド以上を費やした」（城戸、1991b: 281）。しかし、それは戦果の挙がらない浪費だった。そのうえ、エドワードには別の戦費を調達する必要があった。スコットランドへの出兵費用である。これらの戦費が総額でどれほどだったのか審らかにしない。しかし前例に照らして巨額なものあったにちがいない。

　エドワードはそれらの戦費調達のため、95 年 11 月 27 日、議会を召集した。聖職者も含めて幅広い社会層の代表者がウェストミンスターに集められた。この議会を歴史家スタッブスは「模範議会」と呼んだ。

　なにが「模範」なのか。それは召集された人びととの顔ぶれにあった。高位聖職者に宛てた召集状には、いまやイングランド王国全体がフランス王フィリップの脅威に曝されており、「われらが共有するこの危機に一致協力して対処しな

ければならない」と記されており、したがって召集される議会は「諸社会層の完全な会議」(a perfect council of estates) でなければならないとエドワードは考えていた。聖職者では大司教と司教といった高位聖職者41人のほか、修道院長や助祭長 (archdeacons) などの聖職者70人、聖堂参事会代表者 (proctors) 各1人、司教区聖職者各2人が召集された。また伯爵7人と直属封臣41人、各州から騎士2人、各都市（自治都市を含む）から代表2人が集められた (Stubbs, 1874-5, vol. 2: 134)。

しかし、議会での課税議論は大いに紛糾し、再三頓挫した。とくに高位聖職者は最終的に課税に反対した。というのも、明けて96年2月24日、「伝統回帰的な」教皇ボニファティウス8世が勅書 (Clericis laicos) を発し、教会組織は教皇の許可なく俗権からの課税に応じてはならないと厳命し、その指示に反した者は破門すると通告してきたからだった。その勅書はイングランドのみならず、フランスの高位聖職者にも送られた。こうして模範議会は不首尾に終わり、それに続くイングランド議会の召集者もこの方式に倣うことはなかった。その意味では、この模範議会を過大評価することはできない。

大きな転機が訪れたのは、こうした困難な局面にもかかわらず、エドワードがフランドルへの出兵を計画していることが明らかとなり、その粗雑な中身と情勢判断に対して有力諸侯のリーダー格だった第5代ノーフォーク伯のロジャー・ビゴッド (Roger Bigod: c.1245-1306) と第4代ヘリフォード伯のハンフリー・ボーン (Humfrey Bohun: 1276-1322) が反対したときだった。それでも側近の賛同者から徴税の許可をえたエドワードは97年8月、自らの計画を強行、わずかの軍勢を率いてフランドルへ出立した。フィリップ4世がフランドル併合を宣言したことが決定的だった。

しかし、ビゴッドとボーンはすぐさまその徴税を中止させた。かれらには、エドワードのフランドル出兵は無謀な企てにしかみえなかった。というのも、3ヵ月前の97年5月、スコットランドでウォーラスの反乱が起き、スターリング・ブリッジの戦いでイングランド軍は大敗を喫していたからであり、フランドル出兵どころではないというのがかれらの心境であり、また判断だった。

こうした紆余曲折を経た挙げ句、97年10月、エドワード1世は課税と引き替えに議会からの「両憲章の確認書」(Confirmatio Cartarum) 要求を受け入れ、さらに1300年3月には、「両憲章に対する追加条項」(Articuli super Cartas) も承諾した。両

憲章とはマグナ・カルタ（1225年のD書）と御料林憲章のことである（Tout, 1893: 191-8）。

　全20ヵ条からなるこの「追加条項」の序文には、自由大憲章（マグナ・カルタ）と御料林憲章がこれまで必ずしも守られてこなかったのは、それに違反したときの罰則が明確でないからである[47]としたうえで、1297年の議会における司教や伯爵、直属諸侯からの要請に応えてエドワード1世は両憲章を再確認すると記されていた。そして憲章の中身を周知徹底させるため、州長官が郡裁判所において年4回、両憲章を朗読すること、また各郡において両憲章に反する行為があるという訴えがあったときには、各郡の騎士3人が裁判官となって事実関係を調査し、しかるべき刑罰（逮捕投獄、罰金）を科すとした（第1条）。また第17条では、ウィンチェスター制定法（1280年）が遵守されていないため、イングランド各地で無数の強盗や殺人事件が起きており、したがって両憲章と同じように、各郡の騎士3人が裁判官となってウィンチェスター制定法を罰則つきで履行する必要があると規定していた。

　しかし、エドワード1世が再確認したマグナ・カルタと御料林憲章が「追加条項」のとおりに実行されたのかといえば、そうではない。かれもまた、祖父のジョン失地王がそうしたように、さきの再確認は諸侯によって強要されたものであり、したがって遵守するには及ばない旨を教皇に訴え出て、1306年にその訴状が承認されたからである。エドワードが拘っていたのは御料林が縮減され（disafforestation）、その管理方法が変更されることだった（Stubbs, 1874-5, vol. 2, 137-8, 154-62）。

　ともあれ、こうしたエドワードの振る舞いは有力諸侯のみならず、多くの市民の大きな批判と失望を招いた。最後には教皇に泣きついて、「強要」されたマグナ・カルタと御料林憲章の再確認を取り消すという行為は、祖父ジョン失地王の振る舞いと変わらないものであり、エドワード1世が教皇主義を破砕できず、中世レジームの枠組みを脱却できずに終わったことを意味していた。

　それでも、13世紀のイングランドは、マグナ・カルタ（A書）の第61条で制限君主制の理念を高々と掲げ、第2次バロン戦争のときには短期間ではあったが、貴族寡頭制的な統治システムが実現された。一国の君主が所領の大喪失といった致命的失政を犯したときには、制限された君主制はよりラディカルな形でその権能を露わにしたのである。

エドワード2世の寵臣政治——その廃位と暗殺

　エドワード1世が1307年に病死すると、すぐにその子がエドワード2世（在位1307-27年）として戴冠した。しかしかれが王位にあった20年間、さしたる功績を挙げることなく、王妃イザベラによって廃位され、その後に暗殺されてしまう。彼女はフィリップ4世の子であり、すぐ上の兄が当代のフランス王シャルル4世（在位1322-8年）だったが、イザベラのこうした行動の背景には、夫であるエドワード2世の専制的寵臣政治とそれに対する有力諸侯の反発、内戦の勃発といった社会秩序の大きな乱れがあった。当時、エドワード2世の寵臣としてその名を馳せていたのはガスコーニュ出身の騎士であり、「貪欲で野心的、分別と先見の明に欠ける」ピアーズ・ギャヴィストン（Piers Gaveston: c.1284-1312——1312年6月にトマス改革派によって処刑された）であり、また「私利私欲の化身」ともいわれたヒュー・ディスペンサー親子だった。

　他方、エドワード2世の統治に対して批判的な改革派のリーダーとなっていたのが第2代ランカスター伯トマス・プランタジネット（Thomas Plantagenet: c.1278-1322）だった。かれは5つの伯領をもつ当代最有力の貴族であり、ヘンリー3世の次男エドムンド・クローチバック（Edmund Crouchback: 1245-96）の息子だった。したがって血縁上、トマスはエドワード2世の従兄弟にあたる。中間派の諸侯を挟んでそのふたりが激しく対立し、戦闘をくりかえしたのがエドワード2世の時代だったといってもよい。

　そのトマスが担った政治的役割は第2次バロン戦争におけるシモン・ド・モンフォールのそれに似ている。彼はエドワード2世が即位してまもなく、ギャヴィストンを中心とする専制的寵臣政治を改革するため、1310年から11年にかけて、21人委員会の設置や41ヵ条の改革案をとりまとめて王権抑制に努めた。

　それでも、エドワード2世は寵臣政治を放棄しなかった。そのため、一度ならず王権派と改革派が対峙する内戦が起きた。ところが、1322年3月のバラーブリッジの闘い（Battle of Boroughbridge）で改革派が惨敗を喫し、捕らえられたトマスは審問もほどほどに斬首されてしまう。その結果、ふたたびエドワード2世とヒュー・ディスペンサー親子による寵臣政治がはじまった。エドワードは「ギャヴィストンの失政」から学ぼうとせず、子のディスペンサーがギャヴィストンと

同じ役割を演じることに満足していた。

　その悪政に多くのイングランド民衆が不満を募らせた。エドワード2世の王妃イザベラも同じだった。すでに25年、ガスコーニュ問題[48]解決のため渡仏していたイザベラは翌26年9月23日、ホランド伯ウィリアム3世の弟ボーモン伯ジョン（John of Beaumont: 1288-1356）、それにみずからの寵臣だった初代マーチ伯ロジャー・ド・モーティマー（Roger de Mortimer: c.1287-1330）の支援と軍勢をえてドルトレヒトを発った。夫のエドワード2世とディスペンサー父子を攻略するためだった。かれらがサフォークに上陸したとき、サフォークやエセックスのジェントリーたちが王妃一行を出迎えた。王妃帰朝の報に接して各地から多くの軍勢が集まり、たちまち王妃軍はその陣容を整えていった。かれらはケンブリッジを経てロンドンにむかった。多くのロンドン市民が王妃軍を歓迎した。かれらは26年暮れまでにブリストルやウェールズ南部で国王軍を撃破した。その戦いでディスペンサー父子のみならず、国王派の諸侯が逮捕され、処刑された。そして1327年には、カンタベリー大司教ウォルター・レイノルズ（Walter Reynolds: 在位1313-27年）がエドワード2世の廃位を宣告、まもなくしてエドワードは暗殺された。

　さきのトマスの弟であり、第3代ランカスター伯のヘンリー（Henry Plantagenet: c.1281-1345）は若きエドワード3世の摂政になっていたが、イザベラとその愛人モーティマーの野心を深く憂慮していた。かれはスコットランド紛争でモーティマーが破れたのを契機に29年に挙兵、30年にはモーティマーをノッティンガムで逮捕した。かれはエドワード2世の暗殺を含む多くの罪に問われ、同年11月29日にロンドンで縛り首になった。かれの広大な所領は国王によって没収された（Stubbs, 1874-5, vol. 2: 334-92; Tout, 1905: 277-82, 298-330; 富沢、1888 : 168-75）。

　それにしても、エドワードは責任ある国政を放棄し、そのほとんどを寵臣に委ねて憚らなかった。その寵臣に対する改革派諸侯からの批判や苦情に耳を傾けることもなかった。

　こうした一連の経緯を一瞥するだけでも明らかなように、エドワード2世の寵臣政治はまことに不毛なものであり、無意味な内乱によって人心を荒廃させたといってよいだろう。そこに浮かび上がる図柄は、飢饉と貧窮に喘ぐ14世紀第1四半期のイングランド社会によく見合うものだった。

　では、イザベラはどうなったのか。モーティマーが処刑されたのち、彼女は

王妃としてのすべての権限を剥奪され、サセックスのライジング城に幽閉された。しかし生命まで奪われることはなかった。イザベラはフランスのカペー朝本家の出であり、フィリップ4世の第4子、シャルル4世の妹だった。その出自が子のエドワード3世をして、フランス王位継承権を主張させる根拠となった。母イザベラを葬り去るわけにはいかなかったのである。

注

1 複合国家という表現はいわゆる同君連合(union of the crowns)のみならず、フランス王に臣従礼をとるノルマンディー公がイングランド王を兼ねるといった事例にも転用することができる。たとえば、城戸毅はノルマンの征服によって「イングランドはアングロ・ノルマン複合国家において『属領』の地位におかれた」(城戸、1991a: 206)といい、複合国家という表現を用いている。

複合国家(composite state)に近い言い方として、1970年代以降、イギリス歴史学界で使われるようになった複合君主制(composite monarchy)という言葉がある。この概念に依拠すれば、15世紀初期から18世紀半ばまで近世ヨーロッパ世界では複合君主制がごく一般的な統治形態だったことになる。

一人の君主あるいはそれに比肩する支配者が複数の異なった歴史と伝統、制度をもつ自治的な地方あるいは地域を包括的に統治するとき、そこに複合国家が成立するとみることができる。そういう意味でいえば、中世後期イングランドにおける好例としてノルマン朝のみならず、いわゆるアンジュー帝国(Angevin empire)を構築したアンジュー朝あるいはプランタジネット朝も歴とした複合国家であった。もちろん、同君連合を出現させたスチュアート朝も複合国家だったといってよい。

ちなみに、複合君主制論の提唱者としては、ヘルムート・ケニスバーガー（Helmut Koenigsberger: 1918-2014）やジョン・エリオット（John Elliott: 1930-）を挙げることができる。いずれもスペイン史の専門家である（'Composite Monarchy', WP）。

2 7王国(Heptarchy)とは中世初期にブリテン島に到来したアングロ・サクソン人によって作られた7つの王国をさす。ウェセックス王エグバート(在位829-39年)によって統一される829年までの時代を7王国時代という。その7つの王国とは、①ノーサンブリア王国、②マーシア王国、③イースト・アングリア王国、④エセックス王国、⑤ウェセックス王国、⑥ケント王国、⑦サセックス王国の7つをさす。このうち、①②③がアングル人の王国、④⑤⑦がサクソン人の王国、⑥がジュート人の建てた王国である。ここからアングロ・サクソンという表現が生まれ、「アングル人の土地」という意味でイングランドという言葉が使われるようになった。しかし、7世紀初めまで遡ると、7王国といった表現は馴染まないほど、実態は流動的であり、他の王国もあっ

た (三好、1967: 35-49; 青山、1991: 87-103 参照)。

　もうひとつ、これらの王国は互いにその覇を競ったが、9世紀以降たびたびデンマークのヴァイキングであるデーン人の侵攻に曝された。

　7王国を統一したのはウェセックス王国のアルフレッド大王 (Alfred the Great: 在位 c. 886-99年) であるが、それから1世紀ほど後に、30年ほどの短期間とはいえ、デーン朝 (前期のスヴェン1世 [在位1013-4年]、後期のクヌート大王 [在位1016-35年]、ハロルド1世 [在位1035-40年]、ハーデクヌーズ [在位1040-42年]——したがって、この前期と後期のあいだにエザルレッド2世とその子エドムンド2世による3年弱のウェセックス朝の再興があった。) が成立し、イングランドを支配したことがある ('Hepatarchy', WP)。

3　この賢人会議は国王の諮問機関といったものであり、すでに7世紀から11世紀まで存続していた。いわゆる7王国時代 (409-829年) にも各王国にもこうした賢人会議があった。

　ちなみに、ウェセックス王国によるイングランド統一がいつ達成されたかについては諸説ある。有力な見方のひとつは、アゼルスタンあるいはエゼルスタン (Æthelstan: 在位924-39年) が937年のブルナンブルフの戦い (Battle of Brunanburh) でダブリン王国、アルバ王国 (いまのスコットランド)、ストラスライド王国の連合軍を撃破した時点に求める見解である。その後、アゼルスタンは自ら「イングランド王」「全ブリタニア王」と名乗った。もうひとつは、アゼルスタンの弟エドムンド1世 (Edmund I: 在位939-46年) の子エドガー (Edgar the Peace: 在位959-75年) の「平和公」としての治世をもってイングランド統一の完成とする見方がある (青山、1991: 162-4;'List of English Monarchs', WP)。

4　エドワード懺悔王の王妃だったエディス (Eadgyth or Edith of Wessex: c.1025-75) の兄がハロルドになり、1066年1月5日、臨終の床でエドワードはエディスを介して義弟ハロルドに後を託したとされる (森、1986:8)。

5　エマはロベール1世の叔母であり、ギヨーム2世はロベール1世の庶子。したがって血縁的には、庶子とはいえ、ウィリアム征服王となったギヨーム2世はイギリス王家に関係があった。

6　しかし、その真偽のほどは不詳。もっとも、1064年または65年初めにハロルドは懺悔王の使者としてギヨームを尋ねてノルマンディーに出向いている。その目的はかつて懺悔王がギヨームに対してイングランドの王位継承を約束したことを再確認するためだったといわれる。しかし、それについては作り話という見方が有力である (Blair, 1984: 70)。

7　このベック修道院については、第3章注37参照。

8　富沢霊岸は、ノルマンディー公国にはすでに「きわめて集権制の強い封建制」が成

立しており、「征服地イングランドにおいて、外国人征服者としての実力を背景により理想的な集権的封建制を布くことになった」（富沢、1988: 75, 88）と書いている。

たしかに、征服王は「完成した封建組織」（a completed feudal organization）をイングランドで実現しようとしたのであるが、当時ノルマンディーの封建制はいまだ「ゆっくりと発展していた」にすぎない。ノルマンディーの「進んだ」封建制をイングランドに導入しようとしたという理解は正確とはいえない（Douglas, 1964: 281-2）。

9 　のちにふれるヘンリー1世の戴冠憲章（1100年）の第5条からすると、エドワード懺悔王の時代、こうした自治領はほとんどなかったようにみえる。

10　ピューリタン革命のなかで人口に膾炙した「ノルマンの軛」との関係で、サクソン時代の奴隷制について多少補足しておこう。

「ゲルマニスト」のヴィノグラードフ（Paul Vinogradoff: 1854-1925）によって代表されるようなサクソン時代の「一般自由人」（国王以外のいかなる者にも従属しない自由農）や「自由な村落」（マナーとは峻別される村落コミュニティ）の存在といった見方をめぐって長く内外で多くの論争があった（簡潔には、青山、1974、第1章参照）。本書はヴィノグラードフの見解に与しないが、かれの理解は「ノルマンの軛」という風聞と共鳴するところがある。

その論争のなかで、アングロ・サクソン時代の「奴隷」の人数・比率とその性格が問われた。この点、「七王国は奴隷社会である」（三好、1967: 223f.）とする三好洋子は、しかしその奴隷は「各自の小屋をもち」「耕作地をもち」「家産をもち」「制限された宣誓能力をもった」（三好、1967: 203-6）と述べている。そうなると、奴隷と農奴の差異が不分明になってしまうかもしれない。

また、青山吉信は奴隷の人数について唯一推測可能な『ドゥームズデイ・ブック』を子細に吟味したうえで、1086年当時の奴隷の実数は「（ドゥームズデイ・ブック）の記載を遙かに上回る多数であったとの結論が可能である」（青山、1974: 153）とし、その実態についても、「基本的には無産、かつ独立の戸口を形成し得ず、奴隷主より全面的にあるいは大部分を給養され、その恣意の下に苛酷に収奪され、また譲渡・売買される存在に留まっていたとならざるを得ない」（青山、1974: 201）と書いている。

さらに、古英語学者の大沢一雄もケント王国のエセルバート法典（Æthelberht's Law for Kent, c.602）、ウェセックス王国のイーネ法典（Leges Inae, c.694）、アルフレッド法典（Legal Code of Ælfred the Great, c.893）、第2クヌート法典（Law-Code of King Cnut, c.1020-1）（いずれの法典も大沢、2010に邦訳されている。）などの分析に基づいて、アングロ・サクソン時代が「奴隷制を経済的基盤とする奴隷制社会」だったと主張している（大沢、2012: 327-8）。

ちなみに、奴隷比率の地域差は大きく、概してイングランド西南地方で高く（グロスターシャーで24%、コーンウォールで21%、デヴォンで18%）、東北部とりわけデー

ンロー地方では極めて低かった（ヨークシャー、リンカンシャーなどではゼロ）。青山（1974: 152）参照。
11　もっとも、ラウンドもステントンも「全面的な断絶論者」でなかったという点については富沢（1968: 323）参照。
　なお、ノルマンの征服後、イングランド社会はそれに先立つウェセックス時代後期と比べてどれほど変化したのかについては、断絶説（「ノルマンの軛」と共鳴する立場）と連続説がある。しかし、実態はいえば、断絶している面もあれば、連続している面もある。特定の史観に拘泥するのでないかぎり、精々いずれの見方に重心を懸けて事実を整理するかの違いにすぎないようにみえる。しかも、ひとりの学者のなかに事象のどの側面に注目するかによって両説が共存している。いまここで個々の学者についてはふれないが（Chibnall, 1999 chaps. 2-4 参照）、それはイギリスの学界にのみならず、日本の学界についてもいうことができる。したがって、特定の歴史家をさして断絶論者か連続論者かについて論じることは危うい試みのようにみえる。この点、たとえば、日本におけるイングランド中世史の開拓者的存在である田中正義の論文「英国封建制の形成と『ノルマンの征服』」（1962［1978、第4篇所収］）を一読すれば、その難しさが理解されるだろう。
12　ヘイスティングズの戦い（1066年）のときにも、ハロルドはこの軍役制度を活用して民兵を召集したし、第3代ヘンリー1世が1101年と02年の夏に長兄ロベール2世軍のイングランド侵攻に対処したときも、自らの騎士などの兵力を補うため、フュルド制による民兵を動員した。なお、このフュルド制については青山（1974: 78f.）参照。
13　ノルマン征服によってイングランド社会はアングロ・サクソン時代と断絶した面が強いのか、あるいは逆に連続した面が強いのかという問いについて考える場合、エドワード懺悔王時代の軍役制度がひとつの争点になるだろう。
　ノルマン征服直前のエドワード時代の典型的戦士がセイン（thegn）だったとすれば、いくつかの点でセインは騎士とは違っている。騎士は主君（いまの場合は国王）による封土下賜と引き替えに軍役を義務とし、武具もみずから用意する騎乗の戦士である。これに対して、セインは5ハイドの土地を自由所有し、与えられた知行（封）のためではなく、みずからの意思に基づいて武装し、王のために戦ったからである。
14　11世紀末のイングランド騎士数は約6000人だった。13世紀には戦闘能力をもつ騎士は1500人になっていたが、騎乗能力をもつエスクワイア（esquires）が1500人ほどいた。かれらは騎士とジェントリーの中間に位置する存在だったが、ジェントリーに一括されることもある。
　14-5世紀の1州当たりの騎士とエスクワイアの合計数は50-70家ほどであり、イングランド全体では2300-2500人だった。このほか、かれらに準じる「教区ジェントリー」がおり、その数は通常のジェントリーの2-3倍だったといわれる（朝治、1995: 82）。

15 この法典は全14巻からなる。第1巻から3巻までは土地紛争などに関わる国王裁判所への権利訴訟手続に関する慣習と規則、第4巻から第11巻までは聖職者推薦権 (4巻)、農奴身分 (5巻)、寡婦遺産相続 (6巻)、遺産継承・譲渡、後見人 (7巻)、紛争合意・記録 (8巻)、忠誠・臣従、税控除、公有地侵害、境界線紛争 (9巻)、各種債務、動産および不動産担保・抵当、債務に関する憲章 (10巻)、弁護人 (11巻) に関する慣行と規則、第12巻から14巻までは権利訴訟の領主裁判所から郡裁判所、国王裁判所の上告手続きに関する慣行と規則 (12巻)、諸条例や事実認定に基づく占有侵奪に関する申し立て (13巻)、国王に関わる犯罪申し立て (14巻) に関する慣行と規則を取り上げ、その考察を踏まえて今後のあるべき方向について論じている (グランヴィル法典の英訳書が *Translation of Glanville* by John Beames, with An Introduction by Joseph H. Beale, 1900 である)。

　この法典化作業は最終審である国王裁判所の権威確立、コモン・ローの体系化の大きな弾み車となり、イングランド王国の集権化に大いに貢献した。

16 この法典が最初に印刷されたのは1554年。しかしその著者について、ポロックとメイトランドはすでに1895年の共著のなかで、この本の著者はラヌフの甥のヒューバート・ウォルター (Hubert Walter: c.1160-1205 ──最高司法官、カンタベリー大司教、大法官) ではないかと書いている (Pollock and Maitland, 1895, vol. 1: 143)。しかし、グランヴィルがこの法典編纂作業を監修したことに疑問の余地はない。

17 全16条からなるクラレンドン法の精神は、聖職者推薦権をめぐる聖俗すべての紛争は最終的に国王裁判所で結審すること (第1条) という規定によって象徴されている。したがって、教会裁判所の取扱い事案 (婚姻関係、遺言や動産としての遺産管理) についての訴訟は助祭長 (archdeacon) から司教、司教から大司教という段階を追って進行するが、大司教裁判によっても結論を得ないときは、最終的に国王または国王裁判所の判断によって結審する (第8条) という規定もその系論として理解することができる。

　国王裁判所が優位する根拠とされたのは、直属諸侯の所領と同じく、大司教・司教の所領も国王から下封されたものである (第11条) という認識だった。そのほか、大司教・司教などは国王の許可なしに出国してはならないこと (4条)、国王直営地を含めて、国王の官吏は国王または最高司法官の許可なく破門あるいは聖務停止されてはならないこと (7条) などの規定が見出せる。

　なお、唯一異質な規定として、第16条に「農奴の息子は領主の許可なく聖職に就くことはできない」とあるのが目を引く (Adams and Stephens eds., 1901: 11-4)。

18 クラレンドン条例は全22条からなっているが、その基本的性格は強盗・窃盗、殺人容疑者などの州長官等による逮捕、その刑事訴訟と陪審員制による裁判手続きを細かに記したものである (Adams and Stephens eds., 1901: 14-8)。

第 1 章　複合国家と集権的封建制　97

19　しかし、デーヴィッド・ダグラスが書いているように、高位聖職者同士あるいはかれらと世俗の人々との紛争は、依然として国王裁判所で裁かれたという点は見落とせない (Douglas, 1964: 335f.)。
20　グレゴリウス 7 世は少数の腹心を教皇特使に任命し、そのグレゴリウス改革を推進した。その特使の司教ユーグとアマトゥスが開催したサント教会会議 (1081 年 1 月) に欠席したノルマンディーの司教全員を聖務停止処分に、また 10 分の 1 税納入に消極的だったノルマンディーの騎士を破門にした。
　しかし、これを聞いたグレゴリウス 7 世は、イングランド王ウィリアム 1 世の利害が絡む問題の取扱いについては節度をもって寛大に対処するよう命じ、その理由にふれてウィリアム 1 世は「他の王たちに比べて十分に称賛と名誉に値することを示している」からだと記している (関口、2011: 6)。
21　いまではその全文を英訳で読むことができる。William and Martin eds., 2002. がそれである。
22　『ドゥームズデイ・ブック』によれば、直属封臣 (バロン) の数は約 700 人だったが、その所領 (baronies) は大小さまざまだった。所領は時間の経過とともに、とりわけ女性の遺産相続者への分割によって細分化され、直属封臣の数もめだって増えていった (Thomson, 1829: 196)。
23　プランタジネット朝という名前はヘンリー 2 世の父アンジュー伯ジョフロワ 4 世が出征のとき、いつでも帽子にプランタジネット (マメ科のエニシダ) の小枝を刺していたことに由来する ('House of Plantagenet', WP)。
24　「まずは」という意味は、武力によらないでは「アンジュー帝国」の維持も拡大も図れなかったからである。じっさい、即位 2 年後の 1157 年 1 月、実弟のブルターニュ伯ジェフリーがフランス王ルイ 7 世と結んで、アンジューとメーヌの所領を求めて反乱を起こしたため、ヘンリー 2 世は騎士、民兵 (fyrd)、外国人傭兵とともに出征。また同年、ヘンリーはウェールズやスコットランドへ遠征したし、フィリップ 2 世や実子たちとの戦闘をくりかえした 71 年にはアイルランドに侵攻している ('Henry II of England', WP)
25　教会裁判所の権限を縮減しようとするクラレンドン法に対して、かつてヘンリー 2 世の腹心として大法官を務め、1163 年 1 月以降、カンタベリー大司教として聖職に専念することになったトマス・ベケット (Thomas Becket: 1118-1170 年) は強く反対した。
　ヘンリーは教会裁判所で有罪とされた聖職者の量刑が軽すぎると感じていたから、教会裁判所で有罪となった聖職者は聖職を解かれ、改めて俗人として国王裁判所で裁かれるべきだと考え、1164 年 1 月、全 16 条からなるクラレンドン法 (Douglas and Greenway eds., 1981, vol. 2: 767-70. 邦訳として川瀬、2009: 38-41 参照) を作ろうとした。これに対してベケットは、クラレンドン法 (とくに第 3 条、第 7 条) は教会裁判所

の権限を侵すものであるうえ、同一罪状で2度裁判にかけて2度罰することは正しくないと主張した。このことが機縁になってヘンリーとベケットは不和となり、ベケットはフランドル、さらにパリに逃れた。しかしのちに、ルイ7世の仲介でヘンリーはベケットと和解し、ベケットは6年ぶりに1170年12月1日、イングランドに帰国した。

ところが、教皇アレクサンデル3世 (Alexander III: 在位1159-81年) の書簡を受けとったベケットは直ちにヨーク大司教、ロンドン司教、ソールズベリー司教を破門した。罪状はヘンリー2世の長男(俗称「ヤング・ヘンリー」)が父ヘンリーとともに、イングランドの共同統治者となるべく、その戴冠式を執り行ったことだった。

この罪状と破門が契機となって、ふたたびヘンリー2世とベケットの関係は険悪なものとなった。ヘンリーは怒り心頭に発し、「誰か、この狂気の坊主を黙らせる者はいないのか!」と叫んだという。その言葉を真に受けてか、同じ12月の末、ヘンリー側近の4人の騎士がカンタベリーに向かい、12月29日にベケットを殺害した。けれども、このベケット事件はヘンリー2世が命じたものではなかったといわれている (Adams, 1905: 279-95; Poole, 1955: 203-14)。

26 ノルマン時代の前期、騎士は「miles」と呼ばれたが、13世紀のヘンリー3世の時代になると、「sergeant」となり、さらに1世紀後のエドワード3世の時代にはsquire (armigerあるいはscutifer) といわれるようになった。そして1350年までには、騎士という称号は特定の重要な地位を占める人物に限られるようになった (Oman, 1898: 366)。

27 更迭された州長官は19人、残留した者が7人だったから、この州長官審問の影響はかなり大きなものだった (Douglas and Greenway eds., 1981: 469-70)。

28 このノーサンプトン条例では、刑事犯に対する処罰が重くなり、州長官審問の影響もあって、州長官の権能を抑え、国王裁判所および裁判官の権限を拡大させた。詳しくはAdams and Stephens eds., 1901: 20-3参照。

29 この論争については、簡潔には富沢 (1968、序章および終章) 参照。

30 のちにふれる百年戦争から薔薇戦争の時代を生きた法律家であり政治家でもあったジョン・フォーテスキュー卿 (c.1394-1480) は『自然法について』(c.1461-3) と『イングランドの統治』(1461-4年、または1471年前後に草稿執筆) のなかで、正確には前者では3つ、また後者では2つの統治類型を挙げ、いずれにおいてもそのひとつの類型として制限された君主制 (limited monarchy) または立憲的君主制 (constitutional monarchy) という概念を提示していた (Fortescue, c.1461-3, c.1461-4 [1869所収]、Plummer ed. 1885, 2nd ed. 1926, Introduction ほか、第4章注27参照)。

ヒュームは『英国史』第2巻 (Hume, 1756 [1983]) 第22章でしばしばコミーヌの『回顧録』(1489-91、97-98年) を引いているから、控え目にみてもコミーヌを介してフォーテスキューを知っていたと思われる。ヒュームは制限君主制という概念をフォーテスキューから借用したのかもしれない。とくに、フォーテスキュー『自然法について』

で示された統治 3 類型はヒュームの分類と一致する。

　ちなみに、リチャード・バクスターは、『聖なるコモンウェルス』(1659 年) のなかで、いくども「制限された君主制」あるいは「混合統治(政府)」(mixt government) という言葉を使っている。

31　この条約の最も基本的な内容は、第 1 次バロン戦争に参加した抵抗派バロンに対する大赦、1 万マークと交換にルイ王太子がイングランド王位を継承した事実はないことを確認したことだった。なお、このランベス条約の文書は現存していない ('Treaty of Lambeth', WP)。

32　「知られざる自由憲章」(Unkwown Charter of Liberties of John) と「諸侯の要求事項」(The Articles of the Barons) はそれぞれ McKechnie (1914: 485-6, 487-493、訳 526-7, 527-37) に収録されている。

33　全 17 条からなる御料林憲章 (1217 年) も McKechnie (1914: 508-512、訳 558-64) に収められている。

　全 17 条からなる御料林憲章の内容を摘記すれば、以下のようになる。祖父ヘンリー 2 世による森林指定への回帰、したがってその後の (叔父リチャード王や父ジョン王による) 追加的森林指定の解除 (第 1 条と第 3 条)、また祖父ヘンリー 2 世のとき、高位聖職者、伯爵や諸侯、騎士および自由保有者が森林内にもっていた保有地の回復 (第 4 条)、林野官や林野執行吏による酒造、穀物や家畜の徴発禁止と林野官増員 (第 7 条)、年 3 回の新たな林野会議の召集 (第 8 条)、「すべての自由人は自分の意思により、林野内の自分の森を放牧用に貸与し、放牧上納金を取得することができる」こと (第 9 条)、「今後、すべての自由人は自分の森林あるいは林野内の保有地で水車場、生け簀、溜め池、肥料堆積所、水路をつくり、また土地を耕作しても臨時賦課金を徴収されない」こと (第 12 条)、祖父ヘンリー 2 世から「朕 (ヘンリー 3 世) の即位の初めまで」の間に林野問題のみで法外放置された者はその権利を回復すること (第 15 条)、城代などが林野訴訟の法廷を開いてはならないこと (第 16 条) などである。

　ここにも、一方で森林管理をめぐっていかなる現実が生じていたか、他方ではそれをヘンリー 2 世の時代の諸慣行に復帰させることで秩序回復を図ろうとしていたかがうかがわれる。

34　ゴドフリ・デーヴィス (G. R. C. Davis) は大英図書館展示物解説パンフレットの小冊子『マグナ・カルタ』(1963, 2nd ed. 1985) の末尾にある「参考文献」の冒頭で、「マグナ・カルタの最も新しい総合的研究」として、J. C. Holt, *Magna Carta* 2nd ed. (1969) を挙げている。「しかし、あらゆる点で W. S. McKechnie, *Magna Carta*, 2nd ed. 1914 に取って代わるものではない」とも記している (城戸毅訳 39)。わたくしの印象もそれに近い。

35　それまでの「聖教会」(holy church) という言い方に変えて、わざわざ「イングランド教会」(ecclesia Anglicana) といっていることについて、「この言い方は反君主的である

だけでなく、反教皇的な意味をもっていた」(Mckechnie, 1914: 192、訳 197) という見方がある。ジョンはこの第 1 条のなかで教皇インノケンティウス 3 世の「臣下」であることを認めているが、この認識に対する反発が抵抗派バロンにあったと推論しての解釈だろう。

36　たとえば、陪審 (jurors) である。かれらは騎士とともにローカルな裁判において重要な役割を果たした。かれらは自由な借地農あるいは自由農 (free tenants) と騎士の中間に位置づけられることが多く、その保有地は 30 から 100 エーカー、社会的には騎士から零落したか、農民の身分から上昇した者だった (Carpenter, 2015: 135-7)。

　　また、すでにヘンリー 2 世時代の武器保有条例 (1181 年) でも、その第 3 条にこの「自由人」に近い表現、すなわち「すべての自由市民と自由な一般民衆」(omes burgenses et tota commmuna liberorum hominum, all burghers/burgesses and the whole body of freemen) という言い方が出てくる (ただし、「burgenses」の英訳は、Adams and Stephens eds. では「burghers」だが、Douglas and Greenway eds. では「burgesses」となっている。前者は自治都市の市民、後者はそれにくわえて自治都市の代表者や議員を意味する)。したがって、自由人は「自治都市の自由市民」および「自由土地保有者」(自由農) をさしているとみてよいだろう。なお、マグナ・カルタでいう「自由人」のなかにも自治都市の市民も含まれていると思われる (Stubbs, 1870: 183-4; Adams and Stephens eds., 1901: 23; Douglas and Greenway eds., 1981, vol. 2: 449-51)。

37　この 25 人のリストはそのプロフィールを含めて、Thomson (1829: 270-312), Holt (1992: appendix 8) に掲げられている。

38　城戸毅はマグナ・カルタ (A 書) の性格について、さきの「自由人」の理解にもふれながら、この文書は「専制に対してイギリス国民の権利を宣明し個人の人権を明らかにした文書でイギリス国制の基石である」とする見方も、逆に「諸侯の自立的権力の強化をめざした封建的反動の性質をもった文書」という理解も、いずれも「非歴史的である」としたうえで、「封建貴族上層部をこえるかなりのひろがりをもった社会的基盤の上に立っていた」文書であるとしている (城戸、1980: 77-8)。

39　歴史家アルバート・ポラードによれば、「コモンズ (commons) はコミューン (communes) を意味する。コミューンは民衆の組織のことだったが、13-4 世紀になると、何らかの結社や連合体という意味でも使われた」(Pollard, 1920: 107-8) と書いている。

40　ノルマンディーの名門貴族の出であるレスター伯は 1229 年、22 歳のときに渡英してヘンリー 3 世の寵臣となり、38 年 1 月にはヘンリーの妹エリナー (Eleanor) と結婚、翌 39 年にレスター伯となった。したがって、シモン・ド・モンフォールはヘンリー 3 世の義弟であり、ヘンリーの子エドワード (のちのエドワード 1 世) からみれば、母方の叔父にあたる。

41　国王側の 12 人とは、ロンドン司教フォーク・バセット (Fulk Basset)、次期ウィン

チェスター司教、ドイツ王の息子ヘンリー、ウォーレン伯ジョン、ギュイ・デ・リュジナン侯（Lord Guy de Lusignan）、ウィリアム・デ・ヴァレンス侯（Lord William de Valence）、ウォーリック伯ジョン、ジョン・マンセル卿、ダーリントンの弟ジョン、ウェストミンスター修道院長リチャード・クロックスリー（Richard de Crokesley）、ヘンリー・ウィンガム侯（Lord Henry de Wingham）、ボニフェース・サヴォイ侯（Lord Boniface of Savoy）であるが（オックスフォード条項・第2条）、このうちロンドン司教だけが改革派に属していた。

　また、改革派の12人とは、ウースター司教、レスター伯シモン・ド・モンフォール、グロスター伯リチャード・ド・クレア、ヘレフォード伯ハンフリー、軍司令官ロジャー侯、ロジャー・ド・モルティマー侯（Lord Roger de Mortimer）、ジョン・ジェフリー侯（Lord John Fitz Geoffrey）、ヒュー・バイゴット侯、リチャード・ド・グレー侯（Lord Richard de Grey）、ウィリアム・バードルフ侯（Lord William Bardolf）、ピーター・ド・モンフォール侯、ヒュー・ディスペンサー侯（Lord Hugh Despenser）である（同条項・第3条）。

42　この15人とは、カンタベリー大司教、ウースター司教、レスター伯、グロスター伯、マーシャル伯、ピーター・サヴォイ（ボニフェース・サヴォイの叔父、第2次バロン戦争でシモン・ド・モンフォールに加担）、アルベマール伯（Earl of Albemarle）、ウォリック伯、ヘリフォード伯、ジョン・マンセル、ジョン・ジェフリー、ピーター・ド・モンフォール、リチャード・ド・グレー、ロジャー・ド・モルティマー、そしてジェームス・ド・オードレー（James de Audley）の15人である。したがって、前注にてらして少なくとも10人が改革派の人物だったということになる。

43　13世紀の半ばにイングランド人の「国民意識」が急速に高まったとみるデントンは、第2次バロン戦争をどうみるであれ、「イングランドのバロンが自らを一般の人々と同一視するようになったことが、イングランドのすべての人々を鼓舞し活気づける国民精神の所在と強さの証拠である」（Denton, 1888: 6-7）としている。

44　制定法とは「成立の日付が明白な成文法」のこと（城戸、1991b: 277）。「最初の制定法」は、マグナ・カルタに遡ることができるという見解がある。

45　イングランド王が長くアキテーヌ公であり続けた基本的な理由は、「アンジュー帝国」の建設者ヘンリー2世が王妃アリエノール・ダキテーヌと再婚したことによってアキテーヌ公領の共同統治者となったことに由来する。

　ジョン失地王がフィリップ2世によってノルマンディー（1204年）、アンジュー（1205年）、ブルターニュ（1206年）を奪われたときにも、アキテーヌ公領のギエンヌだけは残された。

46　教皇ボニファティウス8世（在位1294-1303年）が仲介することになった1298年のガスコーニュ戦争（ギエンヌ戦争）の和平交渉のさい、エドワード1世の代表団が主

張したのは、ガスコーニュは「神のみから与えられ、いかなる地上の上位者も認められないこと、したがってガスコーニュはフランス王国の一部ではなく、イングランド王であるアキテーヌ公がその地における君主であり、フランス王に対していかなる臣従礼も忠誠宣誓も封建的奉仕も行う必要がなく、完全な裁判権を保持する」(加藤、2012: 81)というものだった。しかし、その見解はパリ条約を真っ向から否定するものだった。

47 　最初のマグナ・カルタ (A書) の第 61 条には罰則規定が書き込まれていた。しかし、B書以下ではその条項は破棄された。

48 　ここでガスコーニュ問題というのは、1324 年のサン・サルドス戦争のことであり、シャルル 4 世の妹イザベラはその和平協議のため、息子エドワード (のちのエドワード 3 世) を連れてパリに赴いた。夫のエドワード 2 世がシャルル 4 世に臣従礼をとるという条件づきで、ガスコーニュを戦前の状態に戻すことが合意された。

　ちなみに、サン・サルドス (Saint-Sardos) は東ガスコーニュにあったベネディクト会修道院の分院領であり、その統治のあり方をめぐってシャルル 4 世の家臣が介入し、紛争を画策した。ガスコーニュの長官だったオリヴァー・インガム (Sir Oliver Ingham: 1287-1344) はその計略に嵌まってサン・サルドスの武装都市 (bastide) を攻めた。シャルル 4 世はアキテーヌ公 (エドワード 2 世) の釈明を求めて高等法院に出廷させようとしたが、エドワードがそれを拒否したため、1324 年 6 月、かれの誠実義務違反と反乱支援を理由として、シャルルはアキテーヌ公領の没収を宣告した。この戦争ではフランス軍が優勢だったが、ボルドーやバイヨンヌまで攻略することはできなかった。ガスコーニュ貴族の大部分がガスコーニュ戦争 (1294-8 年) のときと同じく、プランタジネット家を支持していたからである。このサン・サルドス戦争は、ガスコーニュ戦争に続くもうひとつの百年戦争の前哨戦だったということができる。

　このサン・サルドス戦争から 3 年ほど経った 27 年初め、シャルル 4 世はアキテーヌ攻略計画を立てていた。しかし、アキテーヌ制圧には少なくとも 14 ヵ月を要すること、その戦費はフランス王室の平均歳入の 3 年分にのぼるという側近の試算を聞いて断念したといわれる。百年戦争に先立つ 10 年前、すでにフランス王はアキテーヌ陥落をめざしていたことになる。

　1327 年 3 月、パリで和解。エドワード 3 世は戦争賠償金として 5 万マーク、被災地復興のためにリーブル鋳貨 6 万枚を支払った。しかし、アジュネはフランス王の掌中に残された。この戦争に敗れたことがエドワード 2 世追放の動きを加速させた。詳しくは Curry (2002: 18)、横井川 (2012: 90-4) 参照。

第 2 章

黒死病と農奴制の崩壊

梗　概

　14世紀の半ば、ヨーロッパは黒死病に襲われた。人々は為す術を知らず、その被害は激甚で、ヨーロッパ総人口の3分の1が失われたといわれる。ユダヤ人が井戸に毒を投げ入れたからだといった旧聞の流言飛語が拡散し、ユダヤ人襲撃事件が各地で発生した。1348年から49年にかけて、イングランドでも全体の4割前後の人が亡くなり、人口が激減した。社会を旧態に復そうとする立法に効力はなかった。それ以降、150年間にわたって人口は回復しなかった。

　すでに1337年にフランスとの百年戦争がはじまり、その戦費調達のため、14世紀の第4四半期、2度にわたって人頭税が課された。黒死病の度重なる来襲や疫病、凶作がそれに重なった。それらがワット・タイラーの乱の引き金となった。叛徒はリチャード2世に対して中世レジームの解体宣言を突きつけた。

　黒死病以降、イングランドでは農奴制が崩壊しはじめる。地代の金納化、領主直営地の縮小あるいはその借地化、不自由農の減少、領主による諸税の廃止や形骸化、土地市場の活性化、農民の地理的移動などが進んだからである。イングランドの農奴制は15世紀半ばまでにめだって衰弱した。ドイツやフランスに先んじた農奴制の崩壊だった。

　15世紀の経済にひとつのマクロ-ミクロ・ギャップが生じていた。マクロ経済が衰退する一方、個人の経済生活は土地市場の緩和、不自由農の縮減と自由農化の進展、地代の下落、実質賃金の上昇などによって改善した。しかしそのギャップも、1440年代から80年代にかけての大不況によって希釈されていった。

一匹のノミが農奴制を切り崩し、歴史の潮流を変えたという見方がある[1]。そこには独特の誇張があるとしても、黒死病がヨーロッパ中世後期の人びとを震撼させたことに疑問の余地はない。中世レジームに深い亀裂が走った。それがどれほどのものだったか、その衝撃の跡をたどってみる。

津波のような衝撃は人口動態に未曾有の影響を与え（第1節）、黒死病後の反動的な社会政策を介して、中世レジームの解体宣言を告げる農民一揆を呼び覚まし（第2節）、農奴制の崩壊プロセスを加速させた（第3節）。そのあらましを追ってみよう。

第1節　黒死病と人口動態

黒死病の襲来

14世紀半ば、ヨーロッパ社会は黒死病の猛威に曝された。その後も、それは1世紀以上にわたって波状的に襲来。この黒死病によってどれほど多くの人が亡くなったか、正確な数字はわからない。黒死病の被害のほどは時代と地域によって違っている。それでも多くの文献は、1347年から50年までのあいだにヨーロッパの総人口の3分の1、およそ2000万人の生命が奪われたと記している。これほど短期間のうちに、これほどの疫病による大量死が生じた例はほかにない。

ジョヴァンニ・ボッカッチョ（Giovanni Boccaccio: 1313-75）は『デカメロン』（1349-51年）の十日物語の「初日」の序話を、かれ自身目の当たりにしたフィレンツェの黒死病の惨状から説き起こしている。天遣の苛酷の甚だしさ、「敵意ある時運は町中を席捲してそれにも飽き足らず、さらに周りの田舎をも呵責するところがありませんでした」。そのフィレンツェだけでも、「悪疫の脅威とそれを免れた者の恐怖と、その結果としての少なからざる罹災者の放棄と、それらを概算して（1348年）3月からその7月までの間に10万の生霊がフィレンツェの町の城壁内で失われました」（カッコは引用者、以下も同じ）と書いている。

東方から西漸した黒死病が猖獗（しょうけつ）を極めたとき、人びとはもはや自分一個の生命以外に執着するものはなく、「自分の町、自分の家、自分の土地、自分の親戚、自分の財産を捨て、（中略）兄は弟を、叔父は甥を、姉は弟を、またしばしば妻は

夫を見殺しにしました。なかでも最も恐ろしく、ほとんど信じられないことは、両親が自分たちの子供を見舞いもしなければ看護もしなかったことです」(野上素一訳, 第1巻 60, 64-5) と記している[2]。

ペストに罹ると、首の付け根や脇の下に卵大の大きな腫れ物ができ、しだいにそれが黒ずんでいく。高熱や激痛に襲われ、早ければ数日で、ふつう1週間もすれば、死んでしまう。家畜の類も例外ではない。腺ペストはネズミについたノミによって、肺ペストは人の咳やくしゃみによって伝染していく。腺ペストの死亡率は4割ほど、しかし肺ペストはほとんどが助からなかった。

村も町も、家のなかも道端も死屍累々。どこもかしこも異様な死臭が立ちこめていた。遺体は放置され、それを食らう野犬もいた。墓地など役に立たず、至るところに巨大な穴が掘られ、そこに無残に傷ついた死体がつぎつぎと投げ込まれた。人が集まる場所ほど感染率が高かった。都市は人口が密集し、部屋も狭かった。汚物や残飯が道路に氾濫し、ネズミの餌になっていた。

為す術を知らず

アレクサンダー・イェルサン (Alexandre Yersin: 1863-1943) と北里柴三郎 (1853-1931) によってペスト菌が発見されたのは550年近くも後の1894年のことだったから、14世紀半ばの人びとが黒死病の原因や対処方法に無知だったとしても、それを責めることはできない。

司教や司祭をはじめ、聖職者たちが口にしたのは、「神の怒り」がこの悪疫の原因にちがいないということだった。しかし、いまなぜ神の怒りなのか、どう対処したらよいのかについてかれらの口は重かった。

それでも、さまざまな対処療法が試みられた。もし神の怒りが原因だとすれば、教会に行って許しを請うしかない。金持ちのなかには教会や修道院に寄進する者がいたし、難を逃れて巡礼に出る者もいた。人間の罪を浄め、世界を破壊から守るため、自らの身体に鞭打つ人びと (the flagellants) も現れた。ドイツを中心にしてかれらの一部は暴徒と化し、ユダヤ人やハンセン病[3]患者を襲った。やがて、かれらの運動は反聖職者的な反乱とみなされ、鎮圧された[4]。

疫病に罹った者と同じ空気を吸わないように、外気を遮断して部屋に閉じこもる人びとが少なくなかった。燃え上がる火のそばにいること。過度の運動はしな

いこと。入浴もよくないこと。食物については、鶏や七面鳥といった家禽類やアヒルや鴨の水鳥などのほか、牛や豚や肉を口にしないこと。雨水を使った料理も口にしないこと。オリーブ・オイルも使わないほうがよいといわれた。

精神療法もいろいろと推奨された。死について考えないこと。楽しいことや喜びを感じることだけを思い浮かべること。見惚れるような風景やきれいな庭を眺めること。美しい音楽に耳を傾けるのもよい。目を奪うような宝石をみつめることが大切だとも聞かされた。

辺鄙な田舎に逃れる人も沢山いた。そういえば、『デカメロン』の「初日」の最初の話者となった、サン・マリア・ノヴェルラ寺院に集まった7人の若き夫人たちのなかの最年長者パンピネアが黒死病に冒されないための方法として口にしたのも、「すでに多くの人たちがそうなさったように、また現になさっているように、この土地から逃げ出すのが最上の策だ」というものだった。

身体全体をスッポリ包み込むような衣装をまとい、頭には鍔のある大きな帽子をかぶり、眼にはレンズを、顔には嘴状の仮面をつけた奇妙な防具も登場した。

教皇クレメンス6世 (在位 1342-52 年) の侍医だった外科医のド・ショーリアック (Guy de Chauliac: c.1300-68) は、同じペストといっても冬にはやる肺ペストと夏に猛威をふるう腺ペストがあることを突き止め、いくつかの療法を提案してユダヤ人に関する忌まわしい風聞と闘った。かれが勧めたのは部屋を暖かくし、患者には一切触れないこと。できるだけ人に会わないようにすること。瀉血や規定食のほか、腫れあがった部分にイチジクを貼り、酵母やバターと一緒に玉葱を食べるようにすることなどだった。

ヴァロア朝のフィリップ6世 (在位 1328-1350 年) から黒死病の原因究明を命じられたパリ大学医学部は、1348 年 10 月に提出したその報告書[5]のなかで、「普遍的で遠い」原因と「特定の身近な」原因についてふれていた。このうち前者は、「1345 年 3 月 20 日午後 1 時に起きた水瓶座での土星、木星、火星の「天文学的な合」(conjunction ──同一の黄経上にあること) を指し、また後者は南方からの強風によってあるいは地震によって汚染された有害な空気が運ばれてくることを意味した。しかし、第一原因は明らかに天文学的な合という天体事象のほうにある。木星は湿気と灼熱をもち、地球と火星に有毒な蒸気を発生させる。高熱で乾ききった火星は 1347 年 10 月 6 日から 48 年 5 月までの獅子座の日、その蒸気に火を放っ

てますます大気を汚染し、有毒で腐った空気によって地上を覆い尽くす。そこに木星が強い南風を送り込む。その結果が悲惨な疫病の大流行だった。これが黒死病蔓延の原因に関するこの報告書の骨子だった^6。

プランタジネット朝のエドワード3世(在位 1327-77 年)は 1349 年、ロンドン市長につぎのような手紙を書き送った。「道路に放置されたままの排泄物や汚物を始末して通りを清潔にすること。そして死をもたらすあの悪臭を断ち切ることだ」と。

このように、黒死病に見舞われた人びとの試行錯誤の対応のなかには理に適ったこともあったが、呪術的なものも少なくなかった。

ひとつの流言飛語

身の毛がよだつような恐怖と先のみえない深い暗闇のなかで、ひとつの流言飛語が人びとの心を捉えた。またぞろ、黒死病の蔓延はユダヤ人が井戸に毒を投げ入れたためだという噂が立った。人びとはユダヤ人のみならず、ハンセン病患者を襲った。

14世紀の半ば、ヨーロッパには約250万人のユダヤ人がいた。そしてその3分の1はピレネー山脈を挟んでスペインと南フランスに住んでいた。かれらの入植は古く、スペインではローマ時代に遡るところもあった。かれらは相対的に豊かな暮らしをし、その識字率も高かった。

1348年の春、黒死病が流行しはじめると、南フランスやスペインでユダヤ人襲撃の火の手があがった。最初のリンチ事件が起きたのは南フランスのラングドック地方の町ナルボンヌ (Narbonne) とカルカソンヌ (Carcassonne) だった。ユダヤ人は家から引きずり出され、火の中に放りこまれた。

疫病はユダヤ人が井戸に毒を投げ入れたためだという話は古くからあった。近くは1320-21年、この地方で疫病が流行ったときにも耳にした。そのときも、ハンセン病患者が巻き添えになった。かれらが攻撃対象にされたのは、精神的疾患があるから皮膚を病んでいるのだという奇妙な理屈にくわえて、かれらはユダヤ人やグラナダのイスラム王国ナスル朝(1232-1492年)に通じており、その指図でキリスト教世界を滅ぼそうとしていると聞かされたからだった。

ユダヤ人排撃の嵐が吹き、スイスやドイツで巨大な松明となって燃えさかっ

た。1351年まで2-3年のあいだに、大小210のユダヤ人コミュニティが根絶やしにされ、350回以上もユダヤ人虐殺がくりかえされた。かれらは焼き殺され、あるいは沼地で溺死させられた。

1348年の暮れには、ユダヤ人殺しの暴動は拡大し、エスリンゲンではユダヤ教会に立て籠もったユダヤ人が集団自殺した。1349年1月9日、スイスのバーゼルでは、ライン川の中洲に建てられた木造の大きな家で数百人のユダヤ人が焼き殺され、ひとつのコミュニティが消滅した。それから200年間、バーゼルへのユダヤ人入植が禁じられた。ストラスブルクではユダヤ人迫害に反対するという市議会の姿勢にもかかわらず、黒死病が襲来する直面の1349年2月、1884人のユダヤ人が捕らえられ、900人が火炙りにされ、残りは改宗させられるか町から追放された[7]。

ユダヤ人迫害の背景

こうしたユダヤ人排撃にはそれなりの背景があった。ひとつは宗教的対立、いまひとつは経済的理由である[8]。

もともとを遡れば、ユダヤ教から分岐した初期キリスト者たちは、キリストを救世主として認めず、モーゼの律法に代わって福音書を受け入れようとしないユダヤ人に対して激しい憎悪の念を抱き、かれらのコミュニティを遠くに追いやろうとした。

コンスタンティノポリスの総主教であり、聖書について膨大な注釈書を書き残した聖クリュソストモス (John Chrysostom: c.347-407) はユダヤ人を「キリストの殺害者」といい、また西方教会最高の教父とされる聖アウグスティヌス (Aurelius Augustine: 354-430) もユダヤ人をキリストによる贖罪を拒む「追放された人びと」と難じた。

十字軍遠征が契機になって、12世紀から13世紀にかけてキリスト教の目覚ましい「復興」がみられた。グレゴリウス改革、カタリ派やワルドー派などの民衆運動のほか、シトー会やドミニコ会、フランシスコ会など、少なくとも教義上は清貧を重んじる修道会が相次いで誕生した。その全体像は中世の「カトリシズム・ルネッサンス」とでも呼ぶべきものだった。

しかしその十字軍遠征によって、ユダヤ人に対する憎悪と蔑視はいくども現

実のものとなり、ユダヤ人迫害がくりかえされた。1205年、ローマ教皇インノケンティウス3世（在位1198-1216年）は「キリスト殺し」のユダヤ人たちを「永遠の隷属」に運命づけられた者たちと宣告し、トマス・アクィナス（Thomas Aquinas: c.1225-74）はその揺るぎない論理をもって、「ユダヤ人はキリスト教会の奴隷であり、教会はかれらの所有物を処分することができる」と主張した。じっさい、プランタジネット朝のヘンリー3世（在位1216-72年）は1229年、イングランド在住のユダヤ人の財産の半分を没収した。

　同じ13世紀、カトリック教会はいくどもキリスト教社会からユダヤ人を排除せよと命じ、かれらに多くのタブーを課した。曰く――、ユダヤ人はキリスト教徒を召使いとして雇ってはならない。ユダヤ人の医者はキリスト教徒を診てはならない。ユダヤ人はキリスト教徒と結婚してはならない。ユダヤ人はキリスト教徒に小麦粉、パン、ブドウ酒、オイル、靴、衣料などを売ってはならない。ユダヤ人はかれらの教会を建ててはならない、と。

　また、各地の職人ギルドはユダヤ人が織布、金属加工、鉱山、縫製、靴づくり、鍛冶、パン焼き、製粉、大工などに就くことを禁じた。

　とはいえ、ユダヤ人の行動がすべて封印されたわけではなかった。かれらにはよく知られた別の顔があった。かれらは王侯貴族に対する金貸しとして確固たる地位を築き、かれらの保護の下にあったからである。そのなかには、皮肉なことに教皇も含まれていた。かれは公的にはキリスト教社会の頂点に立ってユダヤ人に対する偏見を煽ったが、私的には金融業者としてのユダヤ人を便利に使った。

　ユダヤ人はしばしば、高利貸しを禁じられていたキリスト教徒に2割以上の利子をとって金を貸しつけた[9]。それがキリスト教徒の怨嗟の的になった。庶民にとってこうしたユダヤ人は「キリスト殺し」であるだけでなく、情け容赦のない強欲で掠奪的な連中であり、古い社会的紐帯を切り裂こうとする象徴的存在に映った。12-3世紀、商業化の進行とともにユダヤ人の存在もより大きなものになっていった（Tuchman, 1978: 109, 113-4; Cantor, 2001: 150, 156-62、訳165、171-8）。

　そうして、黒死病で死んだユダヤ人が相対的に少なかったことも、キリスト教徒の敵愾心を煽ったといわれる。

イングランドのユダヤ人

　もっとも、イングランドについていえば、14世紀の半ば、その地に住むユダヤ人はほとんどいなかった。

　イングランドに多くのユダヤ人が入植したのはノルマンディー公ギヨーム2世（ノルマン朝ウィリアム1世——在位1066-87年）による1066年のノルマン征服のときだった。ウィリアムは集権的封建制[10]とともにユダヤ人をイングランドにもたらした。ユダヤ人は法的に国王に直属したが、「一般住民とは異なり、より劣悪な隷従的立場におかれた」存在であり、封建制の枠外にある異教徒だった。したがって、かれらにマグナ・カルタが適用されることはなかった。

　かれらはイングランドに留まるための特許状を公布されたが、それと引き替えに議会の承認なしに国王から重税を課された。その当時、カトリック教会はキリスト教徒同士の高利貸しを禁じていたが、ユダヤ教はユダヤ人以外の者に対する高利貸しを認めていた。しかし、ユダヤ人が高利貸しでえた利益のかなりの部分が国王によって巻き上げられた。「経済活動においては国王の保護下にありながら、他方では国王の苛酷な財政的収奪の対象とされていた」からである（城戸、1980: 111、注4）。

　といっても、それで「卑劣で強欲な悪徳商人」ユダヤ人というイメージが払拭されたわけではなかった。かえって、教会や庶民の反感を買うことが多かった。ユダヤ人は「王によって掠奪され、民衆によって迫害された」存在であった（McKechunie, 1914: 229、訳240）。

　12世紀になると、イングランドでも反ユダヤ主義がめだつようになった。1190年、ロンドンとヨークで数百人のユダヤ人が虐殺された。事態はその後も改善されず、1218年にはヨーロッパで初めてユダヤ人であることを証す記章の着用が命じられ、翌19年から1272年まで絨毯爆撃のように、合計49回にもわたって重税が課された。

　イングランドでのユダヤ人に対する法的規制は1275年のユダヤ人条例（Statute of Jewry, 1275）に始まるが、それから15年してエドワード1世（在位1272-1307年）は1290年7月18日、ユダヤ人国外退去令（Edict of Expulsion, 1290）を発布した。なかにはキリスト教に改宗する者もいたが、1万5000人のユダヤ人のほとんどが特に抵抗することもなく、着の身着のままでポーランドなど東欧諸国に移住し

ていった。あとに残された資産は国王によって没収された。高利貸しが追放の公的罪状だった (Cunningham, 1897: 70-4; Rubinstein, 1996: 36-9; Mundill, 2002, 27f.)。

それから350年後の1657年、オリヴァー・クロムウェル (Oliver Cromwell: 1599-1658) によってこの退去令が破棄されるまで（破棄後のめだった増加はなかった）、ユダヤ人のイングランド入植は許されなかったのである。

伝播ルートと被害の拡散

さて、貿易船によってレヴァント地方からイタリアのメッシーナ、ジェノヴァ、ヴェニスへと黒死病が広がったのは1347年のこと。翌48年1月までにはマルセーユ経由でフランス南部へ、さらにスペインへと病魔はその触手を伸ばした。同年6月から8月にかけて、ボルドー、リヨン、パリ、ノルマンディーへと広がり、イングランドにも侵入した。そしてスコットランドとアイルランド、ノルウェーを経てスウェーデン、デンマーク、アイスランド、グリーンランドへと伝播していった[11]。

1347-9年の黒死病による死亡者はパリでは人口の約半分、フィレンツェでは5分の3から4、ヴェニス、ハンブルク、ブレーメンでも人口の3分の2が亡くなったといわれる。

もちろん、体力に劣る子供や老人の死亡率が高かった。しばしば男性の死亡率が女性を上回り、寡婦となった女性が大勢いた。都市だけでなく、農村も大きな被害を受けた。生き残った村人が少なかったところでは、しばしばその村は放棄され、廃村となって地図から消えた。1350年から1500年までの150年間に、イングランドでは限界村落を中心にして1300以上の村が消滅したとされている (Gottfried, 1983: 135)。

一般的にいって、人口密集地帯である都市の黒死病死亡率が高かったけれども、農村の被害が甚大だったケースも無数にあった。社会階層による死亡率の違いも大きかった。貧しい庶民の死亡率が最も高かったけれども、身分の高い者の間でも犠牲者が相次いだ。

黒死病で死んだ現役の君主のなかにはカスティーリャのアルフォンソ11世 (在位1312-50年) がいた。エドワード3世は娘ジョアン (Joan of England: 1335-48) をそのアルフォンソ11世の長男ペドロ (Pedro of Castile) に嫁がせるため、1348年の夏、

贅を極めたウェディング・ドレスをはじめ金に糸目をつけない豪奢な準備を整え、堅固な随行団とともに彼女を送り出した[12]。しかしジョアンは旅の途中、ボルドーで黒死病に倒れた。1348年9月2日のことであり、年端もいかぬ14歳の王女の悲劇だった[13]。

　黒死病で亡くなった芸術家や学者も多かった。フィレンツェの銀行家で政治家でもあった歴史家のジョヴァンニ・ヴィッラーニ (Giovanni Villani: 生年不詳、1348年没)、シエーナの画家ロレンツェッティ兄弟 (アンブロージョ [Ambrogio Lorenzetti: c.1290-1348]、ピエトロ [Pietro Lorenzetti: c.1280-348])、イングランドではミュンヘンで亡くなったオッカム (William of Ockham: 1285-c.1347) もそのひとりだった。

　ロンドンの有力な服地商であり、1330年代に4回もロンドン市長を務めたジョン・パルターニー卿 (Sir John Pulterney: 生年不詳、1349年6月8日没) も黒死病の犠牲となった。

　罹患者と接触する機会が多かった医者の死亡率も高かった。ヴェニスにいた24人の医者のうち生き残ったのは4人だけ。モンペリエにあった中世屈指の医学校でも、医者のほとんどが黒死病で死んだ。

　聖職者の場合も低い地位にある者の死亡率が高かった。黒死病による死亡率は司祭 (priest) の場合が最も高かったが、司教 (bishop) の平均死亡率は20人に1人。しかしカンタベリー大司教のような場合もあった。ジョン・ストラトフォード (John Stratford: 1275-1348) は1348年8月に亡くなったが[14]、その後継者となったジョン・オッフォード (John Offord [John de Ufford] 生年不詳、1349年5月20日没) も翌49年5月に死去。さらにその後を襲った才人、エドワード3世の寵臣で数学者で神学者でもあり、物理学や天文学にも通じていたトマス・ブラドウォーディン (Thomas Bradwardine: c.1290-1349年8月26日没) も数ヵ月後に死亡した。つまり、1年間のうちに3人のカンタベリー大司教が亡くなったことになる。そのうち、少なくとも後二者は黒死病が原因だったといわれている (Tuckman, 1978: 92-100)。

　ブラドウォーディンの死は、エドワード3世とその王族にとってのみならず、当時の学界にも大きな衝撃を与えた。かれはさきのオッカムとともに、1230年代から始まったオックスフォードの知識運動[15]の重要な担い手となっていたからである。まだ10歳にみたないチョーサー (Geoffrey Chaucer: 1343-1400) は難を逃れたが、オッカムとブラドウォーディンは黒死病に倒れた。

イングランドの人口激減

　黒死病がイングランドに上陸したのは 1348 年 6 月のこと。南西部の港町メルコム (Melcombe) からだった。罹患していた百年戦争の帰還兵あるいは香料船の船乗りによって持ち込まれたとされている。その後、黒死病は各地に拡散し、1 年後には北イングランドに達した (Hinde, 2003: 42f.)。

　しかし、イングランドにかぎっても、黒死病で大きな被害が出たのはこの 14 世紀半ばの「大襲来」が初めてではなかった。『アングロ・サクソン年代記』(*Anglo-Saxon Chronicle*)[16] によれば、1046 年にも 1049 年にも、また 1085 年や 1086 年にも疫病が大流行して多くの人命が奪われた。そのほか、天候不順による大凶作あるいは家畜の大量死について数多くの記述が残されている (Plummer ed., 1892, vol.1: 164, 167, 217; 大沢, 2012: 185、191、197、311)。そののちも、13 世紀の末から 14 世紀の前半にかけて (1288-9 年、1315-7 年、1328-9 年)、ときには大飢饉に黒死病の悪疫が重なって多くの人命が奪われた。

　黒死病がイングランド全域に猛威をふるったという意味では、確かに 1348-9 年の被害が際立っている。しかしその後も、この 1348-9 年から 1485 年までの 130 年余りのうちに、合計 12 回の来襲が記録されている[17]。2 回目が 1361-2 年、3 回目が 1369 年、4 回目が 1375 年、5 回目が 1400 年。それからも 1407 年、1413 年と続き、さらに 20 年後の 1434 年と 1438-9 年、そして 1464 年、1471 年、1479 年、1485 年にも黒死病の全国的流行がみられた (Bolton, 1980: 63)。

　15 世紀になると、黒死病は地域的に流行した。しかし、その破壊力は全国的蔓延に勝るとも劣らない深刻なものだった。ケント州のカンタベリーでは、1412 年から 1447 年までの 35 年間に 6 回もの大流行に見舞われた。こうした黒死病の流行に前後して、大小の飢饉に襲われたことも少なくなかった。赤痢、チフス、ジフテリア、はしかなど他の伝染病が重なって大きな被害をもたらした (Hatcher, 1977: 58f.)。

　では、黒死病によってどれほどの人が亡くなったのか。この被害がめだって大きかった 1348 年から 49 年の場合、その死亡率はどれほどのものだったのか。

　この点については、これまで多くの研究が積み重ねられてきた。最も早い試算は開拓者的な中世史家フレデリック・シーボーム (Frederic Seebohm: 1833-1912) によ

るものだが、それによれば、第1に、1348年時点でのイングランド全人口は約500万人、また1377年の人頭税データから推計される全人口は約250万人。これら2時点間の人口増減はほとんどみられなかったから、1348-9年の黒死病死亡率は約50%と推計できる。第2に、14世紀半ばの黒死病までイングランドの全人口は増加した。しかし黒死病でその人口は半減。その後1377年まで人口数は停滞した。第3に、それでも14世紀半ばの黒死病の大流行と人口半減はイングランドに「巨大な社会革命」をもたらした。領主と農民の力関係の逆転、地価の暴落、農業労働者の賃金高騰が惹起されたからである (Seebohm, 1865: 269-70)。

より精密で先駆的な試算として名高いのがラッセル推計である。「死後審問書」(Inquisition *Post Mortem*)[18]に基づくその推計によれば、年齢計の死亡率は27.3%、年齢別死亡率の加重平均は23.6%とされている (Russell, 1948: 216, 220-2)。

しかしマイケル・ポスタンは、ラッセル推計の数値を過小評価になっているとみた。ポスタンの推計によれば、第1に、人口減少の真の分岐点は1340年代末のペストの大流行より少なくとも20年前、おそらくはそれよりも前に起きている。第2に、その原因は「相対的な過剰人口」に基づく「天罰的な救済」、つまり飢饉の頻発とそれに伴う高い死亡率、婚姻率および出生率の低下による。第3に、40年代末の黒死病の死亡率は「40%程度」であったが、1328年から77年にかけての50年間の黒死病の流行も視野に入れれば、「その人口の減少は50%を超えたといっても差し支えない」。第4に、こうした1340年代後半の死亡率の著しい高まりは、それに続く1世紀ないし1世紀半にわたって、人口減少からの回復を大幅に遅らせることになった (Postan, 1975 :33-43、訳45-56)。

また、ハッチャーは中世史家が収集した多くのローカル・データを吟味し、1348-9年のイングランドでの黒死病死亡率を低目で30%、高目で45%と推計した (Hatcher, 1977: 22-5)。

さらに、最新推計としてブロードベリーらの試算がある。かれらの推計によれば、イングランドの全人口の推移は、1315年が469万人、1325年が412万人、1348年が481万人、1351年が260万人、1377年が250万人、1400年が208万人、1430年が202万人、1450年が190万人、1541年が283万人となっている。したがって、第1に、1348年から51年にかけての人口減は221万人、45.9%になる。この数値はラッセル推計よりもめだって高く、ポスタン推計 (40%) よりもやや高

い。第2に、ポスタンがそうみたように、14世紀半ばの黒死病の来襲に先立って、イングランドの全人口が減り始めていた。第3に、1351年以降もイングランド全人口は減り続け、1351年水準 (260万人) を回復するのは時間的にポスタンの推論よりも遅く、じつに190年 (1541年人口は283万人)、2世紀近くを要したことになる (Broadberry et al., 2015: 20, Table 1.06)。

　以上、総じていえば、イングランド全域に及んだ1348年から49年にかけての黒死病で亡くなった者はイングランド全人口の4割以上、しかしそれ以降、時期と地域による違いは大きいものの、黒死病など悪疫による死亡率はおよそ1割強という水準まで低下した[19]。

『ドゥームズデイ・ブック』以降の長期人口変動

　もう少し時間の地平を長くとって、イングランドの長期人口変動をみておこう。というのも、『ドゥームズデイ・ブック』(1086年) から2世紀のうちにイングランドの総人口は右肩上がりで3倍弱膨れ上がったが、黒死病を契機に短時日のうちに激減し、その後も1450年頃をボトムにして15世紀後半まで長く停滞することになったからである。総人口が回復し始めたのはようやく16世紀前半になってからのことだった。

　こうした代表的な長期推計には、ラッセル推計、ポスタン推計、ハッチャー推計、最新推計としてブロードベリーらのものがある。そのほか黒死病直前までであれば、ハラム推計 (Hallam, 1988) もある。

　しかし、推計の方法と結果についてこれまで論争が絶えなかった。とくにラッセル推計に対するポスタンの批判と推計 (Postan, 1966, 1975) がよく知られている。論争が起きるのも道理、中世イングランドの2大全国人口統計である『ドゥームズデイ・ブック』と「人頭税調査」(1377年) には、それぞれ記載されていない者が相当数おり、それを推計しなければならなかったからである。このうち前者については、土地を保有していない世帯数および1世帯当たりの人数のほか、調査から脱落している地方および都市の人口を、また後者については、14歳以下の人口および非課税者の割合を推計しなければならなかった。

　結論的にいえば、ラッセルのものは低目の推計、ポスタンのものは高目の推計になっている (Bolton, 1980: 64; Hinde, 2003: 22-9, 68-73)。そのため、両者の中位推計

が模索された。ハッチャー推計 (Hatcher, 1977) がその有力な成果のひとつである。

そのハッチャー推計によれば、イングランドの 1086 年の総人口は 175-225 万人、また 1377 年の総人口は 250-300 万人、1348 年から 77 年までの 4 回にわたる黒死病などによる人口減少率が 4-5 割だったとすれば、1348 年の総人口は 450-600 万人になる。また徴税史料などによる 1522-5 年の推計総人口は 225-275 万人となるから、1377 年時点の総人口を上回るようになるのはようやく 16 世紀第 1 四半期になってからということになる (Hatcher, 1977: 68-73)。

ところで、ポスタン推計、ブロードベリーらの推計によれば、イングランドの人口動態は 4 つの時代、すなわち、① 14 世紀初めまでの人口増の時代、② 14 世紀半ばの黒死病の襲来に先立って人口が減りはじめた時代、③黒死病流行による大量死の時代、④ 14 世紀第 4 四半期以降、150 年以上にわたる人口停滞の時代に分けることができる。

このうち、①の期間中、イングランドの全人口は 3 倍近くに増えた一方、③の減少率は 45% 前後にのぼった。

しかし、14 世紀半ばの黒死病を挟むこの劇的な人口変動をどう説明できるのかが問題である。黒死病を契機にして人口が激減していった局面③と④については、農奴制の崩壊という文脈に沿ってのちに取り上げることにし、ここでは、まず局面①と②にしぼって考えてみよう。

マルサスの経済循環

これまでの研究史を思い浮かべればなおさらのこと[20]、ロバート・マルサス (Thomas Robert Malthus: 1766-1834) の人口と生活水準に関する循環理論に一瞥を与えておくのがよいだろう。

人口が幾何級数的に増えていくのに対して、食料が算術級数的にしか増えないとすれば、やがて一人当たりの食料供給が減って栄養水準は劣化、貧困層における幼児死亡率の上昇 (マルサスのいう「積極的制限」positive check) という結果を招くか、悪疫や異常気象による飢饉、戦争による人口減少となるか、またはそのいずれでもなく、婚姻数が減り、出生数も落ち込んで (「予防的制限」preventive check)、人口が減っていくことになる。しかし人口が一定の水準まで低下すれば、こんどは逆の循環が始める。食料物価は下がり、土地需要と地価も下がり、実質賃金は上昇

していく。その結果、人口が増加しはじめる[21]。

　しかし、マルサスの循環理論にはいくつかの暗黙の前提がある。第1に、豊かで広大な農業フロンティアがあるような場合、第2に、都市や商業、製造業がめだって発展していくような場合、第3に、大きな技術進歩がみられるような場合には、マルサスの循環はうまく働かないからである。

　このうち、第1のケースであれば、幾何級数的な人口増と算術級数的な食料増という組み合わせにならない可能性が高い。第2のケースであれば、幾何級数的に増えていく人口が農業以外のセクターによって吸収されるため、総人口の増加があっても、農村でも都市でも過剰人口は抑えられ、一人当たりの食料供給が落ち込むことはない。第3のケースが農業セクターで生じれば、算術級数的な食料供給が幾何級数的なものに変わっていく可能性が高まる。

　ということは、逆にみれば、豊かで広大な農業フロンティアがなく、都市や商業、製造業のめだった発展もなく、技術進歩が低調な農業経済であれば、マルサスの悲観主義的な循環の歯車が動き出すことになるだろう。

マルサス図式に親和的な時代

　それでは、上記①はどういう時代だったのか。手短にいえば、めだった人口増、土地需要の高まりと地価の上昇、イングランド北西部を中心とする新たな植民と開墾、穀物を中心とする農産物価格の上昇、農民の実質賃金および生活水準の下落あるいは低迷、都市化と商業化の進展、製造業の地域限定的な低成長、緩慢な技術進歩などにくわえて、領主の専横と圧政が強まり、地代のみならず各種の徴税が増えた時代だった。

　こうした時代趨勢は13世紀後半になっても基本的に変わらなかった。見落とせないのは、農村の過剰人口を緩和するべく新たに開墾された農地は一般的に痩せており、その限界生産性は逓減していったと考えられることであり、そのため、新耕地開発は13世紀後半にはほぼピークに達し、その後は新たな開墾は減りはじめたとみられる。

　もうひとつ、13世紀半ばから後半の時代、一戸の農家5人ほどの生活需要を充たし、領主への貢納義務を果たすためには、比較的良質な農地を少なくとも10エーカー程度保有している必要があった。しかし、現実には8エーカー以下

の農家が全体の半分以上を占めていた (Postan, 1966: 567; Hilton, 1966: 114-5; Dyer, 1989: 110-40; Poos, 1991: 16, Table 1.1; Hatcher and Bailey, 2001, 45, Table 1)。

いまでも、13世紀末から14世紀初めにかけての時代、その農民生活は「どん底」状態にあったとする見方が有力であり (Hatcher and Bailey, 2001: 48)、かつてマルクス主義史家のエヴゲニー・コスミンスキー (E. A. Kosminsky: 1886-1959) は、この時代を「イングランド農民の隷属化および農民に対する搾取は最高点に達していた」(Kosminsky, 1955:22、訳152) と記している。どこでも「羊の数は以前より減り」「貧困のために小屋住まいの農民は姿を消し」「その小屋は焼かれ、土地は放置された。その結果、イングランドの肥沃だった農地は荒れるに任せる」事態になっていたといわれる (Denton, 1888: 121)。

長年にわたって地価は上がり、各種の徴税が嵩み、開墾は停滞して耕地面積は縮減し、実質賃金は下がっていたからである。貧農は十分な食料を手にすることはできず、人口は過剰状態にあった。じっさい、13世紀末期から14世紀にかけて土地入手は困難だった。そのため婚姻率は低下。この未婚率の高まりは「予防的制限」という結果を招いた。こうした事態は、まさにマルサスの循環が人口減へむかう転換期を示唆している。それが②の局面にあたる。

この14世紀前半といえば、見逃せないことがある。ひとつは1315年から数年間続いた異常気象による大飢饉であり、また家畜伝染病の流行だった。大飢饉の被害が大きかったのは限界的開墾地の多いイングランド北西部であり、人口の10%以上が命を落としたといわれる。

もうひとつ、戦争とそれに伴う重税があった。13世紀末から14世紀初めにかけて、エドワード1世 (在位1239-1307年) は領土問題をめぐってフランスおよびその同盟国スコットランドとの抗争に明け暮れた。1290年代半ばと百年戦争初めの民衆の税負担を比べてみると、後者のほうが勝っていた。百年戦争を始めたエドワード3世が必要とした戦費は1337年からの4年間で、オランダ方面についてだけでも40万ポンドにのぼったが (したがって平均すれば、年間10万ポンド)、それにはエドワードがすでに抱えていた負債が含まれていない。1339年の負債額は30万ポンドだったが、その金額は続く2年間でめだってふえた (Ormrod, 1991: 182-3)。

この局面②の時代はときに「14世紀初期の危機」といわれるが、その基本的原

因は大飢饉、戦争と重税を踏まえたマルサスの循環にあった。すでに人口は過剰状態に達し、多くの農民が塗炭の苦しみに喘いでいたからである。

第2節　中世社会政策とワット・タイラーの乱

　黒死病の「大襲来」のあと、上記の③と④という人口激減とその長期低迷の時代、イングランド社会で何が起きていたのか。まず注目したのは、④の時代に進行した農奴制の崩壊である。

　それにしても、この人口低迷の期間はいかにも長い。短めにみても150年ほどになる。ところが、この14世紀第4四半期から15世紀末までの時代は、労働者の実質賃金が上がり、一人当たり生活水準も黒死病以前の局面②に比べてめだって改善されたにもかかわらず、総人口は増えていない。つまり、マルサスの循環の歯車が動かなかったということである。明らかに局面①とは異なる。その循環を阻止するような歴史的構造変化が起きていた可能性が高い。

労働者勅令

　ここで、農奴制の崩壊プロセスを追うまえに、③の人口激減局面にあたるが、黒死病の渦中で発布された49年の労働者勅令 (The Ordinance of Labourers, 1349) と51年の労働者条例 (The Statute of Labourers, 1351) についてふれておこう。

　黒死病がイングランド全域に広がっていくなかで、1349年6月18日に発布された労働者勅令は、「労働者や農奴 (serviens) の大半がこの悪疫で絶命したため、領主の必要と農奴の不足を目の当たりにして、多くの者は法外な賃金を得られないかぎり、働こうとしない。他の者は働かずに怠惰な物乞いに走っている」と書き出されている。エドワード3世は高位聖職者や貴族、学識者からなる顧問会議に諮ってこの勅令を定めたのであるが、その骨子を抜き書きすれば、つぎのようになる。

　第1に、男女の別を問わず、自由の身であるか否かを問わず、商人であれ職人であれ、イングランドの60歳以下の健康な者は「わが治世20年目 (1346年)」あるいは5-6年前に支払われていた報酬で満足しなければならない。もしそれに反する事実が州長官 (sheriff)、執行吏 (bailiff) や治安警吏 (constable) の前で2人の証

言によって明らかとなった場合、その者は逮捕され、上記報酬を受け入れるまで投獄されるものとする。

第2に、収穫人 (reaper) や刈取人 (mower) あるいは誰であれ、他の者に雇われて働く者は、しかるべき理由や許可なしに契約期間満了以前にその就労場所を離れてはならない。これに反した者およびそれを雇用した者は投獄される。

第3に、何人も黒死病直前以上の報酬を払ってはならない。それ以上の報酬を払った者あるいは払うと約束した者は王座裁判所によって起訴され、その報酬の2倍相当の罰金を科される。

また領主あるいはその官吏が過大な報酬を払った場合、小邑裁判所 (wapentake or trithing court) などによって起訴され、その罰金は支払った報酬の3倍とする。

第4に、馬具職人、皮剥職人、靴職人、仕立屋、金属加工職人、大工、煉瓦職人、瓦職人、船大工、荷馬車人などの職人は、同じく黒死病直前の報酬以上のものを受け取ってはならない。それに違反した場合には起訴され、投獄される。

第5に、肉屋、魚屋、宿屋、醸造業者、パン屋、家禽商など食料品を製造販売する者は近隣での価格を考慮し、売り手に適切な利潤をもたらす程度の価格で売らなければならない。これに違反したものは販売高の2倍の罰金を科される。

また、都市や自治区 (boroughs)、市場町 (market towns) などの首長は、本勅令に違反する食料品売買が行われていないかどうかを監視し、違反者には科料しなければならない。首長がその義務を怠った場合、裁判によって売買された食料品の3倍の罰金が科される。

第6に、他者からの施しによって生活の糧をえている者は働こうとせず、ときには盗みなどの罪を犯す。こうした者たちの無為と自堕落な生活に手を貸してはならない。

第7に、領主は必要とする範囲内ではあるが、農民賦役を誰よりも先に要求することができる (*The Statutes of the Realm*, vol. 1: 307-8; Horrox ed., 1994: 287-9)。

この勅令にはいくつか注目すべき点がある。まず、この勅令の背景には黒死病による農民の大量死があり、それに伴う労働力不足があり、賃金の急騰があり、食料品価格の高騰があった。このうち、働き手の賃金を黒死病以前の水準に引き戻そうというのがこの勅令の主たる狙いだった。しかし不思議なのは、賃金のほうは1346年の水準に戻すといいながら、食料品価格のほうは実勢を受け入れ、

製造業者が適切な利潤を稼ぐことはお構いなしとしたことである。賃金は下げられ、食料品価格はそのままというのでは、庶民の首は絞まるばかりである。

　また、この勅令の施行が武力の行使ではなく、基本的に裁判手続きによっている点も見落とせない。したがって、国や地方裁判所の判事あるいは役所の官吏が法執行の具体的な担い手となっている。しかも、州長官やマナー以外の裁判所判事は国王が任命する職位であり、それだけ国の行政権が各地に浸透していったことを示唆している。封建制のあり方という点で、こうした勅令施行の基本的枠組みが注目される。

　さらに、この勅令では必ずしも明示的ではないが、勅令は農民の自由な移動を禁じようとしている。それに関連して、領主による過剰雇用を排除しながら、農民に対する優先的賦役請求権にもふれている。

　こうした条文から、黒死病による大量死という大混乱のなかで大量の農民が難を逃れ、あるいはよりよい働き場を求めて領地を離れていくという未曾有の情景が浮かび上がる。またそうした移動を抑え、農民たちを自分の所領につなぎ止めておこうとする領主たちの思惑と焦燥感が伝わってくる。

　しかし、黒死病の激震によって生じた事態を旧態に復するというにしては、その罰則はいかにも軽いという印象を免れない。しかも、その執行はきちんとした証拠に基づく訴訟と法廷での判断によらなければならず、恣意的な罰則の適用は許されない。食料品価格についても、黒死病以前の水準に戻すというのではなく、適正価格であれば、現行の水準で問題はないとしている。怠惰な物乞いに対しても、検束して投獄するというのではなく、かれらに施しをするな、といっているにすぎない。

　要するに、黒死病で全体の4割以上もの働き手が亡くなり、途方もない規模の労働力不足が生じ、賃金も食料品価格も高騰した。それにくわえて、多くの働き手が領主の土地を離れてしまえば、この悪循環が加速され、ついには農奴制を壊してしまうだろう。しかし、そうした巨大な奔流を堰止めるには、この勅令の規制装置はいかにも手薄で脆弱だったという印象を免れない。

　じじつ、この勅令が公布されてから1年半ほどして、その狙いにおいて大きく変わることのない労働者条例（1351年2月）が追加的に発布された。労働者勅令の効力が小さかったためだろう。

労働者条例

　この条例はさきの勅令とはちがって、ジェントリーや都市の有力商人たちを含む下院[22]（house of commons）の請願に基づいて、黒死病後初めて開かれた議会で合意されたものである。

　その冒頭には、働き手の賃上げ要求が黒死病直前の水準の2倍から3倍に跳ね上がり、そうでなければ働こうとしない悪意ある「強欲な」農民たちの要求は「高貴な人びとにとって大きな打撃」となっており、下院の構成員を「窮乏化」させかねないと記されている。

　この条例はさきの勅令よりも細かく、しばしば具体的な数字をあげて黒死病以前の賃金水準に引き戻そうとしていた。

　たとえば、荷馬車人、犂引き人、羊飼い、豚飼いなどの場合、1346年の報酬を受け取ること。別途、小麦給付の慣行がある所では、1ブッシェル（8ガロン、約36リットル）当たり10ペンス（10d.）の報酬とする。この者たちは1年または他の慣行によってある期間雇われるが、日雇いで働いてはならない。

　草取りや干し草づくりの日給は1ペンスを超えてはならない。刈取人は1エーカー当たり5ペンスあるいは日給5ペンス、コーン収穫人の8月第1週の日給は2ペンス、第2週以降月末までは3ペンスとする。これらの労働者は公然と雇われる者であり、また仕事に必要な道具を市場に売り出すことができる。

　小麦やライ麦の脱穀人の報酬は1クォーター当たり2.5ペンス、大麦やエンドウ、オート麦は1クォーター当たり1.5ペンスとする。これらの者は1年に2回、領主や財産管理人、執行吏や土地管理人の前でこれらの規定を遵守するという誓いを立てなければならないなどと定められた。

　しかし、この労働者条例には勅令にはなかった興味深い規定も盛り込まれている。何人も夏場にも同じ地域に同じ報酬の仕事があれば、冬場働いていた町を離れて夏場だけ別の場所で働いてはならない。ただし、スタッフォードシャー、ランカスター、ダービーシャー、ヨークシャーのクラヴァン（Craven）の労働者は別であり、慣行にしたがって8月に別の地域に出稼ぎし、そののち領地に戻ってくるのであれば差し支えない、と。

　また、財産管理人や土地管理人、執行吏などに対しても、勅令や条例に違反し

た者たちの取り締まりに精励することを誓わせ、違反したときにはその名前を国王 (王座) 裁判所に通知し、しかるべき罰を加えるという仕組みもつくられた。

そしてこの条例の賃金規定に違反した者は、初犯であれば 40 日、再犯であれば 3 ヵ月間、投獄されることになった。また新たに 3 日間の晒し台 (stocks) の刑罰も加わった。さらに、財産管理人など行政官が告発すべき違反者から金品を受け取った場合、その裁判手続きや罰則規定も定められた (*The Statues of the Realm*, vol. 1: 311-3, Horrox ed., 1994: 312-6)。

このように、この条例では労働者勅令よりも執行規則が具体化され、国王の取締り権限もめだって強化された。法を施行する側の国や地方の役人に対する罰則が書き込まれている点も興味深い。じっさい、官吏のなかにそうした違反者が少なくなかったためである。

労働者立法の効力

これら労働者勅令や労働者条例はどれほどの実効性をもったのか。この点、膨大な裁判記録などを収集して検討したアメリカの歴史学者ベルサ・パトナム (Bertha Putnam: 1872-1960) の先駆的作品は、これらの法令は労働者賃金を短期間、多少低めに抑えることができたとしても、自由競争による賃金決定よりも 10 年程度、したがって 1350 年代を通じて賃金水準を多少低めに抑えられたにすぎない[23]と記している (Putnam, 1908: 221)。換言すれば、これらの法令によって賃金上昇という基本的潮流を変えることはできなかった。その水準は市場の力によって決まるほかなかったからである (Oman, 1906: 7; Putnam, 1908: 219; Dyer, 2005: 37)。

これらの勅令も条例も、一方ではそこに引き戻そうとした黒死病直前の賃金を 1346 年当時の最低水準に決めておきながら、他方、食料品価格のほうは急騰した現勢を基本的に追認するという内容になっていた。小麦であれ大麦であれ、その価格は黒死病の前後で乱高下しているが、問題の黒死病直前と渦中についていえば、食料品価格は平均して 2 倍に高騰、小麦価格は 1348 年の 1 クォーター当たり 4 シリング 2 ペンスから 10 シリング 2 ペンスへと跳ね上がったし、牛や豚のほか鶏など家禽類の価格も 1352 年からめだって値上がりした (Rogers, 1866, vol.1, 208-9, 217f.)。

したがって、勅令や条例の内容に強い怒りを覚えた農民や職人・手工業者がと

きに徒党を組んで賃上げ行動に走ったとしても特段不思議はない。黒死病による大量死で農民や職人の希少性は一挙に高まったのであり、かれら自身、そのことを自覚するようになっていたからである。

法の狙い（賃金上昇と労働移動の抑制）という意味では実効性の乏しかった労働者条例が1381年の農民一揆を超えて存続したことはひとつの驚きといえるかもしれない[24]。執拗な「領主の反撃」(the seigneurial reaction) を示唆しているようにもみえる。

この労働者勅令や条例について、シーボームは1357年および60年の罰金規定の一部強化、聖職者の賃金抑制（1362年）、領主の足掻きにもみえる旧制度への執着、それに反発する労働者の集団的騒擾などにふれている (Seebohm, 1865: 272)。じっさい、1361年1月には、高い賃金を求めて各地を転々とする労働者に対して犯罪人の証として額に焼け印を押すという勅令まで出されたほどである (Petit-Dutaillis, 1915: 264)。

のちにふれるが、1381年6月15日のスミスフィールドでの国王謁見のさい、ワット・タイラーが新たに掲げた要求のなかに裁判官や法律家の宣告による「法外放置」（一切の法的権利、財産や保護の喪失を意味する）の廃止という項目が含まれていたが、それも法外放置の適用数が労働者条例以降めだって増えたからだった。そういう意味で、この労働者条例の効力は決して小さなものではなかった[25]。またそのかぎりで、労働者条例は何の影響も及ぼさなかったというイギリス憲政史家のスタッブス (William Stubbs: 1825-1901) の議論は説得力に欠ける (Stubbs, 1874-5, vol. 2: 473)。

ともあれ、総じていえば、「最後の」ホイッグ史観（ウィッグ史観）[26]の歴史家ともいわれるジョージ・トレヴェリアン (George M. Trevelyan: 1876-1962) の見方、すなわち、労働者条例は経済法則のなんたるかを知らしめた「偉大な実験」ではあったが、労働者の賃金を黒死病直前の低い水準に抑え、「古いシステム」（農奴制）を死守しようとする「領主の反撃」は失敗に終わったという見方を覆すほどの証拠はみあたらない (Trevelyan, 1899: 187-8)。イングランド中世研究史を包括的にレビューした比較的最近の研究も、賃金を据え置き、農民を土地に縛りつけようとした労働者条例にはほとんど効力がなかったと記している (Hatcher and Bailey, 2001: 119)。

ジェントリーがしばしばこの労働者勅令や条例を施行するための労働判事 (justices of labourers) になり、国王から都合のよい特許状を得て地域労働市場を独占的に支配しようとしたこと、一部では領主同士が競って「農奴の奪取」を試み、法定最高賃金以上の報酬を払おうとしたこと、「勇敢な」農民が条例に違反して高い賃金をもらったり、あるいは近隣マナーから農奴を引き抜いたりした領主を法廷に訴えたことなど、細目についてはいくつも興味深い事実がある (Putnam, 1908: 92f.)。

しかし、大きな潮流でいえば、14世紀の第4四半期から15世紀初めにかけて、領主たちは次第に農民の労働移動を事実上容認するようになり、よりよい条件を農民に示して互いに競争するようになった。なかには労働者条例を公然と無視してかかる領主たちも現れたのである (Fryde, 1991: 758; Hatcher and Bailey, 2001: 115)。

奢侈禁止令

もうひとつ、黒死病の第2波 (1361-2年) が襲来した直後、1363年に発布された奢侈禁止法 (Sumptuary Law, 1363) をみておこう。

古くから世界各地に奢侈禁止という考え方があり、そのために多くの法律がつくられた。イングランドでは、のちのテューダー朝になって奢侈禁止令が頻発された。しかしエリザベス時代の16世紀末になると、この種の禁止政策に対する批判の声が高まった。高い生活水準の達成は望ましいことであり、奢侈品の製造と流通は国内産業の成長を促す。だいいち、そうした禁止立法はあまりに「中世的」であり、個人生活への過剰干渉だというのがその理由だった (Baldwin, 1923: 314-7)。

イングランド全域におよぶ奢侈禁止令としては、エドワード3世が即位後10年して発布した1336年のものが最も早いが、そこにはこう記されていた。聖ミカエル祭 (9月29日) 以降、王族以外の者がイングランド、アイルランド、ウェールズ、スコットランド以外で作られた外国製の衣服を身につけたり、買ったりしてはならない。それに反する者はその財産を没収する。また王族、高位聖職者、貴族 (伯爵や男爵)、騎士およびその貴婦人以外の者は革製の衣装を身に纏ってはならない。それに反すれば、その財産を没収する、と (*The Statutes of the Realm*, vol.1: 280-1)。

ちなみに、金や銀のレースが製造されるまでは、衣服については革製のものが

最も高価なものとされ、そのほとんどが北欧から輸入されたものだった。

　この奢侈禁止令は国王からイングランド全域の州長官に通達され、州長官はそれを郡裁判所（county court）で朗読し、管轄地域に周知するよう命じた。しかしこの禁止令によってどれほど外国産衣服の買い控えが生じたのか審らかにしない。

　それよりも注目すべき点がある。ひとつは、イングランド、スコットランド、ウェールズ、アイルランドを括って「国内」と捉え——しかしスコットランドの統治は不安定なものであり、とても国内と呼べるような状態にはなかった——、それ以外を「外国」としていることである。

　もうひとつ、高価な外国製の衣服を買ってはならないということは、裏を返せば、国産品を買えということでもある。この点、エドワード3世は羊毛輸出関税の導入と平行して、フランドルから先進的毛織物工業の積極的技術移転に努めたことが思い起こされる[27]。イングランド政府の羊毛輸出関税政策に困ったフランドル地方の毛織物業者がイングランド産の上質な羊毛を求めてノリッジやウーステッドなどイングランド東部に入植し、それに伴って周辺農村からの農民や職人などの移住があり、これら小都市の人口はめだって増加した（Seebohm, 1865: 156）。

　14世紀を通じて、イングランドの輸出品が羊毛から毛織物（半製品）へと転換していったことを考えれば、この禁止令は単なる奢侈禁止と倹約奨励といった水準を超えた歴史的意味をもっていたようにみえる。というのも、翌37年から始まる百年戦争のための戦費調達という狙いをあわせもつ1330年代からの羊毛輸出関税とその国庫歳入に占める比重の拡大、外国産衣料品輸入に伴う銀貨流出防止、そしてフランドルからの毛織物工業の積極的技術移転といったことを考えてみれば、この禁止令のうちに重商主義的政策[28]の微香を嗅ぎとることができるからである。

　そこで、1363年の奢侈禁止令の中身をみてみよう。この禁止令は王族と聖職者、貴族以下の人びと（つまり、コモンズcommons）を身分あるいは職業とその所得水準によって9つに分類し、それぞれについて着用できる衣服の種類を定めたものであり、その後の奢侈禁止法制のモデルとなった。

　その骨子を摘記すれば、以下のようになる。第1に、年間所得500マーク（1マークは13シリング4ペンス）から1000ポンドの騎士の衣服については特に禁止する事項はない。

第2に、年間所得200ポンド以上のエスクワイアとジェントルマン（ジェントリーと同義、いずれも騎士に準じる存在）およびその妻と子供たちの衣服については1着5マークまでとするが、絹や銀の衣服、リボン、ガードルのほか、アーミンの毛皮を着ても差し支えない。

第3に、年間所得1000ポンドの商人、市民、代議員、技術家、手工業者（people of handicraft）は「年間所得200ポンド以上のエスクワイアとジェントルマン」の規定に準じる。

第4に、年間所得200ポンドの騎士およびその妻と子供たちは1着6マーク以上の衣服を着てはならない。また、アーミンや白テンの革製品の衣服、金や石を刺繍した衣服を身につけてはならない。

第5に、年間所得100ポンド以下のエスクワイアとジェントルマンおよびその妻と子供たちの衣服は1着4.5マークを超えてはならないし、金銀や石のついた衣服、刺繍ものや革製の衣服も身につけてはならない。

第6に、年間所得500ポンドの商人、市民、代議員、技術家、手工業者は「年間所得100ポンド以下のエスクワイアとジェントルマン」に規定に準じる。

第7に、手工業者とヨーマンおよびその妻と子供たちは1着40シリング以上の衣服を着てはならない。また絹や銀の衣服を着てもならない。さらに、金や銀のガードル、ナイフ、ボタン、リング、ガーター、リボン、チェーン、シールなどを身につけてはならない。なお、ヴェールは国産のものとし、絹製のヴェールや革製品の衣服を着てはならない。

第8に、王室侍従職の宮内官（grooms）や領主官吏およびその妻や子供たちは、一着2マーク以上の衣服を着てはならない。また金や銀の刺繍、絹を身につけてはならない。ヴェールは1点12ペンス未満でなければならない。

第9に、荷車屋、犂引き人、牛飼い、羊飼い、コーン脱穀人、および家財が40シリング以下の者は、1枚12ペンスの毛布と手織りラシャを除き、リネン製のガードルを身についてはならない（*The Statutes of the Realm*, vol.1: 380-2; Horrox ed., 1994: 340-2)。

この奢侈禁止令はいくつかの点で興味深い。まず注目されるのは、一方では王族や領主あるいは上層貴族を、他方では最下層の浮遊的貧民層を除いているが、一国の社会階層を包括的に序列づけ、それにみあって地位の象徴といってよい着

用すべき衣服の種類を規定したことである。おおまかにいえば、「騎士→エスクワイアとジェントルマン（ジェントリー）→商人・市民・手工業者→下級官吏→職人」といったコモンズの地位序列になっている。

しかし、この序列づけには、もうひとつ所得が加味されている。そのため、この禁止令からみるかぎり、所得の高いエスクワイアとジェントルマンは所得の低い騎士よりも上位に位置づけられている。もっと極端なのが商人・市民や手工業者である。彼らの年間所得が 1000 ポンドあっても、200 ポンドのエスクワイア・ジェントルマンと同等の扱いになっている。そして 500 ポンドの場合でも、100 ポンド以下のエスクワイア・ジェントルマンに準じるとされていた。ここに垣間見られるのは、都市の裕福な商人や市民あるいは手工業者層の興隆であり、その経済力の高まりであるにちがいない。

また、手工業者とともにヨーマン (yeomen) が取り上げられ、細かに規制されている点も見落とせない。この 14 世紀半ば以降、都市における新たな中産階層の台頭とパラレルに、農村でも「豊かな」農民層がある規模で形成されていたことをうかがわせる。総じていえば、黒死病後の新たな中産階層の誕生といってよいだろう。しかし、一部の職人や農民労働者についての禁止規定は少ない。その必要がなかったためだと思われる。

では、この奢侈禁止令はどれほどの効力をもったのか。この点、さきの労働者条例とは違ってこの禁止令には罰則規定がない。したがって、この奢侈禁止令は法的強制力に欠けていた。もうひとつ、もし厳格に施行されていれば、奢侈禁止法をめぐる紛争が裁判記録に残されているだろうが、そうした形跡はない。一般的にいって、中世法規には立法者たる国王の理念を謳っただけで終わっているものが少なくないが、この奢侈禁止法のそのひとつだったようにみえる (Baldwin, 1923: 47)。

人頭税の導入

さて、この章の本題に進もう。さきの局面④の人口停滞の時代は東ヨーロッパで農奴制がかえって強化された時期だった。しかしその時代、イングランドの農奴制はエルベ河以東のドイツやヨーロッパ東部に先んじて崩壊していった。そのプロセスでワット・タイラーの乱 (1381 年) などいくつかの農民一揆が起きている。

そのワット・タイラーの乱の引き金となったのが、エドワード3世の死の直前、議会で承認された人頭税の徴収だった。その背景には、1337年に始まった百年戦争に伴う王室財政の悪化と膨大な戦費調達という至上命題があった。

開戦後しばらくのあいだ(百年戦争の第1期)、戦局はイングランドがフランスに優位していたが、69年に戦闘が再開されたときには形勢は逆転、エドワードは守勢に立たされた。カレーやブレスト駐屯地を維持するだけでも年間3.6万ポンドが必要だったし、半年の戦費は5万ポンドにのぼった。

エドワード3世が1377年6月21日に亡くなり、リチャード2世(在位1377-99年)がその王位を継承したが、そのとき彼はまだ10歳だった。実権を握った叔父ジョン・オブ・ゴーント(John of Gaunt: 1340-99 ──エドワード3世の四男、ランカスター家の祖であり、ランカスター朝初代ヘンリー4世の父)は戦費調達の方法に知恵を絞らなければならなかった。議会では所得税や消費税も検討されたが、結局は人頭税に落ち着いた。

その当時、こうした徴税は高位聖職者と有力貴族で構成される上院(貴族院)と、騎士やジェントリー層の代表からなる下院(庶民院)の議を経て決められていた。しかし課税については、次第に下院の承認が重みを増していた。課税は動産を対象にして行われ聖職者は免税された。いくども押し寄せた黒死病の後だったから、人頭税を効果的に徴収するために新たに住民台帳を作らなければならなかった。19世紀後半以降、『ドゥームズデイ・ブック』とともに、この「人頭税台帳」がイングランドの人口推計に用いられた。

1377年の人頭税では貧民を除く14歳以上の男女すべてに対して一人当たり4ペンス、つまり1ゴート銀貨1枚が課された。総額5万ポンドが徴収目標だったが、実際に集まったのは半分以下の2.2万ポンドだった。1380年のエセックスでの不熟練労働者の日給が3ペンスだった当時の4ペンスである。必ずしも高額な人頭税とはいえない。しかしさきの戦費からすれば、この2.2万ポンドはほとんど焼け石に水。したがって、79年に2回目の人頭税が課された。今度は6つに区分された所得階層[29]に沿った課税だった。目標値は同じく5万ポンドだったが、実際に徴収できたのは課税対象年齢が15歳に引き上げられたこともあったが、1.86万ポンドと前回を下回った。実際には脱税が頻発、徴収制度の整備が問題になった。

そのため1380年11月、ノーサンプトンで議会が開かれた。ジョン・オブ・ゴーントの熱狂的支持者で大法官 (lord chancellor) のサイモン・サドベリー (Simon Sudbury: 1316-81 —— 1361年にロンドン司教、75年にカンタベリー大司教、1380年1月に大法官。1381年6月14日、農民一揆の叛徒によって斬首) は下院において、戦況のみならず、羊毛輸出も苦戦している現状を報告し、王室財政のデフォルトを回避するためには16万ポンドが必要だとして3度目の人頭税徴収を提案、ようやく議会の承認をとりつけた。計画では、貧民を除く15歳以上の男女に一律12ペンスを課し、6万7千ポンドを集めることになっていた。

しかし、度重なる課税は納税者の強い反発を招き、イングランド南東部では登録を拒否して脱税する者が続出した。上院は脱税者を摘発するため、市町村の役人を尋問しなければならなかった。こうした強圧的な施策に対して多くの農民や市民は強い怒りを覚えた。

けれども、問題は重税ばかりではなかった。相次ぐ黒死病の襲来を受けて、社会不安の暗雲が深く垂れこめていた。『農夫ピアズの幻想』(1360-87年の作品) の中で、「保守的な」詩人ウィリアム・ラングランド (William Langland: 1332-86) は、一方で仕事に励む農夫たちの誠実な姿を描き出しながら、他方では怠惰な貴族、富裕な聖職者の奢侈と不品行、寄生虫のような商人たちの悪行ぶりにふれ、貪欲で高い賃金を求めて各地を放浪する労働者にも厳しい批判の目をむけていた。

興味深いことだが、上記の人頭税をめぐる農民たちの怒りの矛先は、国王に対してよりも、国王顧問会議 (king's council ——のちの枢密院) に集まった側近の重臣たちに、またみずから率先して脱税や中間搾取をくりかえし、賄賂をとって憚らない国や地方の役人たちに、さらには有力な領主や高位聖職者あるいは一部のジェントリーが化身したにすぎない治安判事や労働判事にむけられていた。その反面、国王に対しては独特な親近感や忠誠心が寄せられていた (Trevelyan, 1899: 207; Oman, 1906; Hilton and Fagan, 1950: 79-89、訳99-112)。そういう意味で、この社会意識の構図にはロビン・フッド伝説を彷彿とされるものがある。

農村から都市へ逃げてきた者のなかには、都市の商人や親方職人に歓迎された者もいたが、貧民窟に屯する者たちも少なくなかった。そこにはただならぬ雰囲気が漂っていた。ギルド同士の紛争も絶えなかった。共謀罪のみならず、反逆罪の適用対象も拡大された。

1370年代になると、優勢なフランス軍がイングランドに進攻し、農村の領主たちはフランス側に寝返ってしまうのではないかという噂が立った。1377年にはイングランドの南東部や南西部で農業労働者が徒党を組んで領主に反旗を翻し、賦役を拒否するという「大きな噂」(Great Rumour) が広がった。じっさい、1377年秋から翌78年の春にかけて、ウィルトシャー、ハンプシャー、サリー、サセックス、デヴォンシャーでは賦役労働を拒否する農民たちの騒擾が相次いだ (Faith, 1984: 43f.)。この小規模な一連の農民一揆は、『ドゥームズデイ・ブック』を典拠にして農民の自由を保証する認証謄本が発行されるという噂に端を発していた。12-3世紀を通じて、『ドゥームズデイ・ブック』では自由農とされていた家系がそののち農奴にされたという事例が数多くあったからである。

そうした噂といえば、1381年の農民一揆の最中でもまたその後になっても、ジョン・オブ・ゴーントが国王の勅書に基づいてサマーセット州の農奴を解放するという風聞が飛んだ (Faith, 1984: 46, 60)。

農民たちは、それまで領主や雇い主の労働者条例違反を含めて多くの法廷闘争に訴えてきたが、おおかた惨敗だった。イングランド北部のヨークや西部のシュルーズベリーやブリッジウォーターなどの小都市も不穏な空気に覆われていた。1381年3月にイングランド全域を襲った大嵐はワット・タイラーの乱を予兆させるものだった。

農民一揆の勃発

ワット・タイラーの乱とも呼ばれる大規模な農民一揆[30]は1381年5月末、エセックスで始まった。この地方の人頭税徴収官 (commissioner) で治安判事でもあり、議会のメンバーであり王室にも近かったジョン・バンプトン (John Bampton) はブレントウッドの町に近郷の人頭税滞納者の代表を呼び出した。5月30日、かれらは弓矢や棍棒で武装して現れた。フォービング村の代表トマス・ベーカー (Thomas Baker) は尋問に答えて、わが村では人頭税をすべて納めており、滞納金などないと宣言。バンプトンがかれを逮捕しようとしたとき、武力衝突がおきた。バンプトンはロンドンに逃れたが、かれの部下3人とブレントウッドの陪審員数人が殺された。

その2日後、民事訴訟裁判所長官のロバート・ビールナップ卿 (Sir Robert Bealknap: 生年不詳、1401年没——ジョン・オブ・ゴーントに命じられ、ウィクリフとともに抑制されるべき教皇権に関する交渉のため、1374年7月、ブルージュに赴いた人物)率いる討伐隊が叛徒を捕まえるため、ブレントウッドにやってきた。しかし、ビールナップはロンドンに戻ることを許されたが、同行していた3人の判事は殺害された。この派兵は事態の収束ではなく、その端緒を意味していた。

叛徒たちは近くのボックング村に集結、途中多くの者が加わりながら数千人が隊列をなしてロンドンにむかった。反乱の狼煙はケントやサフォークでも上がった。

ロンドン近郊のケント州ダートフォードで合流した反乱軍はこの騒擾のさなか、興味津々の声明文を作成した。この内紛の機会に乗じてフランス軍が侵攻してきたら大変なことになる。したがって、沿岸12マイル以内の住民はわれわれと行動をともにせず、外敵に備えよ、というものだった。その声明には、われわれにはふたりの国王(リチャード2世とジョン・オブ・ゴーント)は要らない。リチャード2世以外の何人も国王としないと書かれてあった。1381年6月5日の出来事である。

ロチェスター城を激闘のすえ陥落させた叛徒たちは投獄されていた逃亡農民たちを解放し、ついでエルサレムでは修道院長の領主邸を襲い、所蔵されていた検地台帳、マナー裁判記録、徴税吏の会計報告書などを農奴制廃止の願いを込めて焼き払った。それがそののち各地でくりかえされた行動パターンの先駆けとなった。

まもなくして反乱軍の主力はロンドンの南東32マイルにあるメイドストーン (Maidstone) にむかい、カンタベリー大司教で大法官でもあった上記サドベリーによって4月末に捕らえられたこの一揆の思想的リーダー、ジョン・ボール (John Ball: 1338-81 ——フランチェスコ会聖霊派の「福音的清貧」の思想に傾倒し、ヘブライの預言者エレミアにも通じる人物としてキリスト的デモクラシー [Christian democracy] の到来を夢想した人物—— Oman, 1906: 42-3) を解放し、6月7日の叛徒軍の会議 (Grand Council) で「謎めいた」ワット・タイラー (Wat Tyler, Wauter Tyler, Walter Tyler: 生年不詳、1381年6月15日没) をかれらの指揮官に選んだ。タイラーもまた、ボールと同じくコルチェスターの出身だったといわれる。

このメイドストーンで重要な文書が作成された。そこには4つのことが書き込

まれていた。第1に、かれらは国王リチャードおよび民衆に対して永遠の忠誠を誓う。第2に、われらはジョン（ジョン・オブ・ゴーントのこと）という名の国王をいただくつもりはない。第3に、今後王国で課される15分の1税を除くいかなる税金にも反対する。第4に、国王によって兵役に召集されれば、いつでも応じる用意がある。

　このように、増税は非難しながらも、国王への忠誠と兵役応召への準備を謳っている点はまことに興味深い。

　ところで、タイラーの生涯については不明なことが多いけれども、一揆の顛末に照らして、かれが軍事的手腕に秀でた雄弁家であり、また多くの叛徒を統率しうる強力な民衆運動家だったことに疑問の余地はない。チャールズ・オーマン（Charles Oman: 1860-1946）は古典的作品『1381年の大反乱』（1906年）の中でタイラーのことを「叛徒大衆が求めていた、傲慢な話しぶりで大言壮語する、しかし頭の回転が早い独立不羈の野心家」だった（Oman, 1906: 37）と書いている。

　そのタイラーに率いられたケントの叛徒たちは6月10日にカンタベリーに到着。人びとは両手を挙げてかれらを歓迎した。タイラーはサドベリー不在の大司教邸に入り、領主としてかれが所持していた膨大な書類を焼き払い、監獄に繋がれていた囚人たちを解放した。タイラーはカンタベリー大聖堂に集めた聖職者たちにむかって、サドベリーは反逆者として処断されるべきこと、かれに代わってジョン・ボールが大司教になるべきことを訴えた。市長とその官吏はその主張を受け入れた。

　各地の叛徒はそれぞれロンドンにむかった。その途上、主力の叛徒たちはブラックヒースで野営した。そしてその翌13日の朝、かれらはボールによる心根に響く力強い演説を耳にすることになる。「すべての人間は平等に創られた。人に対する隷属は悪魔の不正な行いによるものであり、神の意思に反することだ。(中略)圧政を敷く支配者どもこそイングランドの毒麦であり、いまこそそれを刈り取るときだ。われわれはその毒麦を毟り取り、邪悪な領主、不正な裁判官や法律家、公益に反する者たちを除去しなければならない。あの権力者どもを根こそぎにできれば、すべての者が平等の権利を享受し、すべての者が同じ地位と力をもつことができる」（Fagan, 1958: 21、訳22-3）。

　そのとき、ボールはあの有名な言葉を口にしたといわれている。「アダムが耕

し、イヴが紡いでいたとき、いったい誰が郷紳だったのか」(Whan Adam dalf, and Eve span, Who was then a Gentleman? —— Oman, 1906: 51) と。

叛徒の高邁な理念と一揆の鎮静化

　ロンドン市の城壁や門はこの農民一揆に同調するか、あるいはそれに怖れおののく市民たちの手によって開かれた。叛徒たちは6月13日、ロンドンブリッジ、アルドゲイト (Aldgate) を通って町中になだれ込んだ。かれらはランベス (Lambeth) にあったサドベリーの館やロンドン市長のウィリアム・ウォルワース (William Walworth: 生年不詳、1385年没。ワット・タイラーを殺害した人物) がフランドル人の売春婦にやらせていた遊女屋を焼き払った。かれらはまた完成して間がないランカスター公爵の豪奢なサヴォイ宮殿を破壊し、フリートとニューゲートの監獄を襲って囚人を解放した。それに留まらずロンドン織布業ギルドの競争相手だったフランドル人の住居街を焼き討ちし、その数十人を殺害した。しかしそれ以上の掠奪や陵辱的行為はなかったといわれる。

　タイラーたちは国王リチャードに謁見して叛徒たちの実情を訴え、その要求を容れてもらいたいと切望していた。これに対して、ウォルワースは「素足の無頼漢ども」に対する奇襲攻撃を提案したが、リチャードの精鋭部隊はフランスやドイツ、アイルランドに展開しており、ロンドン塔に残っていた兵士は数百人にすぎなかった。その情勢を熟知していたフランスでの戦歴豊かなソールズベリー伯 (William de Montacute, 2nd Earl of Salisbury: 1328-97) はもっと用意周到で狡猾な進言をした。国王はタイラーらに会い、かれらの要望をすべて聞き入れる。それで叛徒は満足して帰郷するだろう。しかし、その約束が守られることはない。つまり騙し討ちするという戦術だった。国王の顧問会議は熟議のすえ、このソールズベリーの策謀を採択した。

　他方、ロンドン塔から2マイルほど離れたマイル・エンドでの謁見の前日、タイラーやボール、ロジャー・ベーコン卿 (Sir Roger Bacon —— 13世紀のオックスフォードの哲学者とは別人) らは国王リチャードに対する請願書を作成した。そこには、さきのメイドストーンの声明よりも具体的で重要な内容が書き込まれていた。第1に、イングランド全土から農奴制を一掃し、すべての農民を自由農とすること。第2に、封建的な諸サービス (賦役や義務) も廃棄すること。第3に、領主への地

代を適切な水準に引き下げ、年間1エーカー当たり4ペンスを超えることがないようにすること。第4に、市場の独占を排し、物品の売買に関する規制を廃止すること。第5に、今般の一揆に参加した者に対して大赦礼を発することといった諸要求だった (Oman, 1906: 64)。

このうち、第1項は農奴制の解体宣言であり、第2項は封建制の解体を意味する。第3項と第4項は土地の売買や最高地代の設定を含めて、需給バランスで価格が決まっていく自由な市場取引の必要を謳ったものであり、いずれも刮目すべき要求であった。

翌14日の正午前、国王の騎兵隊がマイル・エンドの広場に到着したとき、タイラーがその先頭に立つ叛徒軍はイングランドの国旗、セント・ジョージの旗をなびかせて戦闘隊形を敷いていた。リチャードがみずから謁見の場所に進み出たとき、叛徒たちは跪き、リチャードに歓迎と恭順の意を表した。

タイラーはリチャードにふたつの要求を突きつけた。ひとつは、ジョン・オブ・ゴーント、サドベリー、ビールナップなど国王に対する「反逆者」を逮捕し、処刑することを許可すること。もうひとつは、前日に国王が口頭で認めた諸要求が文書にされ、その請願書を国王が正式に承諾することだった。

その請願書を手にしたリチャードはかねてからの計画どおり、請願書を承諾する旨の特許状とともに、叛徒が国王の忠実な臣下であることの証としてかれらに国王旗を手渡した。リチャード2世は、叛徒がそれぞれ帰郷するようにということを忘れなかったが、もうひとつの要求に対しても、「反逆者」を捕らえて処刑してもよいと断言した。

そうした情景を目の当たりにした叛徒たちは歓声をあげ、狂喜した。かれらはついに長年の願いが叶えられたと思い、エセックスの叛徒など踵を返して故郷に戻っていく者も少なくなかった。

しかし、ソールズベリーの策謀が功を奏したのはここまでだった。というのも、国王リチャードから言質をえたタイラーらは直ちにロンドン塔にとってかえし、そこに立て籠もっていたサドベリーや財務長官のロバート・ヘイルズ (Sir Robert Hales: c.1325-81)、ジョン・オブ・ゴーントの主治医ウィリアム・アップルトン (William Appleton)、王室医のジョン・レッグ (John Legge) をタワーヒルに連れ出し、国王に対する反逆者として斬首したのである。そのほか、マーシャルシー

監獄の長官だったリチャード・インワース（Richard Imworth）やロンドンの名高い投機師リチャード・ライアンズ（Richard Lyons）なども処断した。このように、一揆騒動はまだ収まってはいなかった。叛徒には追加的な国王への請願があった。

他方、リチャードのほうはロンドン塔に戻らず、ブラックフライアーズ（Black-friars）にある堅牢な王室大納戸部（Great Wardrobe）に行き、そこでサドベリーの後任として軍人のアランデル伯リチャード・フィッツアラン（Richard FitzAlan: c.1346-97）を指名したのち、顧問会議を開いた。そこで再度会見を求めてきたタイラーの要求にどう対処すべきかについて諮った。そしてもういちど、翌15日に城外のスミスフィールドでタイラーらと会うことが決まった。

その6月15日の会見場で、タイラーはリチャード2世の前に進みでて馬から下りて片膝をつき、リチャードの手を力強く握った。リチャードは、なぜここに集まっている者たちは帰郷しないのかと尋ねた。タイラーはこれから申し上げる要求が認められ、その旨を記した特許状がいただければ、すべての者が喜んで故郷に戻っていくでしょうと答えてから、つぎのような6つの要求を読み上げた。

第1に、ウィンチェスター法（1285年）[31]以外、（民衆武装に関して）いかなる法律も施行しないこと。第2に、裁判官や法律家の判断によって何人も法外放置されることがないようにすること。第3に、いかなる領主も民衆（commons）に対して民事的領主権を行使しないこと。第4に、聖職者には生活に必要なものを与えたうえ、教会の財産を没収し、それを教区民衆に分配すること。第5に、司教職および司教区をひとつにすること。第6に、イングランドの農奴を解放し、すべての人の法的位置づけを同等にすること（Oman, 1906: 74）といった内容が盛り込まれていた。

このスミスフィールドの要求は、さきのマイル・エンドの請願と比べてみると、法律上の知見をもった人物がその作成に関わっていたことをうかがわせるが、内容的にも民衆の武装規準や法外放置といったことがらにくわえて、教会領の没収と教区民衆への分配、司教区・司教職の統合と単一化といったラディカルな要求が盛られていた。

リチャードは、前日のマイル・エンドのときと同じように、「お前たちの要求は王権と矛盾しないかぎり、すべて受け入れよう」と返答した。しかし「王権と矛盾しないかぎり」という但し書きに注意が払われることもなく、タイラーらは

ほとんど有頂天になり、民衆の酒であるビールを口にした。タイラーら叛徒は、2日にわたる革命的な請願内容が国王によってたやすく認められるはずもないなどとは考えず、大きな罠が仕掛けられていることにまだ気づいていなかった。

　かねての計画どおり、タイラーを取り巻いていた集団のなかからひとりの若者が飛び出してきて、タイラーを指差しながら、大声で「こいつはケントの大強盗、掠奪者だ！」と激しく罵りはじめた。思わずタイラーは腰の短剣を抜いた。息を殺してこの瞬間を待ち構えていた市長ウォルワースは間髪を入れずタイラーに襲いかかり、二太刀を浴びせた。タイラーは瀕死の深手を負った。しかしそのとき、叛徒軍は遠くで起きていた事態を理解することができなかった。

　国王リチャードはすぐさま、かれらのところまで馬を走らせ、こう言い放った。「タイラーは騎士に叙せられた。お前たちの要求も認めたぞ。直ちにセント・ジョン・フィールドまで進め。そこでタイラーが待っているぞ」(Hilton and Fagan, 1950: 163、訳211、一部改訳)、と。

　ウォルワースに護衛されてリチャード2世も同じ場所にむかい、無事市内に入った。叛徒を包囲する強固な陣容が組み上げられようとしていた。ただちに、ウォルワースはスミスフィールドにとって返し、何人かの仲間によって救い出され、セント・バッソロミュー病院に担ぎ込まれていたタイラーをもういちどスミスフィールドまで引きずっていき、そこでかれの首を跳ねた。血まみれになったタイラーの首を槍の先に突き立てたウォルワースがセント・ジョン・フィールドに戻ってきたとき、叛徒たちはその驚愕すべき光景をみて打ちのめされ、恐怖に震え上がった。他の場所で捕らえられた一揆の首謀者たちも無残な仕方でつぎつぎと処刑された。

　リチャードにはまだやるべき仕事が残っていた。まず、ロンドン市内に潜伏している叛徒を根絶やしにすること、つぎにワット・タイラーの乱と同時にあるいはそれに呼応して各地で立ち上がった叛徒たちを鎮圧し、さらにマイル・エンドやスミスフィールドでの特許状を反故にして旧秩序を回復しなければならなかったからである。

　このうち、地方の各州での農民一揆についていえば、およそつぎのようにいうことができる。第1に、地方の反乱はイングランドの南東部と東部でだった。逆に「後れた」北部やミッドランドあるいは南部では散発的で小規模なものにと

どまった。ロンドン、エセックスとケント以外の地域ではノーフォーク、サフォーク、ケンブリッジシャーなどイースト・アングリアでの騒擾がめだった。第2に、時期的にいうと、ロンドンでの動きとほぼ平行して、しかし遠隔地の場合には、ロンドンでのタイラー惨殺の知らせを聞いてから起きた騒擾もあった。第3に、攻撃されたのは、しばしば領主でもあった修道院長やその邸宅、人頭税の徴税や労働者条例違反など裁判に関わった役人たちのほか、一部の地域ではフランドル人やロンバルディア人も襲われた。ケンブリッジでは大学が襲撃され、その特権を放棄させられた。領主や官吏に特許状を書かせ、各種の台帳や裁判記録などが焼き払われた。そういう意味では、エセックスとケント、ロンドンで起きた事態とほとんど変わらない（イースト・アングリア地方の一揆については Oman, 1906: 91-8; Hilton and Fagan, 1950, chap. 9; Dunn, 2002: 112-33. 邦文では富岡、1965: 第2章；米川、1972: 第4章参照）。

しかしそうした地方一揆も、リチャードが6月18日までに反撃の隊列を整え、攻勢に転じて治安を回復するにつれて鎮静化していった。反乱の嵐が吹き荒れている間、バリケードをめぐらせて館に立て籠もっていた領主や官吏たち、ジェントリーたちも姿を現しはじめた。

リチャードは6月22日、北ロンドンにあるウォルサム（Whaltham）に進軍、まだそこに残留していたエセックスの叛徒たちの代表者にむかってこう言い放った。「おお、極悪のきわみ、非道のかぎりを尽くした者どもよ。お前たちが襲いかかった領主に比べれば、お前たちなど生きるに値しない輩ばかりだ。味方に戻って朕の返答を伝えよ。お前たちは昔もいまも、これからも隷属状態に留まることになるのだ。われらがこの世にいるかぎり、神の加護によってこの王国を支配するかぎり、あらんかぎりの能力、権力、手段によってお前たちを、隷属の身分を受け継ぐお前たちの子孫に対する罪の見せしめとするであろう」（Hilton and Fagan, 1950: 177、訳230-1、一部改訳）。

このリチャードの宣告は、ノルマンの征服以前に遡る叛徒のなかに流れる自由民の伝統に唾し、それを踏みにじり、マイル・エンドやスミスフィールドでの国王の約束と特許状をまるごと反故にするものだった。その行為は、高貴なる王の権威を大いに失墜させるものであったにちがいない。赤裸々な虚言と唖然とするような農奴制の永続宣告だったからである。

まもなくして国王の重装備の騎兵隊がつぎつぎと叛徒を駆逐しはじめ、そのあとには叛徒たちの夥しい死体が山積みされ、リーダーたちは絞首された。イースト・アングリアでも同じようなことが起きた。ハートフォードシャーの中心地セント・オールバンズ (St. Albans) では、当地での一揆リーダーだったウィリアム・グラインドコップ (William Grindcobbe) と、コベントリーで捕らえられたジョン・ボールが玉座裁判所首席判事だったロバート・トレシリアン (Robert Tressilian: 生年不詳、1388 年没) の策略にかかってそれぞれ絞首され、内臓を抉り出され、手足をバラバラにされた。

ノリッジの好戦的司教であり、その地方の農民一揆弾圧で「戦う司教」という異名をとったヘンリー・ル・デスペンサー (Henry le Despenser [Spencer]: 1341-1406) はイースト・アングリア一帯での一揆鎮圧に重要な役割を果たした。叛徒のリーダーだったジョージ・リスター (Geoffrey Lister) もまた晒し首になり、4 つに切り裂かれた遺体は直前かれが先頭になって闘っていたそれぞれの地域に送りつけられた。

ケントでの叛徒たちの抵抗運動は一揆の勃発から 3 ヵ月以上続いた。下院は 11 月 13 日、リチャードの約束をすべて破棄して旧秩序に復帰することを認める一方、サドベリーの後を襲って大法官となったウィリアム・コートニー (William Courtenay: 1342-98) を更迭すること、また叛徒たちの行為には大赦をもって対処することを要求し、それが財務長官シーグレーヴ卿 (Sir Hugh Seagrave: 生年不詳、1387 年没) に容れられたことでワット・タイラーの乱は一挙に収束にむかった (Dunn, 2002: 142)。

しかし一揆は収まったとはいえ、のちにヒュームが書き記したように[32]、「蜂起した農奴たちに身分解放の特許状が与えられたが、反乱が鎮圧されてしまうと議会はそれを反故にしてしまった。しかし、一般的な気運としては、農奴は法的には拘束されていても、もはや過酷な現状をかれらに強要できる状態ではなくなっていた」(Hume, 1756 [1778: 289-92]) のである。

それにしても、なぜ農民一揆の中心地がエセックスやケントあるいはイースト・アングリアだったのか。いくつかの要因が考えられるだろう。ひとつには、こうした地域は伝統的に自由農が多いイングランド経済の先進地域だったことである。ヴィノグラードフは、「個人主義的習慣」によって彩られたケントは、「商

業の発展とかマナー的農耕からの解放とかいった点で、他の地方より特に先んじており、(中略)ケントの地主たち、すなわち領主や騎士層がケントの習慣に関する周知の声明の中に象徴されている人民の諸権利の宣言に対して決して反対したり、妨害したりしなかった」(Vinogradoff, 1904 [1911: 317-8]、訳 396) と記していたし、またポスタンはケントやイースト・アングリアでは、「すでに自由な土地保有が優越していた」(Postan, 1975: 162-3, 172, 訳 188-9, 199; 佐藤伊久男, 1959: 148) と述べ、さらにダイヤーも「ケントの小作農たちはユニークな特権を享受しており、農奴制からも慣習農 (customary tenants) に対する各種の規制からも自由だった。そして他の3つの州 (エセックス、ハートフォードシャー、サフォーク) には多くの自由農 (free tenants) がいた」(Dyer, 1984: 20, カッコ内は引用者) と書いている。じっさい、『ドゥームズデイ・ブック』はイースト・アングリア、ケント、デーンロー地方に多くの自由農がいたことを明らかにしている (Raftis, 1964: 17)。ヒルトンもまた、14世紀イングランドの東南部、テームズ流域、イースト・アングリアにおける農民の平均的土地保有面積は 15-20 エーカーだったが、そのなかから 100 エーカー以上のジェントリーやヨーマンなどの富裕農が登場していたことにふれ、そうした富裕農の経済的繁栄はかれらの法的身分と鋭く対立していたと記している (Hilton, 1949: 131-2, 訳 86-7)。

14世紀後半、領主とかれら富裕農が争っていた最大の問題のひとつは——領主直営地が大きく縮減していくなかで——、譲渡であれ贈与であれ、あるいは売却であれ交換であれ、土地の自由な処分をめぐる問題だった。領主の立場からすれば、富裕農が「非合法的に」取得した土地は没収することができる。それがかれらの年来の信念であり、法的見解だった。もうひとつ、農民の自由な地理的移動に関する問題が大きな争点になっていた。黒死病による農民の大量死のあと、かれらの移動は領主層にとっては死活問題だった。しかし、それは富裕農にとって基本的に望ましいことだった。

また、これらの地域には農村毛織物産業が発展し、エセックスやサフォークには労働者条例による賃金統制で大きな打撃を被っていた労働者が多かったという別の事情もある。

要するに、台頭しつつある富裕農や農村工業の担い手にとって、農奴制はいかにも不自由で身分拘束的な旧秩序であり、それを墨守しようとする労働立法は時

代錯誤の不愉快な手枷足枷でしかなかった。それだけでなく、『ドゥームズデイ・ブック』を介してアングロ・サクソン時代に遡れば、自分たちの先祖は自由農だったという信条に基づく自由復権の悲願もあった。

このほか、この地域に一揆が集中したことの背景には運動のリーダーとなったワット・タイラーやジョン・ボールがエセックスのコルチェスター出身だったこと、またケント州には、ノルマン征服にも屈することなく戦い、その成果として準自治領としての地位を確保したという大きな自負と誇りもあった。自由農が多かったこととこの準自治領という歴史的性格の間に無視できない関係がある。

中世レジームの解体宣言──中間的なまとめ

このように、表立った動きでいえば、およそ3ヵ月で打ち砕かれたこの農民一揆は、夭逝したフランス中世史家アンドレ・レヴィル（André Réville: 1867-94）やその友人シャルル・プチ‐デュテリス（Charles Petit-Dutaillis: 1868-1947）が強調したように、政治的にも思想的にも軍事的にも必ずしも統一のとれた運動ではなかった（Petit-Dutaillis, 1915: 274-80）。それは叛徒たちの掲げた要求がその都度変わっていったことからも示唆される。しかし、そうかといって、この一揆が農民たちの積年の私的怨嗟の単純な集合行動的噴出であったわけではない[33]。そこには明らかに、不可逆的な時代の変調を告げる強力で包括的なメッセージが一括封入されていたからである。

この一揆を契機にして議会は新たな人頭税を課すことによって財政を立て直し、戦費を調達しようという考え方を捨てた。人頭税徴収を断念したのである[34]。この一揆鎮圧のあと、リチャードの統治は寵臣政治に大きく傾き、その支配の正当性と統治能力は衰微の一途をたどり、みずから墓穴を掘っていった。下院は一揆再発を避けねばならないという揺るぎない判断をもち、1382年5月および83年2月の議会（下院）では顧問会議と大領主たちの圧力を退け、実質上の戦費削減を計画、一部からフランスとの和平の道を模索すべきだという意見もめだつようになっていた（Tuch, 1984: 208; Sumption, 2009: 430f.）。折しも農村での賃金は上昇をつづけ、領主たちは地代の金納化を押し進め、農民により多くの自由を与えるようになっていた（Dunn, 2002: 147）。

そうした事態を踏まえて、あらためてメイドストーンでの声明、マイル・エン

ドとスミスフィールドでの請願を読み返してみると、つぎのようにいうことができるだろう。

　第1に、最後に裏切られることにはなったが、メイドストーンの声明にみられたように、多くの叛徒は14歳の国王に対して敬慕の念を抱き、フランスとの戦いに召集されれば、それに応えようと考えていた。

　そこに、ひとつの原初的な愛国心とナショナリズムの萌芽をみてとることができる。戦争による国家意識の発芽といってよいかもしれない[35]。叛徒たちの眼に映っていた罪人は14歳のリチャードではなかった。

　その時代の大きな潮流からすれば、イングランドからみたとき、ふたつの敵がいた。ひとつは教皇、もうひとつがフランスだった。アヴィニョンの捕囚によってそのふたつのイメージが重なってみえた。したがって、ここからイングランド王、フランス王、教皇の三つ巴の確執の構図が浮かび上がる。

　第2に、かれら叛徒の攻撃対象になったのは、労働者条例を強引に押しつけ、生活への配慮なしに人頭税を課し、それを厳しく取り立てようとした政府高官であり、治安(労働)判事であり、貪欲な領主であり、品位に劣る振る舞いをして憚らない高位聖職者や修道院長たちだった。また、政府と結びついて特権をほしいままにしてきた一部の外国人商人や手工業者たちも襲撃の的になった。こうした人びとの豪奢な邸宅や財産が破壊され、関係書類が焼き払われた。しかし、総じて掠奪や陵辱行為は少なかったといわれる。

　第3に、この一揆で長く鬱積してきた反教皇主義と教会・修道院に対する批判感情が一挙に爆発した。叛徒たちにしてみれば、自分たちが額に汗し、爪の先に火を灯すようにして収穫した貴重な果実を掠奪してきたのが教皇を頂点とする高位聖職者とかれらが操る教会システムだという苦々しい思いがあった。その延長線上に浮かび上がったのが、ジョン・ボールの思想と深く共鳴する教会制度の廃止、教会財産の没収と民衆への再分配といった時代の転機を告げるラディカルな構想力だった。

　第4に、マイル・エンドでタイラーがリチャード2世に突きつけた農奴制廃止の要求がまさに転調していく時代の核心にふれる画期的なものだったということができる。

　第5に、ウィンチェスター法を盾にとった自己武装に基づく自治という考え方

も見落とすことができない。

　第6に、人の自由な移動、モノの自由な売買という要求が提示されたことの意義も大きい。農民の労働移動といい、自由な市場による価格形成や商取引といい、すでにそうした実態がある程度存在し、それが民衆にとって掛けがえのないものに映っていたからであるが、叛徒たちの要求は一層の商業化にとどまらず、農奴制の解体を意図するものだった。

　第7に、農民一揆の担い手も注目されてよい。というのも、多種多様な人びとがこの運動に参加したのであるが、主たる担い手となったのは最下層の不自由農ではなく、むしろジェントリーや裕福なヨーマンなどの地主や自由農、有力な手工業者や教区司祭だった (Hilton, 1949: 135, 訳 96; Dyer, 1984: 17)。

　じっさい、富岡次郎による丹念な調査によれば、ワット・タイラー本隊のリーダー層には説教司祭、エスクワイアや富裕なヨーマン、ロンドン市参事会員 (商人や手工業親方) がおり、またイースト・アングリア地方の叛徒リーダーには騎士、エスクワイア、ジェントリー、ヨーマン、教区司祭・助任司祭、有力な手工業者などがその名を連ね、さらにその他の各州の一揆でも、裕福な市民や手工業者 (織元や煉瓦工など)、ヨーマン、教区司祭が叛徒のリーダーになっていた (富岡、1965: 130-43)。そういう意味では——ここでは旧来の呼称を踏襲しているが——、農民一揆という表現は狭きに失するといわなければならない。

　このように、黒死病後の労働者条例の強制執行とフランスとの百年戦争遂行のための人頭税徴収をその直接的契機とするこの 1381 年の農民一揆は、当代の中間的社会階層や「農村エリート」(Dyer, 1984: 42) がリーダーシップを執った中世レジームの崩壊を予示し、その解体を意図する画期的な運動だったようにみえる。

　この大規模な農民一揆が含みもつ歴史的意義は大きい。そういう意味では、ポスタンがこの農民一揆を「中世後期の社会史におけるひとつのエピソード」にすぎず、それは「賦役の金納化や農奴解放への一般的な動きを早めもしなければ、阻止もしなかった」といい、またハッチャーが一揆の歴史的役割をほとんど無視しうるかのようにいうのは正直、理解に苦しむ (Postan, 1975: 172、訳 200; Hatcher, 1981: 37-8)。

　というのも、この農民運動を通じて、中世レジームをその根本から覆すまったく新たな社会像が台頭しつつあった「中間的な人びと」によって描き出されたか

らである。そしてその図柄には、いかにも急進的なものではあったが、農奴制の解体、教会制度の廃止と教会領の没収、自由な市場経済への転換、ラディカルな法的あるいは経済的な平等思想、近世主権国家にむけた原初的な国民意識の生成といった文字が鮮やかに刻み込まれていた。総じていえば、それは中世レジームの解体宣言と呼ぶにふさわしいものだった。

第3節　農奴制の解体と商業化

じっさい、この農民一揆によってその解体を宣言された農奴制はまもなく崩壊プロセスを歩みはじめた。

中世イングランド農村──コミュニティと社会階層

ここで、農奴制の崩壊プロセスを検証するためにも、13世紀後半を念頭において、大いに図式的ではあるが、イングランド農村社会の階層構造について簡潔にふれておこう。

一般的にいえば、イングランドの農奴制は13世紀に確立したといわれる。その農奴にはふたつの系譜があった。奴隷の末裔たる「生来の農奴」(neifty, nativi, serf) がひとつ、もうひとつがそれとは峻別される慣習的保有農 (villani, villein) の一部が12世紀以降、領主によって農奴たる不自由農に零落していったケースである。後者の場合、数世代を遡れば、その一定部分が自由農だったから（その比率は地域差もあって判然としない）、かれらの現状への不満は強く、自由を取り戻すことがかれらの心底からの悲願だった (Pollock and Maitland, 1895, vol. 1: 137 ; Stenton, 1943: 477f.)。

しかし、その系譜はどうあれ、農奴は農奴である以上、保有地を宛がわれる代わりに領主直営地での賦役に従事しなければならず、自由にマナーを離れることはできなかった。遺産を継承するとき、子女が結婚するとき、マナーの外に住もうするときなど、決められた科料を領主に納めねばならず、紛争処理は領主の私的裁判権（マナー裁判所）の下におかれた。

一般的にいって、マナーは4つの土地に分割されていた。①領主直営地 (demesne)、②共有地 (common land)、③農奴の慣習的保有地 (customary land)、④自由農

の自由保有地 (free land) である。このうち、①の耕作は農奴の賦役と一部雇用労働者に負っていた。②は領主も農奴も保有していない森林や荒蕪地であり、誰もが自由に放牧し、薪を拾うことができた。③は慣習農が保有しながら、世襲的に受け継いできた土地である。これに対して、④は自由農が保有する土地を意味する。しかし 13 世紀イングランドの農村では、この慣習農（農奴）と自由農の境界線は実態的には必ずしも鮮明なものでなかった。というのも、④の自由農も農奴より軽いとはいえ、国王や領主、聖職者から課税され、地域によっては賦役的労働を行うことさえあったからである。

　農奴との大きな違いといえば、自由農は紛争解決にあたって国王（王座）裁判所に訴える権利をもち、また土地を売買し、マナーを離れる権利をもっていたことである (Kosminsky, 1956: 242f.; Hilton, 1969:24, 訳 31-2; Whittle, 2000: 28-31, 98-100)。しかも、賦役を担う農奴でさえ、生来の農奴でない場合には、12 世紀半ばでも不自由農とは呼ばれることはなく、領主が課す各種の課料についても納付義務があるとされない場合があった (Hilton, 1969: 15、訳 16)。

　興味深いことのひとつは自由農の形成プロセスである。ノルマンの征服後の 11 世紀後半から 13 世紀にかけて、イングランドでは盛んに新たな土地開墾が行われた。一般的にいって、領主はその新開地を自らの直営地に組み込もうとはせず（したがって、賦役は発生せず）、その地代も低めに抑えた。個人のイニシアティブによって土地開発を促すためだった。その結果、こうした新たな土地開拓によって自由農が増え、自由保有地が拡大していったのである (Raftis, 1964:19; Hilton, 1969: 17-26、訳 20-34)。そのため、こうした開拓地が奨励されたところでは自由農が多く、逆に大所領地や教会領が大きな比重を占めた地方・地域では賦役労働や聖俗領主による課税がめだった (Kosminsky, 1935: 35、訳 43)。

　しかし、地主層まで含めた農村社会の階層構造はもうすこし複雑なものだった。ジェントリーは地主あるいは下層の領主となっていたが、貴族ではなく、その下位に位置づけられていた。ジェントリーの下にはフランクリン (frankilin) やヨーマン、ハズバンドマン (husbandman) といった自由農がおり、さらにその下にソークマン (sokeman ——イースト・ミッドランドに多くみられた下層的自由農だが、紛争はマナー裁判所の所管) と呼ばれた自由農がいて、最下層には小さな土地を保有するだけの貧農（小屋住農 [cottars] やボーダー [bordars] と呼ばれた）、土地を又貸

しされた不自由農と見分けがつかない農民 (sub-tenants) などがいるという構造になっていた[36]。貧農のなかにはマナー内での職人仕事をしたり、領主直営地や他のマナーで一時的に雇用されたり、出稼ぎして生活の糧を得ようとする者が少なくなかった。

ヨーマンとハズバンドマンやソークマンなどとの境界線は、13世紀の自由農と不自由農の区別と同じように必ずしも鮮明なものでなかったが、農奴という言い方が典型的にあてはまるのは不自由農だった。しかし厄介なことに、貧富の格差と自由農・不自由農の区分は必ずしも整合しない。地域にもよるが、かなりの自由農が貧しく、不自由農のなかに裕福な者が相当いるといったマナーが少なくなかったからである。

それでも、領主と不自由農の関係が農奴制の中核をなすことに変わりはなかった。かれらが領主直営地の賦役を担っていたから、領主の許可なく他の地域(都市や他のマナーなど)に移り住むことはできなかった。土地相続税 (heriot)、息子や娘の結婚時の婚姻税 (mechet)、未婚の娘の妊娠税または姦淫に対する罰金 (leywite)、マナー外での居住許可税(マナー外では商人や職人の仕事に就いた)、不自由農に対する恣意的な小作人税 (tallage) などが領主から課されていた。なかでも婚姻税や妊娠税の納付[37]が不自由農の明白な証とされた。しかし婚姻税なども黒死病以後になると、納付する者が少なくなった。領主の力が衰え、それに反比例して自由農のみならず、農奴の力が強まっていったからである (Hallam, 1981: 251-61; Whittle, 2000: 28-38, 305f.)。

崩壊の趨勢と地域格差

さて、農奴制の崩壊というとき、準拠点として13世紀後半を念頭におけば、その崩壊の計測尺度になるのは、地代金納化の進展[38]、領主直営地の縮減とその借地化、不自由農の減少とかれらによる土地保有の増大、領主による各種徴税の廃止や形骸化、土地の譲渡や売買の進展、農民や労働者の地理的移動の増大、自由な商取引の拡大といった項目である。

しかし、このなかでいずれの要因が重要であるかは地域差が大きく、特定することは容易でない。一方で賦役労働が増えながら、他方で金納化も同時に進むといった地域や時期があった。

それでも、黒死病後の14世紀後半、これらの尺度すべてについてその動きが趨勢的に活性化するかあるいは加速した。しかもその潮流は15世紀半ばになって一層速まった。

 さきの農奴制崩壊の尺度に沿ってそのプロセスを素描してみよう。

 (A) 不自由農の比率と領主直営地の縮減について。コスミンスキーは「ハンドレッド・ロールズ」調査(1279年)からデーンロー6州(ヨークシャー、ダービーシャー、ノッティンガムシャー、レスターシャー、リンカンシャー、ラトランド)についてその不自由農比率を4割程度と推論した。またハッチャーも同じ13世紀末の不自由比率を6割以下と想定した。さらにキャンベルは全国4090のマナーの14世紀前半に作成された死後審問書を分析、不自由農比率を5割と推論した(Kosminsky, 1956: 204-6; Hatcher, 1981: 7; Campbell, 2005: 36)。

 また、ヒルトンはこの不自由農比率の地域間格差に注目し、イングランドをおおまかに3つの地域に分類した。自由農の比率が高かったイースト・アングリア、逆にその割合が低かった西部諸州、両者の中間に中部イングランドあるいはイースト・ミッドランドを位置づけている(Hilton, 1969: 16-7、訳18-9)。

 では、黒死病後の14世紀後半から15世紀にかけて、この不自由農比率はどう推移したか。この点、他の尺度にも関係するが、定性的変化として重要なのは黒死病後あるいはその波状的襲来のなかで、謄本土地保有者(copyholder)の増加と平行して、定期賃貸保有者(leaseholder)も増えていったことである。このうち、前者の謄本を入手したのは自由農やジェントリーが多かったが、不自由農でも謄本を購入すれば、自由農になることができた。その限りでいえば、「農奴制は明らかに金銭的な問題になった」(Dyer, 2005: 35)ということができる。この点、トーニーも「小金を貯めた農民がまずやったことは、その金で自分の身体を買い戻し、領主直営地での労働の義務を免れることだった」(Tawney, 1926: 58、上巻106)と書いている。

 また、後者の定期賃貸保有は領主が直営地経営を放棄するか、あるいは農奴の相続放棄や逃散などによって領主の手許に残った土地を農民に賃貸するというものであり、借地人となった者の多くが「豊かな農奴」だった。直営地の定期貸借期間は3年から60年まで区々だったが、15世紀になると、まず6-7年、そのあとは12年、20年といったようにその貸付期間が長くなっていった。

このように、定期賃貸保有の背景になっていたのは、領主による直営地経営の放棄であり、そのかぎりでの賦役の消滅や縮減であり、土地需要の大幅緩和であり、それに伴う地価・地代の低落だった。

黒死病後のこうした大きな流れは「豊かな農奴」はもちろんのこと、農奴全体にとっても土地を入手する、あるいは定期賃貸保有者となる絶好の機会を提供することになった。したがって黒死病以降、地域差を伴うものではあったし、またそのテンポに緩急の差はあったが、不自由農あるいは農奴の比率は確実に下がっていったとみることができる。

一般的にいえば、賦役の多かった地方でも、黒死病のあと事情は大きく変わった。農奴が多数死亡して労働力不足がめだち、かれらも賦役を拒むようになった。領主は賦役労働力を集められないため、領主直営地を賃貸するケースがふえた。「豊かな」農民（農奴を含む）は謄本を買って土地を入手し、それを集積した。かくして、一方では多くの農奴が保有地を捨て、しかるべき課料を払ってマナーを出ていった。他方ではマナーに残って自由農になる者も少なくなかった。

中世史家アイリーン・パウアはこの領主直営地の衰滅にふれて、「14世紀後半と15世紀にかけて領主直営地の経営が破滅し、領主は（中略）農場を賃貸して地主階級に転化した時代だったことについてはいまや万人の知るところである。この変化は牧羊経営よりも耕作経営で一層急速に進んだ」(Power, 1941: 24、訳46-7、一部改訳) としてランカスター公所領の事例に立ち入っている。曰く――、その公領のうち、ヨークシャーやリンカンシャーに広がるすべての牧羊業は1390年代、ピーカリングを除いてすべて土地保有農の手に移った。そのピーカリングの牧羊地も1434年には貸し出され、羊は処分された、と。

(B) 地代の金納化と賦役分布について。この点については長い論争史がある。おおまかにいえば、黒死病以前から金納化が進んでいたという見解と、そうではなく黒死病後に金納化が進んだのだという見方が対立してきた（いる）。

古くは、シーボームやトマス・ページ、プチ・デュテリスといった人たちが、黒死病以前のイングランドではほとんど金納化はみられず、賦役が優勢あるいは支配的だったとみていた。武居良明や三好洋子も14世紀半ばあるいは1380年代以降になって金納化が本格化したとみている (Seebohm, 1865: 278; Page, 1900: 47-8, 59-65, 72f.; Petit-Dutaillis, 1915: 257; 武居、1964: 144; 三好、1981: 206)。

第2章　黒死病と農奴制の崩壊　149

他方、シーボームの論敵だったロジャース、20世紀前半のグレーやポスタン、第2次大戦後ではヒルトン、エドワード・ミラーやハッチャーなどが黒死病以前から、その一時的停止と再開といった経緯を伴いながら、イングランド農村の各地で地代の金納化がみられたと記している（Rogers, 1866, vol.1: 81; Gray, 1914: 650-1; Postan, 1975: 168-9、訳193-7; Hitlton: 1972: 94, 234; Miller and Hatcher,1978: 235-9）。両者の主たる違いは金納化がいつから始まっていたか、黒死病による大量死の後か先かという点にあり、黒死病後に金納化が進んだということについて双方に意見の隔たりはない。

厳密にいえば、地域や時期によって、地代の金納化は必ずしも賦役と排他的でなかったが、大局的にみれば、14世紀後半から15世紀を通じて「賦役から地代金納化へ」という滔々とした流れがその勢いを増していったということができる。

とはいえ、賦役の存否について大きな地域差がみられたことも確かである。この点、上記のグレーは14世紀前半（1333-42年）のイングランド32州の世俗領739を対象にして賦役の存否について調査した。その主な結果はつぎのようなものだった。

第1に、イングランド北西部やいわゆるデーンロー地方の周辺農村では賦役がなくなっているか、ほとんど姿を消していた[39]。また、イングランド北西部では、修道院あるいは教会領であっても世俗領と同じく賦役はほとんどみられなかった。さらに、一部デーンロー地方と重なるレスターシャーやリンカンシャーのほか、ウォーリックシャー、ヘリフォードシャーといったイングランド中部の諸州、サリーやベッドフォードシャーなど一部南部の州でも賦役はほとんど姿を消していた。第2に、イングランド東部やイースト・ミッドランドでは賦役が支配的であるかあるいは優勢だった。その代表格がノーフォークやサフォークである。第3に、調査したマナーのうち、これら以外の諸州では、賦役ありとなしが半々に分かれた。第4に、ケント州[40]ではイングランド北西部と同じように賦役はみられなかった（Gray, 1914: 633-9; Robbins, 1928: 467）。

このように、14世紀前半のイングランドにおける賦役の存続には大きな地域差があった。好対照をなしているのが、一方のイングランド北西部と他方のイースト・アングリアあるいは南東部である。興味深いのは、この後者のような「先進的」穀倉地帯で一方では自由農が多かったが、他方かなりの賦役慣行も存続し

ていたことである。その落差が農民の不満を募らせ、一揆や騒擾に駆り立てたという見方がある。

(C) 農民の地理的移動について。もし農奴がその自由な意思に基づいてマナーを離れ、他の地域に移住することができるとすれば、それはほとんど農奴制の崩壊を意味するだろう。それほど、マナーの存続にとって農奴の定住は重要なことがらだった。じっさい、不自由農の離村が農奴制の崩壊をもたらしたという見方は多い。

それでも、いつから農民移住が活発化したかについては、地代の金納化と同じように意見の違いがみられる。13世紀半ばから1世紀ほどのあいだに、農村から都市や町への移住がめだつようになったという見方がある一方 (Poos, 1991: 160f.; Dyer, 2005: 36)、黒死病後の数十年間に、伝統的な農村社会の紐帯が弛緩し、新しい成功機会と自由を求めて多くの農民が地理的移動を企てたという理解もある (Raftis,1964: 187-8, 190-1; Dyer, 1989: 366-8)。しかし、前者の見方にこだわる場合でも、黒死病後に農民移住が活性化したという事実を否定するものはいない。

中世後期になると、多くの地域でその一生を通じて同じ農村コミュニティに留まるといった農民は一部に限られていた。もちろん、そうした地理的移動の中心になっていたのは10代、20代の若い農民だった。結婚を期にあるいはそれを念頭において村を離れていく者が多かった。14世紀初め、エセックスでは毎年12歳以上の男性の4％が村を去り、5％が新たに村にやってきた。その割合は黒死病後にめだって高まった。

黒死病のあと、すでにみた労働者条例にもかかわらず、農民の移住は一層活発になった。ミッドランドの多くの村では、50年もすれば、4分の3の家族の苗字が変わった。家族の崩壊もあったが、よりよい土地を求めて多くの農民が他の地域に移住していったからである。

領主たちは他のマナーから逃げ出してきた農民に対してペナルティを課すこともなく、逃げ出された領主のほうも公権力に訴えてその農民たちを連れ戻そうとはしなかった (Hatcher and Bailey, 2001: 115-6)。1年と1日を超えて旧領地に連れ戻されなかった農奴は「自由の身」になることができたからである。

イングランド農奴制は15世紀末に崩壊したとみるヒルトンによれば、14世紀末のイングランドでは農村人口の「大移動」が起きていた。その時代、沿岸都市

や20マイル以内の村々へ合法的・非合法的な農民移住が間断なく繰り返された。その人口流出は15世紀になっても止むことがなく、そのためマナーの借地農の名前がすっかり変わってしまったと書いている (Hilton, 1969: 22, 29、訳27, 40)。

時代を下ってもこの基本潮流に変化はなかった。イングランド南東部のバークシャーでは、15世紀後半の50年間で農村家族の半分から4分の3がマナーを離村し、15世紀末には14世紀後半から代々同じ村や町に住んできた家族はごく一部になっていた (Dyer, 2005: 36)。そうした例は枚挙に暇がない。

(D) 土地の売買と譲渡について。一方には黒死病による農民の大量死、保有地相続権が放棄された土地の増加、領主直営地の賃貸化といった時代の大きなうねりがあり、他方には生き残った者たち（農奴であれ自由農であれ）に訪れた千載一遇の好機に、地理的移動を含めてより広い土地や生まれて「初めての自由」を手に入れようとする農民たちがひしめきあっていた。そうした情景を思い浮かべるならば、土地市場の成立を踏まえた土地の売買や譲渡が活発化するのは自然の勢いだった。

12世紀末に土地市場が成立していたという見方がある。ヘンリー2世の改革によって土地保有と農民の義務が明確化され、財産権が確立したからである。ノーフォークでは、慣習的保有地 (customary land) の売買や譲渡による移転はすでに13世紀後半に始まっており、土地市場は活発に動いていた。ケントやイースト・アングリアでもほぼ同じことが起きていた (Whittle, 2000: 98)。しかし、オックスフォードシャーでは、慣習的保有地の土地市場が本格的に成立するのは黒死病後のことだった。土地の移転は家族内の世代間相続が主流をなしていた。そのオックスフォードシャーでも黒死病後の14世紀後半になると、家族内相続はめっきり減って、土地市場が形成された。

もうひとつ、自由保有地 (freehold land) に関する土地取引は黒死病以前から盛んだった。一般的には、14世紀後半以降15世紀になっても、イングランド土地市場の需給バランスはその地価動向にみられるように供給過剰の状態にあった。たとえばノーフォークのヘヴィンガム司教区 (Hevingham Bishps) マナーの土地市場に関する13世紀末から16世紀までの動向をみてみると、14世紀初めに低調だった土地取引は黒死病後に動き出し、15世紀になると、その件数のみならず売買または譲渡される土地もめだって増加した。1400-16年の取引件数が158件、そ

の面積は267エーカーだったが、1425-43年の件数は220件、面積は380エーカーに増えていた。その後,取引件数は横ばいあるいは減少したが、取引面積はめだった増加した。15世紀末から16世紀初めにかけての時期 (1498-1512年)、土地取引件数は141件だったが、売買あるいは譲渡された面積は884エーカーに激増した (Dyer, 1980: 110; Whittle, 2000: 98)。

　注目されることのひとつは、15世紀になると、こうした土地取引が増加しただけでなく、親子間の遺産相続ではなく、親族間での移転や一般土地市場での売買比率が高まったことである。家族の構成員が減ったこともあるが、土地市場を介して容易く土地を手に入れられるようになったからである。もうひとつ、16世紀半ばには再び親子間の土地譲渡が増えたが、それは長子遺産相続ではなく、二三男や娘への生前贈与 (inter-*vivos* transfers) や土地分割 (enfeoffment) だった (Dyer, 1984: 284-5)。見落とせないのは、その生前贈与が中世的な世代間土地相続慣行の衰退を意味していたことである。

　しかもこうした傾向は、特定の教会所領に限ったことではなく、少なくとも広くノーフォークやサフォークに見出すことのできるものだった (Whittle, 2000: 120-3)。

　(E) 徴税の形骸化とマナー裁判所の衰退について。このように、とくに黒死病後にめだつようになった領主直営地の縮減やその賃貸化といい、賦役や不自由農の減少といい、地代の金納化といい、農民の移住の増大といい、市場での土地取引慣行の確立とその取引量の増加といい、これらの傾向の背景で進行していたのは、ほかでもない領主の経済力の低落に基づく権威と権力、さらには名誉威信の衰退だった。

　そうである限り、不自由農が減少していったのだから尚更のこと、そしていくどかふれたように、相続税や婚姻税を初め各種の領主による課税は漸進的にあるいは急速に空洞化していった。それが示唆しているのは、農奴制の中核をなす領主と農奴の力関係が「逆転」したということである。この事態をさして、ハッチャーは「おそらく14世紀後半から15世紀はイングランド農民にとって『黄金時代』だった」(Hatcher, 1981: 37) と書くことができた。意図せずして、1世紀ほどのうちに農奴制をめぐる事情は180度転換してしまったのである。

　領主の権威と権力の衰弱はマナー裁判所の機能低下にもみてとることができる。ノーフォークの場合、黒死病以前には多くのマナーで1ヵ月から3週間ご

とに1回開かれていたマナー裁判所も、黒死病後はその頻度がかなり減った。14世紀後半から15世紀初期には2ヵ月1度となり、15世紀になると3ヵ月に1度、さらに1520年代には年2回というように減少していった。それに伴って係争事案の種類も減った。こうしたマナー裁判所の機能低下は農奴制の衰退と密接に関連しながら、各種の科料が空洞化していったことを示唆していた。領主は科料取り立てに消極的になっていった(Poos, 1991: 5f.; Whittle, 2000: 46-8)。

イングランドの農奴制はいつ崩壊したのか

では、イングランドの農奴制はいつ崩壊したのか。天変地異や事故・事件の類ではないから、何年に崩壊したという言い方には無理がある。

ポスタンがいうように、いつ農奴制が崩壊したかという問いに対する回答は農奴制の定義によって違ってくる。それでも、およそいつ頃なのかを明確にしようとする試みは行われてきた(いる)。その場合、その農奴制の定義のうち、いずれの要素に力点をおくかの違いはあっても、上記(A)から(E)までの要素と重なっている。

古いところでは、シーボーム[41]が「黒死病から50年以内に、イングランドの農奴は自由になった」(したがって14世紀末)と書いているし、最近ではブリットネルが、「1330年から1500年のあいだに起きた最も重要な出来事は農奴制の崩壊だった」と記している。また、ホイットルも「およそ1350-1450年のあいだにイングランドの農奴制は崩れ去った」といえるが、もっと絞り込めば、1380年から1420年までのあいだに瓦解したといってよいと述べている。さらにヒルトンも、農奴制は「農奴身分に付随する権利義務が最も早く、最も強固に定められたところで最も長く存続した」としてその崩壊にかなりの地域差があることに注意を促したうえで、イングランドの農奴制はおおかた15世紀末には消滅したと書いている(Seebohm, 1865: 276; Britnell, 1993: 223; Whittle, 2000: 37; Hilton, 1983: 57、訳88)。ほかにも、15世紀半ばまでにイングランドで農奴制が崩れたという記述を随所に見出すことができる。

トーニーも『宗教と資本主義の興隆』のなかで、「農奴制は結局のところ、フランスにおいては18世紀の末まで、ドイツにおいては19世紀まで消滅することはなかった」という重要な歴史認識にさらりとふれながら、他方「15世紀になる

と、英国ではその組織(農奴制)が廃れたあとに富裕なヨーマンという階層が立ち上がった」(Tawney, 1926: 57, 59、上巻105, 108)と書いている[42]。

ここでの大まかな見方からすれば、すでにみた農奴制を形成する諸要因の衰退プロセスについての記述からも示唆されるように、イングランド農奴制は遅くとも黒死病後の14世紀後半から衰えはじめ、地域差を伴いながら、イングランドが百年戦争に敗れ、国内で薔薇戦争が始まった15世紀の半ばまでにはめだって衰弱したといってよいだろう[43]。

大陸ヨーロッパとの比較——フランスとドイツ

さきのシーボームは、「おそらくスイスを除けば、ヨーロッパで最も早く農奴制から抜け出したのはイングランドだった」(Seebohm, 2nd ed. 1884: 50)と記している。

ここでは、結論だけになるが、フランスやドイツにおける農奴制の崩壊についてもごく簡潔にふれておこう。

まず、中世の北欧社会にはほとんど農奴制がなかった。また、エルベ河以東のプロシャ、オーストリア、ハンガリー、ポーランド、ロシアなどでは西欧とは逆に、黒死病後にかえって農奴制が発達した。エルベ河以西の西欧社会に農産物を輸出するためだった。一般的には、東欧社会では15世紀以降に農奴制はその最盛期を迎え、17世紀になっても健在だったし、19世紀半ばまで存続した地域が少なくなかった。こうした対照的な構図はブレンナーによってくりかえし言及されたものである(Brenner, 1976, 1982, 2007)。

じっさい、この農奴制の盛衰をめぐっては、西欧と東欧とは鮮やかな対照性をみせている。その差異は東西ヨーロッパにおけるその後の経済発展のみならず、絶対主義と統一国家形成、社会文化的慣行にも大きな違いを刻印することになった。西欧社会では大なり小なり、黒死病による農村人口の激減と農民の地理的移動の増大、賦役廃止と地代の金納化、商業化と都市ネットワークの発展、農民一揆の拡大などを契機として、15世紀半ばには多くの地域で農奴制は衰弱していった。

とはいえ、西欧でも国別の違い、地域差は大きい。イングランドとフランスの違いを強調していえば、イングランドでは黒死病による人口激減が大きな転機となり、そののち農奴制は衰退プロセスを歩んだ。他方フランスはどうだったか。

1315年、ルイ10世(在位1314-6年)は勅令を発して「奴隷(あるいは農奴)解放」を宣言した。自然法によれば、人はすべて自由な存在として生まれているというのがその理由だった。しかし、この宣言の真の狙いは王室財政の改善にあった。したがって奴隷(あるいは農奴)は自由の身になる代償として、農奴一人ひとりについて個別に役人が定めた高額の上納金(peculium)を支払わなければならなかった。その上納金は王室と領主のあいだで折半された。奴隷(農奴)の所有者は国王と領主であるとされていたからである。もちろん、奴隷(農奴)の誰もがそうした上納金を用意できたわけではない。

ちなみに、ルイ10世は同じような狙いをもちながらも、父フィリップ4世(在位1285-1314年)が断行したユダヤ人追放(1306年)とその財産没収という荒療治の政策を改め、同じ1315年、条件づきで(腕章をつけること、旧ユダヤ人コミュニティで12年間だけ滞在可能、しかし徴利は禁止)ユダヤ人の再入国を認めた。新たな収奪の対象たりうると考えたからだった。

大切なことだが、この14世紀初めのフランスにおける奴隷(農奴)解放宣言と農奴制の崩壊とを混同してはならない。フランスの農奴制は15世紀までに崩壊したという見方もあるが、フランスにはイングランドに勝るとも劣らぬ大きな地域差があった。一方では、たとえばノルマンディーのように、12世紀末までに農奴制は姿を消したところがある。理由はふたつ。ひとつはヴァイキングの侵攻による人口減少に歯止めをかけ、新たな植民を促すためだった。もうひとつは996年のノルマンディーでの農民一揆の成果だった('Loius X of France', WP)。

他方、奴隷(農奴)解放が行われたのはフランスの一部に限られ、一般的にいって、中部フランスや東部フランスでは、農奴制はほとんど手づかずの状態にあった。北西部の「解放」された農民に対しても領主的特権が行使されつづけ、かれら農民は容易にその支配から脱することができなかった。フランスにおける百年戦争の影響についてフランスの代表的な中世史家のひとり、フィリップ・コンタミーヌはこう書いている。「領主からの農民の自立は、多くの場合、一時的なものであり、無政府状態や危機が去れば、ひととき忘れ去られていた伝統的な骨組みはまた元に戻っていった」(Contamine, 1968: 119、訳149)、と。

百年戦争に勝利したシャルル7世、そして戦後ブルゴーニュとの内戦に勝ったルイ11世のふたりによってフランスは統一国家体制を整え、急速に絶対王政へ

と傾斜していった。それに伴って国王は三部会 (Éstates généraux) や議会の承認なしに課税できるようになり、その財政的裏付けをえて常備軍も創設された。しかし百年戦争後、フランス農民の負担は、ドイツほどではないにしてもかえって重くなった。多くの農民は現物地代のほか、通行税や相続税などを払い、道路普請の労務提供も求められた。封建領主と農民の関係はこれまでと大きく変わることはなかった。教会も10分の1税はじめ諸税を農民に課し、フランスの司教や修道院長はドイツと同じように広大な所領を保持していた。さらに、国王からの戦費調達のための新たな課税も加わった。じっさい、シャルル8世は民衆から寄せられる苦情をよそにイタリア戦争に明け暮れた。フランスの農民 (農奴) が封建領主の実質的な軛から最終的に解放されるためにはフランス革命を待たなければならなかったのである (Seebohm, 2nd ed. 1884: 46-8)。

では、ドイツはどうだったのか。まず、農奴制の前に注目すべき事実がある。それがドイツ (神聖ローマ帝国) における領邦制という分権的な統治システムである。神聖ローマ帝国皇帝フリードリヒ2世 (在位1220-50年) は聖俗諸侯に対して裁判権、貨幣鋳造権、築城権などを承認した。また13世紀半ばからの「大空位時代」[44]が20年間 (1254-73年) も続いたため、ドイツの分権政治に拍車が懸かった。さらに、カール4世 (在位1355-78年) によって1356年に黄金勅令 (Bulla Aurea) が発布された。この勅令がその後きわめて長期にわたって存続するドイツの分権的政治体制を確立するうえで決定的な役割を果たした。勅令は7人の聖俗諸侯によって神聖ローマ帝国皇帝が選ばれると定めた。その7人とはライン・プファルツ (宮中) 伯、ザクセン公爵、ブランデンブルク侯爵、ボヘミア王、それに3人の大司教 (マインツ、トリーア、ケルン) である。「勅令」の規定によれば、選挙は単純多数決による。ローマ教皇の承認は不要。これら7人の選帝侯は諸侯の最上位にあり、所領内での裁判権、鉱山採掘権、関税徴収権、貨幣鋳造権、ユダヤ人保護権をもつ。7人の選帝侯の所領は分割禁止、侯位継承は長子単独相続による。また選帝侯は召喚されず、選帝侯への反乱は大逆罪として処罰される。皇帝が空位の間、プファルツ選帝侯がシュヴァーベン地方などを統治する。さらに選帝侯同士の同盟は禁止、私闘も禁じられた。要するに、これら選帝侯は主権国家の長と同じような権限を担保されたことになり、そうした「独立国家」としての領邦は19世紀まで存続した。

逆にいえば、この「領邦国家」(Territorialstaat) のうえに立つ神聖ローマ帝国の皇

帝はその政治的影響力の源泉を「出身国家」(たとえば、カール4世であればボスニア王家)の権力と財力によるほかなかった。さらにドイツには、こうした大小の独立した領邦国家にくわえて、数多くの強力な「自由都市(国家)」が屹立し、共和国のごとき存在となっていた。したがって、帝国議会が制定した法令も国家権力が確立していなかったため、強制力に欠けていた。

　一言でいえば、16世紀前半のドイツには「真の君主」はおらず、いまだ分権制をその本領とする封建制的統治システムが支配していたのである。

　そのドイツでも、とくに西南部で黒死病による大量死があった。しかし、土地法制は封建的賦役(領主直営地での賦役など)について明示的規定を欠き、領主の掠奪行為をやめさせる定めもなかったから、労働力の激減はかえって農民(農奴)の労働強化をもたらした。かれらの一部は農民一揆など自由を求めて立ち上がったが、「ドイツの農民は依然として封建的借地農だった。(中略)いくつかの地方では農民(農奴)はほとんど奴隷状態にまで貶められた」(Seebohm, 2nd ed. 1884: 34)。農民が亡くなると領主の下僕がやってきて、残された遺族の生活がそれに懸かっている牛馬など「最良の家畜」(heriot)を召し上げた。農民は戦うか、将来に希望を託して忍従するかしかなかった。このうち、前者の途を選んだドイツ農民戦争(1524-5年)の場合、オーベルシュヴァーベンの叛徒からなるキリスト者兄弟団が1525年3月6日、メミンゲンでの協議を踏まえて領主たちのシュヴァーベン同盟(1488年結成)に突きつけた「12ヵ条の要求」(zwölf artikel)の第3項には、その根拠を聖書に遡及した農奴(eigenleute [leibeigene])の解放、つまり農奴制の廃止というスローガンが掲げられていたのである。そこにルターの影響をうかがうこともできるが、このシュヴァーベン地方では農奴制が当時も存在し、多くの農民が劣悪な生活を強いられていた。

　このように、農奴制の崩壊という点ではイングランドが東欧はもちろんのこと、フランスやドイツにも先んじたということができるだろう。

商業化の進展と「新しい中世像」

　ここで多少時間を遡ることになるが、簡潔に商業化の進展についてふれておこう。それもまた大なり小なり、農奴制の崩壊に与って力があったからである。

　一般的に商業化というとき、新たな都市の形成、水運を含む交通網の拡充と都

市ネットワークの構築、国際交易の拡大、市場化の進展、貨幣や信用の拡大などをさしている。たとえば、ジェームズ・マッシャールによれば、13世紀末までに、イングランドでは国王から農民までのすべての包含する「洗練された商業化された経済」が構築されていたという (Masschaele, 1997: 227)。

しかし、この商業化論が注目されるのは——農奴制崩壊の重要な促進要因であるのみならず——、リチャード・ブリットネル (Britnell, 1993) をひとりのパイオニアとする1990年代以降に大きな影響力をもつようになった商業化論の延長線上で、最近では「新しい中世像」が模索されているからである (Hatcher and Bailey, 2001; Dyer, 2005)。ブリットネルやハラムやキャンベルによれば、商業化論が批判しようとしているのは、1960-70年代に大きな影響力をもったポスタンによって代表される「停滞パラダイム」(the stagnationist paradigm) であり、それに代わってかれらは都市化や貨幣化、産業活動の新たな地域的・職業的分業ネットワーキングの出現を強調している (Hallam, 1981: chap. 2; Britnell, 1995: 8)。

では、その「新しい中世像」とはなにか。その内容は大別してふたつ。ひとつは、マルサスやマルクスの影響をうけて描き出された搾取と抑圧と停滞の体系としての「悲観主義的な」中世像を根こそぎ払拭し、それにとって代わって、衰弱していく領主支配、伝統的絆を断ち切って闊達に移動していく自由な農民たち、生気にみちた都市と産業の発展、社会的分業の進化と発展、消費社会の登場といった「明るい」楽観主義的な中世後期の形姿を浮き彫りにすることだった。じっさい、ハラムによれば、「(中世後期の)経済成長は個人により大きな自由を与え、進取の気性 (enterprise) を育み、勤勉の精神を涵養した。(中略) すでに13世紀には、農民は目的にために倹約し貯金するようになっていた。いつも将来のことを考え、子供を育てた」のであり、したがって「プロテスタンティズムよりも遙か以前から、中世社会の多くの領域でプロテスタンティズムの労働倫理が深く根づいていた」(Hallam: 1981: 263) という。何とも大胆な推論であるにちがいない。

もうひとつ、1500年前後で(政治史的にはテューダー朝の成立によって)中世が終焉し、近世の扉が開かれたというこれまでの通念的理解に疑問を呈し、そうした明確な断層は存在せず、むしろ連続的進化という見方が事実にみあっているという新たな歴史像を提示している。もちろん、16世紀はじめに資本主義経済が立ち上がったわけではないから、じつに長い時間、すなわち1300年から1800年ま

第2章　黒死病と農奴制の崩壊　159

での500年をかけて、したがって「封建制から資本制へ」の移行に関するブレンナー論争[45]に引きつけていえば、5世紀もの長い歳月をかけて封建制から資本制へ移行していったことになる。もっとも、中世と近世の断層について、ダイヤー自身、13世紀から16世紀の間に循環的ではない「根本的な変化」(profound change)が起きたことを認めているから(Dyer, 2005: 7, 43, 244-6)、連続的進化というかれの見方は自家撞着に陥っているようにもみえる。

そこで、もういちど復習してみよう。ノルマン征服後、14世紀はじめまでに経済社会の変化について商業化論はいかなる事実を強調しているのか。たとえば、つぎのような点が指摘されている。

第1に、1086年から1300年までの間に、イングランドの人口は約3倍になった。この人口増加は経済成長の原因でもあり、また結果でもあった。

第2に、イングランドの1人当たり実質GDPは、1086年の1.72ポンドから1300年の3.30ポンドへと増大した(Snooks, 1995: 50)。

もっとも、その後の1人当たり実質GDPの推移は黒死病後に大きな伸びを示したものの、15世紀に入ると、その半ばの「大不況」(1440年代から80年代まで)を挟んで低迷し、15世紀後半にはマイナス成長に転じ、その状態はヘンリー8世の16世紀前半まで続いた。ふたたび、経済成長の軌道に乗るのは大規模な内乱と共和制が脆くも崩れ去った17世紀後半になってからのことである(Broadberry et al., 2011: Table 17)。

第3に、たしかに市場化の進展はめざましい。『ドゥームズデイ・ブック』の当時でさえ、イングランドGDP全体に占める市場経済比率は40.1%(実物経済比率は59.8%)に達していたという推計がある(Snooks, 1995: Fig. 3.1)。

毎週、全国各地で開かれる市の数についていえば、黒死病の前夜、イングランドの農村や町では1500以上の公認市(the licensed markets)があった。しかも、そのうち3分の2は1200年ごろからのものである。こうした市は取引コストや新たな取引探索のためのコスト削減につながった。興味深いことに、ノルマン征服以前には、こうした毎週開かれる市やフェアを表現する慣用語がなかったらしい(Britnell, 1993: 11-6)。

14世紀はじめ、20エーカー以上を保有する「エリート農民」は大いに市場志向的だった。かれらは家族が必要とする以上の農産物をつくり、それを市場で売り

捌いた。中小の保有農や小屋住農もまた、領主への地代金納や必要な物品購入などのため、農産物を市場に持ち出す必要があった。1300年当時、100万以上の農村世帯のうち、6割ほどがこうした市場生産に関わっていた。また、すでに盛んになっていた羊毛生産の3分の1が商品生産のためのものだった(Britnell, 1993: 123; Miller and Hatcher, 1995: 395)。

第4に、12-3世紀の都市化も印象的だった。11世紀後半のイングランドでは人口5000人を超える都市あるいは町はわずか4つしかなかった。しかし14世紀前半にはその数が20に増えた。14世紀前半のロンドンの人口は8-10万人、またノリッジ、ブリストル、ヨーク、ウィンチェスターといった地方都市の人口も5万人になっていた。こうしたことの結果、イングランド全体に占める都市人口比率は15%前後に膨れあがった(Miller and Hatcher, 1995: 395; Hatcher and Bailey, 2001: 139-40; Dyer, 2005: 24)。すでに1300年のイングランドは1600年に比べて遜色のない都市化水準に達していた(Britnell, 1995: 25)。

第5に、この市場化と裏表の関係にあるのが交通網の発達であり、それによる都市間あるいは都市と農村の物流ネットワークの構築である。

12世紀以降のこうした交通網の発達は輸送効率を高め、モノの移動時間とコストを減らし、各地に多種多様な新たな情報をもたらした。重量物の運搬は水運によることが多かったが、それは陸運より安上がりだったからである。イングランドの主要都市は海運あるいは水運ネットワークで繋がれていた。13-4世紀になると陸運網の整備が進んだが、それに貢献したのが橋梁の新たな建設や改築だった。12-3世紀には橋の名をつけた地方都市や町がいくつも生まれた。ミドルセックスのアックスブリッジ、ヨークシャーのボローブリッジ、ベッドフォードシャーのスタンブリッジ、エセックスのハイブリッジなどがその例である(Britnell, 1993: 85-8, ditto, 1995: 17-8; Hatcher and Bailey, 2001: 147-9)。

第6に、貨幣供給も拡大した。商業化の進展は通貨の質的安定と量的拡大に支えられていた。アングロ・ノルマン時代もそれに先立つ時代と同じく、王立造幣局が鋳貨の発行と管理を行っていた。その通貨発行高はノルマン征服の当時が2.5から3.75万ポンドだったが、12世紀になると劇的に増加し、その後半には25万ポンド、13世紀第4四半期のエドワード1世の時代には60万ポンド、14世紀はじめのエドワード2世のときには110万ポンドにも達した。

こうした通貨発行高の急増は経済全体の活性化のみならず、政府(国王)の経済活動への介入拡大を示唆していた。歴代君主は都市の発達、市やフェア開催のための特許状公布、外国人を含めた商人の保護に熱心だった。そうすることが国家財政に役立つと考えていたからである。

ちなみに、13世紀後半までのイングランドでは、国王による徴税はごく軽微なものだった。もっとも効率的な収入源といえば、国王裁判所からの手数料だった (Miller and Hatcher, 1995: 397-400)。

暫定的な評価

では、こうした商業化論をどう評価すべきか。商業化論が強調しているのは、ノルマン征服後、12-3世紀のイングランドで人口が増え、1人当たり実質GDPも上昇し、市場化と都市化が進み、交通網と物流ネットワークが拡充され、貨幣経済化が進展したということである。たしかに、これらの個別の事実認識は大切であるにちがいない。

他方、この商業化論には中世社会に関する「停滞パラダイム」の克服という基本的な狙いがあった。したがって、中世イングランドでは早くから商業化が進み、活気ある経済活動が展開されていたという側面が強調され、さらにその延長線上で、中世後期から近世(近代初期)への断絶的でない連続的進化という性格が力説されている。それもまた、蔑ろにできない新たな理論的萌芽であるかもしれない。

しかし、検証すべき時期を仮に13世紀にしぼるとしても、この商業化論の視野から外れてしまういくつもの重要な歴史的事実がある。

たとえば、中世盛期における領主制の拡大と「生来の農奴」でない慣習農の不自由農への半ば強制的な転落、過剰人口と物価上昇を背景にした農奴の生活水準の趨勢的低下、幼稚な石炭鉱業や製鉄業などがそれである。また中世の法制についていえば、それは基本的に自由な市場化を促すようなものでなく、独占的な交易権や特権的利害関係者を保護するものだった。不自由農の訴訟権もせまく私的なマナー裁判所のなかに閉じ込められていた。

もうひとつ、商業化の水準そのものについても商業化論は難点を抱えている。たしかに商業化論が指摘するような傾向はみられたものの、一般的にいって、それは必ずしも持続的かつ広域的なものではなく、地域的なバラつきが大きく、地

域限定的な現象であることが少なくなかった。ブリットネル自身、商業化論にこうした限定をつけている (Britnell, 1993: 123-7)。

そのほか、13世紀には国際交易はゆるやかな伸びを示したものの、イングランドからの輸出は羊毛や錫などの原材料に限られ、奢侈品や精密製品は輸入しなければならなかった。しかも、その貿易は基本的に外国人商人に牛耳られていた。また、羊毛輸出にとってかわる毛織物産業の繁栄も百年戦争などの余波を受けて14世紀末には衰退しはじめ、15世紀半ばにはイングランド製の毛織物 (半製品) は海外市場で苦戦を強いられた (Postan, 1966: 568; Hatcher and Bailey, 2001: 52)。さらにまた、農業技術の進歩という点でも、一部サセックスやノーフォークにフランダースやオランダなど先進的低地国の水準に劣らないものがみられたが、それも農業技術の画期的変化ではなく、肥料や草刈り手法の改良が中心だった。

もっと厄介なことに、商業化論がもつ「明るい」展望は14世紀前半の「危機」のみならず、黒死病後の大混乱や15世紀半ばの「大不況」といった現象とも馴染まない。そういう意味で、商業化論は「暗黒の」中世イメージの部分修正に役立っているものの、いまだ開発途上にある議論とみるべきものであるように思われる。

それでも、この商業化論という視点は別の領域において大いにその効力をもつかもしれない。それが12世紀以降、傭兵制の浸透を皮切りにして進展していった封建制の「商業化」とでもいうべき現象である。その現象は疑似封建制 (bastard feudalism——第4章第3節参照) に深い関わりがある。領主と封臣の封土下賜を媒介とする封建制的軍役契約は軍役免除金 (scutage) の一般化という形で空洞化していき、国王も有力貴族も賃金を払って傭兵を雇うようになった。その傭兵はやがて恒常的な集団 (company) として雇い主の私兵的存在となり、平時は召し抱えの臣下として働いた。まもなくして、かれらはその家の記章や制服 (livery) を身に纏うようになった。こうして裕福な大貴族は大量の私兵的集団を抱え、地方社会にあっては大きな財力と権力を掌握し、地方行政にも確固たる発言力をもった。その豊かさは負債に苦しむ王室とは対照的なものだった。こうした事態を疑似封建制といってきたが、それを封建制の「商業化」と呼ぶこともできるだろう。

15世紀とは——もうひとつのマクロ-ミクロ・ギャップ

15世紀のイングランド社会についてもうすこし補足しておこう。その時代、

人口は停滞し、実質 GDP も趨勢的に低落した。工業製品の成長率も黒死病後、15 世紀を通じて減少し続けた。そういう意味で、マクロ経済的には「(イングランドの) 15 世紀は成長の世紀ではなく、経済発展が止まり、国民所得が減退するという後退の時代」(Postan, 1939 [1973: 42]、訳 54) だった。「15 世紀はイングランド農業史上、最も過酷な時代だった」(Hatcher and Bailey, 2001: 36) とみることもできる。なんといっても、黒死病後、15 世紀半ばまで続いた人口減が大きく響いた。穀物収穫高はしばしば半分以下に落ち込み、耕作する農民をみつけられないまま放置される農地も少なくなかった。修道院記録によれば、ラムゼー・アーベイ (Ramsey Abbey) のように、「前例のない深刻で長い不況」によって修道院の負債が並外れた水準に達したケースもあった (Hatcher, 1977: 38)。

15 世紀半ばには、地代総額、1 エーカー当たりの地代、農地面積が「どん底」を突いた。この時期、通貨発行高も減少し、1450-60 年代の関税収入は 15 世紀前半のおよそ半分にまで減ってしまった。また 15 世紀半ばまで続いたフランスとの百年戦争 (1337-1453 年)、ハンザ同盟やスペインとの戦いによってイングランド経済は大きな打撃を受けた。百年戦争の最終局面を迎えてランカスター家とヨーク家の対立が一段と激化し、30 年間にわたる薔薇戦争 (1455-85/7 年) が起き、有力諸侯の財力と権力はますます疲弊していったのである。

しかしながら、興味深いことに、こうしたマクロ経済の負のイメージをそのままミクロの個人生活に投影することはできるかといえば、必ずしもそうではない。というのも、この長い経済停滞と人口減少の時代、領主の農民に対する支配力が衰え、継続的な農民への譲歩が余儀なくされ、土地市場が大いに緩和し、地代は下がり、農民の移住は事実上容認され、労働者条例はしばしば無視され、実質賃金は上がり、自由農のみならず多くの不自由農が上昇気流にのって保有地を拡大し、あるいは新たに手に入れることができるようになったからである。一戸当たりの平均土地保有面積は増え、労働貧民は激減した。じっさい、下層の農業労働者の賃金上昇率は、大工や屋根葺き、瓦職人といった熟練職人の賃金上昇率を上回った。とくに 14 世紀末から 15 世紀初めにかけて、農民の一般的生活水準は改善され、マクロ経済の衰退時代であるとともに、「イングランド農民層の黄金時代」であり、そこにある種の「消費社会」が出現した (Postan, 1975: 156-8、訳 183-4; Hatcher, 1977: 43)。

したがって、14世紀末から15世紀第1四半期までをとると、さきの13世紀とは一対の好対照をなすようなマクロ・ミクロ・ギャップをみてとることができる。図式的にいえば、農奴制が確立した13世紀イングランドでは、マクロ経済成長のみならず人口も増加した。しかし農民の一般的な暮らしむきは年を追って厳しいものになっていった。そのため、13世紀はマルサスのいう「予防的制限」が働いて人口増に歯止めがかかった。したがって、マクロの経済発展とミクロの農民生活の窮乏化が併存したという意味で、そこにひとつのマクロ・ミクロ・ギャップを観察することができる。

しかし他方では、14世紀後半から15世紀第1四半期にかけてのイングランドでは、マクロ経済も人口も縮減したにもかかわらず、個々の農民の暮らしぶりはかえって改善される側面があった。その主因は黒死病に伴う人口激減に端を発する農奴制の連鎖的崩壊現象にあった。そこに、13世紀とは逆転したもうひとつのマクロ・ミクロ・ギャップをみてとることができる。

したがって、富岡(1965: 177)やポスタンが指摘するように、マクロをみるかミクロをみるかによって、15世紀のイングランド経済史を「経済的衰退」「景気後退」の時代とみることもできれば、コスミンスキーのように、「農民や労働者がかつてなく自由で権利を保証された時代」(Kosminsky, 1955: 26-7、訳161-3)として捉えることもできる。

15世紀の「大不況」

とはいえ、そうした15世紀のマクロ・ミクロ・ギャップを野放図に拡張することはできない。1440年代から80年代までの「大不況」によって、そのギャップはほとんど埋め尽くされてしまったからである。したがって、農奴制の崩壊プロセスから浮かび上がる「明るい」図柄を15世紀全般のイングランドに拡張することはできない。

いくつか政治史的事実を追ってみよう。14世紀末(1399年)、リチャード2世は廃位され、ヘンリー4世ボリングブルック(在位1399-1413年)が王位に登ってランカスター朝が開かれた。その子のヘンリー5世(在位1413-22年)は百年戦争を再開、1415年にフランスに侵攻してアジャンクールの戦いに勝利してトロワ条約(Treaty of Troyes, 1420)を結んだ。そこに書き込まれていたのは、フランス王シャ

ル6世（在位1380-1422年）の死後、イングランド王がその後継者としてフランス王になるという約束だった。ヘンリー2世が築いたアンジュー「帝国」の再現かと驚愕する廷臣たちがいた。しかしその矢先、ヘンリー5世が1422年8月31日に病気で急死、シャルル6世もその2ヵ月後に亡くなったため、事情は一変してしまう。

　ヘンリー5世の長男ヘンリー6世（在位1422-61年）は生後9ヵ月で王位を継ぎ、叔父ベッドフォード公ジョン（John of Lancaster, Duke of Bedford: 1389-1435）が摂政になった。しかし、そのジョンが1435年に亡くなり、もうひとりの叔父グロスター伯ハンフリー（Humphrey, Earl of Gloucester, 1390-1447）とサフォーク伯ウィリアム・ド・ラ・ポール（William de la Pole, 1st Duke of Suffolk: 1396-1450）の対立が露わになった。1447年にグロスター伯が亡くなると、サフォーク伯が政治的実権を掌握した。ところが、そのサフォーク伯はそれから3年間、フランス戦線で敗北を重ね、フランス領のほとんどを失ってしまった。その結果、サフォーク伯は50年に逮捕され、5年間の追放処分となってフランスへむかう途中、何者かの手によって暗殺されてしまう。

　しかし、いま肝心な点は、こうした目まぐるしく変化する政治史的事情ではなく、15世紀半ばの経済事情に対するその影響である。

　15世紀半ばのイングランド王室財政もまた、ほとんど破綻状態にあった。借金の利子は37万2000ポンドにのぼり、戦債の利子は15万5000ポンドに膨らんでいた。巨額の有利子負債の支払いにくわえて、王室家計の維持と戦費調達も必要だった。けれども、もはやフランスでの課税はかなわず、イングランド国内で重税を課すほかなかった。

　フランス領の喪失とブルターニュ公国の「寝返り」はイングランド経済に甚大な影響を与えた。イングランドは英仏海峡の制海権を失い、イングランドの船舶は海峡に出没する海賊によって重大な損害を被るようになった。当時のイングランドからの輸出品の主力といえば、羊毛や毛織物（半製品）になるが、農村といわず都市といわず、イングランド経済は羊毛生産と毛織物輸出に多くを依存していた。ところが、ブルゴーニュ、ネーデルラント、アルザス、ロレーヌに跨がる広大なブルゴーニュ公国の「最後の封建的精神の代表者」といわれるフィリップ3世（在位1419-67年）はかつてのイングランドとの同盟関係を反故にし、域内での

イングランド毛織物の輸入を禁じた。1430年代後半以降のことである。この海外市場の喪失とそれに伴う不況と失業の津波がイングランド経済を襲った。それだけではない。王室財政にとっても羊毛や毛織物輸出の衰退は関税収入の激減を意味していた。歳出の削減は容易でなかったから、いきおい借金と重税でその損失分を補わなければならなかった。

　フランスからの輸入品減少という点でも影響は深刻だった。一挙に食肉保存用の塩やワインなどが不足しはじめた。こうした海外交易の激減はイングランド南東部のいわゆる「5港」cinque ports（ドーヴァー、ヘイスティングズ、ハイズ、ニューロムニー、サンウィッチの5港）とその周辺経済に大打撃を与えた。のちにみるように、1450年にケント州を中心にして起きたジャック・ケイドの乱はこうした経済後退をその背景にしていた (Hicks, 2010: 50-5, 67-73, 275-6; 第4章第2節参照）。

　以上、この章での議論をくりかえすことはしないが、第1に、数次にわたって襲来した黒死病はイングランド社会に衝撃的かつ決定的な影響を及ぼした。第2に、1381年のワット・タイラーの乱は中世レジームに急進的な「解体宣言」を突きつけ、来るべき社会の編成原理を浮き彫りにした。第3に、その解体宣言に背中を押されるようにして、イングランドの農奴制は崩壊しはじめ、15世紀半ばにはおおかた瓦解した。これらのいずれもが記憶されるべき重要な出来事であるにちがいない。

　また、次代への遺産継承あるいは新たな社会の編成原理という意味でいえば、民衆のなかに芽生えはじめた原初的ナショナリズム、腐敗した教会制度に対する鮮明な批判意識、職業と住居の自由選択、土地や商品の自由な売買など、イングランド中世後期の社会を生きた人びとにとって、いかに「自由への希求」が根本的なものであったかが理解できるだろう。

注

1　モリス・ビショップはその『中世』（初版、1968年）のなかで、WHO（世界保健機関）が最近（1960年代）、黒ネズミに寄生していたノミが黒死病の原因だったことを明らかにしたと書いている (Bishop, 1968 [2001: 306])。

2　アヴィニョン教皇の外科医だったショーリャックはその『外科大全』のなかで、「埋

葬にも司祭は立ち会わない。父は子を訪ねず、子は父を訪ねない。死こそまさに慈悲。私はこれを『大いなる死』と呼ぶ」と書いている（桝井、1976: 46）。

3　中世社会では、湿疹や潰瘍などの皮膚病がひろく「腫れ物」(cancer) と呼ばれ、なかでもハンセン病が最も怖れられていた。第 3 ラテラノ公会議 (1179 年) ではハンセン病患者の社会的隔離が決められ、異端者とハンセン病患者は同じようなイメージで受け止められるようになった。

　　ちなみに、この公会議でカタリ派に対する異端宣告が行われ、「リヨンの貧者」ワルドー派の説教も認可されなかった。そのワルドー派は 1184 年のヴェローナ教会会議で異端とされた（小田内、2010: 272-3, 158, 180）。

4　これら鞭打つ者たちの狂信的暴力行為の矛先が教会や聖職者にむけられるに及んで、教皇クレメンス 6 世は 1349 年の「大勅書」でかれらの逮捕と団体解散を命じた。フィリップ 6 世はその運動を禁止し、パリ大学も「聖なる霊感」というかれらの主張を退けた。これらを踏まえて鞭打つ人びとを検束し、吊し首にする地方官吏も現れた。それでも、1350 年代までその勢力が消え去ることがなかった (Tuckman, 1978: 114-6)。

5　このパリ大学医学部の報告書の一部は英訳されている (Horrox ed., 1994: 158-163 を参照)。

6　いまの規準によってこうした占星術的な原因解明を非科学的なものだと決めつけることは適切でない。むしろ教皇や聖職者たちによる「神の怒り」といった神学的説明ではなく、天体運動による潮位の変動や有毒ガスの発生といった議論の組み立て方に注目する必要がある。この点については、たとえば Johnson (2009: 1-16) 参照。

7　ボヘミア王 (在位 1346-78 年) であり、神聖ローマ帝国皇帝 (在位 1355-78 年) にもなったカール 4 世は、ドイツでユダヤ人襲撃を食い止められなかったが、ボヘミアではユダヤ人を歓迎した。プラハでは黒死病は流行せず、ユダヤ人の迫害事件も起きなかった。

8　サミュエル・コーンは、この黒死病のときに大量発生したユダヤ人迫害は、高利貸しとしてのユダヤ人に対する農民や職人あるいは商人たちの怒りが集団的ヒステリーとなって爆発したというよりも、農村の騎士層、都市の有力な為政者からローマ教皇にいたるエリート層が、ユダヤ人たちがキリスト教世界を破壊しようとしていると信じ込み、かれらの大量虐殺を煽動したためだったとしている (Cohn, 2007: 36)。

9　高利貸しとしてのユダヤ人という理解については、つぎの堀米庸三の理解を踏まえる必要がある。すなわち、「ユダヤ人が高利貸を業とするようになったのは、このような反ユダヤ人運動が十字軍のたびごとに繰り返された結果、最初は行商を主としたユダヤ人が、比較的安全に営める最後の生業として高利貸しを営むにいたったものであった」（堀米、1964 [2013: 189]）。

　　ちなみに、「このような反ユダヤ人運動」とは、「民衆十字軍の示したすさまじいファナティシズム」のことであり」、ラインやドナウ流域都市などでは、民衆十字軍のたび

ごとにユダヤ人に対する虐殺や掠奪がおこなわれ、「少なくとも一人のユダヤ人を殺さない者は十字軍としての資格なしとされた」。

ここで見落とせないのは、そうしたユダヤ人襲撃の原因がかれらの高利貸しという行為にあったのではなく、逆に高利貸しはその結果として生き出されたという堀米の指摘である。

10 すでに第1章でみたように、ノルマンの征服によって、それまでのサクソン人の貴族や高位聖職者のほとんどが追放され、ノルマン人などがそれに取って代わった。そのさい、ウィリアムはサクソン時代の経験に倣って、新たな領主諸侯にひとまとまりの広大な地域ではなくマナーを分散して与えたため、諸侯の力は抑えられ、国王の権力が強化されることになった（朝治、1995: 79-80）。しかし、サクソン時代から散発的にみられた集権的封建制の一層の強化はしばしば諸侯の反発を招き、のちにジョン失地王の失政が契機となってマグナ・カルタの制定や議会の発展につながっていく。また王権強化のため、イングランド全域で検地が行われ、課税の基礎となる世界で最初の検地台帳『ドゥームズデイ・ブック』（Domesday Book）が作られた。1086年のことである。

11 14世紀半ば、ヨーロッパ全体に黒死病が蔓延したという言い方は正確でない。たとえば、北フランスあるいは南フランダースの代表的な人口周密都市だったドゥエー（Douai）やリール（Lille）、アラス（Arras）では15世紀まで黒死病の被害は少なかったし、フィンランドについても同じことがいえる。また東ヨーロッパのプラハやボヘミアでは黒死病の被害はほとんどなかった。また、西ヨーロッパのなかでも、オランダの黒死病被害は相対的に小さなものだった。

12 エドワード3世がなぜカスティーリャ王国（スペイン）との関係を強化しようとしていたかの背景事情については、第4章第1節で取り上げる百年戦争の第2期に関する記述を参照。

13 悲運にも愛娘ジョアンが亡くなったことを伝える父親エドワード3世のアルフォンソ（本文中に書いたように、かれも黒死病で倒れた）宛の手紙が残っている（Horrox ed., 1994: 250）。そのほか、王族や貴族など黒死病によって亡くなったリストついては、たとえば、Robbins (1928: 448-9, fn.3)。

14 もっとも、ストラトフォードの死は黒死病によるものではないという記述もみられる（Cantor, 2001: 104、訳116）。

15 マートン・カレッジで展開したマートン学派の知識運動は1230年代にロバート・グロステスト（Robert Grosseteste: c.1175-1253）によって先鞭がつけられた。かれはリンカーンの司教として活躍したのち、オックスフォード大学総長となり、大学行政と神学研究の傍ら、理論と実験、帰納法と演繹法の併用、数学を基礎にする科学の位階秩序などからなる科学方法論を確立し、自らも数学、天文学、光学研究に携わった。

その高弟の一人がロジャー・ベーコン (Roger Bacon: 1214-94) である ('Robert Grosseteste', WP)。

そのグロステストやロジャー・ベーコン、オッカムとは違って (オッカムはフランチェスコ会に属していなかったという見方もある)、黒死病で落命したブラドウォーディンはフランチェスコ会の修道士ではなかったが、物体の運動を数学的に計測しようとした「オックスフォードの計算屋」(Oxford Calculators) の主力メンバーだった。ガリレオ・ガリレイに先立って、平均速度の定理 (マートン・ルール) や幾何級数的増加について先駆的定式化をおこなったとされる。

1230年代から1380年代まで続くこのオックスフォードの知識運動は、パリ大学が象徴するドミニク会のトマス主義と対立し、その確執は16世紀まで継続された。この運動の最後の担い手が急進的な宗教改革思想家ジョン・ウィクリフだったといえるかもしれない。ウィクリフはブラドウォーディン大司教の予定説に磨きをかけ、神は「真の教会」の信徒のみを救いに予定していると考えた (Dickens, 2nd ed. 1989: 46)。ちなみに、ブラドウォーディンについては Cantor (2001: chap.5) 参照。

16　この『年代記』はアングロ・サクソン時代に関する9つの年代記、すなわちウィンチェスター年代記 (A稿)、アビンドン年代記 (第1および第2 ── B稿およびC稿)、ウスター年代記 (D稿)、ピータボロ年代記 (E稿)、カンタベリー言語縮約 (F稿)、ウィンチェスター年代記複製 (A2稿またはG稿)、コットン断章 (H稿)、イースター年表 (I稿) を集大成したもの。最新の記事は1154年についてのものである (Plummer, 1892 [Prefatory Note to vol. 1: vii-xiv]; 'Anglo-Saxon Chronicle', WP)。

　この年代記は、「ノルマンの征服以前の英語で書かれた最も重要な著作」といわれ、アルフレッド大王の時代、ウィリアムンチェスターで編纂されはじめたものであり、その当時残されていた古い記録や文書、民間伝承などを蒐集し、アルフレッド大王自身のデーン人との戦いの記録などを付け加えて編纂された。アングロ・サクソン時代の数世紀にわたる政治、軍事、外交などを英語で記した最も古い記録ということができる (大沢、1967: 64-5)。

17　1377年の人頭税導入から1世紀強のあいだ、イングランドは全域的にあるいは広域的に、少なくとも15回の黒死病または別種の疫病の被害にあった。

　1379-83年、1389-93年、1400年、1405-7年、1413年、1420年、1427年、1433-4年、1438-9年、1457-8年、1463-4年、1467年、1471年、1479-80年、1485年の15回である。その平均間隔は6.5年、1439年から1457年までの18年間をカッコに括った場合、その平均間隔は5.6年になる。要するに、14世紀第4四半期からの1世紀ほどのあいだ、およそ5-6年に1度の頻度でイングランド社会は悪疫に襲われたことになる (Hatcher, 1977: 57)。

18　土地保有者が死亡したとき、国王の権益 (成年相続人に対する相続税、未成年相続

人に対する後見権、相続人不在時の土地没収など）を確定するために行われた調査であり、ヘンリー 3 世時代に定着した。
19　なぜ 1360 年代以降、黒死病の死亡率がめだって下がったのかは判然としない。しかしコーンは、「経験と実験」によって黒死病に対する理解が深まり、治療法も向上したことをあげ、それに伴って当時の世論形成者たちの医者に対する見方がめだって好意的になったことをあげている (Cohn, 2007: 10-1)。
20　中世イングランド経済史研究の包括的レビューとしては、ハッチャー＝ベイリーのもの (Hatcher and Bailey, 2001) が有益である。そこでは、3 つの「スーパーモデル」、すなわちマルサスの「人口の原理」、マルクスの「階級闘争」、スミスの「商業化」というパースペクティブが取り上げられ、それぞれの功罪が論じられている。研究史上、第 1 のマルサスの影響を最も強く受けた有力な研究者の一人がマイケル・ポスタン (Michael M. Postan: 1899-1981) である。ちなみに、ポスタンは、中世イングランドにおける都市や商業、製造業の発展、さらには技術進歩を否定してはいないが、それを「過大に」見積もる「商業化」論には批判的だった。
21　この循環理論は初版『人口の原理』(1798 年) から抽出したものであるが、マルサス自ら「ひとつの新しい著作」と呼んだ第 2 版 (1803 年) においても基本的主張に変化はみられない。
22　1295 年の「模範議会」(model parliament ――中世史の碩学ウィリアム・スタッブスが名づけたもの) において、地方自治区や自治都市 (the boroughs) の代表者として、各州からは 2 名の騎士 (knights of the shire)、また各自治都市 (the burgess) からは 2 名の代議員が議会に参加するようになった。その後、エドワード 3 世治下の 1341 年、下院 (house of commons ――庶民院) が設置され、イングランド議会は二院制となった。高位聖職者や貴族は上院 (貴族院)、州の騎士や自治都市の代議員は下院に所属した。この下院が創設された一般的背景には商業化・都市化の進展とそれに伴うコモンズ (騎士・エスクワイア・ジェントリー、富裕な商人・親方など) の発言力の増大があったが、より直接的には百年戦争に伴う戦費調達のため、羊毛輸出特別関税の導入や増税の必要があったためである。

　　ちなみに、1376 年の「善良議会」(good parliament) では、下院代表が王室財務や増税、国王の軍事管理について批判的見解を上院に提出している。
23　農民の「途方もない強欲」が問題だったのであり、したがって「これら労働者勅令・条例は必要なものであり、また公正なものだった」というパトナムの見方には違和感がある。この点については、Cohn (2007: 460-1) 参照。
24　ほとんど実効性のない労働者条例が長く廃棄されずに残ったことについて、つぎのような示唆的な解釈もある。すなわち、労働者勅令・条例は黒死病によって生じた未曾有の労働力不足と賃金急騰に対処するための法律として「経済合理的」に制定された

のではなく、支配階級に属する者たちが、自らの身体に鞭打つ人びと (the flagellants) のラディカルな運動、ユダヤ人への迫害や物乞いに対する集団暴行事件など、下層民による社会的騒擾の蔓延を恐れたためだったのではないかという解釈がある (Cohn, 2007 参照)。

25 夭折した藤原浩は 27 歳の処女論文のなかでこの労働者条例にふれて、「領主による雇用に関する限り、封建社会への逆行を示す点に注目すべきなのである」としたうえで、「黒死病以前に進行していた封建的経済体制の崩壊を正にスタゥス・クォー (現状) と承認して制定された点に歴史的意義を示している」(藤原、1959: 198-9、傍点と括弧内は引用者) としてした。

また岡田与好は、労働者条例の違反件数 (1351-98 年、ただし地域によって集計時期が異なる) とその中身をリンカーン、ヨーク、エセックス、ウォーリック、グロスター州などについて整理し、一方では、いかに精力的に治安判事 (justices of the peace) や労働者判事 (justices of the labourers ――のちに治安判事に吸収された) がこの労働者条例を施行しようとしたか、他方それに対して農民の反抗がいかに強烈なものだったかを明らかにした。そしてその背景となっていた 3 つの事実、すなわち「労働者の移動性の増大」「日雇いへの志向の増大」「労働者の一定職種に対する無関心の増大」という事実を摘出し、「イギリスでは、近代的賃労働者層と基本的に同一の性向を示す全く新たな自由な『賃労働者』群がすぐれて農村地帯に生成し始めたことを表現しているといってよいだろう」(岡田与好、1961: 254、傍点は岡田) とし、そこに「封建的生産様式の解体」兆候をみてとった。

武居良明も同じように、一方において、労働者勅令も条例もその意図するところは、「隷農制を恒久的な制度として固定化すること、(中略) 危機に瀕した領主経済の再建に必要な、安価な封建的賃労働を確保することにあった」が (武居、1964: 158)、他方、14 世紀中葉 (つまり黒死病) 以降、「封建的賃労働」とは質的に異なる新たな賃労働が形成されつつあったことを見落としてはならないとしている。

ちなみに、富岡次郎は岡田が作成した史料に基づいて、労働者条例による取り締まり強化とそれに対する農民の抵抗運動を取り上げ、農民の闘争が次第に非合法化してラディカルになっていったこと、そしてマナー領主とくに宗教領主と政府の地方役人がその批判と攻撃のターゲットになっていったことを指摘したうえで、「これらの地方的闘争こそ、1381 年の大反乱を準備し、また大反乱の前哨戦ともなった。1381 年の大反乱は決して突如としておきたものではなかった」(富岡、1965: 17, 22-3) と述べている。

26 ホイッグ史観あるいはウィッグ史観 (Whig historiography) とは、理性に基づく社会と科学技術の進歩、人間的自由の不可逆的な進展のプロセスとして歴史を捉えようとする見方、考え方のことをさす。もちろん、その対極にあるのがトーリー史観であり、

人間性や社会進歩に対する不信と疑念、伝統への回帰志向などをその特徴とする。またヒュー・トレヴァー・ローパー（Hugh R. Trevor-Roper: 1914-2003）をはじめ、ホイッグ史観とマルクス主義社会理論の共鳴関係を強調する意見も少なくない。

　ともあれ、ホイッグ史観であれトーリー史観であれ、それは歴史をみる（あるいは物語る）ときの自覚のための注意書きとして有益ではあっても、その分類にこだわれば、たちまち不毛な認識の罠に陥ってしまうだろう。いずれかの史観に基づけば──プロクルーテースの寝台の誤謬に陥ることはあっても──、「正しい」歴史が書けるというわけではない。

27　12世紀半ばまでには、国王の庇護を受けて、外国からやってきた織布業者や染物業者たちがロンドンやウィンチェスターの町中に独自のコミュニティをつくっていた。かれらもまた、技術移転の先駆的担い手だった（Cunningham, 1897: 37-8）。

28　ここでいう重商主義とは、2国間貿易の収支がゼロサム的であるという認識に基づいて展開される保護主義的な国際政治経済戦略のことをさす。いまでも新‐重商主義という表現がしばしば用いられるが、21世紀の現代世界でも通用する現役の経済政策論である。

29　6つの区分とは、①ランカスター公とブルターニュ公（イングランド領地への課税）が6ポンド13シリング4ペンス、②王座および民事訴訟裁判所長官、財務長官が5ポンド、③伯爵および同夫人、ロンドン市長が4ポンド、④バロン、バナレット爵位騎士、病院附属修道院長、ロンドン市参事会員、大都市市長、上級法廷弁護士、上級公証人などが2ポンド、⑤下級騎士、病院勲騎士、小都市市長、大都市陪審員および商人、下級法廷弁護士、下級公証人などが1ポンドから3シリング4ペンスまで、⑥その他が1ゴート（4ペンス）となっていた（Oman, 1906: 25, n.2）。

30　この農民一揆の顛末に関する描写は、その記述に多少の齟齬があるとされる当代の年代記作家たち、すなわち騎士道的人物のフランス人ジャン・フロワサール（Jean Froissart: c.1337-c.1405）、セント・オールバンズの修道士トマス・ウォルシンガム（Thomas Walsingham: 生年不詳、1422年没）、レスターのアウグスチヌス派の聖堂参事会員ヘンリ・ナイトン（Henry Knighton：生年不詳、1396年頃没）などのもの（ラテン語やフランス語で書かれたかれらの作品はその多くが英訳された）のほか、「作者不明の年代記」（*Anonimalle Chronicle*, c.1592）や「イギリス年代記」（*Annals of England*, 1605, ed. by John Stow）にもある。

　ここでのワット・タイラーの乱に関する叙述は主としてチャールズ・オーマン（Charles Oman: 1860-1946 ──オックスフォード大学近代史教授）の『1381年の大反乱』（Oman, 1906）、ヒルトンやフェイガン（Hilton and Fagan, 1950; Fagan, 1958）によるが、かれらも上記の諸年代記に依拠している。より正確にいえば、ヒルトンやフェイガンの記述は一方では各種の年代記、すなわちフロワサール、ウォルシンガム、上記

の「作者不明の年代記」や「イギリス年代記」によっており、他方ではエドガー・パウエル (Powell, 1896)、ジョージ・クリーン (George Kriehn, 1902)、上記のオーマン、プチ - デュテリス (Petit-Dutaillis, 1911-15) などの著書や論文にも依拠している。

なお、オーマンの著作の巻末には、その本文中で駆使されているものだが、同書の附録 5 として「ヨーク州セント・メアリーズの作者不明の年代記」(The 'Anonimal Chronicle of St Mary's, York', c.1592. Oman,1906: 186-205) が英訳されており、その原文は『イギリス歴史学評論』(*English Historical Review*, vol. 13, 1898: 509-22) に掲載されている。

ともあれ、こうした多くの年代記の存在は 1381 年の農民一揆の評価を拡散させ、一部互いに齟齬させる背景にもなっている。

31 このウィンチェスター法は、治安悪化に対処するため、エドワード 1 世 (在位 1272-1307 年) が 1252 年の軍事巡回裁判法を改正したもの。ここで重要なのは、それぞれの地域における法と秩序の維持に関する責任が民衆に求められ、15 歳から 60 歳のまでの男子はすべてそれぞれの土地と財産にみあって、たとえば土地 15 リブレート、財産 40 マークの者であれば、武具として鉄のカタピラとヘルメット、剣、ナイフ、それに馬を所有することが要求されるようになったことである。

そのほか、教会領地内でのフェアや市の開催禁止、市場町間の道路の拡幅などが定められた (*The Statutes of the Realm*, vol. 1: 96-8; Stubbs, 1896, vol. 2: 466-9)。

32 この文章はシーボーム (Seebohm, 1865: 274-5) から引いたものだが、正確な出所を確定することができなかった。

ヒュームは『イングランド史』第 2 巻のなかで、この農民一揆についてつぎのように書いている。「煽動的な説教師」ジョン・ボールは、邪な支配者と暴政が幅をきかせた結果、人類の平等な起源 (「アダムが耕し、イブが紡いでいたとき、いったい誰が郷紳だったのか [When Adam delv'd and Eve span, Where was then the gentleman?]」というあまりにも有名な文章が想起される)、自由と自然の産物に対する平等の権利が損なわれたと説いた。かれら叛徒の指導者は「勇猛な刑事犯」だったが、マイル・エンドでかれらが掲げた要求、すなわち、「奴隷制 (農奴制) の廃止」「市場における自由な商取引」「賦役から定額地代への転換」「(叛徒への) 恩赦」はいずれも「きわめて理に適ったもの」だった。しかし当代の国家はそれを受け入れる用意がなかった、と。

ヒュームはまた、フランダースやフランスでの農民反乱 (たとえば、フランスでいえば、1358 年のジャックリーの乱) がイングランドに伝えられると、それがイングランド人の独立心を刺激したこと、当代の年代記作家フロワサールによれば、イングランドの人格的隷属状態はヨーロッパ諸国よりも一般的であり、そのことが反乱を激しいものにしたこと、ワット・タイラーなどの名前は偽名であったことなどについてもふれている (Hume, 1756 [1778: 289])。

33　フランスのジャックリーの乱（1358年5-6月）にはそうした性格がめだつ。その暴動の原因は情け容赦のない重税、賦役の強化、失業した傭兵などによる掠奪行為に対して領主が農奴など領民の「保護」を怠って放置したことにあった。ワット・タイラーの乱に比べると、ジャックリーの乱はより短期間かつ小規模なものであり、多くの掠奪や放火、猟奇的殺戮に満ちており、理念的要素は希薄だった。その騒擾は領主や貴族による叛徒の大虐殺によって幕を閉じている。

34　のちに、ランカスター朝のヘンリー6世の時代には2回（1429年1月29日、1449年2月12日）、またテューダー朝のヘンリー8世の時代（1512年3月）にそれぞれ人頭税が課された。いずれも戦費調達のためだった（Cobbett, 1806, vol. 1: 359, 384, 479）。

35　城戸毅は的確に「百年戦争は国民間の戦争ではなかった。国民感情は戦争の過程で成長してくるのである」（城戸、2010: 329、注5）と記している。

　　しかし、そうした国民意識がいつ頃から胚芽したかについては、多少議論の余地があるかもしれない。19世紀の著述家ウィリアム・デントン（William Denton: 1815-88）はその『15世紀のイングランド』（1888年）のなかでこの点にふれ、「13世紀の半ばに国民精神（a national spirit）の急速な成長がみられた」こと、「リチャード1世の治世（12世紀末）まではイングランド人というのは社会的劣位のバッジ」だったが、ヘンリー3世の時代（13世紀中期）になると、自分がノルマン諸侯の末裔であるとか、父がアングロ・ノルマン人であるということは誇らしいことになっていたと書いている（Denton, 1888: 6-7）。

36　1413年の身分令（Statute of Additions of 1413）によれば、農民は「ヨーマン→ハズバンドマン→労働者」の3つに、また上流階級の下層（lesser aristocracy）は「騎士→エスクワイア（esquire）→ジェントリー（gentry）」の3つに区分された（Dyer, 2005: 38-9）。

37　14世紀になると、娘の父親ではなく、新郎あるいは新婦が払うようになっていたらしい。

　　中世イングランドでの婚姻慣行についていえば、親の承認、結婚して住むべき家の確保、生活を支えられる収入があってはじめて結婚することができた。しかし13世紀の後半から末にかけて、土地の入手が難しかったため、婚姻率が下がり、それだけ出生率も下がっていった。マルサスのいう予防的制限である。

38　地代の金納化は、黒死病後の14世紀後半以降に一般化したのは事実だが、それに先立つ13世紀において、一方では農奴化と賦役の浸透がみられ、他方では貨幣地代が普及したことを見落としてはならない（Kosminsky, 1935: 42-3、訳56）。

39　デーンロー地方では、3割から5割の農民がソークマン（sokeman）と呼ばれた自由農であり、「自由の故郷」として、固有の法および生活慣行をもっていた。かれらは『ドゥームズデイ・ブック』調査当時でも、平均24エーカーの土地を保有し、週賦役を負担せず、土地譲渡権をもち、結婚税も払う必要がなかった。この地方はノルマン

の征服に伴う集権的封建化、マナーの整備にも抵抗した。

　この地方のレスター、ノッティンガム、ダービー、スタンフォード、リンカンは「5つのボロー」(five boroughs) と呼ばれ、堅牢な城壁 (古英語で burh) をもっていた (鈴木、1972: 58-9; 'Danelaw', WP)。

40　ケントには──ほかにもウェルズやアイルランドでもみられたが──、ガヴェルカインド (gavelkind) と呼ばれる貴重な慣習法が存在した。ノルマン征服に際しても、「負けないぞ (Invicta)!」というモットーを掲げて闘い、準自治的伯領を維持した。その慣習法の骨子はつぎの6つの要素から成り立っていた。第1に、借地農は15歳以降、その保有地を相続することができる。第2に、重罪を犯さないかぎり、国王によって土地を没収されることはない。第3に、原則として、農民は自らの意思にしたがってその土地を処分することができる。第4に、無遺言相続となった場合、その土地はすべての息子あるいはその代理人に均分に相続される。女性も相続できるが、その権利は二義的なものとする。第5に、王侯の未亡人は国王所有地の半分を相続できる。第6に、子供のいない未亡人も未婚であるかぎり、土地を相続できるという6項目である。

　この慣習法の下でもケントの農民は賦役を課されたが、その負担は軽く、他の地域の自由農の一部賦役負担に近いものだった。

　ちなみに、ヴィノグラードフはケントについてこう書いている。「このサクソン時代末期からノルマン時代の初期にかけての時期は、ケントがもっとも重要視された時期で、ケントにとってもっとも幸福な時期であったということが記憶されるべきであろう。ケントは商業の発展とかマナー的農耕よりの解放とかいう点で、他の地方より特に先んじていたから、均等相続制とか農奴制の廃止とかに関しては特別の地位を占めていた」(Vinogradoff, 1904: 317、訳396)、と。

41　シーボームはのちには、「ヘンリー7世の時代までにイングランドでは農奴制が崩壊した」(Seebohm, 2nd ed. 1884: 51) と書いている。

42　もう一人付け加えるならば、マルクスは『資本論』第1巻第24章の「本源的蓄積」の有名な箇所で、「イギリスでは、農奴制は14世紀の後半には事実上消滅していた。当時、そして15世紀にはさらに多く、その所有権がいかなる封建的な看板によって隠蔽されていたにしても、人口の巨大な部分が自由な自営農民からなっていた」(向坂逸郎訳、岩波文庫、第4分冊、271ページ) と書いている。

43　しかし、それは跡形もない消滅とか解体という意味ではない。というのも、その後も農奴制的慣行のみならず、地域によっては農奴と呼ばれた農民が存在していたからである。たとえば、1485年になってもイングランド30州に農奴がいたし、またエリザベス1世時代の最初の10年 (1560年代) になっても21州の100ヵ所のマナーで農奴がいたという記述があり (MacCulloch, 1986: 93)、だからこそ、1575年にエリザベスは「最後の農奴解放」を断行する必要があったのである。

44 大空位時代といっても、実際に皇帝が不在だったという意味ではない。この時代は、皇帝位を世襲する有力諸侯がおらず、選帝侯などが帝国の直轄領を奪取したため、あたかも皇帝がいないと同然の状態が出現した時代だった。

45 ブレンナー論争とは、かれの問題提起的な論文「産業化以前のヨーロッパにおける農村の階級構造と経済発展」(Brenner, 1976)に端を発し、多くの中世史家が参加して展開された「封建制から資本制へ」の移行論争のことをさす。

　ハッチャーやベイリーがいう中世史研究の3つのスーパーモデル(マルサスの人口動態モデル、マルクスの階級闘争モデル、スミスの商業化モデル)に関連づけていえば、ブレンナーはこれら3つのモデルの所在をはじめて明らかにし、そのうえで人口動態モデルや商業化モデルを批判した。

　しかし、それとともにブレンナーの貢献として見落とせないのは、イングランドとフランス、エルベ河以東の東欧社会の経済発展パターンの違い、それがもった政治的含意などを明らかにしつつ、3つのスーパーモデルの優劣を論じた点にある。

　この「封建制から資本制へ」の移行プロセスを解明するにあたって、ブレンナーの基本的な問題意識になっていたのは、「なぜイギリスが最初に工業化しえたのか」という問いだった。端的にいえば、イングランドにおいて他の国や地域に先んじて農業資本主義が成立したからだ、というのがかれの回答だった。すなわち16世紀以降、イングランドでは大土地借地農による資本主義的農業経営が確立したのに対して、フランスでは「農民的土地所有権」を背景とする小規模農業が驚くべき頑強さで存続し、それが近世フランスにおける農業資本主義成立の手枷足枷となったとブレンナーはみていた。というのも中世盛期以降、フランスでは自由農が増えて農奴制が衰弱したものの、「13世紀末になると、農民の所有権のみならず、かれらの自由もまた決定的に確立し」——Brenner, 1976; 40, 68、訳13, 43)、その後も容易に崩れることなく絶対王政によってかえって強化されたというのがブレンナーの見方である。ブレンナーの問題意識と比較史的な観点は興味深いが、個別の事実認識については検討の余地が少なくないようにみえる。なお、Brenner (2007)はブレンナー論争を踏まえたかれの包括的結論になっている。

第3章

中世プロテスタンティズムの盛衰

梗 概

　ワット・タイラーの乱と同じ時代、イングランドに中世プロテスタンティズムが立ち上がった。その旗手はジョン・ウィクリフ。かれはボヘミアのフスに大きな影響を与え、フス戦争のひとつの誘因となった。百年戦争と黒死病後の暗澹たる時代にあって、若きウィクリフはヨアキムの終末論的歴史意識に強く惹かれていた。ヨアキムがローマ教会の時代は終わったと記していたからである。

　そのヨアキムが生きた12世紀、フランスでカタリ派やワルドー派など在野の異端運動が活発化した。そのワルドー派には使徒的清貧主義が横溢しており、その精神はフランチェスコ会の精霊派に継承された。精霊派は教皇やドミニコ会と対峙し、14世紀前半には激しい清貧論争を展開した。その精霊派に属する黒死病で斃れたオッカムは聖書主義と聖俗分離論に基づいて当代の反教皇主義を牽引した。

　ウィクリフの宗教教義にはオッカムに通底するものがあり、反教皇主義的な聖書主義（とくに新約重視）、教皇や外国人高位聖職者によるイングランド宗教活動への介入排除、聖書の英訳化、国王による世俗統治、聖体拝受説の批判、「闘う教会」論による予定説の自由主義的解釈などから成り立っていた。

　ウィクリフは生前、異端と刻印されることはなかった。かれの衣鉢を継いだのがロラード派であり、オックスフォード・ロラード派の弟子たちが聖書の英訳に着手した。しかし、そのロラード派の運動は異端者火刑法と大法官アランデルによるロラード派潰しにあい、オールドカースルの乱鎮圧後は地下に潜伏することを余儀なくされた。

黒死病によって無数の人びとがつぎつぎと斃れていった。しかし、無理からぬこととはいえ、その原因を問われて聖職者が口にしたのは罪深き人間に対する「神の怒り」という言葉だけだった。ウィリアム・ラングランド (William Langland: c.1330-86)[1] も抽象概念を擬人化した寓話的な物語詩『農夫ピアズの幻想』(1368-85年――3種の稿本によって創作年代が異なる) の第五歌のなかで、「十字架を手にもった〈良心〉が説教するために現れて、これらの悪疫 (pestilences)[2] はまさに罪のためにある」と書いていた (Langland, 1550 [1886: 43]、訳 65)。

神の怒りを怖れて、富裕者のなかには教会や修道院に寄進するものが相次いだ。その結果、皮肉なことに、聖職者や教会等は黒死病によってかえって焼け太りした。貧しい人々はそのことに違和感を募らせた。

第1節　終末論と清貧論争

1381 年に起きたワット・タイラーの乱と呼ばれるイングランドの広域にわたる農民一揆のリーダーのひとり、ジョン・ボール (John Ball: c.1338-81) の急進的思想はオックスフォード大学のジョン・ウィクリフ (John Wycliffe: c.1324-84) の影響を受けたものであり、かれは実質的に「ウィクリフの弟子」だったというエドガー・パウエルのような見方がある (Powell, 1896: 3)。しかし、年代記作家ヘンリー・ナイトンのように、両者の関係は逆で、ボールがウィクリフに影響を与えたという説もある。また、ウィクリフはこの一揆に影響を与えていないというプチ‐デュテリスのような主張も見受けられる (Petit-Dutaillis, 1911: 276)。

それでも、両者の影響関係のヴェクトルがいずれであれ、宗教・政治思想という点で、ウィクリフとボールのあいだにはフランチェスコ会精霊派を介して互いに共鳴しあうものがあったことは否めない。ボールは放浪的托鉢僧としてイングランド各地で過激な説教をくりかえした。

そのため、ボールはカンタベリー大司教サドベリーの警戒心を煽り、一度ならず危険人物として投獄された。ボールは年代記作家フロワサールから「ケントの狂った坊主」(a crazy priest in the country of Kent) と蔑称されたが、かれが聖俗領主による農民支配を激しく非難し、腐敗した教会秩序を打ち砕こうとしたことに疑問の余地はない。

第3章　中世プロテスタンティズムの盛衰　179

　他方、ウィクリフはフスやルターに先立つ宗教改革運動の思想家として「イングランド宗教改革の父」ともまた「暁の明星」とも呼ばれる (Vaughan, 1828 [1831, vol. 2: 345] ; Robertson, 1984)。

　そのウィクリフは1348年当時、オックスフォードの学生であり、フィオーレのヨアキム (Joachim of Fiore: c.1135-1202) の終末論的な歴史哲学の強い影響を受け、黒死病襲来の直後、その小品「教会最後の時代」(*The Last Age of the Church*, c.1356——フルタイトルは、*The Last Age of Church* by John Wyclyffe, Now First Printed from a Manuscriptin the University Library, Dublin, Edited with Notes by James H. Todd, Dublin: At the University Press, 1840) を著した。

　そのなかで、ウィクリフは聖職者の腐敗や怠惰が黒死病の主因であると述べ、教皇主義の実態を厳しく指弾し、この世界はあと43年ほど続くが1400年には消滅するだろうと予言した (Vaughan, 1828, vol. 1: 241-5; Seebohm, 1865: 159)。いかにもラディカルな終末論的言明だった。

ヨアキムの終末論と歴史意識

　そこでまず、このイタリア人の修道士ヨアキムの教義について簡潔にふれておこう。

　ヨアキムは1135年頃、シチリア王国のカラブリアで生まれた。父は公証人であり、一時期ヨアキム自身も公証人となったが、1166年から翌67年にかけてパレルモ大司教に仕え、またシチリア王妃マーガレット・ナヴァル (Margaret of Navarre: c.1135-83) の法律顧問にもなった。

　20歳代の半ば (1159年頃)、エルサレムに巡礼したとき、かれはその地で深い啓示を受けた。それがきっかけとなって世俗の生活から離れ、やがてルッツイにある禁欲主義的なシトー会[3]のサンブチーナ修道院 (Abbey of Sambucina) に入った。数年してコラッツォ修道院 (Abbey of Corazzo) の修道士となり、そこで新約聖書のなかで最も預言書的かつ論争的でもある「ヨハネの黙示録」の研究に没頭する。

　1180年代前半、かれはシトー会のカサマーリ修道院 (Abbey of Casamari) に滞在して主著3冊、すなわち、『新約と旧約の調和の書』(*Liber de Concordia Novi ac Veteris Testamenti*, 1200 ——その部分訳が宮本陽子訳「新約と旧訳の調和の書」上智大学中世思想研究所監修・編訳『中世思想原典集成』平凡社、2001年、33-53頁)、『ヨハネの黙示録注釈』

(*Expositio in Apocalipsim*, 1196-9)、『十弦琴』(*Psalterium decem chordarum*) を書き上げた。

そして60歳のころ、ヨアキムは郷里のカラブリア山系にフィオーレ修道院 (Abbey of Fiore [Flora]) を建てて隠遁し、思索と著述に専念した。その修道院はやがてシトー会の新たな中心地となり、ひとつの会派をなすほどに成長していった。1198年には教皇ケレスティヌス3世 (在位 1191-98年) はその会派を公認した。

ヨアキムは亡くなる2年前 (1200年)、異端の嫌疑をかけられ、すべての著作を、正統派信仰の擁護と異端の排除で知られた教皇インノケンティウス3世 (在位 1198-1216年——ジョン失地王を破門、イングランド諸司教に聖務停止させた人物であり、第4ラテラノ公会議 [1215年] の招集者) に差し出さなければならなかった。しかし、生前に異端の判断が下されることはなかった。かれの思想はシトー会だけではなく、オックスフォード大学を有力拠点とするフランチェスコ会にも多大の影響を及ぼしていた。

では、そのヨアキムの教義とはいかなるものか。とくに注目されるのはかれの歴史意識である。かれは「ヨハネの黙示録」に心酔し、それに独自の解釈を施し、ひとつの斬新な終末論的歴史像を提示した。

ヨアキムによれば、父と子と聖霊の三位一体論は、父が旧約聖書と過去あるいは第1の時代を、子が新約聖書と現在あるいは第2の時代を、そして聖霊が未来あるいは第3の時代を意味する。また第2の時代とはキリストの降臨から1260年までをさしている。しかも、ヨアキムの時代はキリストの磔からすでに40世代 (1200年) が経っており、それに続く2世代60年のあと、「ヨハネの黙示録」(第11章3節および第12章6節) にあるように、1260年には第2の時代がクライマックスを迎える。その後まもなくして新たな指導者 (novus dux) が現れ、第3の時代が始まるのだ、とヨアキムはいう。

三位一体であるかぎり、父も子も聖霊の時代に生きている。しかし、累積的で「漸進的な完成のプロセス」(a process of progressive *consummatio*) としての歴史時代を牽引していく中軸制度はそれぞれに異なっている。第2の時代の中心にはカトリック教会と聖職者の秩序が屹立する。しかし、第3の時代になると、聖ベネディクトの戒律を引き継ぎながら、もっぱらキリストの福音を遵守する修道士の秩序形成が中核をなし、崩壊していく世界を救済すべく運命づけられた「聖者の修道士的コミュニティ」(a monastic community of saints) がその中軸制度となる[4]。それ

はカトリック教会とはまったく別物の「聖霊の教会」である。

　この第3の時代に予定されている最大の出来事といえば、もちろん終末の到来であり、キリストの再臨であり（キリストの最初の復活は磔に架けられて3日した日曜日の朝のこと）、最後の審判である。そしてその先には、キリストの福音によってのみ創造される「聖霊の王国」が待ち受けている。その王国では平和と調和が支配し、人間には完全な自由が与えられる。重要なことだが、そこではもはやカトリック教会は無用の長物と化している。このように、ヨアキムにとって、歴史とは目的論的性格をもった「預言としての救済史」にほかならない。

　過去と現在の「正しい」理解は未来のしかるべき展望あるいは目的に依存している。未来の完成は世界の終末のときに果たされる。媒介者にすぎない教会は聖霊の時代にあっては陳腐な存在と化している——、このように語るヨアキムではあったが、かれは現存する教会組織を正面切って批判することはなかったし、また「ヨハネの黙示録」（第7章2節）に登場する「新たな指導者」が誰であるかを名指しすることもなかった。誰か分からないが、やがて救世主的指導者が現れ、キリスト王国の建設のための精神革命をもたらすとだけ説いたのである[5]。

　こうした終末論的メッセージはそれだけでも十分衝撃的だった。というのも、13世紀から14世紀にかけて、フランチェスコ会のなかの急進的な聖霊派の修道士たちがヨアキムの教義からその革命的含意を導き出していたからである。かれらのなかには、ヨアキムを「新たな洗礼者ヨハネ」(the new John the Baptist)、極端な場合には「新たなキリスト」とみなす者さえ現れた。すでにみたように、ウィクリフがオックスフォードの学生時代、ヨアキムの終末論に魅せられて終末論をものしたのもそうした時代潮流を照らし出していたようにみえる。

　ともあれ、こうしたヨアキム主義的運動にかれらを駆り立てていったのは、腐敗した時代に対するかれらの義憤と糾弾であり、それに取って代わるべき終末後の世界に対する心底から湧出してくる憧憬だったようにみえる。

　自然なこととはいえ、13世紀の末から14世紀にかけて、かれらフランチェスコ会聖霊派の修道士あるいはヨアキム主義者と呼ばれた人びとは多くの非難と迫害に曝された。かれらの敵は3つ。カトリック教会、「反キリスト者」の神聖ローマ帝国皇帝フリードリヒ2世（在位1220-50年、シチリア王フェデリーコ1世［在位1197-1250年］）、そして体制化したドミニコ会だった。

そのカトリシズムからみても、ヨアキムの教義とヨアキム主義の運動は決して黙殺できるほど小さなものではなかった。そのため、ドミニコ会士のトマス・アクィナス (Thomas Aquinas: c.1225-74) は『神学大全』(第2巻第106節第4項) のなかでヨアキムを批判の俎上にのせ、その理論的誤謬を立証しようとした。アクィナスにしても、キリスト教の原理的教義として終末の到来や最後の審判は否定することができない。しかしいつ終末が訪れるのか、いつ最後の審判が下されるのかについて、その時期を曖昧にすることで厄介な事態を回避しようとした。また、ヨアキムとは違って、宗教的「完成」は歴史的にはいつでも可能なことだと主張した。

このように、アクィナスは原理的教義を温存したまま、それがいつ現実のものとなるかについては答えようとしなかった。かれは時間という座標軸そのものを排除してしまった。しかし、「ヨアキムはすべてを歴史的パースペクティブのなかでみていた」(Löwith, 1949: 155)。かれの終末論的教義が「神学的歴史主義」といわれる所以である。

営々として強力で華燭な基盤を築き上げてきたローマ教会の組織と秩序からすれば、急進的終末論が含みもつ無政府主義的な秩序紊乱の芽を可及的速やかに摘み取り、その激烈さを緩和しておく必要があった。キリスト教の原初的な根本教義、すなわち終末の到来、キリストの再臨、最後の審判、そして神の王国のはじまりといった事態が目前に迫っているといった預言者的言説とそれを喧伝する勢力を教会組織の広大な既得権ネットワークのなかに可能なものは絡め取り、しかし残余は異端として撲滅してしまう必要があったのである。

ともあれ、ヨアキムの教えが決定的だったのは、福音書的教義に基づいてカトリック教会の役割を第2の時代に跼蹐し、第3の時代におけるその存在価値を根こそぎ奪い去ってしまった点にある。その破壊力たるや、ヨアキムの想像力を遙かに越えるものだった (坂口、1986: 168-9)。

カタリ派とワルドー派──「異端」の風貌

ヨアキムが生きた12世紀は、グレゴリウス改革に端を発したカトリック教会の改革が進行する一方、在野の異端運動が活発になっていった時代でもあった。

その事情について堀米庸三はこう書いている。「クリュニー (修道院) はグレゴリウス改革までに、その真の使命を果たし終えたといってよく、シトーないしこ

れと同じ新しい清貧と、労働と瞑想の調和を重んじる修道会が次代の修道院を担うことになった」のであるが、そのシトー会（1098年創設）もまた、「たちまちクリュニーのあとを追うことになり、1170年、法王アレキサンダー3世はシトー修道会が初期の理想を忘却したことについて厳しく叱責しなければならなかった」（堀米、1964［2013: 197, 203］）、と。

　シトー会などの修道会のあとに立ち現れた、しかし同じく「新しい清貧」という言葉によって象徴される「使徒的生活」（vita apostolica）の実践運動を牽引していったのはワルドー派であり、またフランチェスコ会の聖霊派だった。

　それらに言及するまえに、その系譜も教義も異にするが、12世紀から13世紀にかけて、カトリック教会の一大脅威となったカタリ派（アルビジョワ派）について一言ふれておこう。

　カタリ派の影響が強かったのは南フランスのトゥールーズやアルビを中心とするラングドック地方、ミラノなどのロンバルディアだった。その教義の中核には、古代のグノーシス主義に通じる特異でラディカルな物心二元論があった。人間の身体を含めてすべての物質は悪、物質によって埋め尽くされた現世も悪、身体は腐敗した穢らわしいものであり、その最たる行為と存在が身体を再生産する生殖・妊娠・出産（胎児）である。当然、結婚も肉食も悪である。およそ物的世界は悪魔の手によって作り出されたものだからである。

　その矛先はカトリック教会の司祭が執り行うミサにもむけられた。カタリ派からすれば、そのミサは「最悪の行為」のひとつである。なぜならば、パンと葡萄酒がキリストの身体と血に変化するといった教説（化体説）は、悪である物質が神的なものに転化するという主張であり、断じて認めることはできない。カトリシズムの秘蹟は悪であり、原理的誤謬を犯している。これがカタリ派の基本的な見方だった（川下、2004: 69）。

　翻ってその対極に位置するのが「完徳者」（perfecti）であり、かれはひたすら純粋な霊的存在をめざす。励行すべきは断食、純潔、昼夜を問わない祈祷、労働の忌避であり、その行き着く先は殉教死である。キリストが人であるわけがない――、これこそカタリ派の教義の精髄をなしていた。

　このように、カタリ派とキリスト教のあいだには原理的な断絶があった。そのため、グレゴリウス改革に先立ってカタリ派は異端と名指しされ、1022年に

はカタリ派信徒の最初の火刑が行われた。シャルー教会会議(1028年)でもトゥールーズ教会会議(1056年)においても、カタリ派は異端と宣告された。その系譜といい教義の原理的異質性といい、カタリ派はキリスト教のなかの異端というよりも、異教とみるべきものかもしれない。

ともあれ、その勢力は12世紀末になっても容易に衰えなかった。大きな理由はトゥールーズ伯など南フランス諸侯がフランス王フィリップ2世の介入と教皇庁の影響力の拡大を嫌って、カタリ派を保護していたからである。こうなると、カタリ派を根絶やしにしたいという教皇インノケンティウス3世の関心と、トゥールーズ伯らを排除したいというフィリップ2世の利害が一致することになり、その自然な帰結が1209年のアルビジョワ十字軍の派遣だった。

その直接のきっかけとなったのが前年1月15日に起きた教皇特使ピエール・カステルノー（Pierre de Castelnau: c.1170-1208）の暗殺事件である。かれは教皇の意を体して南フランスに赴き、当地の諸司教の聖務を停止し、カタリ派を支援してきた諸侯を破門した。かれの殺害はその報復だった。1209年6月にはリヨンに十字軍1万が集結、トゥールーズに進攻した。この掃討作戦によってカタリ派信徒をふくむ大量の一般市民が虐殺され（とくに1209年7月21日の「ベジエの虐殺」Massacre at Béziers の犠牲者は2万人にのぼったとされる）、トゥールーズ伯らは大打撃を被った。

しかし、異端カタリ派と反フランス的諸侯を屈服させるためには、その大虐殺からさらに20年以上の歳月を要した。1229年のパリ和平によってトゥールーズ伯はフランス王に屈し、カトリックに復帰した。それでも、カタリ派の残党はときおり怨嗟と怒りの狼煙をあげた。カタリ派の最後の砦モンセギュールが陥落し、立て籠もっていた多くのカタリ派信徒が回心を拒んで火炙りになったのは1244年のことだった（小田内、2010: 第2章；'Albigensian Crusade', WP）。

ところで、このカタリ派よりもすこし遅れて歴史の舞台に登場したワルドー派はいくつもの点でカタリ派とは違っていた。ワルドー派の民衆運動は12世紀末から16世紀前半にかけて、イングランドやスコットランドを除くヨーロッパ各地で大きな広がりをみせた。

その中心人物ピーター・ワルドー（Peter Waldo or Pierre Vaudès: c.1140-1205）はヨアキムの同時代人。かれはリヨンの裕福な一市民であり、教会の管財人だったとも

いわれる。当時のリヨンは南フランスの他の都市と同じように大司教の支配下にあり、多くの高位聖職者が大土地所有者として貴族的生活を送っていた (小田内、2010: 148)。1170年代、それを追い打ちするかのようにして深刻な飢饉がリヨン地方を襲った。いやがうえにも貧富の差が拡大し、餓死者が相次いだ。ワルドー派の運動が広がっていった背景にはこうした事情があった。

　ワルドーはみずからの蓄財を投げ捨て、妻を離別し、物乞いしながら祈りと清貧な暮らしに徹し、ラテン語からプロヴァンス語に訳してもらった聖書 (福音書、使徒書簡および旧約聖書の一部) に読み耽り、原始教会への回帰を説いた。

　興味深いのはワルドーが市井の一平徒だったにもかかわらず、町中で説教していたことである。ローマ教会の規律によれば、司教などしかるべき聖職者が許可しないかぎり、一般信徒が説教することはできない。そのため、ワルドーも許可を得る必要があった。かれはリヨンの大司教にその旨を願い出たが、認められなかった。そこで1179年、かれはローマの第3ラテラノ公会議に出向き、説教の許可を申し出た。しかしワルドーは資格審査で撥ねられた。それでも教皇アレクサンデル3世 (在位1159-81年) はワルドーに暖かく接し、教区聖職者の許可を求めるようにと伝えた。1180年、シトー会出身の新任リヨン大司教リシャールは同地で教会会議を開き、ワルドーの説教の是非について諮った。ワルドーは正統派信仰の告白を行ったという根拠を挙げて、会議は事実上ワルドーの説教活動を黙認することになった。それが教皇の望んでいた判断でもあったようにみえる。けれども、そうした寛大な取扱いは長続きしなかった。教皇とリヨン大司教が相次いで亡くなったからである。1182年、ワルドーらはリヨンから追放された。

　新たに教皇となったルキウス3世 (在位1181-85年) は1184年11月4日、ヴェローナ教会会議でひとつの教令「アド・アボレンダム」(Ad Abolendam diversam haeresium pravitatem ——すなわち「多様で有害な異端撲滅にむけて」) を発した。それは「中世ヨーロッパ史上最初の本格的な反異端立法」といわれる。この教令で注目されるのは、そこで初めて異端の名が列挙されたことである。そのなかにはカタリ派などのほか、「リヨンの貧者と自称する者」(つまりワルドー派) の名前もあったし、さらに「ローマ聖座あるいは司教の権威から認められずに、僭越にも説教をするすべての人びと」も異端とされた (小田内、2010: 157-8)。

　ワルドー派が異端とされたということは、「異教」カタリ派の場合とは違って、

教義上ローマ教会とさしたる違いがなくても、その権威に服従しない信徒や集団であれば、それも異端とみなすことを意味していた。新たな異端の解釈と尺度が加わり、その範囲が拡張された。

したがって、12世紀の正統派ローマ教会のなかには、異端の理解をめぐってふたつの考え方があったことになる。すなわち、一方にはワルドー派のような草の根から立ち上がった「使徒的清貧主義」を肯定的に受け止める人びとがおり、他方にはかれらも異端として排斥しなければならないとするもうひとつの勢力があったということである[6]。

ドミニコ会の役割

清貧をめぐる運動と論争はそののちも延々と繰り返された。13世紀になってその震源地となったのがフランチェスコ会の聖霊派だった。しかしそのまえに、同じく托鉢修道会としてスタートしたドミニコ会についてみておこう。

1206年、したがってフランチェスコ会が創られたのと同じ時期、スペインの修道士ドミニコ（ドミンゴ・デ・グスマン・ガルセス［Domingo de Guzmán Garcés: 1170-1221］）によってもうひとつの修道会、ドミニコ会（Ordo Praedicatorum, Dominican Order ——「説教者修道会」が正式名称）が設けられた。ほぼ同時に誕生したこれらふたつの托鉢修道会はその基本的教義（清貧と托鉢、祈祷と純潔など）をみるかぎり、似通った点が少なくない。しかし、実際にそれぞれが果たした役割には大きな隔たりがあった。

両修道会の13世紀後半以降の行動実績に基づいて相互の違いを強調していうならば、カトリック教会に対して、一方のフランチェスコ会の聖霊派は野党的となり、他方のドミニコ会は与党的存在になっていったということである。もちろん、フランチェスコ会の第8代総長ボナヴェントゥラ（San Bonaventura: c.1211-74）のようにローマの枢機卿になった者もいるし、またボナヴェントゥラのあとを襲った第9代総長ジロラモ・マッシは1288年、ローマ教皇ニコラウス4世（在位1288-92年）になっている。他方、フランチェスコ会の多数派だったコンヴェントゥアル派（緩和派）の思想と行動はカトリック教会と十分親和的なものだった。しかし13世紀から14世紀にかけて、ドミニコ会はローマ教皇と教会の権威を高め、その権力を強大化するために大いに貢献したのに対して、フランチェスコ会とり

わけそのスピリトゥアル派（聖霊派）はカトリック教会と教皇にしばしば鋭い批判の刃をむけ、非難の矢を放った。両会のこうした違いは、清貧論争が先鋭化するなかでいよいよ鮮明なものになっていった。

　もうひとつ、ドミニコ会は重要な役割を担っていた。カトリック教義の体系化と神学研究の推進である。じっさい、ドミニコ会の系統から有力な神学者が輩出した。アルベルトゥス・マグヌス（Albertus Magnus: 1193-1280）がそうだし、その弟子のトマス・アクィナスもドミニコ会の修道士だった。各地に学院を設け、神学研究の基盤づくりに尽力した。しかし、そうした活動は思わぬ副産物を生み出した。異端審問[7]が制度化されていくにつれて、ドミニコ会の修道士が数多く異端審問官に登用されることになったからである。1307年にトゥールーズの異端審問官となり、以後16年間にわたってその職にあった『異端審問実務』（*Practica Inquisitionis Heretice Pravitatis*, c.1323）の著者としても知られるベルナール・ギー（Bernard Gui: 1261/2-1331）もその一人だった。

　そういえば、聖ドミニコはその説教活動の初めから、トゥールーズなどに赴いて異端カタリ派信徒の改心に精力的に取り組んだのであるが、その行動はのちのドミニコ会の命運を示唆していたのかもしれない。

清貧論争（1）――フランチェスコ会の内部抗争

　肝心のフランチェスコ会（Ordo Fratrum Minorum, Order of Friars Minor ――「小さな兄弟会」[8]の意味。俗称は灰色の修道士［Greyfriars］）であるが、この会派は1209年、イタリア中部アッシジの修道士フランチェスコ（正式にはジョヴァンニ・ディ・ピエトロ・ディ・ベルナルドーネ［Giovanni di Pietro di Bernardone］: 1182-1226、以下、フランチェスコという。）によってつくられた托鉢修道会であり、3つの会派すなわち男子修道会の第1会（狭義のフランチェスコ会）、女子修道会の第2会（1212年創設）、在俗信者の第3会（1221年創設――のちに「ベガン」と蔑称された）を擁した。第1会は1210年に教皇インノケンティウス3世によってその公認を口約されたが、21年の「不認可会則」を経て、23年の「公認会則」が教皇ホノリウス3世（在位1216-27年）によって承認された。「この会は当初、学問を主とするものではなかった[9]。私有財産はもちろん、修道院共有財産すら抛棄した独自の清貧理念、すなわち使徒的生活のうちにキリストを模倣した生き方を求めた人たちであった」（坂口、2001: 8）。

その開祖の聖フランチェスコは、みずからを「無学な者」と自称し、改心にあたって「裸のキリストに裸で従う」として清貧の生涯を志した。かれはアッシジの裕福な商人の家に生まれたが、父のあとを継ぐこともなく、しかし修道院ではなく市井に留まって、すべての金銭を貧者に分け与え、廃墟同然の小さな教会に寝起きしながら苦難に喘ぐ人びとやハンセン病患者に奉仕した。かれも「マタイ福音書」に傾倒し、使徒的清貧主義を大切にして神の王国の到来を願い、急速に台頭しつつあった都市社会での巡歴説教に専念した。いつしか、そのフランチェスコの周囲にはかれの清貧生活と説教に心打たれる人たちが集まるようになった。それが「小さな兄弟」の原型となり、11人の使徒が聖フランチェスコを師と仰いで托鉢に支えられた布教活動に励んだ。

かれらの国境を越えた布教運動は13世紀にはヨーロッパ各地とパレスチナ、シリア等レヴァント地方に広がり、一部アフリカにも及んだ。14世紀後半には中国と東インドに達し、1592年にはペドロ・バプティスタ(殉教した「日本26聖人」のひとり)が日本にやってきた。その後も新大陸アメリカやメキシコ、チリーなどの南アメリカ、さらに北アフリカでもフランチェスコ会の布教運動が展開された (Pamfilo da Magliano, 1867, Part II: The Franciscan Order)。

イングランドにしぼっていえば、1224年9月10日、9人のフランチェスコ会修道士が海峡を渡ってドーヴァーに到着、カンタベリーにむかった。リーダーだったピサのアグネラス (Agnellus of Pisa: 1195-1236) の来訪は直接フランチェスコからイングランドにおけるフランチェスコ会創設の要請を受けてのことだった。カンタベリー大司教のスティーブン・ラングトン (Stephen Langton: c.1150-1228 ——在位1207-28年) もベネディクト会士もかれらを歓迎した。ついで翌25年、ロンドンにフランチェスコ会の2番目の修道院が建立された。そこには多くの神学書を所蔵する附属「スタジアム」(図書館) が併設され、14世紀初めにはイングランドでも屈指の知的センターとなった。そこで訓練を受けたひとりがオッカムである。その後、次々と各地にフランチェスコ会の修道院が建てられていった。その主なものを挙げれば、オックスフォード (1224年)、ノッティンガム (1224-30年)、グレイトヤーマス (1226年頃)、スタンフォード (1230年以前)、サウサンプトン (1233年)、コヴェントリー (1234年頃)、ウィンチェスター (1237年)、リッチフィールド (1237年)、チェスター (1230年代)、ブリッジウォーター (1245年)、レスター (1250年)、

ドーチェスター (1267 年以前) などである[10]。

　こうしたフランチェスコ会のイングランドにおける順調な布教と急速な定着には、「フランチェスコ会の偉大なパトロン」ヘンリー3世、ついでその子のエドワード1世と2番目の妻マーガレット、さらにはエドワード3世の好意的対応が与って力があった (Pamfilo da Magliano, 1867: 306-10, 318-9)。

　もうひとつ、さきのアグネラスの強い意欲もあって、フランチェスコ会修道院とその関連施設において神学研究が推奨され、イングランドではオックスフォード大学がその拠点となった。フランチェスコ会士だったオックスフォードの代表的思想家・学者にはロバート・グロステスト (Robert Grosseteste: c.1175-1253)、弟子のロジャー・ベーコン (Roger Bacon: 1214-94)、ヨハネス・ドゥンス・スコトゥス (Johannes Duns Scotus: c.1266-1308) のほか、オッカムやウィクリフがいる。かれらを慕って多くの俊英がマートン・カレッジ (1264 年創設――1249 年のユニバーシティ・カレッジ、63 年のベリオール・カレッジに次いで3番目) の門を潜った。これらの先駆者のうち、グロステストやベーコンによって実験や観察を重視するイギリス経験論の基礎が据えられたこと、またスコトゥスによって必然的自然と峻別される人間の自由意思が強調されたことは見落とすことができない。

　さて、急いでフランチェスコに戻ろう。かれは自発的集団を結んでまもなくごく簡易な「原初会則」(1210 年) をつくり、使徒 (11 人も 12 人ともいわれる) ともども教皇インノケンティウス3世に謁見した。その会則は教皇によって口約されたが、現存していない (アッシジのフランチェスコ著「遺言」および「公認会則」、上智大学中世思想研究所編訳、2001: 86, 88-9 [訳者と訳注は坂口昂吉])。この口約のあと、フランチェスコ会はめざましい勢いで拡大していった。そのため、それにみあった新たな会則が必要になった。しかし、そうして作成された「不認可会則」(regula non bullata, 1221) はフランチェスコ自身の手になるものだったにもかかわらず、総会で認められなかった。拡大していく同会の管理運営規則として多くの不備があっただけでなく、文体の不統一、論理的整合性などの問題を抱えていたためだった。当然の結果として、その会則は教皇ホノリウス3世の許可を得ることもできなかった。

　そのため、2年後の1223年、新たな会則がつくられ、それがホノリウスによって公認された。1223 年 11 月 29 日、ラテラノで発布されたその「公認会則」は全 12 章からなっている。

その内容を要約すれば、会士（「兄弟たち」）は「キリストの福音を守り、財産をもたず、貞潔に生き、ローマ教会に従順と敬意を捧げる」こと（第1条）、管区長が入会許可の判断をすること（第2条）、会士は金銭を受け取ってはならないこと[11]（第4条）、会士は閑暇を避け、信仰心をもって敬虔に労働すること。その労働に対する金銭以外の報酬を受けとるときは、神の下僕として清貧にふさわしい謙虚な態度をもってすること（第5条）、会士は家も土地もいかなる財産も自分のものとしてはならないこと。「托鉢こそ、いと高き清貧の頂点をなすものである」こと（第6条）、会士が大罪を犯したとき、管区長あるいは聖職者が「憐れみの心をもって彼に悔悛の秘跡を課すこと」（第7条）、会士は「司教区内で司教に禁じられた場合には説教をしてはならない」こと（第9条）、会士は教皇の特別の許可がないかぎり、女子修道院に立ち入ってはならないこと（第11条）、異教徒の地に赴こうとする会士は管区長の許可を受けなければならないこと、管区長は「主たる教皇から聖なるローマ教会の枢機卿の一人を請い求め、その人を本兄弟会の統率者、保護者、矯正者とするべきである」こと（第12条）といった中身が記されていた。

　この公認会則には組織の管理運営規則という趣きがあり、ローマ教皇を頂点とするヒエラルキーのなかにフランチェスコ会を組み込んだ会則になっている（とくに第9条、第12条）。フランチェスコ会によるモノの所有（共同所有）の是非に関する規定はみられない。他方、キリストの福音遵守、無所有、貞潔、金銭受領の禁止、労働の奨励、「清貧の頂点」にある托鉢といったことが明記されている。

　しかし1250年代になると、フランチェスコ会にヨアキム主義が浸透していった。なかでも会士ゲラルドゥスあるいはゼラルド（ボルゴ・サン・ドンニーノのゲラルドゥス［Gerardus de Burgo Sancti Donnini］生没年不詳）が『永遠の福音入門』（1254年）を著し、さきのヨアキムの主著3冊について平明な解説をくわえ、それらが新約聖書に代わる「永遠の福音書」になると主張した。あまつさえ、3人の預言者（ヨアキム、ドミニコ、フランチェスコ）を名前まで挙げ、フランチェスコを最高位に据えた。怒った教皇インノケンティウス4世は『入門』を焚書し、ゲラルドゥスを終身禁固刑に処した。同じ頃、ボナヴェントゥラの前任者である第7代総長のパルマのジョヴァンニあるいはヨハネが1257年に辞任したのもかれがヨアキム主義者だったからだといわれている（坂口、1999: 133-4）。

さらに、1280年代になると、フランチェスコ会の発展とは裏腹に（あるいはそれゆえに）、同会の中心的教義である清貧の解釈をめぐって深刻な対立が表面化した。それがコンヴェントゥアル派（緩和派）とスピリトゥアル派（聖霊派）の内部抗争である。その名称からも推察されるように、スピリトゥアル派は聖フランチェスコの清貧の教えに忠実でありたいと願い、「無所有」という考え方を徹底させて「絶対的清貧」という考え方を唱えた。かれらが重視したのは所有に関する法的解釈ではなく、祈りと清貧な生活の実践だった。これに対して、多数派のコンヴェントゥアル派はもっぱら概念の法的解釈にその精力を傾注し、モノの所有と使用を峻別、集団はモノを所有するが、個人はそれを使用するのみと主張して厳格な「無所有」という考え方を緩和しようとした。

この論争はキリストの清貧とは何かという大きなテーマだったうえ、フランチェスコ会からの要請もあって、歴代教皇は清貧の何たるかについて教勅を出してフランチェスコ会の内部紛争を調停しようと試みた。グレゴリウス9世（在位1227-41年）の「クォ・エロンガティ」(Quo elongati, 1230)、インノケンティウス4世（在位1243-54年）の「オルディネム・ベストゥルム」(Ordinem vestrum, 1245)、ニコラウス3世（在位1277-80年）の「エクジイト・クィ・セミナト」(Exiit qui seminat, 1279)などがよく知られている（川下、1988: 184-201）。しかし、いずれの文書も清貧の法的性格、すなわちモノの所有と使用の区別にほとんどの議論を費やし、実践的な愛と清貧の使徒的生活については等閑視した。それは聖霊派からすれば、聖フランチェスコの精神を蔑ろにすることだった。

このうち、「オルディネム・ベストゥルム」はローマ教皇（庁）のモノの所有権を公然と認め、個人が受け取った金銭（「公認会則」に反する）の使用も許可した。また「エクジイト・クィ・セミナト」はフランチェスコ会の第8代総長ボナヴェントゥラの『清貧擁護論』(1269年)の見解を色濃く反映するものだった（小田内、2010）。

清貧についてボナヴェントゥラはこう主張した。キリストもその使徒も清貧な生活のため、モノの所有権を放棄した。しかしそれはモノの使用権まで否定するものではない。生存に必要なかぎり、モノの使用権を認めなければならない。これがキリストの清貧の真意である。それにとどまらず、ボナヴェントゥラは修道会（フランチェスコ会）に寄進されたモノや金銭を修道会が所有することについて

躊躇することなくそれを認めた。

　ドミニコ会のアクィナスと双璧をなす偉大なスコラ哲学者とみられていたボナヴェントゥラのこうした清貧解釈たるや、その効果覿面。教皇庁のみならず修道会もその教説を喜々として受け入れた。かれらは大きな富を正々堂々と懐にすることができたからである。しかし、果たしてそれがキリストのみならず、聖フランチェスコがめざした「絶対的清貧」だったのかという義憤と反発が聖霊派のなかにわだかまった。

　聖霊派のなかからひとりの旗手が現れた。ペトルス・ヨハニス・オリヴィ（Petrus Johannis Olivi: 1247/8-98）である。かれは南フランスのベジェ近郊、セリニャンの生まれ。12歳でフランチェスコ会に入り、1260年代後半にパリ大学に学んだ。当時、パリ大学にはドミニコ会からアクィナス、フランチェスコ会からボナヴェントゥラが神学教授として並び立ち[12]、スコラ哲学の双璧をなしていた。オリヴィはボナヴェントゥラの講筵につらなったが、その清貧論は師の考えとは違っていた。オリヴィの清貧論はヨアキムの終末論的歴史神学の影響下で書かれた晩年の『黙示録注解』(1290年代の作品) に結実している。

　そこでオリヴィはこう述べている。清貧とは私有財産ならびに共有財産の放棄を意味するだけでなく、容認される使用も「貧しき使用」(usus pauper) でなければならない、と。かれはまた、世俗の富と権力にまみれた「肉的教会」に対して絶対的清貧を神髄とする「霊的教会」を対置させた。そのうえで、反キリストが支配する肉的教会によって霊的人間が迫害されるとしても、やがてかれらの清貧運動が霊的教会の時代を招き寄せる。というのも、黙示録的危機は1300年までに終わり、聖フランチェスコに始まる「第6の時代」を後継して「第7の時期」が訪れるからである、と (坂口、1999: 135-6; 小田内、2010: 210-2, 222-4)。

　オリヴィはヨアキム同様、名指しこそしなかったが、かれの『注解』が暗示するところは明白だった。一方で目の当たりに君臨する教皇は反キリスト的な存在であり、その教会は「肉的教会」に堕している。他方、フランチェスコ会聖霊派の托鉢的清貧運動が「霊的教会」を再建し、「第7の時代」の担い手になるという体制転覆的メッセージがそこには横溢していたからである。

　1289年、故郷の南フランスに戻ったオリヴィは、第3会の平信徒 (ベガン) のあいだで、「聖フランチェスコの真の後継者」とみなされるようになった。かれの

死後(1298年)、「オリヴィ崇拝」の熱狂的うねりが高まったのも自然なことだった。
　こうなると、教皇権力は急進化していく聖霊派の活動を黙視しておくわけにはいかなくなった。14世紀のはじめ、そうした危うい事態が誰の目にも判然となっていた。このオリヴィの登場によって、コンヴェントゥアル派とスピリトゥアル派の確執は決定的なものになった(坂口、1999: 126; 小田内、2010: 227-31)。
　ところが、のちにもふれるように、折しもフランス王のフィリップ4世と教皇主義を高唱するローマ教皇ボニファティウス8世が衝突、アナーニ事件(1303年)が起き、まもなくしてアヴィニョンの捕囚時代(1309-77年)が始まった。教皇クレメンス5世(在位1305-14年)はスピリトゥアル派に好意的だったため、コンヴェントゥアル派との激突は回避されたが、両派の対立は激化した。事態が大きく動いたのは、クレメンスが14年に亡くなったあと、2年間の空位を経てヨハネス22世(在位1316-34年)が登位したときだった。

清貧論争(2)——教皇対聖霊派とオッカム

　その新教皇ヨハネスは清貧論争に決着をつけ、聖霊派の異端的運動を駆逐しなければならないという強い意欲をもっていた。
　そのため、かれは即位の翌年(1317年)、ラングドック地方のナルボンヌやベジエ(オリヴィの郷里)で活動していた聖霊派の修道士に対して、「短い僧衣」(「貧しき使用」の象徴)を脱ぎ捨て、フランチェスコ会総長の指示に服するように命じた。そして両地の聖霊派61人を名指し、10日以内にアヴィニョン教皇庁に出頭すること、もし教皇の指示に従わなければ、破門すると伝えた。査問の場に短い僧衣のまま現れた修道士たちのまえには、豪華に着飾ったコンヴェントゥアル派の面々がいた。査問といっても名ばかり、かれらはすぐに逮捕投獄された。
　第16代総長のチェザーナのミケーレ(Michael of Cesena: c.1270-1342)は、教皇ヨハネスの教勅「クォルムダム・エクスィギト」(1317年)を受け、投獄された修道士に対して教皇への服従を求めた。多くの者がそれに従ったが、最後まで不服従を貫いた5人の修道士は異端とされ、1人の悔悛者を除く残り4人が18年5月18日、マルセイユで火炙りにされた。それから10年間というもの、教皇ヨハネス22世による異端狩りが横行。かれらの多くがベガンと呼ばれた聖霊派の在俗信徒だった(小田内、2010: 233-46)。

こうしたヨハネス 22 世の弾圧的行動に対して、聖霊派のなかに反教皇気運が高まった。聖霊派とヨハネス 22 世の清貧論争は避けがたいものとなった。オッカムが教皇との清貧論争の担い手となった。

オッカムのウィリアム (William of Ockham: c.1285/88-1347/48/50 ──以下もオッカムという。生没年には諸説あり) はヨアキムとともにウィクリフに大きな影響を与えた人物のひとりである。

そのオッカムはドミニコ会のアクィナスやフランチェスコ会のドゥンス・スコトゥスなどともに中世盛期を代表する哲学者のひとりであり、多くの分野でめざましい業績をあげた。その学問は論理学、意味論、認識論、言語学、神学、形而上学、自然哲学、倫理学、政治哲学に及んだ。

オッカムは 13 世紀の末 (1287 年前後)、イングランドのサリー州オッカムで生まれ、7 歳から 13 歳までロンドンのフランチェスコ修道院 (Greyfriars [灰色の僧衣を纏った修道士]) で暮らし、20 歳代前半には論理学や自然哲学に加えて神学を学んだ。30 歳代になると、フランチェスコ会のロンドン修道院、さらにオックスフォード大学のマートン・カレッジ[13]で本格的な神学研究に手を染めた。

しかし、そのオッカムを早くから異端視していた熱烈なトマス主義者の学長ジョン・ラットレル (John Lettrell ──生年不詳、1335 年没) は 1323 年、著名な神学者ペトルス・ロンバルドゥス (Petrus Lombardus [Peter Lombard] c.1100-60) の『命題集』[14] (*Libri Quattuor Sententiarum* [*Four Books of Sentences*]、1150 年頃の作品) に関するオッカムの注釈には 56 箇所の誤りがあるとしてそれを小冊子 (Libellus contra doctrinam G. de Occam) にまとめ、アヴィニョン教皇ヨハネス 22 世に提出した。オッカムを異端審問にかけるべきだと考えたからである。

オッカムは 1324 年にアヴィニョンに召喚され、異端審問が終わるまでその地に留まらねばならなかった。ラットレルをふくむ 6 人の審問委員会は 2 年間を費やして 26 年に報告書をまとめたが、オッカムは 10 項目にわたって異端的見解の持ち主であると結論づけられた。しかし、かれが別件で破門されたのはそれから 2 年後、1328 年のことだった。

オッカムは聖霊派の有力メンバーだった。かれは修道士個々人が所有物をもたないだけでなく、フランチェスコ会としても物財を所有しない。喜捨されたものを使用するのみという考え方だった。キリストもその使徒も、そして聖フラン

チェスコも、個人としてのみならず集団としても一切所有せず、すべての所有権を放棄するというのが聖霊派の見解でなければならないと考えた。他方、多数を占めるコンヴェントゥアル派の人々は、個人の所有(私有)は認められないとしても、フランチェスコ会が組織共同体として建物や土地などを所有(共有)することは許されると考えていた。

しかし、さきのヨハネス22世による南フランス聖霊派の異端視とその弾圧事件はそのコンヴェントゥアル派にも強い衝撃を与えた。聖霊派からは教皇を反キリストとする非難の声が挙がった。その事件への反発が引き金となり、1322年のフランチェスコ会の総会では聖霊派とオッカムの考え方が清貧に関する同会の公式見解となった。

それでも教皇ヨハネスは、清貧について聖霊派の見解はひとり過激にすぎるだけでなく、誤謬であると主張して譲らなかった。

ヨハネスからすれば、個人についても絶対的清貧によって生活を営むことなどできない。フランチェスコ会の極端な清貧論は断じて容認することはできないと主張した。また、ヨハネスは、ユスティニアヌス1世(東ローマ帝国ユスティニアヌス朝の第2代皇帝[在位527-65年])の編纂になる『ローマ法大全』(*Corpus Iuris Civilis*)を踏まえてこうも主張した。所有と使用を厳格に区別することはできない。食物がそのよい例である。その所有者は他者にその使用権を与えれば、その使用者は他者の所有権を犯すことになる。なぜならば、「使用された」食べ物はなくなってしまうからである。したがって所有なき物財の恒久的使用といったフランチェスコ会の考え方は間違っている。ヨハネスによれば、エデンの園にも所有権があった。アダムもイヴも何かを食べていたからである。しかし、オッカムはこの点でも異論を唱えた。エデンの園には所有すべき物財などなかった。ただアダムとイヴは手にしたものを使用する自然権をもっていただけだというのがオッカムの反論だった。

ヨハネスは1322年3月26日、ニコラウス3世のさきの教勅に関する議論を再検討の俎上にのせ、専門家に命じてフランチェスコ会による清貧理解が正しいかどうかを検証させた。専門家の意見は分かれたが、多数派の意見はフランチェスコ会の公式見解を否定し、断罪するものだった。同会はキリストの所有権を認めていないというのがその論拠とされた。翌23年11月12日、ヨハネスはキリ

ストとその使徒が一切の物財をもたなかったという無所有の教義は「誤りであり、異端である」と宣言した。

1327 年になると、オッカムに続いて総長チェゼーナのミケーレもアヴィニョンに呼び出された。教皇ヨハネスにはフランチェスコ会総会での公式見解(1322年)を容認する余地はなかったからである。そこで翌 28 年、ミケーレはオッカムに対してこの清貧論争に関する歴代教皇の所見と教皇ヨハネスの主張を調べ上げるよう要請した。オッカムが導き出した結論は教皇ヨハネスが間違っており、かれこそ異端であるという衝撃的なものだった。オッカムは屹然としてヨハネスは即座に退位すべきであると付け加えることも忘れなかった。

もちろん、ヨハネスはこのオッカムの結論に激怒した。身の危険を感じたミケーレとオッカムは 28 年 5 月 26 日、夜陰に紛れてアヴィニョンを脱出、ピサに向かった。ヨハネス 22 世によって皇帝戴冠を拒まれた神聖ローマ帝国皇帝ルートヴィヒ 4 世 (Louis [Ludwig] IV, Holy Rome Emperor 在位 1328-47 年、ローマ王[在位 1314-47 年]、イタリア王[在位 1327-47 年]) の庇護を求めての脱出だった。オッカムは 28 年 7 月 6 日、教皇の許可をえずアヴィニョンから逃亡した件で破門された。翌 29 年にはルートヴィヒ、ミケーレ、オッカムの一行はルートヴィヒの生まれ故郷ミュンヘンに移った。42 年にミケーレが亡くなると、オッカムはその地に身を寄せたフランチェスコ会の亡命者たちと小さな結社を結び、そのリーダーとなった。しかし 1347 年 4 月 9 日 (死亡の時期については諸説ある)、オッカムは黒死病のため、そのミュンヘンで急死した。

この清貧論争が最も激しく戦わされたのが 14 世紀の前半だったことをあらためて想起すべきかもしれない。すでにアナーニ事件 (1303 年) が起き、アヴィニョン捕囚の時代 (1309-77 年) が始まっていた。そしてつぎにふれるように、この 14 世紀の前半は、フランス国王と神聖ローマ帝国皇帝がともに教皇主義あるいは教皇至上権を否定し、それを突き崩そうとしていた時代でもあった。イングランドについていえば、経済史的にこの時代は大きな転換期であり、天候不順と幾度もの飢饉襲来によって農業生産は低迷し、農民はめだって窮乏化した「危機の時代」。そのため、マルサスの「予防的制限」に伴う人口減少が生じた時代だった。

そうした生活の困窮に致命的といってよい追い打ちをかけたのが黒死病の襲来である。折しも清貧論争の最中、フランチェスコ会の聖霊派の人びとからみれ

ば、そうした忌まわしい災禍の連続は終末の到来を暗示するものにみえた[15]。さきのウィクリフの「教会最後の時代」(1356年) が描き出した終末論的構図の背景には——このタイトルにはヨアキムの終末論が投影されていたが——、そうした荒涼たる時代の心象風景が広がっていた。

　もうひとつ、清貧論争は別の意味でも現実味を帯びていた。縁者贔屓で知られたさきのニクラウス3世は、キリストとその使徒の清貧に関するフランチェスコ会の見解を認める傍ら、莫大な費用をかけて教皇が住むラテラノ宮殿とカトリックの総本山バチカンの大修理を行った。かれはまた、ヴィテルボ (Viterbo) 近郊のソリアーノ・ネル・チミーノ (Soriano nel Cimino) におよそ清貧とは似ても似つかぬ豪奢な邸宅を建てた。

　清貧に関するフランチェスコ会の見解を真っ向から否定したアヴィニョン教皇のヨハネス22世は、先代クレメンス5世 (在位1305-14年) と同じく教皇庁の中央集権化と財政再建を企図しつつ、君主のような暮らしをして憚るところがなかった。アヴィニョンの教皇周辺には奢侈と華飾の気風が蔓延していた。ヨハネスは教皇になった直後の1316年9月15日、聖職禄授与権に関する教皇令 (Ex debito) を出し、至上の教皇権に基づいて聖職禄の専横的運用をめざした。教皇主義の確立と教皇庁財政の立て直しがその狙いだった。こうした教皇による教会および聖職禄の管理強化は権力の腐敗と拝金主義を招き寄せ、シモニア (simonia —— 聖職売買など) の台頭を促した。その象徴が贅を極めたアヴィニョンの教皇宮殿の造営と増設だった。ヨハネス22世の後任ベネディクトゥス12世 (在位1334-42年) が着手し、クレメンス6世 (在位1342-52年) がその事業を引き継いだ。多くの人びとが眉をひそめ、不満を募らせた (Maxwell-Stuart, 1997: 129-30、訳168)。

　一方での庶民生活の著しい零落、他方での教皇の贅沢三昧な暮らしぶり。その対照的な実態を抜きにしては清貧論争の理解は底の浅いものになるだろう。

オッカムの聖書主義と聖俗分離論

　ここで、教皇ヨハネスの論敵となったオッカムのいくつかの思想的断片についてふれておこう。

　まず、(A) 反教皇主義について。たしかに、「中世においては、教皇の権力を扱い論じた著作は必然的に政治的なものである」(池谷、2001: 229) ということで

きる。「自らをキリストの代理、ペトロの後継者である」と主張したベネディクトゥス 12 世 (在位 1334-42 年) はひとつの教令「我らの贖罪 (Redemptor noster)」(1336 年 11 月 28 日) を出したが、これに対してオッカムは翌 37 年、「ベネディクトゥス 12 世への反論」(出村・池谷・中村訳 9-17) と題する文章を認めた。

この教令は、実質的にはフランス国王が「支配」したアヴィニョン教皇の時代になっていたにもかかわらず、教皇こそ聖俗いずれの世界においても至上権 (plentitudo potesatatis) をもつと言い張った。しかしオッカムからすれば、それはそう主張するだけの根拠を聖書のなかに見出すことなどできない誤った考え方だった。

教皇もまた、「聖書の下僕」にすぎない。その聖書によれば、キリストの法は「自由の律法であり、旧約の古法がそうであったよりもより自由な法」であり、決して「隷属の法」ではない。「キリストの法によれば、すべてのキリスト教徒は教皇の隷属者にはならない」にもかかわらず、もし教皇が至上権をもつなどということになれば、キリストの法はたちまち隷属の法に堕してしまう。

教皇は精神世界において至上権をもたないだけでなく、世俗世界においても至上権をもたない。世俗の至上権をもつのは世俗の支配者だからである。また、教皇は神の法と自然の法に反しないかぎり、すべてのことができるのかといえば、そうではない。教皇は教会に与えられた所領を譲渡したり、他者の用益に委ねたりすることは許されない。また理由なくその信徒に過重な義務を課すこともできない。キリスト教徒に純潔を守ることを命じたり、夫婦を離別させたりすることもできない。その教皇自身、異端として咎められることも十分ありうることなのだ。じっさい、「(教皇) ベネディクトゥスはキリストとペテロの道を軽んじている」。世俗の君主権は断じて教皇権に由来するものではない。そう主張することは「王中の王たる (神聖) ローマ皇帝を辱め、冒涜し、非難し、困惑させ、(中略) 無実の人びと、正しき人びとを攻撃する」(池谷訳 9-10) ことになる[16]。

このように、教皇主義あるいは教皇至上権に対するオッカムによる真正面からの断罪的反論は、最高法典としての新約聖書、自由の律法たるキリストの法、聖俗支配権の分離、世俗を統治する君主権、神の法および自然の法に抵触しない無数の領域における教皇権の掣肘といったいくつもの点でまことに興味深い[17]。とりわけ、聖俗分離と自由の律法というオッカムの政治思想はかれの信仰と理性の

分離、自由の倫理学と深く共鳴するものだった。

つぎに、(B)そのオッカムの「自由の倫理学」について。かれは徳目に適った行為と救済のあいだに必然的関係はないと考えた。「神は何人にも負うところがない」からである。たとえ善行を積み重ねても、それが魂の救済につながるわけではない。予定説に通じる考え方である。オッカムはまた、信仰と理性を峻別した。個人的啓示と信仰によってのみ、ひとは神学的真理に到達することができる。いいかえれば、ひとはその理性によって神の存在や霊魂の不滅を証明することはできない。この考え方はアクィナスとは相容れない。オッカムはそうした理神論的な懐疑論に立脚し、截然と信仰と理性の役割を弁別した。そのひとつの系論ともいえるが、「最終的な因果関係」あるいは究極的事態に関する目的論的説明(いまこのようにあるのは、将来の目的を達成するためであるとみる推論)に対して理性の観点から強い疑念を提起した。さらに人間の自由をめぐって、オッカムはトマス主義を批判した。目的にみあった手段を選択して行為する人間の自由をオッカムは大いに重視した。良き目的をめざして行為するかどうかについても、ひとは選択することができる。したがって、ひとは悪しきことを悪しきものと自覚して選びとることができるというのがオッカムの「自由の倫理学」の精髄を形成していた。

こうした理性と信仰の区別といい、目的論的な「最終的因果関係」の否定といい、理性による因果関係の解明といい、あるいは悪の自由選択といい、オッカムはオックスフォード大学マートン・カレッジを拠点とするマートン学派と呼ばれた1230年代にはじまる知識運動の精神を継承していたようにみえる(第2章の注15参照)。

教皇主義の「敗北」

こうしたオッカムの教皇至上権あるいは教皇主義に対する弾劾的批判は、聖書のなかにその根拠をもっていただけではない。論より証拠、かれの考え方を支えてくれる出来事が14世紀前半のヨーロッパの政治世界で起きたからである。当時の教皇主義の衰退プロセスについて素描しておこう。

まず、教皇と封建君主の正面切った衝突が注目される。その確執はすぐにもボニファティウス8世(在位1294-1303年)とフランス王フィリップ4世(在位1285-1314年)の対立に遡ることができる。両者の関係悪化はアナーニ事件(1303年)と

なって噴出し、アヴィニョン捕囚の時代 (1309-77 年) を生み出し、さらにアヴィニョンとローマにふたりの教皇が並び立つ教会の「大分裂」時代 (1378-1417 年) へと繋がっていった。

　したがって、黒死病後の14世紀後半から15世紀前半にかけての時代は、イングランドで農奴制の崩壊という経済史上の重大な出来事が起きていたことにくわえて、フランスとイングランドの百年戦争があり——それはフランスに対して黒死病以上に深刻な打撃[18]を与えた——、さらに国際的広がりをもった宗教政治上の大混乱が生じた時代であった。

　十字軍の最後の遠征 (1271-2 年) は功を奏さず、1291 年にはレヴァントにあった十字軍国家が壊滅した。170 年以上にわたるこの数次の大遠征の失敗はローマ教皇の権威を大いに失墜させた。それにもかかわらず (だからこそ、というべきかもしれない)、ボニファティウス 8 世は伝統的な教皇至上主義 (ultramontanisme——その対極にあるのが「国家教会主義」とも訳されるガリカニスム [gallicanisme]) の旗を降ろそうとはせず、14 世紀初めに勅書「ウナム・サンクタム」(Unam sanctam, 1302 年 11 月 16 日) を発して教皇が聖俗世界における唯一最高の権威者であり、すべての国王は教皇に服従しなければならないと宣言した。

　他方、13 世紀を通じて、増大しつづける教皇庁予算にみあった収入をいかに確保するかに歴代教皇は大いに腐心しなければならなかった。その背景には教皇庁という行政組織の肥大化と十字軍の戦費調達があった。この点、ボニファティウス 8 世も同じだった。したがって、かれはヨーロッパ各地のすべての教会の聖職禄に対して課税しようと企てた。

　折しも、フランスのフィリップ 4 世は国内の中央集権化とともに王権拡張に強い意欲を燃やしていた。当面の狙いはフランス南西部のガスコーニュ地方の奪取とフランドルへの進出だった。いずれもイングランドとの衝突が避けられない。このうち、前者のワイン生産で名高いボルドー地域を含むガスコーニュは 1259 年のパリ条約でヘンリー 3 世がルイ 9 世に臣従礼をとることでイングランドに返還されたが、1294 年からのアキテーヌの戦い (ギエンヌ戦争) のあと、エドワード 1 世がアキテーヌ公としてフィリップに臣従するということで両者は和睦した。

　しかし、後者をめぐる戦闘は長引いた。ヨーロッパ毛織物産業の有数の産地となっていたフランドルは原材料の羊毛をイングランドに依存していたから、イン

グランドとの関係が深かった。フランドルでの戦闘は一進一退をくり返し、フィリップ4世が亡くなる1314年まで続いた。これらの戦争によってフランス王室の財政はめだって悪化した。フィリップはフランス全土に重税を課すとともに、ボニファティウス8世の意向に反して聖職者から10分の1税を徴収した[19]。

　14世紀はじめ、教皇至上主義とガリカニスムの衝突は決定的局面を迎えていた。フィリップは初めて聖職者・貴族・市民代表からなる「三部会」(États généraux) をパリのノートルダム寺院で開催し、反教皇主義とフランス国家意識を高唱し、三部会もこれに呼応した。教皇はこれに強く反発してフィリップを破門したが、フィリップは逆にボニファティウス8世を「悪徳教皇」として弾劾するべく公会議の開催を要請した。フィリップは腹心のボルドー大司教を務めた大法官ギヨーム・ド・ノガレ (Guillaume de Nogaret: 1260-1313年) に命じ、教皇離宮のあるアナーニで教皇を襲って拉致した。かれはまもなくして救出されたが、持病が悪化、事件から3週間ほどして亡くなった。教皇は憤死したとされるこの出来事がアナーニ事件である。

　その勢いを駆ってフィリップは、1305年にフランス出身のクレメンス5世 (在位1305-14年) を教皇に擁立し、その下で多くのフランス人枢機卿を任命した。そのクレメンス5世はローマに入ることなく、1308年に教皇庁をアヴィニョンに遷した。それからおよそ70年間の「アヴィニョンの捕囚」といわれる時代が続き、教皇庁はアヴィニョンにおかれ、実質的に教皇権はフランス王権の強い影響下におかれることになった。フランスの聖職者たちもこのフィリップの行動に従った。教皇至上主義がガリカニスムの前に屈服した瞬間だった[20]。この教皇至上主義の「敗北」によって中世レジームを支える列柱のひとつに大きな亀裂が走った。聖俗の立場が逆転し、宗教は政治の前に頭を垂れたからである[21]。

　もうひとつ、こうした教皇主義の敗北は神聖ローマ帝国との関係でも起きていた。一方でヨハネス22世はルートヴィヒ4世 (在位1314-47年) の皇帝就任を認めず、他方でルートヴィヒは教皇の聖職叙任権を拒否したため、両者の関係は当初から険悪なものとなった。ヨハネスは1324年にルートヴィヒを破門したが、その対抗措置としてルーヴィッヒはヨハネスを廃位させるため、公会議の開催を求めた。すでにみたように、フランチェスコ会の聖霊派もヨハネスと妥協なき戦いの渦中にあった。

ルートヴィヒはフランチェスコ会の修道士ピエトロ・ライナルドゥッキ（Pietro Rainalducci: c.1260-1333）を対抗教皇ニコラウス5世（在位1328-30年）としてローマに擁立し、破門されたふたりの司教とローマ市民の代表によって戴冠した。間髪を措かず、かれはアヴィニョン教皇ヨハネス22世の廃位を宣告した。しかし、ひとたびルートヴィヒがローマを離れると、1330年ニコラウスは捕らえられ、ヨハネス22世の前に屈した。

それでも、ルートヴィヒはヨハネスが亡くなって4年後の1338年、フランクフルトの帝国議会で重要な決定を下した。ドイツ諸侯の選挙によって選ばれたドイツ国王は、教皇による戴冠なしに神聖ローマ帝国の皇帝になることができるとしたからである。このように、ルートヴィヒ4世が行ったことは教皇の廃位宣告であり、教皇による戴冠なき皇帝即位というルールの確立だった。そうした意味で、かれは聖俗にわたる最高権威者としての教皇という考え方を真正面から一刀両断してみせた。

こうした一連の出来事をルートヴィッヒの側に立って終始背後から支えつづけたふたりの学者がいた。ひとりはパドヴァのマルシリウス（Marsilius of Padua: c.1275/80/90-c.1342）であり、もうひとりがオッカムである。前者のマルシリウスはパリ大学で教えていたとき、『平和の擁護者』（Defensor pacis, 1324）を出版した。マルシリウスは教皇ヨハネス22世とは旧知の仲だったが、ヨハネスとルートヴィヒの争いでは、アヴェロエス主義[22]の立場にたって、ヨハネスの見解を斥けた。信仰と理性は分離されるべきものであり、聖俗は異なる原理によって支配されねばならないと考えたからである。キリスト教や教皇が世俗の事象に関与することは間違っている。マルシリウスによれば、教会は聖職者と一般信徒の分け隔てなく、「信心深き者たちがつくる全体的コミュニティ」である。聖職者に位階秩序はないし、教皇は歴史的かつ人為的構成物にすぎず、教皇が聖俗いずれについても特別の権威や決定権をもつことはない。聖職者に10分の1税が付与されているわけではなく、真の寄進以上のものを手にしようとするならば、それはみずからの労働によらなければならない。大切なことは「福音的清貧」である。このように、マルシリウスは明らかにフランチェスコ会の聖霊派と深く共鳴する考え方をもっていた（Carrick, 1908: 22-4）。

ところで、教皇主義との関係でいえば、13世紀半ば以降、イングランドでも

フランスと似たような状態が生まれていた。ローマ教皇の触手が伸びてイングランドの聖職禄の配分に支障を来したからである。

一般的に、教区には司教、大執事あるいは副司教（archdeacon）、主席司祭、教区司祭といったヒエラルキーがあったが、新たな登用や昇進を期待していた聖職者はもちろんのこと、慣行としてこうしたポスト配分に発言してきたイングランドの聖職領主たちも、この教皇による既得権侵害行為には困惑し、反教皇主義的な感情を抱くようになった。精励する忠実な聖職者に対して聖職禄を与えてその労に報いるという点では、ローマ教皇もイングランド国内の教会関係者も同じだった。

しかもその当時、上位聖職者は聖職禄を複数もつ複数聖職禄保有者（pluralist）であることが一般的だったから、上位聖職者あるいは外国人聖職者は貧しい聖職者を雇って賃金を払い、その教区で「魂の救済」に関わる仕事をさせていた。もちろん、教会領からの収入や10分の1税といった収入はすべてこの複数聖職禄保有者の懐に転がり込んだ。したがって、個々の貧しい下位聖職者からすれば、複数聖職禄保有者たちは強欲な不在聖職者あるいは不在領主（地主）にみえた。

14世紀のイングランドでも教皇主義への反発が強まり、それに対する王権の対抗意識もめだつようになった。また、上は国王の諮問会議（枢密院）に連なる高位聖職者から、下は貧しい雇用聖職者や放浪的托鉢僧にいたるまで、聖職者階層のなかに長いヒエラルキーが生まれ、その利害関係が複雑化していたことも見落とすことができない。

聖職者の職域拡大と利害対立

この聖職者内部の錯綜した利害関係を増幅し、それに拍車を懸けたいくつかの要因があった。

第1に、14世紀の前半、教育機会は広がりつつあったが、イングランドの大学（オックスフォードとケンブリッジ）に学ぶことができたのはごく少数の聖職者に限られ、その他の者はおおかた無学だった。俗人がほとんどいない大学で、かれらはラテン語と論理学を修め、神学や哲学を学んだ。それだけに、英語で書かれた説教書やその手引き書が強く求められていた。ラテン語が読めない小教区の下位聖職者にそうしたマニュアルによって最低限の知識を体得させ、あるべき社会

秩序を説教させる必要があったからである (Moran, 1985: chap.2)。

第2に、王室の行政機関を中心的に担っていたのも——俗人が多かった法律家を別にすれば——聖職者だった。各種の裁判所、すなわち国王(王座)裁判所(King's bench)、民事訴訟裁判所(common pleas)、地方巡回裁判所(assizes)でも聖職者が重要な役割を果たしていた。

14世紀になると、中央集権化の動きを反映して、ロンドンに立地する国の中央機関がめだって拡充された。戦争に関わる外交上の協議交渉にも聖職者が深く関与するようになった。

聖職者たちはまた、中央官庁の膨張と平行して拡充された地方機関でも数多く採用された。ほとんどすべての州都では、州長官は執行吏(bailiff)、土地没収官あるいは復帰財産管理人(escheator)などを雇う必要があった。たとえば、ランカスター公領の収入役や副収入役のような事実上の行政官の多くは僧侶によって占められていた。

第3に、14世紀には、教会そのものも中央政府とほとんど変わらない複雑で大規模な組織になっていた。多くの僧侶が純粋な宗教活動とは無関係な多種多様な管理業務に関わっていた。たとえば教会の世俗的財産管理ひとつとってみても、大小の所領を抱え、その事務量は膨大なものになっていた。当時、その資産総額はイングランド全体のおよそ3分の1に達したといわれる (Vaugham, 1845, Introduction: 21)。

第4に、14世紀になっても多くの教会が修道院によって所有されていた。したがって、修道院長は聖職者の任免権、10分の1税の徴収権をはじめ多くの利権をもち、法的にはさまざまな小教区の収入に対する支配権をもっていた。

こうしたいくつもの事情が、互いに調和しがたい利害対立を修道院や教会の世界にもたらした。それがワット・タイラーの乱に多様な下級聖職者たちが参加したひとつの背景にもなっていた。

第2節　ウィクリフのプロテスタンティズム[23]

14世紀のヨーロッパ宗教界を襲った最大の出来事といえば、さきにふれたアナーニ事件であり、アヴィニョンの捕囚であり、それにつづく教会「大分裂」だっ

た。それらすべてが教皇主義に大きな打撃を与え、教会制度を傷つけた。世俗的権勢と放縦な生活に流れる高位聖職者、大領主として君臨する修道院、官僚制化した「魂なき」教会制度、本来の宗教活動には関わらない聖職者の大群、そしてこれらに伴う腐敗と不正。これらを目の当たりにした民衆が因習の束と化した教会制度とその慣行に深い疑念を抱くようになり、違和感を募らせた。伝統的な権威はいまにも剥がれ落ちようとしていたのである。

そうしたなかで、ジョン・ウィクリフが登場したのはごく自然なことだった。そしてロラード派の人びとがかれの衣鉢を継いだ。もちろん、のちにみるように大きな危機意識をもった旧勢力がこうした事態を座視しているわけもなかった。

一方において、ウィクリフの思想がボヘミアのヤン・フスを介してルターに大きな影響を与えたという歴史的経緯を思い浮かべ、他方においてそのウィクリフとロラード派を叩き潰そうとしたのがカンタベリー大司教ウィリアム・コートニー（William Courtenay: 1342-96）であり、またかれの後を襲った人物がカトリック教皇主義に傾倒し、リチャード2世時代に2度も大法官を務めたトマス・アランデル（Thomas Arundel: 1353-1414）であったことを考えれば、中世後期のイングランドにひとつのプロテスタンティズムが立ち上がろうとしていたことに疑問の余地はないようにみえる。

ウィクリフは1324年頃（1320年あるいは1330年頃の生まれという説もある）、ヨークシャーのリッチモンドから6マイルほど離れたにウィクリフという村で生まれた（リーランドという別の寒村だったという説もある）。生家はノルマン征服後、代々ウィクリフ・オン・ティーズ（Wycliffe-on-Tees）にマナーを保有していたといわれる。1340年頃、かれは16歳でオックスフォード大学に創設されたばかりのクイーンズ・カレッジに入学。14世紀半ばは教育機会が拡大していく時代であり、大都市はもちろん各地の自治区や城下町でも多くの学校がつくられた。

ウィクリフは大学でラテン語文法、修辞学、論理学を4年間修め、つぎの3年間は数学、地理学、天文学、音楽を学んだ。その後、神学士になるために7年、さらに聖書学に3年を費やした。したがって合計すると17年にもなるが、しかしそれは特別なことではなかった。

まもなく、かれは名門マートン・カレッジに移籍。その学寮長は神学や論理学のみならず、自然科学の領域にも深く通じた前章でもふれたトマス・ブラドウォー

ディン。カレッジにはかれを中心にしてひとつの知識運動が大きな盛り上がりをみせていた。そのマートン・カレッジではオッカムやスコトゥスが高い評価を得ていた (Vaugham, 1845, Introduction: 3-4)。そのオッカムとウィクリフの関係について、「オッカムは生粋のスコラ哲学者だったが、ウィクリフにとって本当の父親のような存在だった」(Carrick, 1908: 24) という見方がある。

ウィクリフは若くして頭角を現し、60年にはベリオール・カレッジの学寮長となり、翌61年にはリンカーンのフィリンガム (Fylingham) に聖職禄を与えられ、学寮長 (warden) に就任した。

しかし4年後の1365年、ウィクリフはひとつの紛争に巻き込まれた。カンタベリー・ホール (1331年創設) はカンタベリー大司教のサイモン・イスリップ (Simon Islip: 生年不詳、1366年没) によって62年にオックスフォードに移築されたが、カンタベリー・ホールの校則によれば、フェローのうち3人はカンタベリーの修道士のなかから、また残り8人は教会関係者から選ばれ、学長は修道院や修道士が選んだ3人のなかから大司教が選任することになっていた。しかしこの校則にもかかわらず、イスリップは学長ウッドホールとフェロー修道士3人を解任し (その理由は不明)、ウィクリフを後任学寮長に据えた。ところが、そのイスリップが亡くなると、イリー司教のピーター・ランガム (Peter Langham) が介入して4人を復職させ、改革者ウィクリフを罷免しようとした。ウィクリフは1367年にアヴィニョン教皇に異議を申し立てたが、70年に異議を却下するという教皇裁定が下された。かれはこの事件によって、アヴィニョンは腐敗しているという強い印象をもった。他方、返り咲いた前任者のウッドホールらは、2年後200マークを払って教皇裁定を国王エドワードから承認してもらわなければならなかった (Vaugham, 1845, Introduction)。

教会法対市民法——愛国的な聖書福音主義

この解任劇の幕が降りないうちに、ウィクリフは別のもっと厄介な紛争に関与することになった。ことの発端はウルバヌス5世 (第6代のアヴィニョン教皇、在位1362-70年) がイングランドによるアイルランド統治権の承認と引き替えに毎年1000マークを教皇に献呈するようエドワード3世に要請してきたことだった。すでに前回の寄進から33年が経っていた。その書簡には、もし今後も滞納する

ようであれば、教皇法廷に出席して釈明せよ、と記されていた。この書簡には教皇の世俗的支配権を再承認せよ、という含みがあった。

エドワード3世がこの教皇から書簡を受け取ったのが1365年。しかし失地王ジョン以来（つまりマグナ・カルタ以来）、イングランドでは国王が何か重要な決定を行うとき、国王諮問会議（枢密院）や議会、とりわけ14世紀半ば以降になると、下院（庶民院）での厳格な審議が求められるようになっていた。

エドワード3世の治世は50年に及んだが、その間に合計70回、議会が開かれた。毎年1回は議会を開催するという慣習が出来上がっていたが、とくに戦費調達には議会の承認が必要不可欠だった。

エドワードは教皇からの書簡にどう返答すべきかについて議会に諮った。上院も下院も異口同音に、議会の承認なしにいかなる国王もイングランドを統治することはできず、また教皇のこうした「強奪的」行為は断固拒否すべきだというものだった（Vaugham, 1845, Introduction: 19）。

中世の教会法（canon law）では、「教会は国家の親であり、司教は王子の父である」とされ、世俗の統治権もまた教皇がもつと理解されてきた。しかしこの教会法の対極にはローマ法に淵源する市民法（civil law）があった。教会法はキリスト教国のすべての事案について教皇の権限が及ぶとしたが、教会事案の処理も含めて国内統治はすべて国王の権限が優位するというのが市民法の考え方だった。したがって、市民法は国家という枠組みを前提にする世俗の統治法制を意味していた。

ということは、ここに抜き差しならない両法の構造的対立が埋め込まれていたことになる。そのため、「良き市民たらずして、良き教会法学者たりえず」という諺が生まれ、双方に通暁した均衡のとれた判断が求められていた。

ウィクリフは伝統的な教会法に対して自らの市民法の立場を鮮明にし、イングランド国王を擁護するべく論陣の先頭に躍り出た。かれは、「教皇からの寄進要求」を否定しただけでなく、「聖職者も世俗のことがらについては国王の統治下にある」こと、また事情によっては「教会領を没収することもありうる」と主張した（Robertson, 1984: 23、訳26-7）。

というのも、教会は世俗の支配権をもたないからであり、教会の権力者も神の恩寵の下になければ、膨大な教会財産は世俗の権力者によって没収されるというのがかれの考え方だった。

こうした思想は、名だたる教父たちによる教会法の伝統的解釈を真正面から批判するものだったが、自然権と市民法、なによりも聖書に適っているというのがかれの揺るぎない信念だった (Vaugham, 1845, Introduction: 20)。ここに示唆されているのは、ウィクリフの愛国的聖書主義の立場であり、その聖書主義というのも、旧約聖書ではなく新約聖書（とくに四福音書）の福音主義だった。そのため、かれはやがて「福音博士」(doctor evangelicus) と呼ばれるようになった。

こうしたウィクリフの考え方はいよいよ教皇主義と相容れない先鋭な立場にかれを押し上げていったが、その延長線上でアヴィニョン教皇を操るフランス国王との敵対関係にも拍車が懸かった。このように、かれの宗教思想には、第1に封建君主による世俗支配の確立、第2に宗教については、聖書福音主義に基づく腐敗した教会制度の抜本的改革、第3に世俗に関しては、フランスに対抗するイングランドの原初的ナショナリズムといった要素が分かちがたく結びついていた。

ひとりの愛国者として、世俗支配権を封建君主に帰属させ、聖書福音主義によって惰性態と化した教会制度を告発しようとするウィクリフの政治的宗教思想は、国王エドワードのみならず、議会筋にとってもまことに好都合なものだった。じっさい、その当時すでにウィクリフは国王の信任厚いオックスフォード大学を代表する神学者になっていた。やがてウィクリフは、国際的広がりをもつ宗教的政治紛争の表舞台にも踊り出ることになった。

こうした動きと呼応するものだったが、1371年2月、イングランド議会はひとつの重要な決定を下した。それはイングランドの政府高官のポストから聖職者を追放するというものだった。じっさい、その当時の大法官 (lord chancellor)、財務長官 (lord treasures)、王璽尚書 (keeper of the privy seal) など中枢的な高官職位は高位聖職者によって占められていた。聖職者排除という考えは議会有力者のみならず、エドワード3世の三男ジョン・オブ・ゴーントのものでもあった。

こうした気運が醸成されるなか、ウィンチェスターの高名な司教であり、大法官も兼務して事実上の宰相としての権勢を誇っていたウィカムのウィリアム (William of Wykeham: 1324-1404) が71年に大法官の地位を追われ、失脚した。直接の契機となったのは69年のはじめ、フランスがイングランドとの百年戦争を再開したことであり、その軍事的に緊迫した事態に直面して軍事や財務に疎い高位聖職者に時局を任せておくわけにはいかないというのが解任の表向きの理由だっ

た (McFarlane, 1952 [1972: 27])。

　ともあれ、ここにも聖に対する俗の優位、高位聖職者叙任に関する教皇権力の排除という姿勢をうかがい知ることができる。

　1373年になると、後任聖職者叙任をめぐる教皇と国王の争いは一層激しさを増した。かつて30年も前の1343年のことだが、年額にして2000マークにのぼるイングランド聖職者のふたつの高位ポストを教皇が指名する枢機卿に与えるという決定が下されたことがあった。これに対してすでに王位にあったエドワード3世は教皇に書簡を送り、イングランドに住んでおらず、英語も理解できない聖職者に聖職禄が与えられることはきわめて遺憾なことだとして、こうした慣行を廃止するための法律を定めた。しかし、その一片の国内法によっては後任の聖職者叙任慣行を切り崩すことはできなかった。

　それから30年後の1373年、エドワードはアヴィニョン教皇のグレゴリウス11世（在位1370-8年）から聖職者叙任慣行見直しに関する好意的な回答を受けとった。しかし、議会筋はにわかに信じがたいという反応だった。

　興味深いことだが、1374年になって、どれだけのイングランド聖職禄が外国人（主としてフランス人）聖職者の手に渡っているかに関する調査が行われた。その調査結果[24]を踏まえて、ふたつのことが決められた。ひとつは、こうした教皇の「強奪」行為からイングランド社会を守るため、イングランドにおける司教選任は教皇から独立した形でイングランド国王が執り行うという法律が制定された。もうひとつ、教皇の判断によるイングランド聖職禄の外国人聖職者への付与あるいは「強奪」という慣行を廃止するため、教皇との交渉使節団が結成された。

　この慣行を耐えがたいものにしていたのは、元来イングランド国王がもつべき権限を教皇が侵害しているのみならず、イングランドの地に聖職禄を与えられたイングランド不在のフランス人聖職者たちがその聖職禄の一部をアヴィニョン教皇やフランス国王に献上あるいは納税し、それがイングランドとの百年戦争の戦費として使われていることだった。これだけは我慢がならないという怨嗟の声がイングランドの人びとのあいだで高まった。自然な原初的ナショナリズムの感情の芽生えといってよいだろう。

ブルージュ使節団

　1374年8月に派遣された最初の使節団のなかに、「反教皇の国民的戦士」といわれたウィクリフの顔もあった。オックスフォードを出発したのが7月27日。会議はアヴィニョンでなく、ブルージュで開かれた。その交渉に関する詳しい記録は残っていないが、容易に埒が開くような交渉でなかったことは容易に想像できる。9月14日、かれはブルージュを離れ、イングランドへの帰途についた。

　ウィクリフが加われることがなかった第2回交渉の結果、翌75年9月になって、教皇からイングランド国王宛の勅書が届いた。しかし、その内容はイングランド議会が満足できるようなものではなかった。そのため翌76年4月、エドワードはふたたび請願を教皇に提出した。しかしその頃になると、すでにエドワードは身体的にひどく衰弱していた。

　教皇グレゴリウス11世の勅書に記されていたのは、いまイングランドで聖職禄をえている者のうち、教皇の干渉を受けている者はいないこと、但し、ウルバヌス5世によって宣言されたものの、いまも未執行になっているイングランド聖職禄は放棄すること、イングランドに在住する枢機卿の資産は私腹を肥やすために使われているのではなく、教会や関係施設の修復に用いられていることなどであったが、肝心の空席となった聖職禄の取り扱いについては今後も教皇の下に留め置かれること、したがってイングランドからみた権利「侵害」に関わるすべての原則は今後も変わらないという内容だった。もっとも、将来イングランド国王が国内の教会財産を自由に処分することはないということであれば、イングランド聖職禄に関する教皇の権限を放棄することも考えられるという興味深い但し書きも添えられていた。以上が2年間にわたる交渉の成果だった (Vaugham, 1828, vol. 1: 325-7)。

　したがって、この教皇勅書からみるかぎり、この聖職禄交渉が成功したとはいえない。むしろ、失敗だったといってもよいだろう。しかし、勅書の「但し書き」はなかなかに示唆的なものだった。というのも、だいぶあとになってからのことであるが、この勅書の条件づけを無視するようなひとつの出来事が起きた。1414年、王位を継いで間がないヘンリー5世 (在位1413-22年) はイングランド国内にある広大なベック修道院領を没収してしまったからである。

　かれはその年、フランス国内におけるブルゴーニュ派とアルマニャック派の内

紛に乗じてフランスに攻め入り、百年戦争を再開した。そして翌15年10月にはアジャンクールで大勝し、フランス軍の主力部隊を殲滅した。くわえて、20年にはフランスのシャルル6世 (在位1380-1422年) の娘と結婚してフランス王位継承権を獲得した。ジョン失地王の時代とは対照的なイングランドにとって明るい光景が眼前に広がったかにみえた。しかしその2年後、ヘンリー5世は遠征中のフランスで34歳の若さで赤痢に罹って落命してしまう。一瞬にして雲散霧消した甘い夢だった。

　ここで、時計の針を戻そう。所期の目的は達成できなかったものの、ウィクリフのブルージュ使節団への参加にはそれなりの意味があった。第1に、ブルージュ派遣に先立つ1374年4月7日、その報償という意味も込めてエドワードからレスターシャーのラターワース (Lutterworth) に聖職禄を与えられた。そのおかげでオックスフォード大学を辞めたあと、ラターワース教区司祭として人生最後の2年ほどを過ごすことができた。第2に、そのブルージュでジョン・オブ・ゴーントとの交流を深め、かれの大きな信頼をえた。そのことが、帰国後にウィクリフが直面した困難を乗り越えるうえで大きな助けとなった。第3に、ブルージュに滞在中、かれはフランスの有力な高位聖職者や貴族たちの面識を得ただけでなく、その人格やものの見方、考え方について理解を深めることができた。それはかれの宗教改革思想に磨きをかけるうえで大いに役立った。第4に、彼はブルージュという都市から強い印象を受けた。ウィクリフが滞在した当時、ブルージュにはハンザ同盟のひとつの在外商館がおかれ、ヨーロッパの国際商業と交通、金融の一大拠点として大いに栄えていた。その成功と繁栄は一方で華美な生活空間を生み出していたが、他方で教会や国王の権力に屈しない独立不羈の市民生活の大きな支えとなっていた。そのことにウィクリフは驚嘆し、賞賛を惜しまなかった (Vaugham, 1828, vol. 1: 322-4)。

異端視されるウィクリフ

　オックスフォードに戻ったウィクリフは、ブルージュでの見聞を踏まえて思索に没頭し、大学での講義に傾注した。帰国後2年して、かれは『世俗の支配権について』(*De civili dominio*, 1375-6) を書き上げた。そこに書かれていたのは神の支配は絶対であり、神が最高の支配者であること、教会の権力者は「主人ではなく、管

理者にすぎない」こと、しかもそれは恒久的なものではなく、かれらに権力委譲の権限もないこと、世俗の支配者によってその膨大な財産を没収されても仕方がないこと、逆にいえば、聖職者は清貧な生活に徹すべきことなどについてだった。ウィクリフによれば、教会の大きな病巣は高位聖職者や修道士、司祭たちが所有しているその法外な富にあった。

　こうしたウィクリフの激しい教会批判に伝統派が黙っているわけもなかった。じじつ、1377年2月19日、かれはロンドン司教コートニー——ワット・タイラーによって処断されたサドベリーのあと、カンタベリー大司教となった人物——によって、ロンドンのセントポール大聖堂に召喚された。しかし、ウィクリフにはランカスター公ジョン・オブ・ゴーントや国王の高官パーシー卿 (Lord Percy) が付き添っていた。ロンドン市民の関心は、ウィクリフ召喚に伴う宗教論争よりも、パーシー卿が議会に提出していたロンドン市を王室の支配下に収めようとする法案のほうにあった。この集会は市民がなだれ込んで散会になり、ウィクリフはかれの支持者によって救出された。ウィクリフを異端として弾劾するというコートニーの目論見は失敗した。

　同年5月、教皇グレゴリウス11世は19箇条の罪状をあげ、ウィクリフを「異端」として逮捕せよとコートニーらに命じた。最も問題視されたのは、かれがイングランド国家の側に立って教皇に弓を引いたことだった。しかしそれだけでなく、豊かな教会財産を世俗に移管し（財産を没収し）、再分配するのが国王の役割だとしたことも異端と断定するに足る大きな理由だった。しかしその教皇の命令に効き目はなかった。

　そこで教皇は1377年の12月、オックスフォード大学に対してウィクリフを逮捕せよと厳命した。大学は苦境に立たされた。しかし実際の争点は、ウィクリフが異端かどうかではなく、教皇がイングランドの法律に優位する裁判権をもつかどうかにあった。78年はじめ、ウィクリフはロンドン市内のランベス宮殿 (カンタベリー大司教のロンドン公邸) に召喚された。教皇からの要請を受けて呼び出したのはコートニー司教やサドベリー大司教だった。しかし今回もまた、半年前と同じように、ロンドンの群衆が押し寄せ、召喚と称する「裁判」は中断されてしまった。その「争点」から容易く推察されるように、ウィクリフの背後には年少の新国王 (10歳で即位したリチャード2世) やその後見役ジョン・オブ・ゴーントから一

般庶民にいたるまで幅広い支持層があった。

　翌78年の末、ウィクリフを巻き込む別の論争が起きた。「教会の聖域」論争である。実際に起きた事件を踏まえて、果たして国の役人が罪人を逮捕するため、教会の敷地内(聖域)に立ち入ることができるかどうかが争点になった。ウィクリフの回答は、教会の敷地内に公権力が立ち入ることに不都合はないという明快なものだった。かれはさらに一歩を進め、『国王の任務について』(1379年)では世俗の権力によって教会改革を行う必要があり、それは教会のためでもあると書いた[25]。

聖体拝受説批判・大学追放・聖書英訳

　ウィクリフの教会批判はなおも先鋭化していった。かれは1379-80年の講義のなかでカトリシズムのユーカリスト(eucharist、聖体拝受説)あるいは化体説をとりあげ、この教理は新約聖書に反するものであり、その行為は一種の偶像崇拝にあたるとして非難した[26]。この発言が教会制度の根幹にふれる教理批判だったことはいうまでもない。

　さすがのジョン・オブ・ゴーントもオックスフォードにやってきて、ウィクリフに直ちに論争を止めて沈黙するように命じた。しかし、かれはそれを撥ねつけた。その結果、かれは最も強力な後ろ盾を失うことになった。ウィクリフを異端として追い落とそうとその機を狙っていたコートニーやアランデルに絶好のチャンスが訪れた。3度目の正直、世俗の最高権力者の後ろ盾をなくしたウィクリフなど、容易く叩き潰すことができるというのがかれらの思いだった。

　農民一揆という重大事件が鎮圧されて1年経った82年11月、カンタベリー大司教のコートニーがオックスフォードにやってきてウィクリフを召喚した。「法廷」にはリンカーン、ノリッジ、ヘリフォード、ウスター、ソールズベリー、ロンドンの各司教のほか、幾人かの有力な神学博士、オックスフォード大学の総長も出席した。「尋問」のなかでウィクリフは公然と持論を展開し、非難されるべきは自分ではなく、ミサで金儲けをするために誤った教説を流布している連中だと喝破した。しかしウィクリフは、今度ばかりは勝ち目がないことをよく知っていた。すでに強力な政治的後ろ盾を失っていたからである。それでも尋問の最後に、かれは怯むことなく、「真理は勝つ」と宣言したという(Vaugham, 1845, Introduction: 87)。

大切な点であるが、この聖体拝受説の批判という急進的主張に込められていたのは、個人が聖書のみを手懸かりとして、したがって教会制度という媒介なしに直接神と向かいあい、神の福音に浴することができるという考え方だった。それは政治的文脈に沿った教皇主義批判とは一味違った、宗教教義内在的なカトリック教会制度の根本的批判だった。

　この召喚が契機となってウィクリフはオックスフォード大学を辞し、ラターワースに戻った。かれに残された時間はわずかに2年しかなかった。かれはそこで何に傾注したのか。聖体拝受という考え方を否定し、個人が自らの努力で神に近づくための唯一の手懸かりが聖書なのだとすれば、あまねくイングランドの人びとに英訳された聖書を届けなければならない。オックスフォードでの晩年、そしてラターワースのウィクリフはそう決意していた。

　かつて『聖書の真理について』(1374年)を書いたとき、ウィクリフは英訳聖書の必要についてそれほど煮詰まった考え方をもっていなかった。むしろ、「ウルガータ」(Vulgata、つまりラテン語訳の聖書)で満足していたといってよい。しかしいまや、かれは聖書英訳の必要性を痛感するようになった。旧約聖書の五書のひとつ、「詩編」など一部の聖書はウィクリフ以前に英訳されていたし、ノルマン出身の貴族たちはフランス語で聖書を読んでいた。ウィクリフがラテン語聖書の英訳に取り組みはじめたのはオックスフォードでの最後の時期、つまり1378年から82年にかけてだった。しかし、いま「ウィクリフ聖書」としてオックスフォード大学や大英博物館に残っているのは、かれ自身の手によって完訳されたものではなく、ウィクリフの死後、弟子たちによって完成されたものである。それでも、かれが先鞭をつけた聖書英訳本の文体はのちの聖書翻訳——ウィリアム・ティンダール (William Tyndale: c.1494-1536) によるギリシャ語やヘブライ語原典からの英訳が代表的なもの——に計り知れない影響を与えた。英語にひとつの文語形式を与えたという意味でも、その貢献はさきのラングランドやチョーサーに並ぶものであるといわれている (Robertson, 1984: 64、訳80)。

　ところが、この英訳聖書の出版にたちまち横槍が入った。伝統墨守派にとっては、ウィクリフやロラード派の意図を知ればなおさらのこと、聖書英訳本の出版を放置しておくわけにはいかなかった。じじつ、ウィクリフが亡くなって6年した1390年、上院で英訳聖書を発禁にしようという動議が提出された。しかしこ

のときは、ジョン・オブ・ゴーントの弁護と介入があって発禁処分は免れた。けれども、1407年にはさきのアランデルによって英訳聖書は禁書とされ、先立つ1401年にはヘンリー4世（在位1399-1413年）によって異端者は火炙りの刑に処すという異端者火刑法（De heretio comburendo）が制定されたのである。

それにしても、聖書の英訳本を発禁処分にし、異端者は火炙りの刑にするというのはいかにも過激な対応だった。それほどまでに、伝統派は眦を決して危機的事態に対処しなければならないと腹を括っていたのだろう。農民一揆の余燼冷めやらぬこの14世紀末から15世紀はじめにかけて、異端者火刑法の制定や聖書英訳本の発禁処分が断行された背景には、ウィクリフの政治的パトロンだったジョン・オブ・ゴーントが1399年に亡くなったことも大きいが、ウィクリフの影響を受けたロラード派の台頭もあった。

こうした激しい弾圧との関連でいえば、ウィクリフ自身はオックスフォードを追われたが、生前教皇の決心にもかかわらず、破門されることはなかった。しかし没後30年ほど経った1415年5月4日、コンスタンツ公会議においてウィクリフは正式に異端と宣告され、その著作は焚書処分となった。ボヘミアのフスが異端者として火炙りになる2ヵ月ほど前のことだった。さらに28年には、「大分裂」収束後の最初の教皇マルティヌス5世（在位1417-31年）によってウィクリフの墓は暴かれ、遺体はあらためて絞首刑にかけて焼き払われ、遺灰はラターワースを流れるスウィフト川に捨てられた。

ともあれ、ウィクリフらの英訳聖書を使った読書グループが各地にでき、文字を読めない人たちも英語で朗読される聖書に耳を傾けることができるようになった。その意義も影響力もきわめて大きなものだった。

ウィクリフの宗教的教義──小括と補足

ロラード派についてふれるまえに、ウィクリフの宗教思想について要約しておこう。すでにその都度ふれてきたが、あらためてその骨子を箇条書きにすれば、つぎのようになる。

第1に、唯一の宗教的権威は聖書、とりわけ新約聖書に求めることができる。その含みはふたつ。ひとつは聖書から乖離してしまった教会制度の原理的否定であり、もうひとつは個人による福音への到達という意味での主体的で個人主義的

な福音主義である。こうした腐敗した教皇主義および教会制度に対する批判は若き「福音博士」ウィクリフが年老いるまで変わることがなかった。

　第2に、その聖書は一部聖職者の独占物ではなく、イングランドすべての民衆のものである。したがって、聖書を母国語の英語に翻訳する必要がある。この考え方はウィクリフの晩年になって結晶化した。

　第3に、世俗の統治は教皇や高位聖職者ではなく、国王に委ねるべきである。教皇や司教が世俗を支配してはならない。かれらが世俗（政治と経済）を支配しようとしたため、聖職者はその本義を忘れ、退廃の道を歩んだ。キリストの教えと生き方に反する者は誰であれ、反キリスト者（Antichrist）といわなければならない。それがウィクリフの強い信念だった。じっさい、8つの点[27]で教皇は反キリスト的であるとウィクリフは考えていた。

　第4に、教皇を含む外国人聖職者がイングランドの宗教活動に介入することは許されない。したがって、外国人聖職者によるイングランド聖職禄配分への干渉やそれによる外国への富の流出はあってはならないことである。

　第5に、聖職者は厳に奢侈と放縦に流れることを戒め、清貧な宗教生活に専念しなければならない。したがって、修道院や教会がもつ広大な所領や資産はほとんど無用の長物であり、それらを没収して民衆に分け与えることが望ましい。

　第6に、教会制度を原理的に否定する以上、聖体拝受という考え方も否定されなければならない。ウィクリフは『聖体拝受』（De eucharistia, 1379-80）においてこの教義は新約聖書に反しており、それはひとつの偶像崇拝にあたると告発した。

　第7に、托鉢修道士に対してウィクリフは批判的だった。初期ウィクリフには托鉢修道士と共鳴するところもあったが、晩年になるとその関係は破綻した。ウィクリフはかれらを神に対して不敬を働く者たち、偶像崇拝者と非難した。かれらはキリストと使徒たちの福音の教えを忘れ、不正を重ねて真理を蝕み、贖罪を濫用して世俗の利権を漁って憚るところがない。かくして、ウィクリフは托鉢修道士の行状を厳しく批判した。

　そうした見方は同時代人ラングランドのものでもあった。『農夫ピアズの幻想』第11歌のなかで、「托鉢修道士や詐欺師どもは、黒死病大流行以来、傲慢な人びとを喜ばすため、かれらが列している饗宴の席上で、私たちの信仰を踏みにじるような問題をひねり出しています」と〈知恵〉の妻である〈勉学〉夫人にいわせて

いる(池上訳 129)。

　また、宗教的には保守的だったとされるウィクリフの同時代人で友人でもあった、そしてウィクリフの影響が色濃いチョーサーの『カンタベリー物語』をめくってみると、そこには尼僧院長、教区司祭、召喚吏(司教の教区管理者だった「副監督」の配下)、免罪符売りとともに托鉢僧が登場する。しかも、かれらのうち、「召喚吏の話」として最も激しく痛罵され、その諸々の悪行が暴き立てられているのが托鉢僧である。チョーサーは、その「托鉢僧と悪魔とは大してかけ離れたものではございません」「悪魔の尻の中から千の 20 倍もの托鉢僧が群れをなして飛び出して来ました」と難じている[28](桝井訳 中巻 79-80、都留、1984: 31)。

　第 8 に、ウィクリフは予定説についてどう考えていたのか。かれの予定説は黒死病で落命したマートン学派の知識運動のリーダーであり、自然科学にも通暁していたカンタベリー大司教ブラドウォーディンの予定説を錬磨したものだった。ウィクリフは神による救いの予定という考え方に共鳴していたが、そこにはウィクリフなりの独自の自由主義的解釈が施されていた。

　ウィクリフは『教会論』(De ecclesia, 1378) の冒頭でつぎのように記している。「この地上に生きる人間は自分が救われるか、あるいは滅びに定められているかを知らない。ただ天国に救われるであろうことを祈願するのみである」と。そしてその直前には、「われわれは固く信じる。聖なる教会のすべての構成員はキリストとともに救われ、悪魔の徒輩は滅びるだろう」とある。したがって、ウィクリフは、救いか滅びかのいずれに「定められているかを知らない」と書いており、救い(あるいは滅び)の予定という考え方を受け入れていたようにみえる。

　また、同じ箇所で、「すべての人は自分が救われて祝福に入ることを望んでいる」が、実際に救われる者は「皆無か、ごく少数者にすぎない」と明記している。すべての人が救いを願っているにもかかわらず、救われるのはごく少数の者だけだとなれば、人はどうすべきなのか。

　この点に関連して、ウィクリフは、救われる者のみによって構成される「聖なる教会」という考え方についてふれている。その聖なる教会は「完成された教会 (overcomynge)」「眠っている教会 (slepyng)」「闘う教会 (figtinge)」の 3 つからなり、それらが束ねられて「悪魔」に対峙している。第 1 の「完成された教会」に住むのはキリストと天使、そして「すでに天にある祝福された人びと」であり、第 2 の「眠っ

ている教会」のメンバーになっているのは「煉獄にある聖徒」[29]である。

　しかし、問題は第3の「闘う教会」である。いまこの世では、「聖なる教会」のため、「多くの者が悪魔との闘いを重ねている」。希望と信仰によってふたつの罪（人間の傲慢と貪欲）を逃れつつ、「かれら（救いを祈願する者）は努力すべきであろう」とウィクリフは書いている。どう努力すればよいのか。

　この問いに深い関わりがあるのが「悪魔」とその所業についてのウィクリフの考え方である。いったい悪魔とは誰か。ひとことでいえば、聖なる教会の首長を僭称して憚らない「反キリスト者」たる教皇であり、かれに追随し同調する聖職者たちである。ではかれらの悪行とはなにか。世俗の支配者たらんとすること、教会と修道院が所領をもつこと、聖職禄の配分や聖職売買に関与すること、聖体拝受などの虚偽を教えて多くの財貨を手にしていること、そして赦罪とか贖宥といった行為も同罪である。

　要するに、「闘う教会」の担い手となってこの世の悪魔とその所業（つまり中世カトリシズムの体制）と闘うこと、これが救いにつながるというのがウィクリフの基本的な考え方だった。中世プロテスタンティズムというに相応しい宗教思想である（出村訳139-40）。

　これを後代のカルヴァンと比べてみると、ウィクリフも、第1に、来世において人は救いか滅びかに定められているという。その意味で、ウィクリフも予定説を受け入れていた。しかも、救われるのは「ごく少数の者」にかぎられる。この点もカルヴァンと変わらない。しかし、第2に、肝心な点だが、救いか滅びかの定めについて、人は努力すれば、その運命を変えられるのか。これが問題である。カルヴァンやカルヴィニズムの場合、それは原理的にありえないことである。

　では、ウィクリフの場合はどうか。かれについても、神による定めと人間の努力の関連について曖昧さを免れない。しかし、この世の悪魔とその悪行に対して果敢に闘うことができれば、その人は救われる者のみによって構成される「闘う教会」のメンバーになることができる。この聖なる闘いに加わることができれば、それが救いにつながる。そう理解してよいのであれば、悪魔と闘うという自由な意思と努力によって人はみずからの救いを手にすることができる。だからこそ、ウィクリフはすべてのキリスト教徒に対して、新約の福音思想に基づいて、悪魔と「闘え、闘え」と説いたのだった。

こうした解釈に大過なしとすれば[30]、ウィクリフの予定説とカルヴァンの二重予定説のあいだには基本的な隔たりがあるだけではなく、ウィクリフの宗教改革思想は先輩オッカムの「自由の倫理学」、自由の律法としてのキリストの法という立場に連なっているようにみえる。

第3節　ロラード派の台頭とその鎮静化

　ウィクリフの思想を継承した人びとはロラード派 (the Lollardy) と呼ばれた。ロラードという言い方は中世オランダ語の「ぶつぶつ不平不満をいう」(lollaerd) ことを意味し、転じて異端の蔑称として使われるようになった。

　14世紀末にロラード派というとき、ひとつはオックスフォード大学やラターワースで親しくウィクリフの薫陶を受けた学識豊かな反教皇的で反教会的な青年インテリ層をさした。しかしもっと広く、教義には疎いが教皇や教会に批判的な人びともロラード派と呼ばれた。前者をオックスフォード・ロラード派、後者を庶民ロラード派という。

　もうひとつ、それとは別に、前期ロラード派と後期ロラード派という言い方がある。1414年のオールドカースルの乱 (Oldcastle Revolt) とかれの処刑 (1417年) までをさして前期ロラード派の運動といい、その後いったん地下に潜った人びとの末裔が15世紀末になって再登場したとき、それを後期ロラード派と呼ぶ。

　オックスフォード・ロラード派といえば、ジョン・パーヴェイ (John Purvey: 1354-1414) を筆頭にして、ニコラス・ヘリフォード (Nicholas Hereford: c.1420年没)、ジョン・アストン (John Aston: fl.1382)、ローレンス・ベードマン (Lawrence Bedeman: fl. 1372-1410)、ウィリアム・ソートリー (William Sawtry: 1401年3月没——ロラード派最初の殉教者)、フィリップ・レピンドン (Philip Repyngdon: c.1345-1424 ——のちに改宗してリンカーン司教、最後は枢機卿に就任) などの名前を挙げることができる。

　このうち、パーヴェイはヘリフォードやアストンとともにラターワースのウィクリフを助け、宗教改革思想を説教しただけでなく、聖書の英訳作業にも深く関与した。のちにかれらの多くが異端視され、大学を追われたり投獄されたりした。火炙りの刑を逃れるため、改心する者も現れた。

　ロラード派の運動が広がっていったのがオックスフォードとラターワースか

らだったことはみやすい。ウィクリフの死後、弟子のパーヴェイは活動地域を港町ブリストルに移し、そこがロラード派運動のひとつの拠点となった。それとパラレルに、かれらの運動はテームズ渓谷にそって下り、異端摘発の目が光りはじめたロンドンに達した。15世紀初め、ロラード派の活動はロンドンやブリストル、コヴェントリーのほか、ウォーリックシャー、レスターシャー、イースト・アングリアなどの地方に及んだ。それは時期別・地域別にみたロラードの起訴件数の推移からも窺い知ることができる (Thomson, 1965: 237-8)。

　こうした異端者の動向に神経を尖らせていたカンタベリー大司教コートニーは、ワット・タイラーの乱の余燼冷めやらぬ1382年5月17日、ロンドンのブラックフライヤーで宗教会議を開いた。そしてウィクリフの著作から24の見解を抜き出し、それらを異端または誤謬として非難した[31]。それはウィクリフが亡くなる2年半前のことであり、ロラード派潰しの始まりだった。翌6月には、オックスフォード・ロラード派のヘリフォード、レピンドン、アストンが同会議に数回にわたって召喚された。しかしそのうち1回はロンドン市民が押し寄せて流会となった。それでも最後にはアストンは投獄され、ヘリフォードとレピンドンは7月13日に破門された。ところが10月から11月にかけて、レピンドン、アストン、ベードマンはこぞって異端としての見解を撤回し、破門を解かれた。

　1388年[32]には、行政によるロラード派の取り締まりが強まり、王立委員会による異端者調査が行われ、ロラード派騎士のトマス・ラティマー卿は難を逃れたものの、45人もの逮捕者を出した。

　その後も、こうした異端としての嫌疑 (やがて異端探しが常態化していった)、逮捕と尋問、投獄や破門、異端的見解の撤回と釈放、布教の再開 (再改心と火刑) といったサイクルが随所でくりかえされた。1414年のオールドカースルの乱のあと、こうした当局の締め付けは一段と厳しさを増し、再改心した異端者は火刑で落命した。

ロラード派の「12ヵ条の結論」

　前期ロラード派の運動は1390年代にめだつようになり、1410年代にかけてその勢いを増した。

　1392年の前半、ロンドンやノーサンプトンであらためて異端者取締令が公布

されたが、ノーサンプトンでは多くの市長や議員たちがロラード派の支持者であることを公言した。それでも、他の地域ではロラード派の逮捕が相次ぎ、異端的主張の撤回を強いられた。

このロラード派の運動の大きな弾み車になったのが1395年1月から2月にかけて行われたロンドン・ロラード派による議会請願だった。さきのラティマーやジョン・モンタギュ卿 (Sir John Montague) などロラード騎士[33]と呼ばれた人びととがその仲立ちとなった。その請願がキリスト教改革のための「12ヵ条の結論」[34] (Twelve Conclusions of the Lollard, 1395) であり、その執筆者はさきのパーヴェイだとされている。

この「結論」は下院で読み上げられただけでなく、当時としては一般的なことだったが、ウェストミンスター寺院とセントポール大聖堂の扉にも張り出された。その中身を摘記してみよう (各項目末尾の括弧内は引用者のもの)。

この「結論」の第1条は、「イングランド教会は義母たるローマ教会に倣って、世俗財産のなかに埋もれて朽ち果て、各地の多くの教会から信仰と希望、慈悲が消え失せた」と記している (ローマ教会とイングランド教会の堕落)。

第2条は、いまや「わが聖職者らは天使にも勝るがごとく振る舞っており、キリストがその弟子たちに命じ給うた存在ではなくなっている。ローマの聖職者が行っているのは奇跡であり儀式であり、司祭による祝福である。しかし、それらは新約聖書に記されたものではなく、意味がない」。かれらは「反キリスト的」であり、「聖なる教会を怠惰で染め上げている」(新約聖書にない「反キリスト的」制度慣行の批判)。

第3条は、聖職者の同性愛にふれ、そうした「罪深い行為に関わった聖職者は滅びに値する」こと、「神はその罪に明らかな復讐を加える」と記している (聖職者の同性愛禁止)。

第4条は、「無知な人びとを害している」聖餐という考え方を取り上げ、「福音博士」(doctour euangelicus、つまりウィクリフ) の教説にふれながら、パンの秘跡などまったく根拠のないものであり、偶像崇拝であると厳しく批判する (聖体拝受説と偶像崇拝の否定)。

第5条では、葡萄酒やパン、蝋燭、水や塩、油と香料、祭壇石、司祭が身にまとう礼服や冠などを用いた悪魔払いや聖化といった行為は「魔術そのもの」であ

ると断罪している(「魔術的」行為の破棄)。

　第6条では、「俗界と聖界は聖なる教会のふたつの構成部分であり、互いに干渉してはならない」のであり、「いかなる人もふたりの主人に仕えることはできない」としたうえで、すべての聖職者は「世俗の仕事を離れ、他のことに心を奪われることなく、聖務に専心するよう、われらは議会に要請する」としている(聖俗分離と聖職者の聖務専心)。

　第7条では、教会が行う死者の魂のための祈祷は特定の人を優先させる誤った行為であり、イングランドのすべての修道院は「不正な」存在になっている。その理由は聖職者や修道院への世俗的財産の寄進が贖宥罪に近いものになっているからであり、また「永遠の罪に定められた人のための特別の祈祷」そのものが神の意思に反するからである(死者のための祈祷禁止)。

　第8条でも、「目に見えない十字架、耳に聞こえない木や石でできた像」に対する偶像崇拝が批判されている(偶像崇拝批判)。

　第9条は、告解という行為を糾弾する。罪多き者が天国に行けるか地獄に落ちるか、破門か祝福か、それもすべて教会司祭に対する罪の告白とかれらによる赦し次第だとされる。しかし、すべての信心深いキリスト教徒はこうした虚偽に基づく行いが大きな過ちであることを知っている。告解を司る聖職者は「自分が神の代理人であり、あらゆる罪を裁決し、自分の意思で誰かを罪に貶め、誰かを浄めることができるという。天国と地獄の鍵をもち、みずからの意のままに破門し、祝福を与える」ことができるという。しかし、これは偽りの贖宥であり、大いなる虚偽である(「神の代理人」を僭称する聖職者による告解および贖宥行為の否定)。

　第10条は、特別の天啓によらないかぎり、世俗的理由か宗教的理由であるかを問わず、人を殺すという行為は正義の法を装ったものでしかなく、「慈悲の律法である新約聖書はいかなる人殺しも禁じている。(中略)剣を振りかざす者は剣によって滅ぶ」と主張する(火刑を含むすべての殺人行為の否定)。

　第11条は、嬰児殺し、堕胎、薬物による断種などを批判し、同性との色情や動物などとの交わりを避けるため、独身童貞の者、修道士は結婚することが望ましいとしている(聖職者、独身者への結婚勧奨)。

　第12条は、教会が用いる「必要のない多くの技術」や華美な装具はただ真実を隠蔽し、無意味な好奇心を煽り立て、浪費の精神を育むだけであり、破壊される

べきものである。旧約聖書では大いに必要とされたものも、新約聖書では否定されていると記している。

そしてこの「結論」の最後は、「われらは腐敗の極みにあるわれらの教会を神がその広大無辺の慈悲心によって改革し、最初の完全な姿にお戻しくださることを祈ります」という文章で締め括られている（華美・浪費の批判と原初的教会への復帰──Cattley ed., 1837, vol. 3: 203-6; Hudson ed., 1997: 150-5; 柴田、1978: 79-87）。

このように真正面からイングランド教会を非難告発し、その抜本的改革を迫る請願をまえにして、大法官アランデルはロンドン司教のブレイブルック（Robert Braybrooke: 在位1391-1404年）とともにわざわざアイルランドまで出向き、遠征中のリチャード2世に会って窮状を訴えた。リチャードはアランデルらの進言を受け入れ、ロラード派の請願を取り上げないように議会に命じるとともに、ロラード騎士に対してロラード派への支援を止めること、もしそれに反すれば死罪にすると宣言した。その限りでいえば、アランデルらの策動は功を奏したかにみえた。しかしリチャードの命令がそのまま実行されたわけではない。

ちなみに、この「12ヵ条の結論」の背景には、ウィクリフの死後、パーヴェイが書いたとされる[35]『教会の支配』(*Ecclesiae Regimen*) あるいは『ローマ・カトリック教会の腐敗に関する諫言』(*Remonstrance against Romish Corruptions in the Church* ── 1851年、ジョシア・フォーシャル[Josiah Forshall: 1795-1863]が編集した中世英語版）と呼ばれる1冊の本がある。ウィクリフ亡き後、そのパーヴェイは「最も積極的な宗教改革者」であり、教会勢力にとって「最も手強い相手」のひとりとみなされていた。そのため1380年代末には、かれの著作はウィクリフ、ヘリフォード、アストンなどのものと同じく、当局から没収の対象とされたのだった（Forshall ed., 1851, preface: 13）。

この『諫言』は上院のメンバーにロラード派の主張を伝えるために書かれたものだとされているが、37章からなるその内容は、14世紀末のイングランドにおける教会制度と聖職者の腐敗と不正を暴き、かれらがいかに反キリストであるかを明らかにし、その現状を改革する必要を強く訴えかけるものだった。聖職者が真のキリスト者としての本義を忘れ、俗事に深入りして権力を濫用し、贅を極め、虚偽と悪行を繰り返して憚らないその実態を明らかにし、その現状を放置せず、断固改革なければならないと訴えかけていた。さらに、同書はローマ教皇に対す

るイングランド国王の優越性、聖俗にわたる王国の独立性が情熱的筆致で愛国的に述べられている。そこに恩師ウィクリフの陰影をみてとることができる。

三つ巴の政治地図

ところで、先の議会（会期は1395年1月27日から2月15日）はリチャード2世がアイルランド遠征で不在だったため、留守役の初代ヨーク公エドモンド・オブ・ラングリー（Edmond of Langley: 1341-1402――エドワード3世の四男であり、ジョン・オブ・ゴーントの弟）によって召集された。

そのとき、下院でさきの「12ヵ条の結論」が請願されたことについてはふれたが、もうひとつ、この議会で見落とせない動きがあった。それは、2年前に施行された「王権侮辱法」(Statute of Praemunire 1393) を破棄させるべく、ローマ教皇ボニファティウス9世（在位1389-1401年）はノヴァーラ司教のピエトロ・フィラージス (Petro Filargis: 1339-1410) をロンドンに派遣し、かれも議会に出席することになったからである。イングランドの高位聖職者もこぞってこの教皇の意向に賛同した (Forshall ed., 1851, preface, 7-8)。

この法律の中身は、教皇権がイングランド国王の君主権に優位してはならないことを定め、教皇権が王権に勝るような行為は王権侮辱の罪を犯すことになり、それに加担した者は財産没収や監禁、追放などの刑に処すというものだった。教皇権を掣肘しようとするこの法律は、教皇側からすれば、不正かつ不遜な悪法とみえたにちがいない。

ともあれ、この王権侮辱法の存否をめぐる確執に加えて、さきのロラード派の「12ヵ条の結論」を並べてみると、ひとつの興味深い三つ巴の政治勢力地図が浮上する。第1に、イングランドにおける教会や教皇権力を抑制し排除しようとするジョン・オブ・ゴーント派、第2に、その動きを抑えて既存の教会制度を墨守し、教皇の権威を再構築しようとするアランデル派、第3にロラード騎士やジェントリー、都市中産階層にも一部その支持基盤をもつ前期ロラード派という3つの政治勢力の存在である。

前期ロラード派の運動の展開を跡づけようとすると、国王を中心にしてこれら三者の勢力関係がどのように変わっていったかを凝視する必要がある。この点、1399年に起きた互いに関連がある3つの出来事を見落としてはならない。その3

つとは、第1にジョン・オブ・ゴーントの死(1399年2月3日)、第2にリチャード2世の廃位(1399年9月29日)、そして第3にアランデルのカンタベリー大司教再任(1399年10月19日)である。

　これらの出来事の関連を簡潔に要約すれば、つぎのようになるだろう。エドワード3世の三男であり、ウィクリフやチョーサーのパトロンであり、王権派の棟梁であり、リチャード2世の叔父であり、またその摂政役でもあったが、ワット・タイラーの乱以降、リチャードと疎遠になっていたランカスター公ジョン・オブ・ゴーントが99年2月に亡くなった。しかしその前年、ジョンの長男ヘンリー・ボリングブルック(Henry Bolingbroke、のちのランカスター朝初代ヘンリー4世[在位1399-1413年])は宮廷内の勢力争いで反リチャード派に与したかどで国外(パリ)に追放され、父ジョンが亡くなると、ランカスター公としての相続権を奪われ、あまつさえ広大な領地も没収されてしまった。もちろん、ヘンリーは黙ってはいなかった。99年7月に挙兵し、翌8月にはアイルランド遠征からの帰途にあったリチャードを捕えてロンドン塔に幽閉。自らリーダーシップを執り、9月議会でリチャード2世を廃位に追い込んだ。アンジュー朝の呆気ない終焉であり、同時にランカスター朝の開闢を告げる内紛だった。

　しかし、注目されるのはこれだけではない。富裕な名家の出であり、政治的手腕にも長けたアランデルは、1396年9月25日、コートニーの後を襲ってカンタベリー大司教に任じられたが、1年もしないうちに、かれはリチャード2世の10年来の政敵——1386-8年、アランデルの兄ジョン・フィッツァラン(John FitzAlan)ら5人の有力バロンによる国王に対するクーデター事件が起きているが——に通じているとしてフランドルに追放となり、カンタベリー大司教からも解任された。この追放期間中、かれはパリ滞在中のボリングブルックと連携し、リチャード追い落としに尽力することになる。そしてその願いが成就した99年10月19日、かれはふたたびカンタベリー大司教に返り咲き、1414年2月に亡くなるまでその要職にあった。しかも、ヘンリー4世が1405年に病をえてからは、アランデルは中央政界でもその政治的辣腕を発揮、すぐあとでふれる「アランデル憲法」(1408年)がそのひとつの象徴となった。

　では、三つ巴の政治地図はどのように変わったのか。95年はじめに議会が開催されたときには三者の力関係は拮抗していた。しかしリチャード2世がアラン

デル派と通じていたこともあって、ゴーント派とロラード派は反教皇勢力という意味で共鳴するところがあった。けれども、ジョン・オブ・ゴーントが亡くなって政治地図が一変。ゴーント派は衰弱し、ロラード派は孤立、逆に教皇主義をいただくアランデル派がヘンリー4世を取り込む形でその勢力を一挙に拡大していったのである。

異端者火刑法（1401年）と「アランデル憲法」（1408年）

　こうした政治的潮流の変化を象徴するふたつの法令がある。ひとつは異端者火刑法（De heretic comburendo, 1401）、もうひとつが「アランデル憲法」（Constitutiones Thomas Arundel, 1408）と呼ばれるものである。

　このうち、前者の異端者火刑法は文字どおり、異端者を火炙りの刑に処すというもの。その条文には、「邪悪で過ちにみちた者たちが新たなセクトをつくり、カトリックの信仰秩序を破壊しようとして人びとを煽動している」。しかし「これ以降、この危険なセクトの活動は禁止し、かれらの説教を止めさせ、その教義を撲滅しなければならない」。もし「異端的信念を改めない、あるいは異端に再改心する者がいれば、その者は火炙りの刑に処す。この火刑法は他の者たちにも恐怖心を呼び覚ますにちがいない」と記されていた（*The Statutes of the Realm*, vol. 2: 125-8）。この文中の「新たなセクト」がロラード派をさすことについては贅言を要しない。

　カンタベリー大司教に返り咲いたアランデルは、この法律によって容赦なく異端容疑者を逮捕投獄し、尋問した。再改心した者も含め、異端的教説を捨てなかった者を官憲の手によって火刑に処す方針だった。

　その最初の犠牲者となったのがオックスフォード・ロラード派のウィリアム・ソートレイ（Sir William Sautre）。異端に再改心したソートレイは1401年2月12日、セントポール大聖堂に召喚された。2月18日、かれは自らの罪状について議会に請願し、聖ヨハネや聖パウロなど引いて自説の正しさを訴えた。聖体拝受という考え方をめぐって、アランデルと2日間、3時間を超える論争が戦わされた。しかし2月24日、異端者火刑法に基づいてアランデルはソートレイに死刑を宣告、その僧衣を剥ぎ取ったうえでかれを官憲の手に委ねた。聖体拝受説と教会の権威を断固として否定したからだった。翌3月初め、かれはスミスフィールドで火炙りの公開処刑となった[36]。この法律とソートレイの刑執行によって、パー

ヴェイを初め、多くのロンドン在住のロラード派の人びとが異端放棄に追い込まれた。じっさい、火刑法の異端鎮圧効果は覿面だった。ロラード騎士はめだって減り、中産階層の支持者も影を潜めたからである (Carrick, 1908: 207-8; Knightly, 1975: 453-4, 557)。

ちなみに、異端者火刑法が廃止されたのはそれから150年近くもあとのエドワード6世治下の1547年のこと。しかしつぎのメアリー女王が7年後（1554年）に同法を復活させ、さらにエリザベス1世が再度その5年後に廃止するという経緯をたどった。

アランデルはヘンリー4世との親しい関係を楯に、ロラード派の弾圧に一層力を入れた。1408年1月14日、かれはオックスフォードで宗教会議を開き、「アランデル憲法」といわれるロラード派取り締まりの長い文書（本文中では「法令」Statutum と表現されている）を公表した。

全13条からなるこの「憲法」の第1項では、異端の教義と知りつつ、それを説く者がいれば、その者は破門する。またその者が改心しなければ、その財産は没収する。第2項では、何人もいかなる場所であれ、この法令の定めに反して説教してはならない。第3項では、「よき農夫が穀物づくりにあたって最適の土地に種を蒔く」ように、神の言葉を聴衆に伝えようとする良き説教師はそれにふさわしい形式と礼儀作法を遵守しなければならない。それを怠れば、罪深き俗人たちの間に悪徳を蔓延させることになる。第4項では、教会の正しい教えに反する異端者あるいはそのセクトが説教し、聖壇の秘跡をなすならば、その者は破門され、悔い改めなければ、その財産を没収する。第5項では、神学士あるいは修士であるだけの教師が子どもに秘跡について説教してはならない。第6項では、ウィクリフまたはかれに連なる人物のいかなる著作も英訳してはならない。それが異端の書であるか否かの判断は、オックスフォード大学とケンブリッジ大学におかれる12人委員会が下す。この規定に反した者には相当の処分を行う。第7項では、聖書のいかなる部分も著書、小冊子などの形で英訳してはならない。それらをいかなる機会においても読み、また教えてはならない。この規定に反すれば、しかるべく罰せられる。第8項では、カトリックの信条に反する命題や結論を主張し、吹聴する者は誰であれ、その行為を禁じ、かつ改心させなければならない。そうしない者は破門する。第9項では、聖なる教会が定めたことについて、いかなる

疑問も差し挟んではならない。それに反する者は異端として処罰する。第10項では、いかなる聖職者もカンタベリー大司教の教区において許可なく宗教的儀式を執り行ってはならない。第11項では、この法令が遵守されているかどうかを明らかにするため、毎月オックスフォード大学において審査会が開かれる。学者で異端とみなされた者はその特権を剥奪し、破門する。第12項では、くりかえしこの法令に違反した者は処罰されると記され、最後の第13項では、異端の罪にも大小があり、その罪刑の確定は迅速かつ明確な裁判手続きに則って行わなければならないと記されていた。

このように、「アランデル憲法」には内容的に重複する部分が多い。それでもふたつの点が注目される。ひとつは、この規則はカトリック教会の旧態依然たる態度を堅持したまま、その制度と信条を死守するため、ロラード派の取り締まりを強化しようとするものだった。とりわけ、「聖書のいかなる部分も著書、小冊子などの形で英訳してはならない」(第7項) という表現はその当時の旧守派の懸念を物語ってあまりある。もうひとつ、その罰則規定をみると、すでに異端者火刑法があったからであろうが、破門と改心、せいぜい財産没収と記されているだけで、死刑という言葉はみあたらない。

しかし、ロラード派の運動がこれらの弾圧法や法令によって窒息させられたわけではなかった。逆に、それに対する反発もあった。それがオールドカースルの乱となって噴出したのは1414年のことである。

オールドカースルの乱

1410年1月、オールドカースル卿 (Sir John Oldcastle: 1378-1417) の支持をえて教会財産没収法 (1406-7年にも上程) が下院に提出された。こうした動きに対してアランデルはロラード派の動きを封殺するため、ロラード派分子を火刑にし、またオールドカースル卿のケント州の領地を一時没収した。しかし、かれは法案を潰せたが、オールドカースルまで追い落とすことはできなかった。逆に、オールドカースルは公然とロラード派を名乗るようになり、ボヘミアのフス主義者に激励の書簡を送ったりした。こうして、ロラード派とアランデルの対立は抜き差しならない状況を迎えた。

同じ10年の11月、オックスフォード大学のセント・エドムンド・ホール

の学寮長（1411-3 年）であり、ウィクリフ主義者のピーター・ペイン（Peter Payne: c.1380-c.1455）は異端審問の場に引き出された。それから 2-3 年の間、異端狩りが全国各地で相次いだ。1413 年、身の危険を感じたペインはボヘミアに難を逃れた。オールドカースルにも迫害の手が伸びようとしていた。

　オールドカースルは 1401 年のウェルズ侵攻で武勲をあげ、ヘンリー 4 世の高い信頼を得ていた。同年、かれは郷里ヘリフォードシャーから議員に選ばれ、08 年には 3 度目の結婚によってケント、ノーフォーク、ノーサンプトンシャーなど広大な所領を手に入れ、コブハム卿（Lord Cobham）オールドカースルと名乗った。その頃すでにかれはロラード騎士として名を馳せていた。こうした事情が重なっていたため、アランデルにとってもオールドカースルは手強い敵手だった。しかし、教会財産没収法を議会に持ち出すような秩序紊乱的活動を放置しておくわけにはいかなかった。

　ヘンリー 4 世は 1413 年 3 月 20 日に亡くなり、即日、息子がヘンリー 5 世（在位 1413-22 年）として登位した。翌 14 年、百年戦争を再開することになるヘンリー 5 世は、その戦費調達のためという狙いもあって広大なベック修道院（敵国フランスの修道院）の所領を没収したが[37]、かれが最大の国内問題と考えたのはロラード派の活動だった。百年戦争に傾注するためにも国内に乱れがあってはならない。しかし、新王がそう決断したのはアランデルの数ヵ月におよぶ説得があってのことだった。けれども、厄介なことに、オールドカースルはヘンリー 5 世の若い頃からの友人のひとりだったのである。

　1413 年 9 月 25 日、オールドカースル卿ジョンは審問されて異端と名指しされ、ロンドン塔に繋がれた。かれの蔵書がその証拠とされた。火刑が予告されたが、ヘンリーは 40 日の猶予をおいてジョンに改心の機会を与えた。しかしその期限が切れる直前、10 月 19 日の深夜、ロンドン・ロラード派のひとりで書店主のウィリアム・パークマイナー（William Parchmyner: 生没年不詳）の計らいによって、ジョンは首尾よくロンドン塔から脱出（ヘンリー 5 世が手助けしたという見方がある）。12 月 10 日、オールドカースル卿とその支持者は正式に破門された。

　では、いつなにをめざしてオールドカースルは蜂起を決意したのか。この点、事情を審らかにしない。それでも 13 年 12 月になると、決起のための資金集めや武器購入を促すオールドカースルからの手紙がヘリフォードのロラード派の人び

とに届いた。そして14年1月8日、その有志がロンドンに集結した。しかし厳しい情勢のなかで、いったいどれほどの勢力が集まったのか。叛徒の総勢は222人以下だったといわれる。その内訳は騎士が3人、郷士 (esquires or gentlemen) が15人、聖職者が24人、富裕な商人が7人、その半数以上がブリストルからやってきた織布工などで占められていた (Knightly, 1975: 566)。

アランデルらが吹聴したところによれば、この反乱の目的は武力によってランカスター朝を倒し、ロラード派の理念に沿った新しい社会を打ち立てることだった。しかしそれにしては、その兵力はまことに脆弱、ロラード派の貴族や騎士たちの表立った支援もなかった。じっさい、集まった兵士や叛徒は200人ほどにすぎない。したがって、冷静に考えてみれば、この反乱が成功するわけもなかった。その蜂起がヘンリー側に事前に漏れており、1月10日に叛徒の一部が逮捕されたこともあって、この反乱は大きな混乱もなく不発に終わった。果たして反乱の目的がアランデルのいうようなものだったのか、眉唾ものだという見方がある。

翌々日の1月12日、捕らえられた80人ほどの叛徒のうち、69人がロンドン市裁判所で国家反逆者と断定され、翌13日に37人、19日に4人が処刑された。そのなかには、オールドカースルの副官ロジャー・アクトン卿 (Sir Roger Acton) も含まれていた (Thomson, 1965: 6-7)。

さいわい、ジョンはヘリフォードシャーに逃げのび、その居所を教えた者あるいはかれを捕らえた者に多額の報奨金が与えられると布告されたにもかかわらず、かれはそれから4年近くも行方を眩ました。それでも長い逃亡生活の末、1417年5月、かれはロラード騎士でオールドカースルの乱にも関与したトマス・タルボット卿 (Sir Thomas Talbot: 生没年不詳) にノーサンプトンシャーのシルバーストーンで会い、スコットランドを巻き込んだ政府転覆計画を練ったといわれる。しかしその目論見はまもなく政府の知るところとなり、7月には政府はオールドカースル卿を国家反逆罪に値する危険人物と断定し、かれを支援する者をすべて逮捕すると宣告した。それから4ヵ月後の11月、ついに潜伏中のオールドカースルは逮捕され、翌12月14日、ロンドンで死刑を宣告された。そしてその日のうちに、かれは絞首されたまま長い時間をかけて火炙りにされた。残忍な刑死だった。

この火刑のあと、ジェントリー層のロラード派支援の動きはすっかり鳴りを潜めた。火刑の恐怖もさることながら、国家反逆罪という名称はジェントリーや都

市中産階層にとって重い響きをもった。かれらは潮が引くようにしてロラード派から離れていった。こうして王権を背景とする旧守派はとりあえずロラード派の制圧に成功したのである (Knightly, 1975: 562-70; Rex, 2002: 71)。

けれども、これでロラード派を一掃できたのかといえば、そうではなかった。1420年代になってもかれらの運動はブリストルなどで燻り続けた。やがてかれらは地下に潜った。そのなかには下位聖職者もいたが、都市の商人や職人が少なくなかった。中下層の人びとが後期ロラード派の主たる担い手だった。かれらはしばしば住居を変え、転居をくりかえして生き延びた。かれらの活動は家庭や親族内に封印され、仲間との寄り合いも夜間に限られた。そのため、記録らしい記録は残っていない。

小さな補足

ここで前期ロラード派についてひとつふたつ補足しておこう。

まず、この前期ロラード派の台頭と浸透については、貴族や騎士のほか、ジェントリーや都市の資産家の支援が与って力があった。また、その当時のロラード派騎士といえば、トマス・ラティマー卿 (Sir Thomas Latimer)、リチャード・スタッレー [ストレー] 卿 (Sir Richard Sturry [Storey]) のほか、ジョン・チェイーヌ卿 (Sir John Cheyne)、ルイス・クリフォード卿 (Sir Lewis Clifford)、ウィリアム・ネヴィル卿 (Sir William Neville)、ジョン・モンタギュ卿 (Sir John Montague)、そしてオールドカースル卿などが知られていた。かれらはラティマーやモンタギュ、オールドカースルのようにロラード派を公言する者もいたが、ロラード派の活動家を背後から支援するだけといった場合も少なくなかった。これらロラード派騎士のなかにはかつてウィクリフに師事してかれを敬愛し、チョーサーの友人だった者もいる。じっさい、ジョン・オブ・ゴーントはウィクリフのみならず、チョーサーのパトロンでもあった。

しかし、ロラード派の支持者のなかには、ロラード騎士だけでなく、しばしばジェントリーや都市の裕福な中産階層がいた。そのため、一時期、地方政治の中心的勢力をロラード派が占めるといった光景さえみられた (Knightly, 1975: 581-7)。

もうひとつ、前期ロラード派の運動はひとまとまりの高邁な理念によって支えられ、突き動かされていたというよりも、それぞれ地方や地域の事情を反映した

性格が強かった[38]。それはオックスフォード・ロラード派と庶民ロラード派といった区分にも、またロラード派の支持層が多様であったことにも、さらにオールドカースルの乱のまとまりのなさにも反映されていた。

じっさい、ロラード派の人びとの信条についても必ずしも鮮明な像を結ばない。強いていえば、偶像崇拝に反対する者、聖体拝受説を否定する人が多かった。また告解を無効とし、非難する人もいた。一般信徒と司祭の役割の違いに異論を差し挟む人もいたし、司教の貪欲な振る舞いに批判的な人も多かった。施し物や物乞いを拒否する人もいた。

ともあれ、総じてロラード派の人びとは教皇のみならず、聖職者と教会制度に対して不信感を抱いていた (Knightly, 1975: 576-9)。

ところで、イングランドで生まれたロラード主義はスコットランドに飛び火したが、めだったのはボヘミアへの伝播だった。それがフス主義となって結実し、最後はフス戦争の引き金となった。さらに「ボヘミアでのフス革命はルターの世代に生き生きとした影響を与えた」(Dickens, 2nd ed., 1989: 46) という意味で、ウィクリフからフス[39]へ、そしてフスからルターへといった継承関係を辿ることができるかもしれない。

ウィクリフとボヘミアの関係といえば、すぐにも神聖ローマ帝国皇帝カール4世の娘であり、リチャード2世の最初の王妃となったアン・オブ・ボヘミア (Anne of Bohemia: 1366-94) のことが思い出される。二人が結婚したのは1382年[40]、しかし彼女は27歳で黒死病のため落命し、ウェストミンスター寺院に葬られた。

そのアンはウィクリフの熱心な信奉者だった。そのことがウィクリフの思想とロラード派の運動をボヘミアに広めるうえで大いに役立った (都留, 1984: 30, 39-40)。アンはプラハ大学 (1348年、神聖ローマ帝国皇帝カール4世によって創設されたドイツ語圏では最古の大学) の学生がオックスフォード大学に留学し、そこでウィクリフの思想を学び、それを母国に戻って広めるよう強く勧奨した。また、ウィクリフの著作や英訳聖書をボヘミアに持ち帰らせるために大いに尽力した。そうした留学生のなかに、フスに学んだプラハのジェローム［ヒロエムス］(Jerome of Prague: 1379-1416 —— 1390年代に留学) もいた。アンはまた、ラテン語の聖書のみならず、抄訳とはいえ、ボヘミア語 (チェコ語) やドイツ語、さらに英訳された聖書をもっていた。リチャードとの成婚に先立って、彼女はすでにウィクリの宗教

第 3 章　中世プロテスタンティズムの盛衰　233

改革思想にふれていた (Carrick, 1908: 285; Schaff, 1915: 46, 110)。

　1406 年末、ボヘミアからフスのふたりの学生がオックスフォードにやってきた。かれらに会ったロラード派のピーター・ペイン (Peter Payne ——のちに大学を追われ、ボヘミアに亡命) は、オックスフォード大学はウィクリフの宗教的見解に理解を示しているという「偽造」の手紙を渡した。年が明けてから、かれらはグロスターのケマートンに行き、ロラード派の牧師ロバート・レクラード (Robert Lechlade: 生没年不詳) が所有していたウィクリフの著作を写本し、それをボヘミアに持ち帰った。そのなかには、『聖書の真理について』『神の支配権について』『教会について』『教皇の権力について』『聖職売買について』が含まれていた。ボヘミアでは、フス自身が 1411 年のジョン・ストークス[41] (John Stokes 生没年不詳——1411 年 9 月、ジギスムントとの同盟関係を構築しようとするヘンリー 4 世の使者としてプラハに来訪し、フスの論争相手になったカルメン会修道士) への返書のなかで書いているように、ウィクリフの思想はボヘミアでもすでに 20 年ほど前から知られていた。これらの著作はフスに大きな影響を与え、ボヘミアでのフスらの運動を鼓舞することになった (Gillett, 1863, vol. 1: 67-8; Schaff, 1915: 46-7, 108-9; Knightly, 1975: 559)。

　そのウィクリフは、1414 年に神聖ローマ皇帝カール 4 世の子ジギスムント (Sigismund: 1368-1437 ——リチャード 2 世の妻アンの弟、ハンガリー、クロアチア、ドイツ、ボヘミアの諸王であり神聖ローマ皇帝) の勧奨に基づき、ヨハネス 23 世 (在位 1410-15 年) によって召集されたコンスタンツ公会議 (Council of Constance —— 1414 年から 18 年まで開催、主な出席者は枢機卿 29 人、神学または教会法博士 100 人、修道院長 134 人、大司教・司教 183 人) において、フスやその弟子のジェローム (ヒエロニムス) とともに異端と断定され、フスとジェロームは火刑、1428 年にはウィクリフもその墓を暴かれ、遺骨は焼かれ、その遺灰は川に撒かれた。ちなみに、このコンスタンツ公会議の議題は 3 つ。第 1 に教会大分裂[42]の収拾、第 2 に教会改革、第 3 に異端の一掃だった。

　このうち、第 1 の教会大分裂についていえば、コンスタンツ公会議に先立って、大分裂を解決するべく、1409 年 3 月にはピサで公会議が開かれ、そこでアレキサンドル 5 世 (在位 1409-10 年) が選ばれた。しかし、かれが翌年急死したため、ヨハネス 23 世が教皇となった。けれども、ピサ公会議が開かれたとき、ヨハネスのほか、アヴィニョンにベネディクトゥス 13 世 (在位 1394-1417 年) がおり、ロー

マにはグレゴリウス12世（在位1406-15年）いた。しかもいずれも会議を欠席。そのため、それぞれその支持基盤の脆弱な3人の教皇が鼎立するという異常事態が生まれた (Gillett, 1863: chap. 3 参照)。

　この事態を解決し、教会大分裂時代を終わらせるのがコンスタンツ公会議の最大の目的だった。ヨハネスはベネディクトとグレゴリウスが退位するならば、自分も退く用意があるとした。しかし、公会議がシモニア（聖職売買）などの罪状で自分を告発するのではないかと危惧したヨハネスは密かに会議を抜け出し、15年3月21日、ドイツにむかった。しかし途中で捕らえられ、ヨハネスは退位。それから数週間後、グレゴリウスは名誉職を与えられ15年に退位した。ベネディクトはスペインに引き籠もって退位を拒んだが、1417年7月の公会議で退位を宣告された。ヨハネス23世の遁走とグレゴリウス12世の退位によって、事実上教皇が空位となるなか、14年3月30日、第4回会議は公会議の決定が教皇の判断に優位するという裁定（「公会議主義」と呼ばれる）を下した。そしてその後の長い協議交渉の末、17年11月11日、新たにマルティヌス5世（在位1417-31年）が統一教皇に選ばれた。これによって40年続いた長い教会大分裂の時代に終止符が打たれたのである。

後期ロラード派の地下水脈

　さて、話をロラード派に戻そう。後期ロラード派がテューダー朝のプロテスタンティズムの生成にどれほどの影響を与えたのか、いまだ判然としない。じっさい、多くの異なった見方がある。

　プロテスタントがカトリック正統派の伝統的壁を突破していくうえで、ロラード派が重要な苗床になったという地域史研究に基づく見解（ときに「ディケンズ学派」といわれる）がある (Dickens, 1989; 八代、1979; Lutton, 2006)。また、ロラード派からプロテスタンティズムへのより直接的な継承関係を主張する専門家もいる (Thompson, 1965; Hudson, 1988)。しかしそれとは逆に、後期ロラード派とヘンリー8世の宗教改革の間には直接的関係はなく、一般民衆の宗教意識は保守的かつ現状肯定的なものであり、ヘンリー8世の宗教改革に対しても一般的に批判的だった。したがって、ロラード派の影響は地域的にもごく限られたものだったというディケンズ学派に対する修正主義的見解もある (Scarisbrick, 1969 [new ed. 1997];

Haigh,1987; Duffy,1992)。さらにいえば、中産的ロラード派の考え方が福音主義およびエラストゥス主義 (Erastianism ——国家が教会事案の処理に支配権をもつというスイスの神学者トマス・エラストゥス [c.1523-83] の思想) に傾倒する改革派学識者を巻き込みながら貴族層まで浸透していったプロセスがイングランド宗教改革にほかならないという穿った議論も見受けられる (Davis, 1982)。

　すでにみたように、不発に終わったオールドカースルの乱とその首謀者の処刑は、異端者火刑法やアランデル憲法と相俟って、聖俗いずれの世界においてもロラード派を追い詰めていった。なによりもオールドカースルとその同志が国家反逆罪というレッテルを貼られたことが大きかった。その罪状を聞いて、それまでロラード派を支持してきた騎士やジェントリーあるいは都市富裕層の多くがその運動から離反していったからである。

　そののち、ロラード派は 1430 年代以降、約半世紀以上にわたって地下に潜行した。表面的にはその活動は鎮静化し、かれらは壊滅したかにみえた。しかし 15 世紀末になると、ロラード派は蘇生しはじめ、社会の陽面に時折その姿をみせた。その命脈は 1520 年代まで保たれていたが[43]、大陸ヨーロッパから伝播した人文主義と部分的に共鳴しつつ、やがてルター主義など新たに大陸から伝播した宗教改革的潮流のなかに吸収されていったようにみえる。

　後期ロラード派の鎮静化については、イングランドにおける主だった異端者起訴件数の推移からみてとることができる。ジョン・トムソンの調査によれば、1414 年のオールドカースルの乱に関係する事案を除くと、それ以降では、① 1428 年のケント州テンターデンでの起訴 (30 人以上、以下では人数と結果を記す)、② 1428-31 年のイースト・アングリアでの起訴 (3 人火刑、40 人異端放棄、10 人無罪)、③ 1438 年のケント州テンターデンでの起訴 (5 人処刑、国家反逆罪)、④ 1440 年のハンプシャー州サウス・サリーでの起訴 (34 人起訴、1 人処刑)、⑤ 1462-4 年の中部イングランドのチルターン丘陵での起訴 (1 人火刑、27 人異端放棄、5 人無罪)、⑥ 1472 年のグロスターシャーでの起訴 (12 人、異端放棄)、⑦ 1476 年のウェルズ・バース司教区での起訴 (8 人、結果不詳) があり、テューダー朝初代のヘンリー 7 世 (在位 1485-1509 年) 時代になってからでは、⑧ 1486 年のコヴェントリーでの起訴 (8 人、異端放棄)、⑨ 1491 年のニューベリーでの起訴 (13 人、異端放棄)、⑩ 1494 年のノース・エヤーズシャー (30 人、結果不詳)、⑪ 1496 年のロンドン、サウスウォーク

での起訴 (12人、異端放棄)、⑫ 1499年のロンドンでの起訴 (12人、異端放棄)、⑬ 1499年のレディングでの起訴 (8人、異端放棄) ⑭ 1499年のノース・バークシャーでの起訴 (14人異端放棄、うち1人は再改心によって火刑)、⑮ 1506年のロンドンでの起訴 (6人、異端放棄) となっている。そして次代ヘンリー8世が登位してからは、ほとんど毎年、上記のような先例のある地域で起訴事案が発生した (Thomson, 1965: 237-8; Hudson, 1988: 447-9)。

この調査結果からは、1440年から85年までの間、ロラード派の起訴件数はわずか4件、1485年から1509年までのヘンリー7世時代が7件、そしてヘンリー8世時代になると、一挙にその数が増えていることがわかる (八代、1979: 58)[44]。

したがって、こうしたデータに大きな遺漏がないとすれば——前期および後期ロラード派の正確な人数がどれほどのものだったか審らかにしない——、15世紀後半になると、ロラード派の運動はいったん鎮静化し、その後15世紀末のテューダー朝になる頃から再燃したと推測することができる (八代、1979: 57-8)。いいかえれば、後期ロラード派の再登場はテューダー朝の成立とほぼ時期を等しくしていたようにみえる。

前期ロラード派との違いをいえば、第1に、後期ロラード派には前期のオックスフォード・ロラードのような知的リーダーはいなかった。第2に、その運動は地下に潜行した「静かな」ものだった。かれらも表面的には伝統的な教会儀式に参加した。第3に、地域的にみると、その活動はチルターン丘陵地域、ロンドン、エセックス、ケントなどでだった。しかしイングランド南西部に限らず、一部西部や西北部にも広がっていた。第4に、その支持層の中心はほとんど文字が読めない都市中下層の商人や職人だった。毛織物の生産や流通に関わっていた者が多く、「織物産業の中心地がロラード派の拠点だった」(八代、1979: 59) という見方がある。また15世紀前半、ロラード派の政治的展望が閉ざされると、かえってロラード派の「プロレタリアート的」性格が強まったという理解もある (Dickens, 1989: 49)。かれらは仕事上、他の地域との交流が多く、それが後期ロラード派の地域間ネットワークを形成した。第5に、ロラード派の支持層が前期と変わったこともあり、おのずから教義上の正確さは損なわれざるをえなかった。ウィクリフは尊敬されていたが、内容的には問題の多いウィクリフ通俗本が出回るようになった。

それでも宗教教義という点では、前期ロラード派と同じく、後期ロラード派においても聖書至上主義が掲げられ、それに伴って聖体拝受、告解、偶像崇拝、死者のための祈祷、煉獄、赤子に対する洗礼などの考え方や儀式が否定されただけでなく、聖職者の清貧が推奨され、終末論的思想も息づいていた。その意味で、前期と後期のあいだに教義上の大きな断層はみられない (Hudson, 1988: 470; 八代、1979: 60, 63)。

このロラード派をひとつの川に喩えた歴史家ディケンズは、後期ロラード派が担った歴史的役割について、1520年代を脳裏に浮かべながらこう述べている。ロラード川という多少濁った、しかし静かで深い地下水脈が宗教改革という大きな湖に辿りつくまで地表に現れることは滅多になかった。この湖に注いだ最大の河川といえば、カトリック正統派になるが、大陸ヨーロッパに立ち上がったプロテスタンティズムが目を見張るような大きな滝となってこの湖に流入しはじめた。しかし、その水量はまだ正統派に劣っていた、と。

これらふたつの新旧の河川に比べれば、ロラード川など取るに足らないもののようにみえる。けれども、その古い小さな流れは長い時間をかけてその湖底に貴重な養分を沈殿させた。この湖からやがて宗教改革の水柱が勢いよく噴き上げることになったのはそのおかげである、と (Dickens, 1982: 252──第2パラグラフ以下はディケンズの論旨に沿った筆者の追記)。

たしかに、ロラード川を遡れば、ウィクリフの石清水の源泉に辿りつく。しかし、果たして後期ロラード派がイングランド宗教改革の時代までよくその命脈を保ちえたのかどうか。そうだったとしても、それがどれほど重要な触媒となって「下から」の宗教改革を促すことになったのかという点になると、地域差も大きく、ディケンズの主張に揺るぎない証拠を見出すことは難しい。

注
1 ラングランドはロンドンの小さな教会に属した身分の低い貧しい聖職者だったらしい。中世の聖書学によれば、「農夫」は伝道者・預言者・キリストなど意味し、また「ピアズ」(Piers) は聖ペトロの変形であり、それは神やキリストをさす (詳しくは、池上、1993参照)。
2 『農夫ピアズの幻想』の訳者池上忠弘は、この「悪疫」は「第1回の黒死病 (1349) と

61年の第2回をさしているのであろう」と記している (池上、1993: 174)。

3　シトー会あるいはシトー修道会は1098年、ブルゴーニュの修道士モレームのロベール (Robert de Molesme: 1027-1111) によって設けられた。シトー会はそれよりも1世紀ほど前につくられた壮麗で豪華な典礼とミサや祈祷によって知られていたクリュニー会 (909年創設) とは対極的な性格をもっていた。クリュニー修道院はその豪奢な施設や莫大な富、強大な中央集権的組織によって「クリュニー帝国」と呼ばれるものを構築したが、それは修道士による「代祷あるいは執り成し」によってであった。代祷とは、裕福な人びとが生前クリュニー会に土地や財産を寄進し、修道士がその寄進者に代わって祈祷を行い、寄進者の死後その煉獄にある魂を永遠の生命に救い出す行為をさす (朝倉、1996: 35-44)。こうして、「クリュニーの清貧は修道士の清貧ではあったが、修道院のそれではなかった」(堀米、2013［1964］: 197) という事態に陥った。

他方、「白い修道士」で知られたシトー会は「聖ベネディクトの戒律」(530年頃の作成) を厳守し、清貧と質素、苦行と自己労働、世俗からの離反、修道会の自立性などを重視した。

4　1260年以降の「第3の時代」の担い手が「聖者の修道士的コミュニティ」であるというヨアキムの言明と、1206年のドミニコ会、1209年のフランチェスコ会の創設とその後の発展との間には、何らかの因果関係を想定することができるのかもしれない。

明白なことのひとつは、1240年代になると、フランチェスコ会あるいは「小さな兄弟会」のなかにヨアキムの思想が浸透し、とりわけその聖霊派に大きな影響を及ぼしたということである。

5　腐敗した教会秩序を根本から問い直そうとするヨアキムのラディカルな「神学的歴史主義」(theological historism) は、のちにスコラ哲学に対して信仰の純粋さを対峙させたルター、デカルト的合理主義の空疎さを突いたパスカル、ヘーゲルの宗教哲学や自己満足に陥ったプロテスタンティズムを告発したキェルケゴールとそれぞれに異形同型だというカール・レーヴィットのような見方がある (Löwith, 1949: 157)。

ヨアキムの歴史図式はレーヴィットが指摘するように、その終末論といい、「新たな指導者」としてのプロレタリアートといい、また革命後の「自由の王国」の到来といい、マルクスの歴史哲学に大きな影響を与えたという見方がある。宗教は麻薬であると言い放ったマルクスではあるが、かれを近代の代表的ヨアキム主義者のひとりに数えることができるかもしれない。

6　この後者の人びとの考え方によれば、「教会の聖務は、究極的には使徒ペテロに対する主の依託に基づくもので、ペテロの後継者であるローマ教会の首長の許可によらない、いかなる聖務執行も権限の簒奪にほかならない」のであり、したがって「説教はこの聖務の重要な機能に属する以上、聖職者以外の何びとも他にどんな理由があったにせよ、自由につまり各人の所属する教会の責任者、司教の許可なしに行うことは

許されない」(堀米、1964 [2013: 201]) という基本的規範を字義どおり忠実に適用しようとするものだった。

7　中世盛期におけるカトリック教会による異端審問は11世紀初めからみられたが、12世紀になると、その数がめだって増えた。すでにみたカタリ派の運動が活発化したからだった。異端審問制度の整備という点で大きかったのは本文中でふれたルキウス3世の「アド・アボレンダム」(1184年)の発布だった。

　　1230年代になると、それまで各地の司教がリーダーシップを執って行っていた異端審問は、教皇グレゴリウス9世(在位1227-41年)の決定によって教皇が直接任命する異端審問官を各地に派遣して行われるようになった。

　　ちなみに、グレゴリウス9世は終生、神聖ローマ帝国皇帝フリードリヒ2世(在位1194-1250年)と対立、破門と侵略をくりかえした。教皇がインノケンティウス4世(在位1243-54年)になっても、フリードリヒ2世との対立は解消しなかった (Maxwell-Stuart, 1997: 112-4, 訳143-6)。

8　この「小さな兄弟会」というときの「小さな」という言葉は、「大きな者」あるいは権力と富をもった者、さらには「初心を忘れた」ローマ教会に対する批判的含みをもって使われていた (小田内、2010: 168)。この点、コンヴェントゥアル・フランチェスコ会司祭である川下勝は、「貧しく生きることは小さな者として生きるということの具体的表現である」(川下、1988: 60) と書いている。

9　フランチェスコ会はやがて勃興期の大学にも進出し、多くの有力な学者を輩出し、ドミニコ学派に並び立つフランチェスコ学派を生み出し、スコラ哲学の双璧をなした。13世紀の前期フランチェスコ学派の中心人物はグロステストとボナヴェントゥラといってよいが、14世紀の後期フランチェスコ学派はドゥンス・スコトゥスやウィリアム・オッカムがそれを代表した。

10　これらのフランチェスコ会修道院はテューダー朝のヘンリー8世によって解体の憂き目に遭うことになるが、それについては第5章第3節でふれる。

11　労働の報酬(金銭を除く)を受けとることはよいが、なぜ金銭を受け取ってはならないのか。この点、当時の金銭は一般的に硬貨であり、不動産と同じ恒久財とみられていたからだという解釈がある (坂口、2001: 注7 [訳89])。

12　正確には、1250年代のはじめ、パリ大学神学部にはドミニコ会から2人、フランチェスコ会から1人の教授(初代はヘイルズのアレクサンデル [Alexander of Hales: c.1185-1245]、1253年にボナヴェントゥラ)が就任していた。折しも、在俗司教たちからの托鉢修道士の越境的説教活動に対する不満と抗議が相次ぎ、パリ大学は1252年、各修道会が神学部に占める講座はそれぞれ1講座に限るという布告を出した (坂口、1999: 128-9)。

13　オッカムは長くマートン・カレッジの卒業生だとされてきた。しかし『マートン・

カレッジ史』(1997年)にはかれの名前はない。オッカムがフランチェスコ会の会士だったという見方にも疑義があるとされる (Martin and Highfield, 1997: 53)。

14　この著作はその当時でも最も基本的な神学書とされ、多くの神学者(たとえば、ヘイルズのアレクサンデル、アクィナス、ボナヴェントゥラ、スコトゥスなど)がそれに注釈を施してみずからの神学的見解を錬磨した。

　　ちなみに、ボナヴェントゥラはパリ大学の教授を務め、若くしてフランチェスコ会の第8代総長になった。しかし総長在任中、ロジャー・ベーコンのオックスフォード大学での講義を禁止したことでも知られる。ベーコンの哲学は同時代人アクィナスとは異なり、アリストテレスに批判的であり、プラトンの神秘主義的思想に共鳴するものだった。

15　ラングランドは、『農夫ピアズの幻想』の第五歌のなかで、1360年代の黒死病の再来襲や「南西の暴風雨」の惨状にふれながら、それら悪疫や自然災害は、「最後の審判の日がまだ来ないうちに、罪源［7つの大罪の意］がかれらすべてを絶滅させてしまう前兆である」と書き、その最後の審判については、「国王や騎士の身分は最後の審判日に人びとが天国に赴くのに役立たないし、富も地代も貴族の威厳も役に立たないのです。パウロも富める者が天国に入ることはありえないと確言しています。しかし、耐え忍び難行苦行している貧しい人びとには天国に相続財産(至福)はあるけれども、富める人びとにはありません」と、〈著作〉に語らせている (池上訳, 66, 137)。

16　このくだりは、本文中でもふれたヨハネス22世と神聖ローマ帝国皇帝ルートヴィヒの確執、オッカムのルートヴィヒの居所への逃避行を思い起こさせずにはおかない。

17　この「教皇ベネディクトゥス［12世］への反論」(1337年)のほか、「対話篇第3部」(1340-41年)、「教皇権力に関する8提題」(1341-2年)、「教皇の専制支配に関する小論」(1342年)などのオッカムの諸論文はオッカムとウィクリフ、フスの論文を集めた抄訳集『宗教改革著作集』第1巻「宗教改革の先駆者たち」(教文館、2001年)に収められている。

　　オッカムの他の論文の論旨は――それらの論文のほうが聖書、教会法、教父の諸著作などをより正確に引証する形で論旨が展開されており、またその形式も違っているが――、ここでの関心からみるかぎり、最初の「反論」と大きく重なる。なお、オッカムが理想視した政体も含めてかれの政治思想全般については、池谷 (2000: 第3-5章) が詳しい。

18　この点については、たとえば Robbins (1928) のほか本書第2章参照。

19　フィリップ4世は王室財政の再建のため、他にも多くの施策を講じた。1296年には教皇庁への献金を停止し、1306年にはフランス国内にいたユダヤ人を追放してその財産を没収した。さらに、フィリップは王室に対して莫大な債権をもっていた富裕なテンプル騎士団の壊滅を図り、王室債務を無に帰し(借金を踏み倒し)、あまつさえ、そ

の財産没収を画策したのである。

　ユダヤ人を追放した翌07年10月、テンプル騎士団のメンバーを突如一斉に逮捕し、異端の汚名を着せて拷問にかけた。1312年になると、フィリップは教皇クレメンス5世にヴィエンヌ公会議を開かせてテンプル騎士団を活動停止にし、その財産を没収した。しかもそのあとで、テンプル騎士団のリーダーを火炙りの刑に処して事実を闇のなかに葬った('Philippe IV le Bel', 'Knights Templar', WP)。

20　教皇主義とガリカニスムの対立は、アナーニ事件とその後のアヴィニョン捕囚によって終息したわけではなく、その後もくりかえし再燃した。

21　かつての「カノッサの屈辱」(1077年)が象徴していたのは教皇主義の「敗北」ではなく、「勝利」だった。神聖ローマ帝国では皇帝が国内司教の叙任権をもち、教皇選出についても影響力を発揮するようになったが、次第にその権限を強めつつあった教皇はこの流れに反発、聖職叙任権を自らの掌中に収めようとした。グレゴリウス7世(在位1073-85年)は聖職叙任をめぐって皇帝権に対する教皇権の優位を主張し、1076年皇帝ハインリヒ4世を破門、78年にはハインリヒが教皇に謝罪した。

　しかし、両者の対立は容易に解消せず、ヴォルムス協約(Wormser Konkordat, 1122)を待たなければならなかった。しかもその協約自体、皇帝は司教と修道院長の叙任権を放棄し、世俗的授権にのみ関与するとしたが、皇帝は司教と修道院長の叙任に立ち会い、その選出が難航したときには指名権をもつという曖昧さを残した('Pope Gregiry VII', 'Wormser Konkordat', WP)。

22　アラビアの哲学者アヴェロエス(Averroes: 1126-98)とその追随者が唱えた思想であり、13世紀にパリ大学で流布した。いわゆる「二重真理」(啓示的真理と理性的真理)の主張や人間の自由意志を否定する決定論で知られ、アルベルトゥス・マグヌス(Albertus Magnus: 1193-1280)やアクィナスと対立した('Averroes', WP)。

23　プロテスタンティズムという言い方については違和感があるかもしれない。しかし、ウィクリフは教皇主義非難の急先鋒として(ローマからみた)一個の「異端」という以上の存在だった。かれは一国の公権力、すなわち君主(エドワード3世とリチャード2世)および当代の絶対的権力者ランカスター公ジョン・オブ・ゴーントと切り結んでその保護下におかれ、外交使節団の一員にもなった。この点まで考えれば、ウィクリフを単なる宗教的「異端」というだけでは不十分である。

　この点、城戸毅は、のちにみるロラード派やプラハのフス派は中世末期の代表的異端であり、いずれもウィクリフにその源泉を求めることができること。かれらは「教義上の教会批判に止まらず、政治社会体制の転覆活動まで進んだ点に特異性をもつ」(城戸 1991 c.415-6)と書いている。

24　この調査結果は審らかにしないが、イングランド不在の高位聖職者には、たとえばヨーク、ソールズベリー、リンカンの各司教に任じられていた3人の枢機卿のほか、

カンタベリー、ダラム、サフォーク、ヨークの各副司教(archdeacon)、テーヌとナッシンドン、ヨークの各聖堂参事会員(prebendary)などがいた。かれらは年額2000マーク以上の金を教皇や国王に献上していたといわれる(Vaughan, 1828, vol. 1: 334)。

25 　ウィクリフが教皇、教会、聖職禄、聖職売買、托鉢修道士、教会への寄進、清貧について論じた『教会論』(1378年)は出村彰によって抄訳され、上記注17の『宗教改革著作集』第1巻「宗教改革の先駆者たち」に収録されている。

　それによれば、教皇は教会の首長ではない(キリストが「教会の首長」である)。教皇は無謬でなく、また救いに選ばれた者でもない。赦罪や贖宥、まやかしの呪詛によって、「多くの良心をもつ人びとは、福音よりも教皇に信頼を寄せる結果となった」。「聖職禄なるものが故に、司祭は人びとにとって盗賊のごとくなった」。教皇は、聖職禄の保持者を自由に選ぶ権利を神から与えられていると言い張り、聖職売買が瀰漫する結果になった。「教皇と聖職者はキリストの清貧を実行すべきである」。教皇はすべての枢機卿や司祭たちとともに、その聖職禄およびこの世の栄華を辞退すべきである。教皇には、聖務執行停止などの譴責を行う権利はない。

　また、托鉢修道士たちは子女をたぶらかし、遺産を収奪し、穀物のみならず、動物やその他の財貨を纂奪した。福音の宣教を怠り、まじめな在俗司祭の職責と生活を脅かし、法廷の特権を濫用して不正な財を築いている。托鉢修道士は異端であり、教会から放逐すべきであるなどと記されている(出村訳137-63)。

26 　この点は、上記『宗教改革著作集』第1巻(出村訳113-36)に収められたウィクリフの「祭壇の秘跡について」(1381年頃執筆)において詳論されている。

27 　その8つとはつぎのとおりである。①キリストは謙虚で貧しかったが、教皇は傲慢で貪欲である。②キリストは教会にとって救済だったが、教皇もその追従者も教会にとって重荷となっている。③キリストは世俗の所有を退けたが、教皇はその所有に執着している。④キリストは虐げられた者の苦しみを和らげ、病める者を癒やした。教皇は壮麗な建物に住み、貧しき者を苦しめている。⑤キリストはすべての者に無償で神の恵みを与えたが、教皇は精神的安逸を金で売り、聖職売買の罪を犯している。⑥キリストはすべての者が福音に浴するよう祈ったが、教皇は聖書に反する勅書でかれが選んだことのみを語る。⑦キリストは世俗の栄誉や悪銭を遠ざけるよう諭したが、教皇はその逆を行うよう命じている。⑧キリストはその約束に対して誠実であるが、教皇は虚言と詐欺に満ちている(Loserth, 1896: Introduction: 19-20)。原文はウィクリフの『福音書』(1384年)にある。

　なお、ウィクリフは『教会論』(1378年)においても全篇を挙げて激しい論調で教皇を批判している。

28 　『カンタベリー物語』における女子修道院長の特別の位置づけに注目した式井久美子は、当代の修道院についてこう書いている。「当時、貴婦人たちは好んで修道院に滞

在し、時には夫の出征中1年にもわたって逗留することがあった。このようにして宮廷の慣習、流行の服装、ペットの飼育といった贅沢な生活様式が（修道院に）持ち込まれたことが容易に想像できる。これらが修道精神の弛緩、世俗化、共同体の弱体化、堕落、腐敗を招く要因となっていたことは否めない」（式井、1984: 127）と。

29　したがって、ウィクリフは煉獄の存在を肯定していたようにみる。この点、のちのプロテスタントの主張とは異なる。

30　アンソニー・ケニー（Anthony Kenny）やリチャード・レックス（Richard Rex）も、ウィクリフにおける神の予定説と人間の自由意志の両立という考え方を主張している（Kenny ed., 1986: 39-41; Rex, 2002: 38-9）。

31　コートニーが設けた高位聖職者などからなる審問委員会の結論は、24の見解のうち、10項目が異端、14項目が誤謬というものだった。とくに異端とされたのはウィクリフのつぎのような教義である。聖体拝受説の否定（1-3項）、大罪を犯した聖職者の聖餐執行権の否定（4項）、形式的告解の否定（5項）、神が悪魔に従うべきだという逆説（6項）、福音書に基づくキリストによるミサという考え方の否定（7項）、堕落した罪深い教皇の否定（8-9項）、聖職者の世俗的財産所有の否定（10項）といった教義がそれである（Foxe, 1837, vol.3: 21）。

　その結論は大々的な儀式を催して公表され、その複本がロンドン司教、ラターワースのリンカン司教のほか、王室や議会にも送付され、しかるべき行動（処分）が必要である旨、書き添えられた。

　コートニーは若きリチャード2世に会って、「もしこの異端者（ウィクリフとその門弟たち）が庶民の劣情に訴える機会を放置しておくならば、われわれの破滅は避けがたいものとなるでしょう。われわれはロラード派を黙らせなければなりません」と告げ、リチャードは「死罪に値する曲説を言い張る者は国の監獄に繋がれる」と断じ、上院もこのリチャードの判定を是とした（下院は承認しなかった）。それらを踏まえて、1382年5月26日、ロラード派取り締まりの勅令（異端取締令）が発せられたのである（Carrick, 1908: 138-9）。

32　1388年にはケンブリッジ令（Statute of Cambridge）も公布された。のちにみるように（第6章注78参照）、この法律は労働者や浮浪者が許可なく他地域へ移動（逃散）することを禁じ、真の貧者と健常でありながら働かない怠惰な者とを峻別したうえで、浮浪者に対して強制労働を課すなどイングランド救貧法の一里塚となった。

33　ウィクリフとも面識があったロラード派の年代記作家ヘンリー・ナイトン（Henry Knighton: c.1396年没）は、ロラード騎士（Lollard Knights）として5人の名前を挙げている。トマス・ラティマー卿（Sir Thomas Latimer）、ジョン・トラッセル卿（Sir John Trussel）、ルイス・クリフォード卿（Sir Lewis Clifford）、ジョン・ピーチ卿（Sir John Peache）、リチャード・ストレー卿（Sir Richard Storey）、それにレジナルド・ヒルトン卿（Sir

Reginald Hiton) である。

34 その中世英語による原文は Hudson ed.(1997: 24-9) に収録されている。また邦文では、柴田忠作による訳業 (柴田、1978) がある。但し、本文中の訳文は柴田訳を踏まえて一部改訳した。

35 その根拠とされるのは、この『諫言』とパーヴェイの著作『ウィクリフ聖書への一般的序文』(*General Prologue of the Wycliffe Bible*, 1395) とのあいだに内容上の著しい類似性がみられるからである ('John Purvey', WP)。

36 もっとも、この異端者火刑法によってロラード派の面々がつぎつぎと逮捕され処刑されたということではない。その動きがめだつようになったのは、オールドカースルの乱以降のことである。

37 ベック修道院の所領はノルマンの征服以降、主として寄進によって全イングランドにわたって急速に拡大していった。13世紀半ばには7つのマナー、1294年には14のマナー (ウィルトンシャー、オックスフォードシャー、バークシャー、ハンプシャー、ミドルセックス、バッキンガムシャー、ウォーリックシャーなど) を所有した。他の多くの教会マナーとは違って、ベック修道院のマナーでは農耕が中心であり、牧畜は副業的存在だった。14世紀半ばの黒死病のあと、その直営地の労働力は賦役労働から雇用労働へ変わり、また地代は金納化された。所領内ではいくどか農民一揆が起きたが、自分たちの祖先は自由農だという主張がめだった。14世紀末までにほとんどの直営地から手を引き、それを農民に分割所有させるかあるいは貸与して「不在地主」となった。15世紀末には、イングランドの修道院として独立した2つの僧院を除くと、残りはヘンリー8世の修道院解散令を待たず、大修道院のほとんどが消滅した (Morgan, 1946 のほか、その詳細な「紹介」として近藤晃、1954 参照)。

38 この点は、前期ロラード派についての Knightly (1975) や後期ロラード派に関する Thomson (1965) といった研究書の章構成が地方・地域別になっていることからもうかがえる。

39 ヤン・フス (Jan Hus [John Huss] c.1369-1415年) はプラハ郊外フシネツ (Husinec) の生まれ、1393年にプラハ大学を卒業、98年には講師となり、1402-3年にかけて学長を務めた。その間、市民の寄付で建設されたプラハのベツレヘム礼拝堂の助任司祭となり、聖務のかたわら聖書とウィクリフの研究に精励した。その頃、フスはウィクリフの『鼎談』(*Trialogus*) をチェコ語に翻訳したといわれる ('Jan Hus', WP)。

40 この結婚についてはイングランドの議会筋や貴族たちから反対があった。イングランド王室の財政逼迫の折り、ミラノの富豪貴族の娘で莫大な持参金をもって嫁いでくるカテリーナ・ヴィスコンティ (Caterina Visconti: 1361-1404) との別の結婚話もあった。しかし、アンの父は神聖ローマ帝国皇帝でボヘミア王でもあったカール4世 (神聖ローマ帝国皇帝[在位1355-78年]、ボヘミア王[在位1346-78年]) であり、彼は当代のヨー

ロッパでは最強の君主とみなされ、全ヨーロッパの人口と領土のおよそ2分の1を支配していた。

ローマ教皇ウルバヌス6世(在位1378-89年)は、リチャードとアンの結婚を認め、カール4世の子でアンの異母兄にあたるボヘミア王でドイツ王でもあったヴェツェル(Wenceslas: ボヘミア王[在位1363-1419年]、ドイツ王[在位1376-1400年])と連携し、アヴィニョン教皇クレメンス7世(在位1378-94年)を威圧して優位に立とうとした('Anne of Bohemia', WP)。

41　ストークスはプラハ滞在中、多くの機会を捉えてイングランドではウィクリフは異端者とされており、その著作を持ち、また読むことは禁じられていると訴え、プラハの民衆に強い衝撃を与えたといわれる。

かれはフスから申し込まれた公開討論を拒絶したが、コンスタンツ公会議ではフスの思想を論難した(Schaff, 1915: 108-9)。

42　コンスタンツ公会議と同じように、教皇が鼎立し、3人とは別の人物が新教皇に選出されたという先行事例がある。教皇の乱脈で豪奢な生活と聖職売買が問題の出発点だったという点でもよく似ている事例である。

神聖ローマ帝国皇帝ハインリッヒ3世(在位1046-56年)が呼びかけて1046年にイタリアのストリ(Sutri)で開かれた教会会議がそれである。そのときは、ベネディクトゥス9世(在位1032-44年、1045年、1047-8年)、シルウェステル3世(在位1045年)、グレゴリウス6世(在位1045-6年)を廃位あるいは退位させ、新たにクレメンス2世(在位1046-7年、1047年10月死去)を選出した。しかし、クレメンスが1047年10月に死去したため、再度ベネディクトゥスが復位した。けれども皇帝ハインリッヒは1048年7月にベネディクトゥスを廃位追放し、新教皇としてダマッス2世(在位1048年)を戴冠させた。ところが、そのダマッスも就任1ヵ月足らずで死亡(それについては病死説と毒殺説がある)。その後、ハインリッヒが推挙してレオ9世(在位1049-54年)が教皇になった。かれは教会改革に精力的に取り組み、シモニア(聖職売買)や聖書者の妻帯禁止などを徹底、のちのグレゴリウス改革に先鞭をつけた('Pope Gregory VI', 'Council of Sutri', WP)。

43　1518-21年にソールズベリー首席司祭だったロングランド(John Longland: 生年不詳、1547年没、1521年から没年までリンカン司教)が行った異端調査によれば、後期ロラード派とルター派との接点は判然とせず、摘発された書物はおおかたウィクリフ主義あるいはロラード派のものだった(Hudson, 1988: 484)。

44　ヘンリー8世時代になってから、後期ロラード派の起訴件数がめだった増えたのはなぜか。「犯罪」統計はいつの時代でもそうだが、かれらロラード派の活動の活発化あるいは蘇生という見方がひとつ。しかし、取締まりの強化という見方もある。いずれがより正鵠を射ているか、あるいはいずれの要因も働いていたためか、俄に判断できない。

第4章

複合国家の解体と王権強化

梗　概

　1337年のフィリップ6世によるエドワード3世治下のアキテーヌ公領没収に端を発し、1453年のボルドー陥落によって終結するイングランドとフランスとの百年戦争は116年に及んだ。途中、長短の休戦期間があった。長い休戦はふたつ。1360年から69年までの10年間、1389年から1415年までの25年間である。開戦時、王位継承権および臣従関係というふたつの争点があったが、その遠因はノルマンの征服および「アンジュー帝国」の成立によって生み出された特異な複合国家に求めることができる。

　百年戦争は大きく4つの時期に分けられる。第1期と第3期はイングランドが優勢だったが、第2期と第4期はフランスが優位に立った。この長い戦いの最大の歴史的意義は特異な複合国家を解体したことにある。また騎士道が衰え、名門貴族が衰退しはじめたことも見落とせない。

　イングランドでは百年戦争の敗退によってランカスター家とヨーク家の薔薇戦争が勃発した。他方、フランスはブルゴーニュ戦争を経て絶対王政への歩みをはじめる。

　その薔薇戦争はとるに足らない有力貴族の私闘にすぎないという見方もあるが、戦いに勝ったヨーク朝初代のエドワード4世は貴族の弱体化政策、王室財政および中央行政官僚制の強化、下院との融和政策、重商主義政策などを通じて王権強化を図った。その結果、形骸化した封建制である「疑似封建制」も衰弱を余儀なくされ、次第に近世主権国家としての形式が整えられていった。

この章では、百年戦争のプロフィールを簡潔に素描し、イングランドの敗北による特異な複合国家の解体と、その敗戦がきっかけとなって起きた薔薇戦争を取り上げ、その歴史的意義について考えてみる。

　一般的に百年戦争といえば、ヴァロア朝初代のフランス王フィリップ6世 (Phillippe VI: 在位 1328-50年) が1337年5月24日、アンジュー朝第8代エドワード3世に対してアキテーヌ公領の没収を宣言し、これに応じてエドワードがフランス王に対する臣従礼を破棄してフランスの王位継承権を唱えたことに端を発し、1453年のガスコーニュのボルドー陥落をもって終わる116年に及ぶ英仏王国間の長い戦争のことをさす。

　その構造的遠因を遡れば、ノルマンの征服および「アンジュー帝国」の成立に至りつく。というのも、フランス王と臣従関係――それがいかに名目的なものであれ――にある有力貴族 (ノルマンディー公やアンジュー伯、アキテーヌ公など) がイングランド王として君臨するという錯綜した特異な複合国家システムがノルマンの征服、「アンジュー帝国」によって作り出されたからだった。

　封建制的関係を遵守するかぎり、フランス王に臣従する有力諸侯にとってフランス王の敵は自らの敵であるとし、一旦緩急あれば、王命に従って戦場に赴かなければならない。それが封建制の基本規範である。しかし、この複合国家の構造によって、フランス王の敵がイングランド王であるという矛盾した関係を生み出した。

　それだけではない。フランス王は臣従礼を楯にして、諸侯所領内の貴族や一般人からの国王への上訴権を認め (ときにそれを意図的に促し)、その所領の行政や司法に介入することができた。運用次第では、国王裁判権に基づいて (たとえば高等法院への出廷を拒んだとき)、諸侯の所領公領を没収すると宣告することもできた。

　じっさい、遠くはジョン失地王に対する所領没収 (1202年4月) もそうだったし、近くはサン・サルドス戦争におけるシャルル4世による所領没収 (1324年6月) も、また百年戦争のときのエドワード3世に対するフィリップ6世のアキテーヌ公領没収宣告 (1337年5月24日) もそうであった。

　ともあれ、12世紀初めのヘンリー1世とルイ6世の3次にわたる戦争以降、13世紀末のガスコーニュ戦争と14世紀前半のサン・サルドス戦争まで、百年戦争に先立つイングランドとフランスの王位継承および所領をめぐる長い紛争はこ

の特異な複合国家の構造に端を発し、それが両王国間の延々とした相互牽制と介入、進攻と奪取、休戦と和平、戦争の再開といったサイクルの駆動力となった。その「最後の」闘いが百年戦争ということができる。最後という意味は、フランスの勝利で終わったこの百年戦争によって、ノルマンの征服によって両王国に埋め込まれた特異な複合国家という構造が基本的に解体し、国民意識の形成も含めていまにつながる両国の国境線がほぼ固まったからである[1]。

第1節　複合国家の解体——百年戦争の帰結

のちに百年戦争[2]と呼ばれたフランス王国とイングランド王国——あるいはカペー王家・ヴァロア王家とアンジュー王家・ランカスター王家——のフランスの王位継承権と所領をめぐる史上最長といわれる戦いがいつ始まり、いつ終わったのかについて、またその長い戦争をいくつに区分すべきかについて多くの見方がある（城戸、2010: 10-1）。

画期・国際環境・「国家のなかの国家」

その時期区分にも関係するが、ふたつの王国が100年以上も切れ目のなく闘いを繰り返したわけではない。その間に、和議と条約を挟みながら、いくども「戦争→休戦→戦争再開→再休戦」というサイクルがくりかえされた。休戦という意味では長い休戦期間がふたつあった。ひとつは1360年から69年までの10年間、いまひとつは1389年から1415年までの25年間である。前者は56年9月のポワティエの戦いでイングランドが勝利して結ばれた1360年のブレティニ・カレー条約（あるいはカレー条約）を区切りとするものであり、後者は両王国における内紛と内乱（イングランドのワット・タイラーの乱やアンジュー朝の終焉騒動、またフランスではアルマニャック派とブルゴーニュ派の長期内戦）に伴う休戦であり、その期間はじつに四半世紀に及んだ。とはいっても、休戦の最中でも和平協議が行われ、小競り合いもあった。またこれら長期休戦以外にも短い休戦がいくつもあった。

もうひとつ、百年戦争を国内的に一枚岩の結束をみせたふたつの王国の戦いとみることは適切でない。その展開を跡づけるためには、一方では国際的に視野を広げ、スコットランドやネーデルラント、ナバラやカスティーリャなどの近隣王

国の動向をみる必要があるし、他方ではフランス内部におけるブルゴーニュ、フランドル、アキテーヌといった王権から「自立的な」諸公領[3]とその有力貴族あるいは市民層の動静にも目配りしなければならない。これらの自治領的地方はとくに王権が衰えたとき、「国家のなかの国家」としての性格を露わにし、慣習的な自治権に基づいて統治されたからである。

このうち前者の性格、すなわち百年戦争が多くの近隣諸国を巻き込んだ戦いになったということは百年戦争が「最初のヨーロッパ戦争」(Curry, 2002: 31) だったこと意味する。また、百年戦争の結果、フランス国内では「国家のなかの国家」が消滅あるいは衰弱し、絶対王政への道が踏みならされていったことを暗示している。

ふたつの構造的争点

百年戦争の遠因がノルマンの征服あるいは「アンジュー帝国」の成立にあったとしても、パリ条約 (1259年) 締結のあと、ガスコーニュ戦争 (1294-8年) とサン・サルドス戦争 (1324年) というふたつの前哨戦があり、そうした出来事を踏まえて百年戦争が起きたということができる。

この戦争には複合国家に起因するふたつの構造的争点があった。ひとつは王位継承権、もうひとつはフランス王に対する、たとえばアキテーヌ公であることによるの臣従礼という問題である。

このうち、前者は1328年2月1日、シャルル4世 (Charles IV: 在位1322-8年) の死によって表面化した。かれの息子が夭折し、娘しかいなかったため、カペー朝は断絶の憂き目に遭った。そのとき、王位継承の候補者となったのは3人、ひとりはシャルル4世の従兄弟にあたるヴァロア家のフィリップ (のちのフィリップ6世)、エドワード2世の王妃イザベラ (Isabella of France: c.1295-1358 ──フランス王フィリップ4世の子) の息子であり、イングランド王だったエドワード3世、もうひとりがシャルル4世の長兄ルイ10世 (Louis X: 在位1314-6年) の娘ジャンヌと結婚していたナバラ王フェリペ3世 (フランス呼称はフィリップ・デヴルー [Philippe d'Évreux] 在位1328-43年) だった (山瀬、1981: 32)。

結果的には、最初のヴァロア家のフィリップが王位を継承することになったが、これには多少のいきさつがある。カペー王家では代々男子の相続者に恵まれ、

女子の王位継承が問題になることはなかった。しかしルイ10世が亡くなったとき、男子の後継者はなく、娘のジャンヌはルイ10世の王妃の不倫の子ではないかという風聞が絶えず、そのため、ルイの弟フィリップがフィリップ5世（Philippe V: 在位1316-22年）として王位を継ぐことになった。その直後の1317年2月、サリカ法（Lex Salica）[4]に基づいて女子に王位継承権はないとする決定が下された。

イングランド王やナバラ王といった外国君主にフランス王位を継承させることには、フランスの高位聖職者や有力諸侯のあいだに強い違和感があったことも事実だが、女子に王位継承権はないとするフィリップ5世の決定を踏まえて、カペー朝最後のシャルル4世のあと、ヴァロア家のフィリップがヴァロア朝初代のフランス王となった。王位継承権をもたないイザベラではあったが、彼女はこの決定に異議を唱え、子のエドワード3世に王位継承権があると主張した。というのも、サリカ法は女子の王位継承を否定しても、女系による王位継承まで否定していないと考えられたからである。しかし事態は変わらなかった。それでもエドワード3世は百年戦争が始まって3年した1340年、フランス王位継承権を公然と唱えるようになった。

他方、後者の臣従礼についてであるが、ジョン失地王は1200年5月のル・グレ条約（Treaty of Le Goulet）においてフィリップ2世に対して臣従し、そのうえアンジュー伯であることを認めてもらうため2万マーク（1マークは約3分の2ポンド）を支払っていた。そのあと百年戦争の開戦までの期間をとってみても、エドワード1世は1273年、85年、1303年の3回、エドワード2世も1308年、20年、25年の3回、エドワード3世も1329年にフランス王に臣従の礼をとっている。

しかし、すでにふれたように、フランス王に対して臣従礼をとるという行為は重大な負荷を被ることを意味していた。特にパリ条約以降になると、臣従は「個人的な追随」といった水準に留まらず、「君主に対する臣従」（liege homage）を含意し、したがって所領内の紛争に関わる貴族や一般人からの国王裁判所への上訴権を認めることを意味していたのである（Curry, 2002: 12）。

こうしたふたつの構造的争点は協議を重ねれば解決できるといった単純なことがらではなかった。それぞれの国王にとって妥協の余地のないものだった。そうであればあるほど、平和的解決の方途は断たれ、武力に訴えて雌雄を決するほか術がなかった。

直接の引き金

百年戦争直前の緊迫した場面をみてみよう。まず、注目すべきはスコットランド紛争の動向である。

すでにみたように、1332年に新たにスコットランド王となったエドワード・ベイリャルは反乱軍に屈してイングランドに逃れた。しかしその反乱も翌33年にはエドワード3世によって鎮圧され、前王デイヴィッド2世と王妃はフィリップ6世に救いを求め、34年パリに逃れた。そのとき進行中だったガスコーニュ和平交渉において、フィリップはこのスコットランド問題を和平案のなかに盛り込もうとした。けれども、エドワードからすれば、それまでの経緯に照らして、スコットランド紛争はイングランドの「国内」問題であり、それに介入しようとするフィリップにエドワードは激怒した。

それに油を注ぐ出来事が起きた。折しも教皇ベネディクトゥス12世(在位1334-42年)は英仏戦争を早期に終わらせ、十字軍遠征の再開を構想していた。しかし36年3月、その計画が頓挫すると、フィリップ6世はマルセイユにあったフランス艦隊をドーヴァー海峡に展開した。エドワード3世はそれをスコットランド支援のためのイングランド侵攻とみた。

また、直接的なきっかけのひとつになったという意味で、フィリップ6世の義弟ダルトワ伯ロベール3世 (Robert III d'Artois: 1287-1342) に関わる騒動も見落とせない。かれはダルトワ伯継承をめぐってフィリップ4世と対立し、謀反人の汚名を着せられたため、イングランドに逃れた。フィリップ6世はロベールの所領を没収し、その家族を投獄したうえでロベールの引き渡しをエドワード3世に迫った。しかしエドワードはロベールを歓迎し、リッチモンド伯に叙爵した。

復讐心に燃えるロベールは、エドワード3世に対してフランスの王位継承を進言し、百年戦争が始まると、彼はエドワードとともに北フランスに進攻した。いま重要な点は、フィリップ6世が37年5月にガスコーニュ公領の没収を宣告したとき、エドワードがロベール引き渡しを拒否したことを公領没収のひとつの理由に挙げていたことである。

さらにもうひとつ、フランドル紛争もあった。羊毛輸出を中心にしてイングランドがフランドルと深い経済関係で結ばれていた。フランス王家、イングラン

ド王家、フランドル伯の三者関係は 12 世紀末以降、百年戦争が始まってからも反転をくりかえした。フランドル伯はエドワード 1 世と結んでフィリップ 4 世に対抗したかと思えば、フランドル伯ルイ 1 世 (Louis of Nevers: c.1304-46) のときには、フィリップ 6 世に接近して親フランスの立場をとった。事情を一層複雑にしたのは、フランドル伯とフランドル市民あるいはフランドルの都市同盟の関係にあった。というのも、両者はしばしば対立していたからである。百年戦争開戦前夜の情勢を図式的にいえば、フランドル伯が親フランス、しかしフランドル市民は親イングランドだった。そのなかでエドワード 3 世は 1336 年に羊毛輸出禁止に踏み切った。当然フランドルの毛織物工業は混乱に陥り、フランドルの都市連合はフランドル伯を追放し、エドワード 3 世に忠誠を誓った。こうしたフランドル情勢がフィリップ 6 世の神経をひどく逆撫でし、エドワードとの敵対関係を一層抜き差しならないものにしたということができる。

4 つの画期

1337 年 5 月 24 日、フィリップ 6 世はエドワード 3 世にアキテーヌ公領の没収を宣告し、エドワードはこれをうけて 10 月 7 日、議会に諮ってフィリップに対する臣従礼を破棄した。百年戦争の幕が切って落とされた瞬間だった。一方ではアキテーヌ公領の没収、他方では臣従礼の返上となった以上、その係争は当代ヨーロッパにおける有力な王朝間の戦争となるほかなかった。

しかし、フランスもイングランドも、開戦当初、相手を攻め滅ぼすだけの軍事力はなかった。したがって、その戦いは早晩膠着状態に陥り、長引くだろうとみられていた (Curry, 2002: 26)。ちなみに、人口はフランスが 1200 万人、イングランドが 600 万人。貴族のみならず動員可能な兵力という点でもフランスが勝っていた。百年戦争が始まって間がない 1340 年当時、フィリップ 6 世は「戦士 2 万 8000 人と徒歩兵 1 万 6700 名に手当を払っている。しかしフランスの軍隊の構成は、まとまりのない集団の集合体に過ぎなかった」。これに対して、「イギリスの軍隊は数的には劣ったが、より体験を積んだ、より同質的でより勇敢な戦闘集団を構成した」(山瀬, 1981: 45) といわれる。百年戦争の全期間を通じてこのようにいえるかどうかについては疑問であるが、少なくとも開戦当初はこうした色合いが強かった。

それだけではない。すでにふれたように、フランス国内には自治領的な「国家のなかの国家」がいくつもあった。フランス王に背を向ける諸侯もいた。他方、イングランドは海峡を渡って軍隊を派遣する必要があったから、軍事上の不利は否めない。それでも、ガスコーニュ公領をみると、当地の貴族層だけでなく、自警的な一般市民も動員することができた。その兵力は総勢数千人にのぼった。北部フランスでも、ガスコーニュと同じではないにしても、そして時期にもよるが、イングランド王はフランス王権に批判的な勢力を頼みにすることができた。

　ところで、100年以上に及ぶ百年戦争はいつかの時期に区分することができる。ここでは便宜上、休戦および戦闘行為とその結果を目安にして百年戦争を4つの時期に分けてみることにしよう。

　第1期 (1337-60年) は開戦から1360年のブレティニ・カレー条約 (Treaty of Brétigny-Calais) の締結までをさす。そのあと10年ほどの休戦期間があり、1369年から89年までの第2期 (1369-89年) になる。その89年から再び4半世紀に及ぶ長い休戦期間 (1389-1415年) があり、そしてそのあとに第3期 (1415-29年) が続く。その期間中、1420年に刮目すべきトロワ条約 (Treaty of Troyes, 1420) が結ばれた。第4期 (1429-53年) はジャンヌ・ダルクの戦功も含めてフランス軍の勝利から始まり、イングランドのカスティヨンでの敗戦 (1453年) によって百年戦争は事実上終わりを告げた。

　この第4期中、1435年のアラス条約 (Treaty of Arras) によってフランス内戦は収束し、44年のトゥール休戦 (Truce of Tours) のあと、50年にはフランス軍がノルマンディーを奪取した (Curry, 2002)。以下、ごく簡潔に各期の主要な出来事を追ってみよう[5]。

イングランドの優勢とカレー条約——第1期のプロフィール

　第1期の戦況は、総じてイングランド軍が優勢だった。フランスの代表的中世史家のひとりフィリップ・コンタミーヌは、この第1期を「エドワード3世の成功」(les succès d'Édouard III) と呼んだ (Contamine, 1968: 22, 訳28)。もっと端的に、「エドワード戦争」という呼び方さえある。大きな節目となった戦いは3つ。第1に1340年6月24日のスロイスの海戦 (Sea Battle at Sluys)、第2に46年8月26日のクレシーの戦い (Battle of Crécy)、第3に56年9月19日のポワティエの戦い (Battle of Poitieres) である。いずれもイングランド軍が大勝した。

　緒戦におけるエドワード3世の戦略は北部フランスに侵攻し、アキテーヌ軍と謀ってフランス軍を挟撃することだった。そのためには北部にエドワード支持派を確保し、同盟関係を強化しておく必要があった。20万ポンドの資金が投入された。しかし国内での迅速な課税は不可能だった。羊毛3万袋の売却でも不足する分はイタリアの銀行家などから借り入れた。そのうえで39年夏、エドワードは下院に30万ポンドの課税を要請した。エドワードが戦費調達に奔走しているあいだ、フランスはジェノヴァの傭船を駆ってイングランド南東部を襲撃し、ガスコーニュにも攻め入った。

　折しも39年、フランドル伯領でフランス王権に敵対的だった勢力が覇権を握り、イングランドと同盟関係を構築した。エドワード3世は1340年1月26日、ゲント（Ghent ——フランス名はガン）で正式にフランス王と名乗った。かれは6月24日、海峡に面したスロイスの海戦でフランス艦隊に壊滅的な打撃を与えた。この海戦でイングランド海軍は初めて大規模に最新兵器（大砲）を用いた。フランス側の戦死者は1万8000人にのぼり、190隻が沈没あるいは拿捕されたといわれる。この勝利でイングランドはドーヴァー海峡の制海権を手に入れた。

　しかし、掠奪と放火を重ねながら北部のブルージュを経てトゥルネー（Tournai）に進んだエドワード3世とダルトワ伯ロベール3世（Robert III d'Artois: 1287-1342）はやがて苦戦を強いられ、休戦を余儀なくされた。2年間の短い休戦中、フランドルの反仏同盟は破綻し、エドワード3世には巨額の借金が残った。その煽りでイタリア銀行家や豪商たちが破産した。ガスコーニュの戦局も一進一退をくりかえした。

　休戦が終わって間もなく、じつに四半世紀も続くブルターニュ継承戦争（Breton War of Succession, 1341-65）が勃発した。ブルターニュ公ジャン3世（Jean III de Bretagne: 在位1312-41年）が41年に亡くなると、彼に子がいなかったため、激しい跡目争いになった。名乗りを挙げたのはふたり。ジャンの異母弟になるモンフォール伯ジャン・ド・モンフォール（Jean de Monfort: c.1294-1345）とジャンの異母弟の娘ジャンヌ・ド・パンティエーヴル（Jeanne de Penthièvre: 1319-84）の夫シャルル・ド・ブロワ（Chrles de Blois: 1319-64）である。シャルルはフィリップ6世の甥だったから、フィリップは甥夫婦による爵位継承を支持した。

モンフォール派とブロワ派の対立は激化した。ブルターニュの貴族には後者のシャルル擁立を支持するものが多かったが、前者のジャンは先手を打って州都のナント (Nente) をはじめ、レンヌ (Rennes) やヴァンヌ (Vannes) などブルターニュ公領の大半を支配した。フィリップ6世はこの由々しき問題に介入し、シャルルとノルマンディー公ジャン2世は41年10月にナントを奪取、ジャン・ド・モンフォールを捕らえた。しかし、ジャンの妻ジャンヌ・ド・フランドル──両派リーダーの妻は同名だったため、このブルターニュ継承戦争を「ふたりのジャンヌの戦い」(la guerre des deux Jeanne) とも呼ばれる──は徹底抗戦した。1342年の夏に休戦が終わると、イングランドのカレー進攻に備えてフィリップはブルターニュから退却し、シャルルは独力でレンヌやヴァンヌを奪還した。しかし事態はこれで終わらなかった。

エドワード3世は42年11月、ブルターニュの西端ブレスト (Brest) に上陸、ヴァンヌを包囲した。イングランドの直接介入である。翌43年1月には教皇クレメンス6世 (在位1342-52年) の仲介で両派は停戦に漕ぎつけたものの、一方のジャン・ド・モンフォールがイングランドへ逃亡してエドワードをフランス王と認めて臣従し、他方のシャルル・ド・ブロワが46年6月、コタンタン半島のラ・ロッシュ-デリアンでの戦い (Battel of La Roche-Derrien) に敗れて捕虜となった。そのため、その後も両派の戦いは容易に収束しなかった。

この長いブルターニュ継承戦争にいったん決着がつくのは64年9月29日、ブルターニュ南部のオーレの戦い (Battle of Auray) でモンフォール家のジャン4世がイングランド軍の支援をえて宿敵シャルル・ド・ブロワに勝利したことによってだった。この戦いでシャルルは戦死した (Tout, 1905: 354-7; Curry, 2002: 36-7)。

このように、四半世紀にわたるブルターニュ継承戦争は百年戦争の代理戦争とでもいうべき性格をもっていた。

さて、ここでもういちど、百年戦争の初期に戻ってみよう。1345年、エドワード3世はアキテーヌにダービー伯ヘンリーを派遣したあと、自らも1346年7月5日、プリマスから750艘の大艦隊と1万人近い兵士を率いてノルマンディーのコタンタン半島にあるサン・ヴァースト (Saint-Vaast-la-hougue) に上陸した。この進攻にはガスコーニュを拠点とする諸戦で大活躍する長男エドワード黒太子 (Edward, the Black Price: 1330-76) も加わった。プリンス・オブ・ウェールズである黒太

子は 16 歳になっていた。

　イングランド軍が掠奪を重ねてパリ近郊まで進攻したのち、フランドルに向かうべく進路を北にとり、ソンム川を渡った。エドワード軍の 1 万 2000 人に対して、フィリップ軍の兵力はその 3 倍にも膨れ上がり、石弓を使うジェノヴァの傭兵もかなり含まれていた。1346 年 8 月 26 日、カレーの南にあるクレシーにおいてイングランド軍がフランス軍を迎え撃つ形で両軍が激突した。これがクレシーの戦い (Battle of Crécy) である。戦争の女神ウィクトーリアはエドワード 3 世とその息子の黒太子に微笑んだ。勝敗の原因については、イングランドのよく訓練された長弓射手、統率のとれた戦闘態勢と地形を巧みに利用した陣容、他方不統一なフランスの大軍、その重騎馬隊には不利だった天候と地盤などの理由が挙げられる。エドワード軍はさらに北上し、47 年には海峡に面する港町カレーを占領した。これ以降 (テューダー朝メアリー 1 世時代の 1558 年の喪失まで)、カレーは 2 世紀にわたってイングランドの大陸における戦略的軍事拠点となった。

　しかし、フランスにもイングランドにも黒死病の魔の手が忍び寄っていた。1348 年になると、両国とも戦争どころではなくなった。事実上、数年間の休戦となった。50 年にはフィリップ 6 世が亡くなり、息子がジャン 2 世 (Jean II of France: 在位 1350-64 年) として登位した。

　休戦中の 1354 年、アヴィニョンで和平交渉が開かれた。イングランドはアキテーヌにくわえて、ポワトゥー、アンジュー、メーヌの割譲を求めたが、ジャン 2 世はこれを拒否した。

　黒死病がかなり鎮静化した 55 年、黒太子はボルドーに赴いた。アキテーヌの所領を拡大し、フランス西南部の支配を揺るぎないものにするためだった。黒太子は 55 年 10 月から 12 月にかけてガスコーニュに接するアルマニャック伯領の攻略をめざして騎行し、ラングドック地方に軍を進め、地中海まで達した。強固な城塞を避けて進軍したこともあって、フランス軍のめだった抵抗はなかった。

　翌 56 年 7 月 6 日、黒太子は 7000 の兵力 (3 分の 2 はガスコーニュ人) を率いてボルドーを発ち、ロワール川にむけて北上した。その軍事的踏査をトゥールで中断してボルドーに帰る途上の 9 月 19 日、ジャン軍 1 万とポワトゥーのポワティエで激突した。ポワティエの戦い (Battle of Poitiers) である。黒太子はこのときもクレシーの戦いと同じように、戦場の地形を利用した巧みな陣を敷き、騎兵は下馬

し、長弓射手がフランス軍を迎え撃った。エドワード黒太子はこの戦いにも大勝し、フランス国王ジャン2世を捕虜にした。

　この戦いのあと、1360年代を通じてフランスの国土と人心は大いに荒廃した。ジャン2世の捕縛は王の権威を失墜させ、多くの外国人傭兵を含む敗残兵は半ば暴徒と化し、無秩序が各地を支配し、掠奪や焼き討ちが繰り返されたからである。この無頼の徒は「野武士」とでも呼ぶべきものであり、しばらくの間、その悪行はフランス王家のみならず、各地の諸侯を震撼させた (山瀬, 1981: 153-68)。そして1358年にはジャックリーの乱[6]も起きた。

　まもなくして、ブレティニ・カレー条約 (1360年10月24日) の締結にいたる長い和平手続きが始まった。まずジャン2世の王太子シャルルは56年10月17日、パリで三部会を開いて父の身代金 (イングランドの当初要求は50万ポンド) や新たな戦費調達などについて諮った。しかし平民議員のパリの豪商エティエンヌ・マルセルなどが強く反対したため、三部会は不調のまま、1年間を浪費した。そこで王太子は58年4月にプロヴァンスで別の三部会を開き、7月にはパリに戻ってマルセル派を一掃した。

　この間も58年1月、さらに59年3月、ロンドンで和平交渉がもたれた。国王ジャン2世の解放を条件に、フランスがアキテーヌ、ノルマンディー、トゥレーヌ、アンジュー、メーヌをイングランドに割譲するという内容で両国は合意した。しかし王太子は三部会においてこの交渉結果を拒否した。そのため59年10月28日、エドワードは大軍を率いてカレーに上陸。その総勢1万人のうち、重騎士が4000人、長弓射手が5000人、それに外国兵700人という陣容だった。この軍勢からもうかがえるが、「ジョン2世を捕らえていたこともあるが、この時ばかりはエドワード3世は本気でフランス王位を奪取しようと考えていた」可能性がある (Curry, 2002: 45)。じっさい12月4日、エドワードは歴代フランス王の「戴冠の都」ランス (Reims) に猛攻撃をかけた。しかし、その聖都を占領することはできず、エドワードはブルゴーニュに迂回してブルゴーニュ公から軍資金20万エキュ、黒太子の戴冠時におけるフランス王としての承認という約束までとりつけたが、結局はパリへの道を断たれた。兵士は疲弊し、兵站も食料もほとんど底をついたからである。

　翌60年5月8日、アヴィニョン教皇インノケンティウス6世 (在位1352-62年)

の仲介で3回目の和平会議がブレティニで開かれ、その合意を踏まえて半年後の10月24日、ブレティニ・カレー条約が両国で批准された。

その中身をみてみると、一方でエドワード3世は、フランス王位請求権のみならず、トゥレーヌ公領、アンジュー伯領、メーヌ伯領、ブルターニュおよびフランドルの宗主権を放棄すること。他方、フランスは国王ジャン2世の解放身代金としてフランス王室の年間収入の2倍強にあたる300万エキュをイングランドに支払うほか、「フランス王国のほぼ3分の1相当のロワール川から中央山塊、ピレネーに及ぶ」大アキテーヌ、カレーとその周辺領、ポンティエ(Ponthieu)およびギエンヌ(Guyenne)伯領などを譲渡し、その主権と管轄権を放棄するというものだった。

注目すべきは、エドワードのフランス王位継承権の断念とともに、こうしたフランスの諸地方・地域におけるフランス王の主権と管轄権の放棄だった。いいかえれば、これらの地方と地域がイングランド王の所領となったということであり、もはやフランス王への臣従が問われることもなくなった。そうした点も含めて、イングランドにとってポワティエの戦いでの勝利とブレティニ・カレー条約の意義はきわめて大きいものだった。イングランドにとっては、ジョン失地王の不名誉を回復する150年ぶりの快挙だったといってもよいだろう。

ちなみに、ジャンは身代金支払い以前に釈放されたが、その人質(シャルル5世の弟アンジュー公ルイ)が逃亡したため、64年1月3日、ジャンはみずからロンドンに戻り、4月8日にその地で亡くなった(花房、2012: 119)。そのため、ジャン2世の王太子がシャルル5世として王位についた。

フランス優勢・休戦協議・長期内紛――第2期のプロフィール

ブレティニ・カレー条約から10年ほどの休戦期間中、69年の戦闘再開の種子が蒔かれていた。イベリア半島のカスティーリャ王国における王位継承戦争がそれである。ペドロ1世[7](Pedro I: 在位1350-66年、67-9年)は父アルフォンソ11世が50年に亡くなったため、その王位を継承した。しかし、彼は不仲だった母をポルトガルに追放したのみならず、王権強化をめざして有力貴族たちを冷遇したため、かれらの不興を買っていた。

1366年、父の庶子であり、ペドロの異母兄にあたるエンリケ・デ・トラスタ

マラ (Enrique de Trastámara ——のちのエンリケ2世[在位1369-79年])はフランスに逃れていたが、フランス王シャルル5世とアラゴン王ペドロ4世の支援をえてカスティーリャに侵攻したため、ペドロ1世はガスコーニュのバイヨンヌに落ちのび、カスティーリャ王領の一部割譲を条件にエドワード黒太子の援助を求めた。その申し出を受け容れた黒太子はペドロとともにカスティーリャに攻め入り、67年4月3日のナヘラの戦い (Battle of Nájera) に勝ってエンリケをフランスに敗走させた。しかし、ペドロは黒太子に対する約束を履行せず、黒太子はボルドーに戻った。69年、エンリケは再度カスティーリャに侵攻し、モンティエルの戦い (Battle of Montiel) でペドロ1世を破った。ペドロはこの戦いで戦死してしまう。

しかし、これがことがらのすべてではない。というのは、黒太子は膨大な遠征費を賄い(ペドロが戦費を負担するはずだった)、あわせて財政を再建するため、大アキテーヌに課税した。それは炉税、すなわち家庭の竈毎に課税するという一種の人頭税だった。その一方的な課税は独立心の強いアキテーヌの人びとの神経を逆撫でした。たちまち、ガスコーニュの貴族から大きな不満の声があがり、パリ高等法院への不服申し立てが行われた。シャルル5世はこの機会を待っていたとばかり、黒太子に対してパリに出向くよう命じた。しかし、黒太子はブレティニ・カレー条約の主権条項を楯にとってこの要請を一蹴した。その返答を受け取ったシャルルは69年11月30日、ふたたびアキテーヌ公領の没収を宣告した。こうして百年戦争の第2幕が切って落とされた。

病をえて出陣が叶わなかった黒太子を助けるため、70年の夏、弟のランカスター公ジョン・オブ・ゴーントがヨーク公エドムンド(ジョンの弟)とともに、前年秋のカレー出兵[8]に続いてボルドーに派遣された。9月のリモージュの包囲戦 (Siege of Limoges) のあと、黒太子は母国に戻った。ジョンはそれから1年弱、アキテーヌ防衛のためボルドーに留まったが、戦局は好転せず、彼も71年9月にイングランドに帰った。

総じていえば、第2期の戦局は第1期とは対照的にフランス軍が優勢だった。その立役者となったのが上記モンティエルの戦いに勝利した武将ベルトラン・デュ・ゲクラン (Bertrand du Guesclin: 1320-80) である。彼は第1期のエドワード黒太子に相当する卓越した軍人だった。70年3月14日、彼はカスティーリャからパリに凱旋し、その余勢を駆って同年12月にはブルターニュに撤退中のイング

ランド軍を追撃した。72年7月から9月にかけて大アキテーヌのポワトゥーとサントンジュ（Saintonge）を占領し、ラ・ロシェルの海戦（See Battle of La Rochelle）でもイングランド艦隊を破った。その結果、40年のスロイスの海戦以来、イングランドが確保してきた英仏海峡の制海権はフランスの手に落ちた。

　これに対してジョン・オブ・ゴーントは73年8月、騎兵9000人を率いてカレーに上陸し、アキテーヌ奪還をめざしてフランスの主力部隊を回避しつつ陸の難路900キロの騎行を敢行した。しかし、4ヵ月を要したこの長征の戦果はほとんどなかった。シャンパーニュ、ニヴェルネ、ブルボネ、リムーザン高原という内陸の山間部を進軍したため、騎兵も兵馬も冬の寒さで疲弊困憊し、飢えと病魔に苦しみ、亡くなる者が少なくなかった。12月4日、ようやくボルドーに辿り着いたとき、実質的な兵力は3分の1に激減していた。しかもかれらを待ち構えていたのは腺ペストだった。そのため脱走兵が相次いだ。アキテーヌ防衛どころではなかった。ジョン・オブ・ゴーントは「総崩れ」の汚名を着せられ、厳しい非難に曝された（Sumption, 2009: 69-108, 187-202, 325-7）。

　ジョンはこれらの苦い遠征経験を踏まえて、フランスとの和平を真剣に模索しはじめた。教皇グレゴリウス11世（在位1370-78年）の仲介で、75年にブルージュでそのための会議がもたれた。イングランドからエドワード3世の三男ジョン・オブ・ゴーント、フランスからはシャルル5世の弟ブルゴーニュ公でフランドル伯のフィリップが出席した。このブルージュの和議で2年間の休戦が決まったが、カレーやボルドー、ブレスト、バイヨンヌなどの諸都市を除き、大アキテーヌをフランスに返還することになった。15年前のブレティニ・カレー条約を反転させるような内容だった。イングランド側には強い不満が蟠った。

　まもなくして、イングランド王室を相次ぐ不幸が襲った。帰国していた黒太子エドワードが76年6月に病死、父のエドワード3世も翌77年4月に没した。王位は黒太子の息子リチャードが継いだが、まだ10歳だった。そのため叔父ジョン・オブ・ゴーントが摂政となった。しかし、78年のジョンの最後のフランス遠征も失敗に終わり、イングランドの劣勢は否定しがたいものになった。

　ところがフランスでも厄介な事件が起きた。シャルル5世は78年12月18日、すでにデュ・ゲクランがイングランド軍を駆逐したブルターニュをフランス王領に併合すると宣言した。これに怒ったブルターニュの貴族が反乱を起こし、激

しく抵抗した。そのため併合は断念され、81年4月ブルターニュ公領はジャン4世に戻された。

このときイングランドに、さきのブルージュの和議を反故にできる好機が訪れた。80年9月、シャルル5世が亡くなったからである。そのため、ブルージュの合意が発効することはなく、それぞれの新王、すなわちリチャード2世と「狂気王」シャルル6世（シャルル5世の息子、在位1380-1422年）があらためて和平交渉を始めねばならなかった。しかし交渉は不調。小競り合いを挟んで休戦期間だけが延長されていった。それには、両王朝それぞれの内部事情があった。

リチャード2世の寵臣政治と内戦勃発

まず、イングランドについていえば、すでにワット・タイラーの乱に先立って露わになっていたことだが、一揆を鎮圧したリチャードは親政を敷き、一種の専制的な寵臣政治に乗り出した。

リチャードは、1381年からの和平交渉においてフランスとの関係修復に努め、休戦に漕ぎ着けようとした。そのため、上院の主戦派諸侯との対立が一挙に顕在化した。かれの寵臣にはミッシェル・ド・ラ・ポール（Michael de la Pole: c.1330-89）とロバート・デ・ヴェール（Robert de Vere: 1362-92）がいた。ミッシェル（マイケル）の父ウィリアム・ド・ラ・ポール卿（Sir William de la Pole: 生年不詳、1366年没。財務府判事 [chief baron of the exchequer]）はエドワード3世時代の富裕な羊毛商人であり、エドワードに多額の金銭を用立てて貴族に成り上がった人物である（Power, 1941: 13、訳25）。その子のマイケルは83年に大法官となり、2年後には初代サフォーク伯に叙爵された。また、もうひとりのロバートの父は第8代オックスフォード伯であり、ロバート自身も86年にアイルランド公となった。これら両者に対して、主戦派の「告訴諸侯」（Lords of Appellant）と呼ばれた5人の有力諸侯が厳しい非難の声をあげた。その5人とは、①エドワード3世の息子であり、リチャード2世の叔父にあたる初代グロスター公トマス・ウッドストック（Thomas Woodstock: 1355-97）、②アランルデル＝サリー伯リチャード・フィッツアラン（Richard FitzAlan: 1346-97）、③第12代ウォーリック伯トマス・デ・ボーチャン（Thomas de Beauchamp: 1338-1401）、④初代ノーフォーク公トマス・デ・モーブレイ（Thomas de Mowbray: 1367/8-99）、⑤のちにヘンリー4世となるランカスター公ヘンリー・ボ

リングブルック (Henry Bolingbroke: 1367-1413) だった。これらふたつのグループは互いに覇権を競い、まず80年代後半、ついで90年代後半にも激しい政争を繰り広げ、最後はリチャード2世の廃位とアンジュー朝の終焉、そしてランカスター朝の開闢へとつながっていく。

　両派の戦いは内戦といってよいものだった。リチャードは寵臣の勧奨に従ってフランスとの和平交渉を進めつつあったから、それに反対する告訴諸侯を反逆罪で捕らえようと企てた。その動きを察知した告訴諸侯は86年11月の議会でリチャードの寵臣をフランスでの軍事的失敗と戦費横領の罪で告発した。それから約1年間、かれらを排して政治的実権を掌握し、14人委員会による集団的摂政政治を断行した。

　やがて両派の戦いは軍事衝突に発展した。告訴諸侯らの反リチャード派は87年12月のラドコット・ブリッジの戦い (Battle of Radcot Bridge) で4000人からなるデ・ヴェール率いる国王派を撃破し、12月27日にはロンドン塔に籠城するリチャードを投降させた。そして翌88年2月、リチャードの寵臣8人を反逆罪で捕らえ、そのうちの5人を処刑した。そのなかには上記のデ・ヴェールとマイケル・ド・ラ・ポールのほか、ロンドン市長のニコラス・ブレンバー (Nicholas Brembre、生年不詳)、王座裁判所首席判事のロバート・トレジリアン (Robert Tresilian、生年不詳) もいた。しかしそれに留まらず、ヨーク大司教アレキサンダー・ネヴィル (Alexander Neville: c.1340-92) にも累が及び、所領没収と国外追放処分となった。またリチャード周辺の数10人にのぼる宮廷騎士や高位官僚、聖職者のほか、告訴諸侯を有罪とした裁判官も同様に告発され、その多くが処刑された。苦々しい思いで国王リチャードはそれを容認するほかなかった。リチャードの側近を根こそぎ除去しようとしたこうした議会のあり方を捉えて、当代の年代記作家ヘンリー・ナイトン (Henry Knighton: 生年不詳、1396年頃没) は「無慈悲議会」(Merciless Parliament) と表現した (Sumption, 2009: 633-45)。この事態を「1386-7年の危機」と呼ばれるのも故なきことではない (Chrimes and Brown ed., 1961: 129f.)。

　しかし、リチャードと告訴諸侯の確執には第2幕があった。リチャードが反撃に出たからである。彼は92年以降、フランスとの和平交渉に忙殺されていた。その交渉の展望が開けた97年7月、彼の叔父であり、告訴諸侯のリーダーだった上記グロスター公ウッドストックをはじめ上院主戦派の有力者の身柄を拘束し

た。リチャードの催した宴席を無断で欠席したことが反逆罪に相当するというのがその理由だった。そのグロスター公はかつての告訴諸侯の仲間であり、97年当時はカレー駐屯軍の長官だったノッティンガム伯トマス・デ・モーブレイによってカレーで逮捕、投獄された。しかし97年9月8日、グロスター公は何者かの手によって殺害されてしまう。下手人は、その直後の9月29日、デ・モーブレイがノーフォーク公に昇爵したことを考えると、ノッティンガム伯ではないかという噂が立った。しかし、刺客を放ったのは国王リチャードその人だった。この事件によってリチャードの権威と人望は一挙に失墜した。

　まもなく、それに輪をかけるもうひとつの事件が起きた。ジョン・オブ・ゴーントが99年に亡くなると、リチャード2世はジョンの息子のヘンリー・ボリングブルック（告訴諸侯のひとり）から広大なランカスター公領を没収し、かれを国外追放処分とした。これが引き金となってリチャードは墓穴を掘り、99年9月28日、議会によって正式に廃位されてしまう。そのリチャードは翌1400年2月14日、33歳で獄死した。新王ヘンリー4世の指示によって餓死させられたといわれる。リチャードの死を公然とさせるため、その首は棺架の上に置かれ、民衆に晒された（Sumption, 2009: 863）。

　このように、リチャード2世の統治はその専制的寵臣政治といい、そのために起きた内戦といい、議会による王の廃位といい、その行状は曾祖父エドワード2世と酷似しているようにみえる。歴史は繰り返すというべきかもしれない。

内戦介入とトロワ条約——ヘンリー5世優勢の第3期

　この時期、じつはフランスのほうが本格的かつ長期にわたる内戦を経験することになった。それは百年戦争後のイングランドにおける薔薇戦争（ランカスター家とヨーク家の抗争）にも比肩しうる、ブルゴーニュ派とオレルアン派（アルマニャック派）の対立だった。その抗争は身近な親族関係にある有力貴族同士の権力闘争だった。しかも両派はその時期こそ違え、戦争相手国のイングランド王と同盟関係を結んでいる。いかに錯綜した内戦であったかがうかがえる。

　大方の事情はこうである。新王シャルル6世は80年に登位したが、まだ12歳だった。そのためシャルル5世の3人の弟、アンジュー公ルイ1世（1339-84）、ベリー公ジャン（1340-1416）、さきのブルゴーニュ公でフランドル伯のフィリップと

いう3人がシャルル6世の摂政になった。この勢力がブルゴーニュ派と呼ばれた。他方、かれら3人はその立場を利用して「政治の私物化」を謀り、私腹を肥やしているとみる批判的勢力があった。シャルル6世の弟であるオレルアン公ルイ（1372-1407）、そのルイの義父となるアルマニャック伯ベルナール7世（生年不詳、1418年没）である。そのため、かれらはアルマニャック派あるいはオルレアン派といわれた。

両派の対立が激しくなったのは、シャルル6世の精神錯乱とその後のオレルアン公ルイ暗殺事件（1407年）によってだった。このうち前者についていえば、デュ・ゲクラン亡き後のフランス軍総司令官であり、シャルル6世の寵臣だったオリヴィエ・ド・クリッソン（1336-1407）を暗殺しようとする未遂事件（1392年）が起き、その犯人をブルターニュ公ジャン4世（1339-99、ジャン・ド・モンフォールの長男）が匿っているとして、シャルル6世自ら出兵した。しかしその討伐の途上、かれは精神錯乱に陥った。さらに翌93年1月28日、シャルル6世の王妃イザボー・ド・バヴィエール（c.1370-1435年）が催した仮装舞踏会の席上、松明の火が衣装に燃え移って4人が焼死するという事件が起きた。シャルル6世は精神に異常を来した。

その結果、シャルル6世に代わって誰が国政を担うのかという問題が急浮上した。ブルターニュ公フィリップ2世と息子ジャン1世（第2代ブルゴーニュ公）の前にオレルアン公ルイが立ちはだかった。1404年にブルゴーニュ公を後継したジャン1世（1371-1419）は07年11月23日、王妃イザボーの愛人になっていたオレルアン公ルイに刺客を送り暗殺してしまう。そのため、オレルアン派の権勢に陰りが生じ、ブルゴーニュ派が勢力を回復した。しかし暗殺されたルイの息子シャルルはベルナール7世を頼り、ブルターニュ公ジャン5世などとともに軍事同盟を結び、ブルゴーニュ派に対する堡塁を固めた。かくして、内戦はますます激しいものになっていった。

内戦を複雑にしたのは、イングランドのヘンリー4世およびその息子ヘンリー5世と両派との結びつきである。ヘンリー4世は1403年、さきのブルターニュ公ジャン4世の未亡人ジャンヌ・ド・ナヴァールと再婚したが、当時優勢だったオレルアン派と同盟関係にあった。

そのヘンリー4世が1413年3月20日に亡くなった。その後を襲った息子のヘンリー5世は父の時代に噴出した国内紛争の収束に努めた。まずリチャード2世

を丁重に埋葬し、リチャード時代の有力諸侯を重用、父が没収した所領と爵位の回復など寛大な施策を行った。

こうした国内宥和政策を踏まえて、ヘンリー5世は父とは違ってブルゴーニュ派と同盟、それを手懸かりにしてフランスの内戦に介入し、王位獲得をめざした。そして1414年12月、ヘンリーは大アキテーヌ、ノルマンディー、アンジューの返還およびフランス王位を要求し、15年8月にはノルマンディーに上陸した。しかしその進攻は思うに任せず、カレーに退却する途上の10月25日、アジャンクールで待ち構えていたオレルアン派のフランス軍2万と激突した。ヘンリーの兵力はフランス軍の3分の1にすぎなかったが、地形と天候を利した巧みな戦術でフランスの重騎兵隊を打ち砕き、イングランド軍が大勝してノルマンディーを征服した。このアジャンクールの戦い (Battele of Agincourt, 1415) によるフランス軍の戦死者は1万を数え、多くの貴族が捕虜となった。この敗戦によってオレルアン派は致命的な打撃を被り、ブルゴーニュ派が王政を掌握した。

ブルゴーニュ公ジャンはシャルル6世の王妃イザボーに近づき、王太子シャルル（のちのシャルル7世）を追放した。しかし事態はいっこう収まる気配をみせなかった。

ヘンリー5世はノルマンディー制圧のあとも進撃を続け、19年1月にはルーアンを落とし、さらに8月にはパリ郊外に迫った。しかしこの事態がオルレアン派の王太子シャルルとブルゴーニュ派のジャンを急接近させることになり、両派は1419年9月10日、和平交渉の席に着いた。ところが、その席上、シャルルの家臣がジャンを殺害してしまう。その結果、ジャンの後継者フィリップは一転、ヘンリー5世と同盟を結び、シャルル打倒をめざした。その成果がブルゴーニュ公フィリップ3世とヘンリー5世が締結したトロワ条約 (Treaty of Troyes, 1420) である。

この条約の主な内容は3つ。第1にシャルル6世の王位存続、第2にヘンリー5世とシャルル6世の末娘カトリーヌ (Catherine de Valois: 1401-37) の結婚（1420年6月2日に成婚）、第3にシャルル6世の後続王位は王太子シャルルではなく、ヘンリー5世とカトリーヌの子が継承するというものだった。そしてその年の12月1日、ヘンリーはシャルル6世およびフィリップ3世とともにパリに凱旋し、三部会のみならず、王太子シャルルの母である王妃イザボーもトロワ条約を承認し

た。すでに聖都ランスやルーアンもブルゴーニュ派の支配下にあった。

かくして、ヘンリー5世はフランス王位をその掌中に収めたかにみえた。しかしそれも束の間、ヘンリー5世は34歳の若さで22年8月に急死してしまう。1421年半ばからの最後のフランス遠征の途中、パリ郊外で赤痢のため病死したのだった。しかもそれから2ヵ月後、こんどはシャルル6世も没してしまう。ヘンリー5世と王妃カトリーヌの唯一の子であるヘンリー（のちのヘンリー6世）は生後8ヵ月でイングランド王位を継承し、さらにトロワ条約に基づいて1431年、ヘンリー6世は正式にフランス王アンリ2世として戴冠した。「史上初めて英仏ふたつの王位が一人の人物に帰属した」瞬間だった（佐藤猛、2020: 190）。

ところが、他方のオルレアン派はトロワ条約を真っ向から否定した。教皇マルティヌス5世（在位1417-31年）やカスティーリャ王も同じように同条約を認めようとはしなかった（亀原、2012: 132）。あまつさえ、1422年10月30日に王太子シャルルはシャルル7世と名乗り、7年後の29年7月17日、かれは正式にフランス王として戴冠した。その契機になったのがオルレアン包囲戦でのジャンヌ・ダルクの活躍と戦勝だった。

しかし、ブルゴーニュ派がシャルル7世のフランス王としての登位など認めるわけもなかった。こうして1430年代の初め、シャルル7世とヘンリー6世（アンリ2世）という「ふたりのフランス王」が並び立つという異常事態が出現した。ブルゴーニュ派とオルレアン派の戦いはいよいよ雌雄を決するときを迎えていた。

内戦終結からフランスの勝利へ——第4期のプロフィール

1428年10月17日、イングランド軍はオルレアン派の拠点となっていたロワール川沿いの要衝の地オルレアンに到達し、トゥーレル砦を攻撃した。オルレアン包囲戦の始まりである。イングランド軍はオルレアンのいくつかの砦を陥落させ、併せていくつもの砦を築いた。兵糧を断つ作戦だった。明けて29年2月、オルレアン近郊で俗称ニシンの戦い（Battle of the Herrings or Journée des Harengs, 1429）にも敗れたフランス軍は意気阻喪した。

そのとき、忽然と「オルレアンの乙女」ジャンヌ・ダルクが登場した。「王太子を助け、イングランド軍からフランス領を奪い取れ」という神の啓示を受けたというこの少女は1429年3月9日、ようやくシャルル王太子に謁見することがで

きた。王太子は彼女から強い印象を受けたが、身元を調べさせ、教理問答も課した。この少女は「異端の魔女」などではなく、純真で高潔な魂の持ち主であるというのが神学者たちの結論だった。

軍装したジャンヌは一団の騎兵を伴って4月29日、オルレアンに到着。オルレアン派の兵士の士気は大いに高まり、多くの市民がジャンヌの進軍を歓迎し、進んで民兵に志願した。ジャンヌの戦略と戦功によって砦がひとつまたひとつと落とされていった。オルレアンを解放したフランス軍は、ジャンヌとともにイングランド軍が占領する歴代フランス王戴冠の聖都ランスをめざした。途上、6月18日のパテーの戦い (Battle of Patay, 1429) でジャンヌと新たに参戦したリッシュモン元帥（ブルターニュ公アルテュール3世のこと）の軍隊は、百年戦争の野戦で初めてイングランド軍を破り、イングランドの指揮官だった初代シュルーズベリー伯ジョン・タルボット（生年不詳、1453年没——のちに多額の身代金を払って釈放）を捕え、戦局を反転させた。ランスへの進路に点在したいくつもの都市は抵抗せず、シャルル王太子に忠誠を誓った。そしてトロワ条約の地トロワも4日間の包囲で降伏した。目的地ランスも7月16日、王太子にその城門を開いた。王太子は翌17日、ランスのノートルダム大聖堂でシャルル7世として戴冠した。

オルレアン派の軍隊はまもなくしてパリにむかった。それを迎え撃つイングランド軍の司令官はベッドフォード公ジョン (1389-1435、ヘンリー4世の三男) だった。8月半ば以降、両軍は数ヵ月にわたって対峙したが、12月の小競り合いののち、両軍の休戦が宣せられたものの、ほどなくしてこれも反故になった。

1430年5月23日、ジャンヌはパリ北部のコンピエーニュでの包囲戦 (Siege of Compiègne) でブルゴーニュ軍を攻撃。しかしこの戦いで彼女は捕らえられ、ブルゴーニュ公フィリップ3世はその身柄をシャルル7世ではなく、イングランドのベッドフォード公ジョンに引き渡した。ジャンヌはイングランドの占領統治府があったルーアンで物的証拠も法的根拠も示されないまま、異端審問の宗教裁判にかけられた。その審理を司ったのはブルゴーニュ派のボーヴェ司教ピエール・コーション (1371-1442、トロワ条約の起草者のひとり) だった。この裁判は1431年2月から始まり、4月に結審。12ヵ条の罪状に基づいてジャンヌは異端とされ[9]、改宗しないかぎり処刑と決まった。

そのあと、多少の紆余曲折はあったが、5月30日、ジャンヌ・ダルクはルー

アンの広場で公開火刑に処された。19歳だった。黒焦げになったジャンヌの遺体はいったん引き出され、ジャンヌが処刑された事実を群衆に見届けさせた。そのうえで遺体はもういちど焼かれ、遺灰はセーヌ川に捨てられた (Seward, 1999: 215-20)。

さて、すこし端折りながら、その後の推移を追ってみよう。百年戦争の帰趨に決定的な影響を与えたのは1435年のアラスの和議だった。なかでも、シャルル7世とブルゴーニュ公フィリップ3世のあいだで交わされたアラス条約 (Treaty of Arras) の存在が大きい。

この和議には、イングランドの思惑とは違って、フランスとイングランドのほか、ブルゴーニュも加わった。しかしその「フランス」の実態はオルレアン派だったから、本格的な和議にはブルゴーニュ派の出席が欠かせなかった。すでに両派の和議交渉は35年1月16日、ヌヴェールで始まっていた。しかしなぜか、イングランドは交渉相手をフランスだけとみて、休戦期間の延長、ヘンリー6世とシャルル7世の娘の結婚について提案した。ところが和議の最中、ジュルブヴォワの戦い (Battle of Gerbevoy) が起きてイングランド代表団は退場。この戦いでのフランス側の武将は歴戦の勇士であり、ジャンヌ・ダルクの戦友でもあるジャン・ポトン・ド・ザントライユ (c.1390-1461――百年戦争後にフランス元帥) とラ・イル (c.1390-1443年) だった。イングランド軍は敗退し、アランデル伯リチャードが捕虜になった。

イングランド代表団が不在の間、シャルル7世とブルゴーニュ公フィリップのあいだで和議が重ねられ、35年9月21日、アラス条約が締結された。シャルル7世はフィリップの父ブルゴーニュ公ジャンの暗殺事件について謝罪し、その下手人を処罰すること。フィリップはシャルル7世をフランス王として承認するが、臣従礼は要求されないこと。さらにブルゴーニュ公領の拡大についてはポンティエ (Ponthieu)、オセール (Auxerre) とブローニュ (Boulogne) の両郡、ソンム (Somme) とペローヌ (Péronne) の両市、ヴェルマンドワ (Vermandois) をブルゴーニュ公領に組み入れ、逆にトネール (Tonnerre) 郡をフランス王領とすることも決められた。

しかしこの条約で決定的だったのは、オルレアン派（アルマニャック派）とブルゴーニュ派が半世紀にわたる内戦を終結させたことである。1419年以来のイングランドとブルゴーニュの同盟関係は解消され、フランス王としてのヘンリー6

世の地位は有名無実となった。シャルル7世の下にフランス王国が統一されたからである。このアラス条約以降、百年戦争は統一王国フランスが優勢なまま終結を迎えた。

こうして、フランス国内では内戦が終わり、ブルターニュ公の武将リッシュモン（アルテュール3世）の軍勢がそれまで各地の住民にとって大きな脅威になっていた傭兵による掠奪騒動を一掃し、45年には国王の常備軍が編成され、兵器と兵力も増強された。

他方、イングランドではヘンリー5世が亡くなって以降、しだいに厭戦気分が漂うようになり、戦費も削られた。というのも、ヘンリー6世の叔父グロスター公ハンフリー・オブ・ランカスター（1390-1447、ヘンリー5世やベッドフォード公の弟）やヨーク公リチャード・プランタジネット（1411-60）など主戦派の力が衰え、それに代わって初代サフォーク公ウィリアム・ド・ラ・ポール（1396-1450）や枢機卿ヘンリー・ボーフォート（c.1375-1447）など和平派が台頭し、その勢力を伸ばしていったからである。

そのサフォーク公は44年5月22日に結ばれたトゥール条約（Treaty of Tours）のイングランド側交渉団の首席代表を務めた。2年間の休戦と、ヘンリー6世とシャルル7世の王妃マリーの姪マーガレット・オブ・アンジュー（1429-82、45年4月23日に成婚、のちの薔薇戦争で大きな役割を担う）との結婚を交換条件に、メーヌとアンジューをフランスに譲渡することになった。しかしその内容は劣勢なイングランドがフランスに譲歩した結果であり、イングランド国内では主戦派から激しい批判が噴出した。それでも、ヘンリー6世はこの条約を恒久的な休戦さらには平和条約の手懸かりにしたいと考えていた。じじつ、ヘンリー6世は2年後の46年4月、このトゥール条約を破棄し、メーヌやアンジューの譲渡も48年まで行わないと宣言して恒久平和の条約締結をめざした。しかし、シャルル7世の考えはまったく違っていた。最後の一撃を加え、フランス王領からイングランド軍を駆逐するという決意を固めていたからである。

イングランドでは、47年にさきのグロスター公ランカスター[10]やボーフォートが亡くなると、サフォーク公ウィリアムがその権勢を示すかのように、自ら王室侍従長になり、海軍司令官となった。しかしそれとは対照的に、フランスでの防衛線はますます危ういものになっていた。要衝の地ノルマンディーでもイング

ランドの統治は行き詰まり、イングランド駐屯兵の掠奪や不法行為が頻発して住民の強い反感を買うようになった。シャルル7世がその情勢を見逃すはずもなかった。

1449年7月21日の宣戦布告を踏まえて、シャルル7世はリッシュモン元帥とその甥ブルターニュ公フランソワ1世 (1414-50) とともにノルマンディー西部に進攻した。その進路にあった市や町は国王軍を歓迎した。それとは別に、デュノワ伯ジャン・ド・デュノワ (1402-68、ジャンヌ・ダルクの戦友) 率いる軍勢はルーアンに向かい、12月4日にはその奪還に成功した。これによってサフォーク公の評判は地に落ち、年明けの1月28日には逮捕され、ロンドン塔に収監された。そして国外追放の途上、かれは暗殺されてしまう。代わってサマセット公エドムンド・ボーフォート (1406-55) が和平派を主導することになった。

いよいよノルマンディーの攻防戦が迫っていた。イングランド王家にとってノルマンディーはウィリアム征服王のかつての出身地であり、その確保には特別の意味があった。トマス・キリエル卿 (1396-1461) は急遽3000人の兵士を掻き集め、50年3月15日、ノルマンディー最大の港湾都市シェルブールに上陸。当初の戦局は一進一退の様相を呈していたが、4月15日のフォルミニーの戦い (Battle of Formigny) でフランス軍が戦勝し、敗走するイングランド軍にノルマンディーの住人たちが積年の不満を爆発させた。その渦中で多くのイングランド兵士が虐殺された。この戦いでのイングランド軍の死傷者は3500人、900人が捕虜になった。他方、フランス軍の死傷者の総数は1000人に満たなかった。

しかし、百年戦争の最後の戦いが残っていた。シャルル7世は51年に入ってアキテーヌの首都ボルドーを占領した。ところが思わぬ事態が起きた。ボルドー市民は3世紀にわたってイングランド王をいただき、自治領に近い統治を行い、イングランドに親近感を抱き、自分たちはイングランド王国に属するとみる者も少なくなかった。そのため、彼らはシャルル7世の占領に強く反発し、ヘンリー6世にボルドー奪還を要請したのである。これに応えて52年10月17日、ジョン・タルボットは3000の兵士を率いてボルドーに攻め入った。これに呼応してボルドー市民も立ち上がり、駐屯するフランス軍を追い払った。アキテーヌ南部のガスコーニュ地方の市や町でも似通った騒擾が起きた。

それでもシャルル7世は軍勢を立て直し、53年春にはボルドー攻略の大軍を

派遣。7月17日、ボルドーの東50キロほどにあるカスティヨンでの戦い(Battle of Castillon)でイングランド軍を撃破した。この戦いでタルボットとその息子は戦死した。フランス軍勝利の大きな理由は300基の大砲など最新の火器使用にあった。この戦勝の余勢を駆ってフランス軍は10月19日、ボルドーを落とし、シャルル7世はアキテーヌ公領をその手中に収めた。これによって、1337年から1453年にいたる百年戦争は実質的に終焉した。

シャルル7世によるボルドーの占領、イングランド軍のカスティヨンの戦いでの敗退、タルボット親子の戦死といった悲報に接したヘンリー6世は53年8月、精神錯乱に陥った。それについては、母方の祖父シャルル6世からの遺伝という見方がある。

百年戦争の歴史的意義

百年戦争のおおまかな顛末はこうしたものだった。第1期と第3期はイングランドが優勢、しかし第2期と第4期はフランスがその劣勢を挽回、最後はフランスが勝利の美酒に酔った。この戦いは1世紀以上にわたるじつに長い戦争だった。小さなまとめという意味で、この百年戦争がもった歴史的意義についてふれておこう。

第1に、この戦争の結果、イングランドはその後も1世紀にわたってカレーを領有したが、特異な複合国家の構造は基本的に崩壊した。両王朝間の領土さらには王位継承をめぐる紛争の種子が取り除かれた。

こうしてイングランドは「島国国家」となり、15世紀末からの「大航海時代」(age of exploration)の到来に呼応して海外植民地開拓への関心を高めていった。

第2に、百年戦争を通じて、イングランドでもフランスでも次第に国民意識が培養されていった。この点、フランス史家のコンタミーヌは、「紛争はその長さからして、両国の人びとに同じように、外国人嫌い(xénophobie)とハッキリした愛国心(nationalisme)とを増幅させた」といい、また「国民という観念はもはや単なる符牒や施政者の政治的表現ではなく、一般民衆が体験する現実になった」(Contamine, 1968 [2010: 114-5], 訳143-5)と書いている。

はじめは「王家同士の戦い」であったものが、一方では一般市民からの戦費や傭兵の調達によって、他方とくに戦場となったフランスでは、掠奪を含む未曾有

の戦禍を長期にわたって被ることによって漸進的に「国民同士の戦い」という観念が醸成されていった。こうした国民意識の生成は近世主権国家の誕生にとって欠かせないものだった。

フランス中世史家の佐藤猛によれば、15世紀初めフランスでは、「イングランド人の習慣や気質を罵る文言を載せたパンフレットや著作が出回っていた」らしく、それが次第に、パリ地方の言語によってフランス語が統一されていく契機となった (佐藤猛、2020: 168-9)。

第3に、百年戦争は武器や兵士、戦闘方法などの面でも大きな変化をもたらした。戦争が始まった頃には、重武装した騎士が最大の戦力だった。しかしその末期には騎士は軽武装化し、その役割もめだって縮減した。新たな火器、なかでも大砲が大きな威力を発揮するようになり、その保有数が勝敗を決するほどになった。こうした騎士さらには騎士道 (chivalry) の凋落は政治勢力としての貴族の衰退、もうすこしいえば、封建制の内部崩壊の進行を意味していた。

またこの百年戦争によって、イングランドでもフランスでも傭兵制度が広く普及した。しかしその傭兵化にはふたつの大きな問題があった。ひとつは傭兵に対する巨額の賃金支払いとそれに伴う戦費の膨張、もうひとつは休戦や敗戦で失業した傭兵たちによる住民への掠奪行為の頻発だった。

このうち、後者の問題への対策を怠れば、その統治者は住民からの厳しい非難に曝され、その支持を失ってしまう。暴徒と化した傭兵たちへの弾圧だけでは事済まない。フランス王がとった最終的方策は傭兵の一部を含む国王常備軍の創設だった。

第4に、戦費調達の成否は戦争の継続にとって文字通り死活問題だった。フランスでは比較的早く、ポワティエの戦いでの敗戦と慢性的財政難に直面したシャルル5世によって税制改革が断行され、国防費の課税が容易になった。その結果、他の有力諸侯に比べて王室の財政はめだって改善され、国内統一の重要な足懸かりとなった。

しかし、イングランドでは、戦費調達のための課税は開戦当初から、1341年に設けられた騎士やジェントリー、裕福な商人からなる下院の承認をその都度とりつけねばならなかった。戦争が長引くとともに、国王の課税提案に対していよいよ厳しい監視の目が注がれるようになった。14世紀第4四半期の3度にわた

る人頭税徴収はワット・タイラーの乱の引き金となり、制限君主制の発展を促した。そのため、エドワード3世は外国人を含む政商から多額の借金をしなければならなかった。

　興味深いことに、とくに百年戦争の第4期になると、イングランドでは主戦派の勢力が衰えて戦費の調達は思うに任せず、その縮減が企図され、兵器・兵力も削減された。15世紀の前半、イングランド王の財政はこれまでになく窮乏化した。第3期にはフランスの所領で課税して歳入を増やしたが、それがかえって住民の不興を買った (Curry, 2002: 82)。

　イングランドの国内では、とくにヘンリー6世の治世になると、じわじわと反戦あるいは厭戦気分が浸透し、「割に合わない」戦争はすべきではないという醒めた意識で戦争の費用・便益計算が行われるようになった。愛国心の高揚と戦費増額という逆の道を歩んだフランスとはまことに対照的な構図だった。

　大まかなイメージでいえば、百年戦争を通じて(浮沈はあるものの)、イングランドの王室財政は基本的に悪化傾向を辿り、逆にフランス王室は尻上がりに改善されていった。イングランドの場合、とくにヘンリー6世時代の1430年から40年代にかけて王家の歳入は減少し続け、44年からは大幅な戦費削減が断行され、戦局に破壊的影響を与えた。軍の指揮官のみならず、傭兵など一般兵士に対する報酬も滞るようになり、不払い金や未払い金が山積していった (Hicks, 2010: 64)。その状態は50年代になっても続き、やがて薔薇戦争の行方に重大な影響を及ぼすことになる。まさに、「1449年までにランカスター体制は破綻していた」ということができるだろう (Griffiths, 1981: 394)。

　この点、歴史家ジェームズ・ラムゼーは王室会計記録に基づくヘンリー6世時代の財政推計を行っている。かれは議会での課税承認の有無によってその時代を3つの時期、すなわち第1期(1422-28年)、第2期(1428-54年)、第3期(1454-61年)に区別している。このうち、第2期だけが議会で課税が承認された時期にあたる。各期の年平均粗歳入をみると、第1期が7万795ポンド、第2期が8万4285ポンド、第3期が5万8713ポンドとなっている。しかし負債は趨勢的に増え続け、1433年には総額16万6961ポンド、49年には37万2000ポンドに達した。

　支出の大項目はカレー駐屯費だった。そのための財源は羊毛輸出関税(1袋33シリング4ペンスのうち、20シリング)に求められた。輸出各港の徴税官 (collectors)

を経て財務府 (exchequer) に集められた関税は財務府からカレー総督に支払われた。しかし時期によって関税収入が大いに減少したため、ロンドンやカレーなどの特許権をもつ独占的ステープル (指定) 組合から借金を重ねた。しかしそれでも不足分を賄い切れないことが多かった。

とくに、1449 年以降の財政難の時代になると、財務府からカレーへの送金は滞り、53 年 7 月には送金が停止された。カレーの指揮官や駐屯兵の給与は未払いとなり、「慢性的暴動」状況に陥った。百年戦争末期のこの 50 年代前半、カレー駐屯兵に払う給与と食糧費だけで年間 2 万 9000 ポンドにのぼった。さらにくわえて 51 年から 56 年までの 5 年間については年平均 1 万 6484 ポンドの支出が求められた。堡塁建築のためだった。王権の支払い能力をはるかに超える財政状況になっていた (Ramsey, 1892, vol.2: 264-5; Howard, 1933: 294-5, 302-5; 尾野、1978: 28)。

第 5 に、百年戦争は社会移動を活性化した。貴族層全体としての衰退とともに、イングランドでもフランスでも多くの家門が途絶え、逆に新たな伯爵・公爵位がつくられた[11]。それは国王の子女あるいは寵臣への爵位付与、戦争での論功行賞 (騎士の新興貴族化など)、逆に国王や貴族による所領没収や追放、嫡出子の不在など理由は区々だった。フランスの 14 世紀から 15 世紀前半までの時代をさして「成り上がり者の時代」とする見方がある (山瀬、1981: 257)。

第 6 に、百年戦争は人口減少にも拍車をかけた。腺ペストと百年戦争によってフランスでは全人口の半分が亡くなり、ノルマンディーでは 4 分の 3、パリでも 3 分の 2 が死亡したという説がある (Laduire, 1987: 32)。

百年戦争における戦死者数については推測の域を出ないが、イングランド軍よりもフランス軍の戦死者が多く、その最大のケースは開戦まもない 1340 年のスロイス海戦における 1 万 8000 人 (多くが溺死)、ついでアジャンクールの戦い (1415 年) での 1 万人という数字がある。そのほか、クレシーの戦い (1346 年)、ポワティエの戦い (1356 年) でのフランス側の戦死者はそれぞれ数千人にのぼったといわれる。そして第 4 期のフォルミニーの戦い (1450 年) やカスティヨンの戦い (1453 年) におけるイングランド側の戦死者もほぼ同水準に達した (Contamine, 1968 [2010: 118]、訳 148; 山瀬、1981: 247)[12]。

ともあれ、イングランドが驚異的な人口激減に見舞われたのは波状的に押し寄せた黒死病がその主因だった。しかしフランスでは、地域にもよるが、黒死病に

劣らず百年戦争による国土荒廃に伴う人口減が大きかった。

　もうひとつ、百年戦争がフランス経済の基本構造、たとえば農奴制に与えた影響についていえば（第2章でも引いた文章だが）、イングランドとは違って、フランスでは、「領主からの農民の自立は、多くの場合、一時的なものであり、無政府状態や危機が去れば、ひととき忘れ去られていた伝統的な骨組みはまた元に戻っていった」という見方がいまでも説得力をもっている (Contamine, 1968 [2010: 119]、訳149)。

　第7に、百年戦争で教皇が果たした役割といえば、せいぜい休戦のための和平協議の仲介役にすぎなかった。百年戦争の初期には、その仲介も戦争を止めさせ、十字軍遠征に両国を駆り立てようとする動機が働いていたが、次第にそれも失せていった。

　百年戦争が始まったとき、すでにアヴィニョン捕囚の時代 (1309-77年) になっており、それに教会「大分裂」の時代 (1378-1417年) が続いたことを考えれば、教皇の影響力が低下したことも頷ける。ますます希薄な存在となっていく教皇の権威を挽回し、教皇主義を復活させることなど思いも寄らない時代になっていた。

　第8に、百年戦争に勝利したあとも、フランスではアラス条約 (1435年) が破棄され、フランス王はブルゴーニュ公国との戦い（ブルゴーニュ戦争）に注力しなければならなかった。シャルル7世の子ルイ11世（在位1461-83年）はブルゴーニュ公シャルルを相手にして67年から10年もの歳月を費やし、ようやく77年のナンシーの戦いに勝ってブルゴーニュ公国を滅ぼし、その所領を王領に組み入れることができた。ついで80年にはアンジュー公領を、翌81年にはメーヌ伯領とプロヴァンス伯領をそれぞれ併合した。こうして、フランス王は絶対王政への道を歩み出した。

　他方、百年戦争で敗戦を喫したイングランドでは、それを契機にして30年以上にわたる内戦、すなわち薔薇戦争が始まったのである。

第2節　薔薇戦争の経緯とその歴史的意義

　図式的にすぎるかもしれないが、フランスではシャルル6世の発狂によって起きた内戦を終息させてイングランドに勝利し、逆にイングランドでは百年戦争の

敗戦によってヘンリー6世が精神錯乱に陥り、内戦(薔薇戦争)が勃発したということができる。まことに好対照の印象的な図柄である。

その薔薇戦争であるが、その種子は百年戦争末期に撒かれていた。すでにふれた主戦派と和平派の対立がそれである。その文脈で見落とせないのが、1450年に起きたジャック・ケイドの乱 (Revellion of Jack Cade) である。

ジャック・ケイドの乱

フォルミニーの戦いでイングランド軍が敗退した直後の1450年5月31日、70年前のワット・タイラーの乱のときと同じように、ケントやサセックスを中心にしてジャック・ケイドの乱が起きた。ジェントリーなどを中核とする政治色の強い民衆暴動だった。

1450年6月6日、レスターにいたヘンリー6世はその蜂起を知って急遽ロンドンに取ってかえし、翌週には使節を遣わして叛徒の要求を聴取した。そのとき、叛徒らはふたつの文書を提出した。ひとつが「ケント人の不平書」(Articles of Complaint)、もうひとつが「ケント大集会のキャプテンによる要求書」(Articles of Request——「ケントのキャプテン」はジャック・ケイドの俗称)である。しかし、その中身はヘンリー6世や上院のサフォーク派が耳を貸すことのできるような代物ではなかった。苦情は無視され、要求も拒絶されたため、暴動は一挙に本格化した。しかし、その過程で叛徒の統率力が次第に弛緩し、ロンドン市民に対する掠奪事件が起きたため、市民と叛徒がロンドン・ブリッジで激突、多くの死傷者が出た。

この機会をうかがっていた重臣は特赦状をちらつかせ、叛徒弾圧に乗り出した。反乱は2ヵ月ほどでいったん収まり、首謀者ジャック・ケイドは7月12日、ロチェスターで捕らえられ、その時に負った深傷がもとで裁判以前に亡くなった。その首は切り落とされ、死体は4つ裂きにされ、見せしめのためブラックヒース、ノリッジなど4ヵ所に送られた。

しかし、ケイドの死後も、1450年8月31日には金属職人ウィリアム・パーミンター (William Parminter) がケント州のファヴァーシャム (Faversham) で蜂起。また10月には、ジョン・スミス (John Smyth) という叛徒も名乗りを上げ、それぞれ第2、第3の「ケントのキャプテン」と自称した。さらにサセックスでは、トマス・スキナー (Thomas Skynner) という名の叛徒が登場した (Ramsey, 1892, vol.2: 125-33)。

叛徒が攻撃目標としたのは、ヘンリー6世の寵臣で百年戦争和平派の中心人物だったサフォーク公ウィリアムとその配下の有力廷臣、そしてかれらに連なる地方官吏だった。上記のふたつの叛徒の文書にもその陰翳が落ちているが、この百年戦争末期、イングランド王権の統治能力は著しく劣化し、大きな政治的混乱が生じていた。

というのも、サフォーク公は50年1月28日、下院の決議に基づいて逮捕され、5月に国外追放になったが、その途上ドーヴァーで漁民か兵士の手に懸かって暗殺された。それよりも早く、王璽尚書のチチェスター司教アダム・モーリンズ (Adam Moleyns: 生年不詳) は50年1月9日に殺害され、サフォーク公とともに権勢を誇ったソールズベリー司教ウィリアム・アイスコフ (William Ayscough: 生年不詳) も7月20日、叛徒によって撲殺された。そして大蔵卿 (Lord High Treasurer) でケントやサリー、サセックスの州長官でもあったジェームズ・フィーンズ (James Fiennes: c.1395-1450) もロンドン塔に繋がれたのち、50年7月4日に斬首されている。いずれもサフォーク公をリーダーとするヘンリー6世の有力重臣だった。

他方、ジャック・ケイドについては不明なことが多い。反旗を翻した当時、かれは20歳代だったが、その社会的出自はジェントリーあるいはサリーで医者をしていたという説がある。しかし、その陣頭指揮ぶりからして百年戦争に従軍した経験があり、教養豊かな人物だったとされている。興味深いのはかれがジョン・モーティマーと自称していたことである。モーティマーという家名はランカスター家のヘンリー6世やその廷臣たちにとって愉快なものではなかった。モーティマー家がヨーク家と親しい関係にあり、両家がランカスター家と対立していたからである。

さて、叛徒の意図を伝える上記ふたつの文書[13]だが、いずれも6月17日、国王ヘンリー6世とサフォーク派が牛耳る議会上院に提出された。その「不平書」(全15条) は、国王の「卑しい」廷臣たちは権力濫用をほしいままにして重税を課し、冤罪を厭わず、裁判も行わずに被疑者を投獄し、その土地や財産、王室歳入を簒奪している (第2、5、6条)。また、州長官とその官職請負人、ドーヴァー港長官、州選出議員も法を逸脱し、巧妙な不正手段や虚偽の告発を行って課税し、出廷を命じて民衆を収奪している (第8から12条、第14条) と記していた。

もうひとつの「要求書」(全5条) 第4条では、「これら大逆者たち (サフォーク派)

のために、エクセター公、聖なる枢機卿、高貴な王子、ウォーリック公、およびフランスにおけるイギリス領土だったノルマンディー公領、ガスコーニュ、ギエンヌ、アンジュー、メーヌが敵に渡され、われわれの忠実な諸侯、騎士、エスクワイアと多くの善良なヨーマンも失われた」と大逆者を非難していた (Ramsey, 1892, vol. 2: 127-8; 富岡、1965: 208-12)。

このように、ジャック・ケイドの乱は高位聖職者や貴族などとは区別された、ジェントリーやエスクワイアといった中小地主層を筆頭に[14]、ヨーマンやハズバンドマン、職人や商人がその現実的要求を掲げて政治の世界に発言するようになったことを示しており、かれらは「コモンズ」と呼ばれた (Pollard, 2013: 48-9)。

もうひとつ、この反乱の背景になっていた経済情勢についてもみておこう。すでに第2章末尾でもふれておいたが、黒死病後のイングランド経済は14世紀末から長期にわたって基本的に収縮プロセスを辿った。その経済後退の最も深い谷は15世紀半ばにあった。しかし当代の景気後退はヨーロッパ・ワイドなものであり、イングランドに固有の現象ではなかった。銀貨の深刻な不足が大きな災いとなり、各国は保護主義に走った。1440年代から80年代まで続いたこの長い景気後退は、一般的に「大不況」(the great slump) と呼ばれる。1430年代後半にイングランド北部で始まった不況は40年代には全国的に波及し、その後も薔薇戦争の期間を通じて不況は続いた。マクロ経済が回復軌道に乗ったのはようやくテューダー朝になってからのことである。

この大不況は、国王や大貴族からはじまって「中間的な人びと」、さらに無数の零細農や窮乏庶民にいたるまで、イングランドのすべての人びとに大きな打撃を与えた。民衆の生活水準は低落し、誰しもが辛酸を舐めた。長期にわたる地代の低下、農民がいない荒地の増加、銀貨の不足と物々交換の蔓延、農産物に対する購買力低下と価格の下落といった現象がみられた。そしてヨーロッパへの輸出激減による羊毛生産や毛織物生産の大幅縮減、港湾都市の衰弱などが連鎖反応の津波となってイングランド社会を襲った。たとえば、1446年から50年までの4年間だけでもイングランド西南部のコッツウォルドやウィルトシャーからの毛織物製品の輸出は35%も減り、過剰生産と大量失業を招いた。49年から50年にかけて、ケント州サンウィッチからの衣料生地や羊毛袋の輸出は9割も激減した。

この大不況に対して王権がどれほどの責任を負うべきか、断定することは難し

い。しかし、百年戦争の敗戦によるガスコーニュの喪失がワイン貿易の破綻を招いたことは明らかである。また、イングランド海軍による海賊行為排除を名目とするハンザ同盟護衛船隊（Hanseatic Bay Fleet）の襲撃（1449年5月23日）、それに対するハンザ同盟からの損害賠償請求、ヘンリー6世の要求拒否、その報復措置としてのハンザ同盟によるイングランド製品の北ドイツおよびバルチック諸国からの締め出し、それに伴うイングランド輸出・輸入産業が被った大きな打撃といった一連の出来事は王権の失策に帰すべきものかもしれない。じっさい、ハンザ同盟との和解、海外貿易の再活性化はジャック・ケイドの乱で叛徒が要求したもののひとつだった（Hatcher, 1977: 35-7; Hicks, 2010: 49-54）。

薔薇戦争とは——近世主権国家への序曲

1453年、イングランドはカスティヨンの戦いに敗れ、ノルマンディーについでアキテーヌを失った。ヘンリー6世は気が狂れた。制海権の喪失を含む軍事的敗北、経済的疲弊、政治的腐敗のさなかでの国王の精神的錯乱だった。いやがうえにも、サフォーク派とヨーク派の対立は激化した。

この薔薇戦争の大まかな経緯を辿るまえに、いくつか念頭においておくべきことがある。

第1に、このイングランド史上最長の内戦は薔薇戦争（1455-85年）と呼ばれる。のちの著作家による命名だが[15]、赤薔薇がランカスター家、白薔薇がヨーク家の記章を表す。薔薇戦争というと、両王家の覇権争いという印象をもちやすい[16]。しかし、それは基本的に第2期の薔薇戦争（1469-71年）までのことであり、第3期の戦い（1483-5年）になると、ヨーク家の内部抗争と分裂が政局の行方に致命的影響を与えた[17]（Pollard, 2013: 131）。

第2に、この戦争の結果、テューダー朝が誕生した。したがって、短命だったヨーク朝の時代（半年間のヘンリー6世の復位［1470年10月2日から71年4月11日まで］を除くと、1461-85年のわずか四半世紀）を中間項として括弧にくくれば、薔薇戦争の始点にはランカスター朝の凋落があり、その終点にはテューダー朝の開闢があった。

しかし、テューダー朝を開いたヘンリー7世がヨーク家の残存勢力を一掃するまでに相当の時間を要した。それを考えれば、薔薇戦争の実質的な収束時点はも

うすこし先になるだろう。

　第3に、そうなると、おのずから薔薇戦争の期間も変わってくる。開戦は第1次セント・オールバンズの戦い (First Battle of St. Albans, 1455年5月22日) だとしても (別の見方もある)、終点は一般的にそういわれる1485年8月22日のボズワースの戦い (Battle of Bosworth) ではなく、ヘンリー7世治下でのストークあるいはストークフィールドの戦い (Battle of Stoke or Stokefield, 1487年6月16日) はもちろん、さらに90年代終わりまでを考える必要があるのかもしれない (Goodman, 1981: 8)。じっさい、ヨーク家につながる王位継承者の完全消滅という意味では、ヘンリー8世の時代を待たなければならなかった。

　第4に、鳥瞰図的にいえば、この薔薇戦争はイングランド中世後期を近世あるいは近代初期へと架橋していった出来事であり、端的にいえば、イングランド中世と近世 (近代初期) の分水嶺となるような戦争だったという理解が多い。

　第5に、もうひとつ、薔薇戦争は内戦とはいいながら、その経緯を跡づけていけば明らかなように、外国人傭兵のみならず、外国王家の薔薇戦争への関与もみられた。とくにフランス、ブルゴーニュ、ブルターニュ、スコットランド、アイルランドとの関係が見落とせない。

　これらの国や地域がその時々の戦いで敗れた王族や貴族の退避地となり、また傭兵を含む兵力や戦費調達の拠点ともなった。それがなければ、敗者の早期の態勢立て直しは不可能だったし、戦争の推移もかなり違っていたようにみえる。

　第6に、薔薇戦争の原因についていえば、その直接のきっかけは百年戦争末期に顕在化した和平派と主戦派の確執にあった。しかし、ランカスター家とヨーク家といった大貴族が出現しえた社会的背景には「疑似封建制」の進展があった。もし薔薇戦争を大量の傭兵を擁した大貴族同士の私闘 (private wars) だったとみるのであれば、それを可能とした疑似封建制こそ薔薇戦争の原因だったというチャールズ・プランマーのような見方も生まれるだろう (Plummer ed., 1885: 16-7)。

画期とそのプロフィール

　大きな戦いと王家の交代という観点からすると、この薔薇戦争はおおよそ3つの時期に分けることができる。

　第1期 (1455-61年) はさきの第1次セント・オールバンズの戦いからタウトン

の戦い (Battle of Towton, 1461) までの 6 年間であり、結果的にはエドワード 4 世 (在位 1461-70 年、71-83 年) が即位してヨーク朝を開いた時代にあたる。つづく第 2 期 (1469-71 年) はそのエドワードを擁立した「キング・メーカー」ウォーリック伯リチャード・ネヴィル (Richard Neville: 1428-71) が一転して 69 年に反乱を起こし、ヘンリー 6 世を半年ほど復位させたが、結局はエドワード 4 世がバーネットの戦い (Battle of Barnet, 1471) とテュークスベリーの戦い (Battle of Tewkesbury, 1471) に勝利し、ランカスター王家の王位継承者をほぼ根絶やしにした 3 年ほどの短い期間をさす。第 3 期 (1483-5 年) はしばらくの平穏ののち、エドワード 4 世が 83 年 4 月 10 日に急死したため跡目争いが生じ、エドワードの弟だった「王位簒奪者」リチャードがリチャード 3 世 (在位 1483-5 年) として登位したものの、85 年のボズワースの戦いであえなく戦死。その戦いに勝ったヘンリー・テューダーがヘンリー 7 世 (在位 1485-1509 年) としてテューダー朝を開くまでの 3 年間をいう。

　一般的には、ここまでを薔薇戦争の時代と呼ぶ。しかしその後もしばらくのあいだ、ヨーク家の残党による反乱が続いた。どこで区切るかは難しいが、最短でも 1487 年のストーク (フィールド) の戦いまでは視野に入れておかねばならない。

　ともあれ、第 1 期と第 2 期はランカスター家とヨーク家が戦ってヨーク家が勝利した。しかし第 3 期は、そのヨーク家に内部抗争の亀裂が走り、ランカスター家傍流のヘンリー・テューダーによってヨーク家は滅ぼされた。以下、各期の基本的な推移をごく簡潔に跡づけておこう[18]。

　(A) 第 1 期について。この第 1 期の戦局は文字どおり二転三転し、めまぐるしく変化した。1453 年 8 月、ヘンリー 6 世は気が狂れて (緊張型統合失調症といわれる) 統治能力を失った。王妃マーガレットが摂政役に就こうとしたが、上院で拒まれ、主戦派だったヨーク公リチャード・プランタジネットが護国卿 (protector of the realm) に任じられた。かれは、ヘンリー 6 世や王妃の寵臣であり、和平派のリーダーだった宿敵サマセット公エドムンド・ボーフォート (1436-64 ——戦死したサマセット公エドワードの息子) を投獄し、代わってネヴィル家のソールズベリー伯リチャード・ネヴィル (1400-60) やその長男ウォーリック伯リチャード・ネヴィル (父と同名、1428-71) などを厚遇した。

　しかし、それも束の間、翌年正気を取り戻したヘンリー 6 世は 1455 年初めに護国卿のヨーク公を罷免、あらためてサマセット公を復帰させた。これに対して

ヨーク公は反乱を起こし、ロンドン北部のセント・オールバンズで両派が衝突した。それが第1次セント・オールバンズの戦いである。双方の兵力はそれぞれ2000とも3000ともいわれるが、この戦いで勝利したのはヨーク公、逆にサマセット公は戦死した。ノーサンバーランド伯やクリフォード伯など国王派（ランカスター派）の有力リーダーたちは捕らえられ、処刑されてしまう。ヘンリー6世も捕らえられ、ふたたび精神錯乱に陥った。

かくして、ヨーク公は議会の決議によって護国卿に返り咲いた。しかしふたたび国王が正気に戻ると、同じことが繰り返された。すなわち、1456年2月にヨーク公は護国卿の地位を追われ、王妃マーガレット率いるランカスター派が勢力を挽回、サマセット公ヘンリー・ボーフォートを重用した。ヨーク公はアイルランド総督に戻り、ウォーリック伯はカレー総督としての地位を保った。そのウォーリック伯は「商人の守護者」としてロンドンの商人や市民から大きな信頼を勝ちえていた。じっさい、「ヨーク派の革命を財政的に支えたのはカレーを必要とするロンドン市民だった」といわれる (King, 2009: 260-1、訳356)。

国王派とヨーク派の戦いが再燃したのは1459年秋のこと。ヨーク公、長男のマーチ伯エドワード、ソールズベリー伯らのヨーク軍は10月12日、シュロップシャーのラドフォード・ブリッジの戦い (Battle of Ludford Bridge) で国王派に敗れ、ヨーク公はウェールズを経てアイルランドへ、またマーチ伯らはカレーに逃れた。かれらは反逆罪に問われて私権剥奪処分 (attainder) となり、その所領と称号を奪われ、ヨーク公とその子孫は王位継承権まで否定された。そのため、両派は武力によって雌雄を決するほかなくなった。

1460年6月、カレーに逃れていたソールズベリー伯とウォーリック伯の親子、それにマーチ伯は英仏海峡を渡ってサンウィッチに上陸、7月初めには市民に歓迎されてロンドンに入城した。そして7月10日のノーサンプトンの戦い (Battle of Northampton) ではランカスター軍を撃破した。この戦闘でランカスター軍のバッキンガム公、シュルーズベリー伯が戦死、ヘンリー6世も囚われの身となった。ヨーク軍は勇躍、国王を引き連れてロンドンに凱旋した。肝心のヨーク公リチャードはこの戦勝に踏まえて王位請求に動いた。長い紛争の末、議会は「合意令」(Act of Accord, 1460) を出してその請求を認めた。ヘンリー6世は廃位されなかったが、その王子エドワードは王位継承者から外され、ヨーク公がヘンリー6世の

後継王となるべく 3 度目の護国卿となった。

　しかしそれから 2 ヵ月後、ヨーク公の願いは空しく水泡と帰した。息子エドワードの王位継承権を否定された王妃マーガレットは激怒し、一部イングランド領の割譲、王子エドワードとスコットランド王女との婚約を条件にスコットランドに援軍を求めたからである。王妃マーガレットはウェイクフィールドの戦い (Battle of Wakefield, 1460) でスコットランドの援軍を含む 4 倍の兵力を率いてヨーク軍を粉砕した。ヨーク公のみならず、次男のラットランド伯エドムンドもこの戦いであえなく戦死。ソールズベリー伯も捕らえられ、斬首されてしまう。

　けれども、これで一件落着というわけにはいかなかった。ウォーリック伯もいれば、父が戦死して新たにヨーク公となったエドワードも存命だった。何よりもかれらの手許には人質ヘンリー 6 世がいた。

　ヨーク軍はヘリフォードシャーのモーティマーズ・クロスの戦い (Battle of Mortimer's Cross, 1461) でウェールズに進攻してきたランカスター軍を破り、その戦いで敗軍の将となったテューダー家の祖オウエン・テューダー (Owen Tudor: c.1400-61 ── その長男エドムンド [1431-56、獄死] の子がヘンリー 7 世) を捕らえて処刑した。

　他方、王妃マーガレットらランカスター軍の主力は国王ヘンリー 6 世の奪還をめざしてイングランドを南下し、第 2 次セント・オールバンズの戦い (1461 年 2 月 17 日) に勝ってウォーリック伯を敗走させ、ヘンリー 6 世も無事救出された。しかし印象的なことに、国王も王妃もロンドンへの入城を拒まれた。多くの市民が親ヨーク派だったこともあるが、かれらはランカスター軍の掠奪行為を恐れていたからだった。

　逆に、ヨーク派のウォーリック伯とヨーク公エドワードは 1461 年 2 月末、市民に熱狂的に歓迎されてロンドンに入った。したがって、ロンドンは国王と王妃の入城を拒み、ヨーク派を受け入れたということになる。市民の中核をなす有力な貿易商にとっては、カレーを死守するウォーリック伯こそかれらの味方であり、また生命線だったからである。

　一般的にいって、都市市民の薔薇戦争への関わりは基本的に限定づきのものだった。その代表格がロンドンであり、かれら都市の商人や職人たちにとって大切なのは安全な経済活動と国際交易の保証だった。それに役立つのであれば、その王権や有力貴族を支持し、協力するというのが都市コモンズの基本的な姿勢

だった。

　折しも、ロンドンではさきの合意令に反してヨーク公を殺害した国王と王妃に対する非難の声が高まっていた。ウォーリック伯はロンドン市民の圧倒的支持を踏まえてヨーク公エドワードを新国王エドワード4世として擁立した。それが「キング・メーカー」としてのかれの最初の仕事だった。しかしエドワードは、正式な戴冠のためにはヘンリー6世を排除しなければならないと考えていた。エドワードとウォーリック伯らのヨーク軍はランカスター軍を殲滅するために北上、かれらの拠点だったヨーク西部で両軍は激突した。薔薇戦争最大の戦いといわれるタウトンの戦い (Battle of Towton, 1461) で勝利したのはエドワード率いるヨーク軍だった。その日の戦場は激しく雪が舞い強風が吹きつけていた。戦闘に加わった貴族は28人（イングランド全体の半数ほど）、軍勢はヨーク軍が4万2000人、ランカスター軍が3万6000人[19]。この天下分け目の戦いは凄惨を極め、ヨーク軍で全体の3割にあたる1万2000人、ランカスター軍では半数以上の2万人が戦死したといわれる。しかしいまでは、軍勢は双方合わせて5万から6万人。戦死者はランカスター軍が最少3000人で最大9000人。ヨーク軍は800人ほどだったとみられている（'Battle of Towton', WP）。

　この戦いに敗れたヘンリー6世と王妃、サマセット公はスコットランドに落ちのびた。戦勝したエドワードはロンドンに凱旋し、61年6月28日にウェストミンスター寺院で盛大な戴冠式を催した。ヨーク朝の開闢である。かれが最初の議会（1461年4月29日から6月18日）で明らかにしたのは、貴族13人を含むランカスター派の重臣133人（戦死した貴族を含む）に対して反逆罪を宣告し——実際には、生き残ったランカスター軍の大方の貴族はエドワード4世の軍門に降り、忠誠を誓って所領没収を免れたけれども——、その私権を剥奪し、ランカスター家の所領をはじめとしてその領地を王領に組み入れた。それとは逆に、ランカスター朝の諸王によって私権剥奪された者の名誉を回復し、その所領を返還したのである。

　これらと併せて、エドワード4世はヘンリー4世以降ヘンリー6世までのランカスター朝初期3代の国王をすべて王位簒奪者 (intruders) として弾劾し、国王の財産と特権は1399年9月21日の「正統な」リチャード2世の治世まで遡ると宣言した（Ramsey, 1892, vol.2 : 268-85; Briggs, 1983: 94-5, 訳146）。

(B) 第2期について。それからの10年ほどの間、エドワード4世の治世は比較的平穏だった。

それでも、ランカスター派の動きがなかったわけではない。1464年には北部イングランドで第3代サマセット公ヘンリー・ボーフォート（エドムンドの兄）が蜂起した。しかし、その反乱軍は5月15日のヘクサムの戦いで惨敗を喫し、捕らえられたサマセット公は処刑された。ついで翌65年にはランカシャーでヘンリー6世が捕らえられ、ロンドン塔に幽閉された。それに加えて、エドワード4世とスコットランド王ジェームズ3世（在位1460-88年）が和解したため、王妃マーガレットと王子エドワードはフランスに遁走した。

この薔薇戦争の第2次内戦はエドワード4世と「キング・メーカー」ウォーリック伯リチャード・ネヴィルとの反目に端を発していた。ウォーリック伯は広大な領地を有する傑出した大貴族として権勢を誇り、カレー総督に加えて5港市長官の要職も兼ねていた。

両者の対立はふたつのことがらをめぐって表面化した。ひとつはエドワード4世が64年5月1日、リチャード・ウッドヴィルの娘でランカスター派の騎士ジョン・グレイ卿（第2次セント・オールバンズの戦いで戦死）の未亡人だったエリザベス・ウッドヴィル（c.1437-92、エドワード4世の王妃マーガレットの侍女）と密かに結婚し、エリザベスの父親リチャード・ウッドヴィルを初代リヴァース伯に叙爵したのをはじめ、ウッドヴィル家の人びとを重用しはじめた。この唐突なウッドヴィル家の台頭はイングランド貴族の間に強い違和感を生み出した。

その当時でも国王が秘密裏に結婚するなど言語道断の不祥事にちがいなかった。国王の婚姻は有力貴族や上院の事前承認があって初めて成立する国政の根幹に関わる重要事案だったからである。それとも知らず、エドワードとルイ11世の義妹ボナ・ディ・サヴォイア（1449-1503）の結婚を願って婚約にまで漕ぎつけたウォーリック伯にとって、この秘密裡の結婚はみずからの面目を失うだけでは済まされない外交上の大失態と映った。

もうひとつ、この出来事の背景には、国王エドワードとウォーリック伯の対フランス政策をめぐる確執があった。百年戦争に勝ったフランス国内ではルイ11世とブルゴーニュ公シャルルの間で勢力争いが再燃し、ブルゴーニュ戦争の火の手が上がろうとしていた。エドワード4世は1468年7月9日、ブルゴーニュ公

の3番目の妻として妹のマーガレット・オブ・ヨーク (1446-1503) を嫁がせ、かつてのイングランドとブルゴーニュの蜜月関係を再構築しようとした。しかしこれとは逆に、ウォーリック伯はフランス王に接近するのがイングランド王国にとって最上の策と考えていた。

　エドワード4世とウォーリック伯の溝は、ひとつには、エドワード4世が弟のクラレンス公ジョージ・プランタジネット (1449-78) やグロスター公リチャード (1452-85年、のちのリチャード3世) とウォーリック伯の娘たちとの結婚に強く反対したこと (しかしクラレンス公とウォーリック伯の娘イザベラ・ネヴィルは1469年、エドワード4世の承諾なしにカレーで結婚)、それにもうひとつ、ウォーリック伯の弟ヨーク大司教ジョージ・ネヴィルを大法官 (Lord Chancellor) から解任したことによって一層深まった。

　カレーにいたウォーリック伯はエドワードのこうした一連の所業を厳しく批判、ついに反乱の狼煙を上げた。王弟クラレンス公と盟約を交わしたウォーリック伯はケントに上陸、エッジコート・ムーアの戦い (Battle of Edgecote Moor, 1469) でエドワード軍を破り、バッキンガムシャーのオルネー (Olney) でエドワード4世を捕らえた。しかし、多くのイングランド貴族が依然としてエドワード4世を支持していることを知ったウォーリック伯はいったん国王を解放した。翌70年3月にも、ウォーリック伯とクラレンス公はリンカーンシャーで兵を挙げたが、そのときはエドワード軍によって鎮圧された。新たな策を練るべく、ウォーリック伯らは70年5月1日、カレーに逃れた。

　その新手の策とは、かつての仇敵・前王妃マーガレットと同盟し、さらにルイ11世を巻き込んでエドワード4世を打倒するというものだった。三者はヘンリー6世の復位と引き替えにフランス軍がイングランドに出兵するという計画で合意した。劣勢を悟ったエドワード4世は70年9月、弟のグロスター公リチャードを伴ってブルゴーニュ公領のフランダースに渡った。

　こうして、ランカスター朝のヘンリー6世が国王に返り咲いた。ウォーリック伯の2度目の「キング・メーカー」としての仕事だった。しかし、復位したヘンリーの治世はわずか半年という短命なものに終わった。というのも、ブルゴーニュ公の財政支援をえたエドワード4世はクラレンス公とともに1471年3月15日、フランドルとドイツの傭兵を率いてヨークシャーのレーヴェンスパーに上陸したか

らである。これを迎え撃つため、ウォーリック伯のほか、第4代ノーサンバーランド伯ヘンリー・パーシー（c.1449-89）、第13代オックスフォード伯ジョン・ド・ヴィアー（1442-1513）が差し向けられたが、その防衛戦の間隙をぬってエドワード4世軍は南下、71年4月11日にロンドンに入城した。その途上、弟グロスター伯の説得によって兄クラレンス公がエドワード軍に寝返っていたから、エドワード4世はふたりの弟たちとともに3日後のバーネットの戦いに勝利し、ウォーリック伯を敗死させた。

さらに71年5月4日、エドワード軍はテュークスベリーの戦いでランカスター軍を撃破。この戦いに敗れた17歳のヘンリー6世の王太子エドワードと第4代サマセット公エドムンド・ボーフォートは処刑され、ヘンリー6世その人もロンドン塔に繋がれ、5月21日に亡くなった。エドワード4世の命によって殺害されたという見方が有力である。王妃マーガレットも5年間ロンドン塔に繋がれたのち、下記のピキニー条約に基づいてルイ11世が身代金を払って釈放され、フランスに戻ってのち、82年にパリで亡くなった。

こうしたことの結果、ランカスター朝に連なる王位継承者はほぼ根絶やしにされた。その例外といえば、ヘンリー・テューダー（のちのヘンリー7世）と叔父の初代ベッドフォード公ジャスパー・テューダー（c.1431-95、オウエン・テューダーの子であり、兄は56年に獄死したエドムンド）だった。じじつ、身の危険を察知したベッドフォード公は甥のヘンリーを連れてブルターニュに逃れ、ヘンリーはその地でじつに14年間を過ごすことになった。したがって、このときすでに、ヘンリー・テューダーとヨーク家（エドワード4世、その兄弟のクラレンス公とグロスター公）の対立は鮮明になっていた。

もっとも、一時期ウォーリック伯と通じていた王弟クラレンス公は、72年になると、ウォーリック伯領の継承をめぐって末弟グロスター公（のちのリチャード3世）と対立するようになり、やがて兄エドワード4世への反逆の嫌疑をかけられ、78年2月18日にロンドン塔で処刑された。ウォーリック公領の分割紛争もあったが、ウォーリック伯と組んでエドワード4世に敵対したことが災いし、反逆罪に問われた。しかしまもなく奇妙な噂が立った。クラレンス公ジョージは処刑される前に塔内のマームジー・ワインの酒樽のなかで溺死したというものだった（Ramsey, 1892, vol.2 :425; 富岡, 1965: 208-12; 'George Duke of Clarence' 1911 ed. EB）。

(C) 第3期について。国内での内戦を終息させたあと、しばらくのあいだ、エドワード4世の治世は安定した。かれはのちにみるように内外にわたって王権強化のための諸政策に取り組んだ。かれが気に懸かっていたのはフランスとの関係だった。まだ「残党」ヘンリー・テューダーが生き残っていたからでもあった。

1475年6月、エドワードは1万6000の大軍を率いてカレーに上陸した。当初の計画ではブルゴーニュ公領を通って聖都ランスに進攻するはずだった。しかし、同盟関係[20]にあるはずのブルゴーニュ公シャルル、ブルターニュ公フランシス2世からの支援は得られなかった。約束に反して、ブルゴーニュ公はエドワード軍が自領内の都市を通過することさえ認めなかった。ブルゴーニュ戦争の最中、事情を察した「策略家」フランス王ルイはエドワード4世に使者を遣わして和議の席を設けた。ふたりはアミアン郊外のピキニーで会談、ピキニー条約 (Treaty of Picquigny, 1475) を結んだ。

この条約では、両国は7年間の休戦と自由貿易に合意し、国内で反乱が起きたときは相互に軍事的支援を行うこと。ルイはエドワードに7万5000クラウン (3万フラン) を払うほか、毎年5万クラウン (2万フラン) の年金を供与すること。エドワードはフランス王位請求のために挙兵しないこと。エドワードの娘エリザベス (当時9歳) が相応の年齢になったとき、ルイの王太子シャルルと結婚させること。5万クラウンの身代金を支払ってヘンリー6世の王妃マーガレット・オブ・アンジューをフランスに帰還させること。そのほか、エドワードの重臣5人に対して500から2000クラウンの年金を支給すること。さらに為替レートなどについても取り決められた (Ramsey, 1892, vol. 2: 412-3; Jacob, 1961: 577)。

しかし、この条約はイングランドでもフランスでも不評だった。不名誉で屈辱的だとか偽善的な戯言で履行不能とみる者が少なくなかったからである。じっさい、ルイは82年にエリザベスとシャルルの婚約を破棄し、年金支払いも中断[21]。そのため、エドワードは再度のフランス進攻を考えるようになった。

しかしその矢先、83年4月9日、エドワード4世は40歳で急死してしまう。奇しくもルイ11世もそれから4ヵ月後の8月30日に亡くなった。ピキニー条約は反故と化した。

エドワード4世の急逝をうけて、王太子エドワードがエドワード5世 (在位1483年4-6月) として登位した。しかしかれはまだ12歳。叔父のグロスター伯が

摂政となった。その結果、王妃エリザベス・ウッドヴィルを中心とする新興ウッドヴィル一族との勢力争いが顕在化した。83年6月、グロスター伯はウッドヴィル家のリヴァース伯アンソニー（c.1440-83）を捕らえて処刑、あまつさえ甥のエドワード5世とその弟ヨーク公リチャード・オブ・シュルーズベリー（1473年生まれ、没年不詳）の兄弟をロンドン塔に幽閉してしまう。さらに、グロスター公は議会に諮って兄エドワード4世と王妃エリザベスの結婚が無効だったと宣言し（理由[22]は重婚）、それに基づいてこれら幼い兄弟から王位継承権を剥奪した。1483年6月25日のことである。

こうして、エドワード5世は戴冠式もなく3ヵ月足らずで廃位され、代わってグロスター伯自らがリチャード3世として王座に昇った。あるいは、これは長年にわたるかれの用意周到な王位簒奪計画だったのかもしれない[23]。

叔父リチャード3世によって身柄を拘束された「ロンドン塔のなかの王子たち」、すなわちエドワード5世（12歳）と弟のヨーク公リチャード（9歳）は83年の夏以降、行方知れずとなった。病死説もあるが、いまではリチャード3世[24]の命によって兄弟は殺害されたという見方が有力視されている（城戸、1991c: 443; Wagner, 2001: 42-3）。

ようやくにして王位に手に入れたリチャード3世ではあったが、当初からその統治は混乱を極めた。かれの王位簒奪的行為を訝しむ貴族たちが少なくなかった。そしてこの頃になると、多くの貴族たちは薔薇戦争に関与することに躊躇するようになった。いつまた反対勢力が挽回して王権を握るかわからない状態のなかで、一方への安易な加担は自らの生命の危機のみならず、爵位と所領の没収などの憂き目に遭うかもしれなかったからである。

じじつ、登位4ヵ月後の83年10月、リチャードを支持していた第2代バッキンガム公ヘンリー・スタッフォード（1454-83）がブルターニュにいたヘンリー・テューダー（のちのヘンリー7世——上記のように、71年5月のテュークスベリーの戦いののち、叔父ベッドフォード公に伴われてブルターニュに逃れた）と結び、リチャードに反旗を翻した。しかしこのときは、リチャード3世軍がヘンリー軍を制した。暴風雨のため、ヘンリー・テューダーの艦隊はブルターニュに引き返し、バッキンガム公は捕らえられて11月2日、反逆罪で処刑された。ヘンリー・テューダーによる最初のリチャード3世攻略戦は失敗に終わった。闘わずしてブルターニュ

に戻ったヘンリーは捲土重来を期した。

　興味深いことに、その同じ83年のクリスマス、ヘンリー・テューダーはブルターニュのレンヌ（Rennes）において、ヨーク朝エドワード4世の長女であり、エドワード5世やその弟ヨーク公リチャードの姉にあたるエリザベス・オブ・ヨーク（1466-1503）と婚約した（実際に結婚したのは2年後の1486年1月）。そうなると、ヘンリーからみたとき、国王リチャード3世は義理の叔父ということになる。この婚約は、エドマンド・テューダーと結婚したヘンリーの母マーガレット・ボーフォートが、リチャード3世によって息子エドワードを殺害された前王妃エリザベス・ウッドヴィルと通じて計画したことだったといわれている。

　ともあれ、ヨーク家に大きな亀裂が走っただけではなく、みずからその原因をつくった可能性が高い国王のリチャード3世に対して、ヘンリー・テューダーとふたり王妃、すなわちヘンリー6世の元王妃マーガレットとエドワード世4世の前王妃エリザベスによる新たな包囲網が構築された。そのリーダーシップはヘンリーの母マーガレットが執っていたようにみえる（森、1986: 281）。

　ヘンリー・テューダーによる2度目のリチャード3世攻略戦が企図されたのはこうした情勢下においてだった。リチャード3世は先手を打ってブルターニュ公国の重臣を介してヘンリーを捕らえようとしたが、かれは首尾よくフランス王家に逃れた。ルイ11世から軍事支援をえたヘンリーは85年8月はじめ、叔父ベッドフォード公ジャスパー、第17代オックスフォード伯ジョン・ド・ヴィアー（1550-1604）を従えてウェールズのペンブルクシャー（Pembrokeshire）に上陸した。最初は小規模なフランスとスコットランドの傭兵中心の兵力だったが、進軍途上でウェールズやノッティンガム、レスターから新たな戦力が加わり、最後は総勢5000人以上に膨れ上がった。

　1485年8月22日、レスターシャーのボズワースでヘンリー軍はリチャード3世軍8000と激突した。これがボズワースの戦いである。リチャード軍は統率力に欠いていた。リチャードの陣営に加わっていた第4代ノーサンバーランド伯ヘンリー・パーシー（c.1449-89——ヨークシャーの別荘で殺害されたが、理由のひとつはボズワースの戦いでの「裏切り」だった）もトマス・スタンリー（1435-1504——のちに初代ダービー伯。ヘンリー7世の母マーガレットと再婚したのでヘンリーは継子）も戦場では模様眺めで参戦せず、トマスの弟ウィリアム・スタンリー（c.1435-95）はヘン

リー7世軍に寝返った。戦局がみえた終盤になって、ノーサンバーランド公と兄トマスもヘンリー軍に加勢した。この戦いでリチャード3世は32歳の若さで戦場の露と消えた。ヨーク朝の終焉であり、テューダー朝の幕開けだった。すでにふれたように、ここまでをさして薔薇戦争ということが多い。

ここで薔薇戦争における貴族の参戦状況について補足しておこう。第1期（とくに59-61年）をとると、ランカスター派では35の家系、ヨーク派では19から20の家系がラドフォード・ブリッジの戦いから第2次セント・オールバンズの戦いまでに加わった。しかし、それから四半世紀後の1485年のボズワースの戦いでは、リチャード3世派に参戦した貴族は9人、ヘンリー派は2人にすぎなかった（城戸、1991c: 443; Hicks, 2003: 77）。

この戦いではそれまでのどの戦いよりも貴族の参戦が少なかった。関わったのは全体の4分の1の貴族だけだったともいわれる。このように薔薇戦争の末期になると、貴族の参戦意欲はめだって萎えていた。その間の貴族数の減少もさることながら、ボズワースの戦いでのリチャード派貴族の模様眺めの不参戦や寝返りに現れているように、薔薇戦争への貴族の対応はいよいよ腰が引け、計算づくのものになっていった。

ヨーク派残党の反乱とその背景

1485年10月30日に戴冠したヘンリー7世が最初に手懸けたのは、リチャード3世によって「非合法」とされたエドワード4世とエリザベス・ウッドヴィルの結婚を合法的なものだったとし、また行方不明となったふたりの王子を嫡出子として認めることだった。そのうえで、翌86年1月18日、かねて婚約中だったエドワード4世の王女エリザベス・オブ・ヨークと結婚した。ランカスター派とヨーク派の対立を解消し、薔薇戦争を終結させるためだった。その象徴がいまもイギリス国章の一部になっているテューダー・ローズあるいはユニオン・ローズと呼ばれる赤と白の薔薇が組み合わされた記章である。

しかし、かれの願いが容易く実現することはなかった。つぎつぎとヨーク派の反乱が起きたからである。

そのひとつの背景になっていたのがヘンリー7世自身の王位継承に対する疑義だった。かれの祖父オウエン・テューダーはウェールズの名家の出であったが、

イングランドでは「一介の騎士程度の身分」にすぎなかった。そのかれが国王ヘンリー5世の未亡人キャサリン・オブ・ヴァロアと結婚して長男エドムンドが生まれ、そのエドムンドは異父兄ヘンリー6世によって大抜擢され、伯位の最右翼のひとつ、第2代リッチモンド伯に叙爵された。そうなってリッチモンド伯は1455年、名門サマセット公ジョン・ボーフォートの娘マーガレットを妻に迎えた。その彼女はランカスター公ジョン・オブ・ゴーントの曾孫にあたる。したがって、ヘンリー7世は母のマーガレットを介してランカスター王家につながっていたことになる。

　問題はそのマーガレットである。というのも、ジョン・オブ・ゴーントの子であり、ランカスター朝を開いたヘンリー4世は1407年、その後の王位継承をめぐる内紛を避けるため、マーガレットを含む多くの異母弟妹について嫡出子であっても王位継承権はないとしたからである。そうなると、ジョン・オブ・ゴーントの子であるジョン・ボーフォート以下、代々の子供たちは王位継承権をもたないことになる。もちろんマーガレット・ボーフォートもその例外ではない。つまり、ヘンリー7世は血統上の王位継承資格をもたず、テューダー朝初代のヘンリー7世は王位簒奪者ということになる。

　厄介だったのは、ランカスター家の系譜にはヘンリー7世に並び立つ者はいなくなっていたが、ヨーク家にはまだ王位を継承しうる者が残っていたことである。たとえば第3代バッキンガム公エドワード・スタッフォードなど後記の3名を除いても、ロンドン塔に幽閉されてから行方不明になったエドワード5世とその弟ヨーク公リチャード、かれらにつぐ王位継承権をもつウォーリック伯エドワード（1475-99――エドワード4世の弟で処刑されたクラレンス公ジョージの長男、かれは知恵遅れだったといわれる）、その姉のソールズベリー女伯爵のマーガレット（1473-1541）などである（森、1986: 278-80、286-7）。

　しかし、エドワード5世とヨーク公リチャードの兄弟は行方知れず。そのつぎの王位継承者となれば、ウォーリック伯の名前が浮上する。そのためであろうか、ヘンリー7世は即位してすぐにそのウォーリック伯をロンドン塔に幽閉した。

　ヨーク派残党による反乱の兆しは1486年にもあったが、大きな狼煙が上がったのは翌87年のことである。リチャード3世の甥、初代リンカーン伯ジョン・ド・ラ・ポール（1462/4-87）がその反乱軍のリーダーだった。かれは一時期、リチャー

ド3世によって王位継承者に指名されたが、そのリチャードがボズワースの戦いで戦死した。

リンカーン伯はいったんヘンリー7世に恭順したものの、ランバート・シムネル (Lambert Simnel) という10歳ほどの無名の少年をロンドン塔にいるはずのウォーリック伯エドワードと僭称させ、ダブリンで「エドワード6世」として戴冠させた。そのリンカーン伯は、ブルゴーニュ公妃マーガレットによってドイツやスイスの指揮官や傭兵など総勢1500の兵力を与えられ、リチャード3世の侍従ラヴェル卿やカレー駐屯軍司令官トマス・デイウッドなどの支援をえて87年6月4日、ランカシャーに上陸した。その兵力は8000以上に膨らんでいた。しかし最初の快進撃にもかかわらず、7月17日のストーク（フィールド）の戦いでヘンリー7世軍に敗れ、リンカーン伯のほかドイツ人指揮官のマルティン・シュヴァルツも戦死、ラヴェル卿は逃亡した。しかし捕らえられたシムネルは無罪放免となった。

奇妙なことに、同じような反乱が4年後にも起きた。こんどはロンドン塔で行方不明になっていたヨーク公リチャードを名乗るパーキン・ウォーベック (Perkin Warbeck) という男が現れた。かれはフランス王のシャルル8世（在位1483-98年）、スコットランド王のジェームズ4世（在位1488-1513年）、さきのブルゴーニュ公妃マーガレット、神聖ローマ皇帝マクシミリアン1世（在位1493-1519年）などの支持をえて1493年、ウィーンで「リチャード4世」と宣言したのち、アイルランドやネーデルラントで兵力を整えてイングランドに進攻した。その際、マクシミリアンはかれに軍事的支援を与えた。しかし、95年7月3日に始まったこの進攻はケントのディールやロンドン北部ウォーターフォードでヘンリー7世軍に敗れ、ウォーベックはスコットランドに敗走。そこでかれはジェームズ4世から大いに歓迎され、96年9月にはジェームズに従ってノーサンバーランドに進撃、同地でイングランド王「リチャード4世」と正式に宣言した。

こうした諸王の「支援」の背景には、いまだ脆弱なヘンリー7世政権に揺さぶりをかけ、あわよくば自国の利権を拡張しようという思惑があった。ヘンリー7世にとって、この王位僭称者ウォーベックをめぐる事件はスコットランドとアイルランドの危うい存在を強く意識させるものだった。

イングランド南西部のコーンウォールで課税に抗議するコーニッシュの乱が起きると、1497年9月7日、ウォーベックはそれに加勢するためホワイトサンド・

ベイに上陸した。しかし、ヘンリー7世軍に捕らえられてロンドン塔に繋がれて2年、99年11月に本物のウォーリック伯リチャードとともに斬首された。いずれも脱獄を図ったというのがその理由だった (森、1986: 287-9; 尾野、1992: 218-24, 238-40; Crimes, 1999: 69-79, 84-8, 91)。

しかし、16世紀になっても、まだヨーク家の有力な血縁者が生き残っていた。具体的にいえば、①第3代バッキンガム公エドワード・スタッフォード (1478-1521)、②第3代サフォーク公エドムンド・ド・ラ・ポール (1472-1513)、③その弟のリチャード・ド・ラ・ポール (1480-1525)、④初代クラレンス公ジョージの娘マーガレット・ポール (Margaret Pole: 1473-1541――旧姓はマーガレット・プランタジネット) である。

このうち、バッキンガム公はリチャード3世に謀叛を起こして処刑された第2代バッキンガム公ヘンリー・スタッフォードの息子であり、またサフォーク公は第2代サフォーク公ジョン・ド・ラ・ポールとエドワード4世の妹でヨーク公リチャードの三女だったエリザベス・オブ・ヨーク (同名のエドワード4世の娘エリザベス・オブ・ヨークとは別人) の子である。

では、これらの人びとはその後どうなったのか。①バッキンガム公エドワードは1520年、ヘンリー8世時代になってから反逆の容疑をかけられ、これといった証拠もないまま、翌21年に処刑された。②サフォーク公エドムンドは1493年に伯爵領の明け渡しを命じられ、1501年にマクシミリアン1世を頼ってイングランドを出国。ヘンリー7世打倒をめざしたが支援はえられず、マクシミリアンの子フィリップ (1478-1506、82年にブルゴーニュ公、のちに妻との共同統治に伴ってカスティーリャ王フェリペ1世と僭称) の代になったとき、フィリップはヘンリー7世の説得をいれ、処罰しないという条件づきでエドムンドをイングランドに送還した。しかしヘンリー8世はこの約束を破り1513年、エドムンドを処刑した。③かれの弟リチャードはフランス王フランソワ1世 (在位1515-47年) の後援をえてイングランド進攻を計画したが実現せず、パヴィアの戦い (Battle of Pavia, 1525) でフランス軍に加わって戦死。④もうひとりのマーガレット・ポールはヘンリー8世の娘メアリー (のちのメアリー1世) の家庭教師になり、ソールズベリー女伯爵にも叙爵されたが、国家反逆罪で私権剥奪され、1541年5月27日、ロンドン塔で処刑された。したがって、いずれのケースもヘンリー8世の治世になってからの粛正ということになる。私権剥奪法 (Bill of Attainder) によるところが大きかっ

た (Hicks, 2010: 255-60)。

　かくして、テューダー朝に刃向かうヨーク家につながる有力者のみならず、アンジュー朝の血を引く人びとが悉く排除された。

　ときすでにヘンリー8世の時代、イングランドの王権はそれまでになく強化され、近世主権国家にむけて大きく羽ばたこうとしていた。

薔薇戦争の歴史的意義

　ここで、簡潔にでも薔薇戦争の歴史的意義についてふれておこう。

　薔薇戦争の30年ほどのうちに、ランカスター朝が滅び、ヨーク朝が立ち上がったものの、それもわずか四半世紀でテューダー朝に取って代わられた。

　ひとつの通念的図式によれば、この薔薇戦争によってイングランド中世は終焉し、近世（初期近代）の扉が開かれたとされる。したがって、中世から近世への橋渡しの役割を担ったのが薔薇戦争ということになり、この戦いの歴史的意義はそこに尽きているといってよいのかもしれない。しかしいかなるプロセスによってなのか、それが問題である。

　薔薇戦争の表層に浮かび上がる光景はまことに浮沈激しい凄惨な興亡劇だった。歴代王の最期をみると、ヘンリー6世は49歳で獄死または殺害され、エドワード4世は40歳で病死。エドワード5世は12歳で「殺害」され、リチャード3世は32歳で戦死した。そのときどきの由緒ある大貴族をみても、サマセット公エドムンド、ヨーク公リチャード、「キング・メーカー」ウォーリック伯リチャードはいずれも戦死しており、王位継承者だった者の殺害もめだつ。裏切りや寝返りが頻発し、貴族の所領没収と私権剥奪、そして新貴族の台頭といったことが日常茶飯事になっていた。殺伐として血生臭い騒然たる30年だったということができるだろう。

　しかし、いま大切なことは、その時代の深層で起きていた地殻変動である。通念に準拠するとして、なぜ薔薇戦争が中世から近世への橋渡しとなりえたのかという問いに答えるためには、その作業が欠かせない。そこでまず、この薔薇戦争についての歴史家の見方をいくつか拾い出してみよう。

　中世史家マイケル・ヒックスによれば、「この（薔薇）戦争が近世イングランドあるいは君主制の発展にとって重要な役割を果たしたかといえば、そうではない」

といい、「薔薇戦争がイングランド王国に大きな経済的打撃を与えたということもない」と記している。一般民衆についても、「薔薇戦争の30年間、ふだんの生活が掻き乱されることはなかった。戦闘によって直接影響を受けた人びとは限られていた」(Hicks, 2003: 8, 14, 67) という。

　歴史家アイザ・ブリッグズは、『イングランド社会史』のなかでもっと単刀直入にこう書いている。「結局のところ、(薔薇戦争は) 地域的な一族同士の私闘 (local family freuds)、いいかえれば、血縁者に家臣が加わっただけの当時でいう『邪悪な徒党』(vicious fellowship)[25] の大喧嘩の域を出なかった。戦闘に加わった人数も多くなかった。(中略)『あっという間に終わった街角の乱闘』(a short scuffle in a street)——この戦争の実態はこの簡潔な表現で言い表される」と述べている。もっとも、そのブリッグズも、「封建制とはまったく異なる」疑似封建制 (basterd feudalism) という言葉にふれ、「薔薇戦争の期間、有力貴族たちは下級貴族を終身年金で召し抱えるようになった」といい、その固有の不安定さについて言及している (Briggs, 1983 [1994 : 100-1]、訳 146-7)。さらに、J・R・ランダーは「恐怖に満ちた」薔薇戦争という神話はテューダー朝の著述家によって捏造されたものであり、その戦争による掠奪も破壊も他に比べてめだって少なかった。「32年間の薔薇戦争のうち、実際の戦闘行為があったのは12-3週間にすぎない」(Lander, 1977: 158) と書いている。

　これらヒックス、ブリッグズ、ランダーの見解が正鵠を射ているとすれば、薔薇戦争にさしたる歴史的意義はない。

　例外もあるが、薔薇戦争は一般民衆の生活に大きな影響を与えなかったというヒックスの見方は、薔薇戦争当時のフランスおよびブルゴーニュの外交官で年代記作家でもあったフィリップ・ド・コミーヌ (Philippe de Commynes: 1447-1511) のものでもあった。「戦争のために破壊された建物はなく、災難を被ったのは戦いを起こした人たちだけであり」、じつに「珍しい国」であると記していたからである。

　ところが、コミーヌはこう続けている。「自分の知っている世界の封建国家のなかでは、イングランドが一番公共の安寧が整い、人民に対して暴力が行われていない」国である。それというのも、「イングランドの国王は議会を召集せずには何ひとつ重要な仕事をすることができない。これは大いに賢明かつ神聖なことであり、だからこそイングランドの諸王は (大陸の専制君主より) はるかに強力で、またよく奉仕されている」[26]と。

このコミーヌの同時代的観察はなかなか興味深い。その文章を引いていたのはヴィクトリア時代の歴史家ジョン・グリーン (1837-83) だった。そのグリーンも記念碑的著作『イングランド国民史』(初版 1874 年、図版版 1902 年) のなかで薔薇戦争にふれて、「破壊や流血は大諸侯とその封建家臣に限られていた。(中略) 商業や工業階級は戦争から距離をおいていたから、その影響を免れた」(Green, 1902: 561、訳 490) と記している。したがって、ここまでであれば、グリーンの議論もヒックスやブリッグズのそれと基本的に変わらない。

　ところが、その先が違う。「(薔薇) 戦争の結果が取るに足らないものだという一般的見解は間違っている」。というのも、「薔薇戦争はイングランドの自由を全滅させなかったとしても、その進歩を 100 年以上も遅らせた」からだ。いかにもホイッグ史観と言いたいところだが、グリーンが指摘しているのはこうだ。「(王位) 継承戦が終わるとともに、この自由が突然消え失せた」。なぜそういえるのか。ひとことでいえば、「王冠がひとり屹然として聳え立つ」ことによってである。かつての大貴族のみならず、一般的に貴族層が衰退した。逆に王権が強化され、専横的治世が復活した。独断的捕縛と投獄、私権剥奪が頻発し、議会の立法権は枢密院 (privy council) に奪い返された。要するに、立憲的自由[27] (constitutional liberty) が押さえ込まれ、独裁的な「新王政」(new monarchy) が立ち上がったというのがグリーンの理解である。

　では、それはいつからのことか。「エドワード 4 世からエリザベス (1 世) までの王政の性格は他の時代から孤立した感がある」。じっさい、『国民史』第 6 章第 3 節のタイトルは「新王政 (1471-1509 年)」となっており、括弧内にその時期として「1471-1509 年」——つまり、エドワード 4 世時代の後期からヘンリー 7 世時代の最後まで——と明示されている。さらに、「新王政の創始者はエドワード 4 世である」という記述も見出せる (Green, 1902: 569、訳 495)。

　したがって、薔薇戦争の第 2 期 (1469-71 年) が終わって以降、エドワード 4 世は立憲的自由に掣肘を加え、「新たな君主制」の立ち上げに傾注した。そしてその企てはヘンリー 7 世によって確立されたというのがグリーンの基本認識ということになる。これと似通った主張はイェール大学の歴史家ジョージ・アダムスが『イギリス憲政史』(Adams, 1921) のなかで王権対議会という図式を用いて展開していた。尾野比左夫の力篇 (尾野、1978) もかれらの理解と重なるところがあるよう

にみえる。

　要するに、薔薇戦争は一般民衆から遠い、あるいは当代の並び立つ有力貴族同士の「街角の乱闘」だったかもしれないが、短命に終わったとはいえ、ヨーク朝の担った役割を同じイメージで臆測するわけにはいかないようにみえる。

第3節　エドワード4世の王権強化政策

　こうしたグリーンの歴史図式をひとつの準拠枠にしながら、エドワード4世の王権強化政策[28]について振り返ってみよう。

　上記のアダムスはエドワード4世の政策についてこう書いている。「かれら（ヨーク朝のエドワード4世やリチャード3世）はのちにテューダー朝によって増幅されることになった『実践的な絶対主義』(practical absolutism) という方法をいくつか使いはじめた。しかし、かれらに絶対王政 (absolute monarchy) を構築しようという自覚はなかった。かれらは下院をかれらの支持者で埋め尽くそうとした。長い休会期間を空けてしか議会を開こうとはしなかった。14世紀とは大違いである。かれらは『徳税 (benvolences)』と呼んだが、借金や寄付を強要し、十分とはいえなかったが独自の王室収入を確保しようとした」(Adams, 1921: 236-7) と。エドワード4世が絶対王政を企図したわけではなかったというこの見方は注目に値する。そうだとすれば、20世紀の代表的社会学者のひとり、ロバート・マートンに倣っていえば、「意図した行為の思わざる結果」(an unticipated consequences of purposive action)[29]として、後代の眼からみれば、絶対王政的政治レジームを生み落としたということになる。

　では、かれの意図は何だったのか。まずは、強力な王権を確立して平和で公正かつ安寧な社会秩序を構築することだった。いかにしてか。第1に貴族の弱体化政策、第2に財政改革、第3に下院の融和政策、第4に重商主義的経済政策によってである（尾野、1978参照）。これらを束ねて牽引していく理念といえば、屹立する王権の構築ということになるだろう。

　その王権に対する抵抗勢力といえば、大別してふたつ。ひとつは疑似封建制のなかで大きな権勢を手にした大貴族、もうひとつは議会とりわけ下院である。エドワードはそれらの力を殺ぐことで強い王権を打ち立てようとしたことになる。

(A) 貴族の弱体化政策について。薔薇戦争は短期間の王権交代をもたらした。それはおのずから、その時々の王権を支えた貴族層の盛衰を生み出した。新・旧政治エリート層の激しい交代である。その格好の手段が私権剥奪法だった。その法律は14世紀末からあったが、実際に使われるようになったのは60年ほどしてからだった。ヨーク朝さらにテューダー朝になると、反乱を抑え、謀叛者を処罰するため、同法を根拠にして私権剥奪がくりかえされた。この法律の特徴は反逆罪などで捕えた被告人に対して正当な裁判手続きによらず、明確な証拠がない場合でも死罪、爵位と所領の没収を行うことができた点にある。爵位を剥ぎとられた貴族はコモンズ（騎士以下の一般人）とみなされ、コモンズとなれば拷問も処刑もお構いなし、ということになる。

エドワード4世時代の私権剥奪法の適用といえば、ひとつは即位直後の1461年、もうひとつは寝返ったウォーリック伯による反乱鎮圧後の70年代になってからがめだつ。61年のケースでいえば、前王ヘンリー6世と王妃マーガレットのほか、生存者ではサマセット公やエクセター公、ペンブローク伯、ボーモント卿、ルース卿など総勢133人（ウェイクフィールドの戦いの関係者37人、タウトンの戦いの関係者87人など）がその対象となった。この大規模な私権剥奪によってランカスター派の王族や貴族から爵位と所領を召し上げ、一方ではそれをヨーク王領の拡大と王族や側近重臣への付与にあて、他方ではヨーク家を支えた中小貴族を上位爵位へ昇格させ、騎士あるいはジェントリー層から新たに貴族を登用した。そのなかから枢密院メンバーなど要職につく者も現れた。

もうひとつの70年代半ばの場合、広大な所領と権勢を誇ったウォーリック伯をはじめ、かれに連なるオックスフォード伯とその兄弟、リチャード・ウェールズ卿とその子ロバート卿などの有力貴族が私権剥奪の憂き目にあった (Ramsey, 1892, vol. 2: 282-3, 405-6; 尾野、1978: 49-51, 59-60)。

全体としての貴族数が削減されていくなか[30]、敵対者の爵位は廃止あるいは剥奪され、逆に新たに貴族が誕生した。支配層をめぐる社会移動の下降気流と上昇気流が激しく環流した。中央官僚を含むヨーク朝成立に伴う人心の一新である。それはウィリアム征服王によるエリート層の抜本的な交代劇を彷彿とさせる。

他方、敵対した貴族に対する懐柔政策もめだった。悔悛してエドワード4世に忠誠を誓う貴族や有力者には、敵対したランカスター派の貴族であっても剥奪し

た爵位と所領を返還した。とくに70年代のエドワード4世治世の後期になると、私権剥奪の撤回が相次いだ。第4議会第1会期(1472年)にはその数は合計20人にのぼった。そのなかには北部辺境の最大貴族ノーサンバーランド公(パーシー家)、ネヴィル卿、ウィリアム・ティルボイス卿などの有力者が含まれていた。

もうすこし長い目でみると、この私権剥奪から復位した貴族や有力者の割合は、ランカスター朝ヘンリー6世の時代(40年間)には21人の全員、またヨーク朝エドワード4世の22年間では140人中の86人(61.4%)、リチャード3世の2年間では100人中の99人となっている。つづくテューダー朝のヘンリー7世の24年間では138人中の46人(33.3%)が私権を回復している(Ramsey, 1892, vol.2: 393, 395, 405-6, 426; Lander, 1970: 122-4, Table 1-2)。

したがって、統治期間が2年間にすぎないリチャード3世時代を除くと、ヘンリー6世→エドワード4世→ヘンリー7世の順番に、その私権剥奪者数および権利回復者数を追ってみると、剥奪者数は増え(21人→140人→138人)、権利回復者の割合(100%→61.4%→33.3%)は下がっていることがわかる。そこに王権強化のひとつの痕跡を認めることができるかもしれない。

もうひとつ、私権剥奪者の地位を調べてみると、ヘンリー6世時代の剥奪者21人の内訳は伯爵3人、男爵2人、騎士7人、エスクワイア9人となっている。またエドワード4世時代の剥奪者140人の内訳は公爵2人、伯爵5人、子爵1人、男爵8人、騎士38人、エスクワイア55人、ヨーマン15人、聖職者11人、商人5人となっている。さらに、ヘンリー7世時代の剥奪者138人の内訳は公爵1人、伯爵3人、子爵1人、男爵4人、騎士23人、エスクワイア53人、ヨーマン30人、聖職者5人、商人10人、その他8人という構成になっている(Lander, 1970: 122, Table 1)。したがって、エドワード4世やヘンリー7世の時代になると、私権剥奪者のなかでも騎士とエスクワイア、ヨーマン、商人などのコモンズ階層がめだって大きな比重を占めるようになったことがわかる。

ところで、貴族の弱体化政策という意味では、家臣団制服法(statute of liveries)の制定が見落とせない。この制服禁止法の背景には疑似封建制の爛熟とでもいうべき現象があった。その疑似封建制をできるだけ抑制しようするのがこの法律の狙いだった。

君主と家臣が封土下賜と軍務提供を介して庇護と忠誠の関係で結ばれるとい

う封建制が封土を媒介せず、軍事的サービスを金銭的に売買するといったキャッシュ・ネクサスな関係に変わり、平時には貴族などの家臣(retainer)として家政のみならず、地方行政の官僚として働くといった君主と家臣の新たな関係が生まれたと主張して疑似封建制[31]に新たな照明をあてた中世史家ケネス・マクファーレン (1903-66) によれば、この制度は 14 世紀初期から 15 世紀末までの 2 世紀にわたってイングランドの政治社会に浸透していった。エドワード 1 世がウェールズ遠征にあたって大量の傭兵を動員したことはよく知られているが、一般的にはこうした軍事的家臣団の形成はヘンリー 3 世治下の 13 世紀後半にまで遡る。そして 14 世紀のエドワード 3 世の時代になると、百年戦争への兵力動員の必要に伴って疑似封建制が大いに発展した。家臣は雇い主である有力貴族の記章や制服をその身に纏い、主従契約書 (indenture) を取り交わすようになった。多くの場合、そこには家臣の職務の中身をはじめ、給与や年金、武具調達などにかかわる経費負担、契約期間などが記されていた (森岡、1968: 125-41)。

そうした家臣団 (affinity) は中小の貴族や騎士のほか、エスクワイア (准騎士ともいわれる) やジェントリーなど地主層から構成され、かれらは雇い主たる大貴族の意向を体して地方政治に進出し、それを踏まえて中央政界へも無視できない影響力を及ぼした。

いまいちど封建制との差異を強調していえば、疑似封建制になると、主君と家臣の関係は封土下賜から金銭授受へ、世襲 (終身) から自由契約へ、単独主君から複数主君[32]へ、人格的忠誠から業務的契約へといった方向に沿って変化していった。外見上は封建制的関係と似ていても、その精髄は大いに異なる。もちろん、この変化の理念型的図式がどこまで現実に当て嵌まるかは時代と地域あるいは家臣の種類によって異なる。しかし、そうした多様性を超えて、マクファーレンの問題提起には意味がある。端的にいえば、疑似封建制の形成と発展は封建制の「商業化」を象徴していたからであり、この疑似封建制によって有力貴族は一層大きな財力と権力を蓄え——絶対的にも相対的にも国王ヘンリー 6 世の財力と政治的リーダーシップが劣勢だったことが大いに響いていたのではあるが——、地方コミュニティを支配して王権の脅威となるほどの大貴族に成長していった。そしてランカスター朝後期にその勢いは頂点に達した (Plummer, 1885, Introduction: 15-7; McFarlane, 1981: 24-9)。

さて、肝心の家臣団制服法であるが、先行法として1399年にランカスター朝のヘンリー4世が定めた規則がある。その内容を要約すれば、国王は例外とするが、今後貴族は「いかなる状況におかれても、王国内で騎士・エスクワイア・ヨーマンに家臣団の制服や記章を着用させてはならない。(中略)この定めに違反した場合、貴族は国王の意のままに科料・刑罰を課され、騎士・エスクワイア・ヨーマンは私権を剥奪され、制服や記章(livery and badge)を没収される」(*The Statues of the Realm*, vol. 2: 113; *The Statutes at Large*, vol. 2: 391; 尾野、1978: 56-7 [一部改訳——原文に即して「ジェントリー」を「エスクワイア」に変えた])と書かれていた。その後も同じような規則が1401年、06年、11年と公布され、ヘンリー5世になっても1414年に、またヘンリー6世のときにも1429年の議会で制定されていた。

高位聖職者や貴族とコモンズ(騎士やエスクワイア、ジェントリー)の合意をえて制定された規則であるが、くりかえし同種の規則が定められたのはその効力がなかったためである。逆にいえば、14世紀後半、未曾有の惨禍と騒擾(黒死病の波状的来襲、農奴制の衰退、百年戦争、農民一揆)が積み重なるなかで有力貴族は自らの封建的家臣団を拡充し、やがて王権を脅かすほどの勢力にのし上がったということである。

そうした情勢を改革すべく、エドワード4世も即位後ただちに「制服着用および訴訟幇助禁止に関する布告」(1461年)を発し、大貴族の勢力拡大を牽制した。そこには、これまで同種の法律が数多く制定されてきたにもかかわらず、いまも特定貴族の制服や記章を着用した家臣団が跋扈し、かれらによる掠奪や殺戮、紛争が増えつづけ、社会不安を煽っていたからだった。したがって、聖俗貴族は自らの家政に直接仕える扈従などを除き、いかなる者にも制服や記章を与えてはならないと規定したのである(Thornley, 1920; 165-6; 尾野、1978: 51-2)。

さらに、エドワード4世は1468年の第3議会でも「家臣団制服に関する法令」(Act concerning Liveries of Company, 1468)を定めた。そこには、いくつもの先行法によって多くの処罰が下されてきたが、家臣に制服や記章を与える貴族が後を絶たない。それを禁じた規則は今後とも厳守されねばならない。この規則に違反した場合、授受者双方に対して毎月100シリングの罰金を課すことなどが規定された(*The Statutes at Large*, vol. 2: 426, vol. 3: 399-400; 尾野、1978: 52-3)。

しかし、度重なるこうした法規制によって家臣団の制服や記章が着用されな

くなったのかといえば、そうではない。というのも、1504年になってもテューダー朝のヘンリー7世はエドワード4世の1468年法とほぼ同じ内容の家臣団制服法[33]を制定しなければならず、その冒頭部分にはこう記されていた。「(これまで)こうした法律に違反しても罰せられた者はほとんどあるいは全くいなかった [lityll or nothing is or hath be doon for the punysshment of the offendours in that behalf]」(*The Statutes of the Realm*, vol. 2: 658)、と。

しかし考えてみれば、不思議な法律である。肥大化した封建的家臣団そのものを取り締まりの対象とはせず(できない相談だったのだろう)、その制服や記章の着用だけを禁じようとしていたのである。じっさい、こうした封建的家臣団が衰弱していったのは薔薇戦争の影響、さらにエドワード4世以降、テューダー朝の諸王によって引き継がれた王権強化によってであった。

そう考えてみると、この制服禁止法の意義はその実効性にあったのではなく、象徴的なものだったとみることができる。国王だけがみずからの封臣に対して王家の制服や記章を着用させることができる。しかし同じことを有力諸侯がしてはならない。国王に匹敵するほどの巨大な財力と権力をもつにいたった大貴族に対して王家の権威をあらためて鮮明にし、再確認させようとしたところにこの禁止規定の意味があったようにみえる[34]。

ともあれ、「とくに薔薇戦争後、イングランドの封建貴族は中央集権的な権力の下に弱体化していった」(Seebohm, 1884: 48)といってよいだろう。

(B) 王室財政改革について。エドワード4世は精力的に王室の財政改革に取り組んだ。王領回復法(Act of Resumption ── 1461年以降、73年まで4回改正)によって王領拡大を図るとともに、王室の財政改革にも取り組んだ。のちにみる重商主義的政策もその財政改革に貢献した。

その当時のイングランドの王室歳入は大きく王領収入、関税、特別税(戦費調達などの臨時税)から成り立っていたが、ヘンリー6世時代から関税収入の割合が高まった[35]。しかしエドワード4世は王領収入の増加に傾注した。王領拡大がそのひとつの方法だった。1461年には王領となった所領の多くをふたりの弟クラレンス公とグロスター公に与えた。65年にはランカスター公領、コーンウォール公領、ウェールズ伯領、チェスター伯領などを王妃エリザベスのほか弟ふたりに追加配分した。

しかし、治世後期の 73 年になると、王領管理における王権強化という一般的原則を掲げ、クラレンス公のもの（1478 年に私権剥奪）を含めて私権剥奪した所領に関する王権の自由処分権を定めた。さらに王室債務返還のため、ヨーク公、マーチ公、ランカスター公、ウェールズ伯の所領収入を充当することなども決めている（Ramsey, 1892, vol. 2: 282, 310, 324, 419-25；尾野、1978: 53-5）。

いまひとつの方法が王室財務部（chamber）の権限強化だった。王室財政はヘンリー 1 世以降、長く財務府（exchequer）が掌握してきた。その管轄権限は州長官や市長、土地没収官、王領徴税請負人、関税徴税官、特別税徴収官、さらには金融業者にとどまらず、14 世紀初めには造幣局長官や納戸庁長官、アイルランド財務長官、ロンドンおよびカンタベリー取引所監視にも及んだ。国王といえども、その首脳人事を自由にすることができなかった。というのも、財務府のトップである財務長官の任免は他のふたつの最高官職である大法官（chancellor）、王璽尚書[36]とともに、慣例として議会の承認が必要だったからである。しかも徴税指令そのものは大法官の権限に属していた。また財務府の実務の長である 2 人の財務局長のうち、ひとりは貴族ビーチャム家が世襲していた。専門的知識と経験が重視されたためである（Hall, 1891: 77, 82; Steel, 1954: 3）。

エドワード 4 世は王権強化のため、これらの手枷足枷を取り払って王室財政をみずからの直轄とするべく、それまで財務府が握ってきた「王権制限的役割」（尾野、1978: 83, 86, 注 17）を除去したいと考えた。その具体的施策をみてみよう。

エドワード 4 世は 1460 年代、王領収入を財務府の所管から外し、王室財務部に移管した。またロンドン市長や商人組合などからの借金についても財務府を経由せず、王室財務部に直接納めさせた。その統治後期になると、こうした傾向に一層拍車がかかった。たとえば、70 年代の前半、議会の承認をえて課税された特別税（10 分の 1 税や 15 分の 1 税）のうち、かなりの部分が王室財務部に納められたし、また関税収入も財務府の管理から外された。さらに、さきのピキニー条約（1475 年）に基づくフランス王からの年金収入も王室財務部に納められたのである。

こうしたことの結果、エドワード 4 世末期の 1478-83 年の年平均歳入は財務府が 3 万 5166 ポンド、王室財務部が 9 万 5918 ポンドとなり、両者の歳入比は 1 対 2.7 となって王室財務部の割合がめだって高まった。同じ比率をランカスター時代のヘンリー 4 世から 5 世、6 世の時代についてみてみると、ほぼ 1 対 1 という割合

になっている。したがって、エドワード4世の時代になって、王権が直轄する王室財務部の財務部に対する歳入比がめだって高まったことになる (尾野、1978: 87, 表1から試算。Ramsey, 1892, vol.1: 321, vol.2: 266-7, 471-2, 560; Steel, 1954: 428-35, Tables A3-A10)。

財務府の中核 (財務顧問官) が有力な宮廷貴族によって占められてきたことを考えれば、王室財務部の歳入比が高まったということは、エドワード4世が意図した王権強化のひとつの成果といってよいだろう。

もうひとつ、枢密院の変化についてもふれておこう。王権強化が国王による中央官僚体制の掌握とパラレルに進められたことは想像に難くない。その格好の例証が国王による枢密院の刷新とその統括だった。じっさい、ヨーク朝になってその権能を高めた王室財務部の運営はこの枢密院によっていた。しかも1470年代になると、枢密院メンバーである顧問官 (councillor) には、それまでの旧貴族層に代わって新たに騎士やジェントリー層から取り立てられた貴族や官僚が積極的に登用されるようになった。そのため、枢密院の性格は王権の意向に沿ったものに変わっていった (Lander, 1959: 138-44; 尾野、1978: 123-7, 131-40)。

この枢密院はランカスター朝になって以降、高位聖職者と有力貴族がその顧問官となり、それに大法官や財務長官、王璽尚書など政府高官が参加する合議体として国王の統治政策について助言・承認する国政の中枢機関として機能してきた。しかし、15世紀前半のヘンリー6世の時代になると、王権と大貴族の権勢バランスが後者に傾き、枢密院は実態的に大貴族の勢力下におかれ、それだけ王権制限的な性格をもった。

その性格変化は枢密院に関する規約 (1406年および37年) からうかがい知ることができる。1406年規約では、「国家の統治はもっとも優れた賢者の助言に基づいてなされるべきである。その助言機関が枢密院であり、そこで審議承認された案件はすべて法律とされねばならない」とされ、法案作成は大法官、財務長官、王璽尚書、王室式部官 (chamberlain) が当たるとしていた。それが1437年の規約になると、「国王は立法・課税・政策実施など国家統治に当たっては、国民全体の利益になるよう努めねばならず、そのためには有識者の支持が必要である。政治はかれら有識者からなる枢密院が担当し、国家的重大事項に関しても国王はかれらの討議・助言に基づいて措置するのが至当である。(中略) 枢密院での意見が

半数ずつあるいは2対1に分かれたときは、国王がその良識にしたがって裁定する」と規定された (Wilkinson, 1964: 238-42; 尾野, 1978: 111-2, 注1 ——尾野訳を一部改訳)。ちなみに、後者の引用文の「中略」以下は、枢密院の意見が3分の2以上の多数でまとまった場合、国王はその意見に実質上拘束されると理解することができる。いずれも王権制限的な規定だった。上記のエドワード4世の対策はこうした王権制限的な枢密院のあり方を改め、王権伸張を図ろうとするものだった。

　(C) 下院融和政策について。一般的にいって、イングランドの議会がめだって発展したのは14世紀と17世紀においてである (Adams, 1921: 192)[37]。しかし15世紀のランカスター朝においても、14世紀の実績を踏まえて下院の影響力が強まった。エドワード3世が直面した百年戦争のための戦費調達という至上命題は、ひとり二院制を生み落としただけでなく、百年戦争の期間を通じてランカスター朝諸王の肩に重くのしかかった。総じていえば、疑似封建制の発展とともに議会の権勢も強まったということができる。歴代の諸王は大貴族や下院の高まっていく発言力を憂慮しつつも、フランスでの戦局好転を最優先の課題としていた。

　じっさい、15世紀前半のランカスター朝の時代、すでに下院はいくつかの特権を手にしていた。第1に国王の恣意的干渉から「自由な言論」の保証、第2に議会開催中の議員不逮捕、第3に課税および下院議員資格、議員懲罰に関する上院に対する先議権、第4に地方議会選挙規則に関する制定権、第5に王室歳出管理における一定の権限、第6に立法プロセスにおける請願権尊重といったものである。

　このうち、第1の「自由な言論」は1407年にヘンリー4世の布告として公表され、議会の独立性を担保するものとなった。これ以降、議会は審議事項を国王に伝える必要がなくなった。第2の議員の不逮捕特権はアングロ・サクソン時代から慣行となっていたが、それが公式に認められたのは1403年、ヘンリー4世によってであった。第3の課税に関する先議権は1395年、リチャード2世治下で決められたものが(「上院の助言と同意を得て下院によって決定される」)、1407年にヘンリー4世によって追認された。第4の地方選挙規則については、1445年に被選挙権をもつ者は在地ジェントリー層以上となったが、それ以前は「平民の自由人」(common freeman) となっていた。選挙権のほうは、1430年以降、約400年間(1832年まで)にわたって年収40シリング以上の自由農 (40 shilling freeholder) とされた。但

し、自治都市からの議員選出については各地の慣行が尊重され、全国的な統一規則が定められたのは19世紀になってからのことである。第5のものは、下院が王国の歳出と予算割り当てに関して承認を与える費目を明記したものである。王国の防衛費、トン税・ポンド税（トン税は輸入ワイン、ポンド税はワインを除くすべての輸出入品に課されたが、1350年に両税は統合され、1415年からは国王の終身関税収入となった）、大陸の軍事拠点カレーを維持するための羊毛関税の割り当て、王室歳入のうち国王家計に充当する費目がその対象とされた。第6のものは、下院が請願した内容と法案が違ったものになってしまう可能性を防ごうとするものだった。1414年、ヘンリー5世は請願のすべてあるいは一部を却下できるとしたが、請願の内容は変更しないと公約させられた (Adams, 1921: 222-8)。こうした下院の特権に関連して、エドワード4世は下院の影響力を牽制する必要を感じていた。

そのために、まずかれは議会の開催回数を減らそうとした。かれの22年間の治世のうち、議会を開いたのは6回だけだった。ヘンリー4世（14年間）が11回、ヘンリー5世（9年間）も11回、ヘンリー6世（40年間）が23回だったから（復位時代は1回のみ）、エドワード4世になってから、たしかに議会の開催頻度は減っている。

しかし、会期の長さも考慮する必要がある。ジョン・トムソン『中世イングランドの変質——1370-1529年』(1983年) の巻末史料に基づいて（休会期間を除いて）試算してみると、ヘンリー4世のときの1議会当たり平均会期は51.0日だった。ヘンリー5世は24.8日、ヘンリー6世のときには長くなって91.7日、エドワード4世の治世では105.2日になる (Thomson, 1983: 398-401)。したがって、治世期間1年当たりの議会開催平均日数を計算してみると、ヘンリー4世は40.1日、5世が30.1日、6世が54.1日、そしてエドワード4世が28.7日となっている。ランカスター朝最後のヘンリー6世の時代に比べれば、明らかにヨーク朝になって1年当たりの議会開催日数は減っている。

もちろん議会の中身が問題である。エドワード4世時代に開かれた6つの議会のうち第1議会（1461年11月から翌年5月）では、議会からの請願という形をとってエドワード4世が即位した。ランカスター朝の諸王はすべて王位簒奪者とされ、重臣貴族ともども私権剥奪された。しかし、同朝の諸立法については破棄されることなく、継承された。

第 2 議会 (1463-5 年) は 1 年半以上の休会期間を挟んで 2 度開かれた。その第 1 会期 (63 年 4-6 月) では、まずヘンリー 6 世の王妃マーガレットがルイ 11 世の支援をえてノーサンバーランドに侵攻したため、戦費調達のための課税が承認されたが、実質的にそれに関連するいくつかの商業関係の勅令が 1463 年に公布された。羊毛輸出先をカレーに特定する羊毛輸出に関するステープル規則令の更新、外国商人によるイングランド羊毛の購入・輸出禁止令、外国製毛織物・絹織物輸入禁止令等である。いずれもステープル商人、ロンドンの貿易商や毛織物業者などからの請願に基づく立法であり、これらの輸出入取引から外国商人を締め出し、それをイングランド商人に独占させようとするものだった。それによってエドワード 4 世は関税収入のみならず、徳税あるいは借金においてもしかるべき見返りを期待することができた。第 2 会期 (65 年 1-3 月) においても、ランカスター派貴族に対する私権剥奪のほか、羊毛特別税 (トン税・ポンド税を国王に終身賦与するという規定)、ステープル組合からの借入金返済保証、ステープル組合員でない者による貿易独占禁止令など第 1 会期と類似した立法措置が講じられた。

第 3 議会 (1467-8 年) も 2 回に分けて開かれたが、ステープル組合への多額の借金返済が承認され、王領回復法も制定された。その第 2 会期ではフランスとの戦争のための課税が認められた。

しかし、エドワード 4 世後期の第 4 議会 (1472 年 10 月 - 75 年 3 月) は 3 年半という異常に長いものとなった。7 つの会期があったが、主たる議題が対仏戦争 (エドワード 4 世のフランス進攻は 75 年 7 月のこと、翌 8 月に終結してピキニー条約を締結) のための戦費調達に関わる課税だった。

第 5 議会 (1478 年 1-2 月) の議題は王弟クラレンス公の弾劾と処刑に関する決定、ランカスター派貴族の私権剥奪の一部撤回、そのほかにも貴金属輸出禁止令、外国商人のイングランド商品購入令 (ヘンリー 4 世以来のもの) などが承認された。

しかしそのあと、5 年間は議会が開かれなかった。王室財政が改善され、新たな課税の必要もなかったからである。しかし 1482 年になると、ルイ 11 世がピキニー条約を一方的に破棄したため、エドワードは再度フランス進攻を計画し、その戦費調達のため議会を開く必要が生じた。さすがのエドワード 4 世も、いざ戦費調達となれば、やはり慣行に倣って下院を開き、その承認を得なければならなかった。

第6議会(1483年1-2月)ではその戦費課税に加えて、王弟グロスター公に対する特別権限付与、記章・制服着用禁止法が決められたほか、外国製絹織物輸入令が更新された（The Statutes of the Realm, vol.2: 392-3, 396-7, 403-4, 422; Ramsey, 1892, vol.2: 279-99, 301-31, 391-6, 399-401; 尾野、1978: 144-52）。

また、新たなパターンによる下院議長(speaker of the commons)の登用や処遇もエドワード4世による議会対策の一翼を担った。上記の6議会で下院議長を務めたのは、第1議会のジェイムズ・ストレンジウェイ卿(Sir James Strangeways: 生年不詳、1480年頃没)、第2・3議会のジョン・セイ(生年不詳、1478年没)、第4・5議会のウィリアム・アリングトン(William Allington: 生没年不詳。同名の祖父も1429-30年に下院議長)、そして第6議会のジョン・ウッド(Sir John Wood: 生年不詳、1484年没)だった。

このうち、最初のストレンジウェイはヨークシャーのジェントリー出身、ヨークシャー州長官などヘンリー6世政権にも奉職したが、のちにウォーリック伯に仕えてヨーク派のヨークシャー選出議員となった。2番目のセイはハートフォードシャーのエスクワイア出身、ヘンリー6世時代の49年にすでに下院議長、54年には枢密院顧問官となっていた。しかしヨーク派にも気脈を通じ、エドワード4世時代になってからも61年に枢密院顧問官、75年から78年まで財務長官室長の要職にあった。3番目のアリングトンはケンブリッジシャーの名家の出であり、祖父も下院議長だった。ヘンリー6世時代から行政官として活躍し、ケンブリッジシャーやハンティントンシャーの治安判事となり、78年には枢密院顧問官に就任した。そして最後のウッドだが、かれはサリーおよびサセックス両州に跨がる地主であり、下院議員の経験もあった。ヘンリー6世のみならず、エドワード4世によっても行政官として重用され、52年から3年間は財務長官室長、58年から60年まで大納戸部長官(keeper of the great wardrobe)を務めた。エドワード4世の時代にも、64年から70年までサリーとサセックスの治安判事、75-6年には両州の州長官、80-83年まで財務長官室長、81年に枢密院顧問官になっている（Roskell, 1965: 271-93; 尾野、1978: 165-7）。

このように、いずれもヘンリー6世からエドワード4世の時代にかけて、したがって戦火を交えた王朝二代を超えて政府要職にあった人びとでおり、かれらは地方のジェントリー階層の出身者だった。4人のうち3人が財務長官室長となり、さらに枢密院顧問官を務めた。ひとことでいえば、かれらは貴族ではなく、ジェ

ントリー出身の優れた行政官だった。だからこそかれらは薔薇戦争という殺伐とした内戦を生き長らえ、その惨禍の渦に飲み込まれることもなかった。じっさい、これら4人の下院議長はいずれもエドワード4世の意を汲みつつ、ひとりの高級官僚として行動した。こうした下院議長の官僚制的性格はランカスター朝の下院議長とは違っていた。その時代の下院議長は国王よりも大貴族との結びつきがはるかに強かったからである (Roskell, 1965: 149-52, 166-9; 尾野、1978: 173)。

要するに、ヨーク朝になって下院議長の行為の準拠枠が次第に「大貴族から国王へ」と移り、かれらの官僚制的性格も強まったのである。

そのひとつの傍証が下院議長に対する報酬制度の導入である。すでにヘンリー6世時代の1435年からそうした慣行が芽生えていたが、当時は国王からの一時的報奨金という性格が強かった。しかし、その金額こそ一定しなかったが、エドワード4世になると、下院議長に対する手当制度が設けられた。ストレンジウェイは200マーク、セイも200ポンド、アリングトンは100ポンドを議長報酬として受け取った。そしてテューダー朝になると、会期毎に（会期の長さとは無関係に）100ポンドといった下院議長の報酬が支給されるようになった (Roskell, 1965: 108-15)。

では、一般の下院議員のほうはどうか。ランカスター朝とヨーク朝時代の下院議員の社会的性格については、ロスケルやジェイコブが詳しく明らかにしているが (Roskell, 1965; Jacob, 1961)、議長がそうであったように、下院議員もまた地方のエクワイアあるいはジェントリー層から輩出し、その多くが州長官や治安判事など地方行政の要職を経験、それに前後して中央の王室財務や法務行政に携わる者も少なくなかった。そういう意味で、下院の議長と一般議員の間に基本的な隔たりはなかった。そこに示唆されているのは、ヨーク朝になって下院と国王の関係が親密化したことであり、それは農村ジェントリーの都市社会への進出、つまり都市ジェントリー層の形成[38]によって促進されたといってよい。

一般的に議会と国王の関係のこうした変化は「下院の従順化」と呼ばれるが、その傾向はエドワード4世時代から目立つようになり、テューダー朝になって王権強化とパラレルに行政機関の官僚制化が進み、ジェントリーの影響力が高まるにつれて一段と加速したようにみえる (尾野、1978: 170-2; 大野真弓、1977: 第6章参照)。

エドワード4世の重商主義政策

　もうひとつ、王権強化にも役立ったエドワード4世の重商主義的経済政策についてふれておこう。

　14世紀前半のエドワード3世の政策について述べたさい、かれの経済政策には重商主義的な微香がすると書いた（第2章第2節）。

　しかし、14世紀半ば以降の黒死病のあいつぐ襲来、百年戦争のための巨額の戦費調達、リチャード2世の寵臣政治と内乱、そしてランカスター朝の成立、敗色を濃くしていった百年戦争、15世紀半ばの長期にわたる「大不況」といった出来事は一貫した経済政策の立案と実行を不可能にした。重商主義的政策がふたたびその形姿を現わしたのはヨーク朝以降のことである。簡潔にその軌跡を追ってみよう。

　エドワード4世の重商主義的政策に関わるいくつかの法令については、すでにかれの6つの議会の中身に関連してふれておいた。イングランド商人による羊毛輸出独占、高い羊毛輸出関税の賦課（特別税[39]を含む）、イングランド毛織物半製品の輸出促進（そのための低率関税）、外国からの毛織物製品の輸入規制、鋳貨や貴金属の海外流出抑制などである。

　じつは、こうした政策メニューの大前提になっていたのがイングランド羊毛は最高級品という品質評価だった。さきの14世紀、エドワード1世から3世にかけての時代、イングランド内外でそうした評価はすでに揺らぎないものになっていた。だからこそ、「1341年に（イングランド）商人たちは国王にむかって羊毛は『貴重な至宝』であるといい、それから12年後のステープル勅令（1353年）では、『わがイングランド王国の至高の財宝』と呼ぶ」ことができた。もっと鳥瞰図的にいえば、産業革命前夜からその主役の座を木綿と鉄と石炭に明け渡すまで、「羊毛がイギリス繁栄の基盤」となったのである（Power, 1914: 111、訳184；ditto, 1941: 13、訳26）。

　イングランド羊毛がブルゴーニュやスペインの羊毛よりも優れたものであるかぎり——スペインのメリノ羊毛はヨーロッパ「第2の良質」羊毛とされたが、「イングランド産の羊毛と混ぜないと満足に使えなかった」から——、たとえ値が張っても、「ヨーロッパのあらゆる織物業者は夢中になって原料の（イングランド）羊毛を求めた」（Power, 1914: 113、訳186）。

その最高級の羊毛にかけられた高率関税(33%)はイングランド王室を大いに潤したのみならず、格好の外交手段ともなった。「15世紀と16世紀の大半を通じて、フランドルとの関係はイングランドの外交政策に支配的な影響力をもった」(Malden, 1900, Introduction: 14 ――フランドルはブルゴーニュと置き換えてよい)といわれる。その羊毛輸出をイングランド商人に独占させられれば、かれらからの借財[40]が容易になるなど王権にとってその果実は大きなものとなるだろう。そういう一石数鳥の思惑がこうした政策の背後に透けてみえる(Power, 1933: 39)。

羊毛輸出に占めるイングランド商人の取扱高比率をみると、1273年が3分の1、1362年に3分の2、1376年には4分の3と高まり、15世紀半ばにはそのほとんどを独占するようになった。結果として、外国商人は羊毛輸出の業務から追い出された。それが重商主義的政策を推進したエドワード4世の狙いでもあった。その格好の手段となったのが羊毛輸出に関わる商人や集配拠点などを特定化するステープル制だった。

黒死病が蔓延した直後、1353年10月のステープル令(Ordinance of the Staple, 1353)によってイングランド、ウェールズ、アイルランドで生産された「羊毛、皮革、羊毛皮(wool-fells)、鉛」の輸出港としてイングランド10港(ニューカッスル・アポン・タインなど)、ウェールズ1港(カーマーゼン)、アイルランド4港(ダブリンなど)がそれぞれステープル港(staple ports)と定められた。その後、羊毛ステープルは消費地のブルージュやアントワープに移されたが、ヘンリー6世が即位した1423年以降は、ブルゴーニュ公領フランドルの戦略都市カレーに常置されるようになった。

この羊毛ステープルを支配したのはイングランド商人だった。そしてその弾み車になったのがステープルに関する諸法令(1429年)である。この法律を契機にして、イングランド羊毛の価格は市場の需給バランスによらず、カレーのステープル組合(company of the staple)が決めるようになった。

カレーに羊毛ステープルを常置するについてはそれ相応の理由があった。カレーで羊毛関税と特別税を徴収すれば、滞りがちだったカレー駐屯兵への給与支給のみならず、軍事拠点の維持管理費の相当部分を現地で賄うことができる。その経費は莫大な額にのぼったから、イングランド鋳貨や貴金属の国外流出を避けるという意味でも、羊毛ステープルをカレーに置いておくことが好都合だっ

た。さらに、15世紀前半からカレーのステープル組合は造幣機能をもつようになった。悪貨(ほとんどのヨーロッパ貨幣、本章注41参照)が良貨(イングランド貨幣)を駆逐するグレシャムの法則が働くことのないように、ヘンリー6世は重金主義(bullionism)政策を採用した。一方ではイングランド鋳貨が海外に大量に流出していくことがないように、他方では大陸の多くの劣貨がイングランドに流入してくることがないように規制した。それまでの慣行に反して、羊毛売買を長期信用取引によらず、貴金属通貨による即金払いとし、取引代金の3分の1(残りは信用取引)を金貨または銀貨で払わせ、カレー造幣局でそれらの外国悪貨を上質なイングランド貨幣に改鋳した[41]。この信用取引の抑制という方針は外国商人の強い反発を買い、鋳貨即金払いという思惑がその通りに実行されたわけではなかった。しかしエドワード4世も類似の勅令を1464年に発している(Power, 1933: 79-82, 89)。

そのエドワード4世の時代になると、イングランド商人が支配するカレーの羊毛ステープルと王室の結びつきは一段と強まった。1463年の羊毛輸出に関するステープル規則令によって、ノーサンバーランドなど北部5州で生産された羊毛はニューカッスルから積み出されたが、ウェールズを含むそれ以外の産地の羊毛(正確には、「羊毛、羊毛皮、幼羊または死羊から剪断した羊毛(morling or shorling)」)はすべてカレーに輸出されることとし、それに違反すれば罰金が課され、羊毛などの輸出品は没収された。また同年の勅令によって、外国商人がイングランド羊毛や羊毛皮をイングランド国内で購入して海外に輸出することも禁じられた(*The Statutes of the Realm*, vol.2: 392-3)。

こうした動きとパラレルに、一方ではステープル組合によって羊毛輸出が独占され、他方では羊毛関税を担保とする王室への多額の資金提供(前貸し)が行われるという形で両者の依存関係は深まっていった。それに伴ってステープル組合の仕事も膨らんでいき、ドーヴァー海峡での海賊行為からの自己防衛、カレーでの荷揚げと重量・品質検査(それには国の検査官も関与した)、新たな袋詰めと保管、羊毛販売(フランドルやブラバントからカレーに集まってくる業者に売られたし、アントワープやブルージュで開かれる市でも販売された)といったこと以外にも、特別税を含む羊毛関税の徴収、カレー駐屯兵に対する給与の支払い、軍事拠点カレーの維持管理(堡塁と大砲などの兵器整備)、羊毛取引紛争処理のためのカレー裁判所の運営、さらには造幣局としての役割も果たした。こうして、半ば行政機関となった

ステープル特許組合は、17世紀以降の重商主義時代にアジアの植民地経営に関わった特許会社の先駆けとなったということができる (Power, 1933: 72-5)。

しかし、こうした羊毛政策にばかり眼を奪われているわけにもいかない。というのは、15世紀のランカスター朝時代になると、イングランドの主要な輸出品目は金額的にも「羊毛から毛織物(半製品)へ」と変化し始めたからである。それに伴って羊毛ステープルの地位は下がり、代わって毛織物をはじめ多くの物品を取り扱うマーチャント・アドヴェンチャラーズ(冒険商人組合)がその発言力を増していった。

すでにヘンリー6世時代にも一時期みられたことだが、エドワード4世後期の1470年代になると、毛織物(半製品)輸出が羊毛輸出を凌駕するようになった (尾野、1978: 239, 第1表 ; Thomson, 1983: 380-3, Tables A2-A3)。この転調が物語っていたのは、原材料の上質羊毛を輸出する「後進国」イングランドと、その羊毛を輸入して高級毛織物に仕上げ、それをイングランドに輸出する「先進国」フランドルやイタリアとの互恵的な国際分業システムが崩壊し始めたということであり、さらにいえば、イングランド毛織物産業がフランドルやフィレンツェの伝統的毛織物産業に肩を並べる時代が始まったようにもみえる。

興味深いことに、この大きな構造変化に与って力があったのがほかでもない、高率な羊毛関税だった。33%という高い関税障壁は王室とステープル組合に絶大な利益をもたらしただけでなく、イングランドの幼稚産業だった毛織物産業を成長させる格好のインキュベーターとなり、揺り籠となったからである。この点にふれて、さきのパウア[42]は「ステープル組合の独占の副産物がイングランド毛織物工業の台頭だった」と書いている (Power, 1941: 57, 訳116)。

低地諸国やイタリアの毛織物業者に相当の技術的優位があったとしても、かれらが支払う原料費はイングランド国内の毛織物業者に比べてかなり割高なものだった。両者の技術水準が接近すればするほど、否応なくその格差がクローズアップされる。しかもイングランドの毛織物に課された輸出関税は羊毛とは大違い、2%という低いものだった。はじめは無意識だったかもしれないが、この関税率のめだった格差温存は重商主義的政策の帰結といってよいだろう。

国内産業を保護するため、エドワード4世は毛織物および絹織物輸入禁止に関する勅令(1463年)を発し、それに追い打ちをかけた。イングランドに輸入される

「種々の織物やリボン、レースその他の繊維製品はわが国（イングランド）の織物業者に大きな打撃を与えている」ため、これらの製品輸入を禁じる。違反した場合はその製品は没収し、売り手には10ポンドの罰金が課すと定められた。さらに同じ年、イングランドの農民や農業労働者の窮状を救うため、イングランドやアイルランド、ウェールズ以外で収穫された小麦、ライ麦、大麦について一定価格以下での輸入が禁じられた（*The Statutes of the Realm*, vol.2: 395-6）。

イングランドの毛織物業者などの保護と育成を謳って、その後もエドワード4世はいくつもの勅令を出した。1467年に発布された半製品毛織物輸出禁止令もそのひとつである。そこには、「外国商人も帰化人（denizens）も半製品である毛糸や織布（wool yarn and raw cloth）を購入し、それを国外に持ち出している。しかしこれらの半製品がイングランドで完成されれば、国王に関税収入がもたらされ、わが国の織布業者や仕上げ職人（weavers and fullers）は安定した仕事に就くことができる。したがって、これ以降、外国商人も帰化人も半製品毛織物を外国に輸出してはならない。それらはわが国で織られるべきである」（*The Statutes of the Realm*, vol.2: 422）とあった。じっさい、15世紀から16世紀にかけて、毛織物の輸出のなかでは半製品の輸出が大きな比重を占めるようになった（尾野、2000: 12-3, 第4表）。

エドワード4世の後期（1478年）になると、貴金属輸出禁止令とともに、外国商人に対するイングランド商品購入令も出された。そこにはつぎのように記されていた。すなわち、「イングランドおよびウェールズで取引する外国商人はつぎのイースター以後、すべての貨幣をイングランド商品の購入にあて、国内で費消しなければならない。そして本人がイングランドを出国するとき、その証明書を港湾関税官に提示しなければならない。もし違反すれば、すべての商品を没収し、1年間投獄する」（*The Statutes of the Realm*, vol.2: 458-9; 尾野、1978: 205, 注21）。随分と露骨な法令であるが、その狙いは貴金属輸出禁止と等価なものだった。そこには鮮明な重金主義、ひいては重商主義がその顔を覗かせている。

ところで、羊毛輸出についてはカレーの羊毛ステープル組合に特別の権限が与えられていたが、毛織物製品の輸出のほうはどうだったのか。

この点を明らかにするためには、ハンザ同盟とイングランドの関係をみておく必要がある。というのは、羊毛輸出の主な取引相手はフランドルの毛織物業者や仲買商人だったが、毛織物になると、その販路は羊毛とは違って一挙に拡大した。

フランドルやジーランド、ブラバントに限らず、アキテーヌやイベリアを経てイタリアへ、さらに北欧や東欧へと広がっていった。

　こうして、イングランド毛織物産業の生産力が高まるにつれてその販路確保が喫緊の課題となった。しかし厄介なことに、バルチック海から北海につながる東西に幅広い海路商圏はすでに北ドイツのリューベックとハンブルクを中心とするハンザ同盟[43]が13世紀以降、スウェーデンのヴィスビュー（Visby）を拠点とするスカンジナヴィア商人に取って代わって、揺るぎない地歩を築いていた。したがって、イングランド商人のプロシャ諸都市やバルト海、北海への進出はハンザ商人の既得権と抵触することになり、ハンザ同盟の内部にも亀裂を走らせかねない脅威と映った。

　ハンザ商人とイングランドとの結びつきは古い。1157年にはケルンの商人がヘンリー2世に願い出て、ロンドン通行税を無料としてもらい、イングランド各地で開かれる市やフェアで自由に商売できる許可をえていた。また1266年、ヘンリー3世は、リューベックとハンブルクの商人に対してイングランドでの自由かつ安全な商取引を保証するという勅令を出していた。かれらハンザ商人は東欧や北欧から木材や獣皮、樹脂や蜂蜜、亜麻、小麦やライ麦などをイングランド社会にもたらすと判断してのことだった。1320年になると、ロンドンにハンザ同盟の商館が建てられた。塀で囲まれたスティールヤードには倉庫や計量所のほか、立派な住宅や教会も建立された。その商館は1597年、エリザベス1世によって廃止されるまで現役だった。こうしたハンザ商館が建設されたのはロンドンのほか、ロシアのノヴゴロド（Novgorod）、ノルウェーのベルゲン、フランドルのブルージュ等だった。この商館以外にもボストン、ブリストル、ハル、イプスウィッチ、ノリッジ、ヨーク等をハンザ港と定め、多くの便宜供与が行われた。

　そのほか、イングランド諸王はハンザ商人に対してトン税・ポンド税の免除、イングランド商人より低率な毛織物輸出関税の適用などの特権を与えた。それでも14世紀後半から15世紀にかけて、イングランド商人が毛織物の販路をハンザ商圏で拡大させ、木材や穀物などもかれらの手でイングランドに直輸入するという新たな商業活動の進展はハンザ商人たちにとって大きな脅威となった。

　イングランドは片務的商慣行を変革するため、互恵主義の原理を持ち出した。ハンザ同盟の頑なな姿勢に業を煮やしたエドワード3世は1377年、議会での結

論を踏まえてハンザ特権を一時停止し、ハンザ同盟が互恵主義を認めないならば、ハンザ特権そのものを廃止すると宣告した。その後、マリーエンブルク条約 (1388 年) によってプロシャはイングランド商人の域内自由活動を認め、1428 年にはドイツ騎士団がイングランド商人による団体結成を承認し、さらにロンドン条約 (1437 年) を締結してハンザ同盟は互恵主義を認めた。しかし 15 世紀の前半、ハンザ同盟内部での利害対立と自壊作用が進行し、1420-30 年代にはデンマークやオランダと戦火を交え、ハンザ同盟会議は急速に排外主義に傾いていった。そのため、互恵主義を認めたものの、容易にその実効は挙がらなかった。各地で互恵主義に反する行動が相次いだ。

それでもエドワード 4 世時代後期、ユトレヒト条約 (Treaty of Utrecht, 1474) が結ばれ、ハンザ特権が回復した。その理由はふたつ。ひとつは 1449-70 年の期間、イングランドとハンザ諸都市との不和と紛争によって毛織物貿易がめだって減少したため、ハンザ同盟との融和を求める世論が高まっていたこと。もうひとつはエドワードがヘンリー 6 世の復位に反撃を加えるべくイングランドに帰国するさい、ハンザ同盟からの支援を得たからだった。

そのユトレヒト条約はこう謳っていた。すなわち、イングランドとハンザ同盟の友誼によってこれまで双方ともに大きな利益を享受してきた。しかし、この間の両者の不和によって大きな損害や不便が生じた。その闘争や敵対行動を止め、古くからの友好関係を取り戻す必要がある。そのため、エドワード 4 世の治世 13 年 (1473 年) 9 月 19 日以前のハンザ同盟に対する宣言や判決、船舶拿捕許可などはすべて取り消し、ハンザ商人に対する特権・自由権・自由な取引慣例を認める (Myers ed., 1969: 1045-6, 抄訳については尾野, 1978: 201-2)。そののち、このハンザ特権はテューダー朝のエドワード 6 世によって破棄されるまで存続した (Gray, 1933: 2-6, 12-18; Postan, 1933: 72-6, 79-90; 高橋, 1980: 219-30)。

以上みてきたように、薔薇戦争それ自体は短期間で終わった「街角の乱闘」騒ぎだったかもしれないが、そのこととエドワード 4 世の王権強化政策とは区別しなければならない。

じじつ、薔薇戦争とその後のヨーク朝初代エドワード 4 世の集権化政策によって、旧来の名門貴族の政治経済的地位とその役割は後退し、それに取って代わって新興ジェントリー層の台頭と躍進がめだつようになった。この「旧貴族から新

興ジェントリーへ」という時代の転換は政治や行政のみならず、経済の領域についてもいうことができる。王権はこの基本潮流に棹さし、みずからの王権を伸張していった。王室財政の立て直しが積極的に企図され、行政官僚制も整備された。王権はまた重商主義的経済政策を推進し、重金主義を体現しつつ、イングランド経済（毛織物工業と商業）の国際競争力強化に取り組んだ。そしてこうした時代趨勢と政策はテューダー朝によって継承されていったのである。

いくつかの余韻と残照——ここまで書き終えて

さてここで、これまで4つの章を書き終えて、おのずから脳裏に浮かぶいくつかの余韻と残照について記しておきたいと思う。

テーマは3つ。第1にイングランドがもった先進性、第2にその歴史的個性、第3にその後進性についてである。

（A）イングランドの先進性あるいは先駆性について。第1に、フランスやドイツに比べてイングランドの農奴制崩壊は早かった。13世紀後半の検地調査「ハンドレッド・ロールズ」によれば、農奴制盛期にもかかわらず、すでに自由農が4割もいた。「未熟な農奴制」とでも呼ぶべき事象だった。

イングランドの農奴制がいち早く瓦解していった主因はふたつ。ひとつは黒死病による農民人口の激減、もうひとつが商業化の影響である。市場生産に傾いていく農業システム、賦役廃止と地代の金納化、土地市場の形成、領主直営地の貸与や売却、農民の自由な地域移動などの傾向は、14世紀半ば以降の黒死病による人口激減のあと加速し、それから1世紀ほどのうちにイングランドから農奴制が姿を消していった。

この趨勢を象徴してしたのがジェントリーやヨーマンなど中小地主や富裕な自由農、都市の商工業者などを中心とする、したがって農民一揆と呼ぶのは適切でないワット・タイラーの乱の勃発だった。その叛徒たちは集権的封建制に対して「中世レジームの解体宣言」を突きつけた。

第2に、中世イングランドの先駆的な宗教改革思想にも目を見張るものがある。12世紀から13世紀にかけて、大陸ヨーロッパでいくつもの反教皇制的な異端運動が立ち上がり、フランチェスコ会でも教皇を巻き込んで長い清貧論争が展開された。それはカトリック内部での宗教改革、したがって「カトリック宗教改革」

とでも呼ぶべき出来事だった。清貧を重視する聖霊派のオッカムがその一翼を担った。後輩のウィクリフは死後コンスタンツ公会議で異端として断罪され、墓を暴かれた。しかし存命中のかれは違っていた。オックスフォード大学教授だったウィクリフは権勢を誇った希代のパトロン、ジョン・オブ・ゴーントと切り結び、その外交使節団にも加わった。かれの宗教思想には天職観念が欠けていたし、煉獄観念も払拭されていなかったが、終末論、福音主義、予定説と個人主義の結合、反教皇主義、聖体拝受説の否定、偶像崇拝の禁止、聖俗分離と世俗の優位、一般信徒のための聖書英訳といった要素からなるラディカルなものであり、間接的ながらワット・タイラーの乱にも無視しがたい影響を及ぼし、ロラード派の台頭の礎となった。このウィクリフの「中世プロテスタンティズム」は国際的にも大きな波紋を広げた。その先駆性を見落とすことができない。

　ウィクリフの教説のうち、のちのイングランド宗教改革との関係で注目されるのは偶像崇拝禁止であり、オッカムの「自由の倫理学」につながる個人の主体的判断を重視する「闘う教会」という思想であり、世俗権力の優位と教会財産没収という考え方であり、そして一般民衆のための聖書英訳という構想力だった。

　もっとも、15世紀のイングランドでは、オールドカースルの乱の鎮圧を境としてロラード派は地下に潜り、宗教改革運動はその姿を消してしまった。後期ロラード派がその小さな息を吹き返すためには「外からの」新たな宗教改革のうねりを待たねばならなかった。

　第3に、封建制の崩壊という点においてもイングランドは先駆的だった。封建制の「商業化」と呼んだ現象である。ウィリアム征服王による騎士役賦役が示唆していたことであるが、傭兵制や軍役免除金制度が早くから導入され、時代を下るとともにそれらは広く浸透していった。こうした制度が普及していけば、主君と家臣の関係は次第にキャッシュ・ネクサスなものになっていく。金銭的契約関係が忠誠心に取って代わり、両者の関係は功利主義的で計算づくのものとなる。その発展した形態が疑似封建制にほかならない。

　封建制のひとつの基本的性格が地方分権にあるとすれば、ノルマンの征服によってイングランド封建制は集権的政体に再編成されていった。その意味でイングランドは早くから封建制から逸脱することになったということができる。

　第4に、制定法の法典化によって象徴される法治国家の構築という点でもイン

グランドは先進的だった。その代表がヘンリー2世時代のクラレンドン法(1164年)やグランヴィル法典(1188年前後)であり、またエドワード1世時代の一連の制定法の法典化だった。こうした作業と並行して、中央および地方における官僚制的統治システムの整備や再構築が企てられた。これらの法典化で興味深いことのひとつは、教会権に対する王権の優位がくりかえし強調されたことである。

　もしこれらに、マグナ・カルタ(「自由大憲章」)やオックスフォード条項(1258年)、モールバラ制定法(1267年)などを加えるとすれば、制定法の厚みはさらに増し、イングランドにおける先駆的な法治国家形成という見方はより説得的なものになるだろう。

　(B) 中世後期イングランド社会の個性について。ところで、こうした先進性あるいは先駆性とは別に、中世後期のイングランド社会はいくつか注目すべき個性をもっていた。政治的局面でいえば、第1に集権的封建制、第2に制限君主制、第3に特異な複合国家である。

　中世社会で封建制(feudalism)という言葉が使われたわけではない。それは19世紀の術語であり、かつ多義的でもあるため、封建制という概念を用いないほうがよいという意見も聞かれる。

　ここで封建制というとき、それは基本的に主君と家臣の所領下封と軍務提供によって結ばれた双務的な契約関係のことをさす。もちろん、その関係が世襲されていけば、両者の関係はより緊密なものとなり、両者の関係はたやすく身分的関係に変わっていくだろう。

　しかし、家臣は「主君の主君」である国王に対して主従関係をもたない。その結果、封建制は分権的統治構造を生み出していく。11世紀のフランスで「封建革命」が起きて権力が分散化し、いくつかの大公伯領(ノルマンディーやフランドル、アンジュー、トゥールーズなど)を除けば、所領の細分化が進み、耕地面積が小規模化していった。

　そのフランス封建制が集権化のプロセスを歩み、絶対王政という性格をもつようになったのはイングランドとの百年戦争に勝ち、王権が国内でのブルゴーニュ戦争にも勝利した15世紀末以降のことである。しかし、ドイツ(神聖ローマ帝国)では14世紀半ばの黄金勅令以降、それまでの分権的領邦統治システムの制度化にかえって拍車がかかった。それが融解していったのは、多くの紆余曲折があっ

たけれども、19世紀後半になってからのことである。その政治的陰翳はいまもドイツ社会に落ちている。

　それらに比べれば、イングランド封建制はノルマンの征服のときから集権的性格を帯びていた。「上からの」封建制化によってである。数年を費やした軍事的制覇、旧来の政治的支配層の処罰や追放、論功行賞に基づく分散的な知行付与、広大な王領確保、画期的な大規模検地、国王（王座）裁判所の設置などがそれを制度的に裏づけていた。そして12世紀から13世紀にかけて、この集権的封建制化のなかで自由農の一部が農奴化され、農奴は私的なマナー裁判所の管轄下におかれていった。

　しかし、もし集権的君主に大きな失政があれば、王国と聖俗貴族のみならず、騎士やジェントリーのほか、ヨーマンや商工業者、零細農民に至るまで広範なコモンズは甚大な被害を被る。教皇権への屈服を別にすれば、戦争による領土喪失がその最たるものである。

　イングランドでは、そうした事態に直面したとき、3つの反発のバネが働いた。ひとつが有力諸侯やバロン（直属封臣）によるカウンター・バランスである。その好例が13世紀に王権を掣肘するべく作成されたマグナ・カルタにほかならない。そのあと制定法の整備が進められ、法治国家化が企図され、その延長線上で短期間ではあったが、オックスフォード条項やモールバラ制定法にみられるような貴族寡頭制的統治システムが立ち上がった。

　もうひとつのバネが13世紀末のエドワード1世による模範議会やエドワード3世による下院（庶民院）創設に結実する議会改革を含む議会の権限強化である。騎士やジェントリー、ヨーマン、都市の商工業者といったコモンズの意向を国政に反映させるための新たな政治システムが構築され、戦費調達には下院の承諾が必要であるという慣行が定着していった。

　中世封建君主の最たる仕事といえば、下封した領土の保全と拡大であり、その方法といえば、政略結婚以外には戦争による掠奪ということになる。いまだ国家税制が未熟な時代にあって戦費調達は王権の死活問題であり、また至上命題だった。動産の15分の1税などの課税を認めてもらうため、歴代諸王はコモンズへの権益保証や譲歩をくりかえした。こうした制度システムはやがて制限君主制と呼ばれるようになった。逆説的なことだが、集権的封建制ゆえに制限君主制が生

み出されたということができるだろう。

　さらにもうひとつ、マグナ・カルタには「自由人」という表現がくりかえし登場する。その言葉の解釈は区々であり、その実態は審らかにしない。しかしこの自由人とともに、ノルマンの征服後、各地に王権州（palatinate）や自治都市（borough）がつくられたことも見落とせない。それは集権的封建制を守るためにつくられたものだったが、同時にそれに歯止めをかける統治システムとしても機能した。

　中世イングランド政治システムの個性といえば、その第3の要素として特異な複合国家制を挙げることができる。フランスの有力な地方貴族がイングランド王でもあるというこの特異な錯綜した政治制度はいくどとなくふたつの王国を戦争に駆り立てた。この厄介な複合国家構造はノルマンの征服によって埋め込まれ、「アンジュー帝国」の形成によって増幅されたものだが、百年戦争の結果、4世紀という長い歳月をかけて解体された。

　イングランドでは百年戦争に敗れたため、長い内戦である薔薇戦争が起きた。この薔薇戦争を通じて名門大貴族の権力と財力は費消され、国王周辺にあって王権を支える社会階層は漸進的に「旧貴族から新興ジェントリーへ」と入れ替わっていった。この戦いに勝利したヨーク朝の初代エドワード4世は王権強化に乗り出した。王権による財政の直轄化、枢密院や下院の馴化が進められた。

　中世後期から近世にかけて、イングランド経済の個性が浮き彫りされていった。そのひとつとして、王権と新興ジェントリーは国益増進のための重商主義的経済政策によって深く結ばれるようになった。その手懸かりになったのが当代ヨーロッパ随一の品質を誇った羊毛生産であり、それを原材料とする毛織物（半製品）工業の成長であり、それらの輸出に関わるイングランド商人の国際的躍進だった。しかし、その有機的分業システムは15世紀中期の長期的な「大不況」、ハンザ同盟との確執と紛争によって大きな打撃を被った。

　エリートの盛衰と交替という意味での社会移動は、ノルマンの征服後に未曾有の規模で生じた。しかしその後も王朝の興亡はその都度、政治エリートを激しい浮沈の嵐に巻き込んだ。多くの旧エリートが私権剥奪され、爵位を失い、所領を没収された。中世イングランドの政治社会もまた激しく揺れ動いた。幾度となく同名の爵位に「初代」という文字がつけられた。

　また、さきの黒死病の大流行と農奴制崩壊は、術なき無残な大量死、激甚な災

禍の累積と貧窮の極みだけでなく、農奴を含む不自由な零細農がそれまでかれらを繋ぎ止めていた聖俗領主とその所領から解き放たれ、地理的移動を含む上昇的社会移動を手にする格好の機会にもなった。

(C) 中世後期イングランド社会の後進性について。イングランドの後進性にも目配りしておかねばならない。この時代のイングランドがすべての面で先進的であったわけではない。15世紀のイングランドは巨視的にはひとつの停滞社会だった。長く深い人口停滞の谷があった。それに1440年代から40年間も続いたヨーロッパ・ワイドの「大不況」が重なった。

14世紀半ばから後半にかけて黒死病が間歇的に襲来し、1350年からの1500年までの間にイングランド社会から1300もの村が姿を消した。土地市場は供給過剰となり、地価は下落した。一部には羊毛エンクロージャーも生じたが、農業技術はその革新力に欠けていた。毛織物産業でも先進社会からの技術移転はエドワード3世の時代から始まっていたが、毛織物(半製品)輸出が羊毛輸出を凌駕するようになるのは「大不況」後の15世紀の第4四半期になってからのことである。しかしその当時でも、毛織物産業の技術水準は一般的にいってフランダースやイタリアなどの先進地域に劣っていた。だからこそ、ヨーク朝のエドワード4世はイングランド手織物産業を保護育成するため、いくつもの勅令を発布しなければならなかった。

じっさい、この毛織物産業を含むイングランド製造業の大陸ヨーロッパ諸国と比べた経済的あるいは技術的な比較劣位はテューダー朝のエリザベス1世時代になっても続いていた。

後進性という意味では、もうひとつ、16世紀前半のヘンリー8世による「上からの」宗教改革、その苗床となったイタリア人文主義の積極的移植を志す若者たちのフィレンツェ留学ブームといった事象を踏まえていえば、15世紀イングランドの宗教意識は深くカトリシズムの淵に沈んでいたようにみえる。

その契機となったのがランタスター朝初代ヘンリー4世による異端者火刑法(1401年)の制定でありオールドカースルの乱(1414年)の鎮圧であり、後期ロラード派の弾圧だった。その結果、ひとことでいえば、15世紀イングランドは大陸ヨーロッパのルネサンスのみならず、宗教改革にも後れをとることになった。

そればかりではない。オックスフォードの英俊たちがイタリア人文主義の目

覚ましい台頭に熱い眼差しをむけはじめた15世紀前半、オックスフォード大学は財政的にも疲弊し、「最低の状態」を託ち、その学問水準はパリ大学に大いに見劣りする状態になっていた。15世紀末になっても、イングランドにはイタリア、ドイツ、低地諸国の主要都市に匹敵するような文明の中心地を欠いていた。15世紀末から16世紀初頭にかけて、すでに高位聖職者や大学人が知識を独占する時代ではなくなり、家庭には簡易な医学書、教訓書が普及しはじめてはいたが、イングランドの印刷業はこれらの先進国に大きく立ち後れていた。

総じていえば、15世紀のイングランド文化は大陸ヨーロッパの後塵を拝し、海外からイングランドを訪れる学者も留学生もいなかった。大学は学術において進取の気性に欠け、人材育成でもみるべきものがなかったのである。その暗闇に一条の光明が差し込むようになったのはイタリア人文主義の移植によってであった。

注

1 正確には、百年戦争後もイングランドの所領としてカレーが残されたし、イングランド王はその後も長く、その呼称（たとえば、フランスの王位継承者 Heir of France といった呼び名）は違っても、フランスが共和制に移行する1801年までフランス王を僭称しつづけた。

2 城戸毅は百年戦争（la guerre de cent ans）という名前の由来について、アンリー・マルタン『フランス史』(Martin, 1855) が与って力があったと記している。そして1860-70年代になると、百年戦争という言い方が広く用いられるようになった（城戸、2010: 8-10）。ちなみに、百年戦争に関する年代記作家や歴史家の理解の変遷についてはCurry (2003: 5-27) 参照。

3 20世紀の第2次世界大戦の参戦国は57ヵ国だったが、百年戦争の時は何ヵ国だったのかを断定することは難しい。その大きな要因はブルゴーニュやブルターニュといった自治的公領が低地諸国やドイツにも準自治的地方が数多く存在し、それぞれ独自の法律や政策をもち、統治していたからである。

　アン・カリーは教皇領や神聖ローマ帝国のほか、そうした（準）自治国を入れると、百年戦争の参戦国は合計30ヵ国にのぼるとみている（Curry, 2003: 106, 150）。

4 サリカ法は中世フランク王国の法典であり、その第59条において女子の土地相続を禁じており、その規定に基づいて女子の王位継承権が否定された。但し、女系の相続権まで否定したわけでない。それを根拠にして、エドワード3世はフランス王位継

承権を主張したのである（'Salic Law', WP）。

5　ここでの百年戦争に関する叙述にあたっては、Contamine (1968)、Seward (1999)、Curry (2002, 2003)、Sumption (2009) のほか、邦文では山瀬 (1981)、城戸 (2010)、横手川 (2012)、花房 (2012)、亀原 (2012)、佐藤猛 (2020) などによっている。そのほか、長文の 'Hundred Years' War' (WP) も有益だった。

6　1358年の初夏、ノルマンディーやシャンパーニュ、ピカルディなどフランス北東部で広がった農民反乱であり、リーダーは無名のギューローム・カール (Guillaume Cale)。その背景には、ポワティエの敗戦で失業した傭兵の掠奪行為と社会不安の蔓延があった。直接的には高位聖職者や貴族、豪商など支配階級が旧秩序復活のため重税（人頭税 taille）を課したこと、農民にとって抑圧の象徴だった貴族の城の防衛をかれらに義務づけたことなどがあった。この反乱はカールの捕縛と斬首によって数週間で鎮圧された（第 2 章注 33 参照）。

7　このペドロ 1 世に嫁ごうとしたエドワード 3 世の娘ジョアンが旅程の途上、黒死病に罹ってボルドーで亡くなった（第 2 章第 1 節参照）。

8　1369年8月23日、ヘリフォード伯とともにカレーに上陸したジョン・オブ・ゴントは、ブルゴーニュ公フィリップの大軍と遭遇。ウォーリック伯の支援をえてセーヌ川下流のフランス艦隊基地オンフルール (Honleur or Harfleur) の攻略を決断する。ドイツ傭兵も動員して 4 日間包囲するが、町は赤痢と腺ペストが蔓延したため、ジョンはカレーに引き返した。その途上、フランス軍と小競り合いがあったが、11 月にカレーに辿り着く。しかしウォーリック伯は腺ペストで亡くなった。この出兵のめだった戦果はなかったが、シャルル 5 世のイングランド侵攻計画を頓挫させたといわれる (Sumption, 2009: 38-69)。

9　百年戦争が終わると、ジャンヌ・ダルクの母イザベル・ロメとフランス異端審問官ジャン・ブレアルの要請を踏まえ、教皇カリストゥス 3 世の勅書を得たうえで、1455年 11 月からジャンヌ・ダルクの復権裁判がはじまった。

　1456 年 7 月 7 日に下された判決は、ジャンヌ・ダルクは殉教者であり、異端ではないというものだった。彼女はその後ながく神格化されたが、1920 年にはカトリック教会の聖人の一人に列聖された（'Joan of Arc', WP）。

10　正確には、グロスター公ハンフリーはサフォーク公ウィリアムによって反逆罪で捕らえられ、数日後に獄死した。なお、このグロスター公がイングランドへのイタリア人文主義の導入について先駆的で重要な役割を果たした点については第 5 章第 2 節でふれる。

11　エドワード 3 世はその子らのためにクラレンス、ランカスター、ヨーク、グロスターといった新たな公爵位を創設している。そのほか、たとえば初代サマセット伯爵位は 1397 年、ランカスター公ジョン・オブ・ゴントの庶子ジョン・ボーフォートに、ま

た初代ベッドフォード公爵位は1414年、一代爵位としてヘンリー4世の第3子ジョン・オブ・ランカスターに与えられた。ヘンリー4世治下でも多くの公爵・伯爵位が創設された。その他のケースも含めて、詳しくは森護(1986)参照。

12　この百年戦争の期間を通じて「合法的」出生率はめだって低下した。コンタミーヌは中世末期を「私生児の黄金時代」(le siècle d'or des bâtards)と呼んでいる(Contamine, 1968 [2010: 117]、訳148)。

13　いずれも富岡(1965: 208-12)に訳出されている。その英文はClayton(1909, appendix I: 97-102)にある。

14　富岡はこのジャック・ケイドの乱の本質について、封建的貴族相互の政治的党派争いではなく、「イギリス絶対王政胎動期における一般農民・手工業職人・日雇労働者などの社会運動に支えられた(新興)地主層の政治的反乱」だったとみている。そして「地主層を基盤とした絶対王政の成立」には薔薇戦争による「バスタード・フューダリズム」(bastard fuedalism、疑似封建制)の解体を待たねばならなかったとも書いている(富岡、1965: 227-8)。

15　紋章学者の森護によれば、赤薔薇、白薔薇は家紋ではなく、家臣などに着せた制服につけた記章あるいは軍旗の図柄だった。ちなみに、薔薇戦争という名前は作家ウォルター・スコット卿の著作『ガスアスタインのアン』(*Anne of Geierstein*, 1829)の第7章で用いられたことに由来する(森、1986: 237-9)。

　　また城戸毅は、今日の薔薇戦争に近い表現を最初にもちいたのは思想家ヒュームだと書いている(城戸、1991c: 447、注12)。じっさい、ヒュームは『英国史』第2巻第22章のなかでこう記していた。「(ノルマンの)征服以降、ふたつの薔薇の戦い(the wars between the two Roses)の時代ほど曖昧で不確か、首尾一貫せず信頼のおけない時代はなかった。(中略)深く垂れ込めた雲間からみえるものといえば、恐怖と虐殺、野蛮なやり口、恣意的な処刑、裏切りや卑劣な行為といったものだった」(Hume, 1762 [1983, vol.2: 469])と。

16　薔薇戦争に登場する主な王侯貴族は5つ。すなわちランカスター家、ヨーク家、ボーフォート家、ネヴィル家、テューダー家である。その起点はエドワード3世が5人の息子たちに王領を分割して王侯貴族としたことに遡る。

　　エドワードの三男ジョン・オブ・ゴーントからランカスター家(ヘンリー4世→5世→6世)が、また四男のエドマンド・オブ・ラングリーからヨーク家(エドワード4世→5世→リチャード3世)が立ち上がった。さらにランカスター家からボーフォート家が、また後者エドマンドの長男ラルフ・ネヴィルからネヴィル家が王家傍流として登場した。もうひとつがランカスター家傍流となるテューダー家である(Hicks, 2010: pedigree 1-2; 尾野、1992: 第1章)。

17　テューダー家の祖オウエン・テューダーはヘンリー5世の未亡人キャサリン・オブ・

ヴァロアと事実上の婚姻関係にあり、ランカスター派に連なる人物だった。しかしランカスター家との直接的な血縁関係はない。

けれども、オウエンの子であり、またヘンリー・テューダーの父だったリッチモンド伯エドマンド・テューダー（c.1430-56）はマーガレット・ボーフォート（1443-1509）と結婚しており、彼女の祖父サマセット公ジョン・ボーフォート（c.1371-1410）はランカスター家の祖ジョン・オブ・ゴーントの子だったという意味では、テューダー家はボーフォート家を介してゆるやかにランカスター家に繋がっていた。

より重要なのは、ヘンリー・テューダー（のちのヘンリー 7 世）からみれば、かれの祖父（オウエン・テューダー）はランカスター朝ヘンリー 5 世の王妃だった上記キャサリン・オブ・ヴァロアと結婚しており、その意味でランカスター朝につながっていたということができる。

18　ここでの薔薇戦争についてのごく簡潔な記述は、Ramsey (1892, vol. 2)、Hicks (2003, 2010)、Pollard (3rd ed. 2013) のほか、尾野 (1992) に負っている。

19　このタウトンの戦いについては、その戦場のみならず、戦闘に加わった両軍の兵力についても必ずしも判然としない。本文中の兵士数も過大になっている可能性がある（Ramsey, 1892, vol. 2: 273, 278）。

20　1468 年 1 月から 2 月にかけて、エドワード 4 世はブルゴーニュ公シャルル剛胆王（在位 1433-77 年）と条約を結び、向こう 30 年間にわたってイングランドとフランダースおよびブラバント（Brabant）との自由貿易を認めること、剛胆王と妹マーガレット（1446-1503 年）の婚約（剛胆王にとっては 3 度目の結婚）を承認すること、イングランドとブルゴーニュはすべての敵対勢力と同盟して戦うことが約束された。また同時期、エドワードはブルターニュ公フランシス 2 世との間でほぼ同じ内容の条約を締結した（Rasmey, 1892, vol. 2: 328-9）。

21　フランスからの年金収入は、1475-8 年、78-83 年の各期間について 1 万 625 ポンドだった（Ramsey, 1892, vol. 2: 472, Table III）。

22　エドワード 4 世は 1461 年、未亡人イリナー・タルボット（Eleanor Talbot: c.1436-68 ——初代シュルーズベリー伯ジョン・タルボットの娘。1449 年、13 歳のときにトマス・バトラー卿と結婚したが、トマスは 61 年以前に死去）と結婚することに合意していたにもかかわらず、彼女が存命中の 64 年にエリザベス・ウッドヴィルと結婚したというのが「重婚」の中身である。この理由づけをしたのは西イングランドのバースとウェルズ（Wells）の司教ロバート・スティリントン（Robert Stillington: 1420-91 ——エドワード 4 世時代の大法官）だったとされている。しかしヘンリー 7 世時代になると、この重婚説はリチャードの王位簒奪のための策謀だったといわれるようになった。

城戸毅は、リチャードの推戴運動はエドワード 4 世の遺児が庶子だという宣伝からはじまったとしたうえで、「問題の婦人（イナリー・タルボット）は 1468 年に死去し

ており、王子たちの出生は70年以降だから、この宣伝には明らかにためにする事実の歪曲がふくまれていた」(城戸、1991c: 442)と書いている。

しかし問題は、王子たちがエリザベスの実子だったかどうかではない。たとえそうだとしても、エドワード4世とエリザベスの結婚が無効となれば、その子らは庶子とみなされ、王位継承権はなくなる。焦点はあくまでも重婚だったかどうかにある。

23 シェクスピアの史劇『リチャード3世』(正式には『リチャード3世の悲劇』、初演1591年)にも大きな影響を与えたトマス・モアの『リチャード3世史』(More, c.1513-8, 未完)で描き出されたリチャード3世像とは、「意地悪く、怒りっぽく、嫉妬深く、生まれる前から大層つむじまがり(中略)、無口で陰険で、腹黒い偽善者」であり、「世人はそう信じているのだが」、ロンドン塔に幽閉されていたヘンリー6世を自らの手にかけて殺し、また「(長兄)エドワード王の在世中からずっと自分が王になるつもりだったから、兄クラレンス公の死を喜び」、エドワード4世のふたりの王子(甥)、すなわちエドワード5世とヨーク公リチャードの兄弟を殺して王位を簒奪しようとした人物といったものである (More, c.1513-8: 154-6, 訳103-5)。

しかし、こうした人物像はテューダー朝時代にモアやシェクスピアによって捏造されたものであるというリチャード擁護主義者(Richardian)の反論もある。

24 王子たちの殺害を命じたのはリチャード3世ではなく、第2代バッキンガム公ヘンリー・スタッフォード (1454-83 ――初めはリチャード3世を支持していたが、半年後に反転してヘンリー・テューダーを支援したため、83年11月に反逆罪で処刑) あるいはヘンリー・テューダーだったという見方がある。

25 14-5世紀のイングランドでは、いわゆる疑似封建制が浸透し、中小貴族や騎士・ジェントリー勢が関与した秩序紊乱的騒擾や暴力行為、悪貨鋳造、徴税妨害などが頻発した。「邪悪な徒党」とはこうした悪行を働いた「悪党」をさす (北野、2000参照)。

26 原典にあたってみると、これらコミーヌからの3ヵ所の引用はすべてかれの『回顧録』(*Les Mémoires de Phillippe de Commynes*, 1489-91 [第1-6篇]、97-8 [第7-8篇])からのものであることがわかる。

最初の引用に近いものとして、「(薔薇戦争によって)イングランドはその国土も民衆も家屋も荒廃したり破壊されたりすることがなかった。戦争の惨禍を被ったのは兵士、なかでも貴族だった」(Commynes, 1817: 311) という文章がある。また2番目については、「私が知っているすべてのヨーロッパの国々のなかで、その統治がイングランドほどうまくいっている国はない。民衆が暴力や抑圧に曝されたり、戦争によってその家屋が破壊されたりすることが最も少ないからである」(Commynes, 1817: 305)。さらに3番目の引用は、「(イングランド)国王はフランスの三部会に相当し、理性的かつ敬虔な心の持ち主からなる議会を召集しないではこうしたこと(戦費調達)を行うことができない。そうしたやり方がイングランド国王の力を強め、また民衆からの

奉仕の精神を引き出している」(Commynes, 1817: 237)。いずれもヨーク朝初代エドワード4世の統治を念頭においた記述である。

27　コミーヌがイングランド王政を称賛した根拠はこの立憲的自由にあった。興味深いのは、グリーンが『国民史』の中でそのコミーヌにふれたすぐあとで、「ジョン・フォーテスキュー卿 (Sir John Fortescue: c.1394-1479 ――ランカスター朝の法律家で政治家、王座裁判所の首席判事) は一裁判官としてエドワード4世を絶対君主ではなく、制限君主であると誇らしげに語ることができた」(Green, 1902: 562-3、訳 490-1) と記していることである。

じっさい、フォーテスキューは『自然法について』(*De Naturâ Legis Naturæ*, c.1461-1463) 第1部第16章では3つの統治類型、すなわち絶対的君主制 (dominium regale)、共和制 (dominium politicum)、制限された君主制または立憲君主制 (dominium politicum et regale) を挙げているが (Fortescue, c.1461-3: 205)、『イングランドの統治――あるいは絶対的君主制と制限君主制の違い』(1461-64 年または 1471 年前後に [草稿] 執筆。1714 年にはこの副題で、また 1885 年にはこの主題で出版) 第1章の冒頭では、絶対君主制と制限君主制のふたつだけを挙げ、制限された君主制の重要性について議論している。

ちなみに、プランマーは制限君主制を臣民の同意なしに制定された法律や課税に従う必要のない君主制をさすとしているが、フォーテスキュー自身は制限された君主制の性格について、「イングランド王国においては、王たちはその王国の三身分 [聖職者、貴族、コモンズ――引用者] の同意なしには法を制定することなく、その臣民に臨時税 (subsidium) を課すこともない」のみならず、「その王国の裁判官はたとえ反対のことを命じる君公の命令を聞いたとしても、国法 (lex terre) に反して判決を下すことがないように、全員がその宣誓によって義務づけられている」点を挙げている (Fortescue, c.1461-3: 205, *ditto*, c.1461-4/c.1471: 490; Plummer, 1885: Introduction, 109)。フォーテスキューによれば、15 世紀のイングランド (とくに 1430 年の地方選挙法以降) は制限君主制としての性格をもったが、ルイ 11 世治下のフランスはむしろ絶対君主制にあたるとみていた (Plummer, 1885: Introduction, 82-3)。

ちなみに、1430 年の地方選挙法とは、本文中でもふれたが、40 シリング以上を納税する自由農に選挙権を与えたものである。

ともあれ、ひとしく薔薇戦争の時代を生きたふたりの人物 (フォーテスキューとコミーヌ) がイングランド王政を制限君主制または立憲的自由が制度化された王国とみなし、そこにイングランド社会の利点を探り当てていたことは興味深い。

28　ここでの関心はエドワード4世の王権強化策であって、その統治政策全般の理解ではない。尾野比左夫の場合も、一方でエドワード4世を「英国絶対主義の先駆者」としながら、他方その全体的評価となると、北部辺境地域の統治をウォーリック伯や王弟

グロスター公に「全面的に委託した」こと、王妃の実家ウッドヴィル家の人びとの偏重、旧貴族の冷遇などの事実を挙げ、それらが相俟ってヨーク朝を短命に終わらせただけでなく、エドワード4世の統治全体に「封建的性格」を与えていたと述べている（尾野、2001）。

29　ロバート・マートンは26歳の初期論文「意図した社会的行為の思わざる結果」(Merton, 1936b)のなかで「思わざる結果」に導く5つの「原因」を挙げている。無知、誤謬、喫緊な関心の優位、基礎的価値、そして「自己破壊的予言」の5つである。主体的な状況の定義づけ(subjective definition of the situation)と客観的な事実の自律性というものの見方、考え方がその前提になっている。

30　ラムゼーの古典『ランカスターとヨーク——イングランド史の1世紀(1399-1485年)』によれば、エドワード3世の最初の議会（1327年）に召集された世俗貴族は83人、エドワード4世の1483年の議会では48人、そして84年のリチャード3世の最初の議会に召集された世俗貴族は37人だった(Ramsey, 1892, vol.2: 515)。

　貴族は原則として議会に召集されたことを考えれば、これらの数字が示唆しているのは貴族数の減少だけでなく、貴族の中央政界における発言力の相対的低下であるようにみえる。本文中でふれているが、王室財務部や中央官僚の発言力がめだって高まったからである。

31　この疑似封建制（「庶子封建制」という訳語もある）については『過去と現在』誌上での論争(Cross, 1989; Crouch, Carpenter and Cross, 1991)がある。Britnell and Pollard eds. (1995)での議論も見落とせない。

　前者の論争についていえば、疑似封建制が成立した時期や地域的な多様性といった問題にくわえて、それはイングランドに固有のものかどうかが問われた。また概念的には、封建制と疑似封建制を同一水準の二項対立として捉えてよいかどうか（疑似封建制は封建制と併存しうるか、それは封建制の下位類型かあるいは「新しい」封建制か）。それに関連して封建制とは何かという定義問題、さらにはその封建制はいつまで続いたのかといった新たなテーマも浮上した。そのほか、疑似封建制における主君と家臣の勢力関係の優劣といった問題、またプランマーとマクファーレンの差異にまで遡及する問いだが、疑似封建制は社会秩序に対して破壊的か秩序形成的かといった機能論も問題になった。これらの諸点についてはいまも議論が続いている。邦文では森岡(1968)、尾野(1978)、朝治(2005)、井内(2006)などが有益である。

32　疑似封建制の性格上、より有利な主従契約を求めて主君を変えるだけでなく、同時に2人以上の主君と業務契約を交わす家臣がいても不思議はない。マクファーレンが引いているウィリアム・ダグデール卿(Sir William Dugdale: 1605-86)の著書『イングランドの貴族名鑑』(1675-6年)をみると、たしかに同時に複数の主君と主従契約を結んだケースがある。たとえば、ウィリアム・ヘイスティングズ卿(William Hastings:

c.1431-83) の場合がそうである。

　かれは1457年4月、第3代ヨーク公リチャード・プランタジネット (1411-60 —— エドワード4世およびリチャード3世の父) と年金10ポンドで終身的主従契約を結んだ。同時に第4代ノーフォーク公ジョン・モウブレー (1444-76) のレスターシャーなどの所領執事として年俸10ポンドの終身契約を、またバッキンガム公爵未亡人アン (1414-80) とも終身的な主従契約を取り交わして同じく年俸10ポンドを受領していた。そのほか、ジョン・ロヴェル卿ともレスターシャーのマナー執事として年俸10ポンドの終身契約を、またヘンリー・スタッフォード卿 (バッキンガム公ハンフリーの息子) ともノーサンプトンのマナー管理を任されて年俸20ポンドの終身契約を結んでいる。

　しかし、それだけではない。コミーヌによって傑出した非凡な人物として高く評価されたヘイスティングスは、フランスのブルゴーニュ公の「顧問」として年俸1000クラウン (250ポンド)、またフランス王からも2000クラウンをそれぞれ領収書なしで受け取っていたといわれる。

　そのヘイスティングス卿自身、多くの家臣を抱えていた。その一人ひとりの固有名詞も分かるが、大別すると貴族2人、騎士9人、エスクワイア58人、ジェントリー20人となっている。しかし、ヘイスティングスと家臣との契約はその業務内容のみならず、反対給付（金銭など）についても明白な表現はなく、「良き主君」として振る舞い、家臣の権益を擁護するといった抽象的な言い方になっている (Dugdale, 1675-6: 580, 583-4; Mcfarlane, 1981: 30; 森岡、1968: 136-41; 尾野、1978: 23)。

　この歴史上の人物といってよい一例——ヘイスティングス卿は王室侍従 (Lord Chamberlain) で造幣局長官 (Master of the Mint) でもあり、エドワード4世のみならず、リチャード3世側近の重臣でもあったが、1483年6月13日、ロンドン塔での枢密院会議において陰謀画策（エドワード5世の廃位に反対したため）の嫌疑をかけられ、即日斬首された人物 (Ramsey, 1892, vol. 2: 485-6) ——から全体を推し量ってはならないが、起伏に富んだ現実はマクファーレンが描く理念型とはかなり乖離していたようにもみえる。

33　その法律の原文は尾野比左夫が訳出している (尾野、1978: 57, 注13参照)。

34　テューダー朝になっても疑似封建制的なもの、たとえばその傭兵制は残存した。しかし、有力貴族が擁する契約的従臣あるいは傭兵は次第に国王の要請に応えて動員されるという性格を濃くしていった (大野真弓、1977: 137-47)。

35　1428-54年までの年平均でいうと、王領収入が全体の28.3%、関税が38.0%、特別税が33.7%だった。しかし特別税を徴収できない時（たとえば、1454-61年）には王領収入が40.7%、関税が54.5%といった構成になっている (Ramsey, 1892, vol.2: 266-7, Table 2)。

36　国璽は大法官が発布する令状に押されたもの。14世紀半ばのエドワード3世時代には国璽は財政のみならず、一般行政にも大きな役割を果たした。

しかし、15世紀のランカスター朝時代になると大法官の地位が低下し、それに伴って国璽 (great seal) の機能も低下した。それに代わって王璽 (privy seal) が用いられるようになった。元来王璽は、大法官が発行する国璽印礼状に対抗して国王みずからが発布する令状に使われた印章だった。エドワード2世治下の1323年以降、その使用は枢密院の権限となり、その管理者である王璽尚書の地位も高まった。それに伴って、大法官や財務長官と同じく、王璽尚書の任免も議会の承認事項となった (Elton, 1953: 13; 尾野、1978: 85、注10)。

37　中世の初期議会の理解については研究史上、論争がある。「課税」承認と「請願」というふたつの機能をもった中世イングランドの初期議会が「直線的発展」を遂げて近代議会制に継承されたとみるスタッブスらの「伝統的ホイッグ説」がある一方、それを批判する一部の中世史家は「請願」に注目し、議会が「特殊な裁判所」的機能をもったとみている。

この点、北野かほるは「14世紀中期以降、総合的統治（司法）機関から政治的合意＝立法機関へと変容した」とし、その最大の理由を「中央政治過程から排除されていた中下層の貴族・有力者が中央政府の利害関心を利用する形で『課税』と『請願』を結合した点に求められる」と述べている（北野、1982: 67, 69-70）。

38　その背景にはつぎのような事情があった。イングランド経済の商業化の進展とともに、都市商人と近郊ジェントリーの関係が緊密化し、双方向から「ジェントリーの商人化」と「商人のジェントリー化」が進んだ。また、議員定数では都市選出議員が勝っていたが、実際の下院の運営や発言力では騎士やジェントリー出身の議員が優勢だった。中央政界に進出しようとするジェントリー層とかれらの大きな政治力を有効活用しようとする都市商人や市民との利害関係はますます共鳴するようになっていた。

39　ランカスター朝からヨーク朝にかけて関税収入は王室歳入全体の4割を占めた。とりわけ下院の承認が必要ではあったが、羊毛輸出特別税 (wool subsidies) がその5-7割にのぼった。

40　ヘンリー6世末期の財政危機とその背景になっていたカレー駐屯軍の大きな経費負担についてはすでにふれた。借金を返すために借金を重ねるという悪循環が常態化していた。王室の借金は富裕な商人や都市の資産家あるいはジェントリーからのものが多かったが、15世紀前半には司教からも多額の借金をしている（Steel, 1954: 465-74, Tables E1-E10）。

41　15世紀後半、カレーなどでの羊毛取引に使われた貨幣は驚くべき種類にのぼる。その時代に活躍したイングランドの羊毛商家の書簡集『セリー家文書』(The Cely Papers: 1475-88) を編集したヘンリー・マルデン (Henry Elliot Malden: 1849-1931) の序文付録によれば、当時のカレーで出回っていたヨーロッパ通貨（金貨または銀貨）は20種類ほどだったが、1480年代のイングランド・ポンドとの各交換レートが記載されている。

一般的にいって、各種のヨーロッパ通貨の質は劣っていたこと、またポンド（交換単位であって鋳貨ではない）との交換レートが大きく変動したことなどについてもふれている。

　その20種類の貨幣には、スコットランドのジェームズ2-3世のアンドリュー金貨（Andrew Gylder、イングランド通貨5シリング相当［以下、同じ表記］）、ゲルデルラント公アーノルドの1423-73年金貨（Arnoldus Gulden、劣貨、2シリング4ペンス）、新旧フランス・エキュー（French Ecu、5シリング8ペンス、5シリング6ペンス）、ブルゴーニュのシャルル王およびユトレヒト司教（Davyd or Dawethe、1456-98年）の金貨（4シリング）、フランスのルイ金貨（Lewe、7シリング）、リンブルクの銀貨（Lymmyr Groats、6-7フランダース・ペンス相当）、ミラノ銀貨（Milleyn Groats、劣貨、2フランダース・シリング）、ニムウェーゲン銀貨（Nemyng Groats、劣貨、4ペンス）、ブラバントのフィリップ金貨（Phellypus、劣貨、3シリング4ペンス）、イングランドのリアル貨幣（Ryall、10シリング、セリー家のジョージ・セリーによれば、低地諸国の通貨価値では14シリング6ペンス）などである。

　ちなみに、公的交換レートでは、イングランドの1ポンド・スターリングはフランダース通貨で26シリング8ペンスとも記されている（Malden, 1900, Appendix to *Introduction*: 49-51）。

42　愛弟子のポスタンと結婚してまもなく51歳で亡くなったパウアの業績については、A・パウア著『イギリス中世史における羊毛貿易』（Power, 1941、山村延昭訳）に附録として収められたR・トーニーの「アイリーン・バウア――その人と業績」および山村延昭の「訳者あとがき」参照。

43　ハンザとは中世ドイツ語で団体、組合、船団を意味する。ハンザ同盟の実態は商業的かつ自主防衛的な商人ギルドによる都市間ネットワークであり、13世紀にドイツ諸都市がバルチック海貿易を支配し、リューベックとハンブルクがその中核都市となった。14世紀後半の最盛期には170の都市商人ギルドが参加し、15世紀前半には軍事力さえ行使した。

　ハンザ同盟はフォーマルには1356年に創設されたが、それは都市国家でもその連合体でもない。同盟とはいいながら、各都市の商人ギルドは自立的な存在であり、1356年以降、不定期に同盟会議（Hansetag or Hanseatic Diet）が開かれた。ハンザ商人はバルチック海から北海にわたる仲介貿易的役割を担ったが、16世紀初めにはオランダやイングランドの台頭、中核都市とプロシャ諸都市との対立が顕在化し、ハンザ同盟は衰退していった（高橋、1980: 16-32, 157-60, 219-30, 250-8;'Hanseatic League', WP）。

第5章

テューダー朝前期の宗教改革

> **梗　概**
>
> 　テューダー朝初代ヘンリー7世に託された役割は荒廃したイングランド社会を再建し、近隣諸国との関係を安定させることだった。内政面では星室評議会の設置や税制改革のほか、度量衡法、最高賃金・最低労働時間法、エンクロージャー禁止法、浮浪者・物乞い禁止法などを制定し、対外的には政略結婚による平和外交や重商主義政策の推進のほか、植民地帝国への足がかりを築いた。
> 　ヘンリー8世による「上からの」宗教改革に先立って、人文主義がイタリアから移植された。15世紀末、リナカーやグローシンの後を追ってコレットはフィレンツェのプラトン・アカデミーに留学。そこで豪華絢爛たる絵画や彫刻の世界には目もくれず、批判的聖書研究に没頭する。それが宗教改革的イングランド人文主義の嚆矢となった。ルネサンスのなかから宗教改革が萌芽した瞬間だった。コレットの友人にはエラスムスとトマス・モアがいた。そのエラスムスはルターと激しい意志論争を展開し、予定説に自由意志を接合する刮目すべき新地平を拓いた。
> 　ヘンリー8世はローマ教皇主義から独立した世俗が優位する政教一致のイングランド教会の基本的形姿を生み出す一方、先例を踏まえて大規模な修道院解散を断行、さらにイングランド教会の教義づくりにも着手した。徴利を初めて公認したのもヘンリー8世だった。
> 　かれは対外的にスコットランド、アイルランドに侵略の触手を伸ばした。アイルランドの掌握には成功するが、「古い同盟」関係に楔を打ち込もうとするスコットランド政策には失敗した。

中世レジームは構造的には3つの柱、すなわち農奴制、封建制、教皇主義から成り立っていた。イングランドではフランスやドイツに先んじて農奴制が崩壊し、封建制も当初から集権的性格を帯び、商業化によって早くから蚕食されつづけた。しかし、最後の柱であるローマ教皇主義が残っていた。イングランドの場合、この教皇主義という伝統の壁を突破して近世主権国家が誕生したのであるが、突破の方法は宗教改革だった。もちろん、それとは異なり、カトリシズムを維持したまま、世俗権力が教会権力に制度的にか慣習的にか優位する形で主権国家が形成されるケースがあった。それもまた、ひとつの世俗化であるにちがいない。

どちらであれ、教皇主義の定義に照らして、そのプロセスは政治的色彩を帯び、政治改革とならざるをえない。

第1節　ヘンリー7世の社会再構築と平和外交

ヘンリー8世の「上からの」宗教改革をみるまえに、彼の父であり、テューダー朝を開いたヘンリー7世が果たした役割について簡潔にふれておこう。

のちの歴史に照らして、ヘンリー7世は国内での戦いに勝って王位に就いた最後のイングランド王となった。しかしすでにみたように、ボズワースの戦い（1485年）のあとも、かれはヨーク家の残党征伐のため、多くの時間と労力を割かねばならなかった。

ヘンリー7世という呼称から示唆されるように、かれはランカスター家のヘンリー6世の後継者として、1455年10月2日時点における王家の所領と資産を回復したが、薔薇戦争で打倒したヨーク家との和解を揺るぎないものとするため、自らエドワード4世の娘エリザベスと結婚し、両家の記章を統合した。

ヘンリー7世に託された役割であり、かれが実際に担ったのも薔薇戦争によって荒廃したイングランド社会を再建することであり、そのプロセスを通じて王権を揺るぎないものとして確立することだった。そのためにも近隣王国との関係を安定したものにしておく必要があった。そういう意味で、イングランドなりの王権強化も含めてヘンリー7世の役回りはヨーク朝を開いたエドワード4世に通じるところがあった。

社会秩序の再構築──ヘンリー 7 世の内政

まず、その内政についていえば、ボズワースの戦いの前日（1485 年 8 月 21 日）に遡って、ヘンリー 7 世は「征服による即位」を宣言した。みずからが王位篡奪者であるとみなされ、厄介事に巻き込まれるのを事前に払拭しておくためだった。それでも、ヨーク家残党を制圧するために多くの歳月を要したことについては、第 4 章の末尾で述べておいた。とくに複数の王位僭称者の登場とそれを支援した隣接君主に対してヘンリー 7 世は警戒心を怠らなかった。

登位してすぐに、かれはリチャード 3 世に与した貴族や騎士、ジェントリーや商人を反逆罪で告発し、その所領と財産を没収した。他方、悔悛の情を示し、ヘンリー 7 世に恭順して忠誠を誓った者に対しては私権剥奪を免じた。かれはエドワード 4 世の婚姻を「非合法」とし、その子供たちを庶子とした。同時に、エドワード 4 世によって否定されたヘンリー 6 世の結婚を合法的なものとしたのである。

ヘンリー 7 世は国際通商を含む外交面でも注目すべき新たな業績を挙げたが、内政面では法秩序と財政の立て直しにその精力を傾注し、それによって君主としての権力と権威を取り戻そうとした。

(A) 行政改革について。そのためにはヨーク朝エドワード 4 世の課題でもあったが、まず有力貴族の力を殺ぐ必要があった。ヘンリー 7 世は疑似封建制の残滓を一掃し、星室庁あるいは星室評議会（council of star chamber）を駆使してコモン・ローの枠外で貴族層を牽制し、ときに処断した。また各州に治安判事（justices of peace）をおき、国の法律が遵守されるよう監視した（Tanner, 1922: 258）。

このうち、星室評議会は枢密院の機能が分岐したものであり、その名称は枢密院メンバーである顧問官がウェストミンスター宮殿の「星の間」で執務していたことに由来する。ヘンリー 7 世の治世、1487 年に星室評議会と法律家評議会（council of learned in the law）が設けられ、前者は貴族による疑似封建制的私兵団の保有や「訴訟不法幇助」（maintenance ──すなわち裁判で証人や陪審を買収したり、脅したりして国法を歪曲する行為）を取り締まるための機関だった。ときに 1540 年代になって設置された星室裁判所と混同されることがある。しかし、ふたつは基本的に別物である。

この星室評議会はコモン・ロー裁判所（王座裁判所を含む）とは異なり、陪審をおかずに迅速に判決を下した。貴族や有力なジェントリー層を狙い撃ちする形で

刑事的事案を取り上げ、伝統に反する拷問も厭わなかった。その量刑は死刑以外のあらゆる刑、したがって投獄や罰金にかぎらず、手足の切断や鞭打ちの刑にも及んだ。その実態は陪審をおかない事実上の秘密裁判的なものだったから、貴族やジェントリーにとっては侮りがたい脅威となった。それは実質的な王権強化装置であったということができる (Adams, 1921: 248-52; Crimes, 1999: 99-100)。

ヘンリー8世の時代になると、この裁判権限は事実上、枢機卿でヨーク大司教でもあったトマス・ウルジー (Thomas Wolsey: 1475-1530) やカンタベリー大司教トマス・クランマー (Thomas Cranmer: 1489-1556) によって掌握され、国王の政敵を排除するための政治的道具となった。こうした性格はスチュアート朝の星室裁判所になると、一段と明確になり、王権強化のための恣意性を強め、しばしば王権濫用とみなされるようになった。1641年、長期議会によって星室裁判所が廃止されたのはそのためだった。

もうひとつ、治安判事は1年任期の役職として各州に設けられたものだが、無給だった。法令遵守を中心に、度量衡をめぐる不正行為にも目を光らせた。その権力と権威に魅せられて、各地の有力なジェントリー層が喜々としてその役回りを引き受けた。この治安判事は裁判における陪審の腐敗行為（訴訟不法幇助）にもその触手を伸ばしたから、さきの星室庁（評議会）を地方社会にあって下支えする役割を担うことになった。有力貴族による疑似封建制的行為を封殺するうえで、この治安判事は大きな役目を果たした。事案によっては中央の星室評議会に持ち出されたからである。

ヘンリー7世は、財政の立て直しにも大いに意を用いた。かれがリチャード3世を倒したとき、イングランドの財政は破綻状態にあった。「貧しき君主は良き統治者たりえない」というのがヘンリーの信念だった。長期にわたってかれの財政改革を支え、推進したのは初代ダイナム・バロンのジョン・ダイナム (John Dynham: c.1433-1501) とノーフォーク公でサリー伯でもあった第2代トマス・ハワード (Thomas Howard: 1443-1524 ——その息子が後述の第3代トマス・ハワード) のふたりだが、税制改革ではのちの大法官ジョン・モートン (John Morton: c.1420-1500) も大いに貢献した。

興味深いことだが、ダイナムもハワードもヨーク朝エドワード4世とリチャード3世のみならず、テューダー朝のヘンリー7世にも仕えた。ふたりとも新興貴

族といってよい人物だったが、軍人や裁判官、外交官でもあった有能な中央行政官僚(廷臣)である。ダイナムはエドワード4世時代の後期には政権中枢にあってかれの有力な側近となり、75年のフランスとの戦いでは海軍総督を務めた。ヘンリー7世は経験豊かな練達の能吏としてダイナムを高く評価していた。ダイナムはコーンウォールあるいはコーニッシュの反乱(Cornish Rebellion of 1497)[1]の裁判に関与し、その叛徒を裁いた。かれは1486年から1501年まで15年にわたって大蔵卿(Lord Treasurer)の職にあった。

　また、もうひとりのハワードもエドワード4世に仕えていたが、ボズワースの戦いではリチャード3世軍に加わったため、敗戦後の3年間ロンドン塔に投獄され、その所領も没収された。しかし、87年のリンカン伯の反乱には加担しなかったため、ヘンリー7世の信認を得るようになり、サリー伯の所領も返還された。その後1501年には枢密院顧問官となり、同年6月16日には大蔵卿に任じられ、20年以上にわたってその要職にあった。かれは外交面でも活躍し、ヘンリー7世の息子アーサーとアラゴン(スペイン)王女キャサリンの婚姻のみでなく、ヘンリー7世の娘マーガレットとスコットランド王ジェームズ4世の成婚にも外交手腕を振るった。ハワードはヘンリー7世の遺言執行人となり、ヘンリー8世の時代になっても軍人としてその名を馳せた。スコットランド王ジェームズ4世のイングランド侵攻がきっかけとなって起きた1513年9月9日のフロドゥンの戦い(Battle of Flodden)において王妃キャサリンの命を受け、イングランド軍を率いて戦い、ジェームズ4世を敗死させた。その功績で翌14年2月1日、ハワードはノーフォーク公に叙爵された('John Dynham', 'Thomas Howard', WP)。

　(B) 財政再建について。ヘンリー7世の税制改革を担ったのはモートンだった。かれもまたエドワード4世によって重用され、1477年にはフランスへの外交使節となったのち、79年にエドワード4世によってイリー司教に登用された。リチャード3世には敵対したが、テューダー朝になってからも86年10月6日にカンタベリー大司教になり、87年には大法官となった。

　かれに託されたのは財政の立て直しだった。ヘンリー7世の緊縮財政とモートンの課税政策によってイングランド王室の財政はめだって改善された。

　ヘンリー7世の時代も王室の収入源は多様だった。まず、王領回復法が2回発布されているが、ヘンリー7世はヨーク朝のリチャード3世(グロスター伯)とそ

の妻アン・ネヴィルの所領と資産を没収した。しかしそのあとも、95年のウィリアム・スタンレー卿のケースをはじめとして大貴族の私権を剥奪して王領を広げた。すでにふれたように、ヘンリー7世治下で私権剥奪された者の合計138人、うち86人(62.3%)は私権回復されず、彼の治世下で回復されたのは46人(33.3%)にとどまった。そのほか、息子のアーサーの夭逝など親族が早く亡くなったことも王領拡大の一因となった。

　エドワード3世の時代から150年にわたって下院の承認が慣例となってきた10分の1税、15分の1税もその伝統的手続きに従って徴収された。1487年から97年までの10年間で7回課税され、その総額は15分の1税が21万7000ポンド、10分の1税が20万3000ポンドに達した。したがって、それぞれ1回あたり3万ポンドという計算になる。俗人に対するこうした課税と平行して、聖職者に対する10分の1税も課された。1486年から1534年までの50年ほどの期間でいえば、それに関わる年平均の王室税収は9000ポンドにのぼった。

　ヘンリー7世時代の初期には短期借入れも行われた。貸し手はイタリア商人、カレーのステープル商人、ロンドンの豪商などだった。しかし1490年以降、こうした借金は行われなくなった。王室財政が安定したからである。また関税収入も大きかった。かなりの振幅はあったものの、1485年から1509年までの25年ほどの収入総額は90万ポンドにのぼった。それ以外にも思わぬ臨時収入があった。その代表がフランスとのエタプル条約(Treaty of Étaples, 1492)[2]によるものだった。ヘンリー7世がシャルル8世にその支払いを約束させたのは戦費の弁償(フランスへの遠征費4万8000ポンドなど)、またルイ11世がエドワード4世に約束した年金など総額15万9000ポンドであり、それぞれシャルル8世(在位1470-98年)と次代のルイ12世(在位1498-1515年)の時代に跨がってイングランド王家に支払われた。

　ヘンリー7世の徴税政策のなかには徳税(benevolence)と呼ばれる「強制献金」の特別税の徴収もあった。その起源はランカスター朝に遡るが、おおかたが「失敗」の歴史だった。この徳税はおよその心算はあってもその徴収総額を決めず、特別委員会が個人別に「強制献金」の税率を課すというものだった。1485年以前にもランカスター朝時代に6回(うち1回は撤回)、またエドワード4世時代の後期(1472年、撤回)にも1回提起されたが、ほとんど実効性がなかった。

ヘンリー7世による1489年の10万ポンド（弓兵1万人の1年間の派遣費用）という総額限定づきの徳税提案はブルターニュ支援のためのものだった。しかし下院の反対は強かった。長い審議の末、議会は7万5000ポンドの徳税を承認し、残りの2万5000ポンドは聖職者から集めることになった。実際の戦費が少なくて済めば徳税は減額し、逆に戦費が嵩めば増額するという付帯決議が添えられた。しかし、議会での承認にもかかわらず、現実に徴収できたのは2万7000ポンドだけだった。その意味ではこの徳税も失敗したといってよい。

1497年、スコットランドとの戦争に際しても議会の合意を得て徳税が課された。個人別の税率が特別委員会によって決められ、総額も12万ポンドとされた。1回目に徴収された税収額は約3万ポンド。しかし2回目の徴税はなかった。実戦になった場合という条件がつけられていたからである。この徳税がその後の先例となった (Chrimes, 1999: 198-200)。ちなみに、1497年の徳税がコーニッシュの乱の引き金を引いたことについてはすでにふれておいた (本章注1参照)。

ヘンリー7世は国王大権 (praerogativa regis) に執着していた。そのため長男アーサーの騎士叙任や娘マーガレットのスコットランド王ジェームズ4世との成婚 (1503年1月25日) に当たって特別税を徴収しようとした。しかし、ヘンリーの狙いはこの好機に乗じて、いわば「テューダー版ドゥームズデイ・ブック」を作成することにあった。その意図を察した議会は大規模検地に強く反対し、その代償としてヘンリーに4万ポンドを献金すると申し出た。ヘンリーが受け取ったのは10分の1税の1回当たりの相当額3万ポンドだったが、検地が行われることはなかった。

総じて、ヘンリー7世の財政再建はどこまで成功したといえるか。かれの統治下、王室の総歳入と総歳出の全容についてはいまも判然としない。クライムズは、「不用意な推計は有害である」と書いている。

ヘンリーはグリニッチ宮殿の修復だけでは飽き足らず、リッチモンド宮殿を新たに建造した。また治世末期の5年間についていえば、その年平均の歳入額は11万3000ポンドあったが、1491年から1509年までの20年間、ヘンリー7世は「投資」と称して豪華な宝石や飾り皿を買い漁った。その総額は20万ポンドから30万ポンドに達した。したがって、年平均1万から1.5万ポンドの奢侈品を買い込んだことになる。しかし、かれが52歳で亡くなったとき、手許に残っていた宝

石や豪奢な飾り皿は僅かであり、王室のキャッシュ・バランスはほとんど残高がない状態だった。1505年現在、国王の手許にあった余剰金はわずかに2万2729ポンドにすぎなかった[3](Dietz, 1921: 86-7; Chrimes, 1999 : 200-1, 216-8)。

この僅少な余剰金という結果をみるかぎり、財政再建に精力的に取り組んだヘンリー7世ではあったが、それが功を奏したとはいえないようにみえる。ということは、その子のヘンリー8世もまた、財政再建の重荷を背負うことになったということである。

(C) 国内経済政策について。ついで、ヘンリー7世の国内経済政策についてふれておこう。

第1に、貨幣および度量衡の統一を挙げることができる。ヘンリー7世は1490年に金貨ソヴリン、また1504年には銀貨シリングを発行しているが、それに先立って1490年代、悪質な外国貨幣を駆逐し(地金としてのみ受け取る)、貨幣の偽造や損壊に対して反逆罪をふくむ厳罰を科した。また度量衡についても、1491年に度量衡法を制定した。イングランドではいまだ十分に統一された度量衡が普及しておらず、それが円滑な経済活動の妨げとなっていた。その弊害を除去するため、「国王の負担によって真正の標準度量衡」を定め、各州都市の長は「修正された度量衡に特別の検印を押す」こと、規定に違反した者には刑罰を科し、資産を没収するとした(The Statutes of the Realm, vol. 2: 541, 551-2; 大野真弓、1977: 276-8)。この1491年法は規則どおりに施行されたわけではないが、95年には全国的に普及しはじめた。

第2に、ヘンリー7世は1495年、農業労働者や職人の賃金に関する奉公人賃金法(The Statutes of the Realm, vol.2 :585-7)を定めた。それによって労働者の「最高」賃金のみならず、「最低」労働時間も規制した。たとえば農業管理人(bailiff of husbandry)の賃金は年額最高26シリング8ペンス、一般農業奉公人(common servant of husbandry)は16シリング8ペンス、女子奉公人は10ペンス、14歳以下の子供は6シリング8ペンスとされた。それに、それぞれ3-5シリングの衣料・食事代が加算された。また石屋親方(freemason)や大工親方(master carpenter)、煉瓦職(bricklayer)、ガラス職(glazier)、建具屋(joiner)などの日給は復活祭からミカエル祭までの期間について食事付きですべて4ペンス、食事なしではすべて6ペンス。さらに、たとえば船大工親方(master ship carpenter)や木材切断工(hewer)の場合、

聖母浄めの祝日からミカエル祭までは、その日給はそれぞれ食事付きで5ペンスと4ペンス、食事なしでは7ペンス、6ペンスとされた。これら公定最高賃金以上を支払ったものには40シリングの罰金が科された。

もうひとつの労働時間については、すべての職人と労働者は3月中旬から9月中旬までの間、朝5時前から仕事をはじめ、朝食は30分、昼寝のない季節の昼食と夕食もそれぞれ30分。作業は夕方7-8時以前に終えてはならないなどと規定した。これらの定めに反した者には1ヵ月間の投獄、20シリングの罰金が科された。

こうした賃金や労働時間規制以外にも、同年の浮浪人・乞食禁止法 (1495年) によって、徒弟や農業奉公人、手工業奉公人などが「テーブルで慰みごと」をすることを禁じられ、クリスマス以外にはテニス、九柱戯、骰遊び、トランプ、球転がしのほか、法律で禁止されている遊戯をしてはならないとされ、もし違反すれば、1日足枷で拘束されると定めたのである (The Statutes of the Realm, vol. 2: 569, 585-7; 大野真弓、1977: 300-2)。

賃金については年額または日額で職種別最高額を、また労働時間については季節別にその最低時間を決めるというこの法律は、遊戯禁止の立法も含めて労働規律の形成には役立ったかもしれないが、現在とはまったく逆の規制になっている。

第3に、ヘンリー7世時代の経済法制として目を引くのがエンクロージャー禁止法である。1489年、ふたつのエンクロージャーの動きを規制する法律が公布された。ひとつは「ワイト島に関する法律」という特定地域についてのものだが、もうひとつの「農耕のための家屋維持法」は全国的視野に立ってエンクロージャーの問題点を指摘、その動きを抑制しようとするものだった。すなわち「いままで農耕に用いられていた土地を放牧地に転用したため、日々非常に不便なことが起きている。失業者が増え、あらゆる悪事の芽生えが日々増殖している。(中略) これまである農場では200人がしかるべき仕事をしていたが、いまでは2人、3人の牧羊夫が仕事をしているだけであり、他のものは怠惰に陥っている」。そればかりではない。「わが王国の最も主要な商品である農作物生産は大いに衰え、教会が破壊され、礼拝が取り止めになり、遺体が祈祷せずに葬られ、聖職禄推薦者、助任司祭が虐待され、外敵に対する国土防衛が弱体化している」。こうした事態が深刻化することのないよう、その身分・位階・地位を問わず、過去3年間にお

いて 20 エーカー以上の農地を所有または貸与している場合、貸与されている者も含めて、そこにある農地と家屋を確保し維持しなければならない」と定めたのがこの法律である (*The Statutes of the Realm*, vol. 2: 540-2; 大野真弓、1977: 302-4)。

第 4 に、こうしたエンクロージャーの進行、疑似封建制的家臣団の崩壊や縮減、さらには傭兵の削減は多くの無業者を都市社会に放出することになった。そのため、都市は浮浪人や乞食で溢れ、犯罪の巣窟と化していた。こうした事態に対処するため、浮浪人・物乞い禁止法 (1495 年) が公布された。その中身は、100 年前のリチャード 2 世が採用した浮浪人や乞食の投獄や身柄拘束といった方法ではなく、3 日間の足枷を伴うとはいえ、当該都市を離れ、最後に生活していた場所に帰郷させるというものだった (*The Statutes of the Realm*, vol. 2: 569; 大野真弓、1977: 305-6)。さきの最高賃金・最低労働時間法と同じく、いかにも弥縫策という印象を免れない。

これら 3 つの法制、すなわち最高賃金・最低労働時間法、エンクロージャー禁止法、浮浪人・乞食禁止法の 3 つを並べてみると——それぞれの法規制の実効性には大きな限界があったが——、その基調に通底していたのは当面の混乱を収め、旧秩序に復するということであり、したがって新秩序への構想力をみとめることはできない。

しかし、政策当事者のこうした思惑とは別に、これらの立法が示唆しているのは、農業労働者や都市の職人層の賃金が上昇する一方、ミッドランド農村などを中心に羊毛生産の拡大のため、エンクロージャーの歯車が回りはじめ、それも一因となって多くの無業者が都市に流入するようになったという時代風景についてだった。

ヘンリー 7 世の外交政策

ところで、ヘンリー 7 世の統治政策のうち、最も注目に値するのがその外交政策であり、のちの社会に与えた影響も大きかった。

その中身は大きくわけてふたつ。ひとつはフランスやスコットランド、スペインとの平和外交とその成果。もうひとつは「大合意」(Intercursus Magnus of 1496) に代表されるような経済外交とその果実である。

(A)「平和外交」について。治世の当初から、すべての外国勢力と友好的関係を築き上げることがヘンリー 7 世の基本方針だった (Gairdner, 1889: 132)。平和の維

持が経済的繁栄をもたらすというのがヘンリーの揺るぎない信念だったからである。かれもまた、他国への軍事侵攻から自由ではなかったが、決して好戦的な国王ではなかった。

　ヘンリー7世はフランス、スコットランドだけでなく、新生スペイン王国——すなわち1469年、アラゴン王太子フェルナンド（のちにフェルナンド2世）とカスティーリャ王女イザベル（のちのイザベル1世）の成婚によって誕生した連合王国であり、ふたりの末子がヘンリー8世の最初の王妃キャサリン・オブ・アラゴンである——の動向に深い関心を寄せていた。

　ヘンリーは1489年3月26日、スペインとメジナ・デル・カンポ条約 (Treaty of Medina del Campo, 1489) を結んだが、その内容は大きくわけて3つ。第1にフランスに対する軍事同盟、第2に関税引き下げによる両国間の貿易振興、第3がイングランド王太子アーサー・テューダー（Arthur Tudor: 1486-1502）とスペイン王女キャサリン・オブ・アラゴン（Catherine of Aragon: 1487-1536）の婚約である。そのときアーサーはまだ2歳半、キャサリンは1歳4ヵ月だった。しかも、ヘンリー7世は20万クラウンという多額の持参金をスペイン王家に求め、半額は結婚後に支払われることになっていた。これら3項目のうち、ヘンリー7世がとくに重視していたのはアーサーとキャサリンの婚約である。

　それから3年半後の92年11月、イングランドはスペインと謀ってブルターニュに7000人の軍勢を送った。ブルターニュをフランスから切り離すためだった。しかし2万4000ポンドを費やしたこの遠征は軍事的には失敗といってもよいが、フランスはイタリア侵攻にその関心を傾注していたから、イングランドとエタプル条約 (Treaty of Étaples, 1492) を結ぶことに同意した。

　それから9年後の1501年11月14日、アーサーとキャサリンの結婚式がロンドンで盛大に執り行われた。しかし、それがキャサリンにとって数奇な運命の始まりだった。というのも、結婚して5ヵ月足らずで生来病弱だったアーサーが病死してしまったからである。莫大なキャサリンの持参金を返還しないで済む手立てを思案していたヘンリー7世は、奇しくも妻エリザベスが1503年2月11日に産褥死したため、夭逝した長男の妻キャサリンとの再婚を画策した。けれども、さすがにこの企てはスペイン王室の激しい反対にあって頓挫。そこでヘンリーは、弟が兄の元妻と結婚することは教会法によって禁じられていたが、ローマ教皇ユ

リウス2世(在位1503-13年)の特別の許可をえて、アーサーの弟ヘンリー(のちのヘンリー8世)とキャサリンを婚約させた。ヘンリー8世の戴冠は1509年6月24日に行われ、それから2ヵ月してふたりは結婚した。ときにヘンリー19歳、キャサリン23歳だった。

のちに(1533年)、ヘンリー8世はこのキャサリンとの結婚を無効とし、そのあと次々と5人の女性と結婚した。そのため、ヘンリー8世の後を襲ったエドワード6世、メアリー1世、エリザベス1世はそれぞれその母が違っていた。

ヘンリー7世はその治世の初期、ヨーク家の残党勢力を排除するため多くの労力を割いたことについてはすでにふれた。とりわけ、王位僭称者ウォーベック(1497年に捕らえられ、99年に斬首)をそれと知りながら「リチャード4世」として擁立したフランスのシャルル8世(在位1483-98年)、スコットランドのジェームズ4世(在位1488-1513年)、神聖ローマ帝国のマクシミリアン1世(在位1493-1519年)、ブルゴーニュ王妃マーガレット・オブ・ヨーク(Margaret of York: 1446-1503)の動向に対してヘンリー7世は神経を尖らせていた。さきのエタプル条約には、シャルル8世が僭称者ウォーベックを支援しない旨が明記されたが、それほどヘンリーの危惧は強かった。

そのヘンリー7世はイタリア侵攻[4]に余念がないシャルル8世との間でエタプル条約(1492年)を結び、ついで1295年以来フランスと「古い同盟」[5]関係にあったスコットランドのジェームズ4世との和平を模索した。その成果が1503年に合意された「恒久的平和条約」(Treaty of Perpetual Peace)である。それに基づいて、ヘンリー7世は長女マーガレット・テューダー(Margaret Tudor: 1489-1541)をジェームズ4世に嫁がせ——長男アーサー(のちには次男ヘンリー8世)とスペイン王女キャサリン・オブ・アラゴンを結婚させ、またマーガレットの妹メアリーをフランス王ルイ12世に嫁がせているが——、スコットランドとの和平を揺るぎないものにしようと考えた。

そのマーガレットはジェームズとの間に6人の子供をもうけたが、成人したのはジェームズ(のちのジェームズ5世)ひとりだった。そのジェームズ5世の娘がメアリー女王(在位1542-67年)であり、その夫ヘンリー・スチュアートとの間に生まれたのがスコットランド王のジェームズ6世、つまりのちのイングランド王ジェームズ1世である。したがって、イングランドのスチュアート朝初代ジェー

ムズ1世の曾祖母がマーガレット・テューダーということになり、そうした形でテューダー朝はスチュアート朝につながっていた。

しかし、さきの恒久的平和条約は締結して10年、ヘンリー8世の時代になって脆くも破棄されてしまう。ヘンリーは登位してまもなくフランスに侵攻したため、ジェームズ4世はルイ12世(在位1498-1515年)からの要請を容れてイングランドに宣戦布告、イングランドに攻め入ったからである。ということは、スコットランドとフランスの間ではまだ「古い同盟」が生きており、ジェームズ4世はそれを優先させたということになる。

けれども、そのジェームズ4世は1513年のフロドゥンの戦いに敗れ、あえなく戦死。そのほか公爵12人や大勢のジェントリーがその戦いで落命した。過大な見積もりにちがいないが、この戦いでスコットランド軍は1万2000人を失い、その被害はイングランド軍の10倍に達したといわれる (Rex, 2009: 29)。

スコットランドでは、直ちにジェームズ4世の子ジェームズが生後17ヵ月で王位を継承した。長期間にわたって多くの摂政がかれの周辺に侍り、スコットランドの政局を操ることになった。しかし16歳になった1528年、ジェームズ5世(在位1513-42年)は親政を敷いた。かれはフォークランド宮殿やスターリング城などの改修に大金を費やし、海軍力の強化にも力を注いだ。1520年代から30年代にかけて、スコットランドにもプロテスタンティズムが浸透し、ヘンリー8世の上からの宗教改革の影響も無視できないものになりつつあった。敬虔なカトリック教徒だったジェームズ5世は宗教的異端に我慢がならず、プロテスタントの迫害に乗り出した。

その時代の殉教者として名高いのが24歳で火刑に処された名門出のパトリック・ハミルトン (Patrick Hamilton: 1504-28)。かれの母キャサリン・スチュアートの祖父はスコットランド王ジェームズ2世だった。ハミルトンは若くしてパリ大学に留学、16歳でマスター・オブ・アーツの学位を取得した。1520年当時、同大ではマルティン・ルターの著作が大きな関心を集め、熱心に議論されていた。やがてルターを尊崇することになるハミルトンはエラスムスに魅せられ、ルーヴァン大学に移った。1523年、スコットランドに戻ったハミルトンはセント・アンドルーズ大学に在籍し、教壇にも立った。しかし27年、かれの教説がセント・アンドルーズ司教ジェームズ・ビートン (James Beaton: 1473-1539) の猜疑心を刺激

した。ハミルトンは異端だというのがビートンの判断だった。ハミルトンは創設されて間もないドイツのマールブルク大学に難を逃れた。そこでかれは、聖書の英訳者ウィリアム・ティンダル (William Tyndale: 1494/5-1536 —— 1536 年に逮捕、焚刑) や同大の初代古典学教授で人文主義者のヘルマン・フォン・デム・ブッシェ (Hermann von dem Busche: 1463-1534) の知遇を得た。同年の秋、ハミルトンはスコットランドに帰郷、かれはルターによる「律法と福音」(Gesetz und Evangelium) の違い[6]に関する教説を多くの人びとに説いた。まもなくして、かれはルターやメランヒトンの教えと共鳴しているとして 13 項目にわたる異端嫌疑をかけられ、宗教裁判の被告台に立たされた。1528 年 2 月末、異端の判決が下され、助命嘆願などの横槍が入るのを避けるため即日火炙りの刑に処された。しかし当局の思惑とは違って、かれの処刑はプロテスタンティズムがスコットランドに浸透していく弾み車となった (Foxe, 1837, vol. 4: 558-63; 'Patrick Hamilton', WP)。

(B) 重商主義政策について。ヘンリー 7 世の経済政策は、国内の議会対策がそうであったようにエドワード 4 世の施策との類縁性が強く、重商主義的性格を帯びていた。

第 1 に、ヘンリー 7 世は即位直後の 1487 年、外国人もしくは帰化人による未起毛・未剪毛の毛織物輸出を禁止する法律を定めた。エドワード 4 世による同種の政策にかかわらず、その規定が未整備だったため、大量の未起毛・未剪毛の毛織物がイングランドから輸出されていたからである。その結果、「外国の国民がこの毛織物 (生産) で仕事を得て大いに潤う一方、イングランド国内では手工業に従事する貧しい庶民の仕事がなくなり、その多数が無為と貧困に陥り、大きな破滅を招く」可能性があることを憂慮しての立法だった。

第 2 に、ヘンリーは 1494 年、ネーデルラントへの羊毛輸出を禁じた。ブルゴーニュ公国 —— 1493 年、エドワード 4 世の妹マーガレット・オブ・ヨークがブルゴーニュ公シャルルの 3 番目の妻だった (当時すでに未亡人) —— が王位僭称者ウォーベックを支援したことに対する報復措置だった。フランドル地方の羊毛取引を独占してきたマーチャント・アドヴェンチャラーズはアントウェルペンからカレーへとその拠点を移動させられ、フランドル商人はイングランドから追放された。

しかし、いずれの商人たちもこの措置に眉をひそめ、羊毛取引の再開を強く求めた。マーガレット・オブ・ヨークの影響力の衰えを背景にして、双方の商人の

希望を叶えるべく、ヘンリー7世とブルゴーニュ公フィリップ4世の間で結ばれたのが「大合意」(1496年2月14日署名)である。マーガレットがテューダー朝の正統性を認めること、したがって僭称者ウォーベックと手を切ることがその合意の条件だった。フィリップもフランス王家に対抗するため、イングランドの支援が必要だった。

この「大合意」が成立してのち、アントウェルペンは国際商業の一大拠点として繁栄した。イングランドから羊毛や毛織物が輸出され、バルチックの木材や穀物、東洋の香辛料、イタリアの絹などの物品がイングランドにもたらされた。こうした国際通商の活性化がイングランドの関連産業や商人のみならず、王室財政を潤したことはいうまでもない。

ヘンリー7世は1506年、さらにブルゴーニュに潜伏していた第3代サフォーク公エドムンド・デ・ラ・ポールの身柄を確保するため、新たな通商交渉に手を染めた。その提案はイングランドからの毛織物製品に対する輸入関税をなくすなど、イングランドにとって一方的に有利な内容だったが、それに加えてヘンリーは妻を亡くして3年経っていたため、ブルゴーニュ公フィリップの26歳の妹マーガレットとの再婚話を持ち出した。しかし、マーガレットはみずからの結婚話はもちろん、新たな通商条約に対しても強い拒否反応を示し、ヘンリーの提案を受け入れなかった。合意も批准もされなかったその条約案はブルゴーニュでは「邪悪の条約」(intercursus malus)と呼ばれた。その結果、翌07年にはさきの「大合意」に回帰した。

第3に、国際貿易といえば、ヘンリー7世は即位直後の1486年以降、毛織物の染色に欠かせない唯一イタリアのトルファ(Tolfa)で産出されるミョウバン輸入に介入、大きな利鞘を手にした。またイタリアのマーチャント・バンカーだったロドヴィコ・デラ・ファーヴァ(Lodpvico della Fava)や銀行家のギロラモ・フレスコバルディ(Girolamo Frescobaldi)の協力を得てオスマン帝国からミョウバンを仕入れ、それを低地諸国やイングランドで売り捌いた。

第4に、さらにいえば、「イングランド植民地帝国の基礎を築いた」といわれるヘンリー7世の企ても注目される。イタリアの探検家カボット親子(父はジョン[John Cabot]、その息子セバスチャン[Sebastian Cabot: c.1474-c.1557])は1495年ごろ、イングランドに移住。翌96年3月、ヘンリー7世から新大陸探険踏査の特許状を

手交された。ジョンはマシュー号を駆ってブリストルを出帆、97年6月24日にニューファンドランド島の海岸に到着した。その後1504年と1508-9年にかけて、セバスチャンはふたたび新大陸をめざし、北アメリカへの西北航路を開発、ハドソン湾を経てフロリダまで航海し、スペイン領に迫った。

この快挙によってセバスチャンはヘンリー7世から年間10ポンドの年金を与えられた。こうして、ヘンリー7世はイングランド植民地帝国に重要な先鞭をつけた (Seebohm, 1884: 56; 'Sebastian Cabot', WP)。

以上のように、テューダー朝を開いたヘンリー7世は王位簒奪者として負い目があったためか、ヨーク家の生き残りと王位僭称者を一掃することに大きな精力を割いた。それなしには国内秩序の安定はないという思いが強かった。その点にも関連するが、新興スペイン王国と友好関係を切り結ぶ一方、スコットランドとフランスの「古い同盟」に楔を打ち込むべく、国際的政略結婚を軸とする平和外交を展開した。

ところで、在野の近世史家メイナード・スミス(グロスター司教座聖堂参事会員)によれば、広義のプランタジネット朝(アンジュー朝からヨーク朝まで)のイングランドには3つの権力、すなわち国王、教会、貴族封建領主(baronage)が並び立っていた。さきに権力トライアドと呼んだものである。そのいずれかふたつが結託すれば、他のひとつを押さえ込むことができた。しかしその結託は長続きしなかった。スミスはまた、ヘンリー7世は随一の強大な封建領主でも単なる大土地所有者でもなく、「国民を代表する国王」、もっといえば「最初の国民の王」(the first national king) になったと書いている (Smith, 1938: 242)。

この見解の妥当性はともかくも、スミスの図式によれば、ヘンリー7世もエドワード4世がそうであったように、大貴族の封建領主としての勢力を切り崩すことに傾注した。政治的にも経済的にも疑似封建制を破壊することが国内秩序回復の要諦であり、王権の伸張につながると考えたからだった。

しかし、問題は教会と王権の関係である。ヘンリー7世の時代にも教会の権勢は下降曲線を描いて低落していった。その事情は宗教改革前夜の情景をみれば、明白になるだろう。それでも、王権を盤石なものとするためには、司教や修道院長が上院に列し、広大な所領を有し、コモン・ローから独立した裁判権と教会裁判所をもち、形骸化しつつもローマ教皇の命令を遵守する——、そうした意味で、

しばしば「もうひとつの国家」として振る舞ってきた教会権力とその背後に屹立する教皇制を弱体化させる必要があった。それが次代ヘンリー8世に託された歴史的使命だったようにみえる。

第2節　宗教改革の地響き――人文主義とルター主義

　イングランドの宗教改革は、ごく図式的にいえば、1534年の首長令に基づくヘンリー8世のローマ教会からの独立に端を発し、エドワード6世によるプロテスタンティズムへの傾斜、つづくメアリー1世によるカトリシズムへの激しい揺り戻し、そしてエリザベス1世による中庸的「解決」(settlement) という宗教改革の振り子を経てひとつの着地点を見出したかにみえる。しかし、「解決」はあくまで表面的なことにすぎず、その「解決」政策はより急進的な宗教意識と感情を呼び覚まし、ピューリタニズムの形成を促してその成熟の苗床となった。その勢いは17世紀前半、スチュアート朝の内戦期に頂点に達した。

　こうした基本的潮流の出発点となったヘンリー8世の宗教改革をよりよく理解するために、それに先立つ宗教改革前夜の情景についていくつかのことにふれておく必要がある。

　ここでの素材は5つ。第1に後期ロラード派と民衆の宗教意識、第2に聖職者特権廃止をめぐる攻防、第3にイタリア人文主義のイングランドへの移植、第4にルター主義の伝播、第5に1520年代のドイツ宗教改革と農民戦争についてである。これらすべてについて、大なり小なり、反教皇主義という要素をみてとることができる。

　ちなみに、これら5つものは、あくまでイングランドにおける宗教改革「前夜」を語るための素材であり、ヨーロッパ・ワイドにみれば、歴史的に均等の重みをもつ事象ではない。端的にいって、人文主義（「新学問」と呼ばれた）とルター主義は、古典古代の英知と新たな聖書研究から人間存在とキリスト教に関する刮目すべき新たな理念を導き出し、大きな地殻変動の可能性をその内奥に秘めつつ、時代を切断するような思想運動であった。しかも、ルネサンスの中核部分を形成する人文主義は、「人文主義なしに宗教改革はなかったであろう」といわれる新たな時代へのまたとない飛躍台になったものである。

その精髄は弱冠23歳のピコ・デラ・ミランドラ (Giovanni Pico della Mirandola: 1463-94) の「ルネサンス・マニフェスト」といってよい『人間の尊厳について』(1486年)が象徴しているようにみえる (McGrath, 2007: 33-4, 訳39-40)。

　ピコ曰く——、人間は他の被造物とは違って、その自由意志にしたがって、「汝みずからの創造者・形成者」となり、禽獣にも神の境界にも甦ることができる。かつて金子武蔵は、ピコのこうした人間観のうちに「無限性」「自由意志」「作用性」が刻印されていると指摘し、それらが古代ギリシャやローマとは異なる近代ヒューマニズムの特性であると指摘した。そのピコがフィレンツェにあったプラトン・アカデミーの主宰者フィチーノの弟子であり、教皇インノケンティウス8世 (在位 1484-92年) によって異端者として破門されたこと (93年に破門解除)、それとは反対に、サヴォナローラの説教に深い感銘を受け、教皇庁の神学者と対峙したことは銘記されてよいだろう (金子武蔵、1950: 53-69)。

ロラード派の蘇生と民衆の宗教意識

　それでは、第1の素材である後期ロラード派と民衆の宗教意識についてみてみよう。

　前期ロラード派の活動は15世紀はじめにピークを迎え、オールドカースルの乱 (1414年) 以降、その活動は厳しい迫害に曝されて地下に潜った。15世紀後半、イングランドの王権と教会は互いに切り結んでロラード派の活動を抑圧した。それでも、かれらを根絶やしにすることはできなかった。

　後期ロラード派を担ったのは、前期ロラード派の知識人グループとは違って、当代の中下層社会の商人や職人、農民など名もなき一般民衆だった。かれらに知的リーダーはおらず、家族など身近な小集団のなかで聖体拝受と偶像崇拝を拒みながら、聖書やウィクリフの簡略本を精神生活の唯一の糧とし、教皇や聖職者たちの伝統的行為に対して鋭い批判の眼差しをむけた。かれらは寡黙でロラード派を名乗ることもなく、慣習にしたがって教会行事にも参加した。これが「大不況」の時代、1440年から85年頃までの後期ロラード派の人々の一般的な立ち居振る舞いだった。かれら「家族の宗教」を担った不屈の「受動的不服従者」は、「ミサの民から聖書の民へ」と自己革新したあとも、静かにその姿勢を保ちつづけたのである (Dalton, 1886: 59)。

後期ロラード派の蘇生がめだった地域といえば、ロンドン西北のチルターン (Chilterns) 地域、とくにハイ・ウィンコム (High Wycombe) やアマーシャム (Amersham)、アクスブリッジ (Uxbridge) のほか、バークシャーのニューベリー、オックスフォードシャーのバーフォード、コヴェントリーなどウェスト・ミッドランド、さらにロンドン司教区 (都市部とエセックス) やケント州などだった。

しかし、前期と後期ロラード派の間に教義上のめだった違いはみられなかった。教義的文書といえば、前期ロラード派が書き残した「12ヵ条の結論」(1395年) やウィクリフの簡略本だった。前者の「結論」についてもういちど、その中身を復習しておこう。

最初の3つの条文は、14世紀末のイングランド宗教界に関する現状分析になっている。すなわち、ローマ教会が世俗的財産のなかに埋もれ、教会から信仰も慈悲も消え失せてしまった。聖職者たちはキリストが使徒たちに命じたような存在ではなくなり、反キリスト的な存在に堕している。聖職者のなかには、「罪深き」同性愛に溺れる者もいる。

教義的な側面でいえば、パンの秘跡などまったく根拠のないものであり、偶像崇拝にあたる。葡萄酒とパン、蠟燭、油と香料、祭壇石、司祭の礼服や冠などを用いた「悪魔払いや聖化」の行為は「魔術そのもの」である。教会で用いられる必要のない技術や華美な装具は「真実を隠蔽し、無意味な好奇心を煽り、浪費の精神を育むだけであり、破壊すべきものである」。また、死者の魂のための祈禱は特定の人を優先する誤った行為でしかない。なぜならば、「永遠の罪に定められた人のための特別の祈禱」そのものが神の意志に反する行いだからである。さらに、告解も間違っている。「神の代理人」と称する司祭が「天国と地獄の鍵をもち、自らの意のままに破門し、また祝福を与える」など、まったくの「偽りの贖罪」でしかない。しかも、それによってかれらは大きな富を手にして憚るところがない。

慈悲と福音の書である新約聖書は、宗教的理由であれ世俗的なそれであれ、いかなる殺人も禁じている (その含みは異端者火刑法の告発)。聖職者も結婚することが望ましい。それを禁じているために嬰児殺し、堕胎、同性愛などが蔓延っている。すべての聖職者は世俗の仕事から手を引き、本来の聖務に専念すべきである。腐敗の極みにある教会は「最初の完全な姿」に戻らなければならない。かれらに財産は要らないのだ、と。

たしかに、1440年代から半世紀ほどの間、後期ロラード派の人々は深い霧のなかにその身を隠していたから、かれらの活動について語ることは難しい。しかし、かれらはテューダー朝になってゆっくりと蘇った。16世紀の第1四半期、多くのロラード派とみなされた者が裁判にかけられたが、かれらのほとんどはその場で改心し、火刑された者はごく限られていた。といっても、その極刑の件数や改心した者の人数だけからロラード派の活動を推し量ることはできない。

ジョン・フォックス (John Foxe: 1516/7-87) の古典『殉教者列伝』(ロラード派迫害を記したストラスブルク版は1554年、英語初版は1563年の出版)[7] は当時の異端審問に関する貴重な史料であるが、一部遺漏もある。この『列伝』に欠陥があるとすれば、それはテューダー朝初期のロラード派の存在について事実を誇張したことではなく、むしろ資料蒐集が不十分だった点にあるというのがディケンズの見方である。じっさい、リンカンシャーに限ってみても、1490年からの40年間に17-8件の異端焚刑という出来事があったが、その記述は脱け落ちている。

ともあれ、ロンドン西北部のアマーシャムやチルターンでは、15世紀末までにロラード派が蘇生する兆しがみえた。リンカン司教ウィリアム・スミス (William Smyth: c.1460-1514) は1506-7年頃、アマーシャムでは60人ほど、チルターンでは20人以上の異端者を審問した。しかし火刑に処したのは2人だけ。また、そのスミスより3代あとの司教ジョン・ロングランド (John Longland: 生年不詳、1547年没) は1521年、350人以上の異端容疑者を捕らえて審問し、結果的には6人が処刑、50人ほどが改心して赦免された (Dickens, 1989: 50)。

15世紀末から1520年代初頭までについて——当時、すでにロラード派と異端は区別できなくなっていたが——、異端起訴の主な事例を蒐集したジョン・トムソンによれば、いまふれた事例以外にも多くの審問をあったことが知られる。それによれば (スコットランドの事例を除く。以下の数字は異端審問の結果であり、審問された容疑者総数ではない)、テューダー朝になって起訴件数がめだって増えたことがわかる。すなわち、1486年の8人 (コヴェントリー、改心)、91年の13人 (ニューベリー、12人改心、1人はロラード派に復帰)、96年の12人 (ロンドンとサウスウォーク、改心)、99年は合計3件で、それぞれ12人 (ロンドン、改心)、8人 (レディング、改心)、14人 (ノース・バークシャー、13人改心、1人がロラード派に再転向して火刑)、1506年の6人 (ロンドン、改心)、10-1年の22人 (ロンドン、改心)、11年の39人 (ケント、

5人火刑、34人改心)、同じく11年の60数人(チルターン、4人火刑、約60人が改心)、11-2年の46人(コヴェントリー、1人火刑、45人が改心)、14年の7人(ハンプシャー、改心)、14-7年の15人(デヴァイズ、一人火刑、14人改心)、18年の4人(一人火刑、3人改心)、20年の7人(コヴェントリー、全員火刑)、21-2年の54人(チルターン、4人火刑、50人が改心)となっている。したがって、ヘンリー8世時代の初期に異端審問の件数のみならず、焚刑者も増えたことになる(Thomson, 1965: 237-8)。

ともあれ、かれらロラード派と思われる人々が下からの宗教改革を牽引し、改革運動を推進したということではない。かれらが担った基本的役割は、ヨーロッパ人文主義やルター主義がイングランドに受容され浸透していくなかで、「その精神的土壌の重要な一部を形成した」(Sheils, 1989: 9)という点にある。

じっさい、ヨーロッパから人文主義的な宗教改革の波がイングランドに押し寄せてくると、一種の過剰反応ともいえるが、教会はロラード派の弾圧に乗り出した。それがかえってロラード派を蘇生させる結果にもなった。

しかし、多くの歴史家が各種の地域史料に基づいてそう主張してきたように、16世紀初めからその前半にかけて、大方のイングランド民衆はいまだ慣習的な中世的宗教意識のなかに微睡み、そこから抜け出す内発的な必要を感じていなかったというべきかもしれない。

イングランドにおける「宗教改革の嵐の中心地だったロンドンでも、1540年代までは一般民衆はこれまでどおりミサに出席し、伝統的な宗教行事に参加していた」(Sheils, 1989: 11-2)。たとえ、その一般民衆のなかに「隠れロラード」がいたとしても、かれらは自分たちをロラード派と名乗ることはなかったのである。

ハン事件とスタンディッシュ事件——聖職者特権の廃止問題

しかし、すべての民衆が中世の宗教的微睡みのなかに安住していたというわけではない。敢然として聖職者の行為に異を唱え批判する者が現れた。ヘンリー8世が登位して異端審問が目立ちはじめた1511年から15年にかけて、ロンドンでふたつの象徴的出来事が起きた。ハン事件とスタンディッシュ事件である。

まず、ハン事件とはいかなる出来事だったのか。1511年3月、ロンドンの豊かな仕立商リチャード・ハン(Richard Hunne: 生年不詳、1514年没)は生後間もない幼子を亡くした。かれは教区司祭のトマス・ドリフェルト(Thomas Dreffeld)から

埋葬寄進料 (mortuary) として亡くなった子の洗礼時の被布を求められた。しかしハンは、その被布は死児の財産ではないとして司祭の要求に応じなかった。1年以上も経った翌12年4月26日、司祭はランベス宮殿（カンタベリー大司教のロンドン公邸）の大司教法廷に埋葬寄進料徴収の訴訟を起こした。それから3週間も経たない5月13日、大司教尚書カルバート・タンスタール (Cuthbert Tunstal: 1474-1559、のちのロンドン司教) はドリフェルトと配下のヘンリー・マーシャル (Henry Marshall) にかれらの勝訴を言い渡した。

しかし、それに承服できないハンは対抗措置に訴えた。この埋葬寄進料判決は国王侮辱罪にあたるとして王座裁判所に提訴したからである。13年1月のことだった。この訴えが示唆していたのは、教会法とコモン・ローの優劣あるいは教会裁判所とコモン・ロー裁判所の管轄権をめぐるのっぴきならない中世社会の原理的確執であり、教皇権と王権の対立という要素を含みもつ重大な係争だった。したがって、簡単に決着をみるような事案ではなかった。

ところが、14年10月、ハンはロンドン司教のリチャード・フィッツジェームズ (Richard FitzJames: 生年不詳、1522年没、在職1506-22年) によって突然逮捕され、ランベス宮殿のロラード塔に投獄された。同時にハンの自宅が捜査され、教会が所有禁止としていた多くの書物（英訳聖書、福音書、ウィクリフの簡略本など）が押収された。さらに、同年12月2日、ハンはフィッツジェームズから異端嫌疑に関わる釈明を求められた。嫌疑は6点。第1に、神の法に反するものを読み、教え、説教したのみならず、正当な10分の1税を司教の貪欲によるものだと非難したこと。第2に、司教と司祭はキリストを十字架にかけて死に追いやった律法学者であり、パリサイ人であると非難したこと。第3に、司教や司祭は神の法を実行する者ではなく、収奪を専らとしていると公言したこと。第4に、500マーク（1マークは3分の2ポンド）を払ってでも異端者として起訴されたジョアン・ベーカー (Joan Baker ——ハンの隣人で同業のガーベス・ベーカーの妻) を弁護すると言ったこと。第5に、ジョアンを異端として訴追したことはロンドン司教の過ちだと主張したこと。第6に、教会が保有を禁じている異端書を保持していたことについてだった (Foxe, 1837, vol. 4: 183-4)。

しかし、このフィッツジェームズの召喚から2日後の12月4日、獄中でハンが絹帯で首を吊っている姿が発見された。司教は直ちにそれを自殺と断定し、そ

れから1週間後の12月11日、フィッツジェームズが中心になり、当時のヨーク大司教ウルジー、リンカン司教スミスも加わってハンの異端審問会が開かれた。それから5日後の12月16日、ハンは異端と宣告され、20日にはハンの遺体はスミスフィールドで焼却された。なんとも素早い対応だった。

ハンの「自殺」と異端の判定、そして遺体焼却という2週間ほどのうちに起きた出来事を知らされたロンドン市民たちは憤怒の声を挙げた。というのも、この事件に関してロンドン市の検死陪審が動き出し、調査中だったからである。その陪審団（検視官トマス・バーンウェル［Thomas Barnewell］が主査）は翌15年2月には24人の証人[8]喚問に基づいて報告書を公表。ハン事件を殺人事件と認定し、フィッツジェームズの司教尚書だったウィリアム・ホージー（William Horsey, Chancellor to Richard FitzJames）がハン殺害の首謀者であり、かれの指示によって教会裁判所の召喚吏チャールズ・ジョセフ（Charles Joseph, Somner）と獄舎官吏のジョン・スパルディング（John Spaldyng）が手を下したと断定した。ちなみに、その報告書の公表よりも1ヵ月ほど前の15年1月、枢密院に出頭したジョセフは、ホージーとスパルディングと謀ってハンを殺害したと自白していた。

こうして、一方は自殺、他方は殺人という真逆の判断となった。しかも、その背景には教会裁判所とコモン・ロー裁判所（王座裁判所がその最高機関）、ひいては教皇権と王権の抜き差しならない対立があった（Hall, 1809 [1548]: 573-80; Foxe, 1837, vol. 4: 183-205; Thomson, 1965: 162-71; 柴田、1985: 9-19）。

さらに、事態を複雑にする事情があった。ハンの王座裁判所への提訴に先立って、1512年初めの議会で時限立法としてであったが（いつまでという明記はない）、聖職者特権を剥奪する法令が認められた。窃盗や殺人など凶悪犯罪が日々増えていることに鑑み、今後はイングランド国内で殺人や凶悪犯罪をおかした者は教会や礼拝堂などの下級聖職者[9]（minor orders）も含めてコモン・ロー（世俗）裁判所で審議するとされたのである（*The Statutes of the Realm*, vol. 3: 49; Adam and Stephens eds., 1901: 224）。この法律は、たとえ対象者限定づきとはいえ、コモン・ロー裁判所が教会裁判所の権限を浸食することを意味していた。

もしハンの死が自殺ではなく他殺ということになれば、フィッツジェームズが急遽立ち上げた教会裁判はその面目を失ってしまう。折しも、ロンドン市の州長官代理（undersheriff）だったトマス・モアは、事態が深刻化するのを避けようと

してか、ハン自殺説に与した。それだけでなく、モアはフィッツジェームズ、ウルジー、スミスとともにハンを異端と決めつけた。この2点の判断が正しければ、ハン事件は「異端者の自殺」ということで一件落着となり、フィッツジェームズらは聖職者特権廃止令の厄介な解釈論議から解放されることになる。しかしながら、ハンの死は自殺なのか他殺なのか、ハンは異端だったのか、それもロラード派の異端だったのか、これらの点に関する真相はいまも藪の中である。

ハン事件でこの廃止令に危機感を募らせたフィッツジェームズは、同じ15年2月に召集された議会で聖職者特権廃止令を破棄しようと企てた。その手段はふたつ。ひとつは上院で高位聖職者の数を増やすこと、もうひとつは聖職者特権保全のための喧伝活動だった。

フィッツジェームズは議会開会の前日、ウィンチコム修道院長のリチャード・キダーミンスター（Richard Kidderminster）に特権擁護のための野外説教を行わせた。上院では首尾よく廃止令の破棄が決議されたけれども、下院は翌3月に特権廃止令の存続を議決して対抗した。それでも上院は再度、聖職者特権廃止令の破棄を可決し、同令は廃止されることになった。

しかし、1515年4月になっても聖職者特権をめぐる上院と下院の対立は続いていた。下院が殺人罪上訴令（Appeal of Homicide）を決議したためである。上院での審議は紛糾、11月からの第2会期にずれ込んだ。12月22日には、ウルジーの判断によるものと推察されるが、議会は解散してしまった（その後7年間にわたって議会が開かれることはなかった）。そのため、聖職者特権廃止令（1512年）を拡張しようとする新たな法令は流産した。まずは聖職者側の「勝利」のようにみえた。

では、ロンドン検死陪審団によってハン（殺害）事件の容疑者とされた3人はどうなったのか。フィッツジェームズの獅子奮迅の働きによって、首謀者ホージーは王座裁判所で多額の罰金刑の判決を受けるに留まり、ふたりの下手人もまもなくして釈放された。コモン・ローと教会法の原理的対立といった問題は棚上げされたままの「解決」となった。

ともあれ、ハン事件の重要性は、ロンドンの一市民が些細ともいえる事案をめぐって聖職者の振る舞いに対する日頃の鬱憤を露わにし、聖職者特権（benefit of the clergy）に切り込み、半ば意図して教会法とコモン・ローの原理的対立関係を浮き彫りにして王権の判断を求めたところにある。

ところが、もうひとつのスタンディッシュ事件では聖職者特権廃止令そのものが争点になった。1515年2月に議会が召集されたとき、上下両院の代表者が協議し、聖職者特権廃止問題を解決するために国王が積極的な役割を担うこと、またハン事件の「容疑者」ホージーの取扱いについては王座裁判所が自由な判断を下せるよう、ヘンリー8世に要請した。このうち、前者の要請に応えてヘンリーは自らも出席して特別討論会を開いた。そのとき、特権廃止令の存続を主張したのがフランチェスコ会のロンドン管区長だったヘンリー・スタンディッシュ（Henry Standish: c.1475-1535）である。犯罪をおかした聖職者を世俗裁判所で審議することはイングランドの伝統に見合ったものであり、合法的であるというのがその言い分だった。それに反論したのが、さきのキダーミンスターだった。聖なる教会の自由を犯すことは神の法に反すると捲し立てた。聖職者と貴族諸侯・法律家との対立の溝は容易に埋まらず、ヘンリー8世にも躊躇の表情がみられた。

まもなく新たな動きが生じた。スタンディッシュの見解に高位聖職者たちが猛反発、かれを異端として訴追しようとしたからである。そのため、11月の第2会期に入って両院の代表者が協議を重ね、聖職者会議によるスタンディッシュの訴追は国王侮辱罪に当たるという判断を下した。そのため、急遽ウルジーは聖職者を代表してヘンリー8世の前に跪き、王権侵害の意図などまったくないことを申し立てる一方、聖職者特権問題は未解決の懸案であり、ローマ教皇の裁定を仰いではどうかと恭しい姿勢で言上した。

これに対するヘンリー8世の対応は明快だった。聖職者特権の廃止についてはスタンディッシュの立場、すなわち廃止令存続の主張を支持すること。また、特権廃止に関するローマ教皇裁定という提案は却下するというものだった。そのときのヘンリー8世の発言を記したギルバート・バーネットの『宗教改革史（第1部）』（1679年）によれば、「イングランド王の上位にあるのは神のみ」という理解に立ち、「わが先王たちがそうしてきたように、王権と世俗の裁判権は維持されるであろう」とヘンリー8世は宣言したと記されている（Burnet, 1679 [1865: 17]）。

ちなみに、その後のスタンディッシュの処遇についていえば、ウルジーの反対や教会関係者の不興にも関わらず、1518年4月、かれは（その後の昇進はウルジーによって阻まれたが）ウェールズのセント・アサフ（St Asaph）の司教になった（Burnet, 1679 [1865: 12-8]; Elton, 1977: 54-8; Dickens, 1989: 115-6; 柴田、1985: 15-6）。

このときのヘンリー 8 世の判断が明示していたのは、イングランド歴代諸王の統治史に照らして王権が教皇権に優位するということであり、またコモン・ロー裁判所が教会裁判所の上位にあるという歴史認識についてだった。とはいえ、この 1515 年のヘンリー 8 世の重要な意思表示がそのままかれの宗教改革の幕を上げたのかといえば、そうではない。多くの紆余曲折を経なければならなかったからである。

じっさい、枢機卿ウルジーは 1515 年 12 月 22 日、議会が閉会したその日にカンタベリー大司教ウォーラムのあとを継いで大法官となった。

イタリア人文主義の移植

イングランドの民衆一般の生活実感からすれば、後期ロラード派の小さな地下水脈はあったにせよ、ヘンリー 8 世時代のイングランド宗教改革は基本的に「外から」そして「上から」もたらされたものだった。その意味で、イングランドの宗教改革はヨーロッパに比べて「後れた」出来事だったということができる。

しかも、その「外から」の宗教改革の大波はすでに宗教改革前夜にイングランドに到達していた。イタリア人文主義とルター主義がそれである。とりわけ、前者の人文主義の影響が大きかった。そしてその人文主義 (umanesimo, humanisme, humanism) はイタリア・ルネサンスにその起源をもっている。

14 世紀半ば以降、隆々たる勢力を拡大しつつあったオスマン帝国はメフメト 2 世 (1451-81、在位 1444-6 年) 治世の 1453 年[10]、東ローマ (ビザンチン) 帝国の首都コンスタンティノープルを攻略、帝国を滅ぼした。60 年にはミストラが陥落し、ギリシャ全土がオスマン帝国の領土となった。メフメト 2 世による東ヨーロッパ侵攻の勢いは衰えず、セルビア、アルバニア、ボスニアもその軍門に下った。ギリシャ古典学はそれ以前からイタリアに伝播していたが、このオスマン帝国の侵攻がひとつの契機となって多くのギリシャの文人や学者たちがフィレンツェ、ローマ、ミラノなどイタリアの主要都市に難を逃れた。

この 15 世紀後半から 16 世紀前半にかけて、一方ではフランスや神聖ローマ帝国による「分権国家」イタリアへの侵略が繰り返され、フィレンツェではサヴォナローラの改革があり、ローマ掠奪 (1527 年) という惨劇や黒死病の災禍もあって、この時代のイタリアの天空には暗雲が深く垂れ込めていた。他方、フィレンツェ

のメディチ家、ミラノのスフォルツァ家などの庇護を受けて、イタリア・ルネサンスはその芳醇な大輪の花を咲かせていた。ボッティチェッリ (1445-1510)、レオナルド・ダ・ヴィンチ (1452-1519)、マキャヴェリ (1469-1527)、ミケランジェロ (1475-1564)、ラファエロ (1483-1520) といった名前を思い浮かべるだけでも、その華麗な光景が浮かび上がるだろう。この時代、ギリシャからの知識人の亡命はルネサンスの成熟を大いに刺激し、フィレンツェでは人文主義者マルシリオ・フィチーノ (Marsillio Ficino: 1433-99) を中心にしてプラトン・アカデミーが開かれるようになった。

では、その人文主義はいつ頃から、どのようにしてイングランドに移植され、浸透していったのか。この点、人文主義受容の性格の違いによっていつくかの時期を区別しなければならない。

(A) グロスター公の基盤構築について。最初に、イタリアにおける「新しい学問」(New Learning ——人文主義はこう呼ばれた) の台頭に着目し、イングランドにその導入を図った人物がランカスター朝を開いたヘンリー 4 世の四男、グロスター公ハンフリー (Duke of Humphrey of Gloucester: 1390-1447 ——したがって、ヘンリー 5 世の弟であり、ヘンリー 6 世の叔父) だった。かれは多くのイタリア人学者と往復書簡を交わし、著名なギリシャ古典のラテン語訳をかれらに委嘱した。そのなかには、アリストテレスの『倫理学』(レオナルド・ブルーニ [Leonard Bruni: c.1370-1444] によるラテン語訳) や『政治学』のラテン語訳、プラトンの『共和国』(ピエール・デケンブリオ [Pier C. Decembrio: 1399-1477] によるラテン語訳) などが含まれていた。

ハンフリーは若き頃、オックスフォード大学のベイリオール・カレッジに学んだ。しかし 15 世紀初め、オックスフォード大学は「最低の」状態にあった。空疎なスコラ哲学が支配し、その学問水準はパリ大学に大いに見劣りした。百年戦争の長期化や薔薇戦争の煽りもあって大学は窮乏化し、教育は荒廃した。1000 人ほどの学生はカンタベリー大司教アランデルやベッドフォード公にその窮状を訴え、支援を願い出た。しかし手を差し伸べてくれたのはグロスター公だけだった。かれは人文主義のパトロンを自任し、オックスフォード大学にハンフリー公図書館を寄贈した。そこには 280 冊ほどのギリシャ古典が収蔵され、「新しい学問」習得への学生の意欲を駆り立てた。その古典のなかには、上記のようなギリシャ古典のほか、イタリア人文主義の精華、ペトラルカ、ダンテ、ボッカッチョなど

の作品もあった。ウェールズ司教でオックスフォード大学法学博士だったトマス・ベッキントン (Thomas Beckynton: 1390-1465) はハンフリー公の支援をえてイタリアの人文主義者との交流を深めた。その書簡には、イタリア人文主義者だけでなく、少数ながらイングランドの人文主義者の名前も見出せる。1450年当時、イングランドの教皇徴税官を務め、ハンフリー公とも親しかったスペイン人のヴィンセント・クレメント (Vincent Clement) のように、イングランドに滞在する人文主義者がいた。かれはオックスフォード大学に収めるギリシャ古典をフランスやイタリアから購入するために大いに尽力した。しかし、ハンフリー公が1447年に亡くなると、「新しい学問」の気運は衰弱した。

(B) イタリア留学の第1世代について。それでも10数年すると、イタリア留学を志す俊英が現れはじめた。ロバート・フレミング (Robert Flemming: c.1416-83) がそのひとりであり、叔父のリンカン司教はオックスフォード大学リンカン・カレッジの創設者であり、「新しい学問」に深い理解があった。ロバートはフェラーラ (Ferrara) 大学でグアリーノ・ダ・ヴェローナ (Guarino da Verona: 1370-1460) の指導を受け、ギリシャ語やラテン語を学んだ。その後も数年間ローマに滞在し、ローマ教皇最高記録官となったのち、67年頃に帰国した。かれの同世代にはジョン・フリー (John Free) やウィリアム・グレイ (William Grey)、ジョン・ガンソープ (John Gunthorpe: 生年不詳、1498年没)、ジョン・ティプトフ (John Tiptoft: 1427-70) などがいた。

このうち、フリーは留学生仲間でも最優秀の人物だったが不運にも客死した。ガンソープもフェラーラ大学でグアリーノの講筵に連なったが、先生が1460年に亡くなったため大学を離れ、人文主義者で詩人でもあり、高名な歴史家でもあった教皇ピウス2世 (在位1458-64年) の知己をえて、その礼拝堂司祭になった。かれは65年に帰国、ヨーク朝のエドワード4世によって登用され、カスティーリャやスコットランドとの外交交渉で活躍したのみならず、リチャード3世の王璽尚書になり、ヘンリー7世にも仕えた。またウスター伯のティプトフは聖地巡礼からの帰途、パドア大学に2年間滞在し、ラテン語を学んで61年に帰国した。かれもまた多くの政府要職を務め、アイルランド副長官にもなった。しかし70年にヘンリー6世が復位すると逮捕され、ロンドン塔に繋がれ処刑された (Einstein, 1903: 27-8; Weiss, 1941 [2009: chaps. 5-7])。

これらイタリア留学の第1世代に属するグレイ、フレミング、フリー、ガンソー

プ、ティプトフはすべてグアリーノの弟子だったが、15世紀第3四半期のイングランドでは、人文主義的素養を身につけていることが公職に就くための「手形」になっていたことが却って災いし、貴重な文献蒐集によって人文主義をイングランドに定着させていくための基盤構築には大いに貢献したが、第1世代の人々がみずから学術研究を牽引することはなかったのである (Weiss, 2009: 193)。

(C) 第2世代——リナカーとグローシンについて。しかし、この第1世代に踵を接するようにしてイタリアに留学していったウィリアム・セリング (William Selling [Celling] of All Souls: 生年不詳、1494年没) やウィリアム・ハードレー (William Hardley) になると、事情は違っていた。留学先はもはやフェラーラ大学ではなかった。ふたりは1470年代はじめ (1464年という見方もある) イングランドを出発、フィレンツェ、パドア、ボローニャ大学を訪れた。セリングはカンタベリーのクライスト・チャーチのベネディクト派修道士だったが、オックスフォード大学に進み、新設のオール・ソウルズ・カレッジのメンバーになった。セリングは当時のイングランドでは等閑視されていたギリシャ語の習得に強い意欲を示した。滞伊中、かれらはフィチーノの弟子であり、詩人でもあったアンジェロ・ポリツィアーノ (Angelo Poliziano: 1454-94 ——ホメーロスの『イーリアス』の翻訳をはじめ、ギリシャ古典に関する多くの注釈書を執筆、ロレンツォ・デ・メディチがパトロン、ロレンツォの子供たちの家庭教師) に師事した。セリングは帰国後、カンタベリー修道院を「新しい学問」の中心地にしようと考え、イングランド最初のギリシャ語学習センターであるクライスト・チャーチ・スクールを創設、その校長になった。かれはイタリアからギリシャ語やラテン語で記された多くの古典をカンタベリーに持ち帰った。かれの愛弟子の一人にトマス・リナカー (Thomas Linacre: c.1460-1524) がいた。セリングが85年から90年までローマに長期滞在中、リナカーもイタリアを訪れた (セリングが同道したという説もある)。

そのリナカーは1480年代後半、イタリアに留学。セリングと同じくポリツィアーノに師事した。かれがボローニャ、フィレンツェに移ると、リナカーもその後を追った。フィレンツェに1年留まったあと、リナカーはローマに移った。そこでかれは、のちにかれ自身の本を出版してもらうことになる、イタリア印刷文化を牽引しつつあった著名な人文主義者アルドゥス・マヌティウス (Aldus Pius Manutius: 1450-1515) に会った。リナカーはまた、ヴァチカン図書館でプラトンの

研究に没頭していたとき、ギリシャ文明の著名な研究家エルモラオ・バルバーロ (Ermolao Barbaro: 1454-93) からアリストテレスのラテン語訳を強く勧められた。それが大きな契機となって、リナカーは自然科学とくに古代医学へ深い関心を抱くようになった。やがてパドア大学医学部に学んで医学博士となったのち、ヴィチェンツァ大学に進み、名高い医学者だったニッコロ・レオニチェーノ (Niccolo Leoniceno: 1428-1524) の下で研鑽を積んだ。かれがイングランドに戻ったのは、それから6年後のことである。

このように、リナカーの関心は他の留学生とは違って医学にむけられていた。かれは、ローマ帝国時代のギリシャの医学者であり、古代の臨床的かつ解剖学的知見を集大成した、ルネサンス時代でも支配的影響力をもっていたガレノス (ラテン語ではクラウディウス・ガレヌス Claudius Galenus: c.129-c.200) とその医学書に強く惹かれた。リナカーはその医学書を翻訳し、帰国後はヘンリー8世の認可をえて1518年に王立医師会 (Royal College of Physicians [of London]) を創設した。そのリナカーの弟子の一人にエラスムスがいる。かれはウィリアム・ラティマー宛の手紙のなかで、「リナカーかタンスタール[11]が自分の先生であれば、イタリアに行く必要はない」と記し、さらに「(リナカーは)イングランドにおける(近代)医学の導入者である」(カッコは引用者) と書き残している (Einstein, 1903: 38)。また国民史家ジョン・グリーンは、「イギリスの科学が絶えず進歩したのは、リナカーがフィレンツェのアンジェロ・ポリツィアーノの講義を聴いて帰り、ガレノスの翻訳をして古い医学の伝統を復活した日に始まるといっていいだろう」(Green, 1902: 596、訳513) とやや誇張した文章を書き残している。

リナカーの友人のなかには、年長のウィリアム・グローシン (William Grocyn: c.1446-1519) や年少のジョン・コレット (John Colet: 1467-1519)、ウィリアム・リリー (William Lily: c.1468-1522)、ウィリアム・ラティマー (William Latimer: c.1467-1545) などがいたが、いずれもイタリア留学組である。なかでも、グローシンはリナカーの親友であり、1467年にはすでにオックスフォード大学ニュー・カレッジのフェローになっていた。彼はリナカーとともに同僚のイタリア人教師コルネリウス・ヴィッテーリ (Cornelius Vitelli) からギリシャ語を学んだ。そのグローシンは1488年、40歳を過ぎてからイタリアに留学。フィレンツェやローマを訪れ、著名なギリシャ学の亡命学者デメトリウス・カルコンディラス (Demettrius Chalcondyles:

1423-1511) やさきのポリツァーノからギリシャ語やラテン語を学んだ。3年後にオックスフォードに戻ったグローシンは熱心にギリシャ語を教える傍ら、「コンスタンティヌスの寄進状」[12] (Constitutum Donatio Constantini) が偽書であるというロレンツォ・ヴァルラ (Lorenzo Valla: 1407-57) による文献学的批判、あるいはウルガタ聖書の誤謬に関するかれの研究[13]を紹介し、イングランドにおける聖書の批判的文献研究の定着に大きな役割を果たした。そのグローシンはリナカーとともに、オックスフォード大学で多くの学生を育てた。

かれらを先生と仰ぐ教え子のなかには、エラスムスのほか、さきのコレット、トマス・モア (Thomas More: 1478-1535)、夭逝したヘンリー7世の長男アーサー (Arthur Tudor: 1486-1502)、のちの女王メアリー1世 (1516-58) などがいた。歴史家シーボームはコレット、エラスムス、モアの3人を称して「オックスフォードの改革者」と呼んだが、かれら共通の先生がリナカーであり、グローシンだった。16世紀になると、イタリアでもこのふたりはイタリア人文主義の正統な後継者であるとみなされるようになった (Seebohm, 1869)。

こうして、オックスフォード大学にイングランド人文主義研究の拠点が立ち上がった。15世紀末から16世紀はじめにかけてのことである。まもなくして、「新学問」人文主義への熱い関心はオックスフォード大学から溢れ出し、王室を含めてイングランド社会に広がっていった。それと反比例するかのように、イタリア人文主義は衰退しはじめた。

コレット──先駆的なイングランド人文主義者

もうひとり、イングランド人文主義の成熟とその宗教改革への水路づけという点で大きな役割を果たし、またエラスムスへの感化という点でも逸することのできないのがグローシンの弟子ジョン・コレット (John Colet: 1467-1519) である。

コレットは裕福な絹織物商でマーサーズ・カンパニー (Mercers' Company) を営み、2度にわたってロンドン市長を務めたヘンリー・コレット卿の長男。ジョンは1490年、オックスフォード大学のマグダレン・カレッジで修士号を得たのち、パリ、オルレアンを経てフィレンツェにむかった。そこで教会法、市民法、教父学、ギリシャ語を学び、多くのイタリア人文主義者の知遇をえた。なかでもプラトン・アカデミーのリーダーだったフィチーノの講筵に列し、またメディチ家

によるフィレンツェ独裁を痛罵した改革者ジロラモ・サヴォナローラ (Girolamo Savonarola: 1452-98) の説教にも接し、かれらの学問と思想から強い影響を受けた。

　滞伊中、コレットが目の当たりにしたのは、「真の英知と慈悲の心をもった修道士」を別にすれば、イタリア戦争の最中とはいえ、教皇と教会の世俗に堕した腐敗し切った姿であり、新プラトン主義に基づく聖書の批判的研究のめざましい台頭だった。すでにスコラ学的神学研究は形骸化し、それに取って代わって文献考証学的な「新しい歴史的方法」がイタリア知識人の関心の的になっていた。その方法は原典と字義の精確な文献考証学的解明、作品としての包括的解釈、時代背景を踏まえた文意の掌握などをその特徴としていた。コレットの場合、それに加えて、聖書の文言のなかに神の啓示や恩寵を読み取り、そこからキリスト者のあるべき姿と行為規範を導き出そうという性格をもっていた[14]。

　コレットは96年にオックスフォードに戻り、「聖パウロのローマ人への手紙」や「偽ディオニュシオス・アレオパギタ」(Pseudo-Doinysius Areopagita) などを素材にした名高い講義を行った。エラスムスによれば、その無料の公開講義が行われた教室はいつも老人から若者まで多くの聴講生で溢れかえっていたという。そのなかで、コレットが引証したのはスコラ哲学者ではなく、フィチーノやプラトン・アカデミー[15] (制度化された学院ではなく、いわば知識人の集まり) の有力メンバーだったピコ・デラ・ミランドラなど当代屈指のイタリア人文主義者だった。コレットの聖書の解読方法はヴァルラを踏襲したものだった。そのヴァルラはさきの「コンスタティヌスの寄進状」のみならず、1世紀アテネのディオニュシオス・アレオパギタの作品とされてきた『ディオニュシオス文書』(Corpus Dionysiacum) が『使徒行伝』に登場する同名の人物とは無関係であることを証明した人文主義者だった。

　コレットがイタリア人文主義から学んだ新プラトン主義に基づく批判的な方法意識は、オックスフォード大学でかれの講義を聴いたエラスムスにも強い影響を与えた。エラスムスは「コレットの講義に耳を傾けていると、まるでプラトンから話を聞いているように思えた」(エラスムスのジョン・フィッシャー宛の1499年12月5日の手紙) と書き残している。そのためでもあろうか、ほぼ同年齢であるにもかかわらず、エラスムスはコレットのことを「わが師」と呼んだ。エラスムスにとって、コレットとの出合いはまことに大きな意味をもっていた (Shaw, 1893: 11; 植村、1967: 79-80; 月村、1984: 251-4)。

そのコレットについては、もうひとつ興味深い事実がある。それは、かれが当時のフィレンツェに開花していた華やかな絵画や彫刻などの世界には目もくれず、もっぱらギリシャの古典や聖書の人文主義的研究に没頭したことである。医学に深く傾倒したリナカーは別にしても、その姿勢はひとりコレットに限ったものではなかった。それはイタリア人文主義がイングランドに移植されるときに深く埋め込まれた特色であり、端的にいえば、イタリアにおけるよりも、イングランド人文主義はその宗教改革的色彩を濃くしたといえるかもしれない。その立役者が「ゴッドファーザー」グローシンであり、またコレットだった。

じっさい、コレットは強い自負心と使命感をもって人文主義と宗教改革の融合をめざした。それは、グローシンやコレットの独創とはいうことのできない長い歴史的伝統に連なるものであるが、キリスト教的人文主義（ヒューマニズム）あるいは人文主義的キリスト教と呼ぶにふさわしい。もうすこし一般化していえば、すでにイタリア人文主義によってその種子[16]は蒔かれていたが、アルプス以北（フランス、ドイツ、オランダ、イングランド、スコットランド）に移植されるにともなって、その人文主義は宗教改革的含意を強め、そして見事な花を咲かせた (Seebohm,1884: 76-8; Lupton, 1887: 51-5; Shaw, 1893: 8-9; Green, 1902: 596、訳 513; 金子晴勇、1989: 473)。

この点、ハーヴァード大学の慧眼の文学史家ブッシュは、「その（イングランド）ヒューマニズムを、はっきりとした宗教的で倫理的なヒューマニズムに固めあげ、磨きあげたこと――、それがかれら（グローシンやコレットなど）に与えたイタリアの影響のすべてだった」(Bush, 1939: 71、訳 78、括弧内は引用者) と書いている。

そのイングランド人文主義の運動が示唆していたのは、イングランドなりの宗教改革の可能性についてであり、より積極的な言い方をすれば、「革命によらず、静かで漸進的な方法によって教会改革を行うというもうひとつの図式」(Shaw, 1893: 9) だった。しかしその図式がすぐに実現されることはなかった。「エラスムスが卵を産み、ルターが孵した」[17] (Erasmus had laid the eggs which Luther hatched.) からである。

ところで、コレットは 1505 年、ヘンリー 7 世によってセント・ポール司教座教会首席司祭 (Dean of St Paul's Cathedral Church) に叙任され、08 年には父の遺産を相続してセント・ポール学校を再建 (1512 年完成)、その指導者として有意な若者に対する新たなキリスト教教育に邁進し、キリスト教信仰と古典文芸の振興をめ

ざした。初代校長として友人リリーを迎え、エラスムスもその活動を支援した。

　この学校はそれまでにないいくつかの新味をもっていた。学校はセント・ポール教会の敷地内に建てられたが、教会ではなくマーサーズ・カンパニーが管理し、宗教組織から独立した教育機関として運営された。礼拝堂も建てられたが、教会司祭が関わることはなかった。したがって、歴史に照してみれば、学校と礼拝堂との関係が逆転したことになる。学校は聖職者教育のためでなく、子供のための開明的教育を推進し、一般民衆がキリスト者としてよりよく生き、また社会に貢献できる人間になることをめざしたからである。12年4月29日、エラスムスは脱稿したばかりの『文章用語論』(*De duplici Copia verborum ac rerum commentarii*) をコレットに献上した。そのほか、同校では英語の教材も用いられた。セント・ポール学校によって先鞭をつけられたこの学校教育のニュー・モデルは、修道院解散後に普及していくグラマー・スクール(ギリシャ語文法教育のための学校)の手本となった(二宮、1984: 48-9; 平野・高祖、1986: 27-8)。

　伝統的な教育主体だった修道院とは異なり、この斬新な「コレット・モデル」はかれのオックスフォード大学での公開講義ともども、保守的聖職者の強い反発を巻き起こし、コレットは破門の脅威に曝された。しかしヘンリー8世とカンタベリー大司教ウォーラムがその動きに割って入り、コレットを擁護した (Lupton, 1887: 189; 権藤、1986: 309-12)。

　聖書の英訳とともに、その思想を含む新たな教育システムの確立が宗教改革にとっていかに重要な役割を果たしたかについては、のちにふれる機会があるだろう(第6章第5節)。

　さて、コレットやエラスムスの新約聖書「再生」にむけられたその一途なまなざしは、現前する教会や聖職者に対する鋭い批判と表裏一体のものだった。コレットは1512年2月6日、ウォーラム大司教が召集した聖職者会議において聖職者批判と教会改革を訴える名説教[18]を行い、メアリー1世時代の殉教者ヒュー・ラティマー (Hugh Latimer: c.1487-1555) にも大きな衝撃を与えた。セント・ポール大聖堂には全国から大司教、司教、聖堂参事会議長、修道院長などを中心に400人から500人の聖職者が集まっていた。

　コレットはその説教の冒頭、聖パウロを引いて「世俗に流れることなく、汝みずからを改めよ」(Be you nat conformable to this worlde, but be ye reformed) と切り出した。

そして権力に媚び、世俗に堕している聖職者の現状を4点にわたって批判した。第1に名誉栄達(pride of lyfe)、第2に世俗的欲望(carnall concupiscence)、第3に世俗的貪欲(worldly couetousnes)、第4に俗世の仕事(secular busines)といったことがらへの聖職者の執着と放蕩を槍玉にあげた。このうち、第1のものは叙任や上級聖職への昇任をさすが、その背後にある聖職売買(simony)を含む。第2は祝宴や乱痴気騒ぎ、酒場通い、狩猟、スポーツや演劇に興じること、第3は複数聖職禄の保有、第4は政府高官など世俗の要職に就くことをさしていた。

多くの聖職者が「キリストよりも世俗の下僕に成り下がっている」(the servantes rather of this worlde than of Christe)現状を直視し、すべからく聖職者はキリストの真意、キリスト教の本義に立ち戻り、キリストの下僕として教会の現状を改革しなければならない。これがコレットの確固不動の信念であり、また主張だった。

このように現状を論難したコレットは、改革にあたって新たな規則が必要なのではなく、ただ聖書の原点に戻ればよいと言い切った。まず、高い地位にある聖職者が範を垂れ、下位の聖職者がそれを見習う。そうすれば、世俗の人々もそれに従うにちがいない。およそ聖職者たる者、質素倹約に努め、聖書を読み、祈りを捧げ、神の言葉と救済の秘跡を民衆に伝えることがその聖務である、とコレットは説いたのだった。

このコレットの説教の背景には、前年の1511年4-5月にカンタベリー大司教ウォーラムが行った異端調査があった。ウォーラムもまた、「異端」からの批判に応えるため、聖職者が率先垂範してその所業を正し、聖職者と教会の改革に取り組まなければならないと考えていたのである(Lupton, 1887: 178-88, 293-304)。

この聖職者会議での説教から1年ほどした1513年3月27日、コレットはふたたび説教の機会をもった。こんどはヘンリー8世とその重臣たちに対する講話だった。テーマは戦争についてだった。一方でヘンリー8世は、好戦的な教皇ユリウス2世(在位1503-13年)から2年前につくられた神聖同盟(1511年)に基づいてフランスへの出兵を求められ、他方ではイタリアに攻め込んだルイ12世が「古い同盟」を根拠にしてスコットランド王ジェームズ4世に対してイングランドへの進攻を要請するといった緊迫した国際情勢のなかでの説教だった。

コレットの戦争と平和についての考え方はエラスムスと深く共鳴するものだった。コレットは屹然とした態度でヘンリー8世にむかって、「いかに劣った

平和といえども、正義の戦争に勝る」というキケロの箴言を引きながら、憎しみと野心が争いごとを生み、殺戮が殺戮を呼ぶ。しかし、それは悪魔の掟であり、断じてキリストの教えではないと力説した。

ヘンリー8世が内心どう思ったかについて知る由もないが、のちにかれは「フランスとの戦争は防衛的なものである」と抗弁し、6月にはカレーに進み、8月にはスパーズの戦いに勝利した。そして留守居役の王妃キャサリンの軍勢は翌9月にはフロドゥンの戦いでジェームズ4世を敗死させたのである (Seebohm, 1869: 160-5; Lupton, 1887: 188-93)。

デジデリウス・エラスムス——人文主義の雄

さきの聖職者会議でのコレットの説教に先立つこと8ヵ月、エラスムスはパリで『痴愚神礼讃』(1511年) を出版した。トマス・モアに捧げられたこの作品は大好評を博し、初版1800部はたちまち売り切れた。説教に先立って、コレットもそれに目を通していたことだろう。

じっさい、この『礼賛』の随所に聖職者や教会に対する批判をみてとることができる。必ずしも体系的な著述家とはいえないエラスムスの宗教思想を比較的包括的に述べた初期の代表作が『エンキリディオン』あるいは『キリスト教兵士提要』[19] (Enchiridion militis christiani, 1504 ——「エンキリディオン」とは手引・必携あるいは短剣の意[20]) である。そのなかで彼は、当代の聖職者や為政者、スコラ哲学者の「罪状」を取り上げ、それを批判した。金子晴勇の訳業『エンキリディオン』(1989年) から適宜抜き書きしてその内容を要約すれば、その主張はおよそ以下のようになる。

まず、福音書によれば、人間は3つの部分から成り立っている。霊と魂と肉である。このうち「肉」とは狭く情欲のみでなく、人間の多くの劣情、すなわち迷妄、快楽、傲慢、嫉妬、放縦、虚栄、追従、短気、虚言、利己愛、征服欲などをさし、そこでは老獪な蛇と罪の法則が支配している。その対極に「霊」がある。それは「神の本性の似姿」であり、「永遠の徳義の法則」によって人間を神に結びつけ、神と一体化させる。そして両者の中間に「魂」がある。それは理性と情念という互いに相反する要素を含んでいる。「ふたつのうち、どちらに決めるかは魂の自由」である。霊は人間を天にまで高め、肉は人間を地獄に転落させる。魂は改造されれば、霊になる。改悪されれば肉となる。

このように、エラスムスは、パウロに倣って霊・魂・肉を人間存在の3つの構成要素と考え、人は霊と肉の中間にある魂は霊にむかうか、あるいは肉にむかうかを自由に選びとることができるとした(『エンキリディオン』金子晴勇訳52-3)。
　プラトンにも言及しながら、エラスムスはこう記したうえで、すべての人にむかって、「キリスト教の戦士たれ！」と呼びかける。闘って平和を勝ちとる方法は唯ひとつ。「私たちが自分自身に対して戦いをすること。私たちの悪徳と激烈に戦闘を交えること」、それ以外に術はない。いつ何時でも「キリスト教的武装」を怠ってはならない。その武器はふたつ。ひとつは祈り、もうひとつが新約聖書の実践である。
　しかし、「最近の神学者たちは字義に拘りすぎ、秘義を探究するよりも、ある種の詭弁的な屁理屈を掘り出そうと力を尽くしています」と述べ、空虚なスコラ哲学と神学者を指弾している。大切なのは神学的議論ではなく、神の教えに適った生活を送ることである。
　キリストが「すべてのものの唯一の主」であり、「キリスト以外の誰も司教たちの主、国家の役人たちの主ではない」にもかかわらず、司教も役人も、「キリストにむかうよりも、他の方を顧みています」。それは公共の福祉に役立つことではなく、個人的に自分の利益を図るための振る舞いであり、したがって「あなたの官職は神の前には窃盗にほかなりません」と断言し、さらに「修道院の生活は信仰そのものではありません」(Monachatus non est pietas)と言い切っている。そして「あなたは罪の償いをするために、ローマにむかって急ぎ走りますし、聖ヤコブのもとに航海するし、最も有効な贖宥を買い求めています」。しかし、それを咎め立てはしないが、適切なものでないとエラスムスは忠告する。
　一般民衆に対してもエラスムスはこう語りかける。「あなたは洗礼を受けています。しかし、だからといって直ちに貴方は自分がキリスト教徒だとは考えてはなりません」。パウロが説く「愛とは、教会に繁く足を運び、聖人の像に跪き、ローソクに火を灯し、祈りを唱えたりすること」ではない。贖宥符はもちろん、洗礼も偶像崇拝も、聖体拝受も聖地巡礼も、それ自体としては神の教えを実践することにはならない。その意味で、『エンキリディオン』は「非サクラメント的」だということができる(植村、1967: 86)。さらに続けて、「キリスト教的な愛は所有権など知りません」と断定し、「金銭を賛美することをやめなさい。快楽を賛美す

るのをやめなさい。(中略)徳を嘆賞し、質素を高く評価し、節制に拍手喝采する」ことを学びなさい、と諭している(『エンキリディオン』訳131-3)。

こうした内容からすれば、ルター派など宗教改革派と教皇保守派の対立が深刻化していく16世紀の20年代から50年代にかけて、保守派の急先鋒だったパリ大学神学部やスペインの高位聖職者あるいは教皇パウルス4世(在位1555-9年)によって、『痴愚神礼讃』『対話集』『校訂新約聖書』とともに、この『エンキリディオン』や『平和の訴え』が禁書とされ、エラスムスが「第一級」の異端と名指しされるようになったのも不思議なことではなかった(二宮、1984: 110-2, 116, 185)。

こうしたエラスムスの宗教思想は、彼のライフ・ワーク『校訂新約聖書』(*Novum Instrumentum*, 1516)の序文のひとつである『パラクレシス、キリスト教哲学の勧め』(*Paraclesis, id est, Adhortation ad Christianae Philosphiae Studium*, 1516)になると、もっと直裁かつ雄弁に表現されている。月村辰雄による達意の訳文をいくつか引いてみよう。

曰く——、「真正で純粋のキリストの哲学(philosophia Christi)は、福音書と使徒の書簡からもっとも豊かに汲み取ることができる」。それは「民衆のための哲学」であり、特定のわずかな神学者や修道士によって占有されるべきものではない。「まことの神学者」とは、日々ひたすらキリストの教えを守り、実践する「ふつうの農夫であり、織工」のことであり、したがって、「大胆極まりない意見かも知れませんが、神学者であることも、実は誰にでも可能なのです」と説いている。そしてそのためにも、「私(エラスムス)は井戸端のご婦人方もみな、福音書とパウロの書簡を読むよう希望するのですし、さらに聖書があらゆる国の言葉に翻訳され、スコットランド人やアイルランド人のみならず、トルコ人やサラセン人でさえ、これを読んで教えを認識できるよう望みたい」(上記『パラクレシス』月村辰雄訳261-7)と記している。

そして最後に、エラスムスはこの序文の末尾でこう熱弁してやまない。「このキリストの教えに、喉の底から渇えようではありませんか。これを口一杯に含もうではありませんか。この教えにいつも関心を抱き、これをきつく抱擁しようではありませんか」(『パラクレシス』訳271)、と。

ここから現前するエラスムスの像は、二宮敬がそう指摘したように、「キリスト教的ユマニスト」というよりも、「ユマニスト的キリスト教信仰の確立者」としてのそれである(二宮、1984: 194)。

第 5 章　テューダー朝前期の宗教改革　373

　ちなみに、その聖書主義といい、誰でもが神学者になることができるという考え方といい、そのための聖書俗語訳の必要といい、のちのルターの考え方（その聖書主義と万人祭司主義 allgemeine Priestertum）と通底するものがある。

　もうひとつ、エラスムスの思想についてふれておくべき主題がある。キリストの教えの精髄は絶対的平和主義にあるというその見方についてである。エラスムスは平和、翻って戦争に関して多くの文章を残しているが、もっとも早いもののひとつに、1500 年の初版以降、版を重ねるたびに増補され続けた『格言集』の 1508 年版以降に収録された長文の『戦争は体験しない者にこそ快し』(*Dulce Bellum Inexpertis*) がある。これについても、月村辰雄の流麗な訳文からその骨子を抽出してみよう。

　それによれば、およそ「戦争以上に残忍で、人に惨禍をもたらし、世にいぎたなくも蔓延り、剣呑至極、極悪非道の営み」であり、「人間本来の美質」を歪めてしまう、「人間に似つかわしくない行い」は他にひとつもない。「正義の旗印のもとに大勝を博する戦争もあるとはいえ、これも同様におぞましい」。この「戦争という水源から、強盗や追い剥ぎや墓荒らしや刺客などの群れが溢れ出す」。

　文明の進捗とともに、戦いの技術も巧みになり、やがて支配権が生まれた。多数の人間が互いに殺戮と略奪をほしいままにするようになり、修道士や神学者や司教たちの口から、好戦的演説を聞くようになった。「天上の聖なる十字架はキリスト教徒相互の友愛のしるし」であるはずのものだが、同じキリスト教徒がその十字架をかかげて敵味方に分かれて殺戮をくりかえしている。

　悍ましい戦争については心に刻むべき多くのことがらがある。古代の異教徒が戦争をするからといっても、「必要に迫られてやむをえざる場合を除き、人間を殺してよろしいとは誰も考えなかった」。イスラエルの民が戦争をしたからといっても、「かれらは神意に沿って軍を起こした」のであり、「自分の称号やら財産やらのためではなく、また自分の命のためでもなく、ひとえに教えの師の命のため」だった。正義のためだからといっても、「およそ君公と名がつけば、あらゆる口実を設けて正義正義と言い立ててきたではないか」。教皇が戦争を許可したからといっても、それは「キリストのお教えの力が軽んじられた近頃の教皇の場合にかぎられる」。処罰を与えるための戦争だからといっても、法にしたがって罪人を裁く法廷とは異なり、「戦争では敵味方が互いに相手を告発しあう」のであり、[21]

その「災いの大部分は最もこれを蒙るいわれのない人々、すなわち農民や老人や主婦や孤児や乙女たちに及ぶのである」。所有権を主張するための戦争だからといっても、「取るに足らぬ町をひとつ自分の支配下におさめようとして、王公はその国家を丸ごと災厄のきわみに陥れるばかりか、多くの血を流したすえに手に入れた当の財産を人に売ったり譲ったりしてしまうではないか」。じっさい、「私たちが所有と呼びならわしているものは、実は統治にすぎない」。しかも、「王公よ、あなたの有しておられる権利とは、国民が同意してこれをあなたに付託していたものである。だから、この私に間違いがなければ、付託した者はまたこれを停止することもできる」と。これは王権神授説の対極に位置する、国民が付託した王権という考え方である。

このように、エラスムスはまことに興味津々の目覚ましい文章を数多く残している。トルコ人に対して企てる戦争だといっても、「剣をもって購われるものは剣によって失われる」の倣い。だから、「富や軍隊や強権をひけらかしてはいけない」。大切なのは、かれらトルコ人に真のキリストの教えを伝えることであり、「私たちの務めは福音の種子を播くことである」。しかし聖職者はキリストの教えよりも、「現世の生計(たつき)に重きをおき、(中略)殷賑をきわめ豪奢をつくした都に暮らしている」。王公もまた、しかり。

この忌まわしい最たる悪徳である戦争に比べれば、「平和は、あらゆる善をはぐくむ慈母である。(中略)平和の時には、人々の暮らしの中にあたかも香しい春が咲き匂う」。平和な社会では畑が耕され、家畜は肥り、都市は栄え、財貨は満ちあふれ、法令は遵守され、信仰心は厚く、正義はゆきとどき、市民生活は活気で漲る。手工業は発展し、貧民も職に就き、学芸は進捗し、青年は学業に精を出し、老人は静かな老後を楽しみ、娘たちは祝福されて花嫁になる。

だからこそ、「キリストの教えのことごとくを吟味していただきたい。立ちのぼるのは平和の香気ばかりであり、響きわたるのは友愛の音色ばかりであり、噛みしめられるのは博愛の味わいばかりである」。

それにしても、なぜこのキリストの教えは捨てられ、踏みにじられてしまったのだろうか。エラスムスはふたつの歴史的原因にふれている。ひとつは「異教徒の弁証法家や詭弁家や数学者や弁論家や詩人や哲学者や法曹家の言説の汚穢に汚されてしまった」こと。具体的にいえば、アリストテレスとローマ法を受け入

れたこと。このうち、前者については、「肉体の完璧と財産の保存をまって初めて人間の完き幸福があるとか、すべての財産が人々の共有に供せられている国家は繁栄しない」といったアリストテレスの考え方にふれている。また、後者については、「この（ローマ）法は公正無比を標榜しているが、力をもって力を制することを認め、私有物をしかるべく所有することを諾(うべな)い、商取引を許し、過度にわたらざれば利子を肯(がえん)し、さらに正義の旗印さえ備えれば戦争をも讃うべきものと断じ、加えて襁褓のうちにあれ、愚蒙の性であれ、君公の命はなべて至当なりと決している」と説している（『戦争は体験しない者にこそ快し』月村辰雄訳 292, 298, 300, 307-8, 310-11, 321, 333, 343, 348）。

　もうひとつ、戦争のより直接的な原因がある。それが「痴愚と悪意」であり、金銭や権力や名誉を手に入れようとする「貪欲」である。じっさい、『平和の訴え』では戦争の原因にふれて、「派閥や陰謀や嫉妬」「憤怒と野望と愚昧」「邪しまな貪欲」といった悪徳が挙げられている（『平和の訴え』箕輪三郎[22]訳 26, 65, 68）。

　では、何をなすべきか。この点、エラスムスの軸足が揺らぐことはない。ひたすらキリストの教えを遵守すること、これである。『エンキリディオン』では、エラスムスは「キリスト教戦士」として自分の悪徳と戦うべしと説いた。また『パラクレシス』では、神学者になることなど誰にでもできるとしたうえで、誰もが聖書を読めるように、聖書がそれぞれの俗語に翻訳されることが望ましいと述べた。さらに『戦争は体験しない者にこそ快し』では、本章の注 21 にもあるように、当代のレオ 10 世に大きな期待を寄せていた。しかしそれもすべて、レオ 10 世がキリストの教えに則って平和を唱道しているとみえたからだった。

　もう一言、この戦争の理由にも関わりがある学者の「毒舌の矢の放ち合い」について補足しておこう。エラスムスは『平和の訴え』のなかで、「一切の戦争の源泉と温床」が「派閥や陰謀や嫉妬」にあるとしたうえで、「真の和合などは影ほども見出せない」現状で、「人文の学」（人文主義）に望みを託せるのかと思いきや、「それがまあ、なんと悲しいこと！　ここでもまた戦争です」と嘆いていう――、学派と学派とがお互い反目しあい、修辞学者は弁証学者と戦争状態にあり、神学者は法律学者と抗争し、同じ学問のなかですらスコトゥス派はトマス派と、唯名論者は実在論者と角突き合わせている。エラスムスからみれば、「まことにつまらない取るにたらない問題について、死にもの狂いの激論をくりかえしているのです。

議論が白熱して罵詈讒謗（ばりざんぼう）となり、罵詈讒謗変じて殴り合いとなるのです」として深い嘆息をもらしている（箕輪三郎訳 27）。

　のちにみるように、エラスムスは致し方ない事情から、不本意にもルターとの意志論争に巻き込まれていくのだが、そのときエラスムスの脳裏には、いま引いた考え方が幾度となく去来したにちがいない。肝心なことは、キリスト教徒同士の神学論争などではなく、真正のキリストの教えに適った生活を実践することである。エラスムスは、究極的な無限なる「ひとつのもの」から万物が流出するという新プラトン主義的な考え方を大切にしていた。もちろん、その究極的な「ひとつのもの」とはキリストの教えであり、その精髄には平和と友愛の精神が息づいている。その源泉から湧きあがった支流のいずれが正統かをめぐって論争することなど、枝葉末節の拘泥にすぎない。エラスムスはそうした論争についてこう喝破する。「論争は信仰心を深めるのにはさほど役に立ちません。じつに多くの人々が自分の才気をひけらかそうとして論争を行ってきたし、今日も行っている」（エラスムスのモア宛の 1527 年 3 月 30 日の書簡――下記『往復書簡』訳 294）と。

　ところで、そのエラスムスは、モアとともに「北欧ルネサンスのふたつの巨星」と呼ばれる。ふたりは 1499 年夏のはじめ、エラスムスがパリ大学での教え子である第 4 代マウントジョイ卿ウィリアム・ブラウント（William Blount, 4th Baron Mountjoy: c.1478-1534 年）の招きで初めてイングランドを訪れたときに相まみえ、たちまち意気投合。それ以降、モアが 1535 年に殉死するまで、ふたりは深い絆で結ばれた。

　その刎頸の交わり[23]を示すいくつもの材料がある。現存するものだけでも全 50 通にのぼる往復書簡（『エラスムス＝トマス・モア往復書簡』沓掛・髙田訳）、ふたりの共訳書『ルキアノス小品集』（1506 年――ルキアノスは 2 世紀のアッシリアの風刺作家）、エラスムスの「モア伝」（1519 年）などのほか、すでにみたように、モア邸で短時日のうちに書き上げられた『痴愚神礼讃』はモアに捧げられていた。さらに興味深いのは、『痴愚神礼讃』（1511 年）と『ユートピア』（1516 年）の間には「揺るがしがたい相似性」があり、ふたつの作品は「合わせ鏡として読んでこそ、十全な理解が得られる」という性格をもっていたことである（渡辺一夫、1969: 10; 沓掛、2014: 178）。

　エラスムスはおそらく 1469 年の生まれ。司教の庶子としてロッテルダムで生

まれたが、早くして両親と死別、10代半ばで孤児となった。やがてルターと同じくアウグスティヌス派の修道士となり、パリ大学のモンテーギュ学寮に入ったが、厳しい生活で体調を崩し、蟠る違和感とともに悍ましい体験もした。ヨーロッパ遍歴の始まりだった。かれは終生定住の地をもたず、「世界の市民」として生き抜き、「一国籍に縛られない居留民でありたい」と願った。しかしエラスムスはいつも健康に不安を抱え、資産はなく、50歳を過ぎてカンタベリー大司教ウォーラムの好意でケント州のオールディントンに司教聖職禄を得るまで[24]、困窮に苛まれた。それでもエラスムスは、「宮仕えの身となるよりは、むしろ死んだほうがましだとするのが私の性格なのです」という強い自覚をもち、「人間たちの作るいかなる党派の指導者たることもできません」（上記のモア宛の1527年3月30日の書簡――『往復書簡』訳293-4）という考え方を生涯にわたって貫いた。

　そうしたエラスムスではあったが、イングランドに対しては特別の想いを抱いていた。じっさい、エラスムスは1499年の夏の初めから1517年4月30日までの間、ギリシャ語の教鞭をとったケンブリッジ大学での3年間（1511年7月から14年7月まで）も含めて合計6回イングランドに赴き、ロンドン、オックスフォード、ケンブリッジに滞在した。そして最初にイングランドを訪れたとき、かれはモアのみならず、ヘンリー王子（のちのヘンリー8世）を識り、2ヵ月ほどオックスフォードのセント・メアリーズ・カレッジに滞在した。その地でコレットの印象的な講義を聴き、グローシンやラティマー、ジョン・フィッシャーなど当代イングランドの錚々たる人文主義者たちにも会っている。

　しかし、ここでこれ以上、エラスムスの起伏に富んだ遍歴の生活史に立ち入ることはしない。必要とあれば、驚くべき精緻さでその足跡を日誌風に綴った二宮敬の長大な叙述がある（二宮、1984: 10-186）。

　むしろ、ここでの文脈上、すぐにもエラスムスとルターの自由意志論争に筆を進めるべきところだが、ルターの登場とルター派の台頭によってエラスムスの立ち位置が少なからず変化したことに留意しなければならない。エラスムスの空は一天俄にかき曇り、みるみるうちに雨空に変わっていったからである。教皇と皇帝に反旗を翻した改革派あるいは人文主義的騎士たちによる騎士戦争（1522-3年）、ドイツ農民戦争（1524-5年）、ミュンツァーなど急進派の登場を括弧にくくったとしても、ルター派の宗教改革運動がドイツや北欧を中心に大きな盛り上がりをみ

せればみせるほど、ルターとローマ教会の対立が先鋭化するのは自然の道理。その余波は否応なく、エラスムスにも押し寄せたのである。

1520年代以降になると、エラスムス自身の充実した人文主義的研究や『対話集』の度重なる増補といったこととは裏腹に、かれがそれまでの思想的立場を堅持しようとすればするほど、いずれの陣営からも猜疑心と非難のまなざしが注がれるようになった。そうした状況での自由意志論争であった。図式的にいえば、エラスムスの宗教思想的・政治的環境は最初のダイアド（エラスムス対ローマ教会）の確執から、ルターの出現によって急速にトライアド（エラスムス、ルター、ローマ教会との対立）の三つ巴の軋轢へと転化していった。ルターからみれば、その構図は一層複雑になり、ドイツ農民戦争への対応、急進的なトマス・ミュンツァー (Thomas Müntzer: 1489-1525) やかつての恩師アンドレアス・カールシュタット (Andreas Karlstadt: c.1480-1541) との対峙も加わって、いわば四つ巴の対抗関係のなかにおかれた。

そこで、やや迂遠なことになるが、エラスムスとルターの自由意志論争（1524-5年）を理解するためにも、ヘンリー8世の好戦的外交政策とかれのルター批判（1520年）についてみておかねばならない。

ヘンリー8世の好戦的外交政策

ヘンリー8世は20歳代のはじめ、献上されたヘンリー5世の「伝記」を読み、ランカスター朝第2代のヘンリー5世に強い憧れを抱いたといわれる (Rex, 2009: 23)。

じっさい、ヘンリー5世と8世の間には、いくつも類似点がある。ヘンリー5世がアジャンクールの戦い（1415年10月15日）でオレルアン派のフランス軍に大勝し、それを踏まえてブルゴーニュ公フィリップ3世とトロワ条約（1420年）を結んだ。かれはフランス王位まであと一歩というところまで迫った。しかし、その望みは34歳の若すぎる病死によって途絶した。

ヘンリー8世の父ヘンリー7世はフランスでの長い亡命生活を経験していたから、武力でフランスに侵攻して百年戦争で失った旧所領を回復しようなどとは考えなかった。しかし子のヘンリーは違っていた。むしろ、かれはフランス進攻の機をうかがっていたといってよい。ヘンリー8世は「フランス奪還を夢みた最

後のイングランド王」だった (Seebohm, 1884: 218-9)。その機会は意外に早く訪れた。ヘンリー8世はすでに父の時代に外交官として頭角を現していた一代の成り上がり者[25] といってよいトマス・ウルジー (Thomas Wolsey: 1475-1530) の才覚を高く買っていた。かれが外交の表舞台に登場したことでヘンリー8世の「野心」に火がついた。折しも、フランス王ルイ12世 (在位1498-1515年) が先代シャルル8世のイタリア遠征の失敗をうけて再度イタリアに攻め入った。これに対して、教皇ユリウス2世 (在位1503-1513年) は1511年の神聖同盟[26] に基づいてルイとの戦いを「聖戦」と位置づけ、ヘンリー8世にフランスへの進攻を求めてきた。「天の恵み」とでもいうべき好機の到来だった。イングランドの貴族たちもジェントリーも挙ってヘンリー8世を支援し、1513年6月にヘンリーはカレーに進軍、2ヵ月後のスパーズの戦い (Battle of Spurs) に勝利した (Scarisbrick, 1997: 36-7; Rex, 2009: 25-6)。

しかし、まもなくして事態が急変する。ひとつは、イスラム教をいただくオスマン帝国のバルカン半島侵攻に対して、キリスト教国が共同して防衛線を張る必要が生じたこと。いまひとつは、1515年にフランスのフランソワ1世 (在位1515-47年) がスイス侵攻に成功したため、ヨーロッパの勢力バランスが崩れ始めたからである。共通の敵に対して、何らかの和平工作が必要になった。

この戦火燃えさかる場面で登場したのがウルジーだった。かれの巧みな外交戦術によって1518年にロンドン条約が締結された。それは外交交渉によって結ばれたヨーロッパ「最初の」平和条約だった。まず、イングランドとフランスが先行し、結果的にはヨーロッパの20ヵ国がその条約に署名した。ヘンリー8世は一躍「ヨーロッパの調停者」とみなされ、イングランドはフランス、神聖ローマ帝国 (実態はスペイン王国) に次ぐヨーロッパ「第3の」君主国と位置づけられるようになった。

フランスとのロンドン条約に書き込まれたのは、第1に、イングランドが1513年以降占領していたトゥルネーをフランスに返還すること、第2に、フランスは今後スコットランドの反イングランド勢力を支援しないこと、第3に、しかるべき時期にヘンリー8世の娘メアリー (当時は2歳、のちのメアリー1世) をフランス王太子に嫁がせること、第4に、オスマン帝国の勢力拡大を防ぐため、キリスト教国の連盟を結成することなどだった。なかでも注目されるのが——実際にそうなることはなかったが (破談になったため) ——、ヘンリー5世のトロワ条

約にも一脈通じるような項目、すなわちメアリーのフランス王太子との婚約が盛り込まれていたことである。

この条約を踏まえて、ヘンリー8世は1520年5月、まず神聖ローマ帝国皇帝のカール5世と、ついで1ヵ月後の6月、フランスのフランソワ1世と相次いで会見した。それぞれとの「親交」を深めるためだった。そのフランソワ1世とはカレー近郊のバランジェムで会った。のちに「金襴の陣」(field of the cloth of gold)と呼ばれた君主同士の会見と催事は延々3週間以上にも及び、麗々しくも華々しい贅を尽くした式典となった。仮設ながらも城塞が築かれ、宮殿や礼拝堂も作られた。騎馬試合、弓矢やレスリングなどの催し物が開かれ、多くの民衆がその見物に集まった。こうしたこともまた、教皇特使ウルジーが企画したものだった。

しかし、この会見もさきのロンドン条約も、ほとんどみるべき成果を挙げなかった。というのも、ウルジーがカール5世との同盟関係を強化し、そのカール5世が1521年、イタリア戦争に絡んでフランスに宣戦布告したからである。ヘンリー8世自身、1522年にはノルマンディーに侵攻し、翌23年にはピカルディに進んだ。しかし、それに伴う課税でヘンリー8世は議会の不興を買った。その躓き石はすべてウルジーの責任に帰せられた (Scarisbrick, 1997: 71-4, 80-3, 95)。

「信仰の擁護者」ヘンリー8世のルター批判

そのウルジーが失脚したのは1520年代末のこと。ヘンリー8世の離婚問題に関する処理が思うに任せず、ヘンリー8世と2番目の妻アン・ブーリンの逆鱗に触れたからである。その離婚問題 (正確には婚姻無効問題) の紛糾がイングランド教会 (以下でもイングランド国教会をイングランド教会という。) のローマ教会からの分離独立と上からの宗教改革の引き金となった。

とはいえ、1510年代から20年代初めにかけて、ヘンリー8世と歴代教皇との関係がとくに険悪だったわけではない。スタンディッシュ事件 (1515年) に際してヘンリー8世は聖職者特権を拒み、あらためて「イングランド王のうえに立つのは神のみ」と宣言したが、それはかれが突然言い出したことではなかった。

ヘンリー8世は神聖同盟を踏まえ、教皇ユリウス2世の要請に応えてフランスに出兵した。そればかりではない。彼はルターの『教会のバビロン幽囚』(1520年) に対する批判書を著し、ユリウス2世の後を襲った教皇レオ10世 (在位1513-21

年——ロレンツォ・デ・メディチの次男）から 21 年 10 月 11 日、「信仰の擁護者」(fidei defensor) という称号を授けられた。その折り、レオ 10 世はヘンリー 8 世に手紙を認め、「貴下が現教皇を守護したことについて深謝する。ルターの犯罪によって貴下の高潔な教皇擁護の姿勢が明らかになったことは悦ばしい。偉大な神と現教皇に対する貴下の尽力に鑑み、信仰の擁護者という称号を授ける」(O'Donovan, ed. 1908: 24) と書いた。

では、1510 年代のヨーロッパでの宗教改革の動きはどうなっていたのか。さしたる連携もないまま、各地に宗教改革運動が芽吹き、目覚ましい勢いで飛び火しはじめた。

その運動の火つけ役となったルターは、1510 年の晩秋、アウグスティヌス派の修道士として初めてローマを訪れた。同会の紛争について教皇に上訴するためだった。しかし教皇は不在、ルターの企ては不首尾に終わった。帰途かれはフィレンツェに立ち寄った。イングランドの人文主義者と同じように、彼もまた「ダンテにもミケランジェロにも、何ら興味をひかれなかったらしい」(松田、1969: 20)。ルターの目を奪ったのは教皇庁や高位聖職者の腐敗ぶりのほうだった。

イタリア・ルネサンス盛期を代表するブラマンテ、ミケランジェロやラファエロ等のパトロンだった教皇ユリウス 2 世は、サンピエトロ大聖堂の大改修などのため、贖宥符を大量に販売し、聖職売買にも手を染めた。レオ 10 世はその事業と政策を継承した。彼もまたミケランジェロやラファエロのパトロンとなった。

ルターのほうはといえば、1512 年 10 月 19 日、新設ヴィッテンベルク大学 (1502 年創設) で神学博士号を取得し、ただちに神学部の教授になった。それから 5 年して、ひとつの歴史的な事件が起きた。1517 年 10 月 31 日、ルターがヴィッテンベルク聖堂扉に「95 ヵ条の提題」[27] を張り出し、贖宥符を批判、その販売中止を求めたからである。ラテン語で書かれたその「提題」はすぐにドイツ語に訳され、巷に広がって大きな反響を呼び起こした。宗教改革の巨大な歯車がゆっくりと回転しはじめたときだった。

エラスムスはといえば、前年 16 年 2 月に『校訂新約聖書』を出版、5 月には『キリスト教君主教育』(Institutio Princi) を上梓し、それをカルロス 1 世 (のちのカール 5 世) に献上した。奇しくもその同じ年、ニッコロ・マキャヴェリが『君主論』をロレンツォ・デ・メディチに献呈している。

1520年代になると、のちにもみるように、ヨーロッパ大陸での宗教改革運動は一段とその火勢を増した。「ドイツでは65の自由都市のうち、50以上の都市が宗教改革に踏み出し、スイスでは都市（チューリッヒ）を基盤として宗教改革が起こり、ベルンやバーゼルといったスイスの同盟都市では公開討論を通じて、またジュネーヴやザンクト・ガレンなどではそれらの都市との協定に基づいて宗教改革が広がっていった」（McGrath, 2007: 72、訳79、一部改訳）。

　この初期宗教改革の時代、旺盛な知的関心の持ち主でもあったヘンリー8世は、ルターの『教会のバビロン捕囚』（*De Captivitate Babylonica Ecclesiae: Praeludium Martini Lutheri*, 1520）を批判の俎上に乗せ、『七秘跡擁護論』（*Assertio Septem Sacramentorum*, 1521）を著した。

　そこでまず、批判の対象となったルターの『捕囚』からみてみよう。

　この本のタイトルにふれてルターはいう。「私たちはバビロンの捕囚のように、自分たちの場所から連れ去られ、希求するものの一切を奪われている」と。奪っているのはローマ司教（教皇）であり、それに連なる聖職者たちであり、教皇制にほかならない。教皇制は「バビロン王国」であり、「ローマ司教（教皇）による大規模な狩猟システム」である。その最たる道具がミサであり、「ミサという商品が教会のなかで売買されている。司祭と修道士の生活全体がそれ（ミサに関わる売買行為）に懸かって」おり、教会や修道院の「大きな収入源になっている」（鈴木浩訳 218, 241, 253, 256）と。

　けれども、元来のミサとは、ローマ教会の考え方とはまったく異なり、「神によって私たちに与えられた罪の赦しの約束」を意味している。この原義からすれば、ミサにあるのは「神の約束」と「人間の信仰」のみ。このミサ（罪の赦しの約束）や秘跡をめぐって、司祭と一般信徒の間に隔たりなど存在しない[28]。大切なのは「神の約束」にいたる唯一の道が個人の「信仰」であり、それ以外にはないということである。司祭が「他人に代わって」などということはありえない。聖書にはそうしたことは一切記されていない（訳 243, 255, 261）。

　それにしても、ミサがなぜギリシャ語やラテン語、ヘブライ語で行われなければならないのか。なぜドイツ語や他の民衆が理解できる言語で行うことが許されないのか、とルターは問いかける。

　さらに、カトリックの「7つの秘跡」（洗礼、堅信、赦し、聖体、叙階、婚姻、終油）のうち、ルターによれば、堅信、叙階、婚姻、終油の4つはいずれも秘跡ではない。

かれが第一義的に無条件で認めた秘跡は洗礼だけである。残りの赦し（懺悔）と聖体（聖壇）については厳しい限定をつけている。赦しについてはいまみたが、聖体に関してルターはつぎのように書いている。聖体にはパンだけでなく、葡萄酒も含まれる（二種倍餐）。また、聖体の秘跡を司祭が占有し、一般信徒に対して門戸を閉ざしているのは正しくない。聖体の秘跡は一般信徒にも認められるべきである。占有する権利は「いかなる天使にもないし、いわんや教皇や公会議などにあるわけがない」。そうなっているのはローマ教会や聖職者の「不敬虔」のためである。そしてもうひとつ、その聖体に関わる実体変化説（化体説あるいは聖体拝受説）は「聖書にも理性にも依存しない」虚説であり、この300年来、トマス・アクィナスやかれが復活させたアリストテレスの「偽哲学」に基づく誤謬である（訳232, 236）。この点、ルターが主張しているのは聖体拝受説（transubstantiation）ではなく、聖体共存説（consubstantiation——キリストの身体と血がパンと葡萄酒のなかに「共存」するという見解）だった[29]。

　総じていえば、ルターは1521年1月3日、レオ10世によって破門され、4月15日にはパリ大学によって異端と判定され、その直後カール5世によって召集されたヴォルムス帝国議会（1521年4月）でも皇帝自らによって異端と宣告されたのであるが、ルターはこれに怯むことなく、聖書に背馳するローマの教会と教皇こそ、「異端者であり、分派主義者であり」、また「不敬虔であり、専横的である」と難じて譲らなかった（訳234）。その「専横の手からキリスト的自由を回復」しなければならない。これがルターの揺るぎない信念となった。

　では、ヘンリー8世は『七秘跡擁護論』（1521年）でルターの『捕囚』をいかに批判したのか。『擁護論』は全13章からなる。その章構成は、順に「贖宥と教皇の権威」「教皇の権威」「七秘跡の擁護」「聖壇の秘跡」「洗礼」「懺悔（罪の赦し）の秘跡」「痛悔」「告解」「キリストによる贖罪」「堅信の秘跡」「結婚の秘跡」「叙階の秘跡」「終油の秘跡」となっている。このうち、最初の2章はルターの「95ヵ条の提題」（1517年）を念頭において、1518年初めから半年ほどのうちに書き上げられたものであり、第3章以下とはその性格を異にしている（Scarisbrick, 1997: 110）。

　この『擁護論』は、それまでローマ教会が主張してきたように、また公会議がいくども公認してきたように、7つの秘跡すべてが正しいものだと断言している。その議論は一方でルターの主張を要約し、他方では福音書や4世紀の名高き

教父たち、すなわちアンブロシウス (St. Ambrose: c.339-97)、アウグスティヌス (St. Augustine: 354-430)、キュロス (St. Cyril: c.313-86)、ヒエロニムス (St. Jerome: c.347-420) などの教説を引きながら、いかにルターの聖書解釈が恣意的で根拠薄弱なものかを明らかにしようとするものだった。しかし、その筆致は穏やかなものではなく、感情を露わにし、叱責と侮蔑に溢れたものだった[30]。

この『擁護論』については、その「本当の」著者が誰なのかをめぐって種々の推論[31]が行われてきたが、本書が出版されると、たちまち大きな反響を呼び、ベストセラーとなった。16世紀を通じて20刷を重ね、英語以外にもいくつかの翻訳が出された。1522年にはドイツで2種類の翻訳書が公刊された。

そうなると、ルターも『擁護論』を黙殺できなくなり、ついに「怒りのペン」を執った。その中身は辛辣を極め、罵詈雑言で埋め尽くされた。ヘンリー8世がルターの神学的見解を支離滅裂であり、ルターは「悪意に満ちた狡猾な男」「忌々しい狼」「鼻もちならぬ自信家」であり、誹謗中傷によって教会を分裂させようとしていると酷評したことに対するしっぺ返しだった。ルターはヘンリー8世のことを「耳の悪い毒蛇」「哀れむべき物書き」「愚鈍」と決めつけた。

こう応答してきたルターに対してヘンリー8世は何も答えなかった。彼に代わってジョン・フィッシャー (John Fischer: 1469-1535──ロチュエスター司教、のちにケンブリッジ大学総長) とモアがヘンリー8世全面擁護の文章を認めた (奇しくも二人とも、のちにヘンリー8世の婚姻無効問題に絡んで処刑された)。フィッシャーは逐条的に論点を挙げてルターに反駁し、モアはルターを痛罵する熱弁をふるった。フィッシャーの『国王の反「バビロン幽囚」論を擁護する』(1525年)、モアの通称『ルターへの反論』(1523年──正式な題名は『博識並ぶ者なき紳士ウィリアム・ロス氏の優雅な作品』) がそれである。しかし、モアの『反論』の著者はウィリアム・ロスという仮名になっていた。その論旨は執筆の動機から十分推論できるものだが、モアのルター論難の言葉づかいには眉をひそめる者が少なくなかった (Scarisbrick, 1997: 113-4; ミルワード、1978: 243)。

自由意志論争 (1)──エラスムスの主張

ヘンリー8世が『七秘跡擁護論』を書いたひとつの背景には、ルターの宗教改革運動に共鳴するドイツの領邦国家やスイスを含む自治都市でその波頭がますま

す高まっていくことに対するヘンリー8世の懸念があった[32]。

1520年の秋、エラスムスはルーヴァンにいたが、パリ大学神学部とともに保守派神学の牙城だったルーヴァン大学の神学部教授ニコラウス・エグモンダヌス (Nicholas Egmondanus: c.1462-1526 ——のちにカルメル会修道院長、異端審問官)から、もしエラスムスがルター批判に立ち上がらないならば、かれをルター派とみなすと脅された。エラスムスは、「この私がルター派だというなら、ルターに反対するものを書かない人たちは、貴殿ばかりでなくその他無数の人々も、私にいわせれば、ルター派だということになりますよ」と軽妙に切り返した(エラスムスからモア宛の1520年11月頃の書簡——『往復書簡』沓掛・高田訳278)。それからまもなくして、ヘンリー8世も教皇ハドリアヌス6世(在位1522-3年)もエラスムスにルター批判を求め、またそれを促した。

いわれてみれば、ローマ教会や聖職者の実態に関する批判的な見方といい、聖書を典拠にしてキリスト教世界を改革しなければならないという熱情といい、聖書を俗語に翻訳する必要があるという言動といい、アリストテレス批判と新プラトン主義への傾倒といい、エラスムスとルターの間には多くの重要な共通点があった。だからこそ、ルターはエラスムスが自分の考えを理解し、受け入れてくれることを渇望した。エラスムスもルターの表現の過激さには違和感を隠さなかったが(エラスムスはルターにその旨、書簡を送って忠告しているが——1520年8月1日のルター宛の手紙)、できるだけルターに手を差し伸べようと考えていた。じっさい、1519年4月14日、「ザクセン選帝侯フリードリッヒ3世に書を呈し、キリストにふさわしい生き方をしているルターを異端呼ばわりする者の手から温情を以て庇護されたい」と書き送ったのだった。

しかし、客観的情勢がいよいよふたりを遠ざけるようになったとき、すでに異端として破門されていたルターはエラスムスに手紙を送り、「悲劇の観客」に留まるよう求めている(ルターのエラスムス宛ての1524年4月15日頃の書簡)。けれども、その期待は水泡と帰した。エラスムスは親友モアからのたっての願いを聞き入れ、ルター批判の重い筆を執ったからである(二宮、1984: 77, 83, 104)。

エラスムスは宗教教義上、ルターとの最大の違いは自由意志の理解にあると考えていた。そのため『自由意志論』(*De libero arbitrio diatribe sive collatio* ——直訳すれば、「自由意志について：評論あるいは比較」)が1524年9月1日、バーゼルのフローベン書

店から上梓されるより半年以上もまえに、自由意志の問題について、エラスムスは「5日ばかり費やして覚え書きを綴り、バーゼルの親しい神学者ルイ・ベールにみせて意見を求めていた」(二宮、1984: 103)。その時点ですでに、エラスムスはルターとの衝突は避けられないと腹を括っていたのだろう。

では、エラスムスは『自由意志論』でいかなる主張を展開したのか。

冒頭、エラスムスは聖書のなかでも自由意志ほど難しい問題はないと断ったうえで、しかし「自由意志には何らかの力」があるといい、ルターは聖書を偏って独断的に解釈していると批判した。

およそ、自由意志をめぐっては大きく3つの考え方がある。ひとつはペラギウス (Pelagius: 354-420/440) のように、人間の自由意識を「過大に」評価する立場があり、その対極にはウィクリフ[33]やルターの考え方がある。かれらは神の意志がすべてであり、生起する事象の一切が神のさだめた「絶対的必然性」によって支配されているという。ルターは人間を「神の道具」とみている。しかし、もし人間が何事もなしえないのであれば、なぜ神は聖書をあげて「〇〇を為すべし」といわれるのか。なぜ「神の命令に従順なる者を褒めそやし、服従しない者の不従順を罰せられるのか」。神が万能であり、すべての事象が必然だとすれば、人間に罪を問うことなどできないではないか。なぜならば、「私にはどうにもならないことであるのに、なぜ私は罰せられるのか」と、エラスムスはくりかえし自問自答する。かれが導き出した結論は、人間には何ほどか自由意志が与えられているからだというものだった。

ルターもまた、「初めは何ほどかを『自由意志』に帰していたが、防戦に熱中するあまり、『自由意志』を完全に取り除いてしまった」。ルターは、人間が負った原罪を誇張するあまり、「右腕を切り落とすだけでは満足せず、それ(自由意志)を完全に斬殺してしまった」(『評価「自由意志」』山内宣訳80-2)、これがエラスムスのルター理解だった。

たしかに、エラスムスからみても、聖書は一方で人間の自由意志を肯定し、他方でそれを否定しているようにみえる。だから、「聖書のなかでも自由意志ほど難しい問題はない」のだ。しかし、聖書に矛盾はない。すべての出来事が人間の自由意志によるものでもなければ、必然性によるものでもない。人間の自由意志と神の意志は互いに補完しあう関係にある。これがエラスムスの基本的な考え方

だった。

　では、どのようにして補完しあうのか。人間は自由意志をもっているが、第1に神の恩寵がなければ、第2に悪行と罪の道を歩むのだとすれば、人間が永遠の救いに到達することはできない。その意味で「主因」は神の恩寵にあり、人間の自由意志は「弱い原因」にすぎない。「私たち自身によって為されることはきわめて小さい」。したがって、大切なことは神の恩寵の「協力者」として、人間が自らの傲慢を戒め、神の命じる行いに沿って努力を積み重ねていくことである。

　エラスムスはその見解をつぎのように喩えている。いかに健康な目も闇のなかでは（神の恩寵がなければ）何もみえない。また、いかに健康な目でも、その目を（自由意志によって）閉ざしてしまえば、これまた何もみえない。難破しそうになった船乗りが無事帰港できたとき、思わず「神が救い給うた」と叫ぶ。しかし船乗りの技術や努力がなんの働きもしなかったということではない（訳82-3）、と。

　このように、エラスムスは『自由意志論』でも人間の自由意志の存在については頑として譲らず、自由意志をめぐる両極端の「偏見」と「誇張」を排し、かれらしい中庸の精妙な均衡解を導き出した。

　このエラスムスの考え方は、同時代人でいえば、一般的にはルター説を体系化した人物とされることが多いが、次第に人間の自由意志を容認し、「神人協力説」(synergismus, synergism) を唱えたフィリップ・メランヒトン (Philipp Melanchthon: 1497-1560)、同じく協力あるいは協働説を支持したフリードリッヒ・ツヴィングリ (Huldrych Zwingli: 1484-1531) に酷似しており、また教義史的には古代の教父アウグスティヌスの自由意志論[34]にも近似しているようにみえる。

　ここで、ひとつふたつ補足をしておこう。まず率直にいって、この『自由意志論』(1524年) の論旨は、『エンキリディオン』(1504年) とはかなり違っているようにみえる。というのも、後者では、人間は3つの要素（霊・魂・肉）からなり、霊と肉のいずれを選ぶかは中間に位置する魂（理性と情念がその2要素）の自由選択に懸かっていた。それだけなく、「神の本性の似姿」である霊への道を選べば、人間は天に登り、神と一体化できる。したがって、『エンキリディオン』では、のちの『自由意志論』で強調された神の恩寵という「主因」は欠落しており、人間の自由意志によって天国へも地獄へもいくことができるという図式になっていたからである。

しかし『自由意志論』になると、来世における救いをめぐって人間の自由意志が担いうる役割は「きわめて小さい」ものとされ、「自由意志は神の絶えざる恩恵がなければ、効力をもちえない」（訳92）、とエラスムス自身断じている。20年を隔てた変説というべきものかもしれない[35]。

もうひとつ、それでもなお、エラスムスは救いの予定説を屹然として拒否した。「神がすでに（永遠の生命を）与えるか与えないかを決めており、ご自身の決定を変えないのならば、どうして神は（人間に）絶えず祈りを求められるのだろうか」。また殉教者を例にとって、なぜ「極めて憐れみ深い神」は「天上の生命を望んで己の肉体を責苦に差し出した者」に対して、罪を犯しているとして永遠の刑罰を科されるのか。永遠の救いには神の恩恵が「主因」として働くとしても、人間の自由意志とそれにもとづく主体的行為を認めてこそ、神は人間の罪と悪を問い質し、徳と善に励めと諭すことができるのではないのか。そうでなければ、人間はみずから「どうしようもないことのために罰せられ、苛まれる」ことになる。こう考えるエラスムスはルターの予定説を否定し、人間の自由意志を肯定してやまなかった。

ドイツ農民戦争とルターの『平和勧告』

エラスムスの『自由意志論』が公刊されてから1年3ヵ月した翌25年12月、ルターは浩瀚な反駁書『奴隷意志論』（*Deservo arbitrio*, 1525）を公にした。この年、一方のエラスムスに対する論難は『自由意志論』の上梓にもかかわらず、その勢いを増したようにみえる。二宮敬によれば、1525年5月20日、「パリ大学神学部はエラスムスの『結婚礼賛』その他のベルカンによる仏訳を告発、禁書にした」。また6月1日には、「パリ大学神学部はエラスムスの『平和の訴え』仏訳を告発、禁書としている」。さらに10月になると、パリ大学神学部の「超保守派」教授のノエル・ベダ（Noël Beda: c.1470-1537）とエラスムスのあいだで激しい応酬が交わされた（二宮、1984: 110）。

他方、同じ1525年のルターの身辺も騒然としていた。零落していく騎士たちが起こした騎士戦争の余燼冷めやらぬ24年6月、西南ドイツのルッペン伯領シュヴァーベンで農民蜂起があり、急速に南ドイツ各地に波及していった。翌25年3月から4月にかけて、騒擾はスイスやドイツ北部、さらに東部にも広がった。

第5章　テューダー朝前期の宗教改革　389

その最中の25年3月15日、「キリストのすべての教えに身を捧げようとする」農民叛徒たちによって福音書を典拠にしてのちにふれる「農民の12ヵ条」が掲げられた。それは明らかにルターの影響をうかがわせる文書[36]であり、その蜂起は宗教改革運動の一環をなすものだった。

　さらに、こうした動きと踵を接して、ルター派とは一線を画したより急進的な宗教改革運動が登場した。その最後の拠点となったのがテューリンゲン地方の小都市ミュールハウゼンである。トマス・ミュンツァーがリーダーであったこの反乱はルター派の「文字信仰」運動とは峻別される、神秘主義的な「聖霊信仰」によって「選ばれた」貧しい下層民衆（農民や鉱山労働者）をその中核とする、原始共産主義的な宗教改革運動だった。しかし、いずれの騒乱も領邦諸侯の精鋭部隊によって粉砕され、無数（10万人といわれる）の農民がその犠牲となった。ミュンツァーも25年5月15日、フランケンハウゼンの闘いに敗れて捕虜となり、激しい拷問の末、同月27日、ハインリッヒ・プファイファーともに処刑された。

　一般的にいって、このドイツ農民戦争のあと、農民の生活は劣化し、農奴制は強化された。ドイツ南部の農民たちのなかにはルター派から離反するものが続出し、分権的な領邦国家の支配体制は一層堅牢なものとなった。

　いま大切な点は、このドイツ農民戦争が宗教改革運動という性格をもっていたことである。ルターは前者の「12ヵ条」について意見を求められたことに応えて1525年5月9日、『シュヴァーベン農民の12ヵ条に対して平和を勧告する』(*Ermahnung zum Frieden auf die 12 Artikel der Bauernschaft in Schwaben*, 1525 ――、以下『平和勧告』という。）と題する小著を出版し、後者のミュンツァーの反乱に対しては同月中旬、「盗み殺す農民に対して」(Wider die räuberischen und mörderischen Rotten der Bauern) という短い文章を認め、『平和勧告』の新版附録として公刊した (Bensing, 1965: 36-7, 80-7, 訳 34-5, 81-6)。

　では、この農民たちによる宗教改革的性格を帯びた抵抗運動に対してルターはどう対処したのだろうか。そのまえに、まずシュヴァーベン地方メミンゲンの市民セバスティアン・ロツァーが起草したものであり、経済史的にも示唆的な農民叛徒の上記「12ヵ条」についてみておこう。

　この「12ヵ条」はつぎのような項目から成り立っていた。第1条では、村民が牧師の任免権をもつべきこと。第2条では、10分の1税の徴収と分配は村民が

任命した教会財産管理人によって行われるべきこと、分配にあたっては、牧師とその家族の適切な生計費の保障、貧しい村民にたいする救済費、危急の用途や領邦税などにあてるべきことを求めている。第3条では、農奴制の廃止を謳って叛徒は以下のようにいう。「私たちを農奴と考えるのが従来からの習慣であったが、それは、キリストが尊い血を流して、私たちすべてを羊飼いでも身分の高い人でも同様に例外なく解放し、贖いたもうことを思えば、大変ひどいことである。したがって私たちが自由であり、自由であろうと望むことは聖書からも明らかとなることである」と。第4条では、魚や鳥獣の「非同胞的・利己的な」狩猟権の廃止、証拠なき水利権の村への返還がキリストの教え、神の言葉に適っていると記されている。第5条では、領主が購入せずに占有している森林や伐木を村に返還すること。第6条では、「日々増大する賦役」を適切な水準に戻すこと。第7条では、領主所領の貸与、賦役の金納化、農民との申し合わせによる土地管理を要求している。第8条では、農民の財産喪失や破滅をもたらさないような公正の貢租を要望し、第9条では、依怙贔屓のない公正な法規の制定と運用を求め、第10条では、牧草地や耕地などの共有地を村に返還することを要求し、第11条では、遺族が収める死亡税を廃止し、寡婦や遺児から遺産を掠奪しないように訴えている。最後の第12条では、もしこれら各条が神の言葉、聖書に基づくものでないのであれば、その要求を取り下げる用意があると記している。

　このように、この「12ヵ条」には、ミュンツァーの思想の微香が漂ってはいるが[37]、一方では、牧師の任免権や農奴制の廃止といった急進的な要求が含まれており、他方では領主の恣意的で抑圧的な農民支配を止めさせ、村の共有財産と共同管理、農民の意向を大切にした公正な所領経営を領主に求めるという内容になっていた。

　では、ルターはその『平和勧告』においてこれら「12ヵ条」の要求に対してどう答えたのか。かれはまず諸侯や領主にむかってこう忠告する——、統治にあたって農民にたいする苛斂誅求をもっぱらとし、みずからは贅沢と尊大な生活に明け暮れているのであれば、農民暴徒が立ち上がらずとも、「早晩、神の怒りが爆発するは必定」。神の激怒を怖れ、搾取と専制を捨てなさい。じっさい、「12ヵ条」には第1条や第11条のように「まことに公正かつ正当な」要求がある（渡辺訳272-5）、と。

ところが、それに続く「農民に対して」という箇所では、じつに驚くべきことが記されている。曰く——、一方において、くりかえし「私（ルター）の敵である「殺人預言者（ミュンツァーとその熱狂徒）」「不愉快な悪魔」に欺されてはならないと強調したうえで、「諸君（農民叛徒）」は諸侯や領主が邪悪であり、その統治は耐えがたく、苛酷な圧力を加えているとして徒党を組み、反乱を起こすのだと主張する。しかし、「悪を罰する権限はただ、剣を帯びるこの世の統治者」のみにあり、諸君にその権限はない。反乱は「キリストの掟と福音に反するばかりでなく、自然法とあらゆる公正にも反している」。だから、神は「諸君を永遠に罪に定めたもうであろう」（訳280。括弧内は引用者、以下も同じ）、と。

　こう書いたうえで、さらに続けていう。「私は、忍耐の限度を越えた不正を加えて、諸君を苦しめている為政者を正当化したり弁護したりするつもりはまったくない」。そう断ったうえで、しかし「当局がその権力を失ったならば、いったい何が残るであろうか」。その権力には、「当局の全所有と肉体と生命がかかっている。だから、諸君が（もし権力をかれらから奪えば、諸君は）当局に輪をかけた強盗」「最大の強盗」になるのだ（訳281）、と。

　またルターは、こうも推論する。「もし万一この暴動が進展し、拡大するならば、このふたつの国（神の国とこの世の国）は没落し、世俗的統治も神の言も生き残らず、全ドイツの永遠の破滅が起きるだろう」。この農民反乱とそれに対する為政者の弾圧がふたつながらもたらす「残酷な殺人と流血によって、ドイツの破滅と破壊と荒廃が起きるにちがいない」（訳271, 273）、と。

　「農民の子」ルターの農民叛徒に対する「最後通牒」は結局のところ、つぎのようなものだった。すなわち、「諸君がたとえ正しくとも、法に訴えたり、戦ったりするのではなく、むしろ不正を甘受し、悪を耐え忍ぶことがキリスト者にふさわしいことである。これ以外に方法はない」（訳287）。さらに、「自分で仕返しなさるな。（神の）怒りにまかせなさい」（パウロの「ローマ書」第12章19節）という文章をルターは引いている。

　そしてそのあと、ルターは補足的に「12ヵ条」にふれてつぎのように認めた。まず第1条については、教区の財貨が村から出たものであるかぎり、その要求は正当である。第2条については、「この条項は盗人であり、公然たる追い剥ぎにほかならない」。なぜならば、10分の1税は当局の所有物だからである。第3条

の農奴制の廃止という要求は、「真正面から福音と対立するものであり、また略奪的なもの」である。この企ては、「あらゆる人を（社会的に）平等にし、また神の霊の王国を世俗的・外的王国に変えようとする」ことにほかならない。この世に不平等がなければ、この世の国は成り立たない。だいいち、「奴隷でもキリスト者たりうる」のであり、「アブラハムや他の族長や預言者もまた、奴隷をもっていなかったであろうか」と書いてこの第3条の要求を撥ねつけている。まことに、非歴史的とでもいうべき聖書一点張りの見解というほかない。さらに、「他の8項目」について意見を述べることは、「福音主義者」たる私（ルター）の任ではない。それは法律家に任せるべきであり、「キリスト者に関わるものではない」と突き放している。

　ルターの『平和勧告』の内容はおおよそ以上のようなものだったが、その公刊直後に書かれた短い「盗み殺す農民暴徒に対して」という檄文は、「ミュールハウゼンを支配する悪魔の頭目」、つまりトマス・ミュンツァーら「悪魔に取り憑かれた暴徒」たちを念頭において、かれらの殺人と略奪と破壊行為を激しく断罪したうえで、諸侯と領主にむかってこう呼びかけている。暴徒は「誰でも、刺し殺し、打ち殺し、絞め殺しなさい」（「農民暴徒に対して」渡辺訳309）、と。

　果たしてこれら『平和勧告』や檄文が農民叛徒にとってどれほどの説得力をもったのか（嘆息と怨嗟と憤怒の声が聞こえてくるようだが）、審らかにしない。

　しかし、ひとつだけ明白な事実がある。それはルターの『平和勧告』にもかかわらず、領邦諸侯と領主は「搾取と専制を捨てず」、かといって「神の怒りが爆発する」こともなく、「殺人預言者」ともども無数（10万人といわれる）の農民叛徒が殺され、農奴制はより盤石な制度として強化されたということである。したがってまた、愛国者ルターが怖れていた「全ドイツの永遠の破壊」といったことも起きなかった。ルターはこの現実をみて大きく胸を撫で下ろしたにちがいない。事態は大方かれが望む方向で終息したのであり、ルター派諸侯の存立基盤が脅かされることもなかったからである。

自由意志論争(2)──ルターのエラスムス批判

　ルターは『平和勧告』をものする傍ら、エラスムスに対する反駁書の執筆に余念がなかった。その成果が25年12月に上梓された『奴隷意志論』(1525年)である。

この作品はワイマール版『ルター全集』第18巻のうち、600ページから787ページを占める浩瀚なものであり、その出来映えについて、のちにルターは大小の『教理問答書』(1529年刊、「大」は聖職者むけ、「小」は一般民衆むけにキリスト教の要点[38]を記した著書)とともに自分の真正の作品だと書いているから、いわば会心の作とでもいうべきものだったのだろう。

　この『奴隷意志論』の構成は、エラスムス『自由意志論』の序文と序論に対する反論からはじまり、旧約・新約聖書が自由意志を肯定しているとするエラスムスの見解、および自由意志を否定しているとみるエラスムスの主張を取り上げ、それぞれに反駁するという形をとっている。

　総じていえば、ルターの批判は、エラスムスに対する侮蔑の情を露わにし、罵詈雑言を畳みかけ、その見解に唾する類いのものだった。人間の自由意志を全称的に否定するルターによれば、聖書と敬虔に関するエラスムスの理解は「大きな無知」を告白したものであり、不敬虔かつ瀆神的である。そして「私(ルター)は『自由意志論』に関して論述したこれほど役立たない書物をみたことがない」と言い放ち、ふたりの間には「共通の基盤はない」(山内宣・旧訳121-3, 130)と断言した。

　そういうルターのエラスムス批判の骨子を摘記してみよう。第1に、そしてこれが人間の自由意志を否定する最も重要な根拠とされているようにみえるが、人間は生来、深く原罪をその身に帯びた堕落した存在であり、みずから「善を欲することはできない」。いいかえれば、「私たちは本性上、悪であり」、したがって「神の御霊なしでは、善を欲したり行ったりすることはできない」(山内宣・新訳220)。

　第2に、逆に、「神は悪を為したもうことはできない。なぜなら、神は善だからである」(新訳219)。このように、ルターによれば、徹頭徹尾、人間は悪であり、神は善である。人間は悪を行い、神が善を行うと定義づけられる。

　第3に、なぜ「神は私たちすべてを罪に穢されたものとして造りたもうたのか」(なぜ「アダムを堕落させたもうたのか」)、なぜ人間は原罪を負うことになったのか。しかし、この「神秘を探ることは私たちの為すべきことではない」。私たちはただひたすら、「この神秘を畏敬すべきである」(新訳223)。

　第4に、そうすることができない多くの人間が神のもとを去り、あとには選ばれた者のみが残る。去る者は不敬虔であり、永劫の苦しみに喘ぐ。残ったわずかの人間にたいしてのみ神の救いが約束される。「わずかの者しか救われず、多く

の者を罰する方が慈悲深い方であると信じること」、これこそ「信仰の最高段階」（旧訳163-4）なのだ。ここにあるのは、わずかの信じる者だけが救われるという、人間の意志によってはいかんともしがたい、神による救いの（事実上の）予定説だといってよい。

　第5に、「神の本性は不変で永久であり、誤ることのないその意志によって一切を予見し、約束し、為したもう」。その「神の意志を拒むことも変えることも妨げることもできない」（新訳130）。では、なぜ神はその意志を変えないのか。その「神秘」についても私たちは詮索すべきでない。なぜならば、「神の御業はまったく名状すべからざるものであり、神の言葉が語っているところを単純に信じるべきだ」（新訳218）からである。

　第6に、人間の悪は「神の御霊によってのみ矯正されうる」ものであり、悪に染まった人間の自由意志などまったく無力であり、エラスムスが主張する人間の「自由意志など真っ赤な嘘」。したがって、神の全知全能と罪深き人間の無力の中間にはいかなる真理も存在しない。

　第7に、自由意志の虚偽については、「たとえ全世界が混沌のなかに投げ入れられ、無に帰そうとも、死を賭して主張すべきものである」（旧訳147）。およそ「事物の変革は動乱と騒乱なしには、否、流血を見ずしては生じない」ものだ。「神を失うよりは、全世界を失うことがどれほど勝っていることだろうか」とまでルターは豪語する。

　第8に、エラスムスの「理性」は間違っており、神の業ではない。「理性と自由意志は、それ自身では暗黒そのものであり、自分自身の光では（ものを）見ることができない」（新訳240）。それにもかかわらず、「自分の救いにたいして（自分が）何かを為しうると確信している者」は「徹底的に自分自身に絶望していない者」（旧訳162）であり、神の救いに浴することはできない。

　こうしたルターの見解が『奴隷意志論』の後半から末尾かけて、使徒パウロとヨハネを引きながら、延々と述べ立てられている。

　それにしても、ほとんど「狂信的」ともいえる、ルターの自己完結的で信条的熱弁はなんという激烈な二分法によって貫かれていることか。神と人間、救いと原罪、善と悪、万能と無力、真実と虚偽、創造と破壊、信条と理性、光と闇、希望と絶望、奴隷意志と自由意志。これらの対概念のうち、それぞれ前者を拾って

みると、神、救い、善、万能、真実、創造、信条、光、希望、そして奴隷意志となる。しかも、一方の肯定は他方の否定である。したがって、人間、原罪、悪、無力、虚偽、破壊、理性、闇、絶望、そして自由意志というまとまりがもうひとつのセットになる。中間的な組み合わせはない。この竹を割ったような鮮烈な二分法のため、ルターのエラスムスに対する反駁はいよいよ苛烈で誇張されたものとなった。

　もちろん、誹謗されたエラスムスも黙ってはいなかった。かれがルターの『奴隷意志論』を手にしたのは1526年2月20日のこと。それを「一読して直ちに反論を10日足らずで」書き上げた。それが『ルターの奴隷意志論反駁』(Hyperaspistes adversus servum arbitrium Luteri, 1526) である。これには続篇があり、そちらのほうは翌27年8月に上記『反駁』のタイトル末尾に「第2巻」(Liber secundus) と付して上梓された (二宮、1984: 114, 124)。内容的にはこれらエラスムスの二著は新味に欠けるが、それぞれ原著で200ページを超える長大な作品である。

　最初の『反駁』が書き上げられて間もない1526年4月10日、エラスムスの手許にルターから謝罪含みの手紙が届いた。エラスムスが『奴隷意志論』に激怒しているという噂をルターは耳にしたからだった。

　そのエラスムスはルターへの返書のなかで、ルターの人柄とかれの『奴隷意志論』の筆致にふれ、歯に衣を着せぬ言い方でこう非難した。あなた (ルター) の「乱暴で抑制のきかない気質」のなせる業か、「驚くべき毒舌と誹謗的な嘘言」、さらには「無神論、快楽主義、キリスト教的告白信条に対する懐疑主義、瀆神などの非難を (私に) 浴びせて」います。しかしそれよりも、私 (エラスムス) が心配しているのは「公的な災禍」のほうです。「あなたがその尊大、厚顔、煽動の性癖をもって全世界を破滅的な不調のうちに砕き去ること」がありはしないかということです。それにしても、「あなたは、筆の剣を忘恩の醜徒に対して抜くべきであって、節度のある討論に対して抜くべきではなかった」と思います (Huizinga, 1924: 240-2、訳255-6)、と。

　この1520年代半ば、エラスムスの前には「ふたりの敵」が立ちはだかっていた。ひとりはルター、もうひとりはさきにもふれたパリ大学の保守派神学者ベダだった。このうち、ルターとの関係についていえば、自由意志論争のあと、ふたりの関係が改善されることはなかった。1534年3月、ルターは『エラスムスに関する

アムスドルフとルターの書簡』(*Epistolae Amsdorfi et Lutheri de Ersmus*, 1534) を出版。そこでルターは、エラスムスのことを「曖昧語法の上に君臨する曖昧王」と嘲笑を込めて卑下し、エラスムスの全著作を学校から追放してもらいたいと述べている（二宮、1984: 162）。ちなみに、アムスドルフ（Nikolaus von Amsdorf: 1483-1565）とはルター派の神学者であり、ルターは『キリスト教界の改善について——ドイツ国民のキリスト教貴族に与う』(1520 年) をそのアムスドルフに献呈していた。この『書簡』を読んだエラスムスは翌 4 月、『常軌を逸したルター書簡を駁す』(*Purgation adversus epistolam non sobriam M. Lutheri*, 1534) を上梓、ルターを厳しく批判した。

また、後者のベダは 1526 年 5 月 28 日、3 巻本の『覚書』(*Annotationes* ——正確には「ロッテルダムのエラスムスとジャック・ルフェーブル・デタプルに関するノエル・ベダの覚書」) を出版、エラスムスとルフェーブル・デタプル[39]（Jacques Lefèvre d'Étaples: c.1450-1536 ——フランスの人文主義的神学者で、1523 年に新約聖書、30 年に旧約聖書を仏訳した人物）を異端として激しく断罪した。

これに対して、エラスムスは 1526 年 8 月、『ノエル・ベダの誹謗書反駁』(*Prologus in Supputationem calumniarum Natalis Bedae*, 1526) を著し、さらに翌 27 年 3 月には、この『ベダ反駁』を増補して『ノエル・ベダの検閲における誤謬反駁』(*Supputationes errorum in censuris Natalis Bedae*, 1527) を上梓。その後も両者は一歩も引かず、その応酬は激しさを増していった。

しかし、そのベダは 1534 年 3 月、フランソワ 1 世の命によって不敬罪で投獄され、翌 35 年 2 月 28 日、「公開の謝罪を命じられたのち北辺のモン・サン・ミシェル修道院へ追放幽閉」され、37 年同地で亡くなった（二宮、1984: 169）。フランソワ 1 世は 32 年にルター派領邦諸侯によるシュマルカンデン同盟に加わり、ドイツ・スイスの改革派との宗教和平を模索しつつあったから、保守強硬派のベダは無用の長物、むしろ有害な存在になっていたからである。

他方、エラスムスは 1536 年 7 月 11 日の深夜、バーゼルで病没した。享年 67 歳。バーゼル大聖堂で 7 月 20 日、盛大な葬儀が執り行われた。そして 38 年にはバーゼルのフローベン書店から『エラスムス全集』(全 9 巻) が刊行されはじめた。しかしそれから数年した 1542 年以降、パリ大学神学部はエラスムスの主要著作をつぎつぎに禁書とした。また 58 年、長く異端審問所長を務めた経験があり、79 歳で教皇の座を射止めたパウルス 4 世[40]（在位 1555-9 年）はエラスムスを「第一級」の

異端者とみなし (64年には解除)、その全著作を禁書にした。3代前のパウルス3世 (在位1534-49年) とはまことに対照的なエラスムスへの対応だった。これらの仕打ちが示唆しているのは、エラスムスは死してなお保守的な教皇派にとって大きな脅威であり続けたということである。

　最後に、エラスムスについて一言。「ルターの樫の木のような力 (the oaken strength of Luther)」「カルヴァンの鋼鉄の鋭利 (the steely edge of Calvin)」「ロヨラの白熱 (the white heat of Loyola)」に比して、「エラスムスの天鵞絨の柔らかさ (the velvet softness of Erasmus)」と喩えたのは、エラスムスと同じオランダ人の歴史家ホンジンガだった。エラスムスの人文主義的キリスト教思想の神髄に息づくものを、中庸、平和、独立、親愛、寛容、人間性 (自由意志) への信頼といった言葉で表現したのもまた、ホイジンガその人である (Huizinga, 1924: 189、訳198)。いまも傾聴すべき理解であるにちがいない。

ドイツとスイス――宗教改革の進展

　ここで、すこし時計の針を戻して、ドイツとスイスにおける宗教改革運動の進展について点描しておこう。

　1520年代後半、ドイツやスイスでは、ルター派やツヴィングリ派だけでなく、急進的な再洗礼派の台頭もあって事態は大いに緊迫していた。二宮敬の整理に基づいて、スイスを中心にしてその動きを日誌風に追ってみよう。

　まず、1525年4月12日、「チューリッヒ市はツヴィングリの主張どおり、カトリックのミサ聖祭を廃止」。25年5月5日、「ザクセン選帝侯フリードリヒ3世没。弟ヨハンが跡目を継ぎ、引き続きルターを強力に支持」。25年5月中旬、ミュンツァーが「異端・逆賊」として処刑された。26年5月21日から6月8日まで、「スイス各州のカトリック代表と改革派代表がバーデンで会合、スイス連邦としての統一的宗教憲章のために激論を交わした」末、結局不調に終わる。27年5月6日、「(神聖ローマ帝国) 皇帝軍がローマに突入」、ローマの掠奪事件が起きた。1ヵ月後の6月7日、皇帝軍が教皇クレメンス7世を捕縛。27年9月23日、バーゼル市政府は司祭によるミサ聖祭の執行と市民のミサ出席を自由化した。27年12月、スイスのコンスタンツとチューリッヒが、「カトリック諸州に対抗する攻守同盟を結び、ベルン、ザンクト・ガレンもこれに参加した」。28年2月17日、「ベル

ン市政府がミサ聖祭の廃止と聖像破棄を決定」。28年3月10日、再洗礼派の指導者バルタザール・フープマイアーがウィーンで火刑。29年1月20日、「ストラスブール市当局はミサ聖祭の全面的廃止を決定。バーゼルにおいても武力衝突を恐れた市参事会はミサ聖祭を停止」。29年2月8-10日、バーゼルの改革派市民は市参事会からカトリック派議員12名を追放、教会から奪った聖像類を燃やす。29年5月、「ツヴィングリの主唱により、チューリッヒはベルンその他『キリスト教都市同盟』(改革派)加盟の都市とともに、スイス・カトリック諸州に対して武器をとる」。6月24日には、「スイス・カトリック5州はチューリッヒ側の要求を呑み、オーストリアとの関係を断ち、相互に宗教的寛容を守る旨約す」(二宮、1984: 109-34)。

ちなみに、二宮敬は「改革派」という言い方をしているが、ミサ聖祭の廃止と聖像破壊といった行動からしても、その内実はツヴィングリ派あるいはブツァー派というべきものであったようにみえる。

つづく1530年代になると、ドイツでも事態は一層深刻化し、抜き差しならない情勢になっていた。30年6月25日、メランヒトンの筆になるルター派の信条を綴った「アウクスブルク信仰告白」[41] (Augsburger Konfession, 1530)がアウクスブルク帝国議会に提出された。しかし、ルター派諸侯の足並みは乱れ、逆にルター派によって財産没収の憂き目にあったカトリック派が団結して財産返還を要求した。皇帝カール5世がこの要求に好意的に対応したため、ルター派諸侯は危機感を抱いた。ついで30年11月15日、カール5世はヴォルムス勅令(1521年5月21日——ルターの追放、その著作の禁書処分、すべての宗教関係書の無断出版禁止がその主たる内容)の厳重実施を命じ、改革派弾圧に踏み切った。これに対抗してルター派諸侯が団結し、翌31年にシュマルカンデン同盟(Schmalkanldischer Bund, 1531)を結成。ヘッセン方伯フィリップ1世(Philipp der Grossmütige von Hessen: 在位1509-67年)、ザクセン選帝侯ヨハン(Johann, der Beständige: 在位1525-32年)およびその子のヨハン・フリードリヒ(Johann Friedrich: 在位1532-47年)を中心とするルター派諸侯と11の自由都市(ブレーメン、アンハルト、ストラスブルク、ウルムなど)がこれに参加し、翌32年にはフランソワ1世とあいだで同盟関係を築いた。

この「同盟」に加わった領邦や都市では、カトリック教会の財産没収のほか、カトリック司教・貴族の追放が行われ、ルター派の影響力が強まった。しかしカー

ル 5 世のルター派弾圧が強化されたため、ついに 46 年 7 月 10 日、同盟がカール 5 世に宣戦布告、シュマルカンデン戦争が勃発した。いくつかの紆余曲折ののち、このドイツ国内におけるルター派とカトリック派の対立は 1555 年 9 月 25 日のアウクスブルクの和議 (Augsburger Reichs- und Religionsfrieden, 1555) によって暫定的な解決をみた。この和議によって、カルヴァン派、ツヴィングリ派、再洗礼派は異端として除外され、また帝国都市には選択権が認められなかったものの、領邦君主はみずからの判断によって自領の宗教をカトリックとするかルター派とするかを決めることができるようになった。「領土の統治者が領民の宗教を決める」(Cuius regio, eius religio) という原則の確立である。ルター派諸侯との領邦についていうかぎり、この和議によってローマ教皇体制から独立することが保障されたのであり、それによって構築されたドイツの「領邦教会体制」は「小さな」宗教改革の達成を意味していた ('Cuius region, eius religio', WP)。

かくして、カール 5 世 (カルロス 1 世) の雄大な野望、すなわちキリスト教カトリシズムに基づくヨーロッパ普遍帝国の再興という高邁な理念は空しく宙に舞った。

ともあれ、ドイツにおける宗教改革と領邦政治の深い結びつきは、ザクセン選帝侯などルター派諸侯の存在と紐帯によってのみならず、このアウクスブルクの和議によってその揺るぎない根拠を与えられた。

イングランドのルター主義──ティンダールとクランマー

宗教改革議会についてみるまえに、もうひとつ、ルター主義のイングランドへの浸透について手短にふれておこう。

いつ頃からルターの教説がイングランドで関心を集めるようになったのか、必ずしも判然しない。1518 年から 21 年にかけて、リンカン司教ジョン・ロングランドが行った異端書調査によれば、摘発された書物はおおかたウィクリフあるいはロラード派のものだった。しかし、ヨーク大司教 (在位 1514-30 年) であり、ローマの枢機卿 (1515 年以降)、さらに教皇特使 (1518 年以降) となったトマス・ウルジーは早くも 21 年、「ルターの誤謬」に関する文書をイングランド各地の司教に回付している。同じ 21 年 5 月 12 日、聖パウロ大寺院において、ケンブリッジ大学総長の人文主義者であり、ロチェスター司教だったジョン・フィッシャー (John

Fisher: 1469-1535 ――ヘンリー8世の王子時代の家庭教師、のちにモアと同罪で処刑)はウルジーらの面前で「新たな異端」であるルターを糾弾し、かれの書物を焚書にすべきだと説いた。いずれもヘンリー8世の『七秘跡擁護論』(1521年)の出版と軌を一にする発言だった。じっさい、1520年にはオックスフォードでルターの本が売られていたといわれる(Hudson, 1988: 473, 484, 494f.)。

　(A) 白馬亭の「小さなドイツ」について。ちょうど同じ頃、ケンブリッジの白馬亭(White Horse Tavern)でルターに関する勉強会が始まった。その集まりは「小さなドイツ」と呼ばれた。リーダーはのちの殉教者ロバート・バーンズ(Robert Barnes:c.1495-1540)、その他この会合には、保守派に転じたステファン・ガーディナー(Stephen Gardiner: c.1483-1555 ――メアリー1世時代の大法官)もいたが、ティンダール、クランマー、ヒュー・ラティマー(Hugh Latimer: c.1487-1555 ――ウスター司教、エドワード6世付き司祭、メアリー1世時代の殉教者)、ミルズ・カヴァーデール(Myles Coverdale: 1488-1569)、トマス・ビルニー(Thomas Bilney: c.1495-1531)、マシュー・パーカー(Matthew Parker: 1504-75)、ジョン・ロジャース(John Rogers: c.1500-55)、ジョン・ベイル(John Bale: 1495-1563)、ジョン・フリス(John Frith: 1503-33)など錚々たる面々が集まっていた。

　これらのうち、最後のフリスはこの会合でティンダールと親交を深めたが、そのティンダールは24年にロンドンからドイツに亡命。28年、フリスもそのあとを追った。同年にフリスはマールブルクに移住し、そこでフィッシャーやモアを批判する『煉獄論』(*A Disputacion of Purgatory*, 1528)を書いた。1532年に帰国、大法官トマス・モアの命によって捕らえられ、異端としてロンドン塔に繋がれ、翌33年7月4日に火刑された。

　つぎのベイルは多才な人物で、聖職者(アイルランドのオソリー司教)、歴史家、劇作家であり、シェイクスピアに大きな影響を与えた史劇「ジョン王」(1538年)の作者となった。30年代後半は首長令を契機にして、反ルター色のめだった20年代前半とは反対に、多くの反カトリック演劇がロンドンで上演された[42]。そのなかにはかれの作品が数多く含まれていた(太田一昭、1999: 19-20)。ロジャースはティンダールの聖書英訳改訂版(1534年11月、アントワープで出版)の協力者であり、メアリー1世時代の殉教者のひとり。カヴァーデールは1534年、ヘンリー8世の命を受け、一部ティンダールによる英訳新約聖書やモーゼ五書、ヨナ書を用い

てカヴァーデール版英訳聖書を完成した人物。とくに、その旧約聖書の「詩編」は17世紀の王政復古後の「祈祷書」(1662年)に承継され、21世紀のいまもその余命を保っている。

パーカーはヘンリー8世およびアン・ブーリン付きの司祭であり、エリザベス1世時代にカンタベリー大司教となった。ビルニーはウルジーやウォーラムから異端の嫌疑をかけられ、一時釈放されたが、最終的には正式な法的手続きを経ずにノリッジで焚刑された。かれはティンダールの熱心な支持者だった。したがって、これら白馬亭メンバーのうち、クランマーも入れれば、じつに7人が改革派の異端として処刑されたことになる。大なり小なり、ルター主義者としての側面をもっていた。

(B) ティンダールとその教義について。「小さなドイツ」のメンバーの一人だったティンダールは、イングランドの「宗教改革運動における最大の人物」ともいわれる。かれはルターに勝るとも劣らず、急進的な考え方の持ち主だった。というのも、ティンダールは告解を全面的に否定し、偶像崇拝の禁止についても、また聖体拝受説の批判という点でもルターより徹底していた。この点、ティンダールはウィクリフ的あるいはロラード的だったという見方がある (Dickens, 1972: 175、訳189; Hudson, 1988: 504-5)。

そのティンダールはウィクリフの影響が長く残っていたイングランド西部グロスタシャーのダーズレー (Dursley, Gloucestershire) の生まれ。オックスフォード大学を卒業したが、その学問的自由に欠ける保守的雰囲気に嫌気が差し、ケンブリッジ大学に転じた。しかしすでにエラスムスはいなかった。それでも、白馬亭に集った多くの若き英俊たちに会うことができた。

卒業後、かれは郷里グロスタシャーのリトル・ソドバリー (Little Sodbury) の名門貴族ジョン・ウォルシュ家の家庭教師をしていたとき (1521-3年)、「16世紀に出版された本のなかでも最も重要なもののひとつ」とされるエラスムスの『エンキリディオン』を英訳した (一説には1520年に英訳)。それを地元の神学者や聖職者、貴族などが集まるウォルシュ家のサロンで回覧に供したが、顰蹙を買うばかりだった。

ティンダールは人文主義者としても名があったロンドン司教タンスタール (本章注11参照) がエラスムスを高く評価しているという噂を耳にしてかれの許を訪

ね、聖書英訳の話をして支援を求めたが、まったくのお門違い。保守派タンスタールの対応は冷淡だった。ロンドンのみならずドイツなどに滞在中も、英訳聖書の刊行費も含めて、ティンダールはロンドンの繊維商人ハンフリー・モンマウス (Humphrey Monmouth: 生没年不詳) の手厚い援助を受けた。

まもなくして身辺に危険を感じたティンダールは1524年5月、ロンドンを後にしてハンブルクにむかった。さらにルターに会うため、ヴィッテンベルクに赴いた。そこでティンダールは大学教会で行われたルターの説教を接して強い感銘を受けた。かれはその地で新約聖書の英訳に没頭、25年にその翻訳を完成させた。しかし、有名な出版社はあったものの、反ルター主義的だったケルンでは、印刷はできたものの、出版は叶わず (四つ折り版の断片[43]、八つ折り版も2冊が現存する)、翌26年、ルター主義を謳う自由都市ヴォルムスのペーター・シェッファー (Peter Schoeffer) 書店から英訳新約聖書を刊行した。さらにアントワープに移ってそれを増刷。この時ティンダールはいまだギリシャ語聖書を手にしておらず、ルターのドイツ語聖書 (1522年の新約聖書) およびエラスムス『校訂新約聖書』(初版、1516年) の第3版 (1522年) を用いて翻訳した。その英訳聖書 (初版) は商人などの手でイングランドやスコットランドに密輸入された。その価格は、熟練職人の1週間分の賃金にあたる3シリング2ペンスほどだった (Dickens, 1989: 56)。

ロンドン司教タンスタールは1526年10月、ティンダールの英訳聖書には3000ヵ所以上の誤謬があり、きわめて有害な書物だとして公開の場で焚書した。2年後の29年1月、枢機卿ウルジーはティンダールを異端とした。同年の8月3日から5日まで、皇帝カール5世の代理 (叔母のマルガレーテ)、フランソワ1世の代理 (国王の母ルイーズ・ド・サヴォワ) がフランドルのカンブレーで会い、「貴婦人の和議」(paix des dames) と呼ばれる平和条約[44]が結ばれたが、その会議にはイングランドからモアとタンスタールが参加し、その一条に異端書の印刷と輸出を禁じる条項が盛り込まれた。そのモアはそれよりも2ヵ月前の29年6月、ルターやティンダール、ビルニーなどの「異端者」を念頭において、英語で全4編からなる『異端に関する対話』(*A Dialogue concerning Heresies and Matters of Religion*, 1529) を著した (藤本、1936: 72; 二宮、1984: 135)。

この1520年代末、ティンダールはヘブライ語、ギリシャ語聖書によりながら英訳聖書 (初版) の抜本的改訂に着手したが、それと並行して注目すべき4つの作

品、『邪悪な富の寓話』(*The Parable of the Wicked Mammon*, 1527)、『キリスト者の服従』(*The Obedience of a Christian Man*, 1528)、『高位聖職者の慣行』(*The Practice of Prelates*, 1530)、そしてモアからの批判に応えた『トマス・モア卿の対話に対する答弁』(*An Answer unto Sir Thomas More's Dialogue*, 1531) をつぎつぎと書き上げた。

まず、『寓話』(1527年) はルターの『邪悪な富についての説教』(*Sermon von dem unrechten Mammon*, 1522) を下敷きにし、それを増補するような性格をもっていた (Almasy, 2002: 5; DeCoursey ed, 2010: 9)。

冒頭の「読者へのはしがき」のなかで、ティンダールはつぎのように書いている。旧約の時代にも新約の時代にも反キリスト者がいた。古き反キリスト者はキリストをピラト (Pilate ──キリストの処刑を認めたローマ総督) に渡した。いまも新たな意匠を凝らした反キリスト者が跋扈している。その頭目が教皇であり、かれは「あなたからキリストと聖書を切り離そうとしている」。しかしかれが新約聖書を焚書し、私 (ティンダール) を火刑に処しても意味はない。それが神の意志であり、神の命であるかぎり、私はすべてを捧げて新約聖書の翻訳に邁進する、と。

この『寓話』のなかでティンダールは幾度となく、つぎのようにいっている。神とその言である聖書への信仰があってはじめて神の恩寵と愛に目覚め、人は善い業へと導かれていく。しかし「信仰が弱ければ、愛は冷め、善い業は減る」。信仰のみがわれらを「神の息子、神の相続人と成す」。神への赤心の信仰が善い業をもたらす。端的にいえば、「信仰なくして、善い業を為しえず」。したがって (その関係を逆転させて)、「善い業によって天国をめざすのは、キリストの血の尊厳を貶める行為」である。「神の栄光 (を増すこと) こそ、すべての善い業の最終目的である」と。

神の言葉である聖書を信じる者のみが救われ、不信の輩は滅ぶ。その聖書の核心にふれてティンダールはいう。「汝の隣人が困窮しているとき、もし汝がかれを助けないならば、汝はかれが当然にして受けるべきものを奪い取っていることになる。それは神の前の盗人である」。なぜならば、「人はキリストに倣って、隣人のため、その所有物のみならず、おのれ自身さえ惜しんではならない」からである。「人は他者の債務者」(他者への債務を負った存在) なのであり、愛はおのれを忘却させる。キリストが流された血によって、すべてのキリスト者の心のなかに湧き上がるもの、それが愛の律法である。

さらに、ティンダールはこうも書いている。「酒造りであれパン造りであれ、服屋であれ宿屋であれ、商人であれ自作農であれ、その職業と熟練を共有財産 (commonwealth) に帰し、神がそうされるように、同胞のために務めなさい」。そうすれば、その行為は「神を悦ばせるものになる」(Tyndale, 1527 [1831: 138])、と。

　要するに、ティンダールは、「神と聖書への信仰→善い業への誘い→職業労働による共有財産および同胞への献身→神の栄光の増大」という因果連鎖の図式を思い描いていたことになる。

　しかしこの『寓話』について、モアはさきの『対話』において、『寓話』ほど無知で狂気じみたものはないと非難した。

　ついで、ティンダールは翌28年、長篇『キリスト者の服従』(Obedience of a Christian Man and how Christian Rulers ought to Govern, 1528) を上梓した。これはタイトルどおり、キリスト者は何に服従すべきかを説いた著作である。その「読者へのはしがき」にはつぎのような主張がみられる。すなわち、神と聖書は現世への愛を嫌悪している。教皇は偽善者であり、反キリスト者である。ほとんどの聖職者はラテン語も読めず、また聖書の真意も解さず、反キリストの弟子に堕している。だからこそ、聖書の俗語(英語)への翻訳が大切である。アリストテレスは人間の自由意志と理性と知識を過大評価し、神と聖書の根源的な偉大さを理解できなかった。ティンダールは、所詮「人間の知識は偶像崇拝にすぎない」とまで言い切っている。

　本論において、ティンダールは聖書の章句を引きながら、あるべきいくつもの服従関係についてふれている。子の父母への、妻の夫への、召使いの主人への、臣民の君主や支配者への服従が、それぞれに優位する者のあるべき行動様式を明らかにしつつ説かれている。とくに君主など支配者のあり方について大きな紙幅が割かれている。曰く──、大方のキリスト教君主は教皇の信条を擁護する。しかし教皇が反キリスト者であるため、君主も司教もキリスト者として正道を踏み外す。教皇は自らの悪魔的行為を自覚せず、羊に対する狼のごとく振る舞っている。隣人愛に欠ける邪悪で偽善者である教皇とその追従者たちは神の言を奪い、人々の財産を掠奪し、平和を蹂躙して憚らない。しかし原理的には、教皇も君主も現世での仮の姿、すべてキリストの下僕であるにすぎない。教皇も君主もひとしく神の言を遵守しなければならない、と。

　政教分離と世俗権力の優位という考え方を重視するティンダールは、一方で教

皇の世俗への関与を排しつつ、他方では君主に抗う民衆の抵抗運動や蜂起を禁じている。というのも、前者に関しては、「国王は神からの天賦をもっている」からである。世俗の統治は教皇ではなく神によって、君主に委ねられている。だからこそ、後者についてティンダールはこう記している。「われらが自由を求めて邪悪な支配者に抵抗すれば、われらはより一層悪魔に拘束され、窮乏と邪悪によって覆い尽くされることになる」(Tyndale, 1528 [1831: 231]) と。悪徳な支配者を裁くのは神の業である。なぜなら、王権は神が与えたものだからである。いかなる理由にせよ、神授された王権を被支配者が簒奪することは許されない。

こう主張する『服従』が王妃キャサリンを介してヘンリー8世の許にも届けられた。その反応はウルジーの期待とは違って、「この書物は私のためのもの。すべての君主が読むべきだ」と言い切った。世俗と王権の優位といい、王権神授説といい、いずれもヘンリー8世にとっては好都合なものだったからである (Ellis, 1890: 66)。まもなくして、ウルジーは疎んじられるようになった。

さらに、『高位聖職者の慣行』(*The Practice of Prelates*, 1530) の「読者へのはしがき」(Preface to the Reader) をみてみよう。そこには、かれら高位聖職者が神の言葉に反して現世への愛に執着し、その支配権に心を奪われている様子が描写されている。教皇を君主と頂き、みずからの立身出世に汲々とし、異端告発と破門という手段を用いて情け容赦なく、善き人々を破滅に追い立てている、とティンダールはかれらを手厳しく非難する (Tyndale, 1530 [1831: 383])。

その本論においても、ローマ教皇はこの世の無法な狼として、現世の君主のごとく権力を振るっていること。歴代教皇史を辿りながら、いまの枢機卿ウルジーに勝るとも劣らず、野心的かつ貪欲だったボニファティウス3世 (在位607年2月19日-同年11月12日) がローマ司教を教皇としたこと。そののち教皇と君主は現世の権力闘争に明け暮れたこと。やがて教皇はこの世の神、この世の法であると僭称するようになったこと。それが教皇を腐敗の極地に追いやったこと。高位聖職者は使徒のなかでペテロを最上位におくが、聖書にその根拠はないこと。当時 (16世紀前半) の高位聖職者の行動にふれ、ウルジーが独裁的で卑劣な狼として振る舞っていること。それはヘンリー8世がかれを重用してきたためであることなどについてふれている。

ティンダールは、そのウルジーの失脚の原因となっただけでなく、ヘンリー8

世の宗教改革の引き金ともなったヘンリー 8 世の最初の王妃キャサリン・オブ・アラゴンとの「婚姻無効」問題にふれ、つぎのように書いている。聖書は兄弟が生きているかぎり、その妻を娶ることを禁じている。しかしその兄弟が子を残さずに亡くなった場合、その兄弟がその未亡人を娶ることを許している。しかし、それは合法的ではあっても神の命ではない (Tyndale, 1530 [1831: 473])、と。

したがって、ヘンリー 8 世はレビ記に基づいて、キャサリン・オブ・アラゴンとの結婚が無効だと主張しているが、その考え方は聖書に照らして支持できない。これがティンダールの明白な回答だった。

(C) ティンダールとモアの論争について。このふたりの論争は前後 5-6 年にも及ぶ長いものだった。

1520 年代も半ばをすぎると、ルターやツヴィングリといった宗教改革者の著作のみならず、ティンダールの英訳聖書もイングランドに大量に流入するようになった。そのため、それらの密輸入に対して厳しい監視の目を注がれた。ロンドン司教のタンスタールは 28 年 3 月 7 日、友人のトマス・モア宛てに 1 通の手紙を書き、憎むべき異端者の邪悪な教義を排除し、カトリック信仰を擁護するため、教会の擁護者を代表して邪説弾劾の著作を書いてほしいと要請した。そこには、そのためならば、忌むべき異端者の書物を読むことも差し支えないと書き添えてあった。

まもなくしてモアは、気が進まぬまま筆を執った。上記の『異端に関する対話』(1529 年) がそれである。かれはティンダールを最も手強い相手とみていたから、ティンダールの『寓話』(1527 年) や『服従』(1528 年) を精読した。

一方、ティンダールは『慣行』(1530 年) を書いてある程度までモアの『対話』に答えていたが、それでは不十分と判断し、さきの『答弁』(1531 年) を著してモアの批判に答えた。しかし、それで両者の論争が終わったわけではない。モアはその『答弁』の一言一句を取り上げるようにして、新たに長篇『ティンダールの答弁に対する反駁』(1532-3 年) を書き下ろした。モアは 29 年 10 月、ヘンリー 8 世によって大法官に任じられ、クロムウェル (Thomas Cromwell: 1485-1540) とともに初期の宗教改革議会を主導した。

しかし、モアの『反駁』第 1 巻 (1532 年 5 月刊) が出た直後、かれは大法官を辞している。理由はイングランドの聖職者会議の立法権にヘンリー 8 世が介入し、そ

の権限を剥奪したことに対する抗議からだった。したがって、『反駁』第2巻が上梓された33年には、モアはすでに下野していた。その32年11月14日、ヘンリー8世は密かにドーヴァーでアン・ブーリンと結婚。翌33年1月25日、ヘンリー8世とアン・ブーリンの「公式の」結婚式が執り行われたが、モアが列席することはなかった。その3月に宗教的事案に関するローマ教皇への上訴を禁じる上訴禁止法が議会で可決されると、モアはこれにも強く反発した。

同年5月23日、新任のカンタベリー大司教クランマーはヘンリー8世のキャサリン・オブ・アラゴンとの結婚を無効としたことによって、1週間後の6月1日、アンは晴れて王妃として戴冠することができた。

その同じ6月、みずからの運命を悟ったかのように、モアはエラスムス宛てに生涯「最期の」手紙を認めた。そこにはこうある。大法官からの退位は罷免でなく辞任だったこと、ティンダールを初め「蛇蝎のごとく嫌ってしかるべき」「この世の人類すべてを悲惨な状況に陥れ」ようとする異端者が、モアのことを「鬼神のごとき存在」とみなしても悔いはないと書いたのち、「あるがままの真実を墓碑銘に刻み込む」べく、「生前に自分の墓を建てる」ことにしたと述べ、「トマス・モアの墓碑に付された言葉」と題するモア自身と父親の生涯に関するごく短い文章を記したうえで、短い「墓碑」が添えられていた。そこには、「トマス・モアの愛妻ジェーン、ここに眠る。モアとアリス（再婚した妻）もまた、ここを墓と定める。（中略）いずれがより大切かはもとより決め難い。願わくは、せめてこの墓のなかで三人が一緒になれますように」と（『往復書簡』沓掛・高田訳332-41 括弧内は引用者）。

この手紙が書かれてから2年後の1535年7月6日、モアは王座裁判所での審問[45]で有罪とされ、タワー・ヒルで斬首された。主たる罪状は首長令に異を唱えたことによる国家反逆罪だった。

奇しくも同じ35年、ティンダールはアントワープで逮捕され、ブリュッセル近郊のフィルフォード (Vilvoorde) 城に投獄されたのち、翌36年10月6日、クロムウェルやクランマーの仲立ちにもかかわらず、異端として絞首刑に処され、遺体はその場で焼き捨てられた。フォックスの『殉教者列伝』によれば、ティンダールは最期に、「おお、神よ。イングランド王の目を開かれんことを」と唱えたといわれる (Foxe, 1838, vol.5: 127)。

さて、両者の論争であるが、モアの『対話』(全4編) はルターに傾倒する学生が

モアの許を訪ね、ふたりのあいだで交わされた「対話」をモアが自分の友人に書き送るという体裁になっている。また『反駁』も、ルター主義者のロバート・バーンズとふたりの一般女性との架空の対話という形式をとっている。

これに対して、ティンダールの『答弁』(1531年)はモアの『対話』の各章に記された批判に反論するという書き方になっている。そのボリュームは『対話』のおよそ半分。しかし両者の論争はこれで終わらなかった。モアはティンダールの『答弁』に応えて新たに『反駁』(1532-33年──2巻本で全9篇)を著したからである。その長さは『対話』の約3倍、ティンダールの『答弁』の約6倍にもなる浩瀚なものだった。

かつてのエラスムスとルターの自由意志論争もそうだったが、モアとティンダールは互いにみずからの見解を主張して譲らず、誹謗と中傷がめだち、相手に罵詈雑言を浴びせかけ、その人格を深く傷つけるような性格をもっていた。とりわけ、モアの『反駁』がそうだった。

もちろん、両者の間には多くの論争点があったが、モアが『対話』で取り上げたのはつぎのような点だった。

第1に、教会や聖職者の腐敗について。モアからみても、批判さるべき事実がないわけではない。しかし、ティンダールは事実を著しく誇張している。聖なる神は真に腐敗した教会を長続きさせ給うわけがない。

第2に、ティンダールの聖書原理主義は恣意的である。聖書が聖書とされるのは教会の存在と働きによってである。福音書の信仰がすべてというが、それでは犯罪ひとつ減らすことができない。聖書か教会かではない。教会があってはじめて聖書が生きる。聖書に基づいて教会を排除するのは間違った考え方である。

第3に、異端の代表はルター、その影響を受けた「メッセンジャー」がティンダールである。民衆はこれら異端の言動によって果たすべき義務から解き放たれるかもしれないが、それは最終的には社会に無秩序をもたらすだろう。じじつ、ローマの掠奪(1527年)に例証されるように、ルター派教徒は破壊分子であり、自らの行為の何たるかを自覚しようとしない。諸侯もルターの教説によって教会領を没収する格好の口実を手にしたと喜ぶにちがいない(『対話』第4編7章および12章)。

第4に、魂の救済に関する予定説は幾多の教父や卓越した神学者たちの優れた英知の蓄積を無視するものであり、悪魔的教義というほかはない。そしてモアは、

『対話』(第4編18章)で異端の火刑もやむなし、とまで踏み込んでいる。

　第5に、『反駁』でも繰り返された大きな論点であるが、ティンダールの英訳新約聖書(1526年)には「1千箇所以上の」誤りがあると指摘した。とりわけ、モアにとって看過できなかったのはティンダールによる新たな訳語の工夫である。たとえば、ティンダールは「ekklesia」を教会ではなく会衆(congregation)と訳し、同じように、「presbytetros」は聖職者(priests)ではなく長老(elders)、「agape」は慈悲ではなく愛、「charis」は恩寵ではなく好意(favour)、「homologia」は告解(confession)ではなく知ること(knowledging)、「metanoia」は懺悔(penance)でなく後悔(repentance)と改訳した。モアはこうした新訳は伝統的に定着してきた語彙(語意)を恣意的に改竄するものであり、断じて認めることができないと厳しく批判した。

　けれども、こうした批判に対するティンダールの回答は簡単明瞭なものだった。原義に忠実であろうとすれば、新たな訳語は必要不可欠。伝統というが、それは不注意な解釈が幅を利かせてきただけであるとしてモアの批判を一蹴した。もっとも、こうしたティンダールの努力にもかかわらず、かれの新訳語が広く受け入れられたのかといえば、必ずしもそうではなかった。

　大切な点であるが、こうした中核的概念の改訳の含意は決して小さなものではなかった。というのも、エラスムスもいうように、「教会」は聖職者の位階秩序を意味する。しかし「会衆」は信者の集まりをさす。ティンダールが「ekklesia」というギリシャ語を教会ではなく会衆と訳したのはほかでもない。教会の位階秩序を否定するためだった。同じことは、「presbyteros」についてもいうことができる。その言葉は聖職者ではなく、長老を意味する。ローマ教会においては、聖職者とは罪を赦す人間であり、またパンと赤葡萄酒はキリストの肉と血を指示している。しかし長老とは賢者の意、教え諭す人間をさすにすぎない。したがって、ティンダールが「presbyteros」を聖職者ではなく長老と訳す含みは、聖体拝受(化体)説のみならず告解といった秘跡も否定するためであり、聖職者の位階秩序を打ち砕くためだった。ちなみに、ティンダールは『答弁』のなかで、偶像や聖遺物崇拝、宗教儀式は形骸化して無意味なものになっており、破棄すべきだと述べている (Tyndale, 1531 [1831: 11-24, 30-1, 56-65]; Demaus, 1871: 267-83; DeCoursey ed., 2010: 13-4, 23-7)。

　興味深いことだが、ティンダールが新しい訳語を工夫した背景あるいは前提には、モアとは対照的な民衆観があった。端的にいえば、モアは民衆の善意、有徳、

知識といったものを信頼していなかった。かれは民衆を狡猾で欺されやすく、悪行に染まりやすい無知な存在と考えていたからである。しかし、ティンダールの民衆観はその対極にあった。ティンダールには権威からの解放、民衆自身の判断する権利という考え方に重きをおいたが、モアにとっては伝統への帰依と服従が立論の基本原則だった。ティンダールは聖書の理論知を尊重したが、モアは教会の経験知を大切にした。そうであるかぎり、両者の論争はどこまでいっても平行線に終わる運命にあった。

　ティンダールとモアの違いはこのように原理的なものだったから、論争が長引くとおのずから、その言葉遣いが激しくなり、乱暴なものになっていった。それはモアの『反駁』でもだった。「野獣の口から吐き出される不道徳で下品な憤怒の言葉」に辟易する関係者が少なくなかった。それも手伝って、モアの『反駁』は失敗作だという評判が立った。その根拠とされたのが長すぎる冗長な文章だった。ティンダールの『答弁』は簡潔で明瞭なものだったから、両者の違いが一段と際立った。じっさいモア自身、その『弁明』(1534年)でも書いているように、『反駁』の世評は芳しいものではなかった。

　しかし、翻って考えてみれば、論争におけるモアの立場はその当初から不利だったようにみえる。ロバート・デマウスはその点にふれてこう書いている。「モアの『反駁』は失敗作だった。時代精神はティンダールや宗教改革者とともにあり、モアの長大な『反駁』はこの時代の大きな流れに対して無力だった。時代は『反駁』に対して背を向けていたのである」(Demaus, 1871: 282)、と。

　ふたりの論争はモアの『対話』によって始まったが、宗教改革議会の開催まではあと5ヵ月。その議会では、伝統的な聖職者特権を抑制あるいは剥奪する法案がつぎつぎと上程され、そして通過した。アン・ブーリンとの結婚を熱望するヘンリー8世は、王妃キャサリン・オブ・アラゴンとの婚姻を無効にしてほしいとクレメンス7世に願い出たが、色よい返事はなく、ローマ教皇とウルジーに対するヘンリー8世とアン・ブーリンの不信感は募るばかりだった。早晩、それが災いしてローマとのもっと大きな亀裂を生み出すのではないかという憶測が飛び始めた。たしかに時代の舞台装置はモアではなく、ティンダール向けのものとなっていったようにみえる。

　モアの批判にもかかわらず、ティンダールの最大の功績といえば、ギリシャ語、

ヘブライ語の原典から聖書を英訳したことにある。イングランド欽定訳聖書には複数のものあるが、さきに言及したカヴァーデール訳もティンダール訳に負うところが大きかった。何よりも、のちのジェームズ1世の欽定訳(1611年——「欽定訳聖書」といえば、ふつうこの「ジェームズ王訳」King James Version をさす。)もその序文にあるように、ティンダール訳(1534年改訳版)に多くを負っていた。

　(D) クランマーとフィッシュについて。「小さなドイツ」のメンバーという意味では、もうひとりトマス・クランマーの存在を逸することができない。

　かれはノッティンガムシャーのアスロクトン(Aslockton)の生まれ。ウルジーやクロムウェルなどと同じく平民出身であり、一代でカンタベリー大司教にまで登り詰めた人物である。地元のグラマー・スクールを卒業した後、14歳でケンブリッジ大学の新設ジーザス・カレッジに入学した。同期にはラティマーがいたし、エラスムスも同大で教鞭をとっていた。1514年、かれはカレッジのフェローに選ばれたが、20歳代後半に妊娠したジョアンと結婚。そのため職を辞したが、まもなくジョアンと赤子を出産で失うという大きな不幸に見舞われた。結果として、かれはフェローの地位に返り咲き、26年にはケンブリッジ大学から神学博士号を授与された。その頃のオックスブリッジではすでにルターの著作や活動はよく知られていたが、クランマーはいずれかといえば、ルターに否定的だったといわれる。しかし、かれは人文主義という「新学問」には強い関心を抱いていた。

　このケンブリッジ時代、クランマーはウルジーに見出され、スペインへの外交使節の一員に抜擢され、ヘンリー8世にも謁見する機会をもった。クランマーはヘンリー8世の婚姻無効問題をめぐってカンタベリー大司教としてその婚姻無効を宣言し、エドワード6世時代にはイングランド国教会(アングリカニズム)の教義づくり、具体的にはルターの教説を吸収した「10ヵ条」や「42ヵ条」のほか、ふたつの『祈祷書』作成に深く関与し、イングランドの初期宗教改革において大きな役割を果たした。宗教家としてのかれの言動は必ずしも首尾一貫したものではなかったが、最期はメアリー1世によって異端として火刑された。

　さらにいまひとり、このクランマー以外に言及しておくべき人物がいる。それは2代目の王妃アン・ブーリン(Anne Boleyn: c.1507-36)である。父親はフランス大使だった新興伯爵のトマス・ブーリン。アンはフランス語に堪能だっただけでなく、フランス風の宮廷マナーを身につけ、宗教改革家や人文主義者に強い関心を

もっていた。そのなかにはティンダールもいた。アンはイングランドで禁書となったティンダールの『キリスト者の服従』(1528年) を所持し、興味のある箇所にはマークをしていたから、よく読んでいたのだろう。彼女はそれをヘンリー8世にみせ、ティンダールの改革教義、とりわけ教皇の所業は聖書の教えに反しており、したがって、その教皇に国王が従う必要はないこと。しかし、民衆は世俗の支配者(国王)に服従すべきであるというまことに好都合な主張を読み聞かせ、ヘンリー8世の強い関心を呼び覚ました。アンはそのあとも改革派の後ろ盾となった (Rex, 2009: 89; Hamer, 2012: 30)。

　ティンダールの『服従』だけでなく、同じ年にアントウェルペンで出版された、ティンダールの英訳聖書の普及にも尽力したサイモン・フィッシュ(生年不詳、1531年没) の小冊子『乞食のための請願』(*A Supplycacyon for the Beggars* ── 1530年5月24日、禁書処分) もまた、ヘンリー8世にとって心地よいものだった。というのも、そのパンフレットは、教会や修道院、その聖職者の所業を激しく告発する文書だったからである。

　そのフィッシュ曰く──、イングランドでは惨めな乞食が増えつづけ、飢え死にする者が続出している。それもこれも「巧みにこの陛下の王国に忍び込んだ」司教・修道院長からはじまって、托鉢修道士、贖宥状販売人、召喚吏にいたる「貪欲な狼ども」「吸血漢」の仕業である。彼らの所領は「陛下の王国の3分の1以上」にのぼり、その人数は一般民衆の400分の1であるにもかかわらず、イングランドの全資産の半分を占有している。イングランドには5万2千ほどの教区教会と5つの托鉢修道会があり、その毎年の総収入は4万3千ポンド以上に達する。もしその取り立てを拒めば、首に異端の軛を懸けられる。こうしたこと一切が「400年前には」なかったことだ、と。

　かれらはまた、「手練手管の限りを尽くして、不義密通と猥褻行為」を重ね、その無数の庶子たちが嫡子の相続財産を横領している。10万人といわれる売春婦を生み出し、疫病を蔓延させているのもこれら邪悪な輩である。かれらは学識ある者と結託し、議会において有力な地位を占め、「陛下の司法権や王権、権能と威信」を犯して憚るところがない。

　かれらローマの聖職者の過ちはこれだけではない。かれらは煉獄の存在を謳い(したがって、死者のために祈るといって懐を肥やしている)、そこから抜け出すために

は教皇の贖罪が欠かせないと主張する。しかし煉獄など存在しないという「博識と分別に富んだ人たち」がいる。もちろん、教会と聖職者が「陛下の大権」を蹂躙しているのも大いなる誤謬である。なぜなら、「キリストは世俗の王国に多くのものを委ね給い、ご自身もカイザルに税を納め給いました」[46]。じっさい、キリストは、「上に立つ権威には死に至るまで従順でした」。またかれら偽善者は、「母国語で読める新約聖書を世間に広めようとはしない」。罪の赦しは、「教皇の贖宥によってではなく、キリストに対する揺るぎない信仰と信頼によって与えられるもの」である。かれら簒奪者は、宗教教義上も無用の存在にすぎない。では、どうすればよいのか。最後は、フィッシュはこの点にふれてこう書いている。かれは「怠惰な盗賊」からその所有物すべてを没収し、妻を娶らせ(聖職者の結婚を認め)、かれらが額に汗してみずからの働きによって暮らしを立てるように「世間に放逐する」ことが肝要である (Fish, 1528 [1895: 3-13]、訳 29-42)、と。

　フィッシュが改革派に属することはいうまでもないが、興味深いのはローマ教皇と教会を支える聖職者たちを(海外から)「陛下の王国に忍び込んだ」者たちとして捉え、その積年の悪行を払拭して健全で豊かなイングランド王国を再構築するためには、所領を含めて「貪欲な盗賊」からそのすべての財産を没収すべきだと説いている点である。フィッシュ流のナショナリズムといい、教会や修道院の財産没収といい、その論調はヘンリー8世にとってまことに示唆的なものだったにちがいない。

　ちなみに、1529年10月、モアはフィッシュの『請願』を俎上にのせ、およそ10倍の紙幅を費やして『霊魂の請願』(*Supplycacyon of Soulys*, 1529) を著した。その論旨は、教会や聖職の堕落についてのフィッシュの叙述は事実を誇張し歪めたものであり、煉獄に関するその教説も誤っているというものだった。

第3節　ヘンリー8世の宗教改革

　ヘンリー8世の肖像画といえば、ミニアチュール作家ニコラス・ヒリアード (Nicholas Hilliard: c.1547-1619) によるものもあるが、ヘンリー8世の宮廷画家ハンス・ホルバイン (Hans Holbein the Younger: 1497/8-1543 ——同名の父ではなく、子のホルバイン) の筆になるものが名高い。ホルバインはヘンリー8世のほか、エラスムス

やモア、アン・ブーリン、メアリー1世、カンタベリー大司教ウォーラムなども描いている。

　そのヘンリー8世の肖像画からは、大きな体躯で剛胆、不動の意思と果敢な行動力をもった、自信に満ちあふれた人物像が浮かび上がる。その絶対君主的イメージがヘンリー8世の統治を理解するうえで手助けともなり、また妨げともなってきた。

　歴史家のディケンズはヘンリー8世を称して「無類の我が儘者であり、自己欺瞞家だ」(the monumental egoism and self-deception) と書いた (Dickens, 1972: 174, 訳 188)。この性格が災いしてか、ヘンリー8世による上からの宗教改革はかれの最初の王妃キャサリン・オブ・アラゴン (Catherine of Aragon: 1487-1536) との婚姻無効騒動がきっかけとなって始まった。このよく知られた出来事について簡潔にふれておこう。

キャサリンとの婚姻無効問題

　すでにみたように、ヘンリー7世はその入念な外交政策に基づいて1501年11月、長男アーサーとスペイン王女キャサリンの結婚式をロンドンで執り行った。しかしその5ヵ月後、生来病弱だったアーサーが病死。持参金返還を避けたかったヘンリー7世はみずからの再婚相手とすることは断念したものの、次男ヘンリーと未亡人キャサリンとの婚約について教皇ユリウス2世 (在位 1503-13年) から特別の許可をとりつけた。キャサリンはヘンリーよりも5歳年上だった。

　そのキャサリンは6度の出産を経験した。しかし、ひとりを除いて他の5人は死産あるいは産まれてすぐに亡くなった。最初の女の子は死産 (1510年1月31日)、2番目の男子ヘンリーも生後52日で腸疾患のため死亡 (1511年2月22日)、3番目の男子ヘンリーは出産直後に亡くなり (1513年11月)、4番目の男子も死産 (1515年1月8日)、5番目に生まれた女の子はメアリー (のちの女王メアリー1世) と名づけられたが、ヘンリー8世は男子の誕生を強く望んでいた。そして6番目に生まれた女の子も生後まもなくして亡くなった (1518年11月10日)。その最後の子を産んだとき、キャサリンは33歳になろうとしていた。

　この間、ヘンリー8世は1514年からの少なくとも5年間 (8年間という見方もある)、王妃キャサリンの侍女で評判の美少女だったエリザベス・ブラウント (Elizabeth Blount: c.1498/1500/02-1539/40) と愛人関係にあり、1519年6月15日、そのエリザベスは男子を出産した。それがヘンリー・フィッツロイ (Henry Fitzroy: 1519-36) である。かれはヘンリー8世が正式に認知した唯一の庶子であり、30年代には正式にかれを嫡出子にしたいと考えていたといわれる。この息子に対するヘンリー8世の思いのほどは、フィッツロイ (アングロ・ノルマン語で「王の子」の意味) という名前を授けたこと、また25年には初代リッチモンド公、サマセット公に叙爵していたことからもうかがい知ることができる。

そのフィッツロイは1533年、14歳で第3代ノーフォーク公トマス・ハワードの娘メアリー・ハワードと結婚。しかし3年後の36年、かれは肺結核で夭逝した。17歳だった。かれに子供はいなかった (Murphy, 2004: 172-4; Weir, 2007: 122-3)。

ちなみに、かれの母エリザベスはフィッツロイを産んでまもなくヘンリー8世の許を離れ (理由は不明)、1520年6月18日、ギルバート・タルボイズ (Gilbert Tailboys: c.1497/8-1530 ——死の直前、カイム男爵に叙任) と結婚。さらにタルボイズの死後、第9代クリントン男爵エドワード・クリントンと再婚し、1539年頃に病死した。

ところで、エリザベス・ブラウントと別れた1520年代はじめ、ヘンリー8世には別の愛妾がいた。それがアン・ブーリンの姉メアリー・ブーリン (Mary Boleyn: c.1499/1500-43) である。メアリーは既に1520年2月4日、ヘンリー8世の寵臣ウィリアム・ケアリー (William Carey: c.1500-28) と結婚していた。そのメアリーは24年にキャサリン (Catherine Carey: c.1524-68)、26年にはヘンリー (Henry Carey: 1526-96) と名づけられたふたりの子を産んだ。ヘンリー8世が認知することはなかったが、そして歴史家の見解も分かれているが、その二人ともあるいは少なくともキャサリンはヘンリー8世の子であったという見方がある。ヘンリー8世とメアリー夫人の関係は1522年頃から25年の初夏まで続いたといわれている (Bernard, 2005: 4; Hart, 2009: 60-3; 'Mary Boleyn', WP)。

そのメアリー夫人と別れた頃、したがって1525年の半ば、ヘンリー8世は王妃キャサリンの侍女であり、メアリーの妹で自分より11歳若いアン・ブーリンに強く惹かれるようになった。それとは裏腹に、王妃キャサリンとの関係はすっかり冷え込んでいた。

そのキャサリンの度重なる流産や死産は亡兄アーサーの呪いではないか、それ

は旧約のレビ記 (第18章16節、第20章21節) にある掟を破ったためではないかとヘンリーは思い悩むようになった。他方、アンへの恋情が昂じるとともに、キャサリンとの離婚、具体的にはキャサリンとの結婚を無効にしたいと強く願うようになった。というのも、姉メアリーとは違って、アンは愛妾ではなく、ヘンリー8世との正式な結婚を強く望んでいたからである。もちろん、王妃キャサリンとの結婚を無効にしないかぎり、アンと再婚することはできない。

カトリシズムでは婚姻は7つの秘跡のひとつであり、離婚は許されない。ありうるのは結婚そのものを過去に遡って「無効」にすることだけである。こうした王族の「離婚」の場合、その承認権は教皇にある。レオ10世の従兄弟であり、ロレンツォ・デ・メディチの甥にあたるクレメンス7世 (在位1523-34年) が当時の教皇だった。

じっさい、レビ記にはこうある。「あなたの兄弟の妻を犯してはならない。それはあなたの兄弟を辱めることだからである」(第18章16節)。また「人がもしその兄弟の妻を娶るならば、これは汚らわしいことである。彼はその兄弟を辱めたのであるから、彼らは子なき者となるであろう」(第20章21節)、と。

このレビ記によるかぎり、亡兄アーサーの未亡人キャサリンとの結婚はアーサーを辱める行為であり、「子なき者となるであろう」とある。ヘンリー8世にとって「子」とは嫡出子のこと。したがって、キャサリンとの結婚を無効にしないかぎり、男子の王位継承者に恵まれないことになる。聖書内在的なこうした解釈はアンへの恋慕の情と激しく相乗しあった。ヘンリー8世は1527年になると、ウルジーを介してみずからの婚姻無効承認を教皇に願い出た。ヘンリー8世もウルジーも、結婚するときのユリウス2世による特赦と同じく、クレメンス7世も容易く承認してくれるものと思っていた。

ところが、その思惑は外れた。というのも、ウルジーによる教皇説得工作が始まったころ、教皇は抜き差しならない危機的状況に直面していたからである。1525年2月24日のパヴィアの戦い (Battle of Pavia) に敗れてスペイン軍の捕虜となったフランソワ1世が翌26年、屈辱的なマドリード条約 (ブルゴーニュ、ミラノ公国、ナポリ王国、フランドルをフランスが放棄することを約束したもの) に署名して釈放された。しかしその無念を晴らしたいフランソワ1世は、27年にマドリード条約を破棄し、カール5世のイタリア侵攻に強い懸念を抱いていた教皇クレメン

ス7世からの招致に応えてコニャック同盟(1526年)に加わった。当初、この同盟には教皇とフランスのほか、イタリアのヴェネチア共和国、ミラノ公国、フィレンツェ共和国が加わっていた(ヘンリー8世の参加は「ローマの掠奪」のあと)。カール5世(スペイン王としてはカルロス1世)はこの同盟に強く反発、いわゆるコニャック同盟戦争(1526-9年)の戦端が開かれた。ロンバルディア制圧のあと、ドイツ傭兵とスペイン軍からなる皇帝軍はローマに攻め入った。1527年5月6日、そこで「ローマの掠奪」と呼ばれる大きな事件が起きた。ドイツ軍にはルター派の者が多かったことが影響していたといわれる。皇帝軍は教皇軍を打ちのめしたが、スペイン軍の指揮官ブルボン公シャルル3世[47] (Charles III de Bourbon: 1490-1527)が戦死したこともあって皇帝軍は規律を失い、ローマ市内で破壊と掠奪、暴力行為の限りを尽くしたといわれる。ルネサンス文化の中心都市ローマはたちまち荒廃し、多くの文化人や芸術家が犠牲となり、莫大な文化財が奪い去られた。クレメンス7世自身も遁走してサンタンジェロ城塞に立て籠もったが、翌6月には降伏。1529年にはクレメンス7世とカール5世の間でバルセロナ条約が結ばれ、事実上イタリアはカール5世の支配下におかれることになった。

　この「ローマの掠奪」の惨劇を目撃し、みずからもカール5世の軍門に下った教皇クレメンス7世がどうしてカール5世(カルロス1世)の叔母であるキャサリン・オブ・アラゴンの意に反してヘンリー8世からの婚姻「無効」願いに承認を与えることができようか。じっさい、カール5世はヘンリー8世からの要請に応じてはならないと教皇に釘を刺した。こうした教皇国家存亡の危機に瀕している最中、クレメンス7世がヘンリー8世に対して快い返答ができるわけもなかったのである (Scarisbrick, 1997: 197-9)。

　では、ロンドンでは何が起きていたのか。1527年に教皇特使ウルジーによる審問が行われたが、その席上、ヘンリー8世はキャサリンとの結婚は神の掟に背いたものであり、良心の呵責に悩まされていると語り、キャサリンとの結婚を「無効」にしてほしいと訴えた。他方、王妃キャサリンは教皇から修道院に入ってはどうかという打診をうけたが、きっぱりと断わったうえで、あらためてヘンリー8世からの「婚姻無効」の申し立てに応じるつもりはないと陳述した。そのさい、彼女はヘンリーと結婚したとき、自分は処女だったとも付け加えた。しかし、ヘンリー8世はすぐにはその言葉を信じなかった。

その当時、ヘンリー8世にとっての最良の相談相手は、かつて『七秘跡擁護論』(1521年) の執筆に際して尽力してくれた「当代最高の神学者」ジョン・フィッシャーだった。しかしフィッシャーにとっても、ヘンリー8世の婚姻無効という事案は簡単に結論を出せるものではなかった。教義的にみても、同じ旧約の申命記にはレビ記とは対照的にこう記されている。「兄弟が一緒に住んでいて、そのうちの一人が死んで子のない時、その死んだ者の妻は家を出て、他人に嫁いではならない。その夫の兄弟が彼女の所に入り、娶って妻とし、夫の兄弟としての道を彼女に尽くさなければならない」(第25章5節) と。「兄弟が一緒に住んでいて」という下りを括弧に入れれば、ヘンリー8世はこの申命記が命じるとおり行動したことになる。しかし、ヘンリー8世自身はレビ記のほうにこだわっていた (Scarisbrick, 1997: 152, 231-7)。

ウルジーはクレメンス7世に対して、1503年12月のユリウス2世による特赦がレビ記に反しており、誤っていたというみずからの見解を伝え、できれば「婚姻無効」に関する最終決定は教皇特使の立ち会いのもと、イングランド国内で行うことを承認してほしいと願い出た。翌28年早々、教皇はふたりの枢機卿、すなわちウルジーとロレンツォ・カムペッギオ (Lorenzo Campeggio: 1474-1539) を裁判長とし、ロンドン法廷においてこの事案に関する最終判断を下してもよいと申し渡した。

けれども、カムペッギオはなかなかロンドンにやって来ない。ヘンリー8世とアンはウルジーに不信感をもち始めた。教皇特使のカムペッギオがロンドンに到着したのはようやく28年10月8日のこと。かれは開廷の時期のみならず、法廷での審議もできるだけ引き延ばすように、と事前に教皇から命じられていた。1529年7月になって、ようやく特別法廷が開かれた。すでに宗教改革議会 (1529年11月3日召集) の足音が聞こえていた。

法廷では、さきのフィッシャーがヘンリー8世の婚姻無効の申し立てに反対し、熱弁をふるって王妃キャサリンを擁護した。巷でもその名誉を深く傷つけられたキャサリンへの同情の声が広がっていた。

教皇の示唆にしたがって、「予定」どおり、ロンドン法廷で結審することはなかった。カール5世からの「指示」やキャサリンからの強い希望もあり、ヘンリー8世をローマに召喚して審問を継続することになった。しかし、この教皇による

国王のローマ召喚という手続きはイングランド議会のみならず、一般民衆の強い違和感を呼び覚まし、かれらの怒りと顰蹙を買う結果になった。じっさい、ヘンリー8世がローマに赴くことはなかった。

宗教改革議会が開かれる直前の1529年10月、教皇のこうした一連の企てに賛同したウルジーは国王侮辱罪 (教皇尊崇罪) に問われ、失脚した。中身という意味では、婚姻無効問題でヘンリー8世の意に添えなかったことがその基本的理由だった。かれはその後もしばらくヨーク大司教に留まったが、30年11月に反逆罪で逮捕され、ロンドンに向かう途中、病死した。かつて前例をみないほどに聖俗両界にわたって権勢を誇ったウルジーの呆気ない最期だった (Scarisbrick, 1997: 142-5, 155-8, 216, 335-6; Rex, 2009: 44-53)。

こうした経緯を辿るなかで、アンとの結婚を願うヘンリー8世はローマ教皇と聖職者の権益抑制、ついでローマ教会からの独立を考えるようになった。いまや「信仰の擁護者」はその敵対者になろうとしていた。

宗教改革議会

ヘンリー8世がめざした宗教改革は前後7年間 (1529-36年) にも及ぶ宗教改革議会の諸立法に体現されていた。短期間の制度改正としては、その質量ともに目覚ましいものだった。

この宗教改革議会は、ヘンリー8世時代の召集としては1523年以来、6年ぶりのものだった。

諸法規にふれるまえに上下両院の構成についてみておこう。一般的にいって、テューダー朝の上院 (House of Lords) は15世紀を通じて弱体化し、王権から自立した権能を回復することはできなかった (その基本的背景は名門大貴族の衰退と新興貴族の登用)。それでも、辛うじて下院に優位する地歩を保っていた。下院のほうは、多くの議員の関心が主として経済問題に向けられ、海運交易の拡大とその安全確保、国内治安の維持といったことに注がれていたから、そうした関心に沿ったものであれば、王権強化に協力的だった (Adams, 1921: 253-5)。

宗教改革議会が始まったとき、上院は高位聖職者50人 (うち大司教2人、司教15人、ウェールズ司教4人、修道院長29人) と貴族57人 (うち公爵3人、侯爵2人、伯爵13人、子爵1人、男爵38人) の合計107人によって構成され、宗教改革議会を通じてその

数は変わらなかった。聖職者の中では修道院長の数が大司教・司教に勝っていたが、修道院長の政治的発言力は伝統的に弱く、カンタベリー大司教が聖界の最高権力者だった。しかし29年当時、その地位にあったウィリアム・ウォーラム (William Warham: c.1450-1532 —— 1502-15年まで大法官) はすでに高齢で病弱の身、32年8月22日に病死した。かれはヘンリー8世の婚姻無効の申し立てについて懐疑的だったが、その後を襲ったクランマーは上院での宗教改革議案の成立に積極的役割を果たした。

注目すべきことのひとつは、一代前のヘンリー7世時代 (1503年議会) の上院構成が聖職者49人、世俗貴族29人であり、高位聖職者の数が優位していたことである (Elton ed., 1982: 242)。しかし宗教改革議会になると、その構成比は逆転し、しかもヘンリー8世によって大抜擢されたクランマーは33年以降、カンタベリー大司教となっていた。

また、世俗貴族のなかでは最下層の男爵の数がめだって多かったが、その発言力は弱かったし、議会での出席日数も相対的に少なかった。なかには召集されない者もいた。

この男爵のなかには、宗教的に保守的な人物もいれば、福音主義に共鳴するような者もいた。キャサリン・オブ・アラゴンの娘メアリーに侍従として仕え、のちにみる恩寵の巡礼という反乱に関わったとして斬首された初代ハッセイ・オブ・スリーフォード卿のジョン・ハッセイ (John Hussey: 1465/6-1536/7) は前者を代表し、また第4代マウントジョイ卿のウィリアム・ブラウント (William Blount: c.1478-1534) のように、パリ大学に留学して人文主義について研鑽を積み、エラスムスの高弟として、またかれのパトロンとしてエラスムスのイングランド招聘に尽力した教養豊かな人物もいた。上院議員に対する王権の対応として印象的なことのひとつは、その実効性がどれほどであったかについては判然としないが、ヘンリー8世に敵対的だった議員本人の出席に代わって、王室高官が選定した代理人に委任状を託すことができるとし、ときにそうするよう強要されたことである (Lehmberg, 1970: 36-8, 56-7, 62-3)。

では、下院 (House of Commons) のほうはどうか。その構成メンバーは37州から選ばれた騎士74人、それと117の議会選挙区から選ばれた236人の州・自治都市代表、合計310人からなっていた。その総数は上院の3倍弱になる。1491

年以降、7つの自治都市が新たな選挙区に登録された。しかし選挙権は1430年以来ほとんど変わりがなく、年間40シリングを納税している自由農と市民以上に与えられていた。もっとも、農村部で実際に投票が行われることは珍しく、名望家が談合して決めるのが一般的慣行になっていた。有力ジェントリーの間でローテーションによって議員を選ぶといったことも少なくなかった。そうした慣習は15世紀に始まり、エリザベス1世時代になっても変わることはなかった (Neale, 1949: 69-70; Lehmberg, 1970: 9-12)。

しかし都市部では、よりフォーマルな方法で選挙が行われていた。その議員はどのような職業階層の出身者なのか。最も多かったのが法律家 (自治都市議員の40人、騎士の11人) と各種の商工業者である。後者には織物商、服地商、毛織物業者、靴職人、醸造業者などが含まれていた。法律家のなかには宮廷法務に携わる者もいたが、有力な地方ジェントリーの名望家に仕える者も少なくなかった。こうした下院議員の構成について、歴史家リーンバーグはこう書いている。「要するに、それはテューダー社会の階級構成の真の小宇宙であった」(Lehmberg, 1970: 35)、と。

この下院議員はロンドンとの往復旅費のほか、州・自治都市議員は1日当たり2シリング、騎士は4シリングの報酬が出た。宗教改革議会はきわめて長期にわたり、その召集日は合計484日にのぼったから、小さな市や町にはこの報酬はかなり大きな負担となった。議会の開催日をもっと少なくしてほしい、という声が各地から挙がった。

上院議員についても、議会出席のための費用負担を重荷に感じる貴族が少なくなかった。第3代ラティマー男爵のジョン・ネヴィル (John Neville: 1493-1543) はトマス・クロムウェルに書簡を送り、毎回議会に出席することは正直、苦痛であり費用が嵩むとその窮状を訴えている。また、第8代オードリー男爵のジョン・タチェット (John Tuchet: c.1483-1557) もその経済的困難を伝え、白紙委任状をクロムウェルに提出して1531年の議会を欠席した (Lehmberg, 1970: 24-5, 32, 58-9)。

さて、宗教改革議会 (全7会期) の中身についてみてみよう。

(A) 第1会期について。1529年11月3日、宗教改革議会が始まった。冒頭、大法官トマス・モアが議会召集の理由について説明し、それに続いてウルジーの責任を問う文言が読み上げられた。そのあと、下院議員は別室に移動し、宗教改革議会最初の下院議長としてトマス・オードリー卿 (Sir Thomas Audley: c.1488-1544

——モアの後継者として 1533 年から死去するまで大法官）を選んだ。かれは 1529 年 11 月 5 日から 33 年 1 月 26 日までその職にあったが、その後は 33 年から 36 年までハンフリー・ウィングフィールド卿（Humphrey Wingfield: 生年不詳、1545 年没）が下院議長を務めた。いずれも優れた法律家であり、ヘンリー 8 世とクロムウェルの熱心な支持者だった。

初日の式典のあと、第 1 会期は 11 月 6 日から再開された。上院の聖職者たちは眉をひそめていたが、下院の雰囲気は聖職者批判のムードで満ちていた。ウルジーやウォーラムも槍玉にあがった。

この第 1 会期は実質 1 ヵ月ほどのものだったが、成立した法案は合計 26 件。そのなかには、貿易商や繊維業者からの要望があった外国人職人の特権廃止、輸入服地規制など通商関係法規が 9 件、枢密院議長の資格や巡回裁判の遅延対策など法制度改正 9 件も含まれていた（'List of Acts of the Parliament of England: 1485-1601', WP）。しかし真っ先に上程され、また議論が紛糾したのも、聖職者の特権や法外な利権を抑制しようとする法令だった。第 1 に、聖職者が殺人など凶悪犯罪の被疑者となった場合、その裁判はこれまでのように教会裁判所ではなく、世俗裁判所で行うことになった。第 2 に、しばしば法外な金額[48]になっていた遺言検認料（fees for the probate wills）にかんして一定の規準が設けられた。すなわち、死亡者の個人資産が 5 ポンド未満であれば、無料。最高額でも 40 ポンドを超えてはならない。また、遺言検認書の作成についても、個人資産額によって 6 ペンス、3 シリング 6 ペンス、5 シリングの 3 段階にすることが定められた。第 3 に、さきのハン事件の係争点にもなった埋葬寄進料（mortuary）については、同じく死亡者の資産による規準がつくられた。10 マーク未満であれば無料。それ以上 30 ポンド未満であれば 3 シリング 4 ペンス。30 ポンド以上 40 ポンド未満であれば、6 ペンス。そして 40 ポンド以上であれば、10 シリングとされた。第 4 に、聖職兼務、不在聖職者、複数聖職禄などが規制されたほか、生計上の必要を超えた農業経営や商業活動への関与も禁じられた。オックスブリッジの「偉大な学者」が貧しい生活に甘んじているにもかかわらず、無知な聖職者が 10 や 12 の聖職禄を食むことは許されないといった不満が下院には渦巻いていたのである。

こうした聖職者への不満や苦情の取り扱いをめぐって、下院議長オードリーは委員会を設置し、そのメンバーにトマス・クロムウェルを加えた。彼の活躍はめ

ざましいものだった。そしてこの委員会がジョン・フィッシャーとヘンリー8世の距離感を測りながら、法案作成の実務に携わった。埋葬寄進料について高位聖職者から大きな反発はなかったが、秘跡検認料の改正や聖職兼務などの禁止については、フィッシャーを先頭に厳しい非難の声が挙がった。フィッシャーはこう批判した。下院の面々は信仰心に欠けており、異端の疑いがある。かれらはイングランドを「ボヘミア化」しようとしている、と。しかし、ヘンリー8世の意思表示もあり、議会と平行して開かれていた聖職者会議は組織的抵抗を断念、最終的には上院の聖職者も法案を認めざるをえなかった (Hall, 1809: 765-7; Tanner, 1922: 13-4; Lehmberg, 1970: 76-99)。

しかし、これら聖職者特権の抑止や権益規制はまだまだ序の口、ごく初歩的なものだった。上記第1の法令は、すでに1512年に時限立法として定められたものの再公布といってよいものだった (本章注9参照)。

ちなみに、この第1議会のとき、すでにヘンリー8世は年収200ポンド以下の小修道院領の没収を考えていたらしい。しかも、その構想は枢密院においても話題になっていた。高位聖職者の中にも、それでヘンリー8世の気持ちが収まるのであれば、譲歩してもよいかという意見があった。しかしフィッシャーは、その見方は甘いとして断固反対した。そんな弱腰では、すぐさま大修道院領も同じ運命を辿ることになるだろうというのがフィッシャーの見方だった。聖職者会議はその見解を受け入れた。そのためヘンリー8世の構想は具体化しなかった。そしてフィッシャーの存命中、修道院領の没収という政策が再燃することはなかったのである (Bayne ed, 1921: 71-2; Lehmberg, 1970: 101)。

(B) 第2会期について。第1会期終了から2年半後の1531年1月16日、第2会期が始まった。

第1会期が終わってから、つぎの第2会期までかなりの時間が経っていた。その間、ヘンリー8世はみずからの婚姻無効問題の解決のために奔走しなければならなかったからである。30年4月11日、ヘンリー8世は神聖ローマ帝国の駐英大使オスタス・チャピュイ (Eustace Chapuys: c.1490-1556) をウィンザー宮殿に呼び、その意見を聴取した。自分がイングランド聖職者の許可だけでアン・ブーリンと結婚したとしたら、スペイン (カルロス1世こと、カール5世) はイングランドに宣戦布告するだろうかについて感触を得たいと思っていたからである。それ先立つ

数週間前、フランス公使は本国に、ヘンリー8世はローマ教皇への請願を取り止め、イングランド国内で婚姻無効問題を解決しようとしていると伝えていた。これらが示しているのは、ヘンリー8世が教皇の許可なしにイングランド国内で婚姻無効問題を解決するという打開策についてだった。

しかし、教皇とカール5世を敵に回してでも、イングランド国内で婚姻無効問題に決着をつけるのが得策かどうか、ヘンリー8世は大いに迷っていた。しかし結局は、当面従来どおりの方針でいくことにした。事態を進展させるための新たな方法が工夫された。諸侯と重臣が教皇へ請願書を送るという構想であり、83人が署名した。そのなかにはウルジーやウォーラムのほか、4人の司教や下院議員5人の名前があった。

興味深いのはその中身である。そこにはこう書かれていた。イングランド人は教皇によるヘンリー8世の婚姻無効に関する承認が遅滞していることを遺憾に思う。われらは国王の再婚を願っているとしたうえで、文書の最後に、もし教皇がわれらの請願を拒むとすれば、それは教皇がわれらを見捨て、孤児にしたことを意味する。そうなれば、われらはみずからの判断によって事態に対処していくほかない、と教皇に対する最後通牒ともいえる警告が書き込まれていた。まもなくして (30年9月)、クレメンス7世から返書が届いた。そこには、ヘンリー8世をローマに召喚したにもかかわらず、かれはローマに現れない。そのため、判断を下せないでいる。非はヘンリー8世にあると、記されていた。

同じ9月25日、アン・ブーリンの父親トマス・ブーリン (Thomas Boleyn: 1477-1539、初代ウィルトシャー伯) とチャールズ・ブランドン (Charles Brandon: 1484-1545、初代サフォーク公) はロンドン在住のローマ教皇大使に対してこう告げた。たとえ聖ペテロが生き返えろうとも、もはやイングランドは教皇を意に介することはない。ヘンリー8世はその絶対的権力によってイングランドの皇帝であり、同時に教皇でもある (Lehmberg, 1970: 106-7)、と。この発言はのちの首長令 (1534年) を先取りするものだった。

忘れないうちに書き留めておけば、このように宗教改革議会が始まって1-2年のうちに、第1に小修道院領の没収、第2に教皇によらない国王の婚姻無効問題の国内的解決、第3に国王が聖俗両界の首長 (ローマ教会からの独立) という、やがてそれぞれ現実のものとなっていく宗教改革の構想がすでに描き出されていた

第5章　テューダー朝前期の宗教改革

ということである。たしかに、イングランド宗教改革はキャサリン・オブ・アラゴンとの婚姻無効問題を大きな契機としていたが、それが「原因」なのではなく、王権の対外的・対内的な拡張それ自身が揺るぎない目的となっていた。

じっさい、1531年6月6日、ヘンリー8世はローマ教皇特使に対してこう言い切っていた。曰く——、教皇は是が非でもこの婚姻無効事案に関する裁判管轄権を維持しようとされているらしい。しかし、朕は教皇が下す審判には同意しない。たとえ朕を破門するという最悪の手段をとったとしても、朕はまったく意に介さない。朕はイングランドで最善と思うことを行うのみ。もし教皇が正義に反して朕に危害を加えることがあれば、しかるべき報復を受けることになるだろう (De Gayangos ed., 1882: 169-70)、と。

それより1年前の1530年6月と10月、ヘンリー8世は有力諸侯を宮廷に招き、イングランド国内で婚姻無効問題に決着をつけたいと考えているが、どう思うかと尋ねたとき、諸侯は2回とも首を立てに振らなかった。しかし、ヘンリー8世の腹はすでに決まっていた。1530年暮れから31年初めにかけて、ヘンリー8世は原始キリスト教会に回帰するような教会のあり方を思い描いていた。神によってその統治権が君主に託された、それぞれの国を単位とする「自立した教会の連合体」という構想がそれであり、イングランド教会もそうした形に再構築されるべきだと考えていたのである (Scarisbrick, 1997: 290, 292-3)。

ところで、第2会期の主要なテーマはウルジーの「不祥事」に関わる国王侮辱罪 (praemunire) の適用と謝罪のための聖職者の献納金拠出という問題であったが、さらにその延長線上で、イングランド宗教改革のための極めて重要な布石が打たれることになった。

ウルジーの失脚についてはさきにみたが、かれは1515年にローマ枢機卿、18年にはローマ教皇特使となっていた。イングランドの聖職者はそれを承認し、また祝福した。しかもウルジーが枢機卿に叙され、ついで教皇特使となったとき、ヘンリー8世もそれに同意した。

では、なぜウルジーは国王侮辱罪あるいは教皇尊崇罪に問われたのか。端的にいえば、国王の婚姻無効問題をめぐって、当初はヘンリー8世の意を体して行動していたが行き詰まり、やがて教皇の意向に沿って教皇大使として振る舞うようになったとみなされたからである。年代記作家ハルの表現によれば、「(ウ

ルジー)枢機卿の欺瞞と隠蔽」(the falsehood and dissimulacion of the Cardinall —— Bayne ed., 1921: 75) ということになる。それがリチャード2世治下、1393年に制定された国王侮辱罪に抵触する行為とされた。ウルジーのほか、王妃キャサリンを支持していたフィッシャーなど15人の司教も同罪に問われ、最後はイングランドのすべての聖職者が国王侮辱罪を犯しているとみなされた。ウルジーの莫大な財産は直ちに没収された。

この事態を踏まえて1531年1月12日、セント・ポール大聖堂で緊急の聖職者会議が開かれた。カンタベリー大司教ウォーラムは事態の深刻さを報告し、タンスタールの後任としてロンドン司教となったジョン・ストークスリー(John Stokesley: c.1475-1539)はこの事案について参集者すべてに対して口外無用の箝口令(かんこう)を敷いた。まもなくしてヘンリー8世はフィッシャーに対して解決案を伝えた。ウルジー事案の処理に関しては「10万ポンド以上」を、また他の聖職者の同調行動についてもしかるべき金額を国王に支払うように、というものだった。

フィッシャーはいつものように、ヘンリー8世の要求を非難したが、聖職者会議に集まった面々でフィッシャーに同調する者は少なかった。結局、5年の分割払いで10万ポンドを支払うということになり、付帯決議として2項目の要求(聖職者の伝統的権益を守ること、そして国王侮辱罪の意味を明確にすること)を提出することになった。

しかし、ヘンリー8世の返事は想像以上に厳しいものだった。5年分割払いについては但書きをつけ、「戦時の際は即金払い」とするとしたうえで、別途5ヵ条の要望[49]を突きつけたからである。驚くべきことに、その第1条には、イングランドの聖職者はヘンリー8世を「イングランドの教会および聖職者の唯一の擁護者であり、至高の存在である」(Ecclesiae et Celeri Anglicani; cujus protector et supremum caput is solus est) ことを認めると記されていた。

ウォーラムは31年2月7日、聖職者会議にこの5ヵ条を示した。会議は騒然となり、議論は5日間も続いた。最大の論点は第1条の取り扱いだった。オードリーやクロムウェル、アン・ブーリンの弟の第2代ロッチフォード子爵ジョージ・ブーリン (George Boleyn: c.1503/4-36) などがヘンリー8世と聖職者会議との仲介役となり、妥協案も提示した。その結果、最終的には、「キリストの法が許す限りにおいて」(quantum per legem Dei licet) という文言が挿入され、また第5条が割愛さ

れて決着をみた (Lehmberg, 1970: 112-5; Scarisbrick, 1997: 273-6)。

ともあれ、この5ヵ条(特に第1条)はローマ教皇ではなく、ヘンリー8世がイングランド宗教界の首長になることを意味していた。この条文によってイングランド宗教改革の将来像が浮かび上がった。大きな弾み車が動き始めたときだった。

(C) 第3会期について。1532年1月15日、第3会期が始まった。最初に取り上げられたのは同年3月、下院がヘンリー8世に提出した「聖職者批判の嘆願」(Supplication against the Ordinaries, 1532)である。

この嘆願には12項目が列挙されていたが、とくに重要なのは第1項である。それまで聖職者会議がもってきた聖界に関わる立法権に規制を加え、今後は王権の承諾および俗人の合意(下院での承認)なしにはいかなる宗教関係法令や規則も定めてはならないと記されていたからである。そのほかにも、訴訟代理人の人数制限による教会裁判所の審議遅滞の改善(第2項)、聖職者による裁判権濫用の禁止(第3項)、裁判での法外な経費の削減(第4項)、高額な秘跡寄進料の是正(第5項)、複数聖職禄の抑制や聖職売買の禁止(第7項)、未成年血縁者への聖職禄授与の禁止(第8項)などの要求が掲げられていた (Gee and Hardy eds., 1896: 145-53)。

この「嘆願」に対してウィンチェスター司教ステファン・ガーディナーは4月27日、「聖職者の回答」(The Answer of the Ordinaries, 1532)を作成し、それをヘンリー8世に手渡した。そこに書かれていたのは、基本的に伝統的なカトリシズムの考え方を復唱するものだった。すなわち、聖書と教会の権威を犯すことはできない。教会裁判の法的手続きに対する不満は多くの場合、異端者について成り立つにすぎない。教会法が国王に服従するという約束はない。しかし君主の見解は尊重する。現行の教会法は国王大権を傷つけるものではない。聖職者は世俗の法規に介入しようとは考えていない。聖職者の金銭的行動に関する批判についてはその非を正すに吝かではない。しかし、批判が当て嵌まるのは一部にすぎない。未成年血縁者への聖職禄付与はかれらの教育のために必要であるといった内容だった (Gee and Hardy eds., 1896: 154-76)。

この「回答」を受けて、ヘンリー8世は2週間後の5月10日、さきの「嘆願」の第1条にあるように、聖職者会議は今後国王の承認なしに法律や規則を定めてはならないと命じ、その伝統的立法権を停止した。いうまでもなく、ウォーラムやガーディナーはその命令に異を唱えた。しかし32年5月14日、聖職者会議は自

らの立法権を放棄した。ヘンリー8世の決定に承服できなかったトマス・モアが大法官の職位を返上し、下野したことについてはすでにふれたとおりである。

しかし、ヘンリー8世の介入はこればかりではなかった。金銭面から教皇を責め立てた。それが「暫定的上納金禁止法」(The Conditional Restraint of Annates, 1532)である。その当時でも、大司教と司教が叙任されると、教皇からの信任状交付に対する謝意を表すため、その初任聖職禄の3分の1を教皇に差し出すという慣行があった。かつてウィクリフがこの慣行は聖職売買にあたるとして非難したものである。新任の大司教や司教のなかには、その上納金調達のため、イタリア豪商などから借金をしたり、教区に課税したりする者が少なくなかった。当面、その上納額を叙任手続き経費として初任年収の5％にするというのがこの「暫定法」の主旨だった。しかし、それだけではなかった。もし教皇が国王の指名した大司教や司教を叙任しなかったとき、それでも国王の指名は有効である。また教皇が報復措置として当該聖職者を破門あるいは聖務停止処分にしたときでも、その決定は無効であるとされた。そのうえ、もし教皇が1年以内にヘンリー8世の婚姻無効要求を受け入れない場合、イングランドから教皇への上納金送付を一切停止するという条件までつけられていたのである。

この法案を構想したクロムウェルは議会での審議にあたって、1489年以降、こうしたイングランドからの上納金 (annates) 総額が16万ポンドにのぼるというデータを添えた。上院はもちろん、下院でも議論は紛糾した。それでも32年3月、法案は両院を通過した (Hall, 1809: 785; Lehmberg, 1970: 135-8)。

それから5ヵ月後の32年8月22日、30年にわたってその地位にあったカンタベリー大司教ウォーラムが病死した。大法官モアが下野し、踵を接してウォーラムが亡くなったことの影響は大きく象徴的でもあった。二人のリーダーを失ったことで宗教改革議会における「健全な」保守勢力はめだって衰弱した。

(D) 第4会期について。ヘンリー8世はモアの後任として、この宗教改革議会の下院議長として優れたリーダーシップを発揮したトマス・オードリー (Thomas Audley: c.1488-1544 —— 1533年から44年に亡くなるまで大法官、初代オードリー・オブ・ウォルデン男爵) を指名した。かれもまた、ウルジーによって見出された人物であり、クロムウェルやクランマーとともに16世紀前半の初期イングランド宗教改革において重要な役割を果たした。

問題はウォーラムの後任人事だった。ヘンリー8世はその選任に慎重だった。候補者にはガーディナーのほか、ヨーク大司教のエドワード・リー（Edward Lee: c.1482-1544）、ロンドン司教のストークスリー、リンカン司教のジョン・ロングランド（John Longland: 生年不詳、1547年没）などの名前が取り沙汰された。しかし大方の見方に反して、ヘンリー8世がカンタベリー大司教に任命したのはトマス・クランマーだった。

　かれはケンブリッジ大学教授を務めていたが、そのときはオーストリア大使（1532年1月任命）としてカール5世に随行し、イタリアに滞在中だった。1532年11月、クランマーは10月1日付けのヘンリー8世からのカンタベリー大司教叙任の書簡を受け取り、急遽イングランドにとって返した。その年の11月19日に北イタリアのモンツアを発ち、翌年1月初めにイングランドに戻った。この抜擢人事に多くの関係者が唖然とした。誰もが、ガーディナーがカンタベリー大司教になるものとみていたからである。クランマーの叙任をヘンリー8世に推挙したのはクロムウェルだった。クレメンス7世からの叙任勅令を踏まえてクランマーが正式にカンタベリー大司教となったのは1533年3月30日のことだった。

　そのクランマーについて、すこしだけ補足しておこう。1529年の夏、ケンブリッジ一帯でペストが流行したため、クランマーはロンドン北東のウォルサム・ホリー・クロスに難を逃れた。ガーディナーやエドワード・フォックス（Edward Foxe: c.1496-1538）もやってきた。そこでかれらは国王の婚姻を無効にする方策について思案を重ねた。クランマーが提案したのは、ヨーロッパ主要大学の神学者に会ってその意見を聴取するとともに、できればヘンリー8世の意に沿った形でかれらを説得することだった。ヘンリー8世はその手法に関心を示した。フォックスとクランマーがこの大学歴訪と意見聴取の仕事を担うことになった。

　クランマーは31年の夏、バーゼルの人文主義者であり、のちにツヴィングリやヨハネス・エコランパディウス（Johannes Oecolampadius: 1482-1531）の影響を受けてスイス宗教改革運動の一翼を担うことになるイモン・グリナース（Simon Grynaeus: 1493-1541）と知り合い、かれを介してストラスブルクのマルチン・ブツァー（Martin Bucher: 1491-1551）を知ることにもなった。

　しかし、かれのヨーロッパ大学歴訪ヒアリングが功を奏したわけではなかった。というのも、宗教改革者のルター、メランヒトン、ブツァー、ティンダール

は悉く、レビ記に基づくヘンリー8世の婚姻無効という申立てに反対したからである。他方、教皇に連なる聖職者たちがヘンリー8世の考え方に同調するわけもなかった。それでも、クランマーはニュルンベルク滞在中にルター派の宗教改革運動の実態を目の当たりにしたし、ルター派の宗教改革者アンドレアス・オジアンダー（Andreas Osiander: 1498-1552）の妻の姪マーガレットと32年7月、正式に再婚して周囲の者を驚かせた。

　ところで、すでにヘンリー8世とアン・ブーリンの結婚式が執り行われて1ヵ月が経った33年2月4日、宗教改革の第4会期が始まった。クロムウェルは翌3月14日、下院に上訴禁止法（Act in Consraint of Appeals, 1533）を提出した。宗教的事案についても紛争はイングランド国内で処理し、教皇に上訴することはできないというのがその内容だった。あわせて宗教的事案の処置手続きの細目についても規定された。議会では経済的懸念に根差す批判的動きもみられた。上訴禁止法案に対してヨーロッパのカトリック諸侯が反発し、イングランド羊毛を輸入禁止にするのではないかという不安が表明された。豪商で地主、州長官も務めたポール・ウィジポール（Paul Withypoll）と覚しき人物からの提案は、もしヘンリー8世が法案を取り下げるのであれば、議会は国王に20万ポンドを献納するというものだった。しかし、この代替案に賛成するものはほとんどいなかった。ヨーロッパのカトリック諸侯たちも本心では教皇の束縛から解放されることを望んでおり、ヘンリー8世がその口火を切ったとして歓迎するのではないかという見通しが優っていた。

　議会での審議プロセスで唯一改正されたのは、国王に関わる宗教的案件の上訴はイングランド聖職者会議（二院制）の上院に対して行われるというものだった。ヘンリー8世もその修正を認め、法案は1533年4月はじめ上下両院を通過した。「宗教改革議会で成立した単一法としては、この上訴禁止法は明らかに最も重要なものだった」（Lehmberg, 1970: 175）という見方がある。

　議会とパラレルに開催されていた聖職者会議では、ヘンリー8世の婚姻無効問題が取り上げられた。神の法に反する結婚は無効であるとするパリ大学神学者たちの見解に多くの出席者が賛成した。その結果を踏まえて、聖職者会議の下院議長リチャード・ウルマン（Richard Wolman: 生年不詳、1437年没。サドベリー助祭長）は新任のカンタベリー大司教クランマーに対して、ヘンリー8世の婚姻が厄介な障

害物を生み出したという意見に大方の者が賛同していると報告した。

このヘンリー8世の婚姻無効問題について、議会は聖職者会議にその最終判断を委ねていたが、ヘンリー8世の婚姻は無効である、というのがかれらの下した結論だった。クランマーがこの結論を踏まえて、ヘンリー8世とキャサリン・オブ・アラゴンの婚姻は無効であると、国王に申し出たのは1533年4月11日のことだった。翌12日、ヘンリー8世は欣喜してクランマーからの申し出を承諾。しかし、この知らせを受け取った教皇クレメンス7世は7月11日、来る10月までにこの婚姻無効を取り消さなければ、ヘンリー8世を破門すると通告してきた。

モアもフィッシャーも聖職者会議の結論やクランマーの振る舞いに対して批判的だった。しかしモアがすでにチェルシーに隠遁し、フィッシャーとガーディナーは王権の監視下におかれていたから、為す術がなかった。

(E) 第5会期について。ヘンリー8世の婚姻無効という結論をえて大きな山場を越した議会は急ピッチで動き出した。

第5議会は34年1月15日に召集された。上院ではフィッシャーやタンスタール、リーなどの有力者が欠席、経済的窮状を訴えて欠席を願い出る者もいた。宗教改革法案に先立って、イングランド毛織物業者の保護、所有可能な羊数の制限（エンクロージャーの抑制）、農産物耕地および農産物価格の急騰回避のための法令など、いくつかの経済関連法規が審議された。

宗教関連法案では、第1に、聖職叙任上納金廃止令が上程された。当初、クロムウェルは教皇への上納金のすべてを停止し、その納入先を国王に切り替えたいと考えていた。この法案に対する下院での反対は少なかったが、上院では高位聖職者から反論が相次いだ。そのため、クロムウェルは修正案を提出し、初任聖職者が叙任されたとき、教皇に差し出してきた上納金だけを禁止し、国王への上納規定は削除した。

しかしその代わりに、司教の選出手続きを規定し、国王が推挙した候補者のなかから選任すること、それに違反すれば、国王侮辱罪に問われると定められた。こうした司教の選任方法はイングランドでは古くからの慣行であり（いつでも遵守されたとはいえない）、このとき始まったわけではない。しかし、慣行が法的に明文化されたことの意義は大きかった。1534年3月9日、修正案は上院を通過した。

第2に、ピーターズ・ペンス廃止令 (Act for the Exoneration of Exactions paid to the

See of Rome) がある。ピーターズ・ペンスの起源は遠く 8 世紀のアングロ・サクソン時代に遡及し、一時期ローマ納付金 (Romefeoh) とも呼ばれた。11 世紀前半の記録によれば、その当時、年間 30 ペンス以上の地代を払っている戸主から 1 ペニーを 8 月 1 日 (聖ピーター・アド・ヴィンクラ St. Peter ad Vincula の祝祭日) に集め、教皇に上納していた。そこから、ピーターズ・ペンスという名前が生まれた。その金額や「納税」(あるいは自発的寄進) の実態は時代や地域によってさまざまだったが[50]、上記の廃止令によってピーターズ・ペンスはいったん廃止された。

興味深いのはその前文である。そこには、「神のほか、貴陛下 (国王) の上に立つ者なし」という文言がみられ、イングランド「帝王」としての地位がローマ教皇によって不当にも簒奪され、その権威が辱められたと記されていた。そのほか、国王臣下による修道院への立ち入り、聖職者の海外で開かれる宗教会議への出席禁止などが明記されたこの法案は 34 年 3 月 20 日に成立した。

第 3 に、クロムウェルは 34 年 2 月 21 日、私権剥奪法を上院に提起した。預言者が現れたとして人心を集めていた「ケントの尼僧」エリザベス・バートン (Elizabeth Barton: c.1506-34) がその主たる対象者だった。しかし彼女の支援者 5 人 (うち 4 人は修道士) も摘発された。この修道女はヘンリー 8 世のキャサリンとの婚姻無効裁定に強く反発し、宗教改革にも反旗を翻した。そのうえ、もしヘンリー 8 世が再婚すれば、かれは数ヵ月のうちに絶命し、地獄に落ちるだろうと預言した。その噂はたちまち巷に広がり、クロムウェルは事態を放置できなくなった。彼女はフィッシャーやモアにも近づき、じっさいフィッシャーやモアに会った。エリザベスの話を聞いたフィッシャーは、しかしその報告を国王にしなかった。モアも同様だった。

ヘンリー 8 世は尼僧の話を耳にして小さな恐怖心を覚えながらも激怒し、国家反逆罪 (high treason) で捕らえて処刑するよう命じた。クロムウェルはエリザベスの私権を剥奪したうえで、この尼僧の振る舞いは国家反逆罪にあたるとし、またフィッシャーを犯罪隠匿罪で告発した。当初、クロムウェルの起訴文書にモアの名前はなかった。しかしヘンリー 8 世はモアもリストに加えるべきだと考えた。

この法案は 2 月 26 日に上院を通過すると、翌 27 日、フィッシャーは直ちにヘンリー 8 世と上院諸侯に対して釈明の手紙を書いた。ケントの尼僧との接触はごく限られたものだったこと、自分の病状は悪化しており、自己弁護もままならな

いので情状酌量をお願いしたい、というものだった。

エリザベスと行動をともにしてきた先の5人は34年4月20日、絞首刑になった。フィッシャーは翌35年6月22日、婚姻無効裁定と首長令に反対したかどで斬首され、その首はロンドン塔に晒された。

他方、モアはクロムウェルから自らの私権剥奪にかかる法案を入手し、その中身は「虚偽の憶測」に基づくものだとして諸侯による審問会議を設け、そこで証言する機会を与えるよう要求した。

第3代ノーフォーク公トマス・ハワード（アン・ブーリンはかれの姪）、オードリー、クランマー、そしてクロムウェルがその会議のメンバーとなった。モアが「虚偽」であるとしたのは、かつてヘンリー8世が『七秘跡擁護論』を上梓したとき、その執筆を焚きつけ、その内容を指示したのもモアであり、その結果、「かえって教皇の手に国王と戦う剣を渡し、キリスト教界全体にわたって国王の面目を失墜させた」という訴状についてだった。モアの弁明は、義父ウィリアム・ローパーが書いた『トマス・モア伝』(1556年)にも記されているが、同書の執筆におけるモアの役割はごく従属的なものであり、教皇称賛の記述に対してもモアはその文意を抑制するように促したこと。しかし、「教皇の権威を最高に言明しておこう」としたのはヘンリー8世であり、こうした事情に関する「最高の弁護人」は国王その人であるというものだった (Roper, c.1556 [1963: 62-9、松川昇太郎訳83-7])。諸侯がモアの証言をヘンリー8世に伝えたとき、かれは「非常に立腹」し、モアを反逆罪で処断すべきだと告げた。しかし、諸侯たちはそう言い張るヘンリー8世を熱心に説き伏せ、法案からモアの名前を削ることができた。

しかし、モアの命運もそこまでだった。というのは、すぐあとで述べるように、第6会期に成立した首長令によってモアは逮捕され、斬首されてしまったからである。

第5会期に上程された法案にはもうひとつ重要なものがあった。それが王位継承法 (The First Act of Succession, 1534 ――この表記は Gee and Hardy eds., 1896: 232 による。第6会期に成立した諸侯等の誓約規定が The Second Act of Seccession) である。それは前妃キャサリン・オブ・アラゴンを「亡夫アーサーの未亡人」と呼ぶことにするというものだった。1534年2月11日に上院に提出され、3月7日に両院を通過した。それに伴ってキャサリンが産んだ王女メアリーは庶子とされた。それだけで

なく、ヘンリー8世と新王妃アンとの間に男子が誕生すれば、その子を王位継承者とする。もし男子が生まれなかった場合には、エリザベス（33年9月7日生まれ）が王位を継承すると規定されたのである。この法案はメアリーの地位を曖昧にしたまま、会期末が迫った3月26日に成立した。

同じ頃、ヘンリー8世と前妃キャサリン・オブ・アラゴンとの婚姻は合法的であると明記した3月23日付けの教皇クレメンス7世からの勅書がロンドンに届いた。しかし、一時期そのために不穏な空気が流れたものの、それによって事態が変わることはなかった。

(F) 第6会期について。第5会期が終わって7ヵ月した1534年11月3日、第6会期が始まった。いつものように、上下両院で数名の議員から欠席の申し出があった。また、下院に数名の新人議員も登場した。

この第6会期で承認された最も重要な法案が首長令あるいは国王至上法 (Act of Surpremacy, 1534)[51] である。そこには、イングランド教会の唯一の首長はイングランド王であると記され、これによってイングランドにおけるローマ教皇の存在は完全に否定された。すでにみたように、3年9ヵ月前 (1531年2月)、ヘンリー8世は同じ主旨の「要求」を提起したが、そのときはイングランド聖職者会議によって「キリストの法が許す限りにおいて」という条件がつけられた。しかしこの首長令ではその文言は削除された。

けれども、この点の修正だけであれば、首長令はすでに既成事実と化していた現実を追認するだけの法令にもみえる。クロムウェルはこの首長令の条文を作成したとき、すでに修道院調査を準備していた。この法案の最後に、とくにローマ教皇の名前も挙げず、「（この首長令は）わが王国の平和と統一、平穏を維持するため、いかなるしきたりや慣行、外国法、外国の権威、規定も無視することを宣言する」(*The Statutes of the Realm*, vol. 3: 492; Gee and Hardy eds., 1896: 244; Adam and Stephens eds., 1901: 240) と書き込んだのはそのためだった。もはや聖俗両界の首長たるヘンリー8世の意に逆らってことをなす余地はほとんどなくなった。イングランド教会はアングリカン・チャーチあるいは国教会 (Anglicana Ecclesia) という固有の名前を与えられた。その首長令は1534年11月17日に成立した。

同じ11月の議会で、この首長令の施行を確実なものとするため、大逆罪を含む国家反逆法 (The Treason Act, 1534) が定められた。既存法を強化したこの法案は

クロムウェルとオードリーが起草したものであり、その狙いは諸侯や高位聖職者に首長令遵守を誓約させることにあった。下院で「悪意をもって」(maliciously) という表現を削除すべきではないかといった指摘があったが、原案が大きく修正されることはなかった。結果として、「来る年（1535年）の2月1日以降、悪しき意図と願望をもって書物や行為に訴え、国王や王妃およびその後継者に危害を加えようとする者、また国王を異端、専制君主、教会分裂者、簒奪者と呼ぶ者、さらに国王が有する要塞や艦船、弾薬に被害をもたらす者」は大逆罪を犯した者とされ、財産は没収し、死罪が科されることになった (The Statutes of the Realm, vol. 3: 508; Gee and Hardy eds., 1896: 247-51)。この法律は当時の事情からすれば、フィッシャーとモアを排除するためだったということもできる。じっさい、ふたりは首長令を認めなかったため、国家反逆罪に問われ、翌35年の6月と7月にそれぞれ斬首された。

　このようにして、ヘンリー8世は首尾よくローマ教皇（教会）から分離独立し、イングランド国教会（以下、イングランド教会または国教会という。）の首長となった。クロムウェルとオードリーは、王室財政改善のため、好都合な旧来の慣行を活用したいと考えた。それが聖職者叙任納付金 (annates) と10分の1税の徴収である。前者は国教会首長によって新たに司教、修道院長に叙任された者、および新たに聖職禄を与えられた者（年8マーク以下の者は免除、また年40ポンドを超える年金を受け取る修道院長は半額免除）はそれぞれ叙任初年度について、その年収相当の納付金を首長たるヘンリー8世に差し出すというものだった。

　後者は10世紀以上にもわたって長くローマ教会の慣行となってきた教会人に対するいわゆる10分の1税（自発的献金か税であるかは時代と国・地方によって異なる）を改めて国教会首長に献納することを意味していた。そして司教がこれら「徴税」請負人に指名された。しかしこうした措置は、納税先が「教皇から国王に代わっただけのことだ」(Pollard, 1905: 220, 222) と理解することは必ずしも適切でない。10分の1税についていえば、1336年から1534年までの2世紀にわたって、ローマ教皇の誰一人としてイングランドの聖職者からそれを強制的に徴収することはできなかった。同じ2世紀について、イングランドの聖職者がローマへの献納金を強要されたのはわずか5回にすぎず、その最後はヘンリー7世時代の1502年のことだった。

また初任納付金についても、高位聖職者の納付金はともかくも（高くなった者もいれば、下がった者もいた）、低額の聖職禄でもすべての新任者が叙任納付金を払わなければならないことになった。

歴史家ジョフリー・エルトンは、これらふたつの納付金総額は1534年と35年について、それぞれ4万ポンドにのぼったと推計している（Elton, 1953: 190）。多くの一般聖職者から、教皇献金の時代は「黄金時代」だったという嘆息が漏れた。イングランドの聖職者は教皇時代よりも国教会時代になってより多くの献金や税を強いられることになったからである（Lunt, 1962: 168, 303-5, 445; Lehmberg, 1970: 207）。

1534年になると、聖職者会議はヘンリー8世の宗教政策に対して独自の立場から介入し、その内容を変更させるだけの力を失っていた。この会議の上下両院（聖職者会議にも上下両院があった）とも、すでにふれた叙任納付金、ピーターズ・ペンス、王位継承問題、首長令、10分の1税といった重要法案について公然と異を唱えるだけの力はなく、事態の推移を見守るだけの存在になっていた（Lehmberg, 1970: 213-5）。

この第6会期には、宗教改革法案のほか、ウェールズ統治改革法も成立した。手短にいえば、その事情はつぎのようなものだった。1529年、ウェールズのカーマーゼンの大地主で名望家だったリズ・アプ・グリフィス（Rhys ap Griffith [Gruffydd]: 1508-31）は、スコットランドのジェームズ5世（在位1513-42年、ヘンリー8世の姉マーガレット・テューダーの子）と結んでウェールズ王となるべく、ヘンリー8世に反乱を起こした。その発端は、1525年に祖父が亡くなったとき、グリフィスはその称号と所領を世襲できるものと考えていた。しかしヘンリー8世は、それをフェラーズ卿のウォルター・デヴァルー（Walter Devereux: 1488-1558、初代ヘリフォード子爵）に与えた。そのため、両家は紛争状態に陥り、29年6月に武力衝突が起きた。1531年に捕らえられたグリフィスはロンドンに移送されたが、そのとき、かれはジェームズ5世と謀ってヘンリー8世打倒を画策し、ウェールズの君主になろうとしていたとの嫌疑をかけられた。グリフィスが6世紀のウェールズ王の名前（Urien Rheged）をみずからの呼称に添えていたことも叛意の根拠とされた。グリフィスは反逆者とされ、31年12月にロンドンで処刑された。しかし、その処断にはもっと大きな原因があった。かれはイングランドの宗教改革に反対し（ジェームズ5世も同じだった）、アン・ブーリンを公然と貶していた。したがって、反逆

者グリフィスを「イングランド宗教改革における最も早い殉教者のひとり」とみる歴史家もいる (Griffiths, 1993: 106, 110-1)。この理由づけが正鵠を射ているとすれば、グリフィスの反乱と処刑という出来事もイングランド宗教改革の一齣に加えることができるだろう ('Rhys ap Gruffydd (rebel)', WP)。

ちなみに、上記のウェールズ統治改革法は荒廃していたウェールズの統治を集権化して改良することを意図するものだった。

(G) 第7会期について。1535年に議会が開かれることはなかった。当初は35年11月3日からの召集が予定されていたが、ロンドンでペストが流行したため、延期となった。ようやく翌36年2月4日になって第7会期が始まった。

その前月、正確には1536年1月7日、前妃キャサリン・オブ・アラゴンが病死した。しかもその葬儀の日、アン・ブーリンは男子を流産した。なにか因縁めいたものを感じる人がいても不思議はなかった。すでにヘンリー8世とアンの仲は色褪せ、冷え込んでいた。

クロムウェルは成立したばかりの首長令に基づいて、かねてからの計画に着手した。まず、ふたつの大きな調査に取りかかった。そのひとつはイングランドとウェールズ、アイルランドの一部に立地するすべての宗教施設を対象とする財産目録作成のための現地調査であり、もうひとつが修道院と修道尼院に対する調査だった。このうち、前者は35年1月からスタートしたが、クロムウェルはそのために州毎に王立委員会を設け、同年5月30日までにその調査結果を財務省 (exchequer) に提出するように命じた。その実務は1-2人のロンドンから派遣された役人のほか、地方の州長官や治安判事、市長や司教、ジェントリーらが担った。短期間で結果を出さなければならなかったから、この調査はもうひとつの修道院調査と比べてその精度が落ち、過小評価になっているケースが少なくなかった。しかし、多様な宗教施設の財産目録が全国的規模で作成されたことの意義は極めて大きかった。その結果は全22巻からなる膨大な史料『宗教施設財産目録』(Valor Ecclesiasticum——ラテン語表記、既刊は6巻[1810-34年刊])に取りまとめられた[52]。

もうひとつの「修道院調査」は、34年末から37年初めまで、前後4回にわたって実施された。とくにその第2回と第3回調査が詳細なものであり、100人の聖俗法律家からなる視察団が組織され、修道院などの所有財産のみならず、修道尼院についてはその風紀状態についても調べるように命じられた。

この調査のさなか、ヘンリー8世は35年7月18日、クロムウェルを国教会の首長代理 (vicegerent) に指名し、モアの処刑に反対したクランマーの上位に据えている。

　そのクロムウェルは視察団に対して86ヵ条からなる「修道院視察指示書」(Instruction for the General Visitation of the Monasteries——74項目は修道士、12項目が修道女に対する尋問項目) を携帯させた。財産目録づくりにあたっては、修道院などにおける聖務収入 (10分の1税および献納金) と各種不動産収入 (所領地代、教会裁判所収入、上納金のほか、所領・漁場・鉱山などの財産価値) のふたつが調査された。また、「指示書」にはつぎのような項目が列挙されていた。修道院などにおける聖務の実態 (聖務の内容、時間、担当者など)、修道士等の人数と欠員、修道院に居住する俗人数、修道院の創設者、所領とその増減、年間収入と内訳、借財の有無とその内訳、所領および所有物の根拠となる書類、所領などの売買記録、修道院長の選出方法とその根拠、破門者や聖務停止者の有無、修道院長の聖職禄を含む収入とその源泉、修道院運営の規則、修道士などの衣食住に関する遵守すべき関係規則とその実態、修道士見習いとその訓練内容などが修道院に関する調査項目として挙げられていた。

　また、修道尼院と修道女についてはこれらに追加して、修道尼院への人の出入り管理 (とくに男性や無資格者の夜間等の出入り) とその実態、修道女と親しい修道士や男性聖職者の有無、修道女への手紙や贈答の有無、聴聞司祭と修道女の告解の頻度など、修道尼院における風紀調査が課された (Burnet, 1865, vol. 4: 207-16)。

　そこで、第7会期に成立した小修道院解散令 (Suppression of Religious Houses Act, 1536) をみてみよう。その法令は上記の風紀調査の結果から書き出している。曰く――、修道士、司教座聖堂参事会員および修道女などの人数が12人 (正式な典礼に必要な聖職者) 以下の小さな修道院や修道尼院における聖職者の生活はまことに腐敗を極め、怠惰と浪費、淫行が充満し、嫌悪すべき恥ずべき状況にある (大いに誇張された表現になっていたと推察される)。これまでも、修道院などに対して多くの視察が行われ、その都度改革が命じられてきたが、効果を上げていない。したがって、とくに国王が定めるものを除き、年収200ポンド未満の小修道院の土地や財産、諸権利 (負債を含む) は王国のためによりよく活用されるべく、すべて国王に献上するものとする。併せて、勤勉と節倹を弁えない宗教人は根こそぎ

一掃しなければならない、と。

　他方、「行状正しき」大修道院などが解散される小修道院などの聖職者を収容することは自由だとし、修道士や修道女は修道院や尼院を出て教会でしかるべき仕事に就くこともできる。それだけでなく、解散される施設の長は解散によって失うものにみあった「年金や聖職禄」を受けることができると規定し、修道院解散の衝撃を緩和するためのいくつかの措置も法令に盛り込まれた。さらに加えて、解散した小修道院の所領などの資産は「より良き目的のために転用される」とも記されていた。

　ちなみに、1536年4月4日に成立した小修道院解散令によって解散が予定された修道院は全国で291にのぼったが、実際に解散の憂き目にあい、その所領などを没収されたのは244だった。この解散令が制定されたのと同じ4月、小修道院の財産管理のために王室増収庁[53] (court of augmentations) が設置されたことも見落とせない (Gee and Hardy eds, 1896: 257-68; Adam and Stephens eds., 1901: 243-5; Hughes, 1950: 292-5)。

　小修道院が解散されたあと、誰もが残った大修道院も同じ運命を辿ることになるだろうと考えていた。宗教改革議会終了後の36年後半から38年にかけて、大修道院を含めて多くの宗教施設が堰を切ったように「自主解散」していった。そうした騒然とした雰囲気のなかで、一部の修道士が解散後の自己保身のため、修道院の直営地を貸し出すとか、装飾品や高価な家具を処分するとかいったケースがみられた。そうした事実を踏まえて、39年議会の終盤に成立した大修道院解散令では、解散1年以内に結ばれたこうした貸与契約は無効であるという条文が付け加えられた。大修道院領の管理運営はすべて上記の増収庁の手に委ねられたのである。

　ともあれ、1540年1月にはシャープ修道院 (Sharp Abbey)、3月23日にはエセックスのウォルサム修道院 (Waltham Abbey) が解散し、この修道院解散という大事業はひとまず幕を閉じた。わずかに残ったのは聖堂騎士団修道院 (preceptory) の所有地やカレッジ所領だけだった。

修道院解散の先例──イングランドとヨーロッパの経験

　宗教改革議会における一連の立法行為に対して、フィッシャーやモアを失った

聖職者会議は劣勢を余儀なくされ、ほとんどその発言力を失っていた[54]。けれども、一連の「上からの」宗教改革の断行に対する反発がなかったのかいえば、すぐあとでみるように、そうではない。

しかし、それをみるまえに、急いでふれておくべきことがある。修道院解散のイングランドにおける先行事例と大陸ヨーロッパでの修道院解散についてである。

(A) イングランドの先例について。1530年代後半、当時のイングランドの修道院のうち、その建立がノルマンの征服以前に遡るものはごく僅かしかなかった。ヘンリー8世が解散させた修道院のほとんどは、12世紀初めから13世紀末にかけて、その頃ヨーロッパで起きていた修道院建設ブームのなかで創建されたものだった[55] (ベック修道院は1034年、シトー修道院は1098年、フランチェスコ会は1209年、ドミニコ会は1206年の創設)。16世紀の前半、修道院領はイングランドの土地全体の4分の1を保有していたといわれるが、「グラストンベリー修道院長 (Abbot of Glastonebury) とシャフツベリー修道尼院 (Abbess of Shaftesbury) の院長が結婚すれば、その継嗣はイングランド国王以上の土地を相続することになる」(Dickens, 1989, 2nd ed.: 75, 175) という言い方もあながち荒唐無稽なものではない。

もうひとつ注目されるのは、イングランドにはフランスに本院をもつ「外国修道院」(alien priories) が多かったことである。1378年以降の大分裂の時代になると、フランスの修道院がアヴィニョン教皇に忠誠を誓うようになったため、敵対するローマ教皇はこれら外国修道院の解散に賛意を示したほどである。

制定法の法典化を進めて模範議会を召集し、またウェールズやスコットランド (一時期のこと) を併合したのみならず、アキテーヌをめぐってフランスと戦ったエドワード1世 (在位1272-1307年) は1295年から1303年にかけて、そうした外国修道院の資産を差し押さえた。フランスとの百年戦争に踏み切ったエドワード3世 (在位1327-77年) も一再ならず、類似の行為に及んだ。アジャンクールの戦いに勝ってトロワ条約を結び、フランスの王位継承権まで手にしたエドワード5世 (在位1413-22年) は1414年の立法によって90ほどの修道院を解散させ、その資産を没収した。その一部は臣下に与えられたが、それ以外にも新しい修道院 (シオン修道院 [Syon Abbey] やカルトゥジオ会のシーン修道院 [Carthusians at Sheen Priory]) 建設に用いられた。

また、その没収資産はオックスブリッジのカレッジ増設といった形で教育機関

にも転用された。ヘンリー8世の時代になってからのことであるが、ケンブリッジ大学総長のフィッシャーは1522年、ブロムホール(Bromhall)とハイガム(Higham)の修道尼院を解散し、ケンブリッジ大学のセント・ジョーンズ・カレッジを設けた。また同じ年、ウルジー枢機卿はセント・フリーデスワイズ修道院(St Friedeswide's Priory)を解散、オックスフォード大学のクライスト・チャーチの基礎を築いた。その2年後、ウルジーは教皇の勅書を得て20ほどの修道院を解散し、新しい教育機関を創設した。追い出された修道士や托鉢修道士、修道女らは他の宗教施設に収容された(Gasquet, 1889, vol. 1: 40-66)。

　(B) ヨーロッパの先例について。大陸ヨーロッパでも、この16世紀前半、修道院解散が相次いだ。その教義的根拠となっていたのがルターの『修道士の請願について』(1521年)である。そのなかでルターは、修道院は聖書に根拠がなく無意味な存在であり、キリスト教の精神と相容れないものだと主張した。その衝撃的な見解は多くのルター派諸侯を引きつけ、修道院解散の重要な引き金となった。

　そのルター派の影響はたちまちスカンジナヴィア諸国にも及んだ。スウェーデンでは1527年、封建制に終止符を打ち、スウェーデンにおける上からの宗教改革を牽引した国王グスタフ1世(Gustav Vasa: 在位 1523-60年)はみずから必要と認めたとき、王室収入を増やすため修道院所領を没収するという布告を出した。じっさい、いくつもの修道院が解散に追い込まれ、その所領と財産は王室に吸収された。その結果、1580年までにすべてのスウェーデンの修道院が解散に追い込まれた。没収した所領はスウェーデン全土の4分の1にのぼった。またデンマークにおいても、国王フレゼリク1世(Frederick I: 在位 1524-33年)はルター派の改革思想に積極的に受け入れ、デンマークの「上からの」宗教改革を促した。かれは1528年、最も裕福な修道院のうち15を解散させ、その所領と財産を没収した。

　スイスの都市国家チューリッヒの政府は1523年、修道女に対して修道尼院を出て結婚するように圧力をかけた。翌24年にはすべての修道院を解散し、没収した土地と財産は教育機関の創設や貧民救済に充てられた。29年にはバーゼルで、また30年にはジュネーヴでも同じような施策が繰り返された。

　しかし、フランスとスコットランドでは、スカンジナヴィアやスイスとは異なる方法で修道院収入が掠奪された。両国の場合、聖職禄の一部を空席のままにし、その所得を王権が横奪(in commendam)した。フランソワ1世は1516年、レオ10

世からフランス修道院における院長叙任権を獲得した。国王はその 8 割を意図して空席にし、結果としてフランス修道院収入の半分ほどを王室に繰り入れた。同じことが、フランスに倣ってスコットランドでも実行され、年間 4 万ポンド以上が修道院から王室金庫に転入された（'Dissolution of Monasteries', WP）。

では、ドイツではどうだったのか。最近のカントーニらの研究によれば、1500 年からの 1600 年までの間に、全ドイツで解散させられた修道院あるいは修道尼院の数を調べてみると、1520 年にはまだ数件だったものが、25 年になると一挙に 90 件に爆発的に増え、その後も 40 年までの 15 年間、年平均 30 件ほどのピッチで解散させられた。地理的にはルター派諸侯が多かった北部や南西部のドイツでめだつ。それにともなって、世俗化された土地と財産、人的資源などが他のセクターに活発に移転させられ、結果として世俗社会のあり方にも大きな変化をもたらした（Cantoni *et al.*, 2017: 10-1, 16f.）。

これら 1520 年代にみられたヨーロッパ大陸における宗教改革に伴う修道院解散やその収入簒奪の政策が辣腕の戦略家クロムウェルの目に止まらないはずがなかった。ヘンリー 8 世やクロムウェルによる修道院解散という政策指針は、大陸ヨーロッパでの経験を後追いするものだったといってよいだろう。

リンカンシャーの乱・恩寵の巡礼・ビゴッドの乱

さて、場面を 1536 年のイングランドに戻してみよう。小修道院の解散といった形で身の回りに具体的変化が現れはじめると、一般農民のみならずジェントリーや修道士、商人や職人などの一部から不安と憤怒の声が挙がり、やがては蜂起の鐘が突かれ、叛徒の狼煙が上がった。その代表的なものがリンカンシャーの乱であり、それに続く「恩寵の巡礼」（Pilgrimage of Grace）だった。

まず、(A) リンカンシャーの乱について。蜂起のきっかけとなったのは小修道院解散、聖職禄さらには臨時課税調査のために国王使節がやってきたことだった。1536 年 9 月 20 日からリンカンシャーのボリングブロック（Bolingbroke）、ロース（Louth）、カイスター（Caister）といった順番で国王使節団による調査が始まった。それに対するジェントリーの対応は一様でなかったが、農民叛徒はしばしば強制的にかれらをみずからの陣営に取り込んでいった。調査は中断され、延期を余儀なくされた。調査に協力的だったジェントリーや聖職者などが暴行を受け、殺害

されるケースもあった。まもなく騒擾はリンカンシャー全州に広がっていった。10月はじめのことである。リンカンシャー州長官だったジェントリー出身のエドワード・ダイモーク（Edward Dymoke: 1508-66）は叛徒の要求を容れてその隊列に加わり、のちにみる「ホルンカッスルの要求」（6項目）をとりまとめ、それをヘンリー8世に送った。

　州長官が反乱に加わったことは叛徒を大いに勇気づけ、まだ手づかずの修道院に対して決起すればよし、そうでなければ焼き討ちをかけると修道士たちを脅した。その呼びかけに応じる修道院長や修道士、教区司祭もいた。1万人を超える反乱軍は州都リンカン（Lincoln）に結集し、市民もかれら叛徒を迎え入れた。その指揮官が州長官だったことが大きかった。10月8日、かれは州の南東部に位置するホランド地方に対して蜂起を促し、その叛徒は4万人に膨れ上がったといわれる。かれらはその要求を「ホランド農民の改革要求」にまとめた。

　こうして、リンカンシャーでの反乱が大きな盛り上がりをみせるにつれて、州都に集まった叛徒たちから、さきの「ホルンカッスルの要求」に対する国王の回答はどうなっているのかという批判の声が挙がった。ここで待つよりも首都ロンドンへ進軍すべきだという意見も出てきた。しかし、ジェントリー叛徒たちは、もし国王の返事を待たずに国王軍に刃を向ければ、それは大逆罪に問われることになるといって一般叛徒の自制を促した。それよりも、叛徒の要求をもういちど整理し、それを国王に再度提出すべきではないかと説得した。州都郊外のマイル・クロスでジェントリー叛徒が中心になってその案を練り、「マイル・クロスの要求」として集約した。

　一方、10月3日にロースを発った国王使節の2人は翌4日、ロンドンに着いた。リンカンシャーでの反乱についてその詳細をヘンリー8世に伝えた。かれは事態を深刻に受け止め、ただちに反乱鎮圧のため、貴族と有力ジェントリーに呼びかけて国王軍を編成し、現地にむかわせた。

　国王軍の中心には初代サフォーク公チャールズ・ブランドン（Charles Brandon: 1484-1545 ——ジェーン・グレイの祖父）がおり、その周辺を第4代シュルーズベリー伯ジョージ・タルボット（George Talbot: c.1468-1538 ——ヘンリー7世時代からの歴戦の英雄）、ヨークシャー州長官ブライアン・ヘイスティングス卿（Sir Brian Hastings: 1477-1537）、クロムウェルの甥のリチャード・クロムウェル、第3代ノーフォー

ク公トマス・ハワード (Thomas Howard, 3rd Duke of Norfolk: 1473-1554 ――クロムウェルに敵対的なカトリック教徒であり、最初は国王軍の指揮官だった。恩寵の巡礼でも国王軍の総指揮官)のほか、多くの騎士やジェントリーが固めていた。しかし一般兵士は戦いの訓練も経験もない農民や商人、職人などであり、全体としてみれば、にわか仕立ての混成軍にすぎなかった。その数も反乱軍に大いに見劣りした。1536年10月10日、国王軍はリンカンシャーの州境スタンフォードに迫っていた。

　国王軍と叛徒がいよいよ衝突しようとしていた10月10日、ジェントリー叛徒の許に国王の回答とサフォーク公からの書簡が届いた。それがこのリンカンシャーの乱の大きな転機となった。

　もともと、その大方が一般叛徒に強いられてその隊列に加わっただけの者が多いジェントリー叛徒や聖職者たちは、潮が引くように反乱軍から離れていった。反乱軍は大混乱に陥り、一部の一般叛徒の矛先はその「裏切り者」にむけられたが、叛徒は指導者と展望を失い、右往左往した挙句、帰郷の途につくほかなかった。こうして10月13日、リンカンシャーの乱は武力衝突なしに終わった。国王軍は叛徒100人をロンドンに連行し、そのうち30人を騒擾の首謀者として処刑、残りの者には特赦を与えた (Rose-Troup, 1913: 8-9; 富岡、1965: 318-67)。

　ここで、リンカンシャーの乱の性格を理解するためにも叛徒の要求を振り返っておこう。まず、「ホルンカッスルの要求」の6項目だが、①解散させられた修道院の復興、②ユース法[56] (Statute of Uses, 1536) の廃止、③国王への10分の1税と叙任納付金拠出の停止、④臨時税 (subsidy) の免除、⑤クランマー、ラティマー、ロングランドなど異端司教の追放、⑥クロムウェル、リッチなど身分の低い階層出身の重臣を枢密院顧問から罷免するといった内容だった (Page ed., 1906, vol. 2: 272-3; Rose-Troup, 1913: 6)。

　また、「ホランド農民の改革要求」は、①イングランド教会に対する古くからの慣習的特権の保全、②国王の意志によらずに解散させられた修道院の復興、③カンタベリー、ロチェスター、リンカン、イリー、ウスターなどの各司教および王璽尚書 (lord of privy seal)、大法官庁長官 (master of the rolls)、王室増収庁長官の民衆 (叛徒) への引き渡しあるいは追放、④国防目的以外での徴税等の禁止の4項目からなっていた。

　さらに、これらふたつの要求を合成したようにみえる「マイル・クロスの要求」

は以下の7項目からなっていた。第1に、国王は戦時を除き、国民にこれ以上の税金を課すべきではない。第2に、ユース法は廃止されるべきである。第3に、教会は古来の自由を享受すべきである。したがって、政府は10分の1税、叙任納付金を聖職者から取り上げるべきではない。第4に、修道院をこれ以上解散するべきではない。第5に、王国は異端を追放すべきである。とくにクランマー、ラティマー、ロングランドなどの異端司教を免職し、処罰すべきである。第6に、国王は貴族を枢密院顧問に採用すべきである。クロムウェル、リッチ（Richard Rich: 1496/7-1567、初代リッチ・バロン）、リー（Thomas Legh: 生年不詳、1545年没）、レイトン（Richard Layton: c.1500-44 ——クロムウェルの配下として、法律家リーとともに修道院解散実務に注力した人物）を民衆（叛徒）の復讐に委ねるか、あるいは国外に追放すべきである。第7に、この一揆に参加した者すべてに対して恩赦を与えるべきであるというものだった（Dodds and Dodds, 1915, vol. 1: 111-4; 富岡、1965: 350-4。括弧内は引用者）。

では、これらの諸要求が示唆していることは何か。ヘンリー8世の上からの宗教改革に反対であり、その実質的推進者であるクロムウェルら身分卑しき「成り上がり者」を排除し、同時にクランマーら「異端」も追放して、マグナ・カルタ（第1条）が約束してきたこれまでの修道院を含むカトリック的教会秩序を回復すべきである。これが叛徒の請願の精髄にほかならない。ユース法廃止の要求はジェントリー叛徒からすれば、税逃れの格好の手段を失いたくないということであり、もっと一般化していえば、一般叛徒の税負担の軽減要求とも共鳴する。

したがって、叛徒の要求の基本的性格は、新秩序形成（上からの宗教改革）の勢力を削ぎ落とし、旧秩序に戻すべきだということにほかならない。その意味では、このリンカンシャーの乱は150年前のワットタイラーの乱（1381年）とはまったく異質で対極的な性格をもつ一部のジェントリーを巻き込んだ農民らの自然発生的騒擾だったようにみえる[57]。

それでは、叛徒の要求に対してヘンリー8世はどう回答したのか。そこに記されていたのは、まず、クロムウェルら国王顧問官やクランマーら「異端」高位聖職者の選任について、「無知蒙昧な」民衆が国王の判断に難癖をつけるとは何という僭越かと一蹴したうえで、修道院解散は議会の同意を得て実行されたものであり、数人の顧問官の気まぐれで始まったことではない。しかも、「神によく仕

えている」修道院は解散しておらず、解散させたのは悪徳と悪行が蔓延る修道院だけである。またユース法の廃止というが、それは王国の貴族や騎士、ジェントリーによって承認された法律や法令を破ることであり、「お前たちの頭は狂っているのではないか」と断じている。さらに、10分の1税や叙任納付金はお前たち臣下の富を維持していくのに必要となる負担を支えているものであり、議会の法令として承認されたものであると記したのち、これ以上の反逆的行為を重ねるな、国王への忠誠義務を想起せよ。すぐに帰郷せよ。そしてお前たちをこの過ちに駆り立てた者を国王使節に引き渡せと命じていた (Dodds and Dodds, 1915, vol. 1: 137-8; 富岡, 1965: 355-8)。

その揺るぎなき筆致にジェントリー叛徒は腰砕け、たちまちのうちに反乱の戦列から離れていった。

(B) 恩寵の巡礼について。ごく短期間で終わったリンカンシャーの反乱の後半、ヨークシャーでより大規模な反乱が起きようとしていた。恩寵の巡礼である。その大まかな経緯を追ってみよう。

まず、ヨークシャーのイースト・ライディング (East Riding) 地方における一般農民の騒擾は1536年10月8日、ハル市の北にあるベーヴァリー (Beverley) で始まった。リンカンシャーの反乱と同じく、叛徒たちはジェントリーを半ば強制的に一揆に取り込んでいった。数日のうちに騒擾のうねりは高まり、その津波は近隣のハウデン (Howden)、マーシュランド (Marshland)、カウッド (Cawood)、ニューボールド (Newbald)、マルトン (Marton)、マシャムシャー (Mashamshire)、ワットン (Watton)、ホルダーネス (Holderness)、リッチモンド (Richmond) を覆い、10月13日にはヨーク市に及んだ。

このうち、ヨーク大司教邸があるカウッドでは大司教エドワード・リー (Edward Lee: c.1482-1544——若い頃はエラスムスの論敵、首長令をはじめヘンリー8世の宗教改革には右顧左眄した人物) が近くのポンテフラクト城に難を逃れ、多くのジェントリーもそれに続いた。しかし10月20日、リーは叛徒に屈服した。

ところが11月27日、かれはふたたび叛徒に背を向けた。マシャムシャーではジェルボー修道院 (Jervaux Abbey) の院長アダム・セドバー (Adam Sedbarr) が反逆者と名指しされ、300人ほどの叛徒に拉致された。ワットンでは、地元の裕福なヨーマンが3000人の叛徒のリーダーとなり、解散したばかりのふたつの修道院

の復興を企てた。ホルダーネスでの蜂起のリーダーは教区司祭だったが、反乱への参加を強要された騎士やジェントリーたちはハル市に逃げた。

　恩寵の巡礼はヨーク市への進軍によって大きな山場を迎えた。10月13日、総指揮官ロバート・アスク[58]（Robert Aske: 1500-37）率いる2万の軍勢がヨーク市近郊に達した。そのなかにはジェントリーやヨーマンなどからなる4000から5000の騎馬兵がいた。ヨーク市長から反乱軍襲来の報告を受けたヘンリー8世はヨーク市を死守せよと命じた。10月15日、アクスは市長と市参事会員に使者を送り、市内の自由な通行を認めてほしい。市民に迷惑はかけない。調達物資には正当な代価を支払う用意があると伝えた。市長らはアスクの要請を受け入れ、規律ある騎兵隊に限って市内への入城を許した。翌16日、反乱軍はヨーク司教座聖堂に進み、その扉に「解散された修道院復旧に関する指示書」を貼りつけた。市内のセント・メアリー大修道院以外の小修道院はすでに解散させられていたが、それらの修道院は貧民のみならず、一般市民にとっても大切な生活の一部になっていた。

　入城した指揮官アスクは市長らに反乱の背景事情について説明した。第1に、修道院解散によって聖職者は神への務めを果たせず、貧者は苦難に喘いでいる。第2に、土地に関わる遺言の執行、負債の支払い、国王への奉仕などにおいて民衆の自由を妨げているユース法を廃止してほしい。第3に、来年の15分の1税（quindezine）は羊や家畜が対象になっている。しかし、ヨークシャーでは前年（1535年）の凶作で家畜は減り、家畜1頭につき4ペンス、羊20頭につき12ペンスを課税されるのは農民が困窮する現状に照らして過重な負担である。第4に、クロムウェルやリッチ、王室増収庁長官など国王の近くには出自が低く、評判も良くない重臣が侍り、私腹を肥やしている。第5に、カンタベリー、ロチェスター、ウスター、ソールズベリー、セント・デーヴィッド、ダブリンの諸司教はキリスト教の信仰を腐敗させ破壊している。その最初がリンカン司教だった（Dodds and Dodds, 1915, vol. 1: 177-9）と訴えた。

　アスクは上記第1の事情を蜂起の最大の理由に挙げた。第4と第5は修道院解散を推進した政府高官、高位聖職者に対する批判であることはいうまでもない。全体としてみれば、これらの事情説明と要望はリンカンシャーの乱における「マイル・クロスの要求」とかなり重なっている。

しかし、もうひとつのハル市と反乱軍の折衝は容易に埒が開かなかった。ハル市が頑なにわが市は国王の市であると主張して叛徒の入城を拒んだからである。それでも10月20日、叛徒によって完全包囲されたハル市は、恩寵の巡礼への誓約を強制しないという条件付きで反乱軍の入城を認めた。

こうして、ヨーク市とハル市が叛徒の手中に落ちた。残る重要拠点はポンテフラクト（Pontefract）だった。ヘンリー8世やクロムウェルによってすでに挙動不審な人物とみられていたトマス・ダーシー卿（Thomas Darcy: c.1467-1537――初代ダーシー男爵、37年6月30日、国家反逆罪で処刑)、ヨークシャー州長官のヘイスティングス、ヨーク大司教リーなどの高位聖職者、国王派の貴族や騎士、ジェントリーたちがこの城に避難していた。籠城者のなかでは、すでに34年はじめから神聖ローマ帝国の駐英大使オスタス・シャピュイと内通し、ヘンリー8世に反旗を翻そうとしていたダーシー卿が劣勢な国王軍の指揮官になっていた。ヨークから駆けつけた叛徒の大将アスクは、城内に立て籠もるダーシーらの貴族や騎士、ジェントリーたちに降伏勧告を行うとともに、叛徒の側に立ってわれわれの思いの丈と一般叛徒の窮状を国王に伝えてほしいと要請し、併せてダーシーらと会見の場をもちたいと提案した。

逡巡しているかにみえたダーシーだったが、21日になって叛徒の要望を容れてポンテフラクト城の門を開いた。じっさい、城にいたダーシー卿やリー大司教だけでなく、多くの有力ジェントリーたちも蜂起した人々に同情し、共感する者が少なくなかった。

1537年10月24日、ダンカスター近くに集結した叛徒軍は総勢3万4000人に膨れ上がっていた。他方、サフォーク公とノーフォーク公が指揮する国王軍も26日、ダンカスター郊外に到着したが、その兵力は8000に満たなかった。しかもクロムウェルの政敵であり、カトリック教徒でもあった国王軍のノーフォーク公は叛徒の蜂起には理があるとみていた。

武力衝突を避けたかった両陣営は休戦し、ダンカスターで36年10月26-7日、12月5日の2回にわたって会談を重ね、いくつかの紆余曲折を経たのち、最終的には身の安全を保障された叛徒代表のアスクがロンドンに赴き、ヘンリー8世に謁見して叛徒の実情と要望を伝え、国王からしかるべき譲歩を引き出すということで合意した。まさにヘンリー8世への「恩寵の巡礼」だった。

その直前の 12 月 2 日から 4 日にかけて国王への請願の内容を明確にするため、反乱軍の会議が開かれた。その会議には貴族 6 人、騎士 23 人、ジェントリー 27 人が集まった。3 日間にわたる審議の結果、「24 ヵ条の請願」が作成された。

そして翌 5 日の第 2 回会談の席上、国王軍のリーダーであるノーフォーク公はアスクに対して重大な言質を与えた。第 1 に、ロンドンではなくヨークにおいて 1537 年に議会が開かれること。第 2 に、その議会にはより多くの北部イングランド議員が選出され、出席すること。第 3 に、その議会で 24 ヵ条の請願が取り上げられること。第 4 に、解散した修道院は王権に基づいてヨーク議会の開催までに復興されること。第 5 に、恩寵の巡礼に関わったすべての叛徒に対して恩赦が与えられ、処罰される者はいない。ノーフォーク公によってこれらのことが反乱軍に約束されたため、叛徒はそれを受け入れ、それぞれ帰郷の途についた。1537 年 12 月 9 日のことだった (Hughes, 1950: 315-6)。

では、上記の「24 ヵ条の請願」とはいかなるものだったのか。その中身はドッズ姉妹の著書『恩寵の巡礼 (1536-1537 年) とエクセターの蜂起 (1538 年)』(1915 年) の第 1 巻で取り上げられ、邦文ではそれを典拠にして富岡次郎が細かな紹介をしている (Dodds and Dodds, 1915: vol. 1: 346-73; Hughes, 1950: 308-10; 富岡、1965: 424-6)。

請願は大きく 4 つの部分からなっていた。第 1 に宗教関係、第 2 に法律関係、第 3 に政治関係、第 4 に経済関係である。まず宗教関係では、「異端」の撲滅 (ウィクリフ、フス、ルター、メランヒトン、ブツァー、ティンダールなどのほか再洗礼派を含む)、「異端」司教および世俗異端者の火刑などによる処罰、教会首長権と司教叙任権のローマ教皇への返還、解散された修道院の復興、教会と修道院の 10 分の 1 税と叙任納付金の免除、修道院解散の実務担当者リーやレイトンの処罰、王権州あるいは特権州 (county palatine)[59] における教会特権を法令化することといった要望が盛り込まれていた。

つぎに、第 2 の法律関係では、キャサリン・オブ・アラゴンの子メアリーを嫡出子とすること、ユース法および国家反逆罪 (とくに大逆罪) を廃止すること、御料林など以外での武器 (鉄砲や石弓) 使用を解禁することなどが記されていた。

第 3 の政治関係では「異端」の支持者であり、イングランド王国の良法を破壊しているクロムウェル、オードリー、リッチを処罰すること、恩赦の対象を拡大すること、早期にノッティンガムあるいはヨークで議会を開くこと、議会への騎

士および市町村代表について改革（議員増）を行うことなどが掲げられた。

　第4の経済関係では、耕地や共有地などの土地囲い込みは禁止すべきこと、国王への15分の1税は免除されること、ウェストモーランド（Westmorland）、カンバーランド（Camberland）、ケンダル（Kendal）などの土地およびマシャムシャー、カービーシャー（Kirbyshire）などの修道院領は慣習に従って自由保有とすべきこと、領主は相続料として2年分の地代をとるべきことなどが書き込まれてあった。

　総じて、これら国王への「24ヵ条の請願」は何を物語っているのか。その基調を貫いている精神は、さきのリンカンシャーの乱の「マイル・クロスの要求」もそうだったように、ヘンリー8世の宗教改革に反対するという明確な態度表明であり、その即時停止であり、推進者である聖俗の異端者を処断すべきだということであり、これまでの北部の特権を維持（回復）すべきだということだった。したがって、修道院解散が着手された直後に起きたリンカンシャーの乱もこの恩寵の巡礼も、宗教教義内在的な動機に欠ける「上からの」宗教改革という潮流を堰き止めようとする、その意味で自然発生的で「反動的な」、しかも組織化されず、戦略性にも欠けた蜂起だったということができるだろう。

　もうひとつ印象的なのが、それほどまでに北部イングランドでは一般民衆のなかにカトリック生活様式が深く根を張っていたということである（Hughes, 1950: 297, 300）。

　そうした意味で、この反乱の基本的性格は何よりも「上からの」宗教改革に反発する騒擾だったということである。これらの反乱全体を通じて騎士もジェントリーも、また聖職者も決して一枚岩の考え方でまとまっていたわけではなく、そうした行動を取ってもいない。いわんや富岡次郎のように、この反乱を「封建領主制および絶対王政を打倒し、市民革命を志向する」農民一揆と捉えることには大きな無理がある。

　しかしながら、リンカンシャーの乱と恩寵の巡礼との間には見落とせない違いもある。叛徒軍の総帥ロバート・アスクがノーフォーク公との会見とそこでの約束（「24ヵ条の請願」に対するノーフォーク公の基本的賛意とアスクの旅程での身の安全保障）を信じてロンドンに向かい、ヘンリー8世に謁見して叛徒の実情を訴え、「請願」を差し出して国王の善処を求めたことである。1536年12月下旬のことだった。

　ロンドンに到着したアスクはヘンリー8世の厚遇に接したばかりでなく、1000

ポンドという途方もない年金を贈与され、さらに下院議員の席まで約束された。謁見のさい、アスクは叛徒の窮状を伝えるとともに、クロムウェルを罷免しなければ、反乱の再発もありうると国王に警告した。ヘンリー8世はアスクにむかって、「北部に戻って叛徒を解散させ、帰郷させよ。そうすれば、叛徒すべてに恩赦を与えよう。修道院解散で職を失った聖職者には教区司祭などの仕事を用意する。議会もヨークで開こう。ヨークシャーで自由な選挙を行わせよう。聖職者会議を開かせ、しかるべき自由も与えよう」と語った。想像を絶した処遇と好意的な回答に欣喜したアスクは国王の善意を信じて勇躍、帰郷していった。1537年1月初めのことである。

　こうしたヘンリー8世の行動や言質が周到な罠だったのか、あるいは初期テューダー朝の一時的な危機回避策だったのか、判然としないところがある。しかし後者とするには、リンカンシャーの乱に対する3ヵ月ほど前の「国王の回答」とあまりにも大きな隔たりがあった。それにもかかわらず、アスクは無邪気なほどに楽天的だった。かれは心底ヘンリー8世の厚遇に感激し、素直にかれの言葉を信じて疑わなかった (Scarisbrick, 1997: 342-6; Bernard, 2005: 376-83)。

　(C) ビゴッドの乱について。ところで、アスクがヨークシャー戻ったとき、すでに各所に不穏な動きが生じていた。アスクらのジェントリー叛徒はロンドンで国王に買収されて寝返ったという噂が立っていた。だいいち、ノーフォーク公や国王の約束はいまだ実行されていない。それどころか、ハルやポンテフラクト、スカーバラなどの要所で国王軍が増強されている。そうした情勢のなか、名もなき北部の叛徒から、「死を賭けて蜂起せよ。裏切り者のジェントリーを捕らえよ。誓いを拒むジェントリーは殺してしまえ。クロムウェルやすべての異端を高位から引きずり下ろせ」といった檄が飛んだ。依然としてヘンリー8世を信頼していたアスクは再蜂起中止の命令を出したが、それは叛徒の怒りの声で掻き消され、かれらの耳には届かなかった。

　いくつもの再蜂起は1537年1月中旬にピークに達し、2月半ばにはカンバーランドとウェストモーランドで最後の大きな蜂起があった。その叛徒の数は6000人にのぼった。一般農民叛徒の要求は10分の1税の徴収停止であり、エンクロージャーの禁止だったが、ジェントリー叛徒への憎悪も渦巻いていた。アスクを敵視する一般叛徒がめだって増えはじめた。

こうした再蜂起の中で1月16日、ビゴッドの反乱が起きた。そのリーダーだった騎士のフランシス・ビゴッド卿 (Sir Francis Bigod: 1507-37) はノーフォークのビゴッド伯爵家の出身であり、若くしてウルジーに見出され、神学的関心から一時期ルターなど宗教改革思想に傾倒した。宗教改革議会にも議員として出席、最初は恩寵の巡礼に批判的だった。しかし叛徒に捕らえられ、半ば強制的に反乱軍に参加させられた。かれはもともとクロムウェルとは違って修道院解散ではなく、修道院改革を模索していた。また、10分の1税はもっぱら聖職者支援に用いるべきだと考えていた。すでにアスクの指揮から外れていたビゴッドはワットンのヨーマンだったジョン・ハーラム (John Hallam) とともに蜂起した。しかしその企ては失敗、逃避行の果て、37年2月10日にカンバーランドで捕縛され、カーリスリー城に繋がれた (Hughes, 1950: 316-7; 'Francis Bigod', WP)。

このビゴッドの乱を知ったヘンリー8世は激怒し、ただちに1ヵ月前のアスクとの約束を反故にしたうえ、ノーフォーク公に再蜂起撃滅を命じた。この37年初頭の一連の再蜂起がきっかけとなって、ヘンリー8世はリンカンシャーの乱以降の北部イングランド騒擾の首謀者や加担者を一網打尽にし、根絶やしにしなければならないと決意した。逮捕された首謀者には、ビゴッド、アスク、ダーシー、ジョン・ハッセイ、トマス・パーシー (Sir Thomas Percy: c.1504-37 ――第5代ノーサンバーランド伯の次男)、ロバート・コンスタブル (Sir Robert Constable: c.1478-1537 ――ダーシーやアスクとともに恩寵の巡礼の叛徒リーダー) などの貴族や騎士のほか、6人の修道院長 (コルチェスター、グラストンベリー、レディングの修道院長など)、38人の修道士、16人の教区聖職者も含まれていた。首謀者は37年5月16日もしくは25日にロンドンで形式的な裁判が行われ、すべてに国家反逆罪による死刑が宣告された。翌6月から7月にかけて総勢216人にのぼる叛徒が次々と処刑された。その数こそ明らかでないが、そのほか処刑の記録が残っていないとか、獄中で亡くなった叛徒まで含めれば、その数はもっと膨らむだろう。拷問にかけられた者、根拠薄弱なままに判決が下される叛徒も少なくなかった。短期間での国家反逆罪による大量処刑だった。絞首刑のあと、遺体から内臓を抉り出して四肢を切断するとか、切り落とした首をロンドン塔に晒するとか、あるいは火炙りにするとかいった方法がとられた (Dodds and Dodds, 1915, vol. 2: 187-226)。

こうして、ヘンリー8世が経験した国内最大の危機、すなわち北部に展開した

3つの宗教改革反対騒乱はあえなく粉砕された。しかし、宗教改革という観点からみると、この反乱が契機となって看過できない揺る戻しが起きたことを見逃してはならない。というのも、のちにふれるように、イングランド教会の新たな教義づくりをめぐってルター派の影響が明白な「10ヵ条」(1536年)が『司教の書』(1537年)を経て「6ヵ条」(1539年)へと改正されていったからであり、また38年にはカトリシズムからみた異端に対する王権の攻勢が強まったからである。じっさい、ヘンリー8世の晩年に作成された『国王の書』(1543年)と上記「10ヵ条」の間には、「ルターからカトリシズムへ」といってもよい宗教教義上の反転現象をみてとることができる。その契機となったのが恩寵の巡礼だったとすれば、この北部の反乱にも相応の歴史的意義があったといわなければならない。じっさい、王妃シーモアは恩寵の巡礼が勃発し、その勢いが増していくなかで、修道院解散を控えて欲しいとヘンリー8世に懇願した。

　ともあれ、この反転を踏まえていえば、ヘンリー8世の宗教的立ち位置は、初期のルター批判から宗教改革議会における親ルター的路線へと移行し、そののち治世後期にカトリシズムに再接近したのであって、かれ個人の内面的信条とは別に、そこに宗教政策上の小さな振り子運動をみてとることができる。その振り子は、それぞれかれの腹違いの子であり、かれの死後、その遺言に従って次々と王位に登ったエドワード6世、メアリー1世、エリザベス1世の宗教政策によって描き出された、より大きな宗教改革の振り子を先取りしていたようにみえる。

　もうひとつ、補足が要るかもしれない。なぜ北部イングランドでこうした民衆的反乱が起きたのかという点である。第1には、1530年代後半の当時、イングランドの修道院は地理的に大きな遍在がみられた。大小の修道院ともリンカンシャー、ヨークシャー、ノーサンバーランド、ランカスター、ノーフォークといった北部イングランドか、あるいはバーク、ハンツ、ドーセット、サマセット、ウィルツ、グロスター、ウスターといった西部7州かに集中していた。しかも小修道院が多かったのは北部である。リンカンシャーには大修道院が9つ、小修道院が37あったが、そのうち34の小修道院が解散させられ、またノーフォークでも26の小修道院のうち、18が解散を強いられた。しかし西部では大修道院が多かったから、36年の小修道院解散令による被害は小さくて済んだ。

　こうした小修道院の遍在的立地のため、リンカンシャー、東部ヨークシャー

（イースト・ライディング）、イースト・アングリアでは、合計で 130 あった大小修道院のうち、87（66.9%）が 36 年の小修道院解散令で解散となり、残った小修道院はわずかに 8 つだけになっていた (Hughes, 1950: 294-6)。

　第 2 に、そうした小修道院の多くが 200 年、300 年にわたって存続してきたものであり、「どこでも社会生活の永続的要素になっていた。議会で決めたこととはいえ、それが国王の一存によって解散させられた。コミュニティは引き裂かれ、土地は差し押さえられ、修道院の動産は取り上げられて売却された。その改革は物的な変化をはるかに上回るものだった」(Hughes, 1950: 298)。じっさい、一般民衆にとって小修道院の解散は日常生活上の大きな変化を伴うものだったが、かれらの自発的意志から懸け離れたものだった。第 3 に、ヘンリー 8 世の宗教改革はこの修道院解散に留まらず、教区教会も解散させられるのではないかという不安を掻きたて、そういった風聞が広がった。それが増税見通しとともにひどく叛徒を刺激した。第 4 に、北部や西部あるいは南部イングランドのいくつかの州は、その時期こそ異なるが（早くはノルマン征服後の 11 世紀後半から）、国王によって王権州（County Palatine）としてかなりの自治権を与えられてきた。ヘンリー 8 世がその特権を一方的に奪ったことに対して、地方貴族や騎士、有力ジェントリーのなかに大きな不満が蟠った。王権州とされていたのは、北部ではダラム、チェスター、ランカスター、ノーサンバーランド、また西部ではシュロップシャー（Shropshire）やペンブローク（Pembroke）、コーンウォール、そして南部ではケントがそうだった。その特権は強い自負心と愛郷心（local patriotism）を培った。その時期こそ異なるが、王権州となった理由は北部ではスコットランドとの戦争、また西部ではウェールズとの確執を念頭においた軍事的事由、すなわち王権からすれば、州（州長官と州議会）に特権を与えることによって軍事的脅威に素早く対処させるためだった（'County Palatine', WP）。

修道院解散がもたらしたもの

　ところで、宗教改革議会の到達点といえば、首長令を踏まえた修道院解散令ということになる。その小修道院解散に続いて、39 年には大修道院解散令が制定され、それとパラレルに王権はその触手を托鉢修道院とその教会（friary church）にも伸ばした。前者の大修道院解散は「大修道院解散令」(Suppression of Religious

Houses Act, 1539）に基づくものだったが、後者は特別の法律なしにクロムウェルらの行政判断によって実行された。基本的に1539年の出来事だった。

　まず、大修道院解散令をみてみよう。小修道院解散令の施行後、37年から38年にかけて大修道院の自主解散が続発した。そうした事実を踏まえて、39年に開かれた議会ではそれを追認する法令が制定された。それが大修道院解散令である。

　その冒頭には、国王が特に承認した場合を除き、現存する宗教組織ならびに関連施設はいかなる外部からの強制によることなく、自主的に解散すること。そしてその「所領と領主権、邸宅、農園、牧草地、森林地、地代、相続権、10分の1税、年金およびその受給権、教会、礼拝堂、聖職推薦権・任命権、裁判所、商品等販売権、その他の諸特権」をすべて国王に引き渡すことと記されていた。ここでいう宗教組織とその関連施設とは、「大小の修道院、修道尼院、学問所 (colleges)、医療院 (hospitals)、托鉢修道院 (houses of friars)、その他の宗教施設」をさしている。

　また、すでにふれたように、王室増収庁の記録にある場合を除き、この解散令に先立つ1年以内に修道院長などが結んだ土地等の貸与または譲渡に関する契約は無効とされた (*The Statutes of the Realm*, vol. 3: 733; Gee and Hardy eds., 1896: 281-303)。逆にいえば、そうした王権の利益を損なう契約が随所で交わされたということであり、それが大修道院自主解散の実態を物語るものでもあった。

　いまひとつ補足しておこう。この修道院解散で教区教会のほうはどうなったのか。もちろん、いくつか無視できない余波を受けた。たとえば修道院を教区教会に衣替えするとか、あるいは修道士が教区教会の司祭なるとか、修道院保有の貴重な物品（聖歌隊席とかステンドグラス、木工細部など）を教区教会が買い取るとかした。しかし、修道院解散によって教区教会が直接重大な変化を蒙ることはなかった。司祭の10分の1税の納付先が修道院から王権に変わったが、ほとんどの司祭や助祭はこれまで通りの聖務を行い、収入も手にした。大方の教区教会には寄進礼拝堂が付設されていたが、それが破壊されることもなかった。イングランドには聖堂参事会長 (dean) の管理する教会（聖堂参事会教会）があったが、修道院解散によってそれらに特段の差し障りは生じなかった。寄進礼拝堂が解散させられたのは、エドワード6世時代の寄進礼拝堂解散令 (1547年) によってである。端的にいえば、修道院解散は教区教会の解散ではなかった。

では、肝心の大小の修道院解散令の影響がいかなるものだったのか、これが問題である。じっさい、その効果は大きくかつ広範囲に及んだ。いくつかの項目に分けて追尾しよう。

(A) 修道院所領の没収と売却について。1536年4月の小修道院解散令にはじまり、39年の大修道院解散令の公布後1年ほどの間にイングランドのほとんどの修道院が解散している[60]。

修道院解散の前夜、イングランドには教区教会を別にして、885ほどの宗教施設があった。その内訳は修道院が260、司教座聖堂（参事会）が300、修道尼院が142、托鉢修道院が183になる。また聖職者の数は合計で1万2000人、修道士が4000人、司教座聖堂参事会員が3000人、修道女が2000人、托鉢修道士が3000人などと推計されている (Bernard, 2011: 390)。

ヘンリー8世によって没収された修道院所領はいったん王室増収庁の管理下におかれたが、早いものは小修道院解散令発布の直後から、譲渡や交換、あるいは売却され始めた。このうち、譲渡の対象になったのは国王側近の貴族や寵臣あるいは高位廷臣に限られており、時期的にも早かった。しかし、全体としてみれば、譲渡や交換よりも売却のほうがめだって多かった。しかも売却された修道院所領の多くがさらに転売されたのである[61]。

その全体像を正確に描き出すことは難しいが、最初に国王から譲渡あるいは売却された有力貴族と寵臣、高位廷臣にはサフォーク公（48件、うち転売13件）、ハーフォード伯（15件、転売ゼロ）、クロムウェル（17件、転売ゼロ）、王室増収庁長官のリッチ（24件、うち転売5件）、オードリー（30件、うち転売12件）がいた。土地仲介業者やジェントリー、ロンドン商人などが修道院所領を王室増収庁から買い取るようになったのは、それよりも遅れて43年あるいは44年になってからことである。このうち、土地仲介業者として記録に残っているのは数人であり、その購入件数は249件（129人に転売）。また、ロンドンの商人や職人が共同購入したと識別できるのは44年のみで474人、総額1万7518ポンドにのぼった（富岡、1965: 277-8；原出典の Liljegren, 1924 は稀覯本で未見）。

ともあれ、修道院領の没収と王室増収庁によるその所領売却は、途方もない土地市場の拡大とその活性化をもたらした。

没収した修道院所領の売却価格についていえば、1540年代までは一般的にそ

の土地の年価値の 20 倍という相場があった。しかし買い手の税負担の軽減と相俟って、この年価値の 20 倍という相場は土地供給の増加にもかかわらず、次第に上昇していった。エリザベス 1 世時代の 1560 年代には年価値の 30 倍、そして 90 年代になると 40 倍といった水準にまで高まった。といっても、その地価高騰の主因は驚くべきインフレの進行、すなわち「価格革命」(1530 年から 1640 年まで) によるものだった。たとえば、小麦価格をとってみると、1540 年代を 100 としたとき、60 年代が 170.8、90 年代には 295.5 に跳ね上がった。また、1530 年代を 100 とした消費者物価指数でいえば、60 年代が 180、90 年代は 305 にまで高騰したのである (Kerridge, 1953: 28; Habakkuk, 1958: 365-7; 富岡、1965: 300-2)。

　すでにふれたように、没収した修道院財産の管理 (売却のほか、譲渡や交換を含む) は王室増収庁が行った。小修道院解散令の公布からヘンリー 8 世逝去後 8 ヵ月までの期間 (具体的には 1536 年 4 月 24 日から 47 年 9 月 29 日までの 11 年 5 ヵ月) をとってみると、同庁の総収入は 133 万 8442 ポンド (年平均 11 万 7407 ポンド) にのぼり、総支出は 122 万 9042 ポンド (年平均 10 万 7810 ポンド) だった[62]。

　興味深いことのひとつはその総収入の内訳であり、没収した修道院所領の売却益 (Sales of monastic lands by king) が 85 万 5751 ポンド (全体の 63.9%)、ついで王領からの地代等の収益が 41 万 5005 ポンドとなっており、このふたつだけで総収入全体の 94.9% を占める。地代のなかには没収した修道院所領からのものが少なくなかった。没収所領のすべてが譲渡や交換、あるいは売却されたわけではなく、ヘンリー 8 世が亡くなったときにも約 3 分の 1 が王領として手許に残されていたのである。

　他方、総支出をみてみると、この期間における国内外での戦費が 54 万 6528 ポンドで全体の 44.5% にのぼり、これに海岸要塞強化費 (coast fortifications) の 6 万 4485 ポンドを加えると、61 万 1013 ポンドとなり、総支出の 49.7% を占める。この戦費に次ぐのが王室経費の 27 万 4086 ポンドだった。なお、この 11 年半ほどのあいだに、王室増収庁会計から聖職者に支払われた年金総額は 3 万 3045 ポンドだった (Gasquet, 1889, vol. 2: 534; Fisher, 1906: 497-8; Hughes, 1950: 328)。

　このようにヘンリー 8 世は、小修道院解散令以降亡くなるまでの間、没収した修道院領を売却することによって毎年平均 12 万ポンドほどの膨大な富を手にしたが、その半分以上が国内では恩寵の巡礼など北部での反乱鎮圧に費やされ、対

外的には1540年代のスコットランドやフランス、とくに44年のブルゴーニュ遠征の戦費に消えてしまったことになる。その戦費総額はヘンリー8世時代に210万ポンド、エドワード6世時代にも140万ポンドに達した (Dietz, 1921:144-8; 井内、2006: 241)。

　解散した修道院のおよそ3分の2が譲渡や交換あるいは売却されたが、残りの3分の1ほどは国王の管理下に留め置かれた。しかし、譲渡後に転売されたか、あるいは初めから売却された修道院のなかには教区教会 (parish church) とか司教区聖堂 (episcopal diocesan cathedral) とかに衣替えし、生き延びたものも決して少なくなかった。また、修道院長邸宅も裕福なジェントリーなどに買い取られていったし、修道院の関連施設は買い手にもよるが、穀物倉庫、納屋あるいは厩舎などに転用された。

　(B) 修道士の処遇とその行き先について。修道 (尼) 院の解散は修道士や修道女らの生活を根こそぎ変えてしまうものだった。修道士たちの一部は修道院解散に抵抗して反旗を翻し、生命を落とす者もいた。それでも、大方は年金をもらって聖職から引退するか、あるいはイングランド教会の教区教会で世俗の司祭などに転じていった[63]。なかには、ギルバーティン (Gilbertine) 小修道院長のように、まずリンカン司教になり、さらにヨーク大司教にまで登りつめたケースもある。

　しかし、一般的には年金を受給しながら教区司祭など世俗の聖職者として新たな仕事をみつけなければならなかった。それで年金が停止されることはなかった。年金を受給した修道士はおよそ3000人にのぼった。もしその母数を4000人とすれば、4人に3人が年金受給者になったという計算になる。

　その年金額は解散した修道院の財産によって異なったが、院長であれば、修道院の純歳入の10分の1といった相場があり、40ポンドから100ポンドの年金を手にした。しかし一般修道士になると平均5ポンド、また修道女では平均3ポンドといった水準に留まった。彼女たちが新しい仕事をみつけることは難しく、良家の出が多かったこともあって、実家に戻るか親戚筋に身を寄せることが多かった。ちなみに、5ポンドの年金とは当時の熟練職人の1年間の稼ぎに近いものだった。

　しかし、年金受給権が発生したのは修道 (尼) 院解散時にそこに残っていた者だけであり、また托鉢修道士については年金をもらえた者は例外的だった。小修道

院解散であれば、およそ解散前の修道院年収の3分の1ほどが年金に使われたといわれる。こうした年金支給という政策は修道院解散に伴う軋轢を和らげるためのものだったが、大陸ヨーロッパの経験に比べて年金カバリッジはイングランドのほうがより広く、一般修道士にも及んだ (Baskerville, 1937: 246-7, 293-6; 富岡、1965: 271-2; 'The Dissolution of the Monesteries', WP;)。

このように、多くの修道士が修道院解散後、教区司祭などとなって新しい仕事をみつけたが、すでに1520年代には聖職希望者が減りはじめ、27年には教区教会でも空席が埋められない状態に陥り、30年代になるとその空席が一層めだつようになった。そうした状況のなかでの修道院解散だったから、放出された一般修道士は比較的たやすく教区司祭などの職に就くことができた (Sheils, 1989: 12)。

(C) 修道院の社会的機能について。これまで名刹の修道院には近郷のみならず、遠隔地からも多くの巡礼者が訪れた。そうした修道院は巡礼の地になっていたからである。しかし修道院は、托鉢修道院の場合もそうだったが、宗教施設以上の存在だった。というのも、修道院には救貧的慈善事業、病院、教育や学芸、各種の催し物の開催といった多くの社会的機能が備わっていたからである。しかし、修道院の解散はそうした重要な働きを剥ぎ取ってしまった。当然、それへの反発と非難の声は大きかったから、ヘンリー8世はその機能を一部回復しなければならなかった。

ヘンリー8世の時代、健康な成人が無為に徒食することに対して厳しい批判の目がむけられていた。しかし、家族の支えを失った病弱者や年寄り、極貧人や浮浪者、孤児たちに対して修道院や托鉢修道院はこれまで慈善の手を差し伸べてきた。修道院と托鉢修道院の解散はその地域福祉機能を根こそぎにしたため、大きな社会不安を醸成した。

追い打ちをかけたのがロンドンのような人口密度の高い大都市の劣悪な衛生事情だった。生ゴミが路上に散乱し、いつも悪臭を放っていた。大なり小なり、地方都市でも似通った状況にあった。そのため天然痘、風疹、マラリア、ジフテリア、猩紅熱が間欠的に民衆を襲い、1535年のみならず、43年にも黒死病が流行して多くの命を奪った。修道院や托鉢修道院に併設されていた病院も、39年の大修道院解散によってほとんどが閉所され、行きどころのない患者はわずかの年金をもらって路上に放り出された。それでも、なかには地元のジェントリーな

ど篤志家によってそうした病院が再建されるケースもあった。

インフレが進むなか、エドワード6世やエリザベス1世の時代になって救貧法が制定されたのは、まずは窮乏化した乞食や浮浪者の群れに対処するためだった。

また、多くの修道院や托鉢修道院は教育機能をもっていた。テューダー朝の時代、多くの町や村には教区学校 (parish school) があり、下位聖職者が少年たちに読み書きを教えた。男の兄弟が姉妹にその中身を伝えた。ほとんどの少女は家事手伝いあるいは家計補助のために働いていたから通学することは稀だった。こうした学校の多くで英語、教理問答、それに算数が教えられた。まだ紙製の本は少なかったから、アルファベットやローマ数字が子牛の皮に書き込まれたホーンブック (hornbook) が使われた。

テューダー朝の時代、子供が通う学校にはいまみた教区学校のほか、2種類のものがあった。ひとつは「小さな」学校 (petty school)、もうひとつがグラマー・スクール (grammar school ——文字どおり「文法学校」) である。このうち、前者は貧しい少年たちを対象にして初歩的な読み書きを教えた。後者では金持ちの子弟が英語とラテン語を学んだ。学校は週6日制、始業時間は冬が朝7時、夏は朝6時、そして終業時間は午後5時と決まっていた。しかし、ペティ・スクールの授業時間はそれよりも短かった。少年たちは親の仕事の手伝いをしなければならなかったからである。修道院などの解散でこうした学校もいったんは閉鎖された。しかし、まもなくしてヘンリー8世はこれらの学校の多くを再開させた。そのためそれらは「国王の学校」(King's school) と呼ばれた。そうした政策判断の背景には廷臣リチャード・モリソン (Sir Richard Morrison: c.1513-56 ——ウルジーに見出され、ヒュー・ラティマーの知己を得てのち、イタリアに留学。クロムウェルに呼び戻され、恩寵の巡礼について『暴動への対処策』[*A Remedy for Sedition*, 1536] を著した。) が恩寵の巡礼の原因を「悪質な教育」に求め、クランマーの「10ヵ条」と共鳴するように、学校教育の内容を刷新する必要があると提言していたことがヘンリー8世の背中を押した (Simon, 1967: 173-4)。

のちにみるように、宗教改革は国民の識字率を高め、一般的な教育水準を高め、社会移動を活性化させたが、狭く修道院解散だけをとってみても、その思わざる効果として、イングランドとウェールズにおける下位聖職者の教育水準の上昇をもたらした。その因果連鎖はおよそつぎのようなものだった。1530年代の宗教

改革の進展は一方では聖職希望者の激減をもたらし、他方では複数聖職禄の保有が禁止されたこともあって、多くの修道士が教区司祭などに横滑りしたにもかかわらず、聖職禄の空席を埋めることができなかった。その空席比率は、エリザベス1世が登位した直後の1559年でも全体の10%にのぼった。この聖職者不足を補うため、オックスブリッジを含めて教育機関の拡充が重要な政策課題として浮上したということである。

じっさい、10ヵ所あった修道院聖堂のうち8つが再建され、それとともに新たに6つの司教区（ブリストル、チェスター、グロスター、オックスフォード、ピーターボロー、ウェストミンスター）が創設された。そこには聖堂、その管理運営にあたる司教座参事会、聖歌隊、グラマー・スクールが付設された。また、1539年に解散されたブレコン（Brecon）、ソーントン（Thornton）、バートン・オン・トレント（Burton on Trent）の各修道院のあとにカレッジが新設された。くわえて、オックスフォード大学とケンブリッジ大学に各5つの欽定教授職が新設され、ケンブリッジ大学にはトリニティ・カレッジ、またオックスフォード大学にはクライスト・チャーチが創立された。ヘンリー8世が亡くなる前年、1546年のことだった。

こうした慈善事業や公衆衛生、教育機関の整理や再構築に使われた経費はヘンリー8世が没収した修道院領や財産全体の15%ほどだった。没収した修道院資産は「より良き目的のために使われる」という観点からすると、この数字はいかにも小さいが、見落とすことはできないだろう（'Dissolution of the Monasteries', WP）。

(D) 托鉢修道院の解散について。大小の修道院とは違い、托鉢修道院は法令によってその解散を迫られたわけではない。しかし、1538年初めには誰もがその解散を予想していた。その当時、イングランドには200ほどの托鉢修道院があった。それぞれドミニコ会（Dominican）、フランチェスコ会（Franciscan）、カルメン会（Carmelite）、アウグスティノ会（Augustinian）につながる托鉢修道院のほか、ローマ・カトリック直系の托鉢修道院（Cutched Friars）もあった。

一般的に、托鉢修道院にはその敷地以外にも、同じほどの広さの庭園や牧草地などがあった。その最も重要な聖務は祈祷になるが、修道院と同じように、各種の慈善活動（病院や教育を含む）にも携わった。托鉢修道院への近隣住民の信頼は篤く、愛着も強かった。かれらは亡くなれば、その墓地に埋葬されることを願った。托鉢修道院への外部からの干渉は弱く、創設者やその家族を除けば、叙任や

祈祷に際して司教の許可が求められる程度だった。市や町が托鉢修道院を設置したケースもあったし、王室が創建に関係した場合もあった。

托鉢修道院のほとんどが1538年に、残りは翌39年に解散した[64]。多くの托鉢修道院は窮乏化し、負債を抱えている場合が多かったから、解散圧力に対する対抗力をもっていなかった。しかも、会派を超えた托鉢修道士相互の結びつきは希薄で、集団行動をとる慣行もなかった。一部には解散に抵抗して処断された托鉢修道士もいたが、ネーデルラントやスコットランドなどに落ちのびる者もいた。かれらの地縁は弱く、頻繁に各地を移動した。それもまた、集団的抵抗力を殺ぐことになった。

解散後、一般の托鉢修道士で年金を受けたものはごく稀であり、かれらは残った修道院教会や礼拝堂、聖堂参事会などでわずかの聖務に就いて糊口を凌いだ。

それでも托鉢修道院の院長あるいは副院長のなかには、組織解散後、司教になった者もいた。たとえば、ロチェスター司教（1535-8年）になったドミニコ会のジョン・ヒルゼー（John Hilsey）、同じくドミニコ会のドーヴァー司教（1538-44年）になったリチャード・イングワース（Richard Ingworth ——クロムウェルの指示で托鉢修道院解散実務を担った人物）、フランチェスコ会のバース・ウェールズ司教（1559-81年）になったギルバート・バークレー（Gilbert Berkeley）などがその例である（Baskerville, 1937: 240-1）。

ところで、修道院解散はこうしたいくつもの大きな変化をもたらしたのであるが、より広い視野からみれば、その政策は世俗化の進行[65]を強く促すものだったようにみえる。

何よりも、修道院解散令の根拠となった首長令が最たる世俗化を象徴していた。修道院も修道士も、たとえ一般民衆といかに深い関わりをもっていたとしても、その本務に照して超世俗的な存在だった。それが世俗権力によって解散させられ、その所領と財産は王権によって没収され、貴族や寵臣、ジェントリーなど世俗の有力者に譲渡あるいは売却され、王権は手にした莫大な資金の多くを最も世俗的事象のひとつ、戦闘行為に費消した。修道士は引退して年金生活者となった者を除けば、教会司祭などより世俗的な聖職に就いて生活の糧をえた。聖職に就きたいと考える若者はめだって少なくなった。この修道院解散という出来事は瞑想的精神（contemplative spirituality）を傷つけ、劣化させた。信仰心篤き巡礼とい

う民衆行動を押し止め、切り崩した。自然の成り行きとして、かの13世紀の清貧論争は忘却の淵に追いやられたのである。

　イングランドでの上からの宗教改革は教義内在的な関心からではなく、政治的で世俗的な関心から出発した歴史的出来事であったが、その到達点にあった修道院解散もまたその世俗化プロセスを一層増幅し、加速した。

　もちろん、そののち、イングランドで世俗化が一方向的に強まったということではない。メアリー1世によるプロテスタント排斥以降、エリザベス1世時代にかけて、ふたたび大陸ヨーロッパで進展する宗教改革の煽りを受け、イングランドでも急進的な聖化プロセスの歯車が回転し始めたからである。

　(E) 異端取締りとポール家の滅亡について。ここで、この時期の出来事についてひとつふたつ補足をしておこう。ひとつは新たな異端の出現とその取締まり強化についてであり、もうひとつは、ヘンリー8世の破門とかれの宗教政策に違和感を募らせていた有力貴族ポール家の人々に対する弾圧についてである。

　まず、前者について。異端者のジョン・ランバート (John Lambert: 生年不詳、1538年刑死) はケンブリッジ大学・クイーンズ・カレッジを卒業後、アントワープに渡る。白馬亭のメンバーのひとりであり、ティンダールやジョン・フリスの友人だった。1536年頃から異端としてノーフォーク公に目をつけられ、38年まで逃亡を続けた。かれはカルヴァン主義的傾向をもつ聖餐形式主義 (sacramentarianism ——「正統派」の聖体拝受説ともルター派の共存説にも反対するツヴィングリなどの思想が代表) を支持した。11月16日の公開裁判ではヘンリー8世が判事を務め、それをガーディナーやタンスタールといった保守的人物が手伝った。判決は火炙り、刑は38年11月22日に執行された。6ヵ条令の発布とパラレルに、異端取り締まりが強化されていった (Rex: 2009: 106-7)。

　しかし、ヘンリー8世は唯々「保守化」していったわけではない。そこで、後者の経緯を追ってみよう。

　1536年にローマの枢機卿に叙任されたレジナルド・ポール (Reginald Pole: 1500-58) は若い頃からヘンリー8世の知己を得ていた。というのも、かれの父リチャード・ポール (Sir Richard Pole: 1462-1505) はヘンリー7世の従兄弟だったからである。しかし、ヘンリー8世の婚姻無効騒動によってふたりの対立関係が露わとなり、ポールはイタリアに滞在することになった。1536年12月、かれは教皇パウルス

3世によって枢機卿に任ぜられ、45年のトリエント公会議では議長の一人として活躍した。そのポールはキャサリン・オブ・アラゴンとの婚姻無効に関するヘンリー8世からの申し立てのみならず、首長令に対しても真っ向から反対し、ヘンリー8世と完全に袂を分かった。

　事態が大きく動き出したのは恩寵の巡礼が起きたときだった。教皇パウルス3世は、ポールに対してかれら叛徒を支援してロンドンに進軍させ、フランソワ1世とカール5世の加勢をえてロンドンにローマン・カトリック政権を樹立するよう命じた。ヘンリー8世はこの指令にいままでにない脅威を感じた。大きな経費を割いて海岸線の要所を固め、防衛戦を強化した。しかし、両国王ともこの呼びかけに応じることはなかった。パウルス3世は38年12月、かねてからの懸案事項だったが、ヘンリー8世を破門した。翌39年、教皇の指示を踏まえてポールはカール5世に会い、イングランドとの通商停止を要請した。

　こうした教皇パウルス3世と枢機卿ポールの所業に対してヘンリー8世は激怒し、ポール一族の殲滅に乗り出した。この決断には、すでに第4章第2節でふれたが、ポールの母である第8代ソールズベリー女伯爵マーガレット・ポール (Margaret Pole, Countess of Slisbury: 1473-1541) の血統が関係していた。というのは、彼女の父は初代クラレンス公ジョージ・プランタジネット (George Plantaginet, 1st Duke of Clarence: 1449-78) であり、祖父は第3代ヨーク公リチャード・プランタジネット (Richard Plantagenet, 3rd Duke of York: 1411-60) になる。そのリチャードの子がヨーク朝を開いたエドワード4世であり、リチャード3世だった。したがってマーガレットはヨーク家の残党、実質上プランタジネット家最後の生き残りということになる。この機を捉えて、その血統を根絶やしにしたいというのがヘンリー8世の魂胆だった。

　そのレジナルドにはふたりの兄、ヘンリー・ポール (Henry Pole, 1st Baron Montagu: c.1492-1539) とアーサー・ポール (Arthur Pole: 1493/99-1527-32) がおり、弟にジェフリー・ポール (Sir Geoffrey Pole: c.1501/2-58)、妹にアースラ・ポール (Ursula Pole, Baroness of Stafford: c.1504-70) がいた。弟のジェフリーは38年8月29日に国家反逆罪で逮捕され、ロンドン塔に繋がれた。厳しい尋問によって、かれは母マーガレットと長兄ヘンリーが王女メアリーとカトリック教会に対して揺るぎない忠誠心を抱いていると告白し、ふたりの国家反逆罪に根拠を与えた。かれ自身も国家反逆

罪に問われたが、2度自殺を図り、39年1月4日に赦免された。精神に異常を来したからである。

1538年11月4日、母マーガレット、長兄ヘンリー、義兄のエドワード・ネヴィル（Sir Edward Neville: 1471-1538）、ヘンリーの従兄弟で初代エクセター侯爵のヘンリー・コーティネー（Henry Courtenay, 1st Marquess of Exeter）などが一網打尽にされ、すべてその膨大な私産は没収された。そしてネヴィルは38年12月8日に、長兄ヘンリーは39年1月9日に、コーティネーは39年12月8日に斬首された。最後に残ったマーガレット・ポールも、2年半の厳しい投獄生活の末、41年5月27日に同じくロンドン塔で斬首刑に処された。

ちなみに、38年という時点でいえば、彼女はイングランドで5番目に豊かな貴族だった。マーガレットは開明的な女性であり、人文主義に深い関心を寄せ、エラスムスの著作の英訳にも尽力した。それでもレジナルドは生き残り、メアリー1世の時代になってカンタベリー大司教となった（Scarisbrick, 1997: 364-5; Bernard, 2005: 79-80, 215-7, 404-32, 474-5）。

ヘンリー8世の身辺事情とクロムウェルの処刑

宗教改革議会が終盤を迎える頃、ヘンリー8世その人にも大きな節目が訪れていた。

イングランド宗教改革のきっかけとなり、改革派に親近感を抱き、しかし修道院解散には批判的だった王妃アン・ブーリンとヘンリー8世の不仲は前妃キャサリンが亡くなった36年1月、すでに修復不能な状態に陥っていた。突然、その彼女を悲劇が襲った。宗教改革議会が閉幕した直後の36年4月末、ヘンリー8世の許にアンが不義密通しているという知らせが届いたからだった。クロムウェルはすぐに事実関係を調べ、真実だと結論づけた。姦通の相手と名指しされたのは5人、すなわち宮内庁高級官吏のヘンリー・ノリス卿（Sir Henry Norris: c.1482-1536）とフランシス・ウェストン卿（Sir Francis Weston: 1511-36）、実兄（あるいは実弟）のロッチフォード子爵ジョージ・ブーリン（George Boleyn: c.1503/4-36）、宮内庁官吏のウィリアム・ブレルトン（William Brereton）、そして楽士のマーク・スミートン（Mark Smeaton）の5人であり、密告者はジョージの妻ジェーン（Jane Boleyn: 1505-42）[66]だった。アンには国王暗殺（国家反逆罪）の嫌疑もかけられた。しかしいまでは、こう

した姦通や近親相姦、暗殺計画が事実だったとする確たる証拠はなく、冤罪だった可能性が高いとみられている。

　それにもかかわらず、アンを含めて容疑者はつぎつぎと捕らえられ、ロンドン塔に繋がれた。この事案をめぐる特別法廷の裁判長を務めたのはアンの叔父である第3代ノーフォーク公トマス・ハワードだったが、かれは甥ジョージや姪アンに対して情け容赦ない態度で死刑を宣告した。クランマーは5月17日、ロンドン塔でアンに会い、キャサリン・オブ・アラゴンのときと同じように、ヘンリー8世との婚姻を無効にすると告げた。エリザベスは庶子となった。同じ17日、アンが関係したとされる5人の男性は斬首され、アン自身も2日後の36年5月19日、ロンドン塔で首を切り落とされた (Weir, 2007: 311-7)。

　この事件でも主たる役割を担ったのはクロムウェルだった。クランマーは脇に追われ、さきの婚姻無効宣告以外、かれは茫然自失して事態を見守るしかなかった。クロムウェルの狙いは、王妃アンを含めて新興のブーリン一族を追い落とし、みずからの権力基盤を盤石なものにすることにあった。というのも、ひとつには、王妃アンは宗教改革には賛成だったが、修道院解散には否定的であり、修道院を改革して福音の教えを広めるべきだと考えていた。その方針はヘンリー8世やクロムウェルと対立する。クロムウェルが懸念していたのは、アンのヘンリー8世への隠然たる影響力だった。そのアンを排除できれば、この不安材料を取り去ることができる。もうひとつ、クロムウェルは極秘に神聖ローマ帝国のカール5世と連絡をとり、イングランドとの関係修復を画策していた。カール5世はキャサリン・オブ・アラゴンの唯一の忘れ形見、メアリーの王位継承権の承認を求めてきた。しかし、ヘンリー8世はこのクロムウェルの隠密裡の身勝手な振る舞いを知って激怒した。その結果、クロムウェルはヘンリー8世とブーリン一族から疎んじられるようになった (Rex, 2009: 109-13; Hamer, 2012: 42-3)。

　アン・ブーリンが処刑された翌日 (1536年5月20日)、ヘンリー8世は、キャサリン・オブ・アラゴンに次いでアン・ブーリンの侍女も務めていた若くて魅力的なカトリックのジェーン・シーモアと婚約し、10日後の5月30日、結婚式を挙げた。そのシーモアは37年10月12日、難産の末、ヘンリー8世待望の男子 (のちにエドワード6世) を産み落とした。しかし彼女は2週間足らずで産褥死。生前、ジェーンが強く望んでいたのは、キャサリン・オブ・アラゴンの子メアリー (す

でに21歳になっていた)とその父ヘンリー8世との和解だった。ヘンリー8世は3つの条件を出した。第1に自分を国教会の首長であると認めること。第2にローマ教会からの独立を承諾すること。第3に両親の結婚が法的に無効だったことを受け入れることだった。最初メアリーはその条件を受け入れようとはしなかった。しかし、神聖ローマ帝国の駐英大使シャピュイの説得によって承服した。これによってメアリーは宮廷に戻り、王女として処遇され、侍女もついた。しかし、キャサリン・オブ・アラゴンの子メアリーとアン・ブーリンの子エリザベスとの反目は容易に解けなかった。

　ジェーン・シーモアが亡くなると、すぐに4番目の王妃探しが始まった。クロムウェルは宗教改革に親和的な女性としてアン・オブ・クレーヴズ(Anne of Cleves [Anna von Kleve]: 1515-57)に白羽の矢を立てた。アン自身、ルター派に傾倒していた。その父であるユーリヒ - クレーフェ - ベルク公のヨハン3世(Johann von Jülich-Kleve-Berg: 1490-1539)はカール5世に敵対し、シュマルカンデン同盟の陣営に加わった人物であり、エラスムスの影響を受け、宗教改革にも共感していた。また、アンの姉ジビュレ(Sibylle)は1527年、ザクセン選帝侯であり、「宗教改革の擁護者」ヨハン・フリードリヒ1世(Johann Friedrich I: 在位1532-47年)に嫁いで4人の男子をもうけていた。

　クロムウェルは画家のハンス・ホルバインをデューレン(Düren)に派遣、アン・オブ・クレーヴズとその妹アマリア(Amalia)の肖像画を描かせ、それをヘンリー8世にみせた。かれはアンを一目で気に入り、39年10月4日、ふたりは結婚に合意した。12月27日、アン・オブ・クレーヴズはドーヴァーに到着。明けて40年の元旦、ヘンリー8世は自分の身分を隠したまま、ケント州のロチャスターでアンに会った。しかしヘンリー8世は大いに落胆した。ホルバインの肖像画とはあまりにも乖け離れていたからだとされている。それでも、5日後の40年1月6日、ヘンリー8世は正式の結婚式ではなく、盛大な祝宴を催した。ここまできて、もし婚約を破棄すれば、ドイツ改革派の諸侯と思いもかけない紛争になるかもしれない。ヘンリー8世には、その可能性を封印しておく必要があった。

　ともあれ、夫婦らしい生活もないまま、アンはヘンリー8世から離縁の意向を伝えられ[67]、祝宴から半年後の7月9日、議会での婚姻無効の決定を踏まえ、何ら抵抗することなくその意向を受け入れた。わずか6ヵ月間の王妃だった。それ

でもアンはその後も「王の最愛の妹」(King's beloved sister)として王族の一員に加えられ、潤沢な年金を与えられ、イングランドで余生を過ごした。ヘンリー8世の6人の妃のなかでは、彼女が最も幸せな生涯を送ったという見方がある (Weir, 2007: 389-90, 420-1)。

しかし、こうした「失態」[68]を招いたクロムウェルに対するヘンリー8世の怒りは収まらなかった。クロムウェルの政敵にとっては願ってもない千載一遇のチャンスが訪れた。クロムウェル追い落としの急先鋒はさきの保守の総帥ノーフォーク公だった。

じつは、この婚姻無効騒動に先立って、クランマーの「10ヵ条」(1536年)を皮切りにして、宗教改革議会の終幕が近づくにつれ、イングランド教会の宗教教義をめぐって保守派と改革派の対立がめだつようになっていた。保守派がその勢力を挽回し始めたからである。クロムウェルの失策はその逆風が強まるなかで起きた。1540年6月10日、クロムウェルは根拠薄弱なまま国家反逆罪で捕らえられ、クランマーからの助命嘆願にもかかわらず、ほとんど秘密裡に7月28日に斬首された。ヘンリー8世が5番目の王妃キャサリン・ハワードと結婚式を挙げたのはその同じ28日だった。処刑にあたって、ヘンリー8世はわざわざ未経験の若者を選び、クロムウェルの首を切り落とすのに3度も斧を振り下ろさせたといわれている (Hamer, 2012: 53-6)。

その間の事情をもうすこし追ってみよう。そのためには、イングランド教会の教義論争に注目する必要がある。

国教会の教義づくり──宗教改革の小さな振り子

すでにみたように、イングランド宗教改革に踏み切ったヘンリー8世とクロムウェルであったが、その動機は宗教教義に内在するものではなかった。そのため、外形が整えられるに伴って、イングランド教会の教義の中身が問われることになった。

その役割を担ったのがクランマーだった。1536年6月9日の聖職者会議では、改革派のウスター司教ヒュー・ラティマーが基調講演を行い、聖職者の不道徳を告発し、煉獄や偶像崇拝、聖地巡礼などの教説を批判し、英語による説教を推奨した (本章注54参照)。この会議で決められたのがクランマーの筆になる「10ヵ条」

(the ten artiles) である。この「10 ヵ条」に端を発するイングランド教会の教義論争は多くの紆余曲折を経てエリザベス 1 世時代の「39 ヵ条」(1563、1571 年) の策定によっていったん落着する。

しかし、クロムウェルの失脚は 39 年 6 月末、「6 ヵ条法」(Act of the Six Articles, 1539) が議会を通過したとき、その歯車が動き出した。

まず、最初の「10 ヵ条」[69] からみてみよう。その第 5 条には、ルターの義認 (justification) の考え方が掲げられていた。それは「聖パウロのエペソ人への書簡」(第 2 章 8 節)——、すなわち善行は必要であるが、それは救いの根拠にはならない。「救いは神の賜物。それはただ神の御恵みからくるものであり、われわれのうちにある何物にも起因しない。(中略) 救いはその源を神の愛に、その根拠をキリストの御業に、そしてその手段を神の賜物を受け取る心の手である信仰に見出す」というくだりにその典拠をもっていた。また 7 つの秘跡のうち、認められるのは洗礼と聖体拝受、悔い改めの 3 つのみであり、再洗礼派は異端であると記された (第 1 条から 4 条まで)。偶像は事象の想起に役立つが礼拝の対象ではない (第 6 条)。神のみに帰すべき信頼と崇敬の念をもって聖人を崇拝すべきではない (第 7 条)。聖人をめぐる「空しい迷信」は排除しなければならない (第 8 条)。いくつかの礼拝様式と儀式は大切なものだが、いずれにも罪を赦す力はない (第 9 条)。死者に対する祈りは有益で善きことだが、煉獄に関するローマ教会の悪習は除去しなければならない (第 10 条)。

この「10 ヵ条」をよくみてみると、第 6 条以下には混濁した曖昧な表現が残っており、すべてが福音主義的教義によって埋め尽くされていたわけではない。端的にいえば、それはルター派とカトリシズムの妥協の産物とでもいうべきものだった (Innes, 1900: 89-90; Pollard, 1904: 102; Kreider, 1979: 123-4)。

それでも、クロムウェルは聖職者会議の判断によらず、英語版聖書をすべての司祭がもち、それを用いるように命じた。しかし、2 年後の 38 年にも同じ主旨の指示が出されたにもかかわらず、ケルンやアントワープなど海外で印刷されていた英訳聖書を教区司祭が手に入れることは容易でなかった。ようやく 39 年になって、クロムウェルが資金を出し、ティンダール版を拡大したカヴァーデール (ティンダールとともに白馬亭のメンバーのひとり) の編集になる英訳『大聖書』(この Great Bible に、ヘンリー 8 世の命によって 1540 年、クランマーが序文[70]を寄せた。) が

王立印刷業者リチャード・グラフトン (Richard Grafton: c.1506/7-73 ── 43 年には英訳聖書印刷の件で6週間投獄され、300 ポンドの罰金刑を受けた。) とエドワード・ホイットチャーチ (Edward Whitchurch: 生年不詳、1561 年没) によって出版されるようになって初めて、多くの教区司祭が英訳聖書を手にすることができるようになったのである (Rex, 2009: 105; 'Richard Grafton', WP)。

　1539 年 4 月、この『大聖書』はヘンリー 8 世によって公認されたが、それはクランマーからの強い要請を踏まえて、クロムウェルがヘンリー 8 世に願い出た結果だった。ヘンリー 8 世は個人的には宗教的急進主義から遠い人物だったが、イングランドの民衆が母国語で自由に聖書を読み、その教えを大切にすることを望んでいた。

　もういちど 2 年前に戻ってみよう。ヘンリー 8 世は 37 年 2 月、上記「10 ヵ条」の改訂を命じた。クランマーを中心に総勢 46 人の聖職者からなる特別委員会が設置され、4 ヵ月間の検討の末、国王に提出された報告書が『司教の書』(*Bishops' Book*, 1537 ──『キリスト者の制度』*Institution of a Christian Man* が正式名称) である。その委員会では保守派の勢いが勝り、7 つの秘跡すべてが報告書に明記された。そのため、クランマーは「10 ヵ条」にある 3 つ秘跡のみがキリストの定めたものだという一文を挿入し、保守派の巻き返しに歯止めをかけた。しかし、ヘンリー 8 世はこの報告書を満足せず、公認しなかった。

　この改訂作業のなかで、救済の方法をめぐってヘンリー 8 世とクランマーの間でもやりとりがあった。ヘンリーは、神の教えと戒めを遵守する限りにおいて救済に浴することができるとして、人間の自由意志の介在を主張した。しかし、クランマーのほうは、救済は信仰のみによるとし、その信仰をもてるのは選ばれた者に対する神の恵みであるとして、ルターの見解に親和的な姿勢を崩さなかった (Rex, 2009: 100-5; Hamer, 2012: 46-8)。

　この『司教の書』の作成プロセスでクランマーは劣勢を託った。この教義論争はますます保守派の勢力を伸張させた。その背景にあったのはヘンリー 8 世自身の保守化だったようにみえる。

　『司教の書』に満足できなかったヘンリー 8 世は、しかしいつまでもイングランド教会の教義論争を長引かせておくわけにはいかなかった。そこで 39 年の議会でこの長引く論争に決着をつけて教義的統一を図るべく、みずから 6 つの問

いを提起し、聖職者会議も含めてそれに回答するように命じた（Gee and Hardy eds., 1896: 303）。

　すぐに上院に教義検討委員会が設けられた。ノーフォーク公はそのメンバーではなかったが、5月16日、議会に対して国王の「6ヵ条」に沿った私案を提出した。その骨子が生かされるような形で承認された法律が「6ヵ条令」である。翌6月28日、ヘンリー8世もその「6ヵ条」を承諾した。そこでは福音主義的な要素が一層後退し、聖職者の婚姻禁止、純潔の誓約、一種陪餐と聖体拝受説の復活、秘密告解の必要、私唱ミサの必要が盛り込まれた。これに対してクランマーは違和感を募らせ、妻子をドイツに帰国させた。あるいは、身の危険を感じていたためかもしれない（*The Statutes of the Realm*, vol.3: 739; Tanner, 1922: 95-8,「六箇条」木下量熙訳 522-40。この木下訳は Gee and Hardy eds., 1896: 303-19 の邦訳）。

　ともあれ、この39年議会では、一方で大修道院解散令が議決され、他方ではさきの「10ヵ条」から改革派的文言が削除された「6ヵ条令」が承認された。それにもかかわらず、その年の10月、ヘンリー8世はクロムウェルの強い勧奨によるとはいえ、第4王妃としてルターに傾倒していたドイツ諸侯のひとり、ヨハン3世の娘アン・オブ・クレーヴズを迎えることに同意した。ヘンリー8世の何ともチグハグで逡巡した姿勢といわざるをえない。

　じっさい、ヘンリーは40年7月、3人のローマに忠実なカトリック聖職者と3人の福音主義的「異端」を処刑し、その不安定な立場を露呈した。その当時、すでにみずからの健康に問題を抱えていたヘンリー8世は、しばしばクロムウェルの処刑を悔いるようになったといわれている（Hamer, 2012: 55）。

　この6ヵ条令制定後も、イングランド教会の教義論争は続いた。ヘンリー8世は40年5月、フォーマルな機関となった枢密院（privy council）において、聖職者会議の保守的面々からの批判を退け、すべての教区司祭は『大聖書』を所持しなければならないと決め、またその秋には残存していた礼拝堂などの宗教施設に対して最後通牒を発し、その解散を促した。カンタベリー大聖堂の聖職者人事でも、クランマーと保守勢力の間で「宗教的シーソーゲーム」がくりかえされた。

　1542年1月、聖職者会議に対して『大聖書』の改訳が託され、すでに38年9月に3年間のフランス滞在から戻った保守的聖職者ステファン・ガーディナーがその先頭に立った。ところが3月になると、クランマーはその改訂作業は大学で行

うべきだというヘンリー8世の意向を伝え、ガーディナーたちを唖然とさせた。結局、その改訳作業は取りやめとなった。

　これに対抗するかのように、聖職者会議は43年4月、先の『司教の書』(1537年) の改訂に取りかかった。クランマーの懸命な抵抗にもかかわらず、ルター派の義認説は却けられ、その成果が『国王の書』(*King's Book*) としてまとめられた。1543年5月のことである。ヘンリー8世は伝統的見解と袂を分かつことはできず、福音主義的改革派にとってこの書物は大きな痛手となった。

　すぐあとでみるように、ヨーロッパ大陸でカール5世との協力関係を模索していたヘンリー8世にとって、こうした宗教的保守主義の旗印を鮮明にすることが外交折衝上、必要なことだったようにみえる。それに追い打ちをかけるように、43年議会で興味深い法案が承認された。ヨーマン以下の者が聖書を読むことを禁じるというものだった。その立法化にはウィンチェスター司教ガーディナーが与って力があった (Hamer, 2012: 57-62)。

　このように、イングランド教会の教義づくりは教義論争によって翻弄され続けた。大きな節目といえば、「10ヵ条」(1536年) から『司教の書』(1537年) へ、ついで「6ヵ条」(1539年) から『国王の書』(1543年) へというように変わっていった。内容的には、この7年間のうちに、イングランド教会の教義的基調は大なり小なり、「ルター派福音主義から伝統的カトリシズムへ」と揺り戻しがかかった。このプロセスを漸進的保守化とみることもできるが、どこかに転機があったとすれば、それはクロムウェルの逮捕と処刑であったようにみえる。かれを失ったことで、ヘンリー8世時代の宗教改革はその勢いを殺がれることになったというべきかもしれない。

キャサリン・ハワードとキャサリン・パー

　ここで、駆け足になるが、ヘンリー8世の婚姻事情についていくつか補っておこう。

　話は5番目、6番目の王妃についてである。アン・オブ・クレーヴズとの婚姻を無効にしたヘンリー8世は、それから半月ほどした40年7月28日 (したがってクロムウェルが処刑された日)、その侍女の一人だったキャサリン・ハワード (Chatherine Howard: c.1523-42) と結婚した。キャサリンは晴れて5番目の王妃となったが、彼女の父はクロムウェル亡きあと、当代の最有力者になっていたノーフォーク

公トマス・ハワードの異母弟にあたるエドワード・ハワード (Lord Edward Howard: c.1478-1539) だった。したがってキャサリンは2番目の王妃アン・ブーリンの従妹になる。すでに49歳になっていたヘンリー8世はこの17歳の初々しい王妃キャサリンを「棘のない薔薇」(a rose without a thorn) と公言して憚らず、クロムウェルから没収した土地と高価な財宝の数々を彼女に惜しみなく与えた。

ところが、彼女は結婚以前から関係があったヘンリー8世の寵臣トマス・カルペパー (Thomas Culpeper: 1514-41) と王妃になってからも密通を重ねていた。その手引きをしていたのがさきのジェーン・ブーリンだった。もうひとり、王妃の秘書官だったフランシス・デレハム (Francis Dereham: 生年不詳、1541年刑死) とも彼女は結婚前から関係をもっていた。クランマーの取り調べに対して、キャサリンは最後はふたりとの関係を認めた。その結果、カルペパーとデレハムは41年12月10日に、またキャサリンと侍女ジェーンは42年2月13日にそれぞれ処刑された。デレハムは首吊り、内蔵抉り出し、四つ裂きの刑に処され、他の3人は斬首された。

最後に、6番目の王妃となったのはキャサリン・パー (Catherine Parr: 1512-48) についてもふれておこう。この女性は他の5人の王妃とはいくつかの点で違っていた。ヘンリー8世と結婚したのは43年7月12日のこと。しかし彼女には、それに先立つ2度の結婚歴があった。最初は17歳のとき、相手は1529年に第2代バロー男爵エドワード・ボロー (Sir Edward Burgh: 生没年不詳) の孫。けれども、病弱だった夫は33年の春に亡くなった。

その翌年、彼女は第3代ラティマー男爵のジョン・ネヴィル (John Neville, 3rd Baron of Latimer: 1493-1543) と再婚した。ネヴィル家はイングランド北部の古くからの名門であり、ジョンにとっては3度目の結婚だった。かれは敬虔なカトリックであり、ヘンリー8世の婚姻無効の申し立てや宗教改革に反対していた。そのため、リンカンシャーの乱では叛徒からその隊列に連なるよう強いられた。しかし、キャサリンのみならず、彼女の兄のウィリアム・パーも同名の叔父 (William Parr, 1st Baron Parr of Horton: c.1483-1547) も反乱鎮圧のために戦い、ジョンを救出しようとした。ジョンがビゴッドの乱には関わらなかったこともあって、かれに対するお咎めはなかった。それでも一時期、反乱軍のリーダーのひとりとなっていたという「汚名」を濯ぐことは容易でなかった。反乱収束後、ノーフォーク公を介してヘンリー8世の意向が伝えられた。かれは公然と「極悪人のアスク」を

非難し、寛大で慈悲深い国王に服従すると誓わなければならなかった。クロムウェルの処刑後、ようやくジョンは表舞台に登場したが、42年冬に持病が悪化し、翌43年3月2日、ロンドンで病死した。キャサリンにとっては2度目の夫との死別だった。

それから4ヵ月後、キャサリンはハンプトン・コート宮殿でヘンリー8世と結婚した。すでに41年、ダブリン議会はヘンリー8世を国王としていたから、彼女はイングランド王妃であると同時にアイルランド王妃にもなった。そして叔父ウィリアム・パーを自らの秘書官とした。

そのとき31歳だったキャサリンは、最初の王妃キャサリン・オブ・アラゴンの子メアリーよりもわずか3歳年上なだけであり、メアリーは28歳になっていた。彼女はメアリーとは以前から親しい関係にあった。しかし、2番目の王妃アン・ブーリンの子エリザベスは10歳足らず、キャサリンよりも21歳も年下だった。さらに、3番目の王妃ジェーン・シーモアの子エドワードにいたっては、まだ6歳。25歳も年下になる。つまり、エリザベスとエドワードは新王妃キャサリンにとって自分の子どもといってもよい年齢だった。

キャサリンが心を砕いたのはふたつ。ひとつには、メアリーとエリザベスに王位継承権を回復させること。いまひとつは、それぞれに母親を知らない幼いエリザベスとエドワードに対して誠心誠意、優しい継母として接し、王位継承者にふさわしい人物として養育することだった。このうち前者は成婚まもなくして彼女の意に沿った第3王位継承法 (Third Succession Act, 1543) の制定によって実現の見通しがつき、後者もほどなくその実を挙げた。というのも、エリザベスはキャサリンを「大好きなお母さま」と慕うようになったからである。継母キャサリンと幼いエリザベスの結びつきはより深いものになっていった。

おそらくキャサリンに促されてのことだろうが、エリザベスは、ナバラ王エンリケ2世の王妃であり、フランソワ1世の姉だったマルグリット・ド・ナヴァル (Marguerite de Navarre: 1492-1549) の福音主義的詩編『罪深き魂の鏡』(*Miroir de l'âme pécheresse*, 1531 ――その作品はかつてアン・ブーリンに寄贈された。) を英訳し、継母への思慕の情を綴った序文まで添えて、1545年の新年の継母へのプレゼントにした。さらにその翌年のプレゼントでは、エリザベスはカルヴァンの作品の一部を英訳してキャサリンに贈っている。興味深いことだが、マルグリット、アン・ブー

リン、その子エリザベス、そして継母キャサリンは『罪深き魂の鏡』という作品によってひとつに結節されていたことになる (Porter, 2010: 240-2; Norton, 2011: 130-1; 'Marguerite de Navarre', WP)。

　キャサリンその人はカトリックとして育てられた。しかしやがて「新しい信仰」(new faith) に強い関心を抱き、その考え方に共感するようになった。1540年代の半ばには、キャサリンは周囲からプロテスタントとみられるようになり、保守派のガーディナーや初代サウサンプトン伯トマス・ライズリー (Thomas Wriothesley, 1st Earl of Southampton) の猜疑心を搔きたてた。ヘンリー8世の介入がなければ、危うく異端として逮捕されるところだった。彼女の改革思想はその著書『罪人の嘆き』(Lamentacions of a Synner, 1547) によって明らかである。この作品は上記のマグリットの『罪深き魂の鏡』を強く意識して書かれたものであり、原稿は46年秋には完成したが、出版されたのはヘンリー8世が亡くなったあと、47年11月になってからのことである。女性によるこの種の作品としてはイングランド最初のものだといってよいだろう。

　この対話形式で書かれた作品は、みずからの罪の告白や悔い改めから説き起こし、福音主義に基づく改宗へと進むといった体裁をとっていた。中身は明らかに反カトリックなものであり、「教皇のろくでなし」(papl riffraff) といった言い方も登場し、ルターの義認論を首肯するだけでなく、「いくつかの議論はルター主義よりもカルヴィニズムに近いもの」(Porter, 2010: 241) であり、イングランドの国民がみずから聖書を手に取って読むことが大切だと主張していた ('The Lamentation of a Sinner', WP)。

　こうしたキャサリンの宗教改革思想はその養育を通じてエドワードやエリザベスに大きな影響を与えることになった。ヘンリー8世後期の宗教政策はある程度カトリシズムへ回帰していったにもかかわらず、エドワード6世がプロテスタントに深く傾倒していった背景にはこのキャサリンの宗教改革思想があったようにみえる。

　キャサリンはまた、優れた政治的手腕の持ち主でもあった。すぐあとでみるように、ヘンリー8世が44年7月から9月にかけて、最後のしかも不成功に終わったフランス遠征に出かけたとき、ヘンリーは彼女を国王代理として摂政に任じた。さきの叔父ウィリアム・パー、クランマー、初代サマセット公エドワード・シー

モア (Edward Seymour, 1st Duke of Somerset: c.1500-52) などに支えられたとはいえ、議会での法案成立、戦費確保、複雑なスコットランド情勢への対応などを見事にこなし、エリザベスに強い印象を与えたといわれる。

　ヘンリー8世がキャサリンの政治的能力を高く評価していたことは、もし自分が遠征死するようなことがあれば、エドワードが成人するまでの間（ヘンリー8世が亡くなったとき、エドワードは9歳だった）、キャサリンが摂政として国政を担うように言い渡していたことからも窺い知ることができる。

　そのヘンリー8世は47年1月28日に亡くなった。キャサリンはかれの遺言によって王太后としての地位のみならず、破格の終身年金（毎年7000ポンド）を与えられることになった。しかし、キャサリンは大方の予想に反して、エドワード6世が47年2月20日に登位するとまもなく王宮を去り、4月あるいは5月に上記エドワード・シーモアの弟であり、外交官で軍人でもあった恋人トマス・シーモア (Thomas Seymour, 1st Baron of Seymour of Sudeley: c.1508-49) と結婚した。エドワード・シーモアはエドワード6世の護国卿 (Protector) となり、エリザベスは4度目の結婚をしたキャサリンの許に引きとられた。しかし、そのキャサリンは翌48年8月30日に女児を産んだあと産褥熱に冒され、1週間後の9月5日に亡くなった。

　けれども、話はまだこれでは終わらない。エドワード6世の統治政策をめぐって、残されたトマスは兄の護国卿エドワードと激しく対立するようになったからである。キャサリンの存命中からエリザベスと関係があったとされるトマスは、幼少の国王エドワードを巧みに操り、護国卿など要らないと公言するよう画策した。また兄エドワードが47年の夏、スコットランド遠征で不在だったとき、かれの統治方針を公然と批判して反旗を翻した。そうしたことが災いして49年1月7日、トマスは捕らえられ、ロンドン塔に繋がれたのち、3月20日に国家反逆罪で処刑されてしまう。

　この事件に関連して、15歳になっていたエリザベスも共謀罪に問われた。彼女は数週間にわたって厳しい尋問を受けたが、確たる証拠はなく無罪放免となった。この経験はエリザベスの人格をより強靱なものに鍛え上げ、王権の何たるかを知らしめることになったといわれている (Porter, 2010: 347-8; 'Catherine Parr', 'Thomas Seymour', 'Edward Seymour', 'The Lamentation of a Sinner', WP)。

ヘンリー8世の原初的関心と国際情勢

さて、時計の針をすこし戻してみよう。さきにみたように、宗教改革議会後のヘンリー8世は徐々に保守化していった。宗教思想という点でいえば、元来かれは改革派に与するような人物ではなかった。ヘンリー8世は上からの宗教改革の大きな成果にほかならない大小の修道院および托鉢修道院の解散によって膨大の財源を手にしていたから、まずは小休止。晩年のかれは国際情勢を見極めながら、いかにしてイングランドの国威発揚を図るかという原初的関心に立ち戻っていった。

この点を明らかにするためにも、歴史のズームレンズを大きく後ろに引いて、当時のフランス、スペイン、神聖ローマ帝国、イタリア諸国はもちろんのこと、オスマン帝国からスコットランド、アイルランドまでを視野に収めて国際情勢の推移を追ってみる必要がある。

ここでの焦点は3つ。第1にスコットランドへの進攻、第2にアイルランドへの関心の深化、第3に第4次および第5次イタリア戦争についてである。このうち、第1と第3の間には深い関連があり、ヨーロッパ列強の合従連衡に基づく長い戦いとなった。しかしその結末は、勝者と敗者が判然としない、莫大な戦費と財産が浪費され、多くの人命が奪われただけの無益な消耗戦だったようにみえる。イタリアを括弧に入れれば、基本的な陣形は、時期によって多少異なったが、一方には「古い同盟」で結ばれたスコットランドとフランスがあり、他方にはそれほど強い結びつきではなかったものの、イングランドと神聖ローマ帝国とスペインがいて、この両陣営が対峙するという形になっていた。まず、スコットランドに注視しよう。

(A)「乱暴な求婚」戦争について。この時期のイングランドとスコットランドの戦い、さらにアイルランドへの進攻についてもみてみよう。スペイン王家出身の最初の王妃キャサリン・オブ・アラゴンが36年1月に亡くなり、それから4ヵ月ほどして2番目の王妃アン・ブーリンが処刑された。これらの出来事は軋轢の種を取り除き、ヘンリー8世とカール5世の関係を少なからず良化させた。その情勢を踏まえて、ヘンリー8世はフランスへの野心を再燃させた (Armstrong, 1901: 17-8)。

手始めとして、ヘンリー8世は「古い同盟」関係にあったフランスとスコット

ランドの間に楔を打ち込もうと考えた。かれには格好の手懸かりがあった。スコットランド王ジェームズ5世 (James V: 1512-42) は37年1月1日、フランソワ1世の王女マデリンと結婚してフランスとの「古い同盟」を印象づけたが、ヘンリー8世の姉マーガレット・テューダー (Margaret Tudor: 1489-1541) の子、したがってヘンリー8世からすれば、甥にあたる。ヘンリー8世はジェームズ5世に対して、自分と同じようにローマ教会から離脱するように強く促し、同時に息子エドワードとジェームズ5世の娘メアリーとの婚約を画策した。

しかし、ジェームズ5世は母マーガレットが41年10月に亡くなって後顧の憂いがなくなり、ヘンリー8世からのローマ教会脱退の要請を公然と拒否した。これがきっかけになって、イングランド軍はスコットランド南西部に侵攻し、統率力に欠けたスコットランド軍を敗走させた。1542年11月24日のソルウェイ・モスの戦い (Battle of Solway Moss) でもスコットランド軍は同じような失態を演じた。みずから進んでその指揮を執ったロバート・マクスウェル (Robert Maxwell, 5th Lord Maxwell, 1493-1546) はジェームズ5世の寵臣や貴族たちと内部抗争となり、スコットランド軍は戦闘能力を失い、イングランド軍の指揮官トマス・ウォートン (Thomas Wharton, 1st Baron Wharton: 1495-1568) やウィリアム・マスグレーヴ (Sir William Musgrave: 1505-44) の軍勢に追われ、多くの者が捕虜となった。大きな戦闘はなかったから戦死者こそ少なかったが、スコットランドの貴族が数多く捕らえられた。この戦いから2週間ほどしてジェームズ5世は失意のうちに亡くなった。まだ30歳の若さだった。すぐさま生後6日のメアリーがスコットランド女王に登位、親英派の第2代アラン伯ジェームズ・ハミルトン (James Hamilton, Duke of Châtellerault, 2nd Earl of Arran: 1516-75) がその摂政になった。

明けて43年7月1日、両国はグリニッチ条約 (Treaty of Greenwich, 1543) を結んで和平した。そのなかでヘンリー8世は、スコットランド王国の法制を遵守する一方、自分の子エドワードとジェームズ5世の王女で生後6ヵ月のメアリーを婚約させ、そのメアリーの結婚までの養育条件まで定めた。摂政のアラン伯は条約に署名したが、12月11日のスコットランド議会では条約の批准は拒否された。それが引き金となって8年間に及ぶイングランドとスコットランドの戦争の火蓋が切られた。両国の「最後の」長い戦いであり、「乱暴な求婚」戦争と呼ばれる。ヘンリー8世が武力を背景にしてエドワードとメアリーの婚約を迫ったからであ

る。

　スコットランドには、摂政アラン伯に敵対し、フランスとの「古い同盟」を強化しようとする第4代レノックス伯マシュー・スチュアート（Matthew Stewart, 4th Earl of Lennox: 1516-71）や東部のダグラス家の面々など、多くの有力な伝統的貴族がいた。そのため、スコットランドは内戦状態に陥った。

　スコットランド議会による条約拒否を知らされたヘンリー8世は、すぐさまサマセット公エドワード・シーモアにエディンバラ進攻を命じた。両国の戦いが8年の長きにわたったのは、ヘンリー8世が47年1月末に亡くなったあと、同じ政策がエドワード6世の護国卿サマセット公のみならず、かれを失脚させて権力の座についた初代ノーサンバーランド公ジョン・ダドリー（John Dudley, 1st Duke of Northumberland ――ヘンリー8世の寵臣として一騎士から公爵となり、一代で絶大な権力者となった人物）によっても引き継がれたからである。

　1544年5月3日、サマセット公ライル子爵（Viscount Lisle ――のちのノーサンバーランド公）がヘンリー8世の命を受け、エディンバラ攻略をめざしてグラントンに上陸、リース（Leith）を占領した。さらに、エディンバラの一部を焼き払った。

　このイングランド軍の攻略が契機となって、摂政アラン伯は長く敵対してきたスコットランドの名門貴族ダグラス家のジョージ・ダグラス（George Douglas of Pittendreich: 生年不詳、1552年没）やその息子の第7代アンガス伯デヴィッド・ダグラス（David Douglas, 7th Earl of Angus: c.1515-58）を釈放し、かれらと結んでイングランド軍に応戦した。スコットランドの内紛を終息させたアラン伯とアンガス伯は45年2月、アンクラム・モーアの戦い（Battle of Ancrum Moor）でイングランド軍を敗走させた。

　しかしその後も一進一退の戦況が続いた。1547年9月、サマセット公はスコットランドに攻め入り、エディンバラ近郊のピンキー・クローの戦い（Battle of Pinkie Cleugh）でアラン伯軍を破った。この戦いでスコットランドは手痛い打撃を被り、イングランド軍はスコットランド南部を占領、スコットランド南東部イースト・ロジアンの要衝の地ハディントン（Haddington of East Lothian）も制圧した。また48年4月5日、イングランドのロバート・ボウズ卿（Sir Robert Bowes: c.1492-1555）がラウダー（Lauder）に要塞を建設した。

　折しも、スコットランドでは宗教改革のうねりが高まりつつあったこともあ

り、幼少の女王メアリーの身の安全のため、母親マリー（ジェームズ5世の2度目の王妃マリー・ド・ロレーヌ [Marie de Loraine: 1515-60]）は王女を伴ってフランスに避難した。わざわざ同じ年格好の4人のメアリー（「女王のメアリーたち」と呼ばれる）を同行させ、海路もアイルランドの西側を大回りして48年8月、女王は無事フランスに到着した。

　女王メアリーはフランス国王アンリー2世 (Henri II: 在位1547-59年) によって大歓迎された。そのアンリーには大きな狙いがあった。息子フランソワ（のちのフランソワ2世）とメアリーを結婚させ、スコットランドとの「古い同盟」の絆を深めるだけでなく、メアリーがジェームズ5世の子であり、そのジェームズ5世の母がマーガレット・テューダーであることを手懸かりにして、イングランドの王位継承権に触手を伸ばそうと考えていた。その構想はフランスがスコットランドに加えて、イングランドもその掌中に収めるとする大胆不敵な目論見だった。のちに前者の結婚は現実のものとなったが (58年4月24日)、しかし後者の構想は水泡に帰した (森、1988: 265-9)。

　フランスからの兵器供与や派兵に助けられ、スコットランドは48年に入ると、徐々に失地挽回。48年6月16日、イングランド軍が占領していたハディントンに大砲で重装備したフランス軍1万が押し寄せた。これに対して、49年5月までにイングランド軍も陣容を立て直し、ドイツから1700人、スペインから500人のほか、イタリアの傭兵を動員して前線に配備した。しかし、これに呼応してアンリー2世はスコットランドへの派兵を増強し、ついに49年9月19日、イングランド軍をハディントンから追い払った。50年3月24日のブローニュ条約 (Treaty of Boulogne) を経て、最終的には51年6月10日、イングランドはフランスとの間でノーラム条約 (Treaty of Norham) を締結した。この和平によってイングランドはスコットランドから撤退し、国境線をソルウェイ・モスの戦い (1542年) 以前に戻すこと、またツイード (Tweed) の漁業権をスコットランドに返還すること、さらに双方ともすべての捕虜を釈放することなどが決められた。エドワード6世は51年6月30日に、メアリー女王は8月14日に、それぞれこの条約を批准した。

　すでにイングランドには追加的な戦費調達の見通しはなく、一刻も早く和平に漕ぎ着ける必要があった。じっさい、護国卿サマセット公を追い落として権力の座に登ったジョン・ダドリーが目の当たりにしたのは、ほとんど破綻寸前のイン

グランド王室の財政事情だった。財政立て直しのため、彼もヘンリー8世に倣って通貨悪鋳に手を染めた。しかし、それはインフレを煽るだけだと悟ったダドリーは、貿易商で財政家のトマス・グレシャム (Sir Thomas Gresham: c.1519-79——ロンドン市長だったリチャード・グレシャムの息子。エドワード6世、メアリー1世、エリザベス1世に仕え、王室財政改革に貢献。グレシャムの法則で知られる。) の助言を得て、翌52年には通貨の良化政策に転換、財政改革にも乗り出した (Merriman, 2000: chaps. 6, 10, 13; 'Rough Wooing', 'Edward Seymour', 'John Dudley', WP)。

　ともあれ、スコットランドをイングランドの傘下に収めるというヘンリー8世の野望は、こうしてあえなく潰え去った。

　(B) アイルランド統治について。イングランドによるアイルランドの領有が始まったのは、唯一のイングランド出身のローマ教皇ハドリアヌス4世 (在位1154-9年) が1154年、ヘンリー2世に教書を与えたことによってであった。

　その当時、アイルランドでは4人の地方豪族が群雄割拠して覇権を争っていた。その間隙を縫ってイングランドのアイルランド征服が始まったのは1169年のことだった。ヘンリー2世みずから71年にはアイルランドに出陣し、すでにウェールズから遠征していたイングランド系貴族との臣従関係を再確認するとともに、アイルランド先住のゲール系豪族にもイングランド国王への恭順を誓約させた。こうしてヘンリー2世はアイルランド宗主としての地位を確立した。

　しかしエドワード1世の時代になって事情が変わった。13世紀半ばまでにゲール系豪族がその軍事力を増強し、イングランドに対して失地回復を図ったからである。その結果、大きくいえば、アイルランドにはイングランド系とゲール系の二大勢力圏が出来上がった。

　ところが、14世紀前半には、ゲール系豪族の反乱に加えて、フランスとの百年戦争が始まり、黒死病による未曾有の社会不安が深刻化するなかで、イングランド王のアイルランド宗主権は実態のないものになっていった。現地ではイングランド系とゲール系の有力領主がそれぞれ軍閥化し、イングランド王権から自立していった。そのため、イングランド王が実効支配する領土は狭隘化し、ダブリン周辺の4つの州からなる「ペイル」(the Pale) と呼ばれる地域に限定された。しかも、ペイル以外の地域ではゲール系豪族が対立抗争をくりかえしていた。これがアイルランドの14世紀後半における基本的な政治地図である。

それから暫くのあいだ、イングランド王はダブリンに宗主代理の総督をおき、ペイル以外の地方にもイングランド系の3人の有力貴族、すなわちフィッツジェラルド家のデズモンド伯 (Earl of Desmond) とキルデア伯 (Earl of Kildare)、バトラー家のオーモンド伯 (Earl of Ormond) を総督に任じ、ゲール系を含む軍閥間の勢力均衡を図った。しかし、これら総督の統治はゲール系豪族の支配圏に及ぶことはなかった。

そうした有力貴族のひとり、第8代キルデア伯のジェラルド・フィッツジェラルド (Gerald FitzGerald or Gearóit Mór, 8th Earl of Kildare: c.1456-c.1513) がヨーク朝のエドワード4世によってアイルランド総督に任じられたのは1481年のこと。しかし第4章第2節でもふれたように、イングランド王権がテューダー朝のヘンリー7世に引き継がれた直後の87年、ランバート・シムネルという無名の少年がダブリンで「エドワード6世」と僭称して戴冠し、テューダー朝の成立に異を唱えた。その策動にジェラルドも加担した。当時彼はすでに「王冠なきアイルランド王」とみなされ、その強力な軍事力によってイングランド王権から自立するほどの権勢を誇っていた。それが災いし、かれは一時期ロンドン塔に投獄され、96年に国家反逆罪で裁かれたが、身の潔白を晴らしたジェラルドはあらためてヘンリー7世によってアイルランド総督に任じられ、アイルランドに帰任した。

そののち、ジェラルドは卓越した軍事力にものをいわせて、1500年には反乱罪でアイルランド南部マンスターのコーク (Cork) 市長を処刑し、04年8月には西部コノート (Connacht or Connaght) で起きた反乱を鎮圧するため、精鋭部隊を派遣してノクドーの戦い (Battle of Knockdoe) に勝利。1512年には北東部のゲール系「王国」オニール・オブ・クランデボイ (O'Neil of Clandeboye ——エリザベス1世時代のアイルランド統治強化策によって1574年に消滅) に進攻し、ベルファスト城塞を制圧した ('Gerald FitzGerald, 8th Earl of Kildare,' WP)。

翌13年に「偉大なジェラルド」と呼ばれたジェラルドが亡くなると、同名の子「若いジェラルド」が第9代キルデア伯 (Gerald FitzGerald or Gearóit Óge, 9th Earl of Kildare: 1487-1534) となった。まもなくして、ヘンリー8世はかれをアイルランド総督に任命。1513年から17年にかけてかれはアイルランド各地のゲール系有力部族領に進攻し、その部族を滅ぼした。まず、ペイルの陣取りを固めたうえで北部アルスターのカヴァン城を攻め落とし、ついでダブリン南部に広がるウィッ

クロー山系のイマール谷に転じ、ゲール系オツール族 (O'Toole) を征服。さらに、義兄弟のオーモンド伯とともに北部のゲール系オキャロル族 (O'Carroll) を攻略した。ついで17年には北部アルスターに進軍してダンドラム城を落とし、ゲール系「王国」ティロン (Tyrone) を占領したのである。

　しかし、こうしたアイルランド総督ジェラルド親子の勢力拡大はイングランド王権にとっては必ずしも好ましいものではなく、次第に黙視できない懸念材料になっていった。王権中枢でもアイルランド直轄統治の必要が囁かれ始めた。ヘンリー8世の寵臣ウルジーに敵視された「若いジェラルド」は26年から30年までロンドン塔に繋がれた。34年初め、ヘンリー8世によってロンドンに召喚された「若いジェラルド」は、息子のオファリ卿トマス (Thomas FitzGerald, Lord Offaly, 10th Earl of Kildare: 1513-37) を総督代理とし、ロンドンに赴いた。しかし、ヘンリー8世はトマスの総督就任を拒否した。その年の6月、ロンドンで総督を解任されたばかりの「若いジェラルド」がロンドン塔で処刑され、トマスや叔父たちも同じ運命に曝されているという風聞が立った (実際には「若いジェラルド」は病死)。トマスは直ちにヘンリー8世に反旗を翻し、キルデアの乱 (1534-5年) を起こした。そのとき、トマスは自らの蜂起を思い留まらせようとしたダブリン大司教でウルジー旧知のジョン・アレン (John Alen: 1476-1534 ——イタリア滞在中にウルジー枢機卿の目に止まり、以後厚遇に浴した) が父の処刑に関係していると思い込み、イングランドへ逃れようとする大司教をトマスの部下2人 (ジョン・テーリング [John Teeling] とニコラス・ワッファー [Nicholas Wafer]) が捕らえ、7月28日に殺害してしまうという事件が起きた。それがトマスの指令によるものだったのかどうかは、いまも決着をみていない。しかしその2人がゲール語で発せられたトマスの命令「take this fellow away」を「殺せ」という意味だと誤解したという逸話が残っている。のちにトマスはアレンの身柄拘束を命じただけであり、殺害など意図しなかったと弁明し、ローマ教皇に使者を差し向て破門を逃れようとした。

　ともあれ、はじめ優勢だったトマス軍はダブリン城を包囲してその落城を狙ったが、ペイル諸侯のみならず、オルモンド伯の息子バトラー卿からも援軍を断られた。アレン大司教の殺害が大きく響いていた。仕方なく7月末、トマスは単独でダブリン城を攻撃したが、失敗。翌35年3月には、70歳近くになって再度アイルランド総督に任じられたウィリアム・スケフィントン卿 (Sir William Skeffington: c.1465-1535 ──最初は 1529-32 年に総督に任命) の軍勢がダブリンに上陸。さらに 7 月、レオナード・グレイ卿が到着し、トマス軍は分裂し始めた。そして翌 8 月、グレイから身の安全を保証するから投降してほしい、という要請を受けてトマスは降伏した。かれは 10 月にはロンドン塔に繋がれたが、グレイの約束は反故にされ、37 年 2 月 3 日、トマスは 5 人の叔父とともにタイバーンで処刑された。トマスは絞首刑のあと、首を切り落とされたが、叔父たちの遺体は絞首刑、斬首のあと、四肢分断された。もちろん、キルデア伯家は取り潰された ('Thomas FitzGerald, 10th Earl of Kildare', WP)。

このキルデアの乱を契機にしてヘンリー 8 世はアイルランドの直接統治に関心を高め、それが 1541 年のアイルランド王国法 (Crown of Ireland Act 1542, or An Act that the King of England, his Heirs ans Successors, be Kings of Ireland ──アイルランド議会通過は 1541 年 6 月 18 日、のちに併合法と呼ばれた。) に結実した。わずか 2 条だけからなるこの法律の第 1 条にはこう記されていた。これまでイングランド王はアイルランドの宗主 (Lord) として統治してきた。しかし、アイルランド系の人々は「そうあるべきほどには従順でなかった」ため由々しき事態が生じた。今後はイングランド王がアイルランド王となり、アイルランドは「イングランド王国の至上の王冠の下に統合される」、と。

それは宗主・総督制による統治ではなく、イングランド国王の直接統治への転換であり、アイルランドの「イングランド化」を意味していた。一方では、歴代のキルデル伯による統治を「堕落したイングランド人」の軍閥支配と受け取る向きが少なくなかったから、この直接統治を歓迎する有力者も珍しくなかった。しかし、他方では、そのイングランド化政策は多くの障害にぶつかり、思わぬ結果も生み出した。テューダー朝によるアイルランドのイングランド化政策が成就するのは、エリザベス 1 世時代末期のイングランドとアイルランドとの 9 年戦争にイングランドが勝利してからのことである。それについては別途ふれるが、ここではヘンリー 8 世が手を染めた改革についてみておこう。

第 1 に、ヘンリー 8 世はトマス・クロムウェルの示唆に従い、「所領放棄と再授封」(surrender and regrant) を行い、それによってゲール社会の族長たちと臣従礼を切り結ぶという「封建化」政策を実行した。一朝一夕に実現できたわけではないが、ゲール社会における紛争誘発的な族長継承ルールにイングランド法の楔を

打ち込み、かれらの所領をいったん没収したうえで、アイルランド王と君臣関係を結ぶ族長に対して所領を下賜することとした。併せて長子相続制も導入した。

第2に、ヘンリー8世はペイル以外のゲール社会に支配的だった軍閥割拠という実態を改める必要を痛感していた。ひとことでいえば、ゲール軍閥勢力の武装解除である。そのため、アルスターやマンスターなどに地方長官と地方評議会を新設するという方法を採用した。それには、エドワード4世によって1472年に導入された北部評議会 (Council of the North) やウェールズ辺境評議会 (Council of Wales and the Marches) といった先例があり、ヘンリー8世はそのやり方を踏襲した。

しかしながら、これらの方法が功を奏するようになったのはようやくエリザベス1世時代の後期、1570年代以降のことである。その政策も思いのほか難航し、マンスター地方で起きた2回にわたるデズモンドの乱 (第1回1569-73年、第2回1579-83年) のような大きな代償を払わなければならなかった。

第3に、そのエリザベス1世の時代といえば、1585年のコノートの和議 (Composition of Connaught, 1585) にもふれておかねばならない。この和議はさきの「所領放棄と再授封」政策の一環をなすものであり、まずはコノート、ソーモンド地方のゲール社会の農民に対して、それまでの賦役または物納地代に代えて地代の金納化を保証しようとするものだった。大方の借地農はこの政策を歓迎した。借地農は不安定で恣意的な賦役労働を免れ、「領主に耕作地4分の1につき10シリングを納める」ことになり、領主もダブリンに決まった税を納入することになった。この目覚ましい地代改革は、「9年戦争」を挟んでのことではあるが、ゲールの伝統的社会をその足下から切り崩していくことになった。

アイルランドの作家ショーン・オフェイロンの表現を借りれば、「16世紀の末期 (エリザベス1世時代の末期) までには、英国人はアイルランドの平民の忠誠心を伝統的族長たちから引き離すことに成功した」(O'Faoláin, 1969: 76、訳128、カッコ内は引用者)。上記3つの方法のいずれもがそれに貢献したということができる (O'Faolain, 1969: 75-7、訳126-9; 山本正、2002: 43-54, 63-7, 86-99; 'Tudor Conquest of Ireland', 'Composition of Connacht', WP)。

ともあれ、アイルランド王国の樹立とその国王にヘンリー8世 (さらには後代のイングランド諸王) がなるということは、要するに、同君連合 (United Kingdoms) の出現である。したがってジェームズ1世 (スコットランド王ジェームズ6世) に先立っ

て、ヘンリー8世が同君連合を達成したことになる。問題はジェームズ1世の場合もそうであるが、イングランド王国を基軸として、アイルランド王国あるいはスコットランド王国をいかに統治するかということだった。端的にいえば、その基本政策はそれぞれの「イングランド化」にほかならない。そうなると、とりわけ宗教上の強制的改宗を伴うような場合には尚更のこと、アイルランドでもスコットランドでも強い反発が生じ、それが反乱に発展していく可能性があった。

じじつ、アイルランド王国ではそれが起きた。2回にわたるデズモンドの乱、さらにヒュー・オニールの乱（1595-6年）以降の9年戦争（1593-1603年）がそれである。その反乱を鎮圧して初めて同君連合となったからである。

じっさい、さきのオフェイロンによれば、その後の歴史はつぎのような経緯を辿った。すなわち「1603年、マウントジョイに打ち破られたティローン伯（ヒュー・オニール——16世紀のゲール貴族社会の最後の守護者）は大陸に逃亡し、ローマ法王に歓待され最大のもてなしを受け、死ぬまでかの地にとどまった。この年こそアイルランドの歴史に大きな弔いの鐘が響いた年」となった。そして「ゲール社会の最後の残滓から生まれた唯ひとつの創造的遺産がアルスター地方」であり、その地の豪族オニールが没落してからは、アルスターへ「イングランド人と低地スコットランド（主として長老派）が入植した」。さらに、17世紀になるとクロムウェルによってアルスターに留まっていたカトリックのゲール人が殺されるか駆逐された挙げ句、「1690年にはゲール系カトリック貴族の大部分は姿を消した」。大切な点であるが、「この大規模な植民が現代の南と北の分割問題の起源」となった（O'Faoláin, 1969: 85-6、訳143-5)、と。

(C) 第4次・第5次イタリア戦争について。すこし時間を遡るが、イングランドで宗教改革議会が終わろうとしていた頃、大陸ヨーロッパでは第4次イタリア戦争（1536-8年）が起きていた。フランソワ1世とカール5世（カルロス1世）の長年の対立がミラノ公国の王位継承問題をめぐって火を噴いた。カール5世の子フェリペ（のちにフェリペ2世）が公国の王位を継承したのがきっかけとなって、フランソワ1世はイタリアに攻め入り、36年4月にはトリノを落城させた。

これに対して、カール5世軍はプロヴァンスに攻め入ったが苦戦を強いられ、ついにスペインに撤退。フランソワ1世は異教徒のオスマン帝国スレイマン1世と同盟関係にあったが、その両軍を相手に劣勢を託ったカール5世は38年6月

18日、フランソワ1世とニースの和約(Truce of Nice)を結んで休戦し、トリノをフランスに割譲した。

しかし、65年間ものハプスブルク家とヴァロア家の6次のイタリア戦争(1494-1559年)の火種は残ったままだった[71]。フランソワ1世はミラノ公国やナポリ、フランドルに執着しており、カール5世は第3次イタリア戦争(1521-6年)のときのマドリード条約の履行、とくにブルゴーニュの確保にこだわっていたからである。40年3月から6月にかけて、カール5世とフランソワ1世は互いに交換条件を提示しつつ、和議をめざして精力的に外交交渉を重ねたが、実を結ばなかった。

それから2年後の42年7月12日、フランソワ1世は神聖ローマ帝国に宣戦布告し、第5次イタリア戦争(1542-6年)が始まった。一方の陣営にはカール5世とヘンリー8世がおり、他方にはフランソワ1世とスレイマン1世がいた。それぞれに思惑があっての陣取りだった。しかも、ヘンリー8世にはすでにみたようなスコットランドとの戦いがあり、カール5世は戦費不足に悩まされながら、国内の改革派諸侯と争わなければならなかった。

1544年初め、ヘンリー8世は第3代ノーフォーク公トマス・ハワードと初代サフォーク公チャールズ・ブランドン(Charles Brandon, 1st Duke of Suffolk: c.1484-1545)を4万の軍勢とともにカレーに派遣、ヘンリー8世自身も7月14日、カレーに渡ってサフォーク公と合流した。ヘンリーは9月にブローニュ(Bloughne)に入って、2週間ほどでその地を攻略。その間、カール5世もフランス国内に攻め入ったが、戦費は底をつき深刻な資金不足に悩まされた。ヘンリー8世の軍勢はカール5世の要請を無視してパリにむかった。この両者の歩調の乱れをパリの宮廷は見逃さなかった。ヘンリー8世の合意を得ないまま、カール5世はフランソワ1世との和議に踏み切った。その結果、締結されたのが1544年9月18日のクレピー条約(Treaty of Crépy)である。

その内容はいかなるものか。第1に、カール5世とフランソワ1世は互いにその領土要求を放棄すること。具体的には、カール5世はブルゴーニュ公国への要求を、フランソワ1世はナポリ王国への請求を放棄し、フランドルおよびアルトワ(Artois)への宗主権も要求しないこと。第2に、両国の国境線を1538年の時点まで引き戻すこと。第3に、フランソワ1世の三男オレルアン公シャルル・ダングレーム(Charles d'Agoulême: 1522-45)とカール5世の娘マリアもしくは姪アンナと

結婚させること。第4に、持参金代わりとして、マリアの場合であれば、ネーデルラントとフランシュ・コンテ (Franche-Comté) を、またアンナの場合にはミラノを割譲すること。他方、フランソワ1世はブルボン、シャテルローおよびアングレームの諸公領 (Duchies of Bourbon, Châtelleraut, Angoulême) をオルレアン公に与え、ピエモンテ (Piedmont) を含むサヴォイ公領 (Ducy of Savoy) の請求権を放棄すること。第5に、フランソワ1世はカール5世のオスマン討伐を支援することが取り決められた ('Italian War of 1542-1546', WP)。

さらに、この条約とは別に、カール5世によるプロテスタントの武力鎮圧に対してフランソワ1世が援助すること、また公会議の開催にも協力するという秘密条約が取り交わされた (Armstrong, 1901: 28-9)。

もしこうした内容に富んだクレピー条約がそのまま発効していたら——その内容について、オルレアン公の兄でフランス王太子のアンリーだけでなく、ヘンリー8世もスレイマン1世も不満だったが——、その後の事態は大きく変わっていたかもしれない。しかし、この条約が発効することはなかった。政略結婚の当事者である肝心のオルレアン公が翌45年に亡くなってしまったからである。

ヘンリー8世はその後も、戦闘を放棄してクレピー条約を結んだカール5世をくりかえし非難した。しかし、ふたりの連携は元々その場凌ぎのものだった。所詮、ふたりはその目的を異にしており、心の琴線が触れあうことはなかったのである (Armstrong, 1901: 31; Blockmans, 2002: 58)。

このクレピー条約のあと、ヘンリー8世は44年9月末、ノーフォーク公とサフォーク公にブローニュ防衛を命じてイングランドに戻った。

ときあたかも大航海時代、45年7月18日から19日にかけて、イングランド南部のワイト島とハンプシャーの海峡で、イングランド海軍とフランス海軍によるソレントの海戦 (Battle od the Solent) が起きた。フランス軍は兵士3万と200艘の勇壮な陣容、他方それを迎え撃つイングランド軍は1万2000と80艘。イングランドはこの海戦で旗艦メアリー・ローズとその乗組員500人を失ったが (沈没の原因は事故)、双方に軍事的決定打はなく、フランス軍の上陸作戦は失敗に帰した。1546年6月7日、イングランドとフランスはキャンプ条約 (Treaty of Camp, 1546) を結んだ。その中身は、第1に、1554年までの8年間、イングランドはブローニュを領有すること。第2に、そのあとフランスがその地を200万エキュー

で買い戻すこと。第3に、その期間中、互いに築城などはしないこと。第4に、フランソワ1世はヘンリー8世への年金支払いを再開すること。第5に、イングランドはスコットランドに侵攻しないことなどが取り決められた (Elton, 1997: 195; 'Itarian War of 1542-1546', WP)。

すでに1540年代の半ば、ヴァロア家(フランス)、ハプスブルク家(スペインと神聖ローマ帝国)、テューダー家(イングランド)の戦いは膠着状態に陥っており、戦費もそれぞれ底を突いていた。ヘンリー8世は47年1月28日、その2ヵ月後にはフランソワ1世がこの世を去った。しかし3ヵ国(スコットランドを含めれば、4ヵ国)の争いの構図に基本的な変化はなく、その後も戦闘は続いた。イタリア戦争は51年に再開され、その第6次イタリア戦争は59年まで続いた。また、イングランドとスコットランドの戦いも収まることがなかった。

それでも、ひとつだけ明白なことがある。それは、スコットランドをイングランドの支配下に組み入れ、フランスに相当の所領を恒久的に確保したいというヘンリー8世の宿願は空しく虚空に舞い、果たせずに終わったということである。

もう一言、付け加えておこう。制限君主制という歴史的制約を受けていたが、王権がこれまでになく強化されたヘンリー8世の時代、「歴史における個人の役割」を無視することはできない。洞察力に優れ、高邁な理念に突き動かされていたとは到底いえないが、学芸に関心があり、イングランド王国をヨーロッパ列強のひとつに押し上げることに何よりも執着したこの専制的人物は掠奪的な野心家、自己中心的な気分屋、破廉恥で無慈悲な行動をくりかえして憚らなかった。それでも、ヘンリー8世は威風堂々とした豪胆な人物として、カリスマ的権威をもって叙爵した諸侯廷臣の忠誠心を鷲づかみにしていた。

そのヘンリー8世は、みずからの政策を力強く推進していった有能な逸材を適宜抜擢して高位に登用した。平民から身を起こして公伯爵まで出世した者、あるいは大法官や大司教にまで登り詰めた人々がいた。その最初の代表例がトマス・ウルジーであり、そのウルジーがトマス・クロムウェルを、そのクロムウェルがトマス・クランマーを抜擢した。

ヘンリー8世の治世後期にしぼっても、クロムウェルが初代エセックス伯に、エドワード・シーモアが初代サマセット公に、ジョン・ダドリーが初代ノーサンバーランド公に叙爵されている。一代で立身出世した新興貴族が少なくなかった。

また興味深いことに、クロムウェルがアン・オブ・クレーヴズを推挙し、シーモアが妹ジェーン・シーモアを王妃に登らせ、ダドリーがジェーン・グレイ（Jane Grey: 1537-54──母方の祖母がヘンリー8世の妹でプロテスタントのメアリー・テューダーであり、ノーサンバーランド公の息子と結婚。病床のエドワード6世から、自分の死後はジェーンを即位させるという内容の「王位継承に関する遺言」を得ていた。）を擁立するといった形で、それぞれ王妃の成婚に深く関わった。しかし、アンは半年の王妃、最初のジェーンはエドワードを産んだ直後に産褥熱で落命。もうひとりのジェーンは「9日間の女王」だった。さらに、その理由は区々であれ、モアもクロムウェルも、サマセット公もノーサンバーランド公も国家反逆罪によって処刑されている。

　これら諸々の出来事すべてがこの時代の心象風景をよく描き出しているようにみえる。

注

1　このイングランドの南西部に位置するコーンウォールで起きたコーニッシュ反乱の直接の契機となったのは、ヘンリー7世がスコットランド攻略のための戦費調達としてこの地方にも特別税（徳税）を課したことにある。

　　エドワード1世は1305年、ケルト系の独自のエスニシティと文化をもつこのコーンウォールに対しては10分の1税、15分の1税などを課さないことをスタンナリー憲章（Stannary Charter of 1305）で約束していた。ヘンリー7世の課税はその憲章に反するものだった。コーンウォールの歴史と伝統を無視したヘンリー7世への強い怒りが燃え上がり、人びとは課税撤廃のために決起した。

　　叛徒のリーダーは鍛冶屋のマイケル・ジョセフ（Michael Joseph、別名アン・ゴフ［An Gof］）と法律家でコーンウォール出身の議員でもあったトマス・フラマンク（Thomas Flamank）。蜂起した人々は1万5000人にのぼり、デヴォン、タウントンを経てウェールズに進軍した。その途上で第7代オードリー・バロンだったジェームズ・トーチェット（James Touchet: c.1463-97）が叛徒の支援に立ち上がった。かれらはブリストル、ソールズベリーを経由してウィンチェスター、ケントに進んだ。

　　かれらにとってケントという名前は特別の響きをもっていた。ワットタイラーの乱、ジャック・ケイドの乱が起きた「古典的な抵抗の土地柄」（classic soil of protests）だったからである。しかしケントの反応は期待外れ、ジェントリーもヨーマンの対応も冷ややかなものだった。郷里に帰っていく叛徒もいたが、多くはロンドンにむ

かった。

　叛徒がロンドン郊外のギルドフォードに到着すると、ロンドンは大混乱に陥った。ヘンリー7世はついに叛徒制圧に乗り出した。初代ドーベニー・バロンのジルズ・ドーベニー (Giles Daubeney: 1451-1508) がその指揮をとった。1497年6月17日、ロンドンのブラックヒースで両軍は衝突した。ヘンリー7世軍は2万5000人、叛徒軍は1万人ほどだった。しかもかれらには騎兵はおらず、大砲もなかった。叛徒は大敗し、ヘンリー7世の軍門に降った。ゴフとフラマンクは6月27日に絞首刑になり、トーチェットは翌28日に斬首された (Bacon, 1622 [1884: 148-9]; Crimes, 1999: 90, 200; 'Cornish Rebellion of 1497', WP)。

2　このエタプル条約 (1492年11月3日締結) によって、フランスはイングランド王を僭称したウォーベックを支援しないこと、総額15万9000ポンドの「弁償金」を支払うこと、他方イングランドはフランス王によるブルターニュ支配を認めることになった。この条約はイングランドでは「大成功」と評された。この条約のおかげでヘンリー7世の時代に英仏関係が崩れることはなかった (Gairdner, 1889: 100; 'Peace of Étaples', WP)。

3　フランシス・ベーコンは著書『ヘンリー7世統治史』(1622 [1884: 353]) の末尾近くで、「伝統的に、ヘンリー7世はリッチモンドに180万ポンドほどの余剰金を秘匿したといわれている」と書いている。しかし、それはベーコン自身の主張ではない。したがって、クライムズのように、その記述を捉えてテューダー朝贔屓の「ベーコン的伝統」というのは適切でない (Crimes, 1999: 217)。

4　当代イタリアは5大国時代 (教皇領のほか、ミラノ公国、ヴェネツィア共和国、フィレンツェ共和国、ナポリ王国) にあったが、その内紛に乗じてシャルル8世は1495年初め、イタリアに侵攻した。しかし5大国に加えてスペイン、神聖ローマ帝国が結束したため、シャルル8世は敗退を余儀なくされ、かれの野望は叶えられなかった ('Italian War of 1494-98', WP)。

5　この「古い同盟」、すなわちスコットランド王のジョン・ベイリャルとフィリップ4世の間で結ばれた、イングランドのエドワード1世に対するこの反イングランド軍事同盟はルイ11世の場合を除いて、1560年のエディンバラ条約まで存続した。その条約によってフランスのスコットランドへの軍事介入が禁止されたからである。詳しくは Bonner (2002: 5-30) 参照。

6　ハミルトンによれば、律法は人間の罪を表すが、福音は救済を語る。律法は怒りの言葉だが、福音は恩寵の言葉である。律法は絶望を語るが、福音は安らぎについて語るといった違いがある (Foxe, 1837, vol. 4: 566)。

7　ジョン・フォックスの『殉教者列伝』の本書での引用はすべてカットリー版 (The Acts and Monuments of John Foxe with A Preliminary Dissertation by George Townsend and Edited by Stephen R. Cattley, 8 vols., 1837-41) による。

　この『列伝』はロラード派を扱った1554年版(ラテン語)が初版、次いで59年にテューダー朝メアリー1世治下の殉教者を対象にした第2版(ラテン語)が上梓された。英語初版は1563年3月に1800ページ(2つ折りフォリオ)の大冊として出版され、70年にはそれが2300ページに拡張され(第2版)、76年の第3版を経て、1583年には第4版が出された。これがフォックス生前最後の版となった。以後、多くの縮刷版が制作されたが、1837-41年にステファン・カットリーによって全8巻本が編まれた。なお、書誌学的詳細については 'Foxe's Book of Martyrs', WP 参照。

8　24人の名前は『ホール年代記』(Hall, 1809 [1548] : 579-80) に掲載されている。

9　法律の文章には聖職者の対象として「holy orders を除いて」とあるだけである。しかしその言葉の定義はない。そういう意味で、この法律は入念に仕上げられたものではなかった。「holy orders」といえば、一般的には司教(bishop)、司祭(priest)、助祭(deacon)までをさす。

　したがって、この「聖職者特権廃止令」(と呼ぶ)はこれら3職以下の「minor orders」(下級聖職者)の諸職──すなわちミサで司祭を補助する侍祭(acolyte)、読師(lector)、悪魔払い祈祷師(exorcist)、賛美歌作者(psalmist)などをその対象にしているようにみえる。かれらの多くも聖職者特権を申し出ることができたらしい(Elton, 1977: 53-4)。

10　この1453年という年だけを特筆大書するのは誤りであり、それに先立ってあるいはその後になっても、ギリシャの古典的学問が亡命学者によらずに、したがってもっと自然な形でイタリアにもたらされたというのがより真実に近い。この点はブッシュが解説している(Bush, 1939: 14-5、訳11-2)。

11　この引用にあるタンスタール(Cuthbert Tunstall: 1474-1559)は、オックスフォード大学、ケンブリッジ大学で数学と神学を修め、その後パドゥア大学に留学、法学博士となって帰国。ギリシャ語およびヘブライ語に熟達し、のちにヘンリー8世とエドワード6世、メアリー1世とエリザベス1世の時代にもダラム司教を務め、外交分野でも活躍した。その間、22年から30年までロンドン司教となった。保守的カトリックではあったが、ヘンリー8世の首長令を認めるなど、その宗教的信条と政治行動は一度ならず乖離し、最後はカンタベリー大司教にプロテスタントであるマシュー・パーカー(Matthew Parker: 1504-75)が叙任されることに反対して逮捕され、所領没収ののち、85歳で獄死した。

　そのタンスタールについて、トマス・モアは1533年6月のエラスムス宛ての手紙のなかでこう書いている。「タンスタールといえば、(中略)学識と見識においてその右に出る者がほとんどいないといわれた当代を代表する知識人であった」と(『エラスムス＝トマス・モア往復書簡』沓掛・高田訳、339)。

12　西暦315年に書かれたとされるこの「寄進状」は、ローマ皇帝コンスタンティヌス

1世（在位306-37年）によって教皇領が寄進されたことの根拠とされたばかりでなく、他のすべての教会に対するローマ教会の優越性、ラテラノ宮殿の下賜、皇帝（国王）任命権の保有などの根拠ともされてきた。しかし、ヴァルラはラテン語文献の用語法の差異に着目し、この「寄進状」が贋作であることを立証した。

　この「寄進状」では、ハンセン病を患っていたコンスタンティヌス1世がローマ教皇シルウェステル1世（在位314-35年）の洗礼によって治癒し、その謝礼としていくつもの「寄進」が行われたというストーリーになっている（'Donation of Constantine', WP）。

13　ヴァルラは、「ルネサンス期に聖書の本文批評を手掛けた最初の人物」である。かれは1440年代初め、「少なくとも7種の新約聖書とギリシャ語写本と4種のウルガタ訳写本を校合し、その成果を手書きのノート」に記し、それが友人達たちによって筆写・回覧されたらしい。しかしその後、そのノートは行方不明。「1504年、狩りの途中に立寄ったデュ・パルク修道院の『大変に古びた図書館』で、エラスムスが偶然にもそのノートを発見」。翌05年、エラスムスはそのノートを『新約聖書校注』（*Annotationes in Novum Testamentum*）という題名のもとに刊行した」（月村、1984: 250）。

14　禁欲的信仰生活に基づく神の啓示と恩寵、神の愛との行動主義的合一を強調するコレットの宗教思想について、簡潔には大川（2012: 99-103）参照。コレットの場合も、神の恩寵と人間の意志との相互応答が大切にされていた。

15　この名前からも分かるように、イタリア・ルネサンスの時代、フィチーノやピコ・デラ・ミランドラを中心にして新プラトン主義が立ち上がった。歴史的には、新プラトン主義は3世紀のプロティノス（Plotinus: c.205-270）が提唱した思想に遡るが、その後の変遷は錯綜しており、それらを総括して新プラトン主義とは何かを定義することは容易でない。

　しかし、強いていえば、プラトンのイデア論に基づいて（二元論を克服するため）、究極的な無限なる「ひとつのもの」（to Hen）を想定し、それから流出したものとして万物の事象を説明しようとする考え方をさすといってよいだろう。プロティノスの場合、人間はその「ひとつのもの」へのエロース（愛）によってそれに回帰し、それと一体化することによってエクスタシー（忘我）に到達することができるとした。そこにある種の神秘主義をみてとることができる。

　プロティノスの著作はフィチーノによって発見され、1492年にラテン語に翻訳された。そしてこの時代の新プラトン主義は、くりかえしいうように、キリスト教の蘇生と結びついていた。したがって、究極的な「ひとつのもの」は神であり、またキリストに違いなかった。

　ダグラス・ブッシュは、「イギリス・ヒューマニズム（人文主義）を貫いていた特質として、プラトニズムの重要性をいかに評価しても評価しすぎることはない」（Bush,

1939: 72、訳 79) としている。

16　ブッシュは、「敬虔なフィチーノは、プラトンとプロティノスをキリスト教と調和させることを生涯の仕事とした。フィチーノとピコ・デラ・ミランドラはお互いに励まし合いながら、キリスト教プラトニズムを広めた」といい、フィレンツェの人文主義がもった「宗教的で倫理的な、市民的な推進力」は「北部ヨーロッパにおいて一層純粋であり、優勢であった」(Bush, 1939: 55, 69、訳 57, 76) と記している。
　また、根占献一は、フィチーノがキリスト教とプラトン哲学の融和を図ったこと、かれの最後の未完の仕事が『聖パウロのローマ人への手紙』であるが、フィチーノの「熱烈な賛美者」だったコレットがその仕事を継承したこと、フィチーノとプラトン・アカデミーが、コジモ・デ・メディチの死 (1464 年) から 30 年間、フィレンツェの知的生活をリードしたことなどについてふれている (根占、1979)。

17　この章句は、ルターを公然と批判しないエラスムスに業を煮やしたケルンの保守的なフランチェスコ会修道士たちが言い出したものである。エラスムスはこの非難に対して 1524 年、「まったく別の類の鳥が孵るものと期待していた」と応酬している (二宮、1984: 107；沓掛、2014: 56)。

18　ラプトンは 1877 年 1 月 3 日、ランベス古文書図書館にあるこの説教全文を書写し、それを Lupton (1887) の巻末附録 (pp. 293-304) に収めている。邦訳は、中村茂訳「聖職者議会開会説教」『宗教改革著作集』第 11 巻 (教文館、1984 年) 所収。

19　二宮敬はこの作品について、「キリスト教とは何かという問いに対する、エラスムスの思索と体験から生まれた答えが、きわめ率直な形で充分に述べられている」と解説している (二宮敬「解説」、エラスムス『平和の訴え』箕輪三郎訳 144、傍点は二宮)。

20　「エンキリディオン」という名前の本は、遠くアウグスティヌスに遡り、またエラスムスのあと、ルターによっても書かれている。後者についてはルター研究所訳『エンキリディオン 小教理問答』(リトン、2014 年) 参照。

21　この『戦争は体験しない者にこそ快し』の末尾で、エラスムスはユリウス 2 世と対比しながら、「レオ 10 世こそは、この地上においてソロモンやイエス・キリストのように平和の導き手であられ、子羊のごとく人を害さず、信仰に立ちふさがる者に対してはライオンのようにお吠えになる。(中略) 教皇は、教会が富や権力ではなく、教会自体に備わる本来の資質によって栄えるために、心を砕いていらっしゃる」と絶大な評価と期待を表明している (月村辰雄訳 348)。
　ほぼ 10 年後の『平和の訴え』(1517 年) でも、「戦争屋のユリウス 2 世」「平和と和合を唱道されるレオ 10 世」、「平和を愛し心やさしいレオ 10 世は、平和の旗印を高々と掲げ、キリストの立派な代理者らしくすべての者を平和へと促しておいでですよ」(箕輪三郎訳 67, 95) と書いている。
　また、『校訂新約聖書』(1516 年) には、2 月 1 日付けの教皇レオ 10 世への献詞序文

が添えられていた。エラスムスはそのレオ10世（登極前のジョヴァンニ・デ・メディチ）に7年前の1509年、教皇庁で会っている。

　さらに、もう一言補足すれば、1517年1月26日、レオ10世は「出生上の弱点および所属修道会規則の定める居住地・服装制限への違反のかどでエラスムスに科される可能性のあるあらゆる処罰・禁令からエラスムスを免除し、居住地の自由、在俗司祭服の着用、聖職禄享受の自由を彼に許可」した（二宮、1984: 66）。

22　1960年3月に亡くなった箕輪三郎は、国際連盟脱退のとき、全権大使松岡洋右に同行した外交官だった。戦後はみずからの戦争責任を悔い、結核を患いながらもエラスムスの『平和の訴え』の翻訳に携わった。かれの死後、「渡辺一夫先生の御尽力と箕輪氏夫人堀文子氏の御依頼を得て、筆者（二宮敬）が御遺志をひきつぎ、必要な注・解説を加えて本訳書の形を整えることになった」と、二宮は『平和の訴え』の「はしがき」に記している（括弧内は引用者）。しかし、訳者の名前は箕輪三郎のみ。その秀抜な長文の「解説」ともども、二宮敬のこの所作には小さな感動を覚える。ちなみに、堀文子は画家として知られる。

23　この表現は、「紛れもなく刎頸の友を自認するトマス・モアから、徳と学に優れるロッテルダムのエラスムス大兄へ」（モアからエラスムス宛の1526年12月18日の書簡）という言い方で、その手紙の末尾に登場する（『エラスムス＝トマス・モア往復書簡』沓掛・高田訳290）。

24　1512年3月12日、年収33ポンドの聖職禄を受けたが、同年7月31日にその聖職禄を辞退し、その代わりに20ポンドの終身年金を受けた。辞退の理由は「英語に無知で義務を果たせない（ので）」というものだった（二宮、1984: 48-9）。

25　トマス・ウルジーが抜擢した人物にはトマス・クロムウェル、トマス・クランマー、トマス・オードリー（Thomas Audley: c.1488-1544）がいる。これらウルジーを含む「4人のトマス」はすべて平民の出、それぞれ大きな権力を手にしたが、やがて前三者は失脚するか処刑された。4人とも一代で熨し上がった立志伝中の人物であり、新しいタイプの権力エリートの誕生を意味していた。そのこと自体、ヘンリー8世の人格のみならず、激動する時代の息吹をよく伝えているようにみえる。

　ちなみに、トマス・ウルジーはイプスウィッチの出身、父親は肉屋。オックスフォード大学のマグダレン・カレッジを卒業後、宮廷付き司祭となり、ヘンリー8世によって抜擢された。トマス・クロムウェルはロンドン郊外パトニーの生まれで、父親は鍛冶屋、醸造業、旅館業を営んだ。若くして大陸に渡り、フランス軍傭兵、イタリア銀行雇員などになり、ネーデルラントのミデルブルフで織物商を営んだ。外国語に長け、帰国後ウルジーに仕えた。かれはグレイ法曹院を卒業していた。また、トマス・オードリーはインナー・テンプル法曹院の出身。クランマーについては本文でふれるが、家系はヨーマンあるいは下層ジェントリーだった（'Thomas Wolsey', WP）。

26　ユリウス2世がリーダーシップをとり、フランスから教皇国とイタリア諸国を防衛するため、スペイン、神聖ローマ帝国、イングランド、ヴェネツィア共和国と結成した同盟である。

27　ラテン語で記された「95ヵ条の提題」(正確には「贖宥の効力を明らかにするための討論」Disputatis pro declaration virtutis indulgentiarum, 1517) において、ルターはつぎのように書いている。「教皇の贖宥によって人間はすべての罰から放免され、救われると述べる贖宥説教者たちは間違っている」(第21項)。「箱のなかへ投げ入れられた金が音を立てるや否や、魂が煉獄から飛び上がるという人たちは、人間(の作りごと)を伝えているだけである」(第27項)。「最も豊かな者たちよりも富裕な教皇は、なぜ貧しい信者の金ではなく、自分の金で聖ペテロ大聖堂を建てないのか」(第86項)と(「贖宥の効力を明らかにするための討論」『ルター著作選集』12-21)。

28　ルターのこの考え方は「万人(信徒)司祭主義」(Priestertum aller Gläubigen) として知られる。この『捕囚』より3ヵ月前に出版された『ドイツ国民のキリスト教貴族に与う』(1520年)において、ルターは26項目にわたって教会的病弊(突き破るべき「城壁」と呼んでいる)を指摘し、第1の病弊として、身分上の差別を強調し、「万人司祭」という考え方を認めないローマ教皇主義を取り上げてつぎのように批判する。「われわれはみな洗礼によって聖別され、司祭とされている。(中略)私どもすべてがひとしく司祭なのですから、誰一人として、私どもすべてが同じ権能をそれに対して有する事柄を、私どもの同意なく、また私どもによって選ばれることなくして、自分から出しゃばって引き受けることは許されないのです」(『貴族に与う』成瀬治訳 86, 88)と。

　　一般信徒が「同意」して自らの宗教的指導者を「選ぶ」というこのルターの考え方はのちの長老主義や会衆主義に通じるものだったことは記憶されてよい。

29　ルターと同じく、「聖書のみ」「万人司祭主義」を提唱したチューリッヒのツヴィングリは、人文主義の影響が強かったためか、ルターとは違って、パンと葡萄酒はキリストの肉体と血を象徴するだけという聖体象徴説を主張した。

30　『七秘跡擁護論』のラテン語および英語の全文が O'donovan ed. (1908: 193-463) に収められている。

31　ジョン・フィッシャーが書いたという説、トマス・モアが手伝ったという説、フィッシャーのほか、ウルジーとモアが手助けして書き上がられたという説などさまざまである (O'donovan, ed., 1908: 53f.)。しかし、ヘンリー8世の人柄や主題についての関心の強さからみて、かれの考え方がまったく盛り込まれていないという「偽作」説には無理がある。

32　ヘンリー8世が『擁護論』(1521年)を書いた理由について、キャサリン・オブ・アラゴンとの結婚をローマ教皇の権威をもって公認してもらうほかない、という思惑がヘンリーにあったとフレデリック・シーボームは書いている。モアはヘンリー8世か

ら『擁護論』を見せられたとき、ルター論難の激しさを多少とも和らげるべきではないかと進言したが、そのとき、モアはヘンリーからその「秘密の理由」を聞かされたという (Seebohm, 1884: 172-3)。

33　エラスムスはルターに先駆する人間の自由意志否定論者としてウィクリフを挙げているが、この理解は本書第3章でのウィクリフ理解とはやや異なる。

34　アウグスティヌスが後世に与えた影響のうちでも、ペラギウスとの自由意志論争 (412年以降) が重要なもののひとつである。ペラギウスは人間の原罪を否定し、人間の自由意志の働きを強調した。他方、アウグスティヌスは人間の自由意志を否定しなかったが、それは原罪によって歪められたため、神の恩寵なしには罪を犯すことを免れず、救われることもないと説いた。

　では、人間の自由意志と神の恩恵はいかなる関係にあるのか。アウグスティヌス研究家の山田晶によれば、「恩恵か、自由意志かではない。恩恵さえあれば自由意志などどうでもよいといっているのではない。恩恵が働くとき自由意志はまったく活動を停止しているのでもない」(山田晶、1968: 40) と述べ、両者を同列において二者択一を考えること自体が、「根本的にアウグスティヌスを誤解している」と記している。

35　ホイジンガは、ルターとの論争を通じてエラスムスは次第に「保守主義への傾斜」を深めていったとみている (Huizinga, 1924: 161-9、訳169-77)。

36　叛徒の農民たちはこの「12ヵ条」の末尾に、自分たちの要求がもしキリストの教えに反しているのであれば、それを撤回すると記し、15人の神学者の名前を挙げてその意見を求めている。そのなかにはツヴィングリやメランヒトンなどの名前もあるが、筆頭に挙げられていたのはルターである (『平和勧告』渡辺訳271、訳注1)。

37　ルターは『平和勧告』のなかで、「私は諸君 (農民叛徒) のなかに若干の「殺人預言者」(ミュンツァー派) が入り込んでいるのではないかと心配している」と書いている (渡辺訳282。括弧内は引用者)。

38　この庶民向けの『小教理問答書』(ルター研究所訳『エンキリディオン小教理問答』リトン、2014年) は「十戒」「使徒信条」などからなり、キリスト教の精髄を問答調で平易に綴ったものである。

39　デタプルおよび彼とエラスムスとの関係については、渡辺一夫 (1958: 第1-3章) 参照。

40　パウルス4世は「否 (ノー)」というのが得意な教皇だったらしい。アウクスブルクの和議 (1555年) はローマ教会に対する侮辱であり、カール5世の退位 (1556年)、黄金勅令と選帝侯の選挙に基づく弟フェルディナンドの新皇帝への即位は、いずれも教皇の承諾を得ていないので無効だと宣言した (Maxwell-Stuart, 1997: 180、訳229-30)。しかし事態が変わることはなかった。すでにローマ教皇にはそうした意志を強要できる権威を喪失していたからである。

41 この全28条からなる「信仰告白」は前半21条(ルター派の信条提示)と後半7条(ローマ教会の信条批判)からなる。その第18条(「自由意志について」)では、「人間はこの世に関していくらかの自由意志を有する。しかし神に関することは理解できず、ただ御言によって聖霊を受けるとき、このことが理解できる」としている(メランヒトン「アウグスブルク信仰告白(1530年)」徳善義和訳31-76)。

42 ここには、初期の反ルター主義、首長令後の反ローマ主義、そして晩年のカトリック回帰という、ヘンリー8世に内在的な「小さな」宗教改革の振り子をみてとるができる。

ちなみに、「大きな」宗教改革の振り子とは、まずはエドワード6世、メアリー1世、エリザベス1世の宗教政策の世代を超えた振幅運動を意味する。

43 この版には「序文」と本文脇に「注解」が付されている。そしてその序文にはつぎのようなくだりがある。曰く——、「生まれながらの人間は(中略)固く悪魔に捕らえられている。キリストの血潮以外いかなるものも、この束縛から解き放つことはできない」(藤本、1936: 79、一部改訳)と。そこにはルターに傾倒するティンダールの精神を垣間見ることができる。

44 この和議によって、フランスはジェノヴァ共和国、ミラノ公国、ナポリ王国に対する相続請求権およびフランドルやトゥルネー、アルトワの宗主権を放棄し、ミラノとナポリはカール5世の統治下におかれることになった。

他方、神聖ローマ帝国は、フランソワ1世の2人の息子(フランソワとアンリー)を200万エキューの身代金で釈放したほか、ブルゴーニュ公領に関する相続権を放棄した。

45 モアの罪状は4つ。しかし、主たる罪状は首長令(Act of Supremacy)と国家反逆法(Act of Treason)に対する違反である。けれども、その訴状にモアは承服していなかった。ロンドン塔を訪れた娘マーガレットに対して、この点にふれながら「私は罪を犯していない」と伝えている。

また、1535年7月1日の大法官トマス・オードリー(モアの後任)が指揮した王座裁判所の法廷においても、議会の定める法律によっては——「聖界の至高性はわが救世主によって、聖ペテロとその後継者たち、すなわち同聖座の司教(ローマ教皇)に対してのみ特別の大権に基づいて許されたものである」(括弧内は引用者)から——、「ローマの聖座に属するもの」を奪い取ることはできないと反論した。そのなかで、モアはマグナ・カルタ第1条にも言及し、「英国教会は自由であり、かつその権利は犯されることなく、その自由は侵害されない」という箇所を引いている(Roper, c.1556 [1963: 45]、訳100-1 [一部改訳])。

46 マタイ福音書第22章にはつぎのようにある。「ところで、『シーザーに税を納めてよいのですか』と。デナリ銀貨を手渡されたキリストは、『この像は誰のものか。そし

てその銘は』。彼らはいう、『シーザーのものです』と。するとキリストはいわれた。『シーザーのものはシーザーに、神のものは神に返せ』と。彼らはそれを聞いて驚き、そして彼を残して立ち去った」とある。

47　武勲を挙げた20歳代のシャルルはフランソワ1世によってフランス元帥に任じられ、またミラノ総督にもなった。しかし、妻の遺産所領の相続をめぐってフランソワ1世と対立、所領没収の憂き目にあった。それが原因でシャルルはカール5世に通じ、皇帝軍の指揮官となった。

48　ヘンリー8世時代の軍人かつ宮廷重鎮だったウィリアム・コンプトン卿（Sir William Compton: c.1482-1528）が病死したとき、枢機卿ウルジーとカンタベリー大司教ウォーラムによって1000マーク（700ポンド弱）という高額の遺言検認料支払いを強制された。それ以降、検認料が急騰しはじめたといわれる（Lehmberg, 1970: 82）。

49　第2条以下はつぎのとおりである。国王が聖職者に関する司法権をもつこと（第2条）、王権を損なわず、イングランド王国の法令に反しないかぎりで聖職者特権を認めること（第3条）、国王侮辱罪（内容の説明はなし）に違反した者を赦免すること（第4条）、同罪に関する俗人の赦免（第5条）。詳しくは、Scarisbrick (1956: 22-39) 参照。

50　その多様な実態について、詳しくは Lunt (1962: 48-53, 720) 参照。

51　この首長令と共鳴する歴史的事実として思い起こされるのが、征服王ウィリアム1世のグレゴリウス7世からの要請に対する返書である。
　　国王の教皇承認権、国王の承認に基づく教皇文書の受領、国王の事前承諾による教会会議の議決、国王の承認を踏まえた諸侯などの破門、さらには国王の聖職叙任権というように、ウィリアムはアングロ・サクソン時代の「イングランド教会のローマからの自立」慣行を遵守しようとした。

52　この『目録』を「修道院調査」の結果である『修道院解散報告書』（Suppression Accounts）と比較しながら、初めて包括的に分析したのがサヴィンの『解散前夜のイングランド修道院』（Savine, 1909）である。但し、サヴィンが対象として取り上げていたのは地理的にはイングランドに限り、修道院と識別可能な「独立した」大学と病院、さらに托鉢修道院を除いていたから、結果として合計552の修道院および修道尼院のみをその分析対象としていた。
　　これら552の宗教施設の年間粗収入は160万ポンド、純収入は135万ポンドだった（Savine, 1909 [1974: 96-7, 100]）。

53　王室財政管理の改革はヘンリー7世時代から進められていたが、その動きはヘンリー8世時代になって、とくにクロムウェルの実権掌握によって、首長令（1534年）、小修道院解散令（1536年）の成立以降一挙に進んだ。聖職禄叙任納付金および10分の1税がヘンリー8世に献納されるようになったため、35年には「初任納付金および10

分の1税」の課税と納付を管理する独自部局 (office of first fruits and tenths ―― 40年には court of first fruits and tenths と改名) が設けられた。また翌36年には、小修道院解散に伴う諸事務を担う王室増収庁 (court of augmentations) が設置された。

そのほか、先行組織を改編して42年には後見権および所領引き渡し裁判所 (court of wardship and liveries) が、また同じ年、すでに11年に創設されていた王領総合調査局が庁 (court of the general surveyors) に格上げされた。その後、47年には総合調査庁は王室増収庁に統合されたが、54年にはその増収庁自身、改革された財務省に吸収されている。詳しくは、Richardson (1952: chap.6 ――増収庁については同書310-16)、富岡 (1965: 235-69)、井内 (2006: 31, 41-4) などを参照。

54 クロムウェルは1536年、ヘンリー8世から宗教改革の推進について全権を託された。しかし、かれは法律家であって聖職者ではない。1536年の聖職者会議には腹心のウィリアム・ピーター (Dr William Petre) を送り込み、会議の議長とした。首長令に基づく行為だった。

また、宗教改革をめざすウスター司教のヒュー・ラティマー (Hugh Latimer: c.1487-1555 ――メアリー1世時代に異端として火刑) を同会議に派遣し、基調講演をさせている。そのラティマーは数年前の30年代初め、同じ聖職者会議で異端とされたばかりの人物。したがって、いかに事態が急変し、聖職者会議が弱体化していったかが分かるだろう (Rex, 2009: 90)。

55 ウィリアム征服王からヨーク朝エドワード4世の時代までの約4世紀のうちに、イングランドで建立された修道院の合計は1178だった。時代別には、ヘンリー1世 (143ヵ所、以下同じ)、スティーブン・オブ・ブロワ (146)、ヘンリー2世 (163)、ヘンリー3世 (211)、エドワード1世 (107) などとなっており、12世紀初頭から13世紀末までの2世紀の間に全体の65.4%が建立されていた (Von Raumer, 1837, vol. 1: 110, fn. 21)。

56 ユースとは、自由土地保有者が土地遺産の相続あるいは譲渡に伴って封建領主 (国王を含む) に収めるべき相続税や譲渡税などを、「死ぬことのない」法人にいったん遺贈することによって封建的付帯義務を免れようとする一種の脱税行為をさす。王室財政に大きなマイナスの影響を与えたこのユースをヘンリー7世は規制しようとしたが、ヘンリー8世はユースそのものを禁じようとした。それが1536年のユース法 (Statute of Uses) である。

したがって、修道院解散によって王領となった土地がそのあと売却されたとしても封建的付帯義務はついて回ったから、このユース法は莫大な封建的付帯収入を王室にもたらすことになった。このユース法の最大の「被害者」はジェントリーだった。そのため、40年には遺言法 (Statute of the Wills) が制定され、ユース法が一部緩和された。しかし、ユース法の影響力が消滅するのはスチュアート朝の1630年代になってから

のことである(邦文で簡潔には、富岡、1965: 248-51)。

57　リンカンシャーの乱と後述の北部の反乱をあわせて「恩寵の巡礼」と捉える(ふたつを切り分けて論じている場合もある。)富岡次郎は、克明に事実の経緯、蜂起の主体とその要求、国王側の対応などを跡づけたうえで、恩寵の巡礼の基本的性格についてこう述べている。すなわち、それは単ある純粋な「宗教運動」でもなく、また「ジェントリーの反乱」でもなく、「農民一揆」であった、と。

その一揆の中核をなす一般農民と小市民は「小ブルジョワ民主主義を志向し」、「封建領主制および絶対王政を打倒し、市民革命を志向していた」けれども、かれらが支援を強要したジェントリーこそ絶対王政の担い手だった。そのためジェントリー叛徒と一般叛徒の「同盟」は「根本的に対立矛盾を孕んでいた」。そのジェントリー叛徒が反乱軍から離脱したため、この農民一揆は敗退したと述べている(富岡、1965: 458-61)。

しかし、農民一揆を担った一般農民や小市民が「封建領主制や絶対王政を打倒して市民革命を志向した」と主張するだけの根拠は薄弱であるようにみえる。

58　かれは北ヨークシャーのセルビー(Selby)の名門貴族の子弟。ヘンリー8世の3番目の王妃ジェーン・シーモアを遠縁にあたる。ヘンリー8世の宗教改革に抵抗し、とくに修道院解散に強く反対した。恩寵の巡礼を指揮し、ヘンリー8世に謁見して交渉したが、37年7月22日、絞首刑に処された。

59　ノルマンの征服後、数十年のうちにダラム(Darham)司教、チェスター(Chester)、ランカスター(Lancaster)を支配する貴族に王権州あるいは特別州として自立的な統治権が与えられた(第1章第1節参照)。

60　フランシス・ガスケット(Francis A. Gasquet)によれば、解散を免れた修道院は全国で51あり、1536年6月から37年8月までに国王から特許状を手に入れ、それに伴って献納金(最高額400ポンド)を国王に支払った(Gasquet, 1889, vol. 2: 529-30)。もっとも、この51のなかにはのちに解散させられたものが複数含まれており、この数字を鵜呑みにすることはできない。

61　国王から修道院所領を買い取った者には古くからの慣行に基づいて多くの税金(相続税や譲渡税、婚姻税など)を支払う義務が生じた。その買い手の経済的負担を軽減するため、ヘンリー8世後の歴代諸王はさまざまな措置を講じる必要があった(富岡、1965: 293-300)。

62　すこし違った数字にもふれておこう。モスクワ大学のアレクサンダー・サヴィン(Alexander Savine ——上記の注52にある『解散前夜のイングランド修道院』[Savine, 1909]の著者)博士がオックスフォード大学のハーバート・フィッシャー(Herbert A. L. Fisher: 1865-1940)に提供したデータ(原資料は全37巻からなる『ヘンリー8世統治公文書』*Letters and Papers, Foreign and Domestic, of the Reign of Henry VIII* ——但し、サヴィン

集計ではウェールズの修道院等が除かれている。)によれば、小修道院解散令からヘンリー8世が亡くなる47年までのあいだ、没収した修道院所領の約3分の2が売却された。その総件数は1186件、金額で77万9200ポンドになる。しかし譲渡（下賜）件数はわずか39人、41件にすぎない。その内訳は貴族が8人、廷臣(courtiers)が14人、国王官吏(crown officials)が6人、王室増収庁役人が3人、国王執事が8人だった。

その代表格がクロムウェルへの譲渡であり、具体的にはルイス修道院（922ポンド——35年の年収入、以下も同じ）、セント・オシス修道院(St. Osyth、677ポンド)、ラウンデ修道院（399ポンド）など6件、またクロムウェルの甥のリチャード・クロムウェル（のちのオリヴァー・クロムウェルの曾祖父）にもラムゼー修道院（1643ポンド）やビショップゲート修道院（321ポンド）など7件である。

1年平均7万ポンドの売却益を王室増収庁にもたらした没収地の買い手は総数で936人から1011人であり、残りは宗教組織が多かった。個人のなかで優遇された人数は209人。内訳は貴族38人、廷臣93人、国王執事46人、国王官吏32人となっていた。これら209人以外の617人または692人の買い手はその身分や職業は不明である。ジェントリーや裕福な商工業者であった可能性が高い。そのほか、個人の買い手には86人の産業家(industrialists)がいた(Fisher, 1906: 497; Hughes, 1950: 328-9; 富岡、1965: 276-7)。

63　小修道院解散のときには、年金受給者となって引退する者、教区司祭などになって世俗の聖職者になる者のほか、大修道院に移動して修道士を続ける者もいた。そうした大修道院では、すでにかなりの空席がめだつようになっていたからである。ちなみに、教区司祭などに転じた修道士の割合は半数以上という見方がある(Baskerville, 1937: 146, 150)。

64　イングランドの包括的な「修道院リスト」（修道尼院、托鉢修道院等を含む）によれば、その創設年と解散年がわかる托鉢修道院は合計174ヵ所。そのうち創設年が14世紀であるものが27ヵ所、15世紀が4ヵ所、16世紀が2ヵ所であり、残りの141(81.0%)の托鉢修道院はすべて13世紀に建てられていた。また解散年の分布はもっと極端で1538年が129ヵ所（全体の74.1%）、39年が45ヵ所であり、両年に集中している。したがって、1530年代末まで存続していたイングランドの托鉢修道院のうち、8割以上が13世紀に創られ、また全体の4分の3が1538年に解散していたことになる。

ちなみに、この「リスト」には、テンプル騎士団(Knights Templar)の事業を継承した騎士救護院(Knights Hospitaller)についても多くの事例が記載されている('List of Monastic Houses in England', WP)。

65　世俗化といえば、「利子取得（高利貸し）禁止という教義から法定金利制へ」という流れが注目される。ヘンリー8世時代の1545年、最高利子率が10%と定められたこ

とは見落とせない。

66　ジェーンは夫ジョージの処刑後、一時期宮廷から離れたが、やがて3番目の王妃ジェーン・シーモアの侍女となり、4番目の王妃アン・オブ・クレーヴズとヘンリー8世の「離婚」にも関与した。さらに5番目の王妃キャサリン・ハワードにも仕えた。やがてそのキャサリンと廷臣トマス・カルペパー（Thomas Culpeper: 1514-41）の密通を仲介したという嫌疑がかけられ、42年2月13日、王妃キャサリンとともに斬首された。

67　婚姻無効の理由について、石井美樹子は、アン・オブ・クレーヴズの「体臭がきつかった」こと、「垂れ下がった乳房とぶよぶよした肉体が好きになれない」というヘンリー8世の言葉を引いている（石井美樹子、2009: 73, 588-9）。

68　何が「失態」だったのだろうか。クロムウェルが画策した王妃アン・オブ・クレーヴズにヘンリー8世が「失望」したとしても、それが「失態」の主な内容とは考えにくい。婚姻無効後、アンは「王の最愛の妹」として厚遇されたことはその傍証になるだろう。では、「失態」の主因は何か。1530年代末、次第に勢力を挽回しつつあった保守的カトリシズムに対抗して、クロムウェルは国内ではルター派に肩入れし、その勢力増大を支援したばかりでなく、外交政策面でも「プロテスタント同盟」（protestant league）の構築を模索した（Innes, 1905: 153, 184-5）。アン・オブ・クレーヴズとの成婚はその戦略の一環だったようにみえる。しかしいずれの点でも、クロムウェルの政策はヘンリー8世のそれを超え出ていた。じっさい、36年のキャサリン・オブ・アラゴンの死去とアン・ブーリンの処刑は、ヘンリー8世とカール5世の軋轢を大いに和らげた。その情勢のなかで、帝国内でカール5世と対立関係にあるルター派諸侯やシュマルカンデン同盟と切り結ぶという政策は一種の勇み足だった可能性がある。ミスリーディングだったのは、ホルバインのアン・オブ・クレーヴズ像ではなく、クロムウェルの宗教政策と外交政策だったようにみえる。

69　この「10ヵ条」は、「イングランドとフランスの王であり、信仰の擁護者であり、アイルランドの領主であり、イングランド教会の地上における最高の首長であるヘンリー8世」と書き出されている（トマス・クランマー「10ヵ条」木下量熙訳 501-19）。なぜ1536年という時点で「フランスの王」といい、また「信仰の擁護者」といったのか判然としない。「フランスの王」とはヘンリー8世の見果てぬ夢を示唆し、「信仰の擁護者」とはかつてかれが教皇から与えられた称号だった。

70　このクランマーの「序文」の邦訳が『宗教改革著作集』第11巻（教文館、1984年）所収の八代崇訳「聖書序文」（1540年）である。

71　16世紀前半（1515年から53年まで）におけるハプスブルク家とヴァロア家の戦争は6回に及び（1515年、21-25年、27-29年、36-37年、42-44年、51-53年）、平均すると5.4年毎に戦争を繰り返していたことになる（Blockmans, 2002: 77, Table 3.1）。

第6章

宗教改革の振り子

梗 概

　いずれもヘンリー8世の腹違いの子であるエドワード6世、メアリー1世、エリザベス1世の宗教政策をみてみると、エドワードによるプロテスタント化、フェリペ2世と結婚したメアリーによる激しいカトリック化への揺り戻しとプロテスタントの弾圧、父ヘンリー8世の立ち位置を継承しようとしたエリザベスによる中庸的「解決」政策が浮上する。16世紀の後半、宗教改革の振り子が激しく揺れはじめた。

　いくつもの反乱が起き、15歳で夭逝したエドワード6世の統治は危ういものだった。それでもクランマーによる祈祷書づくり、亡命外国人プロテスタントのための教会開設、礼拝堂解体などが進められた。

　メアリー1世のカトリック化政策は国内プロテスタントの弾圧とともに、多くの俊英を宗教改革進行中のバーゼル、ストラスブルク、ジュネーヴなどに追いやり、そこに亡命者コロニーがつくられた。エリザベス時代になると、かれらはその成果を携えて続々と帰国。そしてその時代の後期、ピューリタンが登場する。カートライトなどとの論争のなかからイングランド教会広教派のリチャード・フッカーが立ち現れ、イングランド啓蒙の先駆者のひとりとなった。

　エリザベス時代には人口増加、活発な社会移動、教育革命の進行、そして「貴族の危機」が訪れた。また土地市場の拡大、ジェントリーの勃興、初期エンクロージャの進行、新農法の開発、東インド会社の創設のほか、「近世福祉国家」の基礎が据えられ、ヘンリー8世の徴利政策が復活した。世俗化の進展である。

本章では、エドワード6世登位直後の王権の危機について簡潔にふれたのち、テューダー朝後期の宗教改革の振り子運動を観察する。

　ヘンリー8世の腹違いの3人の子供たち——、すなわち15歳で夭折したプロテスタントのエドワード6世、42歳で卵巣腫瘍のため亡くなったカトリックのメアリー1世、そしてヘンリー8世の宗教改革路線に回帰して中庸的「解決」をめざしたプロテスタントのエリザベス1世の宗教政策を検討の俎上にのせる。

　じっさい、ヘンリー8世につづく王位3代を通じて、イングランド宗教改革の振り子は大きく左右に揺れた。6年半というエドワード6世の短い治世においてその振り子はプロテスタンティズムの方向に強く振れ（第2節）、つづくメアリー1世の5年4ヵ月というより短い王政になると、今度はカトリシズムにむかって大きな揺り戻しがかかり（第3節）、エリザベス1世時代になると、その振り子は中庸的「解決」という方針に沿ってふたたびプロテスタンティズムにむかって振れた（第4節）。宗教改革の振り子と呼ぶ所以である。

　以下、ヨーロッパ大陸から間断なく押し寄せるプロテスタンティズムの新たな波頭を視野に収めながら、しばらくテューダー朝後期の宗教改革の振り子運動を追ってみることにしよう。

第1節　王権の危機——ふたつの反乱と護国卿の失政

　ヘンリー8世の第3次王位継承法と遺言によって、エドワード6世（Edward VI: 在位1547-53年）が登位したのは9歳のとき。サマセット公エドワード・シーモアがその護国卿となった。しかし、ヘンリー8世は別の政権構想を言い残していた。エドワード6世が18歳になるまで、ヘンリー8世が選んだ16人の国事執政官からなる合議政治を行うよう命じていたからである。ところが、ヘンリー8世が亡くなってすぐに開かれた47年2月4日の会議において、出席者全員（13人、残り3人は欠席）によってサマセット公を護国卿とする統治システムが採択された。風雲急を告げる時代、サマセット公の軍人としての能力を高く評価してのことだった (Starkey, 1985: 138-9)。

　じっさい、かれはピンキー・クローの戦いでスコットランドに勝利した。ところが、スコットランドの軍事的制圧というサマセット公がヘンリー8世から引

き継いだ方針はまもなく頓挫してしまう。「古い同盟」とアンリー 2 世のスコットランドへの軍事的支援が強化され、サマセット公はエディンバラからもブローニュからも撤退を余儀なくされたのである。かれの護国卿としての評価は一挙に下落した。それに追い打ちをかけるようにして、1548 年から 49 年にかけてイングランド西南部と東部でふたつの反乱が起きた。前者は西部の乱あるいは「祈祷書の乱」(prayer book rebellion) と呼ばれ、また後者はロバート・ケットの乱として知られる。それぞれその主因は違っていたが、いずれも政府による軍事的鎮圧を必要とする騒擾だった。

　そのサマセット公はノーサンバーランド公のクーデタによって 49 年 10 月 10 日に逮捕され、失脚する。護国卿になってわずか 2 年 8 ヵ月の専制的統治だった。失脚の理由は大きく 3 つ。第 1 に、サマセット公率いるイングランド軍はスコットランドでもフランスでも次第に劣勢を強いられ、さしたる戦果を挙げられずに撤退したこと。第 2 に、その膨大な戦費によって王室の財政危機に拍車をかけたこと。第 3 に、各地で大きな反乱が起きたことの 3 つである。

　護国卿サマセット公の統治能力はもっぱら軍事力によるものであり、政策的一貫性に欠ける憾みもあった。それを象徴するかのように、49 年の晩春から夏にかけて、イングランドのほぼ全域で、すなわちサマセット、ウィルトシャー、ハンプシャー、リンカンシャー、ケント、サセックス、デヴォン、コーンウォール、ベッドフォードシャー、ラトランド、レスターシャー、ノーサンプトン、バッキンガムシャー、オックスフォードシャー、ヨークシャー、そしてイースト・アングリアで、大小の民衆の反乱が起きた。これほど急速かつ広域に及んだ反乱は 1381 年のワットタイラーの乱以来のものだった。これらの反乱は 49 年 7 月 10 日までに収まったが、ふたつの反乱は長引いた。イングランド王権は危機的状況に直面した (Brigden, 2000: 185-6)。

祈祷書の反乱
　修道院解散が契機になって起きた北部での恩寵の巡礼とほぼ時期を同じくして、コーンウォールやデヴォンなどイングランド西南部でも類似の騒擾があった。中心人物は初代エクセター侯ヘンリー・コートニー (Henry Courtenay, 1st Marquess of Exeter: c.1498-1538)。当初は恩寵の巡礼制圧のメンバーに指名されたが、遠征途

上で解任された。かれがカトリックであり、恩寵の巡礼に同情していたこともあったが、何よりもかれの母方の祖父がヨーク朝を開いたエドワード4世だったことが災いした。エクセター侯には1537年秋、コーンウォールなどかれの所領内でカトリック枢機卿のレジナルド・ポール (Reginald Pole: 1500-58) や初代モンタギュ男爵ヘンリー・ポール (Henry Pole, 1st Baron Montague) と通じて反乱を画策したという嫌疑がかけられ、かれは38年12月9日に、またモンタギュ卿は39年1月9日に処刑された。ほとんど冤罪といってよいエクセター侯の逮捕と処刑はヨーク家の血統を断ち切るためだった。枢機卿の母ソールズベリー伯夫人のマーガレットもその犠牲者となった。

それから10年ほど時代を下った48年4月6日、かつてクロムウェルの執事であり、ウルジーの庶子トマス・ウィンター (Thomas Wynter) から30年の期限付きでコーンウォール司教座聖堂助祭職 (archdeaconry of Cornwall) を借り受けていたウィリアム・ボデー (William Body) が、エドワード6世の礼拝禁止令 (Act of the Injunction, 1547) を教区司祭に徹底するため、コーンウォールのヘルストン (Helston) を訪れた。その命令が意味していたのは、ミサを伴う洗礼、巡礼、十字架や灯明など偶像崇拝の禁止であり、カトリック的儀礼を廃棄することだった。集まった司祭たちから大きな不満の声が挙がった。婚姻や埋葬に関する新たな課税の噂も加わって憤怒の渦が生まれ、瞬く間に多くの民衆を巻き込んでいった。叛徒の数は3000人にのぼった。このヘルストンでの騒動の担い手となったのはヨーマンやハズバンドマンであり、水夫であり教区司祭だった。

かれら叛徒の主張と請願は何だったのか。それは宗教改革を推進する護国卿サマセット公やクランマーの退陣であり、カトリシズムへの回帰であり、修道院の再建であり、偶像破壊主義者 (改革派) の駆逐だった。その煮え滾った怒りを抑えられない叛徒はかれら独自の文化的伝統を踏みにじり、宗教施設のみならず、その精神生活まで破壊しようとしたボデーを捕らえ、殺害してしまった。その結果、州長官のリチャード・エッジカム卿 (Richard Eggecumbe: 1499-1562) が国王軍を率いて武力鎮圧に乗り出した。首謀者10人だけが処刑され、他の叛徒には特赦が与えられた。

しかし、事態がこれで落着することはなかった。むしろ、その逆だった。というのは、1548年にクランマーがイングランド最初のプロテスタント信仰祈祷書

を書き上げ、それが議会でも承認された。翌49年1月21日には、礼拝統一令（Act of Uniformity, 1549）が議会で可決され[1]、民衆の宗教生活は一段とプロテスタント的方向に水路づけられた。

　一般民衆からみれば、その祈祷書は聖書に劣らず重要なものだった。それによって日々の宗教行動が規制されたからである。ミサであれ聖体拝受の儀礼であれ、洗礼であれ死者の弔いであれ、偶像崇拝であれ巡礼であれ、そうした具体的な宗教典礼や儀式のあり方を定めたものが祈祷書である。上記の統一令は、それまで用いられていたラテン語で書かれた様々な祈祷書を廃止し、プロテスタント的性格をもった新たな祈祷書に統一することを意味していた。

　こうした一連の宗教改革法令が49年6月のコーンウォール蜂起の引き金となった。そのため、その反乱は「祈祷書の乱」と呼ばれた。その蜂起とほぼ時期を同じくして、隣のデヴォンシャーでも宗教改革に反旗を翻した一般民衆の反乱が起きた。まもなくふたつの叛徒軍は合流し、西南部最大の都市エクセターにむかった。1万人ほどの民衆が6週間にわたってエクセターを包囲した。護国卿は王璽尚書で西部辺境会議長官でもあった初代ベッドフォード伯ジョン・ラッセル卿（John Russell, 1st Earl of Bedford: c.1485-1555）を指揮官とし、多くの外国人傭兵を引き連れて叛徒の鎮圧にむかわせた。しかし、その総勢は4000ほど、反乱軍に比べて大いに見劣りした。それでも初代ペンブロック男爵ウィリアム・ハーバート（William Herbert, 1st Earl of Pembroke: c.1501-70）などの援軍を得て戦列を立て直し、エクセターにむかう途上、8月4日にはウッドバリー・コモンで、また翌5日にもクリスト・セント・メリーで、さらに6日にはキリスト・ヒースで反乱軍を敗走させ、最終的にはエクセターを解放した。クリスト・ヒースでの大虐殺も含めて叛徒5500人が戦いの犠牲になった。民衆蜂起から2ヵ月が経ち、フランスがイングランドに宣戦布告した直後のことである。祈祷書のみならず、聖書のコーニッシュ語への翻訳も禁じられた。1497年の反乱のときと同じように、こうしてコーニッシュの歴史的・文化的独自性はあらためて否定されたのである（Rose-Troup, 1913: 72-82, 122-9, 232-8, 278-83; Hughes, 1951, vol. 2: 165-9; 富岡、1965:472-502; Fletcher, 1983, 3rd ed: 40-53）。

　では、この反乱で中心的役割を担ったエスクワイアやヨーマン、職人や司祭などの要求は何だったのか。国王への要求は複数回にわたって作成され、その表題

は「要望」であったり「書簡」であったり、あるいは「嘆願」であったりしたが、文書作成の正確な日付は分からない。しかし、そのうちのふたつには署名がある。現存する4つの文書の中身は互いに似通っているが、最初の「コーンウォールの8ヵ条」(1549年6月)と、もうひとつの「デヴォンシャーとコーンウォールの民衆による15ヵ条の要求書」(1549年7月)はともに富岡次郎によって翻訳されている。それをみてみよう。

まず、前者の「8ヵ条」では、洗礼の秘跡から始まり、堅信礼、聖体拝受、教会内での聖体安置、聖餐、ミサ聖祭、司祭純潔の必要を訴え、最後にヘンリー8世の「6ヵ条令」を遵守すべきだと述べている。まさにカトリック典礼の復活要求そのものであり、護国卿による宗教改革を真っ正面から批判する内容になっていた。もうひとつの「15ヵ条」の論調も基本的にこの「8ヵ条」と同じものであり、それを一層詳しく述べたものだった。そのなかには「英語による礼拝の徹底的拒否」「煉獄にある魂のための祈り」「英語の聖書回収」「ポール枢機卿の呼び戻しと国王最高顧問への登用」などの要求をみてとることができる (Rose-Troup, 1913: 126-7, 212-3, 220-3; 富岡、1965: 503-10)。

叛徒のこうした要望に対して国王はどう答えたのか。49年7月に書かれたとみられる「デヴォンシャーに集まった人々に対する国王からの返書」あるいは、より丁寧な筆致で護国卿が認めた「デヴォンとコーンウォールの人々からの嘆願に対する国王の返書」にはこう記されていた。すなわち、国王に提出された叛徒の主張はすべて誤解に基づくものであり、叛徒の嘆願は全面的に否定するほかない。また洗礼、秘跡、英語による礼拝、ミサ、堅信礼、「6ヵ条」などについては逐一その「正しい」理解と解釈を記したうえで、それらが長く議会で論じられ、多くの学識者によって同意された結果であること。叛徒の嘆願は神の意志に反する「盲目の頭領」に操られたものであり、神と聖書を裏切る内容になっており、したがって、ただちに戦いの矛を収め、それぞれの郷里に戻るがよい、と諭していた。

興味深いことに、護国卿の返書のなかには、もしフランスやいずれかの敵国がこの混乱に乗じてわが国に攻め入ってきたら、どうするつもりなのか、よく考えてみよと説諭していた箇所がある。ということは、8月8日のフランスからの宣戦布告という事実を踏まえれば尚更のこと、フランスやスコットランドからのイ

ングランド侵攻に備えて、護国卿らは可及的速やかに叛徒を鎮圧する必要があったということである (Rose-Troup, 1913: 214-5, 433-40; 'Prayer Book Rebellion', WP)。

ともあれ、この西南部での反乱制圧という事実にもかかわらず、護国卿サマセット公に対する信頼は回復しなかった。ノーサンバーランド公によるクーデタが目前に迫っていた。

ロバート・ケットの乱

祈祷書の乱と同じ時期、1549年6月から8月にかけて、東部のノーフォークでその主因を異になる反乱が起きた。ケットの乱である。

このノーフォークでも1520年以降、39年、40年、44年、48年、そして49年4月と、エンクロージャーをめぐる紛争が起きていた。しかも前年の48年6月1日には、護国卿サマセット公によってエンクロージャー禁止の布告が出されていた。それが叛徒たちの背中を押した。かれらには、「王権が公認する正義の戦い」に立ち上がったのだという自負があった。

その布告にはこうあった。「最近、王国のさまざまな場所で土地が囲い込まれ、多くのものが極貧な生活に曝され、生まれ故郷を追い立てられ、他の場所での暮らしを強いられている。かつては10人、20人あるいは100人、200人という者がそこで生計を立て、子どもを育て、忠実な臣下として全能の神と国王に仕え、この国を守ってきた。しかし、いまやかれらはその場所にいない。そこにいるのは羊と牛だけである[2]。(中略) 貪欲至極の少数者 (the greedy covetousness of some men) のためかれらの家は朽ち、教区民は減り、王国の力は衰えている。(中略) こうした情勢に対して多くの苦情や嘆願が寄せられ、その事態を改めるため、分別ある賢き先々代のヘンリー7世、先代のヘンリー8世によって、聖俗諸侯の合意を得ながら、多くの議会でさまざまな法律が制定されてきた。貪欲な者どもによる土地の囲い込みをさせないためだった」と述べたうえで、このたび新たに護国卿と枢密院はエンクロージャーに関する調査委員会を立ち上げ、速やかに改革案をまとめるつもりだと記されていた (Clayton, 1909: 257-9, Appendix II)。

じっさい、ヘンリー7世の1489年、またヘンリー8世の1515年、18年、26年、48年、そして49年6月にもエンクロージャー禁止令や布告が出された。それだけでなく、エンクロージャーに関する調査委員会も1517年、48年に設けられた。

しかし、そうした法制や調査活動が功を奏することはなかった。叛徒からみれば、いまさら同じ贅言を弄して何をいうのか、という思いだったにちがいない。

しかも、その一方で、護国卿らはエンクロージャーによって都市に流れ込んできた浮浪者や流浪の貧民を追い払って、ただ一言、お前たちの郷里に帰れ、と叫ぶばかりだった。1547年の浮浪者奴隷化政策（裁判で有罪となった浮浪者を2年間の奴隷とし、逃亡者は「永久奴隷」とする政策）という方針を覆し、49年にはあらためて31年の浮浪者帰郷令を復活させた（Clayton, 1909: 22-3, 254-5）。歴史の歯車を逆転させようとする旧態復帰の空しい処方箋だった。

ところで、この反乱だが、1549年6月20日、ノーフォーク南部のアトルバラ（Attleborough）で貧農たちが共有地の垣根を壊し、かつての共有地を回復しようとして蜂起した。これが発火点になって類似の行動が連鎖反応的にノーフォーク各地に広がった。

翌7月7日、ワイモンダム（Wymondham）では、その修道院領の一部を大金を積んで国王から買い戻していたにもかかわらず、ノーフォークの土地没収官ジョン・フラワデュ（John Flowerdew）が修道院を取り潰してしまった。怒った農民たちはかれのエンクロージャーを壊しにかかった。フラワデュは攻撃の矛先を地元の裕福なヨーマンであり、修道院解散に反対していたロバート・ケットにもむけさせた。ところが、そのロバートは共有牧草地のエンクロージャー解放に応じたのみならず、叛徒の要求に共鳴してそのリーダーとなった。かれの兄ウィリアム・ケットもその蜂起の隊列に加わった。

ケット兄弟がリーダーになったことによって、エンクロージャー反対運動の津波はたちまち近隣の市町村を席捲し、叛徒の数は1週間で1万6000にも膨れあがった。かれらは、ロンドンに次ぐイングランド第2の都市ノリッジにむかった。しかし7月10日、ノリッジ市長トマス・コッド（Thomas Codd）はケットらの行動を非難し、市への入城を拒否した。しかし多勢に無勢、やがて叛徒に屈して反乱軍への参加を余儀なくされた。7月12日から20日にかけて叛徒の大軍はノリッジの東にあるマウスホールド・ヒースに陣を取り、そこで開いた会議で国王への請願書を書き上げ、国王に送った。その文書に署名したのはロバート・ケット、市長コッド、元市長トマス・オードリッジ（Thomas Aldrich）の3人だった。この請願はノーフォークの24のハンドレッドのうち、23を代表していた。

1549年7月21日、国王布告官は、いまもし叛徒が解散すれば、汝らの請願には尤もなものもあるから[3]、10月の議会で検討しよう。あわせて恩赦を与えようという国王の返書をケットに伝えた。しかし反乱軍は納得しなかった。10日後の7月31日、国王はイタリア人傭兵など1500の兵士とともに初代ノーサンプトン侯ウィリアム・パー（William Parr, 1st Marquess of Northampton: 1513-71）を現地に派遣した。ところが、翌8月1日、国王軍はあえなく敗北。そのため、ノリッジは叛徒の手に落ちてしまった。混乱に乗じて市長らは叛徒に反旗を翻して戦線を離脱した。その結果、ついに8月24日、護国卿みずからが1万4000の大軍を率いてノリッジに進攻し、26日には1400人のドイツ人傭兵も到着した。そして翌27日、護国卿はダッシンデールの戦い（Battle of Dussindale）に勝って叛徒を敗走させ、ケットらを捕らえた。ケットの乱の呆気ない終焉だった。12月7日、国家反逆罪によってロバートはノリッジ城で、兄ウィリアムはワイモンダムで絞首刑になった。

では、ケットらが7月に国王に提出した請願とはいかなるものだったのか。そこには幅広い要求や批判が羅列的に盛り込まれ、それだけに内容的なまとまりに欠ける憾みがあった。

まず、(a) 共有地あるいは共有権に関する8項目の請願があった。サフラン栽培地を囲い込んだ人々には立法措置を講じて損害を与えないようにすること。また今後は、何人といえどもいま以上の囲い込みをしないこと（第1条）、マナー領主は共有地をわれらと共有しないこと（第3条）、すべての自由保有農と謄本保有農は共有地の利益に預かり、かつ共有権をもつこと（第11条）、国王がマナー裁判所（lete or leet）の自由を掌握し、すべての人が共有地とその利益を享受できるようにすること（第13条）、漁業や航行を営む人に対して河川の利用を自由化し、かつ共有すべきこと（第17条）、貧しい漁師や水夫はイルカ、シャチ、クジラの捕獲によって得られる利益を自分のものとしうること（第19条）、マナー領主が自由保有地を買い集め、それを貸与して貧民を零落させたりしないこと（第21条）、領主、騎士、エスクワイア、ジェントルマンはその所有地からの収入が年40ポンドを超えるとき、自家消費用以外には牛や羊を飼育すべきでないこと（第29条）という8つである。

つぎに、(b) 地代等に関する請願が5項目あった。すなわち、マナー領主は（か

れらが上級領主に支払う)「自由地代」(free rent)を自由保有農に転嫁することは自由保有農に対する権利侵害にあたること(第2条)、藁栽培地や牧草地の貸与はヘンリー7世の第1年(1485年)と同じ価格であるべきこと(第5条)、自由地代等によって国王から保有を受けている沼沢地はヘンリー7世第1年と同じ価格であるべきこと(第6条)、城塞税(castillward)やマナー自由保有農が銀貨で支払った地代(white-rents)の一部上納金や領主が国王へ支払うべき地代(office lands)は領主が州執行吏(balyf or bailiff)に支払うべきこと(第9条)、謄本保有農に課されている不当に高額な地代はヘンリー7世第1年の地代に戻すべきこと。謄本保有農の死亡やその土地売却に伴って支払う一時金は適正な金額であるべきこと(第14条)の5つである。

また、(c)聖職者に関する請願も5項目あった。聖職者による新たな土地購入を禁止し、いま聖職者が所有する土地をヘンリー7世第1年における俗人所有者に貸与すること(第4条)、教区司祭でありながら、神の言葉を説教できない者には聖職禄を与えないこと(第8条)、司祭は礼拝堂付き司祭(chaplain)になるべきでないし、寺領内に住むべきこと(第15条)、年10ポンド以上の聖職禄を得ている聖職者は教区貧民の子供たちに対して教理問答集やその入門書を教えるべきこと(第20条)、富裕な教区司祭は10分の1税の取り立てにおいて教区民との間で紛争を起こさないようにすること(第22条)といった内容だった。

さらに、(d)高位官吏や官僚組織についての請願も5つ。すなわち、後見裁判所の州代表(feodorye or feodary)はその職責に利用して何人の相談に与ってはならないこと。州代表は毎年、州の一般民衆によって選ばれるべきこと(第12条)、年10ポンド以上の収益になる土地を保有していないかぎり、土地没収官や後見裁判所の州代表の職に就くべきではないこと(第18条)、マナー領主は他の領主の執行吏になってはならないこと(第25条)、ヘンリー7世第1年以降に治安判事(justiccs/justices of peace)や州長官(shreves or sheriffs)、土地没収官(escheatores or escheators)が告示してきた法律、布告、その他の法令を改革するため、貧しい民衆が選出した委員、または枢密院顧問が選んだ委員に対して特許状と権威を与えるべきこと(第27条)、貧しい民衆の訴えによって議会に集まった民衆代表に1日4ペンスを支払うこと(第28条)の5つである。

最後に、(e)その他の個別請願があった。たとえば、1ブッシェルを8ガロン

として度量衡を統一すべきこと(第7条)、騎士あるいはエスクワイアは昔からの慣習以外に鳩舎を作るべきでないこと(第10条)、神が至高の血の償いをもって万人を自由にされたのだから、すべての隷属民に自由が与えられるべきこと(第16条)、騎士あるいはエスクワイアは他人に害を及ぼさないように柵を巡らすのでなければ、兎を飼うべきではないこと(第23条)、いかなる階級、いかなる状態にある人も、今後は子どもの後見権を売却してはならないこと。その子どもが成人したとき、結婚は本人の選択によるべきこと(第24条)、いかなる領主、騎士、ジェントルマンも聖職禄を保有してはならないこと(第26条)といった内容になっていた。

　このような「29ヵ条」から何を読みとるべきか。第1に、叛徒たちは共有地のエンクロージャーを関して、領主、騎士、エスクワイア、ジェントルマンによる土地囲い込みに反対した。他方、自由保有農や謄本保有農、貧しい漁師などによる共有地保有や共有権は保障されるべきだと訴えている。第2に、地代や一時金の支払いについても自由保有農や謄本保有農の権益を高めるように改革すべきだと記している。第3に、物価水準をヘンリー7世第1年(1485年)に戻すべきという請願している。そこに示唆されていたのは16世紀半ばの激しいインフレ[4]であり、悪鋳化政策に対する批判であった。第4に、聖職者に対する請願で最も強調されていたのは教区司祭の富裕化に対する批判である。しかし、宗教教義や教会、祈祷書に関する言及は一切ない。この事実は、イングランド北部や西南部での反乱とは異なり、ケットの乱の叛徒がヘンリー8世やエドワード6世による上からの宗教改革に対して許容的だったことを示唆している(Land, 1977: 66-7)。第5に、州レベルの高位官吏の行動に対する批判とともに、民衆がそれら官吏の選出に関わるべきだと主張していた点も見落とせない。第6に、そのほかローカルな係争にふれた要求もあるが、隷属民(農奴)の解放といったテーマも取り上げられていた。

　ともあれ、この請願の主体は自由保有農などのヨーマン[5]層であり、かれらの批判の矛先は領主、騎士、エスクワイア、ジェントリー層に加えて、かれらと切り結んだ官吏層にも向けられていた。それが最も鮮明な形で示されているのが、かれらのエンクロージャーについての考え方である。かれら叛徒が記したエンクロージャーに関する主張は、歴史的には過去に回帰しようとする保守的なもの

だったが、エンクロージャーのあり方をめぐって次第にヨーマンとジェントリーの社会的距離が広がり、亀裂が深まりつつあった状況が示唆されているようにみえる（Russell, 1859: 48-56; Tawney, 1912: 335-7; 松村、1957: 406-9; 富岡、1965: 544-8; Land, 1977: 63-6, 71-2; Fletcher, 1983: 60-8, 120-3）。

第2節　エドワード6世時代の宗教改革

　大急ぎで宗教改革の振り子に戻ってみよう。すでにみたように、ヘンリー8世の晩年はまことに内憂外患、大きな困難を抱えた時代だった。そのプロセスでイングランド教会の教義のプロテスタント化にブレーキが懸かった。「10ヵ条」(1536年) から『司教の書』(1537年) へ、さらに6ヵ条 (1539年) を経て『国王の書』(1543年) へという変遷のなかにその足跡をみてとることができる。それを宗教改革の小さな振り子と呼んだ。

　まず、エドワード6世の時代になると、宗教改革の振り子は大きくプロテスタンティズムの方向に振れ、祈祷書の作成と改訂が進められ、「42ヵ条」に結実するイングランド教会の教義づくりが企図され、外国人教会が建立され、礼拝堂が解散となった。いずれもクランマーが牽引した政策だった。

英語版「祈祷書」の作成と改訂

　英訳聖書もさることながら、一般民衆からすれば、祈祷書あるいは共同祈祷書 (The Book of Common Prayer) の影響は大きく、かつ重要なものだった。それが日々の礼拝のあり方や所作を規定するものだったからである。

　祈祷改革は1549年1月の礼拝統一令に先立って、ヘンリー8世の時代から積み重ねられてきたものである。唯一の合法的祈祷文とされた「国王祈祷文」(1545年) のあと、二種陪餐が承認されたが、十字架への跪拝や聖水使用は禁止された。クランマーはその延長線上で、48年春の復活祭 (3月28日) からの導入を念頭において、英語版の「聖餐式順序」(The order of communion) を48年3月に公刊し、その普及を図った。ガーディナーなど保守派の影響力は抑えられ、公祷における英語での礼拝が一般化しはじめた。この祈祷改革の大きな成果が上記の礼拝統一令の一部として議会で承認された「第1祈祷書」である。そこでの聖書からの引

用は「大聖書」によっており、49年の聖霊降臨祭(6月9日)からその使用が義務づけられた。

この第1祈祷書の作成にあたって、クランマーはそれまで広く用いられてきたセイラム式文[6] (the Sarum Use)をベースに据え、スペインの枢機卿フランシス・キニョネス (Francisco de Quinones: 1482-1540) によって簡素化された祈祷書や改革派に転じたケルン大司教ヘルマン・フォン・ヴィート (Hermann von Wied: 1477-1552 ——ブツァーやメランヒトンの知己)などルター派の人々によって工夫された祈祷書を参考にした。

第1祈祷書作成の狙いについて、クランマーは序文でこう述べている。「イングランド教会における礼拝は、過去何百年の間、人々の理解しえないラテン語で行われ、耳に響くものの、心が教化されることはなかった」。ここに定めた礼拝式文では、「不純で不確実であり、無益で迷信的な要素が削除」され、「式文は短縮され、順序が明確となり、規定の数が削減」された。何よりも、今後はイングランド全土で「ただひとつの式文」が用いられ、「すべてが英語で唱えられ、歌われる」ことになるだろう (Cranmer, 1549 [1846: 517-8]、訳177-9)、と。

それでも、この第1祈祷書にはまだカトリシズムの影響がかなり残っていた。だからこそ、ガーディナーは第1祈祷書をさして基本的にカトリック的なものだということができた。

しかし、一般の教区司祭からみれば、この第1祈祷書は上から強要されたものであり、それには強い違和感があった。礼拝統一令はそうした批判意識を封じ込めるため、祈祷書の使用を拒む者には一般民衆も含めて厳罰を科した。聖職者の場合、初犯でも1年間の報酬没収と6ヵ月の禁固刑、再犯には聖職禄の没収と1年間の投獄、三犯であれば、終身禁固刑とした。それでも、祈祷書の受容はクランマーの思惑どおりには進まなかった。さきにみた祈祷書の乱がそれを象徴していた。

この反乱がひとつの契機となって、クランマーは第1祈祷書の曖昧な性格を払拭し、よりプロテスタント的なものに改定しなければならないと考えるようになった。さらに、もっと内発的動機もクランマーにはあった。この時期、47年11月にはオックスフォード大学にペエトロ・ヴェルミーリ (Peter Martyr Vermigli: 1499-1562 ——ツヴィングリやブツァーの影響を受けた宗教改革者で、カルヴァンとは独

立に二重予定説を説いた。ベルナルディノ・オキーノ［Bernardino Ochino: 1487-1564］とともに来英）を、また49年にはマルチン・ブツァー（Martin Bucer: 1491-1551 ——ルターとツヴィングリの論争を仲裁したストラスブルクの宗教改革者でケンブリッジ大学の神学欽定講座教授）をケンブリッジ大学に招聘していたことが物語っているように、クランマーの宗教思想はより急進化していったからである。

　サマセット公を追い落としたノーサンバーランド公ジョン・ダドリーも、当初はそのクランマーを支援した。その一環としてダドリーは保守派の司教を追放した。ウィンチェスター司教をガーディナーからジョン・ポネット（John Ponet: c.1514-56）へ、ロンドン司教をボナーからニコラス・リドリー（Nicholas Ridley: c.1500-55）へ、グロスター司教をウェイクマンからジョン・フーパーへといったように5人の司教を入れ替え、ダラム司教タンスタールを聖務停止とした。

　じっさい、ヴェルミーリやオキーノ、ブツァーからみれば、第1祈祷書はけっして満足のいくものではなかった。そこで50年3月、クランマーは第1祈祷書で落としていた聖職按手式文（the Ordinal）を新たに公表した。按手の儀礼が改められ、イングランド教会が原始教会の継承者であることが強調された。さらにかれは、ブツァーやヴェルミーリのほか、若き理論家のロンドン司教リドリーの主張にも耳を傾けながら第2祈祷書を用意し、第2次礼拝統一令（1552年4月10日）に基づいてそれをイングランド教会の唯一公認の祈祷書とした。ミサや祭壇（Altar）という文言は削除され（それぞれコミュニオンとテーブルに言い換えられた）、ミサを想起させるような所作は悉く取り除かれ、第1祈祷書で残っていた4つの「迷信的」でカトリック的な慣習的儀礼（死者のための祈り、葡萄酒と水の混合聖杯など）も割愛され、新たに上記の聖職按手式文が付加された。それだけでなく、聖職者の祭服についても脱カトリック化が図られ、さらにこの第2次礼拝統一令によって一般民衆の礼拝への出席が義務づけられた。

　この改訂に対しても、ガーディナーなど保守派からの批判は当然としても、急進的改革派からいまだ不十分だという非難の声が挙がった。しかしそこには、クランマーの宗教改革の進め方に対する考え方、マカロックがいう「クランマー的原則」（Cranmerian principle）、すなわち、「ことを急いではならない。選ばれた者という意識をもたない偏見に染まったキリスト教徒を意識しながら、しかし福音主義的改革を決して諦めてはならない」という原則があった（MacCulloch, 1996: 411）。

第6章　宗教改革の振り子　519

事態を見極めること、急進主義によって社会が不安定になってはならないという配慮がクランマーにはあった。

ともあれ、この苦心の労作にちがいない第2祈祷書はメアリー1世の登位によってわずか8ヵ月で使用禁止となった。しかし、エリザベス1世時代の1559年になると、わずかの改訂が施されて復活した。さらにいえば、エリザベスによって公認されたその祈祷書は90年後のいわゆる「ピューリタン革命」によって一時廃止されたが、王政復古とともに1662年、若干の修正のうえで再度公認され、それが現在までイギリスにおける唯一の国定祈祷書となっている。そういう意味で、この第2祈祷書の作成はひとつの歴史的達成だったということができる (MacCulloch, 1996: 410-1; Hamer, 2012: 71-4; 八代、1979: 154-69; 青柳、2012: 127-32)。

すでにみたように、クランマーは第1祈祷書の編纂に当たってルター派の祈祷書を参照した。しかし塚田理は、第2祈祷書にはカルヴァン主義の影響がみてとれるという。その論拠は5つ。第1に、式文の冒頭に十戒をおき、随所に罪を懺悔し、神の憐れみを乞う祈りが挿入されており、そうした形で伝統的式文の基本構造が崩されたこと。第2に、罪に穢された礼拝者による供物（奉献 oblation）という考え方と言葉が削除され、代わって陪餐を介して神による恵みと憐れみが与えられるという教理が強調されていること。第3に、神の恵みは徹底的に神からの賜り物であることがくりかえし説かれていること。第4に、秘跡の主宰者はキリストであり、信徒の信仰心の多寡によるのではないことが説かれていること。第5に、聖職按手式文においても、「聖書によって証明できないことを救いに必要なものとして教えてはならない」とし、第1祈祷書までは聖餐式で用いるパテン（パンを置く皿）とチャリス（葡萄酒を入れる杯）とともに聖書を渡していたが、第2祈祷書では聖書のみとしたことなどをその理由に挙げている (塚田、2004: 87-90)。

さきに、『司教の書』(1537年)の作成に関連して、ルターの思想ともカルヴァンの見解ともとれる、救いは信仰のみによっており、その信仰心はわずかの選ばれた者に対する神の恵みであるとするクランマーの主張についてふれたが、そのクランマーが書いた第2祈祷書のなかに、果たして塚田がいうようなカルヴァン主義の影響をどこまで読み取ることができるか、議論の余地があるだろう。むしろ、ブリンガーやラスキ、さらにセバスチャン・カステリオ (Sebastian Castellio: 1515-63) といった、カルヴァンには批判的だった宗教改革者の影響が大きいというマカ

ロックのような見方もある。

　エドワード6世の時代、いまだカルヴァンは国際的に屹立する宗教改革指導者にはなっておらず、イングランドでの影響力も大きなものではなかった（MacCulloch, 1999: 172-4）。それが顕在化するのは——カルヴァンの主著『キリスト教綱要』が英訳されたのは1561年のこと——、ジュネーヴなどに逃れた「メアリーの亡命者」たちがエリザベス1世時代になって続々と帰国するようになったからのことである。

　ところで、1551年の後半、クランマーは宗教改革をさらに前進させるため、3つの構想を練っていた。第1にヨーロッパ・ワイドの改革派教会法の作成、第2にイングランド教会の教義体系化、第3に祈祷書の改定である。

改革派教会法のヨーロッパ的統一

　これら3つの課題のうち、最初の包括的な教会法の整備に関して、クランマーとヴェルミーリは、ヨーロッパのすべての福音主義的教会・教派を糾合し、国際的に統一された教会法をつくることができないかと考えていた。そのために、まずロンドン外国人教会のリーダーとなったポーランドの亡命改革家ヤン・ラスキ（Jan Laski: 1499-1560、別称ア・ラスコ）とかれの親友フーパーを説得し、そのうえで大陸から3人の著名な宗教改革指導者、すなわちチューリッヒからはツヴィングリの後継者ハインリッヒ・ブリンガー（Johann Heinrich Bullinger: 1504-75）、ジュネーヴからはジャン・カルヴァン（Jean Calvin: 1509-64）、ヴィッテンブルクからはフィリップ・メランヒトン（Philipp Melanchthon: 1497-1560）を招聘し、ロンドンで改革派の国際会議を開こうと企てた。イングランドが牽引力になって、反宗教改革のためのカトリックのトリエント公会議（Concilium Tridentinum——パウルス3世が1545年に召集、ピウス4世の63年に終了。7つの秘跡のほか、偶像崇拝、煉獄の存在など伝統的なカトリック思想を再確認した公会議）の向こうを張って、ヨーロッパの宗教改革を力強く推進するという斬新な構想だった。

　しかし、メランヒトンからは返事がなく、ブリンガーからは皇帝とルター派諸侯の戦いの最中、ドイツを離れることはできないという返事が届き、カルヴァンからは共感はするが、参加できないという主旨の回答があった。その結果、この国際会議が開かれることはなかった。それでも、クランマーとヴェルミーリは教

会法改正の原案づくりに取り組み、上院に諮られたものの、ノーサンバーランド公の反対にあって実現できずに終わった (MacCulloch, 1996: 500-2, 518-20, 533)。

イングランド教会の教義づくり

　こうしてヨーロッパ・ワイドの改革派教会法の統一構想は挫折したため、クランマーはもうひとつの課題であるイングランド教会の教義づくりに取り組んだ。初代のケンブリッジ大学ギリシャ語欽定講座教授ジョン・チェック (John Cheke: 1514-57 ——エドワード6世とエリザベス1世の幼少期の家庭教師、エドワード6世時代の秘書官長)などの協力も得て、クランマーはエドワード6世が亡くなる直前、「42ヵ条」(the forty-two articles)を作成、53年6月9日に勅令として公表した。
　この宗教条項(the articles)はすでに49年の秋以前にその素案が出来上がっていたが、それを枢密院のメンバー、国王秘書官長(secretary of the state)ウィリアム・セシル卿(Sir William Cecil: 1520-98: クロムウェルによって抜擢され、サマセット公やノーサンバーランド公に仕え、エリザベス1世の政権を担った政治家で初代バーリー男爵)、6人の国王付き司祭(royal chaplain)、多くの司教などの関係者に回覧し、長い時間をかけて広く意見を求め(一時期その文書は「信仰統一に関する条項」articles concerning an uniformite in religion と題され、「45ヵ条」あった)、それらを慎重に吟味して最終案が作られた。ロンドンの聖職者会議で公式の承認を得ていたかどうかについて古くから識者の間でも意見が分かれているが(Hardwick, 1876: 105-11; Hamer, 2012: 77)、この「42ヵ条」が原型となって、エリザベス1世時代の1563年に「39ヵ条」が作成され、それがその後のイングランド教会の基本教義となった。そういう意味で、この「42ヵ条」の意義はきわめて大きい。
　この条項の内容については、「39ヵ条」と関連づけてのちにふれることにするが、前者の作成に長い時間を要したことについては、「クランマーの原則」もさることながら、16世紀の半ば、改革派のなかでも急進的な再洗礼派がその勢いを増し、大陸のスイス、イタリア、ポーランドを中心にして、キリストの人性を強調して神性を否定する、したがってまた三位一体説も認めないアリウス主義(arianism)やソッツィーニ主義(socinianism)の台頭もあって、改革派のなかでもまさに百家争鳴。それだけにクランマーは慎重を期して「42ヵ条」の作成に当たらねばならなかった。その「42ヵ条」の正式なタイトルは「ロンドンでの教会会

議において司教および有識者によって同意された条項であり、論争と意見対立を避けるべく、いくつかの信仰事項について合意されたもの」という長いものだった。改革派内での意見集約の難しさを示唆しているといってよいだろう(Hardwick, 1876: 69-96)。

外国人教会の創設

　エドワード6世の時代、オランダ、フランス、ドイツ、イタリア、スペインなどから多くの亡命者が宗教改革途上の「国際都市」ロンドンに押し寄せていた。その先駆けとなったのがヴェルミーリやオキーノ (1547年)、ヤン・ラスキ (ア・ラスコ、1547 あるいは 48年)、ブツァー (1549年) といった大陸の有力な宗教改革指導者だった。すべてクランマーの招聘に応えて亡命してきた人々であり、ヴェルミーリとオキーノは年40マークの年金を与えられ、ラスキの年俸もブツァーのケンブリッジ大学での報酬も100ポンドだった。来英の旅費も全額が王室持ちで、ほとんど「英雄扱い」の破格の厚遇だった。1548年1月、オキーノにロンドンでの説教所が用意され、保守派のロンドン司教ボナーもその説教に臨席させられた。

　かれらのイングランド亡命にはそれなりの事情があった。ひとつは、カール5世によるルター派などに対する弾圧が強まり、46年7月にシュマルカンデン戦争が勃発。1547年4月24日のミュールベルクの戦い (Schlacht bei Mühlberg) でカール5世軍が勝利し、シュマルカンデン同盟のザクセン選帝侯ヨハン・フリードリヒとヘッセン伯フリップを捕らえ、52年のパッサウ条約 (Passauer Vertrag ――カトリックとプロテスタントの平和共存を定め、アウクスブルクの和議の雛形となった条約) までの間、アウクスブルク仮信条協定 (Augsburger Interim) が結ばれた。またフランスでも、51年6月27日に公布されたシャトーブリアンの勅令 (Édit de Châteaubrian) が象徴しているように、アンリー2世はユグノー (huguenots) と呼ばれたカルヴァン主義者を対象に異端弾圧に乗り出し、異端聖職者の投獄や火刑、異端者の財産没収、密告者への報償 (密告者には異端者財産の3分の1を供与) などを行った。

　要するに、ドイツでもフランスでも、カール5世やアンリー2世の改革派弾圧政策によって多くのプロテスタントが身の危険を感じ、宗教改革進行中のイングランドに難を逃れたということである。

ところで、大陸からの亡命プロテスタントが多くなるにしたがって、かれらが集まる教会が求められるようになった。50年春には、かれらのなかから外国人教会設立に関する請願がエドワード6世に提出され、これに応えて同年7月24日、国王から設立許可書が公布された。クランマーのほか、プロテスタントのセシル卿やサフォーク公爵夫人キャサリン・ブランドン (Catherine Brandon, Duchess of Suffolk: 1519-80、初代サフォーク公チャールズ・ブランドンの4番目の妻) などがその設立を支援した。当初その教会は「イエスの教会」(temple of the lord Jesus) と呼ばれ、アウグスティノ修道院跡に建設された。さきのラスキがその外国人教会の統括者である監督 (superintendent) に指名され、4人の牧師 (minister) がおかれた。そのうち2人はオランダ人、他の2人はフランス系ワロン人だった。

1570年頃には、ロンドン在住の亡命者のなかでオランダ人が約5000人に達し、総人口10万人ほどのなかで最多の外国人となっていた。そのオランダ人の約半数がプロテスタントであり、宗教的迫害を逃れてフランドル地方からやってきた人々だった。それ以外のオランダ人の大方は職人であり、織布工、ビール醸造職人、タイル職人、印刷業者、彫刻職人などさまざまだった。かれらの場合、その主たる渡来理由は経済的なものだった。そのかれらがイングランドへの技術移転の重要な担い手になっていくことについてはのちにふれる機会があるだろう。

肝心の外国人教会であるが、クランマーにはその創設に託したいくつかの思いがあった。なかでも重視していたのが再洗礼派やアリウス派など過激なプロテスタント勢力をこの外国人教会に監視させ、封印してしまうことだった。じっさい、ラスキはその期待に応えるかのように、オランダ人のアリウス主義者で内科医のゲオルク・ファン・パリス (George van Parris: 生年不詳、1550年10月29日、イングランドに帰化、それまで外国人教会のメンバー、1551年没) を捕らえ、51年4月6日に形式だけの裁判にかけたのち、同月25日にスミスフィールドで火刑に処した。裁判官はクランマー、ロンドン司教リドリー、聖書の英訳者でエクセター司教のマイルズ・カヴァーデールが務めた。

もうひとつ、このロンドン外国人教会で見落とせないのが、ラスキのエムデン (Emden) での経験を踏まえて導入された教会の新たな統治システムについてである。それは聖職者と一般信徒の位階秩序を最小化する「会衆デモクラシー」(congregational democracy) とでもいうべき性格をもっていた。このラスキ・モデルによ

れば、教会のリーダーは複数の長老 (elders or prebyters) と牧師、そして執事 (deacons or diacres) からなり、長老は終身職で教会礼拝と規律管理を司り、執事が貧しい信徒の世話をする。教会の管理運営にあたっては、教会統治や規律、財政、複数の外国人教会の合同会議など4つの会議体 (assembles) を設け、その運用には一般信徒の声を反映される工夫が凝らされた。ひとつは牧師の選出に参加すること、もうひとつは長老や牧師、執事に規律違反があれば、それを長老会に訴えることもできる。そのほか、聖書解釈集会 (prophesying) という場がつくられ、牧師と一般信徒が聖書の理解をめぐって自由に議論を交わすことができた。

ラスキとカルヴァンは教義的には必ずしも折り合いのよい間柄ではなかったが、このロンドン外国人教会の統治モデルはのちのピューリタンにとって重要な先行例になった (MacCulloch, 1999: 79, 182-3; Ella, 2004: 6-7; 須永、2010: 87-9)。

礼拝堂解散

すでにヘンリー8世の晩年、1545年にいちど礼拝堂解散令が発布された。そのときには、露骨に戦費調達のためという狙いが記されていた。国王の存命中にかぎり、「資産の悪用や横領」に関わった礼拝堂の財産を没収するというものだった。しかし、2年足らずでヘンリー8世が亡くなったため、その解散令は大きな成果を挙げずに終わった[7]。

ヘンリーが逝去した年の12月24日、新たな礼拝堂解散令が議会を通過した[8]。しかしその前文には、2年前に比べて、王室財政の改善という狙いとともに、プロテスタント的教義が前面に押し出され、礼拝堂にまつわる煉獄の存在といった「迷信的」要素は否定され、没収した土地や財産は国有化されるが、それは慈善や救貧、教育充実など公共善のために使われると明記された。併せて解散された礼拝堂付きの牧師には年金が与えられるか、新たな聖務または公務が提供されることにもなった。

そもそも礼拝堂とはいかなるものか。一般的にいって、礼拝堂は都市社会に建立されることが多かった。おおかた地元の有力者や篤志家が寄付したものだった。礼拝堂というとき、狭義の礼拝堂のほか、広くフリーチャペルやカレッジ、慈善組織や友愛団体、宗教的ギルドなども含まれた。また礼拝堂の資産という場合、その土地や建物のほか、祭礼関係の器具や装飾品、付属聖職禄も一括封入された。

大切なのは礼拝堂の仕事である。礼拝堂の中心的聖務といえば、葬式を行うこと、そして死者のために祈りを捧げることである。伝統的なカトリシズムの考え方によれば、亡くなった人は煉獄に留まり、そこで天国に昇るか地獄に落ちるかが決まる。煉獄の苦痛を和らげ、死者が一刻も早く天国にいくことができるよう礼拝堂牧師（chantry priest or cantarist ——常勤職もいたが、一時的に雇われることも多かった）は聖画像の前で唱和し、ミサの儀式を執り行う。したがって、かれらが神と天国への仲介者となると考えられていた。そのため、礼拝堂は一般的に「仲介的制度」（intercessory institutions）といわれた。

しかし、プロテスタンティズムでは、ロラード派の「12ヵ条の結論」はもちろんのこと、クランマーの「10ヵ条」をみても、煉獄の存在は否定され、聖職者が仲介者となって死者を煉獄から天国へと橋渡しするといった考え方も否認されている。したがって、宗教改革促進派からすれば、礼拝堂は教義的に容認しがたい存在だった。

では、16世紀の半ば、イングランドにはどのくらいの礼拝堂があったのか。古典的な数字は16世紀後半に活躍したウィリアム・カムデン（William Camden: 1551-1623）の地方史的叙述『ブリタニア』（*Britannia*, 1586 ——ラテン語で書かれ、1607年まで5回改訂を重ね、1610年に英訳）に出てくるもので、礼拝堂とフリーチャペルが合計2374、ホスピタル（救貧的救護施設）が110、大学とは異なるカレッジ（教育機関）が90あったと記されている（Dickens, 1964: 286）。

しかし、いまではこれらの数字は過小だったとみなされている。クライダーは礼拝堂解散時における正確な数字を確かめようとして王室増収庁調査記録などを精査し、1548年の増収庁特別調査の結果からつぎのような数字を試算している。「大きな」あるいは広義の礼拝堂（狭義の礼拝堂のほか、ギルド、フリーチャペル、カレッジ、ホスピタルを含む。）の総数は19州合計で2189になる（Kreider, 1979: 16-8, Table 1.2）。当時のイングランドの州数からすると、この「大きな」礼拝堂の総数は2189の約2倍、つまり4000ほどになる。しかし礼拝堂は都市に集中していたことを考えれば、それより少ない数になるだろう。

もうひとつ、礼拝堂聖職者の数をみてみよう。礼拝堂には常勤職と臨時の有期雇用者がいた。常勤職がどれほどになるか、これも推論の域を出ない。それでもさきの増収庁特別調査から、エセックス、ケント、ウォーリックシャー、ウィ

ルトシャーについて州別の「大きな」礼拝堂の総数と礼拝堂牧師の合計がわかる。エセックスであれば、総数95ヵ所に対して44人の牧師がおり、1礼拝堂当たり0.46人になる。同じくケントが0.41人、ウォーリックシャーが1.09人、ウィルトシャーが0.62人になり、4州の単純平均では0.65人という結果になる。したがって、もしイングランド全体の「大きな」礼拝堂が3500ヵ所あったとすれば、礼拝堂牧師は2275人ということになる (Kreider, 1979: Tables 1.2, 1.5 から試算)。

しかし、もっと端的な数字もある。増収庁の記録によれば、1548年の礼拝堂解散に伴う聖職者の年金受給者 (臨時雇いの牧師には年金支給なし) が約2800人にのぼったと記載されている (Cunich, 1998: 171)。

では、かれらの報酬やキャリア、教育水準はどの程度のものだったのか。まず報酬であるが、同じく増収庁特別調査によれば、エセックス、ウォーリックシャー、ウィルトシャー、ヨークシャーのイースト・ライディングについてみると、常勤職牧師の最高年収はエセックスの7ポンド17シリング10ペンス、最低はイースト・ライディングの5ポンド5シリング。また有期雇用の牧師の最高年収はウィルトシャーの5ポンド15シリング、最低はエセックスの3ポンドとなっている (いずれも中位数)。ちなみに、1530年代半ばの『宗教施設財産目録』によれば、常勤職牧師と教区司祭 (rector) の報酬格差はこれら4州の場合、エセックスの常勤牧師が教区司祭の53.8%、ウォーリックシャーで47.4%、ウィルトシャーで51.2%、ヨークシャーのイースト・ライディングでは32.4%となっており、4州の単純平均でいえば、礼拝堂常勤牧師は教区司祭のおよそ半分 (46.2%) の所得を得ていたことになる (いずれも中位数)。

1530年代半ばから10年強の間に、礼拝堂牧師の名目賃金はほとんど変わらなかったが、激しいインフレのため実質賃金は大きく低下した。そのため、一部の都市では複数聖職禄の保有 (pluralism) あるいは不在牧師化が進むといった現象がみられた。

当時の礼拝堂牧師の年齢は30歳代から40歳代がほとんどで、そのキャリアは固定的で移動は少なく、ほとんどが特定地域の礼拝堂に長く務めるのが一般的だった。また、牧師の教育水準は概して低いものだったが、地域差も大きかった。エセックスでは、教育水準が「高い」(well learned) 者が24人、無学あるいは「きわめて低い」者が9人。ノーサンバーランドでは、「高い」者が7人、「かなり低い」

(meanly learned) が 33 人といった具合である。

　肝心なのは礼拝堂解散令の影響である。まず経済的側面についていえば、この礼拝堂解散に伴う王室収入はこれまで過大に見積もられてきた可能性がある。王室増収庁の記録によれば、礼拝堂所領の売却益は年額 1 万 7000 ポンドであり、53 年末までにその価格は年間 9640 ポンドにまで下落した。かつて修道院所領の売却益が毎年 12 万ポンド、低下したときでも年間 6 万 1000 ポンドが王室にもたらされたことを考えれば、礼拝堂所領の売却益の低さが理解できよう。礼拝堂所領の 4 割がエドワード 6 世時代に売り捌かれていた。その所領はまずエドワード 6 世の廷臣の手に渡り、そのあと一般市場に売り出された。そのとき、多くの市や町が売り出された礼拝堂所領を買い戻している。ロンドン市の参事会員 (alderman) や同業者組合 (livery companies) は 1 万 8700 ポンドを払って市の礼拝堂を買い戻していたし、ヨークやチチェスター、コルチェスターやダービーなどでも同じようなことが繰り返された。

　では、最終的に礼拝堂の所領売却は王室の増収にどれほど貢献したのだろうか。実際には礼拝堂聖職者に対する年金支出が想像以上に嵩み、本件にかかる 53 年末の増収庁会計 (年間収支) は 1 万 2000 ポンドの赤字になっていた。したがって、戦費調達といった観点からすると、修道院解散のときとは違って、礼拝堂解散が王室財政にもたらした収益は大きなものではなかった。

　ちなみに、その年金であるが、増収庁の記録によれば、礼拝堂解散に伴って年金をもらうようになった聖職者数は約 2800 人、その年金総額は年額 1 万 3265 ポンドにのぼった。したがって、一人当たり平均年額 4.7 ポンドということになる。その年金額は大方 4 ポンドから 6 ポンドまでの範囲に収まっていたが、年金計算は礼拝堂牧師としての年間所得をベースにしたスライディング・スケールによっていたから、1 ポンドに満たない者 (18 シリング) もいれば、18 ポンド 7 シリング 1 ペンスといった事例もあった。大きな年金格差といわなければならない。それにしても、臨時雇いの礼拝堂聖職者には年金は支給されなかったが、常勤職の引退者が受け取った年金の所得代替率はかなり高いものだった。他方、新たな職場に就職していった者もいた。250 人ほどの礼拝堂聖職者が教区司祭や副牧師あるいは学校長になったという記録が残されている (Cunich, 1998: 171-3)。

　この礼拝堂解散がもたらした影響のなかには、一般民衆への精神的あるいは

心理的効果もあった。一片の上からの法律によって煉獄の存在が否定され、聖職者が執り行うミサによって死者が天に昇るといった伝統的なものの見方、考え方が一挙に覆されてしまった。その影響は小さなものではなかった。それでも、修道院解散のときには1536年から37年にかけて、リンカンシャーの乱や恩寵の巡礼が起きたが、今回の礼拝堂解散の場合、そうした激しい反発や騒擾はなかった。祈祷書の乱（1549年6月）には一部礼拝堂解散への非難もみられたが、その反乱はコーンウォールの歴史的・文化的伝統が踏みにじられ、祈祷書が強要されたことに対する憤怒から起きたものだった。

　一部のカレッジやホスピタルの解散もその地域の民衆にとっては大きな打撃だった。この礼拝堂解散令の効力は「迷信的」行為や慣行に無関係な施設には及ばないとされ、しかも没収した資産は公共善のために役立てると規定されていた。しかし、礼拝堂の跡に新たに教育組織や救貧救護施設が増設されるといった動きはみられなかった。けれどもその反面、礼拝堂付属のグラマー・スクールが潰されることはなかった。たとえば、ヨークシャーには16世紀前半に合計46のグラマー・スクールがあったが、礼拝堂解散令に伴って取り壊されたものは皆無だった。

　しかし、1545年から1603年までのテューダー朝後期に新たに創立されたグラマー・スクールはイングランド全体で68校にのぼった。16世紀後半は、為政者のみならず、一般民衆の教育制度への関心がめだって高まった時代だった。

　もうひとつ、ホスピタルや救貧救護施設はどうなったのか。これらの機関のうち、いったん王権化されたものでも、その多くが都市自治体やジェントリー、裕福な商人によって買い戻され、結果的として生き残ったものが多かった (Dickens, 1964, 1st ed.: 291-5; Cunich, 1998: 172-3)。

　総じていえば、エドワード6世時代の礼拝堂解散令とその効果はおおよそ以上のようなものであり、修道院解散に比べれば尚更のこと、一般民衆に与えた宗教的あるいは精神的打撃も含めて、その影響を過大に見積もることはできない。

「9日間の女王」とワイアットの乱

　「血塗られたメアリー」のカトリック化政策について検討するまえに、「9日間の女王」で終わったジェーン・グレイについてごく簡潔にふれておこう。

　サマセット公を追い落としたノーサンバーランド公は、エドワード6世の病床

で書かれた遺言⁹を根拠にして、ヘンリー8世の妹メアリー・テューダー（Mary Tudor: 1496-1533、メアリー1世と同姓同名。フランス王ルイ12世と結婚したが、3か月後にルイが死去。初代サフォーク公チャールズ・ブランドンと再婚。その長女がフランセス・ブランドン。ジェーン・グレイはそのフランセスの子）を祖母にもつジェーン・グレイを女王に推挙した。しかし、それはヘンリー8世の遺言を反故にすることであり、メアリーとエリザベスによる王位継承を否定するものだった¹⁰。ジェーンを女王に推挙したノーサンバーランド公の意図は明白だった。エドワードが亡くなる1ヵ月半前、大急ぎで17歳の四男ギルフォード（Guildford Dudley: c.1535-54）と16歳のジェーン・グレイを結婚させていたからである。ノーサンバーランド公の企ては功を奏したかにみえたが、ジェーンには登位する意欲はなく、夫ギルフォードをクラレンス公爵としたものの、共同統治者とすることには反対した。

ベルリン大学の歴史家フォン・ラウマーが書いたように、ジェーン・グレイは女王即位について気が進まなかった。「メアリーのほうがよりよい権利をもっており、王位を簒奪することは最大の犯罪行為である」と考えていたからである（Von Raumer, 1837, vol. 1: 83）。じっさい、ジェーンは「ノーサンバーランド公の共謀者ではなく、操り人形にすぎなかった」（Lingard, 1819 [1883, vol. 5: 389]）。

エドワード6世が15歳で夭折して4日後の53年7月10日、周囲の事情を悟ってジェーンは仕方なく王位についた。翌11日、枢密院は王女メアリーが庶子であることを再確認した。ノーサンバーランド公は直ちにメアリーを捕らえようとしたが、彼女は首尾よく追っ手を逃れ、13日にはノリッジで反旗を翻し、即位を宣言した。メアリーを歓迎する一般民衆の蜂起を背景にして、彼女を支持する軍勢はロンドンに入り、ノーサンバーランド公軍を打ち破った。枢密院の何人かは勝負あったとみて、ロンドンから逃げ出した。こうして7月19日、枢密院はメアリーを女王メアリー1世とすることで一致。わずか「9日間の女王」ジェーンのほか、ノーサンバーランド公、ギルフォードとその兄弟、さらにリドリー司教などジェーン・グレイ派の面々が逮捕された。

ジェーンとギルフォードは8月12日に起訴され、同月18日にはノーサンバーランド公の裁判が開かれ、かれはカトリックへの改宗を願い出たが、22日に処刑された。

メアリー1世は即位後すぐに、8月から10月にかけて矢継ぎ早に大胆なカト

リック化政策を打ち出したが、それについては項を改めてみることにしよう。

1553年11月13日、ロンドンのギルドホールで特別法廷が開かれた。ロンドン市長のトマス・ホワイト (Thomas White: 1492-1567) と第3代ノーフォーク公トマス・ハワードが裁判長を務めた。予想どおり、起訴された全員が国家反逆罪で死刑の判決が下され、女王ジェーンは焚刑もしくは斬首刑と宣告された。当初、メアリー1世は若い夫婦の処刑は忍びないとして刑の執行に消極的だった。しかし明けて54年1月、新女王の気持ちを覆す事件が起きた。ワイアットの乱 (Rebellion of Wyatt) である。

その蜂起の契機となったのは、スペイン王女で熱心なカトリック教徒だったキャサリン・オブ・アラゴンの忘れ形見メアリー1世が、周囲の反対を押し切って自分の結婚相手として11歳も年下の神聖ローマ帝国皇帝カール5世の長男フェリペ (のちのスペイン王フェリペ2世) を選び、1月12日にウェストミンスターでスペイン王室との婚約が交わされたことだった。

その成婚に異を唱える人々にはふたつの強い懸念があった。ひとつはメアリー1世がイングランドの宗教改革を中断し、ふたたびカトリック化することについてであり、もうひとつは、この結婚によってスペイン王家ひいてはハプスブルク家がイングランドを支配することになるのではないかという危惧だった。じっさい、ワイアットの乱のリーダーたちはすべてプロテスタントであり、メアリー1世を廃位してエリザベス1世を擁立、彼女が初代デヴォン伯のエドワード・コートニー (Edward Courtenay: c.1527-56, 1st Earl of Devon) と結婚することを願っていた。

しかしこの蜂起の策動は、メアリー1世とフェリペの成婚に奔走していた神聖ローマ帝国大使シモン・ルナール (Simon Renard de Bermont: 1513-73 ——メアリー1世時代のイングランド政治に大きな影響を与えた人物) によって事前に察知され、かれが大法官ガーディナーに通報したため、1月21日にデヴォン伯は逮捕され、その全体計画が明らかになった。そのなかには、駐英フランス大使アントワヌ・ド・ノエル (Antoine de Noailles: 1504-62) が尽力し、フランス艦隊がフェリペの渡英を阻止するという計画も含まれていた。けれども、事前に計画が漏洩した結果、蜂起の足並みは大きく乱れ、最後は54年1月22日、ワイアットだけがケント州アリントンで立ち上がり、26日にはロチェスターを落とした。最大4000人の叛徒がかれの指揮下に集まった。そのなかには、ノーフォーク公の軍勢から寝返ってワ

イアット軍に加担した一般民衆1000人もいた。叛徒軍は2月3日、ロンドンのサウスウォークに到着したが、メアリー1世の軍勢がロンドン・ブリッジを占領したため、ワイアット軍は市内に入ることができず、最後はラッドゲイトの民衆によってロンドン城壁への入城を拒まれ、敗走した。ワイアットは90人ほどの叛徒ともに捕らえられ、その多くが処刑された。

そのトマス・ワイアット (Thomas Wyatt the Younger: 1521-54) はケントの名門の大地主の家に生まれ、外交官で詩人でもあった同名の父に連れられてスペインに滞在したとき、現地で異端審問の実際を見聞し、違和感を募らせた。捕らえられたワイアットは、王女エリザベスの関与について自白を迫られたが、それには応じず、4月11日に処刑され、死体は四つ裂きにされ、晒しものにされた。ワイアット家はその所領を没収され、称号も奪われたが、エリザベス1世の時代になって所領と地位を回復することができた。

1554年3月、さきのルナールから強い示唆を受けた枢密院は王女エリザベスをロンドン塔に監禁し、反乱への関与をついて厳しく尋問した。王権側からすれば、王女エリザベスがもつ王位継承に関わる潜在的脅威を排除しておきたいと考えてのことだった。しかし、王女エリザベスの反乱関与に関する確たる証拠はみつからなかった。それでも、彼女が軟禁状態を解かれたのは55年5月19日のこと。したがって1年2ヵ月にわたってエリザベスは身柄を拘束されたことになる。考えてみれば、5年前の事件 (護国卿追い落としに関わるトマス・シーモアとの共謀容疑) に次いで、エリザベスにとってはこれが2度目の危うい試練だった。

ともあれ、メアリー1世の躊躇を覆し、ジェーン・グレイを断頭台に送ることになったのはワイアットの乱の影響だった。というのも、ジェーンの父である初代サフォーク公ヘンリー・グレイ (Henry Grey: 1517-54, 1st Duke of Suffolk) がワイアットの乱の4人のリーダーのひとりだったからである。しかも、かれはツヴィングリ主義者ブリンガーと親交がある熱心なプロテスタントであり、イングランドの宗教改革を積極的に推進しようとしていたのである。これらふたつの事情が致命的だった。メアリー1世は前女王ジェーンとその夫ギルフォードの斬首に踏み切るしかなかった。ふたりの刑は54年2月12日に執行され、その11日後にはジェーンの父サフォーク公も処刑された (Pollard, 1910: 116-7; Brigden, 2000: 197-8; Porter, 2007: chap. 9; Hamer, 2012:79-85)。

まだ16歳だったジェーン斬首の場面は、当時の年代記の叙述を踏まえて19世紀のフランス人画家ポール・ドラローシュ（Paul Delaroche: 1797-1856）の筆になる縦246センチ、横297センチの大作「レディー・ジェーン・グレイの処刑」（ロンドン、ナショナル・ギャラリー所蔵）によって思わず息を呑むほどの臨場感をもって描き出され、いまもみる人の目を奪い、新たな悲しみを誘っている。

このようにみてくれば、ノーサンバーランド公の陰謀もさることながら、「9日間の女王」ジェーンの登位といいその逮捕と処刑といい、この一連の出来事がいかに宗教改革に深く根差すものであったかが分かるだろう。

第3節　メアリー1世のカトリック化政策

即位後1ヵ月もしないうちに、メアリー1世は目覚ましい勢いで次々とカトリック化政策を打ち出していった。そのためにも彼女は枢密院のメンバーを入れ替える必要があった。

主要人事とカトリック化法制

（A）人事の刷新について。まず、その人事刷新からみてみよう。クランマーを筆頭にしてさきのセシル卿、チェック卿、イリー司教トマス・グッドリッチ（Thomas Goodrich: 1494-1554 ──穏健な宗教改革者として第1祈祷書作成に関与。下記リッチのあと、52年から53年まで大法官）、ラルフ・サドラー卿（Ralph Sadler: 1507-87 ──ヘンリー8世時代のスコットランド大使、エリザベス1世時代に枢密院顧問に復帰）、ジョン・ゲイツ（John Gates: 1504-53 ──ジェーン・グレイの登位に尽力、国家反逆罪でメアリー1世によって処刑された。）などが外され、代わってかつてのメンバーだった第4代ノーフォーク公トマス・ハワード（Thomas Howard: 1536-72）、ガーディナー、タンスタール、ノリッジ司教トマス・サールビー（Thomas Thirlby: c.1506-70）、リチャード・サウスウェル（Richard Southwell: c.1502/3-64）、初代リッチ男爵リチャード・リッチ（Richard Rich: 1496/7-1567 ──エドワード6世時代の大法官［1547-53］）、初代パゲット卿ウィリアム・パゲット（William Paget: 1506-63）の7人が枢密院顧問に返り咲いた。しかしすべてが入れ替わったわけではなく、残留者も12人いた。

また、主要閣僚の人事についても、上記のグッドリッチに代わってガーディ

ナーが大法官となり、宮内庁長官 (Great Master of the Household) にはノーサンバーランド公に代わって第19代アランデル伯ヘンリー・フィッツァラン (Henry FitzAlan: 1512-80) が就き、式部官長 (Lord Chamberlain) には初代ダーシー・オブ・チッチェ男爵トマス・ダーシー (Thomas Darcy: 1506-58, 1st Baron Darcy of Chiche) に代わってジョン・ゲージ (John Gage: 1479-1556) が就任した。さらに、セシル卿に代わってジョン・ボーン (John Bourne: 1518-75) が秘書官長となるなど大きな刷新が行われた。

(B) メアリー1世の宗教立法について。彼女による宗教改革の反転は大きくふたつの時期に分けることができる。

まず、その第1期はメアリー即位後の最初の2年間であり、ウィンチェスター司教ステファン・ガーディナーが大法官となり、メアリー1世の統治を采配した時期にあたる。かれが最初に着手したのはエドワード6世時代の宗教改革を悉く無効にし、父ヘンリー8世の宗教改革議会以前の状態に戻すことだった。その方法はローマ教皇の権力や権威に寄らず、もっぱらイングランド議会での立法行為によっていた。

しかし、つぎの第2期は、メアリー1世がカール5世の長男スペイン王子フェリペ (登位してフェリペ2世) と結婚したことが契機となり、ガーディナー (55年11月13日死去) に代わって、ローマ枢機卿で教皇特使でもあったレジナルド・ポール (Reginald Pole: 1500-58) がイングランド宗教政策の実権を握ったときに端を発する。そのカトリック化政策は第1期よりも一層徹底したものだった。

その第1期は第1次廃止令 (First Statute of Repeal, 1553) によって口火が切られた。その主な内容はエドワード6世時代にクランマーが主導した宗教改革法制を反故にすることであり、具体的にはふたつの礼拝統一令 (1549年および52年) とふたつの祈祷書が廃止された。聖壇の秘跡、聖職者叙任、偶像崇拝、聖職者の位階秩序、安息日と断食日、聖職者の結婚禁止などに関するカトリック的教義と儀礼が復活し、ヘンリー8世最後の年 (1547年) に行われた秘跡に関わる聖餐儀礼が53年12月20日から息を吹き返した。また妻帯している聖職者2000人が聖職禄を返上させられた (*The Statutes of the Realm*, vol. 4: 202; Gee and Hardy eds., 1896: 377-80)。

この第1次廃止令とともに、メアリー1世の母キャサリン・オブ・アラゴンとヘンリー8世の婚姻は合法的で有効なものだったと改めて宣言された。

そして翌54年、メアリー女王禁止令 (Injunctions of Queen Mary, 1554) が公布された。この法令はロンドン司教ボナーによって作成されたものであり、54年3月から施行すべく女王からすべての司教に送付された。異端による邪悪で犯罪的かつ腐敗した教義や行為を撲滅し、すべての禁書を駆逐すること、ラテン語によるミサを復活させ、安息日と断食日を励行することなどが命じられた (Gee and Hardy, 1896: 380-3)。

ところで、メアリー1世は登位してまもなく、カール5世の長男フェリペとの結婚を希望するようになった。53年9月にそのための交渉が始まった。しかし、その婚姻にはガーディナーも下院も反対だった。保守派にも改革派にも、それによってイングランド王国の独立性が脅かされるのではないかという強い懸念があったからである。それにもかかわらず、54年1月12日、ウェストミンスターで正式な婚約が取り交わされ、それがきっかけになってワイアットの乱が起きたことについてはすでにみたとおりである。

こうした情勢を踏まえて4月2日、議会は法令によって上記の婚約を承認し、女王権力法 (Act concerning the Regal Power, 1554) を定めた。女性の国王を排除するという伝統的な考え方が破棄され、メアリー1世の国王としての権力、尊厳、名誉、国王大権、司法権を揺るぎないものとする一方、国内での懸念を払拭するため、外国からの一切の介入を排除し、イングランド王国がスペイン王国やハプスブルク家の「属国・属領」でないことが明記された (*The Statutes of the Realm*, vol. 4: 123-4)。

同じ54年12月、第3回議会で異端法復活令 (Revival of the Heresy Acts, 1554) が成立した。これまでの異端者に関わる諸立法、すなわち、リチャード2世時代の1382年 (ワット・タイラーの乱の翌年)、異端聖職者の逮捕に関する法律が規定され、ついでヘンリー4世時代の1401年には異端者火刑法が定められ、さらにヘンリー5世時代の1414年にはロラード派弾圧のための法制が強化された。この復活令はこれら3つの法律を55年1月20日から全面的に蘇生させるというものだった (*The Statutes of the Realm*, vol. 4: 244; Gee and Hardy eds., 1896: 384)。この異端法の復権によってあらためて異端者弾圧の法的根拠が付与された。

さらに55年11月29日、議会でローマ教会・教皇との和解に関する請願が承認され、それに基づいて唯一修道院等の解散令を除き、ヘンリー8世の第20年 (1528年) 以降に定められたローマ教会・教皇の権能を否定するすべての法律が破

棄されることになった。それが第 2 次廃止令 (Second Statute of Repeal, 1555) である。

その中身はまことに包括的であり、複数聖職禄や不在聖職禄の復活、教皇上訴禁止令や上納金納付禁止令の廃止、首長令や第 3 王位継承法の破棄、市民法による教会司法権への介入排除といったことのほか、イングランド教会「分裂」時代 (1534 年以降、エドワード 6 世時代まで) に没収された司教領とその資産、修道院等の解散に伴う所領および資産没収に関わる訴訟や紛争解決のために努力するといった条文も盛り込まれた (Tanner, 1922: 121-9)。

メアリー 1 世によるこうした一連のカトリック化政策は、父ヘンリー 8 世の宗教改革議会に始まり、エドワード 6 世の上からのプロテスタント化政策へと継承された宗教改革の急流を堰き止め、それを反転逆流させる企てだった。

あるいは、メアリーの心底深くに、母キャサリン・オブ・アラゴンの魂が息づき、その怨念を晴らしたいという思いが渦巻いていたのかもしれない。そのメアリーについて、「母キャサリンの血を強く受け、幼少時代の教育をスペイン出身の哲学者ヴィヴェス (Juan Luis Vives: 1493-1549) に受けたことなど、彼女がイングランド人というよりも、むしろスペイン人であった」(森、1986: 342-3) という見方がある。

「血塗られたメアリー」——プロテスタントの弾圧と亡命

上記の異端法復活令は「血塗られたメアリー」の相貌を露わにし、55 年 2 月からプロテスタントに対する迫害が始まった。それからメアリーが病没するまでの 3 年 9 ヵ月のあいだ、間断なく合計 284 人の「異端」が捕らえられ、処刑された。処刑方法の不明な者が 5 人、絞首刑ののち内蔵が抉られ四裂された者が 1 人、その他 279 人が焚刑だった。つまり、異端とされたほぼ全員が火炙りにされたことになる。当然ながら、それはあまりに残酷ではないかという批判の声が挙がった。フェリペの政治顧問になっていたさきのルナールは、こんな残忍なやり方をしていては革命になるかもしれないと警告した。しかしメアリーは怯まなかった。その無慈悲な政策はイングランドの一般民衆の間に大なり小なり、反カトリック、反スペイン感情を醸成していくことになった。

では、「異端」とされたのはいかなる人々だったのか。地域的には、居住地の分かる 186 人のうち、エセックスが 44 人 (23.7%)、ケントが 43 人 (23.1%)、サセックスが 20 人 (10.8%)、ロンドンが 17 人 (9.1%)、サフォークが 12 人 (6.5%) などと

なっており、したがってイングランド南東部だけで全体の4分の3になる。また職業的には、その名称が判明している168人のうち、聖職者（クランマーなどの高位聖職者から教区の下位聖職者まで）が21人、ジェントリー（ジェントルマン）が9人、ハズバンドマン（自由農の一種）が7人含まれていたが、主婦や寡婦も17人いた。しかし残りの7割ほどの人たちはごく普通の市井の人たち、つまり織布工、肉屋、散髪屋、煉瓦積み工、醸造職人、大工、靴屋、ガラス屋、仕立屋、衣服商人、剪毛業者、帽子屋、製粉業者、皮なめし職人、メイド、日雇い労働者といった人々だった（'List of Protestant Martyrs of the English Reformation', WP）。

年齢的には若い人が多く、教皇やその権力がいかなるものかについて特別の知識もなく、「新しい知識」が浸透していく時代に育った人たちだった。しかしかれらの宗教的信条は決して一枚岩のものではなく、当時の言い方でプロテスタントと呼ばれる人たちは必ずしも多くなかった。というのも、再洗礼派や自由意志バプティスト（freewillers）、三位一体論の否定者などは、クランマーたちとは一線を画した「過激な」宗教思想の持ち主とみなされ、処刑された異端のなかにはこうした者たちが少なくなかったからである。そうした人たちは聖書や詩編を暗唱し、怖じ気づくことなく焚刑に臨んだといわれる（Waller, 2006: 102-5: Porter, 2009: 331, 358-9）。

このように、地域的にはエセックスやケントなどイングランド南東部に限られる嫌いはあったが、ヘンリー8世の首長令から20年余り、すでに多様な「異端」思想が一般民衆のなかに広まっていた様子が焚刑された人々の横顔からうかがい知ることができる。したがって、ワイアットの乱の叛徒も視野に収めれば尚更のこと、1550年代後半のイングランドの一般民衆がいまだカトリシズムのなかに微睡んでいたという第5章でもふれた修正主義的な見方は、地域差も大きく応分の修正を免れないようにみえる。

メアリー1世の「異端」狩りは有力な聖職者の処刑から始まった。白馬亭のメンバーであり、聖書英訳者のひとりでもあったジョン・ロジャーズ（John Rogers: c.1500-55）は2月4日に、ついでローレンス・サウンダース（Laurence Saunders: 1519-55）は2月8日に、さらにローランド・テイラー（Roland Taylor: 1510-55）とカルヴァン主義者ジョン・ホッパー（John Hopper [Hooper]: c.1495-1555）は2月9日に相次いで火炙りの刑になった。

また、エドワード6世付き司祭だったラティマーと50年4月から53年7月までロンドン司教だったリドリーがオックスフォードのベイリオル・カレッジで火刑されたのは、それから8ヵ月後の1555年10月16日のことだった。すでに囚われの身となっていたクランマーはその残忍な処刑に立ち会わされた。

　そのクランマーについて補足しておこう。すこし時間を遡ることになるが、メアリー1世が登位した53年8月の翌月初め、クランマーはミサの復活に反対し、祈祷書に則った宗教儀式が望ましいとする声明をロンドンのすべての教会の開扉に張り出そうとした。その大胆な計画はメアリー1世の政策に真っ向から異を唱えるものだった。それは国王への反乱とみなされ、かれは枢密院に召喚された。ガーディナーはクランマーを取り調べるため、審問委員会を設置した。その席上、もしクランマーが上記のミサ批判の文書を私的なものにすぎないといえば、赦免すると伝えられた。もちろんクランマーにその意志はなかった。翌日クランマーはヴェルミーリと夕食をともにし、すぐに大陸に戻るよう勧めた。クランマーは秘密裏に妻と子供たちをドイツに送還した。これがヴェルミーリや妻子との永遠の別れとなった。

　しかし、クランマーの揺るぎない屹然とした態度はその代償を払わなければならなかった。1553年9月14日、かれは国家反逆罪で逮捕され、ロンドン塔に繋がれた。かれは裁判が始まって1ヵ月、暗く狭い独房に閉じ込められ、身体の自由を奪われた。判決は有罪、死刑が宣告された。クランマーの資産は書物を含めて没収された。かれは公衆の面前で縛り首になり、内臓を抉られ、手足がバラバラにされたとしても、それがヘンリー8世やエドワード6世への忠誠心の証しになると考えるようになっていた。

　けれども、メアリー1世が考えていたのはクランマーを筆頭に、ラティマーやリドリーを異端として裁判にかけ、焚刑することだった。クランマーは女王メアリー1世のカトリック化政策を敢然と批判する手紙を彼女に書き送った。そこには、イングランド王国に忠誠を誓いながら、同時にローマ教皇に恭順の意を示すのは矛盾している、とあった。

　1554年3月8日、クランマーら3人はロンドン塔からオックスフォードのボカード牢獄に移送された。翌4月14日、クランマーの異端としての取り調べが始まった。しかし、かれの裁判が開廷したのは1年半後の55年9月12日のこと。それ

から1ヵ月後、ラティマーとリドリーが焚刑に処された。異端裁判ではクランマーの宗教教義だけでなく、かれの結婚、著作活動、カンタベリー大司教としての振る舞いなどすべてが取り上げられた。そして同年11月13日に死刑判決が下され、カンタベリー大司教の地位を追われた（正式な解任は56年2月14日）。さきの枢機卿レジナルド・ポールがその後を襲った。

　異端としての有罪判決を言い渡されたあと、クランマーはいくつかの教義論争を経験した。ポールはクランマーの改宗を促す私信をかれに送っているが、論争はそのための手段だったようにみえる。その頃になると、2年半の獄中生活を経て心身は衰老し、すでに66歳になっていたクランマーは一再ならず、ライテマーやリドリーの凄惨な焚刑の場面を思い起こし、恐怖に脅えるようになった。クランマーのカトリック教徒だった妹が幾度もオックスフォードを訪れ、かれに面会した。1556年2月26日、クランマーはローマ・カトリックの主な教義を認め、ルターやツヴィングリが異端であることを口頭で承認した。このクランマー改宗の知らせはすぐにロンドンにもたらされ、印刷物として広く流布しはじめた。しかし王権はそれを認めなかった。というのも、その頃になると、メアリー1世やローマ教皇はクランマーを異端として火刑するという考え方に大きく傾いていたからである。

　クランマーは最後の日となった1556年3月21日、かれは改宗を綴った文章14通に署名させられた。しかしその直後、クランマーの許にもうひとりの福音主義の信仰に篤い妹から、小さな鐘とメモ書きが届けられた。そのメモを読んでクランマーは我に返った。

　公開処刑の場には、イングランド宗教改革を長く率いてきたクランマーの最後の言葉を聞こうと、各界の要人も含めて大きな人垣が出来ていた。集まった人々はクランマーが最後に悔悛の情を語るものと固唾を飲んで見守っていた。しかし、その群衆の期待は裏切られた。死の恐怖のあまり、クランマーはみずからの真意に反して改宗文に署名したことを恥じたうえで、明快な口調でこう語り出した。私はそのすべての誤った教義とともに決してローマ教皇を認めない。かれはキリストの敵であり、反キリスト的である。秘跡については、私がウィンチェスター司教（ガーディナー）を批判して書いた著作で述べたとおりである、と。

　しかし、ここまで話したとき、かれは演壇から引きずり下ろされ、雨の中を処

刑場に連行されていった。焚刑の場に臨んでクランマーの表情は穏やかだったといわれる (MacCulloch, 1996: 282, 285; Hamer, 2012: 98-100)。

「メアリーの亡命者」のヨーロッパ逃避行

この時代、すでにみたように、ヨーロッパからの宗教難民がロンドンに押し寄せてきていたが、それとは逆に、メアリー1世のカトリック化政策に違和感と恐怖心を募らせ、あるいは強い反スペイン感情に突き動かされてヨーロッパの宗教改革都市に亡命していったイングランドの人々がいた。その人数は合計 800 人にのぼる ('Marian Exiles', WP)。

いったい、どういう人たちがどこに向かったのか。クリスティーナ・ガレットは『メアリーの亡命者たち』(1938 年) の執筆にあたってヨーロッパの亡命先諸都市の現地史料を駆使し、合計 472 人のイングランド人の「亡命者センサス」(Census of Exiles) を作成している (Garrett, 1938 [1966: 67-349])。この貴重なデータに基づいて、イングランドからの宗教的・政治的亡命者の概要を洗い出してみよう。

まず、ここで「メアリーの亡命者」(Marian exiles) というとき、時期と亡命の理由を特定しておく必要がある。メアリー1世が即位した 53 年 7 月 19 日以降、彼女が亡くなる 58 年 11 月 7 日までの 5 年間に、宗教的または政治的理由から王権による迫害を恐れてヨーロッパに避難していったイングランド人[11]をさす。

では、亡命者たちはヨーロッパのどこへ向かったのか。ドイツのエムデンが最も早かった可能性はあるが、イングランド亡命者の到来時期がはっきりしているのはチューリッヒである。というのは、宗教改革者ブリンガーは 54 年 4 月 5 日の日記に、10 人の「イングランド人の亡命研究者」(exules studiosi Angli) がやってきた。かれらは著名なチューリッヒの印刷業者クリストフ・フロシャウアー (Christoph Froschauer: c.1490-1564 ──チューリッヒ最初の印刷業者、エラスムス、ルター、『ツヴィングリ聖書』を出版) の家に落ち着いたと記している。その当時、ロンドンからチューリッヒまでは 1 ヵ月から 6 週間を要したから、かれらがイングランドを出立したのは 54 年 2 月、つまりワイアットの乱の直後だったということになる (Garrett, 1938 [1966: 8-9])。

この 2 都市のほか、イングランド亡命者の先駆的コロニーはドイツのヴェーズ (Wesel)、ストラスブルク、フランクフルトにつくられた。これら 5 都市のあと、

スイスのバーゼル、ジュネーヴ、アーラウに同じようなコロニーが設営された[12]。

各地の亡命者コロニーについてふれるまえに、上記ガレットの「センサス」によって亡命者のプロフィールをみておこう。この記録に名前がある472人はすべて男性。そのほか、女性と子供がいた。妻が100人、その他の女性が25人、子供および未成年者が146人、その他が45人となっている。したがって亡命者の総数は788人となり、フォックスの概算推計とほぼ一致する。

では、男性472人の職業または社会階層上の地位はいかなるものか。最も多かったのがジェントリー（166人）、ついで神学者（119人）、聖職者（67人）とつづき、さらに商人（40人）、職人（32人、うち12-17人はアーラウに亡命した織布工）、印刷業者7人、法律家3人、医者3人、ヨーマン3人、召使い13人、職業不詳が19人となっている。興味深いのは、このうちジェントリー、神学者と聖職者（両者の区別は曖昧）だけで全体の4分の3（74.6%）を占めることである。いかに「上流階級」の人たちが多かったかがわかるだろう。同じ時期、イングランド国内で焚刑されたプロテスタントの7割がごく普通の一般民衆だったことと鮮やかな好対照をみせている。

最大多数のジェントリーのなかには、帰国後、エリザベス1世の時代になって大きな役割を担った初代バーリー男爵ウィリアム・セシル（William Cecil: 1520-98）を筆頭に、チェック卿、ペーター・カリュー卿（Sir Peter Carew: c.1514-75 ——メアリー1世のフェリペとの結婚に反対。フランスに逃れたが56年5月、上記のチェック卿とともにフランダースで逮捕された。10月に釈放され、のちにアイルランド侵攻で活躍）、フランシス・ノリス（Francis Knollys: c.1511/4-96 ——ヘンリー8世、エドワード6世、エリザベス1世時代の有力廷臣。フランクフルトを経て、バーゼル、ストラスブルクに亡命。ピューリタニズム支持者のひとり）、トマス・ロス（Thomas Wroth: c.1518-73 ——ジェーン・グレイの登位に関与して逮捕されたが、のちに釈放され、大陸各地に転じ、ストラスブルクにも逗留。エリザベス1世登位後に帰国、アイルランド問題で奮闘）、ドロシー・スタッフォード（Dorothy Stafford: 1526-1604 ——メアリー1世時代にジュネーヴに亡命、カルヴァンと親交があった。59年1月帰国後、エリザベス1世に大きな影響力を発揮）などがいた。

また、大陸の宗教改革者たちはイングランド亡命者に支援の手を差し伸べたが、有力なロンドン商人たちも現地であるいはロンドンからの亡命者に経済的支援を行った。

しかし、メランヒトンの請願にもかかわらず、一般的に神聖ローマ帝国のルター派諸州はイングランド亡命者に対して冷淡だった。かれらの秘跡あるいは礼拝についての考え方に違和感を抱いていただけでなく、イングランド亡命者を支援することの政治的含意について懸念をもっていたからである。しかし、ディケンズがいうように、このルター派諸侯の過剰な警戒心と冷遇がイングランドをルター派の勢力圏に包摂していくうえで無視できない躓きの石となった可能性がある (Dickens, 1964: 389-90)。

　すでにみたように、亡命者のなかには数多くの聖職者がおり、亡命前後にイングランドの司教あるいは大執事を務めた者が少なくない。その代表例をいくつか示しておこう。

　まず、ジョン・ベール (John Bale: 1495-1563) はクロムウェルが失脚したため、妻子を連れてアントワープ（アントウェルペン）に逃避。エドワード 6 世時代に帰国、52 年にアイルランドのオッソリー (Ossory) 司教。メアリー 1 世が登位して捕囚の身となったが、フランクフルトとバーゼルに逃れ、エリザベス 1 世時代に帰国した。

　ジョン・ポネットはケンブリッジ大学のギリシャ語教授 (1539-41 年) でクランマーの熱狂的支持者。サマセット公を支援したため、政敵ノーサンバーランド公によって 49 年 11 月に逮捕されたが、後に復位。かれは 50 年 3 月にはロチャスター司教に叙任され、ワイアットの乱のあと、妻とともにストラスブルクに亡命。当地で 56 年 8 月病没した。「メアリーの亡命者」のなかでは最高位の聖職者のひとりだった。

　リチャード・コックス (Richard Cox: c.1500-81) はメアリー 1 世時代に下記のエドウィン・サンディーズとともにアントワープとフランクフルトに逃れ、のちにみるように、ノックスとの間でフランクフルト論争を繰り広げた。エリザベス 1 世時代になって帰国し、イリー司教に就任。しかしかれはヘンリー 8 世時代にすでにイリー大執事 (archdeacon)、ウェストミンスター司教座聖堂参事会員、国王付き司祭となっており、エドワード 6 世時代にクランマーを手伝ってふたつの祈祷書の作成に関わり、のちにオックスフォード大学総長 (1547-52 年) も務めた。

　ジョン・スコリー (John Scory: 生年不詳、1585 年没) は亡命前にロチャスター司教 (51-2 年)、チチェスター司教 (52-3 年) を務めたあと、エムデンに亡命。その後バー

ゼルを経て、56年からジュネーヴに落ち着いた。エリザベス1世の登位とともに帰国し、59年から亡くなる85年までヘリフォード司教の職にあった。

ジョン・パーカースト (John Parkhurst: c.1512-75) は、つぎにみるジュエルのオックスフォード大学での教師であり、ラテン語の風刺詩に通暁していた。メアリー1世の即位後、チューリッヒに亡命、エリザベス1世の登位に伴って帰国し、60年にノリッジ司教になった。

ジョン・ジュエル (John Jewel: 1522-71) はオックスフォード大学で教鞭を執っていた宗教改革者ヴェルミーリの高弟の一人。1554年4月、クランマーやリドリーの公証人を務めたのち、55年3月にフランクフルトに亡命し、上記のコックスを支援してノックスとの論争に尽力した。そののち、ストラスブルクで恩師ヴェルミーリに再会。チューリッヒに随行し、さらにパドアにも足を伸ばした。エリザベス1世の即位後、帰国してエリザベスの宗教改革に協力し、59年のウェストミンスター会議 (Westminster Conference, 1559) にも参加した。60年1月、ソールズベリー司教に叙任された。

ジェームズ・ピルキントン (James Pilkington: c.1520-76) はメアリー1世の即位に伴ってチューリッヒに逃れ、ジュネーヴ、バーゼル、フランクフルトにも逗留。現地の亡命者子弟のための教育に取り組んだ。1559年に帰国し、ケンブリッジ大学の神学欽定講座教授となり、61年にはダラム司教となった。さらにリヴィングトン・グラマースクール (Rivington Grammar School) を創設した。

トマス・ベンサム (Thomas Bentham: 1513-78) はメアリー1世時代になってチューリッヒを経てバーゼルに逃れ、帰国後の60年、コヴェントリー司教となった。

ジョン・アリマー (John Alymer: 1521-94) はスイスに亡命、エリザベス1世の登位後直ちに帰国。フォックスの『殉教者列伝』のラテン語訳を手伝い、77年にロンドン司教に叙任された。

トマス・レヴァー (Thomas Lever: 1521-77) は、51年から53年までケンブリッジ大学のセントジョーンズ・カレッジの学寮長を務めたあと、53年にチューリッヒに亡命。そこでブリンガーと親交を結び、ジュネーヴに移動してカルヴァンの講話を聴講。フランクフルト論争にも関与した。そしてノックスがフランクフルトを離れたあと、レヴァーが首席司祭となった。その後、バーゼルのイングランド亡命者からの依頼によって同地に赴き、やがて100人ほどの亡命者を連れて

チューリッヒの西方、アーラウに移った。イングランドに帰国後、59年にコヴェントリー大執事になった。

　ウィリアム・ウィッティンガム (William Whittingham: c.1524-79) はメアリー1世時代の54年6月27日、フランクフルトに亡命。そこでノックスを助けてコックスとの論争に臨んだ。論戦に「敗れた」あと、55年9月22日、ノックスの後を追ってジュネーヴに移り、カルヴァンの妹と結婚した。そのジュネーヴでイングランド亡命者のリーダーとなった。エリザベス1世の登位後、ジュネーヴにいたイングランド亡命者のほとんどが帰国したが、ウィッティンガムはジュネーヴに留まってティンダール訳、カヴァーデール訳の「大聖書」に修正を施し、「ジュネーヴ聖書」を完成させた。かれがジュネーヴを発ったのは60年5月30日のこと。帰国してからも、祈祷書をめぐってセシル卿と対立したが、63年7月にダラム大執事に叙任された。

　エドウィン・サンディーズ (Edwin Sandys: c.1519-88) とエドムンド・グリンダル (Edmund Grindal: c.1519-83) にもふれておこう。このふたりは幼馴染み。サンディーズは53年にケンブリッジ大学の副総長になっていたが、ノーサンバーランド公に加担したことでメアリー1世によって逮捕された。釈放後、アントワープを経てストラスブルク、チューリッヒに亡命した。エリザベス1世が登位すると帰国し、ウスター司教 (59-70年)、ロンドン司教 (70-6年) を歴任、77年にはヨーク大司教に叙任された。

　また、グリンダルはエドワード6世付きの司祭になり、ロンドン司教リドリーやセシル卿に重用され、53年6月にロンドン司教となった。しかし、メアリー1世のカトリック化政策に反発して54年5月、ストラスブルクに逃れた。フランクフルト論争が始まると、当地に移ってコックスとノックスの仲裁役を務めた。1559年1月に帰国、ロンドン司教に復位。70年にはヨーク大司教に叙任され、さらに75年にはカンタベリー大司教となった。

　最後に、『殉教者列伝』の著者であるジョン・フォックス (John Foxe: 1516/7-87) についても一言。オックスフォードの俊英としてギリシャやローマの古典に通じ、多くの言語を習得したフォックスは早くからプロテスタンティズムに関心をもち、ジョン・ロジャーズ、ラティマー、ジョン・ホッパー、セシル卿、ベールなどの知遇を得ていた。メアリー1世時代の54年秋、フランクフルトに亡命、フラン

クフルト論争を目の当たりにした。ノックス陣営にいたフォックスはこの論戦に「敗れ」、20人の亡命者とともにバーゼルに移動。そこでベールと協力して亡命者の面倒をみた。しかし、かれのバーゼルでの生活はイングランド亡命商人からの経済的援助にもかかわらず、貧しいものだった。そのため、エリザベス1世の時代になってもすぐには帰国できなかった。

ちなみに、『殉教者列伝』の最初の英語版が出版されたのは1563年3月20日のこと。1559年8月にバーゼルで出されたラテン語版の3倍のボリュームで総ページ数は1800頁にのぼった (Garrett, 1938 [1966: 77-8, 86-7, 134-6, 167-9, 198-9, 219-21, 250-1, 253-8, 283-4, 285-6]; 'John Alymer', WP)。

点描・亡命都市

さきに挙げたドイツとスイスの8つの亡命都市に築かれたイングランド人の亡命者コロニーはそれぞれに個性的なものだった。それらを渡り歩いていった亡命者もいたが、一ヵ所に留まる者もあった。

バーゼルでは、メランヒトンの影響力が強かったが、すでにみたように、レヴァーに率いられてイングランド亡命者のほとんどがアーラウに移動した。

エムデンには、54年5月までにロンドン外国人亡命者教会のラスキの弟子たちが来住し、ノックスやスコリーなどの筆になるメアリー1世批判の各種パンフレットを印刷し、それらをイングランドに発送した。

チューリッヒでは、ヴェルミーリとブリンガーがイングランドからの亡命者に大きな影響を与えていた。しかしブリンガーは、さきのジュエルやパーカースト、ピルキントンがその指導者になっていたチューリッヒ亡命者教会の運営に介入しようとはしなかった。

バーゼルでは印刷業が盛んだった。フランクフルトからジュネーヴにむかったウィッティンガムと離れたジョン・フォックスはバーゼルに留まった。そこでグリンダルに助けられ、クランマーなど「殉教者」の資料を手に入れるとともに、『殉教者列伝』のラテン語訳を仕上げた。バーゼルにはイングランドから多くの神学「研究者」が亡命してきていた。

ストラスブルクは、ヴェルミーリがリーダーシップを執って、まとまりのよいイングランド人の亡命者コミュニティを形成していた。礼拝でかれが準拠したの

は自らもその作成に関与したクランマーの第2祈祷書だった。このストラスブルクはチューリッヒとともに、イングランド教会のヨーロッパの一大拠点の観を呈した。

このストラスブルクにおいて、ロチェスター司教だったポネットはヴェルミーリの抵抗権に関する議論から示唆を得て、『政治権力小論』(A Short Treatise of Politike Power, 1556) を書き上げた。ポネットはカルヴァン主義者ではなかったが、かれはこの先進的作品のなかで王位神授説を否定し、「暴君殺し」(tyrannicide) を正当化する抵抗権の理論を提唱した。ポネットはある条件が整うならば(それは特定化されていないが)、専制君主の殺害も正義に適ったものであると考えた。その発刊当初(死の直前の1556年8月、ストラスブルクで出版)はあまり注目されなかったが、17世紀前半になって(1639年と42年)本書は復刻され、大きな影響を与えた[13]。30年ほど前のドイツ農民戦争におけるルターの『平和勧告』での主張――、すなわち非道な統治者に対しても「不正を甘受し、悪を耐え忍ぶのがキリスト者にふさわしい」という主張に引き比べて、ポネットの抵抗権思想はそれとは対照的な考え方だった。

それから2年後の58年、イングランド亡命者としてジュネーヴに逗留していたクリストファー・グッドマン (Christpher Goodman: 1520-1603) が『至上権力者はいかに臣下に従うべきか』(How Superior Powers to be obeyed of the Subjects, 1558) を出版。それと酷似した中身のいわゆる『スコットランド貴族への訴え』(The Appellation from the Sentence pronounced by the Bishop and Clergy: Addressed to the Nobility and Estates of Scotland, 1558) を先輩ノックスが上梓し、同時に『女性による奇怪な統治に反対する最初の警鐘』(The First Blast of the Trumpet against the Monstruous Regiment of Women, 1558) をジュネーヴで公刊した。ポネットのものも含め、いずれも高位聖職者による政治的文書だった。

グッドマンは上記文書においてワイアットの乱を擁護し、メアリー1世を糾弾したが、その中には女性君主による統治を批判する内容も含まれていた。ノックスもまた前者の『訴え』ではポネットと同じく抵抗権の思想を謳い、後者の『警鐘』では3人のメアリー、すなわちイングランド女王のメアリー1世とスコットランドのメアリー女王、くわえてその母メアリー・オブ・ギーズ (Mary of Guise: 1515-60) を念頭において女性君主による統治を非難した。しかしその考え方[14]はエリザベス1世にも適用されることになったから、ノックスはグッドマンともどもエ

リザベス1世による批判に晒された。1559年1月、ノックスはジュネーヴを発ってスコットランドにむかったが、着いたのは5月2日。海路でスコットランドに向かうしかなかった。というのも、エリザベス1世の指示でノックスにイングランド通行許可証が与えられなかったからである（飯島、1976: 156-61, 185-6）。もう一人のグッドマンはようやく65年にイングランドに戻ったが、高い聖職位に就くことはなかった。

このジュネーヴのイングランド亡命者コロニーは55年10月、フランクフルトから逃れてきたノックスとウィッティンガム、その同行者達48人の到来によって大きく膨張し、ヨーロッパ最大規模のものとなった。そのメンバーは最高時には233人、140世帯にも膨れ上がった。1555年は48人、56年は50人、57年は67人、58年は10人、59年には2人の新規到来者があった。

そのジュネーヴで、イングランド人亡命者たちは長老派の教義と礼拝様式に接した。56年には、カルヴァンの承認をとりつけた文書「祈祷の形式と秘跡の務め」(The Form of Prayer and Ministration of the Sacramentm & c. Used in the English Congregation at Geneva and Approved, by the Famous and Godly Learned Man, John Calvin)が出版され、当地で数回改訂された。この著作はかれらの帰国後、イングランドでの宗教改革を進めるうえでひとつの重要な典拠となった。

もうひとつ、さきのウィッティンガムがリーダーとなり、白馬亭のメンバーであり、「大聖書」訳を担った長老カヴァーデールのほか、さきのグッドマン、アンソニー・ギルビー（Anthony Gilby: c.1510-85 ―― 55年に家族帯同でイングランドを逃れ、バーゼル、フランスを経てジュネーヴに到着。長老派のプロテスタントとして60年5月に帰国、祭服論争に関与）、トマス・サンプソン（Thomas Sampson: c.1517-89 ―― 54年にストラスブルク、チューリッヒに逃れ、一時期フランクフルトやジュネーヴにも滞在。帰国後の祭服論争ではピューリタン派のリーダー）、ウィリアム・コール（William Cole: 1527-1600 ―― 54年に、チューリッヒ、フランクフルト、バーゼルを経てジュネーヴに亡命。帰国後、68年にオックスフォード大学のコーパス・ジーザス・カレッジ学寮長となるが、退職要請を受け入れて後、リンカン首席司祭）の共同作業によって1560年、「ジュネーヴ聖書」(Geneva Bible)と呼ばれた新たな英訳聖書が完成した。この作品は訳文、印刷技術、注解などにおいて優れ、39年の「大聖書」よりも高く評価され、エリザベス1世時代には大量に印刷されて人口に膾炙した（Garrett, 1938 [1966: 123,

279-81］；Dickens, 1964: 392-3; 'Geneva Bible', WP）。

　これらギルビーやサンプソン、グッドマン、のちにふれるハンフリーといった人々が「エリザベス時代のピューリタンの胚芽」となって、70年代にピューリタン運動を牽引していった。そういう意味で、イングランドにおけるピューリタンの誕生とその成長は「メアリーの亡命者」たちのジュネーヴ滞在にその多くを負っていたということができる。

フランクフルト論争

　これまでの素描からも知られるように、同じイングランド亡命者コロニーといっても、チューリッヒとストラスブルクではイングランド教会派あるいは祈祷書派の影響が強く、反対にジュネーヴではカルヴァン派あるいは長老派が支配していた。両派間には教会組織、礼拝様式、教義などをめぐって相容れない対立があった。イングランド教会派の聖職者や神学者は亡命先でもクランマーの第2祈祷書（1552年）や42ヵ条（1553年）を大切にしたが、カルヴァン派の面々はそれらの文書には多くのローマ教会的な残滓、「不純な」ものが含まれており、それらを一掃しなければならないと考えていた。

　ウィッティンガムとその友人たちがフランクフルトにやってきたのは54年6月27日のこと。かれらはカルヴァンの弟子ヴァルラン・ポーレン（Valerand Poullain: c.1509-57）の歓迎を受けた。そしてかれが監督していたフランスの改革派教会を共用利用することができた。ウィッティンガムは礼拝様式をカルヴァン風に簡素化し、祭服も廃止した。しかしレヴァーに率いられたイングランド教会派の人々はこのやり方に強い不満を抱いた。まもなく両派の対立が表面化した。

　カルヴァンの指示でジュネーヴからノックスがフランクフルトにやってきた。他方、55年3月13日にはイングランド教会派のコックスがフランクフルトに到着した。こうなると、グリンダルの仲介にもかかわらず、両派の確執は一段と先鋭化し、容易に妥協点を見出せない情勢になった。

　ノックスとウィッティンガムは第2祈祷書を要約してラテン語に訳し、それをカルヴァンに送って意見を求めた。「忍耐できるとしても、多くの愚かなこと」が書かれているというのがカルヴァンの返事だった。しかし同時に、あまり無理をせず、妥協による統一も大切だと書き添えてあった。ノックス、ウィッティン

ガム、フォックスは理想的と考える祈祷様式をつくって祈祷書派に示した。けれども、それがかえって火に油を注ぐことになった。

その後も、いくどか両派の妥協案が模索され、合意のための会議体も設けられたが、結果的には相手を非難する泥仕合となった。論争は収まらないまま、思わぬ形でイングランド教会派が「勝利」することになった。というのは、折しもアウクスブルクの和議(1555年9月25日)を目前に控え、ノックスの過激な説教がカール5世の怒りを買い、貴重な和議の機会が流産してしまうのではないかと懸念したフランクフルト市当局がノックスに退去命令を出したからだった。1555年3月26日、かれはその命令に従い、ジュネーヴへの帰途についた。ウィッティンガム、ギルビー、グッドマンらがフランクフルトからジュネーヴへ向かったのはそれから半年後の10月半ばのことだった。

コックスもまた、オックスフォード大学での神学研究発展の手懸かりを求めてフランクフルトからチューリッヒに旅立った。こうしてこの論争の主役たちはフランクフルトを去った (Dickens, 1964: 394-400; 飯島、1976: 112-24; 'Troubles at Frankfurt', WP)。

このフランクフルト論争は、エリザベス1世時代にくりかえし再現されたイングランド教会(国教会)と急進的ピューリタニズムの激しい確執の前哨戦といってもよい性格をもっていた。フランクフルト論争は決着したのではなく、中断されただけだった。

フェリペとの結婚とイタリア戦争

ここで、急いで女王メアリー1世の統治に戻ってみよう。

(A)王太子フェリペとの結婚について。メアリーは周囲の反対を退け、ワイアットの乱を鎮圧した3ヵ月後の54年7月20日、半年前の婚約に基づいてウェストミンスターでスペイン王太子フェリペとの豪奢な華燭の典を挙げた。ふたりが会ってわずか2日後の挙式だった。メアリーはすでに37歳になっており、カトリックの世継ぎを残したいと強く願っていた。後継者を得なければ、ヘンリー8世の遺言と第3王位継承法によって、次代の王位をプロテスタントのエリザベスに譲らなければならない。しかしもし自分に嫡出子ができれば、話は変わってくる。そういう思いがメアリーにはあった。

では、誰と結婚すべきか。そう考えたのは即位してまもなくのことだった。最終判断を仰いだのは従兄カール5世だった。カールは自分の長男フェリペをその相手に選んだ。ハプスブルク家の全盛時代、イングランド王国を同家の支配下におくことができれば、長年の仇敵フランス王家を切り崩すための格好の手懸かりになると考えてのことだった。

王太子フェリペは43年、ポルトガル王女のマリア・マヌエラ (Maria Manuela de Portugal: 1527-45) と結婚し、王子ドン・カルロスを設けていた。しかし新妻のマヌエラは出産後、数日で亡くなった。したがって、フェリペにとってはメアリー1世との結婚は2度目ということになる。メアリーと11歳年下のフェリペは親戚関係にあったから、その結婚にはローマ教皇の許可が必要だった (Brigden, 2000: 200-1)。

この成婚が暗示していたのは、宗教的にはイングランドの徹底したカトリック回帰であり、政治的にはイングランド王権のハプスブルク家への従属的包摂だった。このうち、前者はメアリー1世の宿願だったが、後者にもメアリーなりの思惑があった。というのも、従兄のカール5世はスペイン王であるだけでなく、イタリアではミラノ公、ナポリ王、シチリア王であり、フランスでもブルゴーニュ公、フランドル伯、ブラバント公であり、またネーデルラントの統治者であり、神聖ローマ帝国皇帝でもあった。あまつさえ、新大陸アメリカと北アフリカ、アジアではフィリピンにも侵略の触手を伸ばす「太陽の沈むことなき王国」の絶対君主だったのである。その息子フェリペとの結婚であれば、イングランド王国にとってあながち悪いことではない。そういう思いがメアリー1世にはあった。イングランドの王位継承権はメアリーとフェリペの間に生まれた子に限られるという制約はつけられていたものの、一国の君主の判断としては危うい賭けだといわれても仕方がない。

フェリペは晴れてイングランドの共同統治王となったが、英語は理解しなかった。それでも、議会の招集といい成立した法律への署名といい、あるいは貨幣の鋳造といい、すべてメアリーとフェリペの二人の名前で行われた。

紛れもない政略結婚であるメアリーとフェリペの結婚生活は実質的に1年半だけのもの、ふたりの夫婦仲も決してよいものではなかった。フェリペはメアリーに対して恋愛感情などもっていなかった。結婚して1年3ヵ月後の55年10月、フェ

リペはスペイン王として即位するため、スペインに帰国した。それから1年半経った57年3月、フェリペ2世はイングランドに戻ってきた。しかしその滞在期間はわずかに3ヵ月。メアリー1世を説得し、イングランドを第6次イタリア戦争(1551-9年)に誘引するためだった。

メアリーは夫からの要請を受け入れようとしたが、枢密院はこれに反対した。第1に、フランスとの貿易関係が悪化することに対する懸念があり、第2に、イングランドはフェリペの父(カール5世)を軍事的に援助する義務を負わないという結婚に先立つスペイン王家との約束があり、第3に、エドワード6世時代からの経済不況と度重なる凶作があり、第4に、財政悪化が危機的水準に達していたからだった。

事態が動いたのは57年6月。ワイアットの乱に関わってフランスに逃れていたポール枢機卿の甥トマス・スタッフォード(Thomas Stafford: c.1533-57)が57年4月25日、フランスの支援を得てノース・ヨークシャーのスカーバラ城に入って護国卿(Protector of the Realm)を僭称し、メアリー1世とフェリペ2世の結婚によってイングランド王国の権益が損なわれており、「我らが真のイングランド人の血統をひく国」(the trewe Inglyshe bloude of our owne natural countrye)に戻すべきだと主張して城に立て籠もったのである。しかしその3日後、第5代ウェストモーランド伯ヘンリー・ネヴィル(Henry Neville, 5th Earl of Westmorland: 1525-63)によって落城、トマスは捕らえられ、配下32人とともに5月28日、国家反逆罪で処刑されるという事件が起きた。

この出来事がきっかけとなって、イングランドはフェリペ2世の陣営の一員として第6次イタリア戦争に加わることになった。1557年6月7日、イングランドはフランスに宣戦布告したが、その帰結のひとつがローマ教皇との不和だった。というのも、教皇パウルス4世(Paul IV: 在位1555-9年)はハプスブルク家と敵対関係にあったからである。もうひとつ、58年1月にアンリー2世軍がカレーを攻略し、長くイングランドが唯一の大陸拠点としてきた要衝の地を失うことになった。軍事拠点カレーの確保は財政的には大きな負担だったが、カレーの喪失は女王メアリー1世の権威を大いに失墜させた。

事情はともかく、首尾よくイングランドの参戦をとりつけたフェリペ2世は3ヵ月の短期滞在のあと、イングランドを離れ、2度とイングランドの土を踏む

ことはなかった。したがって、メアリー1世との結婚といっても名ばかりのもので、彼女はいつも深い孤独のなかにあった。一時期懐妊かと思ったこともあったが、それは卵巣腫瘍の兆候だった。彼女の天命は尽きようとしていた。

メアリー1世がセント・ジェームズ宮殿で息を引きとったのは1558年11月17日のこと。フェリペと結婚して4年あまり。嫡出子に恵まれなかったメアリーは致し方なく、憎むべきアン・ブーリンの子エリザベスを王位後継者に指名した。亡くなる前日のことである。メアリー1世が崩御した同じ日、カンタベリー大司教でローマ枢機卿のポールもインフルエンザのため、ロンドンで亡くなった。事態は急速に流動化しはじめ、新たな場面を迎えようとしていた (Porter, 2007: 227-9, 357-63, 406-7; 'Mary I of England', WP)。

(B) 第6次イタリア戦争について。その動きを追うまえに、さきの第6次イタリア戦争について一瞥を与えておこう。長いイタリア戦争が終わり、それに関連していくつもの興味深い出来事が起きたからである。

まず、イタリア戦争は1494年に始まり、1559年に終わった第6次戦争までじつに65年間も続いた。しかもイングランドとフランスの百年戦争よりも遙かに密度が高く、カンブレー同盟戦争 (1508-16年)、ウルビーノ戦争 (1517年)、コニャック同盟戦争 (1526-9年) を挟んでほとんど間断なく戦闘が続いた戦いであり、ヨーロッパの主要国を巻き込んだ「ヨーロッパ世界大戦」という性格をもっていた。

それはフランス王国ヴァロワ家とスペイン王国 (カスティーリャ王国とアラゴン王国) および神聖ローマ帝国ハプスブルク家の敵対関係を軸にして、イタリアの諸国家 (ミラノ公国、ヴェネチア共和国、フィレンツェ公国、ナポリ公国、教皇領、フェラーラ公国、サヴォイ公国)、イングランド、スコットランド、スイスのみならず、異教徒のオスマン帝国まで巻き込んだ長い戦争だった。

最後の第6次イタリア戦争は1551年、フランス王アンリー2世 (在位1547-59年) によるカール5世に対する宣戦布告で始まった。ヴァロワ朝の長年の宿願だったイタリア征服を達成し、スペイン王家を凌ぐ覇権をヨーロッパで確立するためだった。

一方のフランス軍の陣営にはシエーナ共和国、スイス傭兵のほか、オスマン帝国が加わり、他方の神聖ローマ帝国軍にはスペイン、フィレンツェ公国に続いてサヴォイ公国とイングランドが参加した。それぞれの旗頭はアンリー2世とフェ

リペ2世 (最初はカール5世) だったから、イングランドは否応なく神聖ローマ帝国軍の陣営に組み込まれた。初期の地中海西岸での戦いでは、フランスとオスマンの連合艦隊が帝国軍を圧倒し、大陸でも緒戦はアンリー2世軍が優勢だった。しかしイタリアでは敗北を続け、同盟していたシエーナ共和国が陥落した。

　カール5世は病状が悪化して56年に退位。その結果、ハプスブルク家の所領はスペインとネーデルラントなどがフェリペ2世に、またオーストリアと神聖ローマ帝国などがフェリペの弟フェルディナンド1世によって継承され、スペイン・ハプスブルク家とオーストリア・ハプスブルク家が分立することになった。それに伴って、第6次イタリア戦争の主戦場はイタリアからフランドルへと移った。フェリペ2世はサヴォイ公国と同盟を結び、57年8月のサン・カンタンの戦い (Battle of St. Quentin) でアンリー2世軍を破った。しかし新たに参戦したイングランド軍はカレーで敗れ、フランス侵攻のための唯一の軍事拠点を失った。勢いづいたフランス軍は低地国家のスペイン領に攻め入り、掠奪の限りを尽くした。

　ところが、この第6次イタリア戦争は戦局の帰趨によってではなく、突然思わぬ理由によって終わりを告げた。この1557年、フェリペ2世とアンリー2世が相次いで破産宣言したからである。それは「ふたつの国家財政破綻」(the Double Defaults) と呼ばれる。

　フェリペ2世が父カール5世 (カルロス1世) から引き継いだのは広大な所領だけでなく、途方に暮れるほどの借金の山だった。その負債総額は57年当時で3600万ダカット (ducats)、毎年の財政赤字は100万ダカットにのぼった。年金支払いを伴う長期国債発行だけでは足りず、イタリアやドイツの金融業者から高利 (50年代の金利はじつに48.8%) の短期借款も行った。それでも財政は火の車。臨時の上納金新設、教会からの援助金増額、貴族禄や官職、王領地の売却を行い、最後は新たな消費税 (90年導入) まで徴収した。それでも、財政赤字は改善されず、1557年に端を発するフェリペ2世の破産宣言は60年、75年、96年にも繰り返された。その背景には海外植民地経営の経費が増え続けたこともあったが、主因はフェリペ2世以降も絶えることのなかった戦争や内乱鎮圧のための費用が嵩んだためだった。

　17世紀になっても、フェリペ3世が1607年に、またフェリペ4世が1627年、47年、52年、62年と4回にわたって破産宣言を重ねている (立石、2000: 157-9)。

イタリア戦争は1559年4月2-3日に結ばれたカトー・カンブレジ条約 (Traités du Cateau-Cambrésis) によって終結した。条約は、2日にはアンリー2世とエリザベス1世によって、また3日にはアンリー2世とフェリペ2世によって署名された。

このうち、後者の中身は以下のとおりである。第1に、フランスはピエモンテ (Piedmont) とサヴォワ (Savoy) をサヴォイ公へ、またコルシカ島をジェノヴァ共和国にそれぞれ返還する。したがって、フランスはイタリアの利権を全面放棄する。第2に、その見返りとして、フランスはサルッツォ (Saluzzo)、イングランドからカレー、神聖ローマ帝国から3つの司教領 (ヴェルダン [Verdun]、メス [Metz]、トゥール [Toul]) を獲得する。第3に、スペインはフランシュ・コンテ (Franche-Comté) 地方を保持するほか、イタリアのミラノ公国、ナポリ王国、シチリア王国、サルデーニャ、プレシディ領 (Presidi) の宗主権をもつ。またフィレンツェ公国、ジェノヴァ共和国など小国に対しても間接的な宗主権を所有し、教皇もスペインの同盟者となった。

したがって、イタリアでスペインの影響力から自由なのはサヴォイア公国 (Ducato di Savoia, Duché de Savoie) とヴェネチア共和国のふたつだけとなった。いいかえれば、イタリアのほとんどが、事実上スペインの直接あるいは間接統治下におかれ、イタリア諸国に対するスペインの影響力は18世紀初めまで続くことになった。第4に、ヴァロア家とハプスブルク家の長年の確執に終止符を打つため、フェリペ2世はアンリー2世の長女エリザベート・ド・フランス (Élisabeth de France: 1545-68) と結婚することになり、またサヴォイア公エマヌエーレ・フィリベルト (Emanuele Filiberto di Savoia: 1528-80) もアンリー2世の妹マルグリット・ド・フランス (Marguerite de France: 1523-74) と結婚するという約束が整った。

総じていえば、このカトー・カンブレジ条約はスペインにとって有利なものだったが、フランスにとっても必ずしも悪いものではなかった。

アンリー2世の長男フランソワ2世 (在位1559-60年) は58年4月24日、幼馴染みで許嫁だったスコットランドの女王メアリー・スチュアート (Mary Stuart: 1542-87) と結婚。フランソワは14歳、メアリーは15歳だった。「古い同盟」の絆があらためて確認された。しかしそれだけではなかった。というのも、それから半年後の58年11月17日、イングランドのメアリー1世が亡くなってエリザベス1世が即位すると、フランス王アンリー2世は公然とこう切り出した。エリザ

ベスは庶子であり、彼女の王位継承権には承服できない。メアリーこそ王位継承者である、と。息子の妻メアリー1世がイングランドの王位継承者となれば、フランスは期せずして、スコットランドのみならず、イングランドも手に入れることができる。アンリー2世は小躍りしたことだろう。

スコットランド女王メアリーの帰国と再婚

ところが、そうはいかなかった。フランソワとメアリーが結婚して1年2ヵ月後、そのアンリー2世が突然事故死してしまう。1559年6月30日、さきのカトー・カンブレジ条約に基づいて、フェリペ2世とアンリー2世の娘エリザベートの結婚を祝して催された、モントゴメリー伯ガブリエル・ド・ロルジュ（Gabriel de Lorges, Comte de Montgommery: 1526/30-74）との馬上槍試合においてアンリーは右目を突き貫かれ、それがもとで10日後の7月10日、この世を去ったのである。

加害者のモンゴムリ伯はアンリー2世からその臨終の床でみずからの過失を許されたが、結局はイングランドに逃れ、プロテスタントに改宗した。その後、かれは母国フランスに戻ってユグノー戦争(1562-98年)に関わり、有能な指揮官として活躍した。しかし最後は74年に捕らえられ、財産と爵位を剥奪され、74年6月26日にパリで斬首された。

フランス王家の不幸は国王アンリー2世の事故死で終わらなかった。病身だったフランソワは結婚して2年半後の60年12月5日、中耳炎を拗らせ、脳炎で亡くなってしまった。仕方なくメアリー女王は翌61年8月19日、母国スコットランドに戻った。しかし19歳になっていたが、メアリーは5歳からフランスでの宮廷暮らし、スコットランドはほとんど見知らぬ土地だった。彼女にはスコットランドの複雑な政治世界で采配を揮う力などもっていなかった。彼女が目の当たりにしたのはプロテスタントによる宗教改革の大きなうねりであり、貴族もカトリックとプロテスタントに分かれて対立し、一種の内戦状態にあった。それがフランスやイングランドの介入を呼び寄せるきっかけとなった。

しかし不安定だったのは、スコットランドの政情だけではなかった。一再ならずメアリー女王は結婚を繰り返し、帰国して6年後に廃位の憂き目にあったからである。

そのメアリー女王がスコットランドに戻って最初に再婚した相手がダーン

リー卿ヘンリー・スチュアート（Henry Stuart, Lord of Darnley: 1545-67）だった。1565年7月29日のことである。かれの母はマーガレット・ダグラス、その母がヘンリー8世の姉マーガレット・テューダーだった。というのも、フロドゥンの戦い（1513年9月9日）でジェームズ4世が戦死して未亡人となったマーガレット・テューダーは14年8月6日、マーガレット・ダグラスの父である第6代アンガス伯アーチボルト・ダグラス（Archibald Douglas, 6th Earl of Angus: c.1489-1557）と再婚していたからである。したがって、マーガレット・テューダーからみれば、メアリー女王もダーンリー卿も同じく自分の孫ということになる。そのふたりの結婚に対してエリザベス1世は強く反発した。イングランドの王位継承者同士の結婚になるからだった。そのメアリー女王とダーンリー卿の間に生まれたのがのちのスコットランド王ジェームズ6世、すなわちスチュアート朝初代のジェームズ1世である（森、1988: 268-92; 石井、2009: 288, 335f.）。

かくしてメアリー1世による王位継承の遺言にもかかわらず、「庶子」の王位継承者エリザベス1世の登位は必ずしも容易なものではなかった。エリザベスが庶子であるという理由から、登位後もくりかえし王位継承に関する批判や攻撃に曝されねばならなかったのである。

第4節　エリザベス1世の中庸的「解決」

エリザベスは1558年11月17日、25歳で即位。明けて1月15日、ウェストミンスター寺院で盛大な戴冠式が執り行われた。彼女が最初に着手したのは有能な重臣の任命だった。エドワード6世時代に秘書官長だったセシル卿が同職に返り咲き（72年まで）、ニクラス・ベーコン（Nicholas Bacon: 1510-79──哲学者で政治家のフランシス・ベーコンの父）が王璽尚書となり、空席のカンタベリー大司教にはマシュー・パーカー（Matthew Parker: 1504-75）が叙任された。しかし人事刷新の規模は、ヘンリー8世はもちろんのこと、メアリー1世に劣った。

そこで、エリザベス1世が登位して5年ほどの宗教政策およびそれに関わるスコットランド、フランスへの出兵についてみてみよう。

首長令と祈祷統一令の復活

　エリザベスは59年1月25日に召集した最初の議会でヘンリー8世とエドワード6世の宗教政策を引き継ぐため、メアリー1世が廃止した首長令および礼拝統一令の復活を提起した。

　その当時のイングランドの情勢について、母国への帰途に着こうとしていたプロテスタントの亡命者ジュエルは、恩師ヴェルミーリ宛の1559年1月26日の手紙でこう綴っている。「サンディーズ、ホーンなどは無事イングランドに到着したと聞いています。女王は満足され、大いに歓迎されたようです」と。また、3月20日の同じくヴェルミーリ宛ての手紙には、「まだローマ教皇の姿がウロウロしているようです。国中至るところでミサが行われ、虚飾に満ちた邪な司教たちが跋扈しています。しかし、ようやくかれらの勢いは衰え始めており、やがて霧散霧消していくことでしょう。(中略)司教どもが厄介な困りものです。上院の貴族や学識者のなかに紛れ込んでいるからです。(中略)エリザベス女王はわれわれの主義主張を是とされていますが、思い切った改革には踏み出せないでいます。ひとつには女王の重臣たちの忠告によってすべてが執り行われているからですが、もうひとつはフェリペ2世の駐英大使であるスペイン人フェリア伯の影響もあるようです。それでも、期待よりも緩慢な感じですが、女王は断固として、しかし慎重にその目的を達成されようとしています」と (Birt, 1907: 99)。

　こうした流動的情勢のなかで、首長令と礼拝統一令が再公布された。いずれについてもセシル卿がその難しい実務を担った。最初の議会で首長令法案は下院を通過したものの、上院でカトリックの高位聖職者の反対にあって頓挫。そのため59年の復活祭後の議会に再提案され、首長 (supreme head) という言葉を最高統治者 (supreme governor) という曖昧な表現に和らげ、59年5月8日に承認された。

　また礼拝統一令のほうも、第2次祈祷書の内容(ツヴィングリ流の聖体象徴説)を聖体拝受説に近づける形に変えたほか、聖書のみならず、礼拝言語についてもラテン語でも英語でもよいとし、跪いて祈りを捧げること、司祭のコープも聖歌隊も教会音楽もこれまでどおりと修正された。しかし他方では、公式の場でのカトリックのミサは禁止され、祭壇は撤去され、聖像や聖遺物などの偶像も排除された。さらに、すべてのイングランド人は日曜日と祝日には教会での礼拝に出席することが義務づけられた。それを忘れば、12ペンスの罰金(2007年現在に換算すれ

ば、約11ポンド）が科されことになった。こうした修正を施したことによって、3票という僅差ながら礼拝統一法も議会を通過した。

同時に、この議会において、メアリー1世による悪法とみなされていた異端法復活令は破棄された (The Statutes of the Ralm, vol. 4, part 1: 350, 355; Gee and Hardy, 1896: 442-67; 石井、2009: 249-50)。

こうした法律制定とパラレルに、14人のカトリック司教が解任され、代わって「メアリーの亡命者」のうちから、かつてバース＝ウェールズ司教だったウィリアム・バーロー (William Barlow: 生年不詳、68年没) がチチェスター司教に、またすでにふれたように、前のチチェスター司教だったジョン・スコリー (John Scory) がヘリフォード司教に叙任され、前ベドフォード司教だったジョン・ホジキンズ (John Hodgkins: 生年不詳、60年没) が同職に再任された。そのほか、新たにグリンダル（ロンドン司教）、ピルキントン（ダラム司教）、サンディーズ（ウスター司教）、パーカースト（ノリッジ司教）、コックス（イリー司教）、ホーン（ウィンチェスター司教）、ジュエル（ソールズベリー司教）といった「メアリーの亡命者」たちが司教に叙任されたのである (Allen, 1928: 212, note 1)。

ウェストミンスター会議

復活祭で議会休会中の59年3月31日から4月初めにかけてウェストミンスター会議 (Westminster Conference) が開かれた。この会議には5人の司教を含む9人のカトリックの指導的聖職者と「メアリーの亡命者」を中心として同じく9人のプロテスタント[15]が出席した。イングランド教会の将来はどうあるべきかについて議論するというのが会議開催の名目だった。しかし実質的には、この会議での論争を通じてカトリックの影響力を削ぎ落とし、プロテスタンティズムの勢力を挽回してイングランド教会を蘇生させるというのがエリザベス1世やセシル卿の狙いだった。

会議では3つのテーマが提示された。第1に礼拝における使用言語、第2に礼拝様式の決定に関わる教会の権能、第3にミサに関する聖書の根拠である。これらテーマの立て方のなかにセシル卿や王璽尚書ベーコン、カンタベリー大司教パーカーらの狙いが透けてみえる。ベーコンが会議の議長を務め、カトリック穏健派のヨーク大司教ニコラス・ヒース (Nicholas Heath: c.1501-78 ——ヘンリー8世時

代の39年にロチャスター司教、43年にウスター司教、メアリー1世時代の55年にヨーク大司教に叙任、59年解任)が副議長になった。

ところが、会議の冒頭から文書による論点提示など議論の進め方について折り合いがつかず、会議は4月3日に延期された。しかし議長は、当日になって第2のテーマから討論すると言い出し、カトリック司教たちは不意を突かれた。かれらはフェアプレーで論争すべきであり、議長は中立でなければならない、と非難の声を挙げた。

上記3つのテーマに関するプロテスタントの見解は明白だった。第1のテーマについていえば、一般民衆が理解できない言葉で祈りを捧げ、秘跡の儀式を行うことは神の言葉と原始教会の実践に反する。第2のテーマについては、いかなる形式に則って礼拝を行うかはそれぞれ地方の教会が決めるべきである。第3に、聖餐式における聖体拝受という考え方はその根拠を聖書のなかに見出すことはできないというものだった (Birt, 1907: 100)。

したがって、論争とはいっても、第1のテーマでいえば、カトリック司教がラテン語の使用を支持し、プロテスタントが英語での礼拝を主張するのは火を見るより明らかであり、他の2つのテーマについても同様なことがいえる。ということは、いくら論戦を繰り返しても双方が合意に達するわけもなく、平行線のまま終わる可能性のきわめて高いテーマが選ばれたということである。

議長ベーコンは言葉巧みに、ときにはエリザベス女王の意向だと脅しながら、ふたりのカトリック司教を攻撃的言動へと誘導した。カトリック陣営の急先鋒だったリンカン司教トマス・ワトソン (Thomas Watson: 1515-84) とウィンチェスター司教ジョン・ホワイト (John White: 1510-60) は迂闊にもこの会議でエリザベス1世の破門について論ずることができるはずだと口を滑らせた。かれらは直ちに捕らえられ、ロンドン塔に送られた。論争2日目、4月3日の出来事だった。かれらの逮捕が首長令、礼拝統一法の議会通過を容易にしたことは否めない (Birt, 1907: 105-17; 'Westminster Conference 1559', WP)。

スコットランド出兵とエディンバラ条約

同じ59年の12月、セシル卿は躊躇する女王を説得し、スコットランドにイングランド軍を派兵した。スコットランドではノックスがジュネーヴから戻って半

年、宗教改革の嵐が吹き荒れていた。かれは草の根から宗教改革運動を盛り上げようとした。帰国後すぐに、かれは洗礼派のセント・ジョーン教会で偶像崇拝批判の説教を行った。煽り立てられた民衆は教会の祭壇を破壊し、フランチェスコ会やドミニコ会など多くの修道院を襲った。

(A) 二分された宗教勢力の確執について。その当時、スコットランド貴族も聖職者も大地主 (laird) も[16]、カトリックとプロテスタントに二分され、カトリックはフランスのシャルル9世 (在位1561-74年) を頼みとし、プロテスタントはエリザベス1世やセシル卿と気脈を通じていた。すでに57年12月、メアリー女王がフランス王太子フランソワと結婚することに反対し、プロテスタント貴族が「会衆諸侯派」(Lords of the Congregation ――最初は第1次信仰盟約 [the First Bond] といった) という名の集団を結成した。リーダーは第5代アーガイル伯のアーチボルド・キャンベル (Archibald Campbell, 5th Earl of Argyll: 1532/37-73) と初代マリ伯のジェームズ・スチュアート (James Stewart, 1st Earl of Moray: c.1531-70 ――ジェームズ5世と長年の愛人マーガレット・ダグラスの間に生まれた庶子) という有力な名門貴族だった。多くの大地主もその隊列に加わった。かれらがめざしたのは、スコットランドの宗教改革を進めるとともに、スコットランド=イングランド連合を結成することだった。

1559年にパース (Perth) でプロテスタントの反乱が起きたとき、プロテスタント貴族や大地主はノックスを軍事的に支援した。その敵対勢力はジェームズ5世の2番目の王妃メアリー・オブ・ギーズ (Mary of Guise: 1515-60) の軍勢であり、摂政シャテルロー公ジェームズ・ハミルトン (James Hamilton, Duc de Chatelleraut, 2nd Earl of Arran: c.1516-75) が指揮を執った。会衆諸侯派軍がスコットランド・フランス連合軍をフェイフ郡クパー (Cupar of Fife) で破り、59年6月にはエディンバラを陥落。しかし、まもなく戦局は膠着状態となり、7月25日にリース条約 (Articles of Leith) が結ばれて休戦となった。

この条約には、会衆派諸侯軍がエディンバラから撤退すること、しかし宗教帰属と礼拝様式は同市の判断に委ねること、「諸侯」は宗教事案を除いてメアリー女王、フランソワ2世、女王の摂政およびスコットランドの法律に従うこと、また「諸侯」はカトリックの教会人や修道士およびその財産に危害を加えないこと、女王の摂政はプロテスタントの聖職者とその財産に危害を加えないといった内容が盛り込まれた。

しかし、その休戦は半年も続かなかった。一方では摂政ハミルトンが同名の息子第3代アラン伯ジェームズ・ハミルトン (c.1532-1609) とともに会衆諸侯派に寝返り、他方では増強されたフランス軍が到着したからだった。そのため59年の年末にかけて諸侯派は軍事的に劣勢に立たされた。そこでエリザベス1世の支援を要請するため、急遽60年2月27日、ノーサンバーランドのベリック・アポン・ツイード (Berwick-upon-Tweed) で会衆諸侯派からはマリ伯スチュアート、またイングランド側からは第4代ノーフォーク公トマス・ハワードが出席してベリック条約 (Treaty of Berwick of 1560) が締結された。この条約に前後してイングランド海軍がファース・オブ・フォース (Firth of Force) に侵攻し、フランス軍をリースまで退却させた ('Articles of Leith', WP)。

ノックス自身の筆によれば、この条約は、フランスのスコットランド支配を排除するため、エリザベス1世はスコットランド貴族(会衆諸王派)を軍事的に支援すること、イングランド軍の駐屯地はシャテルロー公ジェームズ・ハミルトンに明け渡すこと、フランスによるスコットランド「支配」をメアリー女王とフランソワ2世の結婚以上には進ませないこと、フランスのイングランド侵攻があった場合、スコットランド貴族はフランスを攻撃すること、アーガイル伯キャンベルはイングランドの北アイルランド統治を支援すること、会衆諸侯派は4月10日までに6人の人質を差し出し、ニューカッスルに留めおくことなどが決められた (Knox, vol. 2, 1848: 45-52)。

(B) エディンバラ条約とスコットランド信仰告白について。さきのベリック条約を踏まえて、イングランド軍はスコットランドに進攻し、会衆諸侯派とともにフランス軍をリース城に追い込んで包囲。4月には両軍の和平協議が始まったが、一挙にその協議が煮詰まったのは6月11日のこと、メアリー女王の母であり摂政でもあったメアリー・オブ・ギーズが病死したからだった。

諸侯派の同意を得て7月5日、セシル卿とカンタベリーおよびヨーク大聖堂首席司祭ニコラス・ウォットン (Nicholas Wotton: c.1497-1567) がイングランドを代表し、フランスからはヴァレンス司教ジーン・ド・モンラック (Jean de Monluc: 生年不詳、1579年没) が出席して画期的なエディンバラ条約 (Treaty of Edinburgh of 1560) が調印された。イングランドとフランスの軍隊はそれぞれスコットランドから完全撤退すること、スコットランドとフランスの「古い同盟」を破棄すること、それに

代わって新たにイングランドとスコットランドの同盟関係 (Anglo-Scottish Accord) を構築すること、メアリー女王は今後イングランド女王と僭称しないこと、イタリア戦争終結時のカトー・カンブレジ条約 (特にイングランドのカレー放棄) を遵守することなどが決められた。

このエディンバラ条約が画期的というのは、この条約によって、一方ではスコットランドとフランスの「古い同盟」に決定的な楔が打ち込まれ、他方ではイングランドのカレー放棄を再確認したうえで、イングランドとスコットランドによる連合王国への道が切り開かれたからであり、もうひとつは、この条約によってスコットランドの宗教改革あるいはプロテスタント化の基盤が築かれたからである。

しかし、メアリー女王は会衆諸侯派の「勝利」を意味するエディンバラ条約の批准を67年まで拒み続けた。理由は3つ。第1に、この条約がスコットランドの宗教改革を力強く後押しすることになるからであり、第2に、会衆諸侯派が起こした「反乱」を容認することになるからであり、第3に、エリザベス1世をイングランド国王として承認し、メアリー自身の王位継承権を否定することになるからだった。しかし、もはやメアリー女王にその趨勢を押し止めるだけの力量はなかった。

このエディンバラ条約が大きな飛躍台となって、スコットランド宗教改革の気運が高まった。60年8月1日、エディンバラで伯爵14人、司教6人、諸侯19人、修道院長21人、都市代表者21人、大地主100人以上が出席してスコットランド議会が開かれた。

それまで、「大地主」が議会に出席するといった慣行はスコットランドにはなかった。そして8月17日、ノックスが中心になって作成した「スコットランド信仰告白」(Scottish Confession of Faith of 1560——「スコットランド信条」Scots Confession ともいう。) が承認され、24日には3つの個別法によって宗教改革にむけた法的手続きが動き始めた。スコットランドにおけるローマ教皇管轄権の破棄、ミサの禁止と違反者の懲罰 (まずは財産没収、ついで国外追放、最後は処刑)、秘跡の限定 (洗礼と聖餐のふたつ) とプロテスタント聖職者によるその執行、そしてカトリック教会の財産没収が定められた。これらの立法によってスコットランドはプロテスタント国家に転換したということができる (飯島、1976: 218-22; 'Scottish Reformation', WP)。

このエディンバラ議会はスコットランドにおける宗教改革議会といってよい。しかも、イングランドのヘンリー8世のときとは違って、議会での法案審議をめぐって激しい対立はなかった。すでにプロテスタンティズムがスコットランド社会の諸階層のなかにかなり浸透していたからである。一般民衆の反フランス的国民意識の高揚がそれを後押しした。新たな時代の扉が開かれようとしていた。改革されたスコットランド教会は長老派教会（presbyterian church）と呼ばれた。そこにはノックスによって移植されたカルヴァンの影響をみてとることができる。

以上みてきたように、エリザベス1世は1558年11月17日に登位するとすぐに首長令と礼拝統一令の復活に着手した。ヘンリー8世が創設したイングランド教会を再興すること、エドワード6世の第2礼拝統一令を多少の手加減を加えてでも再生させることがイングランド統治の基盤になると判断してのことだった。エリザベスには、メアリー1世によるカトリック化の潮流を反転させ、宗教改革の振り子をプロテスタント化の方向に揺り戻したいという強い願いがあった。

エリザベスはこれらふたつの法令の議会通過を容易にするため、帰国したばかりの「メアリーの亡命者」たちの力を借りてウェストミンスター会議を開催し、メアリー1世によって叙任されたカトリック司教たちの勢力を削ぎ取った。さらに、セシル卿の進言を入れ、スコットランドに派兵してスコットランドとフランスの「古い同盟」を破砕し、新たにスコットランドとの紐帯を切り結び、スコットランド宗教改革というもうひとつの大きな歴史的歯車に手を懸けた。すべて即位して1年半ほどの出来事である。

けれども、エリザベス1世とスコットランドの関係はこれで終わったわけではない。ひとつはスコットランドのメアリー女王の再婚、彼女の退位とイングランドへの逃避、そして処刑（1587年）といった出来事があったからであり、さらに70年前後に3つの出来事、すなわち第1に北部の反乱、第2にローマ教皇ピウス5世によるエリザベス1世の破門、第3にリドルフィの陰謀が起きたからである。これらの事件はいずれもカトリック勢力によるエリザベス1世に対する激しい非難であり、攻撃だった。しかも、北部の反乱とリドルフィの騒擾はスコットランドに関わりがある出来事だった。

しかし、それらについてみるまえに、時間の順序を追って、62年から63年に生じたいくつかの事実に注目しなければならない。

ユグノー戦争の始まりとフランス出兵

　この時期の宗教改革に関わる対外関係として見落とせないのが8次、40年弱にわたるユグノー戦争（1562-1598年——フランスでは宗教戦争［Guerres de religion］）である。

　16世紀半ば、アンリー2世の治世（在位1547-59年）になると、フランス国内でもルター派よりもカルヴァン派が優勢になり、かれらに対する宗教的弾圧がめだつようになった。異端審問が強化され、火刑される者が増えた。カルヴィニズムは階層や地域の違いを超えてフランス社会に浸透し、59年にはカルヴィニストがパリに集い、最初の全国カルヴィニスト信徒集会まで開かれるようになった。

　折しも59年7月10日、国王アンリー2世が事故死したため、ギーズ家が実権を掌握した。その中心人物だったギーズ兄弟のうち、兄のギーズ公フランソワ・ド・ギーズ（François de Guise: 1519-63）はカレーをイングランドから奪還したときの指揮官であり、弟のロレーヌ枢機卿シャルル・ド・ロレーヌ・ド・ヴォーデモン（Charles de Lorraine de Vaudémont: 1561-87）はフランスのカトリック教会の最高位にあった。ふたりはいずれ劣らぬ熱狂的なカトリックだった。

　その当時、ギーズ兄弟に反発し、敵愾心を燃やすプロテスタント貴族も少なくなかった。1560年3月、そうしたプロテスタント貴族の一人であるラ・ルノーディ侯のジャン・デュ・バリー（Jean du Barry: 生年不詳、1560年没）が中心になってギーズ兄弟の排除を画策した。しかし、その企てが事前に発覚して数百人が処刑されるというアンボワーズの陰謀（Conjuration d'Amboise）という事件が起きた。その反動として、ルーアンやラ・ローシュのユグノーたちがカトリック教会を襲って聖像などを破壊した。類似の騒擾が他の都市に広がった。カトリック住民の報復があって、両者の流血騒ぎになった。

　こうしたなかで、62年1月、カルヴァンの弟子テオドール・ド・ベーズとロレーヌ枢機卿が会談し、それを踏まえてシャルル9世の母であり、その摂政となっていたカトリーヌ・ド・メディシス（Catherine de' Medici: 1519-89）によって、カトリックとプロテスタントの争いを止めさせるためのサン・ジェルマン勅令（1月勅令）が出された。その結果、ユグノーは城壁内や屋内であれば、礼拝を許されることになった。

しかしその矢先、3月1日、ヴァシーの虐殺(Massacre de Wassy)と呼ばれるユグノーに対する弾圧事件が起きた。強硬派ギーズ公の兵士が偶発的事情から武器をもたないユグノー62人を殺害し、100人以上を負傷させてしまった。この虐殺事件がきっかけになってフランスの宗教戦争、長いユグノー戦争が始まった。

ユグノーたちは9月22日、エリザベス1世に援軍を求めてハンプトン・コート条約(Treaty of Hampton Court of 1562)を結んだ。ユグノーの旗頭にはブルボン分家のコンデ公ルイ・ド・ブルボン(Louis de Bourbon, prince de Condé: 1530-69)がなっていた。イングランドでは、フランスでギーズ兄弟の権力が強まり、スペインとフランスの同盟関係が生み出されることに対してセシル卿は強い懸念を抱いていた。

この条約によって、イングランドはユグノーに対する援軍として3000人を派兵すること、くわえて経済的支援も行うこと、その見返りとしてユグノーはル・アーヴル(Le Havre)、ディエップ、ルーアンをイングランドに割譲することになった。

派兵されたイングランド軍は10月にル・アーヴルを陥落させ、その後も占領を続けた。エリザベスには、その地をメアリー1世のときに失ったカレーの代替地にしたいという思いがあった。これに対して、摂政カトリーヌ・ド・メディシスはカトリックとユグノーの連合軍を編成、ル・アーヴルに侵攻した。そして63年7月28日、イングランド軍を破って同地を奪還した。エリザベスはユグノーに裏切られたと感じ、以後二度とユグノーを信頼することはなかった。この派兵はエリザベスのカルヴィニストに対する不信感を煽ることになった。

ともあれ、スコットランド出兵時のベリック条約といい、フランス派兵時のハンプトン・コート条約といい、いずれも会衆派諸侯やユグノーからの支援要請に応える形で、エリザベス1世がイングランド軍を差し向けたものだった。前者はエディンバラ条約という大きな成果をもたらしたが、後者で得るものはなかった('Guerres de Religion', 'French Wars of Religion', WP)。

39ヵ条(1563年)の制定

イングランド国内に目を転じてみよう。すでにみたように、エリザベスは59年に首長令と礼拝統一令を復活させたが、肝心のイングランド教会の教義をどう

するかという大きな課題が残されていた。エドワード6世が亡くなる直前に勅令として公布したクランマーの手になる「42ヵ条」(1553年)がその格好の手懸かりとなった。

10年前に比べると、エリザベスによる王位継承直後の時代、一方ではメアリー1世時代にカトリシズムが蘇生し、いまも侮れない勢力となっていた。他方、「メアリーの亡命者」が大陸から続々と帰国し、かれらの一部がイングランドに移植しようとしていた急進的プロテスタンティズムがカトリシズムに優位するほどの影響力をもち始めた。

そうした油断のならないふたつの宗教的勢力との緊張関係のなかで、エリザベスは何を企図したのか。彼女は伝統的なカトリシズムにも急進的プロテスタンティズムにも与しない中庸的「解決」(settlement)をめざした。彼女の半世紀に近い治世を通じてこの基本原理が揺らぐことはなかった。カトリックを完全に排除することなく、かといって「メアリーの亡命者」の考えも一部受け入れながら宗教的「解決」を図り、イングランドをプロテスタントの国にするという戦略だった。

すでにみたように、イングランド教会の教義づくりはヘンリー8世時代の「10ヵ条」(1536年)から『司教の書』(1537年)へ、「6ヵ条」(1539年)から『国王の書』(1543年)へという変遷をたどり、エドワード6世時代になって上記の「42ヵ条」が作成された。「10ヵ条」から『国王の書』にいたる流れは緩やかなカトリック化といってよいが、逆に「42ヵ条」はプロテスタント化にむかう変化だった。その延長線上に位置づけられる「39ヵ条」はカンタベリー大司教マシュー・パーカーが嚮導し、かれが召集した63年の聖職者会議(convocation of 1563)によって承認されたものだった。

そこでこの会議を追ってみよう。会期は63年1月11日から4月14日までの3ヵ月。この会議で見落とせないのは、4年前のウェストミンスター会議のときとは違って、出席者はイングランド教会派か急進的プロテスタントあるいはピューリタンだった。会議には20人の司教(聖職者会議上院のメンバー)が出席したが、そのなかに12人の「メアリーの亡命者」がいた。コックス、スコリー、グリンダル、ジュエル、ホーン、サンディーズなどの名前がみられる。また、50人強からなる聖職者会議の下院にも27人の「メアリーの亡命者」がいた。

では、どのような手続きで「42ヵ条」が見直されたのか。ひとつは、その各条

を継承すべきものと破棄すべきものに振り分けていくこと。もうひとつは、新たに付加する条文や文章表現など修正すべき点について検討することだった。エリザベス1世は聖職者会議で合意された「39ヵ条」ではあったが、カトリックに対して過度に攻撃的とみなされないようにするため、第29条の公表を憚った。無用な刺激を与えたくないという配慮からだった。

しかしそうした気配りも、70年にローマ教皇ピウス5世(在位1566-72年——異端審問官の経験が長く、カトリシズムの再生に強い意欲をもった人物)よってエリザベスは破門されたため不要となり、71年にその29条も公表された。

その「39ヵ条」の中身をみるまえに、「42ヵ条」との異同についてふれておこう。大きく分けて3つの修正が施された。

第1に、「42ヵ条」のうち、「39ヵ条」になって破棄された条項は7つ。すなわち、①第10条(神の恵みについて)、②第16条(聖霊に対する冒瀆)、③第19条(律法を守る義務)、④第39条(死者の蘇りの未遂)から、⑤第40条(死者の霊魂の不滅)、⑥第41条(異端的寓話としての至福千年)、⑦第42条(虚偽としての万人の永久的救済)までの合計7つ。第39条から42条まではすでに重要性を失った再洗礼派の教義といってよい。また第19条は「39ヵ条」の第7条(旧約聖書について)に吸収された。

第2に、「39ヵ条」で新たに4つの条項が付加された。①第5条(聖霊について)、②第12条(善い業について)、③第29条(邪悪な者または活ける信仰を欠く者は聖餐に与ってもキリストの身体を食することにはならないこと)、④第30条(二種陪餐について)の4つである。

第3に、「39ヵ条」になると、第6条で新旧約聖書の正典文書が正確に列挙され、第22条では秘跡の数がふたつに限定され、第28条において聖体拝受説を否定するといったように、全体17の条項について、「42ヵ条」の当該箇所を削除したり、あるいは詳しい説明を加えたりした(Hardwick, 1876: 105, 346-8; Schaff, 1877, vol.1: 626-9)。

こうして策定された「39ヵ条」にはいくつかの特徴をみてとることができる。第1に、アウグスティヌス、ルターや「アウクスブルクの信仰告白」(1530年)、カルヴィニズム、エラストゥス主義(国王が宗教事案に関する決定権限をもつという思想)など、さまざまな教義がその陰を落している。第1条(三位一体の信仰)、第2条(神性と人性の結合)にみられる神の顕現といった考え方はカトリシズムにもプロテス

タンティズムにも共通するものである。

　第2に、第9条(原罪)、第10条(自由意志)といった条文にはアウグスティヌス、メランヒトン、ツヴィングリに通じるものがある。

　第3に、カトリシズムの多くの誤謬が指摘されているが、その批判はプロテスタンティズムあるいは福音主義によって広く共有されていた。たとえば、煉獄は存在しないし、偶像崇拝は誤った教義である(第22条)。秘跡は洗礼と聖餐(晩餐)のみがそれに該当し、堅信式、告解、聖職按手式、結婚、終油は秘跡ではない(第25条)。聖体拝受についていえば、二種陪餐説が正しい。また聖体拝受説あるいは化体説は聖書によって証明できない虚偽の教義である(第28条および第30条)。カトリシズムとは異なり、聖職者の結婚は許される(第32条)。その他、第6条(聖書の無謬性)、第7条(人の義)、第8条(善き業)、第19条(教会)、第20条(教会の権威)、第25条(聖餐)はルター、ツヴィングリ、カルヴァンに共通した考え方だといってよい。

　第4に、第17条(予定と選び)と第28条(聖餐について)にみられる主張は穏健なカルヴィニズムということができる。

　第5に、第37条(国の統治者)はイングランドの首長令によって体現されているが、エラストゥス主義に系譜につながるものである。

　第6に、第35条(説教集)では祈祷書を、また第36条(聖職者の聖別と叙任)ではイングランド国教会における聖職者の叙任を肯定的に取り上げている(Schaff, 1877, vol.1: 630-1)。

　ひとつふたつ補足しておこう。第10条は、人間の自由意志にふれて、神の恵みと善き意志がともに働くのでなければ、「私たちは、神が喜びかつ受け入れる善き業を行う力をもたない」と明記されている。第12条の「善き業(good workes)について」では、善き業のみでは原罪を取り除くことはできない。その善き業は「活ける信仰から必然的に生まれてくる」。その「活ける信仰は善き業によって明瞭に知られる」と書かれている。第11条の「人の義とされることについて」では、私たち自身の善き業や功労によってではなく、「救済主たるイエス・キリストの功績によってのみ、信仰によって神の前に義とされる」(We are accepted righteous before God, only for the merit of our Lord and sauiour Jesus Christe, by faith[17], and not for our owne works or deseruynges —— Schaff, 1877, vol.3: 494)とあり、その直後に「私たちは

信仰によってのみ義とされる」(that we are justified by fayth only) と続いている。しかし引用文の「信仰によって」の位置取りがいかにも不安定である。「イエス・キリストの功績」が決定的だが、それにくわえて「信仰によって」という理解でよいようにみえる。

これら3つの条文を予断なく読むかぎり、一方において人間の「善き意志」や「善き業」のみによっては原罪を払拭し、神の前で義となることはできない。しかし、「善き意志」「善き業」「信仰」はどうでもよいのかといえば、そうではない。「信仰によって」人は神の前で義となると記されている。問題は「神の功績」「神の恵み」と人間の「善き意志」「善き業」「信仰」との関係である。約めていえば、「神の恵み」「神の功績」が決定的だが、それに加えて「善き意志」「活ける信仰」が働くことによって原罪を贖い、神の前に義となる。そういう主張であるようにみえる。

そうであれば、こうした考え方はメランヒトンやツヴィングリの神人協力(協働)説、さらに遡れば、アウグスティヌスによる神の恩寵と自由意志の関係についての教説、誤解を恐れずにいえば、『自由意志論』(1524年)におけるエラスムスの考え方にも通じている。

また、第12条の「活ける信仰」が「善き業」によって明瞭に知られるというくだりも注目される。もし善き業を天職と読み直せば、天職への精励が活ける信仰の証しとなるからである。しかしなお、その活ける信仰とそれが生み出す善き業だけでは、罪を償い、神の厳しい審判に耐えることはできない。それほどに、神の恵みと神の功績は決定的である。

もうひとつ、第17条の「予定と選び」についてもみておこう。「神は人類のなかからキリストが選ばれた者を、(神の)栄光のために造られた器として永遠の救いに決定されている」とある。また、「かれら(選ばれた者)は敬虔に善き業のなかを歩み、ついに神の慈しみによって永遠の浄福に至る」(一部改訳、カッコ内は引用者)とも記されている。

ここには、わずかの者だけが選ばれるという表現こそないが、その選ばれた者は「敬虔に善き業のなかを歩む」とされている。けれども、その「善き業」が選ばれた者の証しになるとまでは書かれていない。したがって、「善い業」といっても、それはカルヴィニズムがいう禁欲的プロテスタンティズムの天職概念とは異なる。むしろ、ここにはさきの神の恩寵と人間の自由意志の関係づけと酷似したパター

ン、つまり神人協働説をみてとることができるようにみえる。

しかしながら、救済への予定と選びは神のみの業だとしても、選ばれた者は善き業を行うのだという。翻って、もし選ばれなかった者は善き業を行うことがない、あるいはできないのだとすれば（そうは明言されていない）、善き業を行う者は選ばれし者の証になるのではないか、という自然な推論が生まれてくるのではないか。その意味でいえば、この第17条は天職概念まであと一歩といってもよいのかもしれない。

ところで、エリザベス1世が「39ヵ条」のなかで当初公表を憚った第29条（邪悪な者または活ける信仰を欠く者は聖餐に与ってもキリストの身体を食することにはならないこと）では、「アウグスティヌスがいうように」と断ったうえで、パンと葡萄酒による二種陪餐がキリストの肉と血に変化するという聖体拝受説あるいは化体説は邪悪な者あるいは活ける信仰をもたない者の考えであり教えであるとし、直前の第28条（聖餐について）の議論を再説したものとして読むことができる。この第29条に関してエリザベス1世が懸念したのは、「邪悪な者」「活ける信仰を欠く者」という過激な表現だったようにみえる（「イングランドの教会の三十九箇条」木下量熙訳『宗教改革著作集』541-61）。

ともあれ、この「39ヵ条」は前にも書いたように、17世紀半ばの大内戦あるいはいわゆるピューリタン革命のときに一時停止されたが、そののち王政復古によって復活し、21世紀の現在までその強靭な生命力を保っている。

その内容については、カトリシズムと急進的なプロテスタンティズム（再洗礼派を除く）の中間をいくといった理解もあるが、それは必ずしも正確でない。言葉の正確な意味で「中庸」といえば、そうかもしれないが、距離感覚でいえば、この「39ヵ条」の精髄にあるのは明らかにカトリシズムを批判する反カトリック的なものであり、近世プロテスタンティズムの一角を形成するものだといってよいだろう。

のちにフッカーの『教会統治の諸法について』（第1-5巻、1593-7年）に関連してふれるが、エリザベス時代に用いられた「中道」あるいは「中庸」（via media）という言葉の真意は「足して2で割る」といった意味ではない。「生き生きとした相互媒介あるいは対話」、いいかえれば、極端な立場を廃しつつ対立を止揚していくという主体的な営みのことを指している。

祭服論争

　この63年の聖職者会議で取り上げられたテーマのひとつが祭服着用の是非についてである。この祭服論争もイングランド教会派とカトリックではなく、一部の急進的プロテスタントとイングランド教会派との争いだった。それはイングランド国王の宗教的教化 (edification) にかかわる問題だった。

　(A) イングランド教会と「メアリーの亡命者」との論争について。この祭服論争はエドワード6世時代に遡る。そのときの祭服否定論者の急先鋒はジョン・ホッパーだった。彼はメアリー1世時代ではなく、ヘンリー8世時代の亡命者であり、48年に帰国。彼はサマセット公、ノーサンバーランド公の時代にも指導的なプロテスタントとみなされ、エドワード6世の面前で説教する機会もあった。そのホッパーは49年の勅令で命じられたコープ (高位聖職者が公式行事や特別の礼拝時に身に纏うマント形法衣) やサープリス (聖職者が着る短白衣) の着衣はユダヤ教あるいはカトリシズムの名残であり、聖書に照らして否定すべきものだと発言した。

　かれはグロスター司教に叙任される機会があったが、それを断った。エドワードはホッパーの立場を容認したが、枢密院は批判的姿勢を崩さなかった。1550年5月15日、再度召喚された際、ひとつの妥協案が示され、ホッパーはそれを承諾した。その妥協とは、この祭服の着衣をアディアフォーラ (adiaphora ——無関与主義あるいは寛容主義。すなわち聖書が命じても禁じてもいない場合には、その行為は個人の自由に委ねられるという考え方) の対象とするというものだった。

　しかしその後も、この祭服論争はホッパーとロンドン司教リドリーの間で再燃した。ホッパーがその主張の根拠としたのは、『ローマ人への手紙』第10章17節 (「信仰は聞くことによるのであり、聞くことはキリストの言葉より来る」) とその第14章23節b (「すべて信仰によらないことは罪である」) であり、また『マタイ福音書』第15章13節 (「神によって植えられなかったものは、すべて抜き取られるであろう」) だった。無関与あるいは寛容の対象となるものも、神の言葉である聖書にその典拠がなければならないというのがホッパーの考えだった。しかしリドリーは、聖書に記されていない多くの非論争的行為が存在すると反論し、くわえて原始教会の実践が今日の規範でならなければならないという考え方にも異議を唱えた。

　そこに浮き彫りされていたのはイングランド教会の立場と急進的プロテスタ

ンティズムとの差異であり、聖書でいえば、イングランドの「大聖書」と「ジュネーヴ聖書」との落差であった。

　しかし、ふたりの論争は容易に決着しなかった。ブリンガー、ヴェルミーリ、ブツァーはホッパーの主張に理解を示したが、そのあからさまで非同調的な態度と行動には批判的だった。1551年1月27日、ホッパーは逮捕、投獄された。それを伝聞したカルヴァンとブリンガーはホッパーに手紙を書き送った。カルヴァンからの書面には、祭服をめぐる争いごとは貴方が激しく抵抗しなければならないほど重大な問題なのだろうか、とあった。その効あってか、ホッパーは祭服着用を容れ、1ヵ月程あとの3月8日、グロスター司教に叙任された。こうした経緯を踏まえて、52年の第2祈祷書では祭服に関する規定は削除された。

　ちなみに、このホッパーが55年2月9日、メアリー1世によるプロテスタント迫害の初期の犠牲者となったことについてはすでにふれたとおりである。

　そののち、「メアリーの亡命者」の間で繰り広げられたフランクフルトでの論争でも、副次的ながら祭服問題が話題になった。しかし、イングランド教会派のコックスも祭服の使用を強要しなかったため、論争は収まっていた。ところが、かれらが帰国すると争いが再燃した。高位聖職者が多かった祈祷書派（イングランド教会派）は祭服着用を重視したが、低い地位におかれがちだった急進的な亡命プロテスタントたち[18]はジュネーヴの「国際規準」を遵守したいと考え、祭服使用に異を唱えた。

　エリザベス1世の時代になると、礼拝統一令が再公布され、非同調主義は容認しがたいものとされた。祭服のアルバ（Alb ──司祭が着るリネンの白衣）やコープ、カズラ（chasuble ──司祭が纏う袖なしの式服）の着用が義務づけられた。

　しかし、それに不満な「メアリーの亡命者」は少なくなかった。ラティマーの姪と結婚し、ストラスブルクに逃れ、「ジュネーヴ聖書」の翻訳者のひとりとなったピューリタンのトマス・サンプソン（Thomas Sampson: c.1517-89）は友人のヴェルミーリ門下の俊英ローレンス・ハンフリー（Lawrence Humphrey: c.1527-90 ──バーゼル、チューリッヒ、フランクフルト、ジュネーヴに滞在し、帰国後の60年、オックスフォード神学欽定講座教授に就任。同大マグダレン・カレッジ学寮長）とともに、60年代の前半、カンタベリー大司教パーカーと対峙して祭服論争の旗頭となった。その過程でサンプソンは祭服問題についてブリンガーやヴェルミーリに意見を求めた。最

終的には、ブリンガーたちも祭服着用を受け入れた。主要な司教たち、すなわちコックス、グリンダル、ピルキントン、サンディーズ、ジュエル、パーカーストは——サンディーズやグリンダルは非同調主義者に共感していたが——、サンプソンやハンフリーとは袂を分かった。

　こうした気運のなかで63年1月から3ヵ月間にわたって聖職者会議が開かれ、メインテーマの「42ヵ条」の改訂作業が始まった。サブテーマではあったが、祭服着用の問題もひとつの論争の種だった。そのなかで祭服着用停止を求める祈祷書改正案が提示された。しかし、それはパーカーら保守派の反対にあって否決された。この決定には、エリザベスが59年の祈祷書に基づく礼拝様式の「統一」が重要であると考えていたことが与って力があった。

　この改正案に賛成した急進的プロテスタントはいずれも聖職者会議の「下院」メンバーであり、チチェスター司教代理 (chancellor) ウィリアム・ブラドブリッジ (William Bradbridge: 1501-78 ——のちにエクセター司教)、ウースター主席司祭 (dean) でフランクフルト亡命者のジョン・ペッダー (John Pedder: c.1520-71 ——「39ヵ条」には署名)、ハンティンドン司教次席 (archdeacon) でジュネーヴ亡命者であり、ケンブリッジ大学の卓越したカルヴァン主義者ロバート・ボーモント (Robert Beaumont: 生年不詳、1567年没)、イリー司教次席でフランクフルト亡命者のロバート・ウィズダム (Robert Wisdom、生年不詳、1568年没)、それにトマス・ランカスター (Thomas Lancaster) の5人だった。そのほか、エセックス司教次席でフランクフルト亡命者のトマス・コール (Thomas Cole、生年不詳、1571年没) とロンドン司教次席のジョン・ミュリンズ (John Mullins、生年不詳、1591年没) が棄権した。

　それでもこの会議の最中、63年3月20日になって、パーカー、コックス、グリンダル、ホーン、ギーストら5人の「聖職者コミッショナー」(Ecclesiastical Commissoiners) に対して、20人の高位聖職者からひとつの請願書が出された。自分たちの祭服着用は免除してほしいというものだった。パーカーとギーストは反対したが、その申し出は他の3人が賛成し、承認された。その20人のなかにはカヴァーデール、サンプソンとハンフリー、フォックス、コールとミュリンズ、ロバート・クローリー (Robert Crowley: c.1517-88) などが含まれていた ('Vestments Controversy', 'Convocation of 1563', WP)。

　(B) 非同調主義者・ピューリタンの登場について。こうして、63年の聖職者会

議での祭服論争はいったん決着をみた。しかし、その後もこの問題は長く尾を引くことになった。エリザベス1世の「中庸的」解決政策に反対する急進的なプロテスタントである「非同調主義者」(Non-comformists) が次々と現れたからである。聖職者会議から3年した66年3月、非同調主義者に対する取り締まりが厳しさを増した。ロンドンの聖職者たちは祭服を纏ってカンタベリー大司教のロンドン公邸であるランベス宮殿に集まるように指示された。そしてその場で不抗争答弁書 (nolo contendere ——祭服着用を是としないが、カンタベリー大司教らの見解には反対しないという内容) に署名するよう求められた。61人が署名したが、37人が拒否した。同意しなかった聖職者は3ヵ月以内に翻意しない場合、その職位を剥奪すると伝えられた。そうなっても、頑なに同調を拒んだ聖職者をさして初めて公式に「ピューリタン」という言葉が使われた。

　上記の教区司祭クローリーは不抗争答弁書に署名したが、まもなく祭服着用を公然と批判し始めた。これまでにも、かれはヘンリー8世による修道院解散を捉えて、ローマ教会の堕落を「別の腐敗」に置き換えたにすぎないと非難していたし、またエドワード6世の宗教改革を「不徹底な失敗だった」と批判した人物であり、その「過激な」発言で知られていた。クローリーはその後も祭服着用問題をめぐって幾度も女王やカンタベリー大司教の対応を批判しつづけ、顰蹙を買った。かれは投獄も厭わないといい、聖務停止処分にならないかぎり、同じ主張をくりかえすと胸を張った。その挑戦状ともいえるのが66年春に公刊されたクローリーの著書『カトリック教会の祭服着用に反対する小論』(*A Brief Discourse against the Outwarde Apparel of the Popishe Church*, 1566) である。コリンソンはこの著作を捉えて「最も早いピューリタン宣言」だといっている (Collinson, 1967: 77)。クローリーはそのタイトルにある「ローマ・カトリック教会」(popishe church) という言葉にイングランド教会 (国教会、アングリカニズム) を重ねており、それがこの作品の内容を象徴していた。しかし5月にはその出版を引き受けた印刷業者ヘンリー・デーナム (Henry Denham) が逮捕され、クローリーも6月から10月まで自宅軟禁された。そして10月28日、エリザベス女王からカンタベリー大司教パーカーとロンドン司教グリンダルに対してクローリー問題を解決するようにという指示が出された。その結果、クローリーは68年までの2年間のうちに辞職するか、さもなければ聖職者から追放すると告げられた。最終的には、クローリーは印刷業に戻っていった。

しかし、そうなるまでのあいだ、エリザベス1世のほか、パーカーやグリンダルらイングランド教会派の指導者は、クローリーを含むピューリタンたちから祭服着用反対の激しいパンフレット攻勢に曝され、礼拝「統一」政策がくりかえし非難された。そのピューリタン[19]曰く——、かれら（イングランド教会のお歴々）が祭服も含めて何の役にも立たない儀礼や祭式にこだわっているのは愚かなことであり、祭服着用をアディアフォーラ（宗教的寛容）の対象にしなければならない根拠など聖書にはない。いまになっても祭服着用などというのはカトリック教徒を勇気づけるだけだ、と。

クローリーの考えはノックスやポネットほど急進的なものではなかったが、自分の思想はブリンガーやカルヴァンによって支持されており、ブツァー、ヴェルミーリ、リドリー、ジュエルらもことごとく祭服着用反対論者であるとみなしていた。そうした判断もあってのことだろう、ついにクローリーはパーカーらを名指して「血塗られた迫害者」（bloudy persecuters）と言い切り、かれらは「イエス・キリストの輝かしい福音を穢している」とまで痛罵した。

ここまでくると、クローリーの言動は首長令を蔑ろにし、国家反逆罪に値する物言いだといわれても仕方がない。それがパーカーの判断であり、その帰結がクローリーの聖職追放だった。しかし、その措置はかなり寛大なものだったといえるかもしれない。ひとつの背景はピューリタニズムがすでに侮れない勢いになっていたこと、もうひとつはエリザベスがピューリタン弾圧に慎重だったことが挙げられる。

ここで、エリザベス治世下における宗教的弾圧、具体的には殉教者の数と時期について補足しておこう。45年間のエリザベス時代においてプロテスタントの殉教者は合計6人。その時期は75年が2人（アールゲイトの秘密礼拝集会のメンバーだったオランダ人）、79年、83年、87年、89年が各1人だった（そのうち3人は鋤づくり職人、皮なめし業者、聖職者）。再洗礼派など、すべて名もなき急進的なプロテスタントだった。

一方、カトリックの殉教者は70年から75年の間に5人。のちにみる北部の反乱（1569年）やローマ教皇によるエリザベス破門状の公示に関わって国家反逆罪に問われた者たちだった。その5人とは、第1に北部の反乱のリーダーであり、公開斬首された第7代ノーサンバーランド伯トマス・パーシー（John Percy: 1528-72

——同名のかれの父第6代ノーサンバーランド公ヘンリー・パーシーも恩寵の巡礼に関わって処刑)、第2にメアリー1世時代の有力なカトリック指導者としてクランマーの裁判にも関与し、69年の北部の反乱にも参加、スペインの第4代アルバ公フェドリケ・アルバレス・デ・トレド (Fadrique Álvarez de Toledo: 1537-83) にイングランド進攻を促し、絞首刑ののち死体を引き裂かれたジョン・ストリー (John Story: 1504-71)、第3に北部の反乱に関与して絞首刑になった教区司祭のトマス・プラムツリー (Thomas Plumtree: 生年不詳、1570年没)、第4に教皇によるエリザベス破門状をコピーしてロンドン司教邸の門扉に張り出し、生きたまま身体を裂かれたジョン・フェルトン (John Felton: 生年不詳、1570年没)、第5に秘密裏にミサを行い、エリザベス1世の退位を要求し、生きたまま内臓を抉られたトマス・ウッドハウス (Thomas Woodhouse: 生年不詳、1573年没) がその面々だった ('List of Protestant Martyrs of the English Reformation', 'List of Catholic Martyrs of the English Reformation', WP)。

このように、殉教者数だけみても、エリザベスによるカトリックや急進的プロテスタントに対する対応は「血塗られたメアリー」とは異質なものだったといってよいだろう[20]。

しかし60年代後半になっても、イングランド教会とピューリタンの応酬は収まらなかった。1566年には、非同調主義者によって聖アンブロジウス[21]、エラスムス、ブツァー、ヴェルミーリ、メランヒトン、ラスキ、ブリンガーなどの文章を引いて、祭服着用をはじめ礼拝儀式の細目に関するイングランド教会派(アングリカニズム)の考え方を批判する小冊子が出版された。これに対して、イングランド教会派もメランヒトン、ブリンガー、ヴェルミーリらの書簡を引いた反駁冊子を刊行した。すると、それに応えて非同調主義者のさきにもふれたアンソニー・ギルビー (Anthony Gilby——カルヴィニストであり、ウィッティンガムを助けて「ジュネーヴ聖書」を翻訳した人物) やピルキントンのふたりが編者になって、カヴァーデール、ウィッティンガム、サンプソン、ハンフリー、レヴァー、クローリらの文章を集めた冊子を編むといった出版合戦になった。

こうしたやりとりのなかから次第に浮かび上がってきたのは、まずイングランド教会派(アングリカニズム)に批判的なピューリタンが自立し、ついでそのピューリタンのなかから分離主義者 (separatist) が独立していったということである。再洗礼派などの「異端」を除けば、この分離派あるいは会衆派がまずはイングラン

ド教会とは最も遠い存在となった。

　以上、祭服論争は表面的にはパーカーらの勝利に終わったようにみえるが、実際にはエリザベス1世の念願であり、またパーカーらイングランド教会の指導者がめざしていた祭服を含む礼拝様式の「統一」という宗教的かつ政治的目的は達成されず、それとは真反対の結果に終わったということである。非同調主義に弾みがつき、そのなかから分離派まで生み出すことになった。

　しかし、こうした意図せざる結果にもかかわらず、エリザベスは宗教的中庸に基づく「解決」の道を突き進んでいった。じっさい、その後も1570年前後にカトリシズムからの反撃があり、それに踵を接してピューリタニズムから別の反旗の狼煙が上がったが、エリザベスの基本政策と理念に揺らぎはなかった。それでも、その対応方法は次第に先鋭化し、特にホイットギフトがカンタベリー大司教になった83年以降になると、カトリックとプロテスタントの双方に対して公然たる迫害政策が取られるようになった。

カトリシズムの反撃

　まず、1570年を前後して起きたエリザベス1世に対するカトリックの攻勢を追ってみよう。3つの動きが見落とせない。第1にカトリック諸侯による北部の反乱、第2に教皇ピウス5世（在位1566-72年）によるエリザベス1世の破門、第3にリドルフィの反乱である。

　(A) 北部の反乱(1569年)について。すでにみたように、ヘンリー8世の時代、恩寵の巡礼(1536年)やビゴットの乱(1537年)など30年以上も前になるが、北部リンカンシャーやヨークシャーで「上からの」宗教改革に反対する農民蜂起があった。

　その後も、イングランド北部の有力貴族のなかにはカトリックに帰依しつづける者が少なくなかった。中央王権の目が届きにくい北部は概してカトリック信仰が根強い保守的な土地柄であり、姿をみせない君主よりも地方の領主に忠誠心を寄せる傾向がみられた。16世紀半ばすぎ、北部の「治安は不安定で、経済は立ち後れ、民の間には（イングランド）国教会を押しつけられた怒りが澱のように沈んでいた」（石井、2009: 348 カッコ内は引用者）。

　北部の反乱の契機になったのはスコットランドのメアリー女王の廃位とイン

グランド亡命、そして新たな結婚問題だった。まず、彼女の廃位と亡命からみてみよう。

1561年にフランスから帰国したスコットランド女王メアリー・スチュアートは65年7月29日、周囲の反対を押し切って、自分と同じくマーガレット・テューダーの孫であるダーンリー卿ヘンリー・スチュアートと再婚し、翌66年6月19日にはジェームズ王子（のちのジェームズ6世、イングランド王ジェームズ1世）をもうけた。しかしふたりの不仲は続き、それから8ヵ月ほどしてダーンリー卿が殺害されてしまう。女王メアリーと彼女の3番目の夫となった第4代ボスウェル伯ジェームズ・ヘップバーン (James Hepburn, 4th Earl of Bothwell: 1535-78) の仕業ではないかという噂が立ち、メアリー女王の評判は地に落ちた。まもなくしてプロテスタント第4代モートン伯ジェームズ・ダグラス (James Douglas, 4th Earl of Morton: c.1516-81) をリーダーとする反ボスウェル派が挙兵。67年7月26日、女王メアリーは廃位に追い込まれた。これに対して68年5月、彼女は6000の兵士を率いて反撃したが失敗、イングランドに亡命した。

しかし、王位を追われたとはいえ、イングランドの王位継承権をもつ敬虔なカトリックのメアリー・スチュアートであったから、その存在をみずからの宗教的・政治的目的に利用できないものかと策動する勢力があって不思議はなかった。ひとりはスペイン王フェリペ2世、もうひとつは北部のカトリック貴族層、さらに平民出身の権力者セシル卿に違和感をもつ枢密院に列する古参の貴族たちだった。

メアリーを援助して彼女をイングランド王に押し立てようと考えていたフェリペ2世の命を受けて、68年9月、ロンドンに着任した偏狭なカトリック教徒のスペイン駐英大使ゲラウ・デ・スペ (Guerau de Espés del Valle: 1524-72) は直ちにその仕事に取りかかった。かれは翌69年2月にかけてメアリーに密使を立て、彼女のイングランド王位への意欲を確かめる一方、エリザベス側近の反セシル派と気脈を通じ、さらに北部のカトリック貴族とも連絡をとった。その折り、メアリーはデ・スペの密使につぎのように語ったといわれる。「陛下（フェリペ2世）が私を助けてくれるというのなら、私は3ヵ月でこのイングランドの女王になり、イングランド全土でミサをあげてみせましょう」（石井、2009: 346 ——訳文のイギリスをイングランドとした。括弧内は引用者）、と。またフェリペ2世のほうも、北部の反乱が失敗したあとでのことだが、69年12月16日付けのネーデルラントのアル

バ公宛ての手紙にこう認めている。「イングランド問題は行くべき方向にむかっているようだ。女王（エリザベス1世）が正気に戻らなければ、力尽くでそうするしかない。あの国（イングランド）でカトリックが復興され、カトリック教徒、良きキリスト教徒は圧政から解放されるべきだ」（石井、2009: 348、括弧内は引用者）と。フェリペ2世とスコットランド王位を追われたメアリーの思惑は一致した。

　この手紙が書かれる1年前の68年12月、北部の反乱のリーダーだったノーサンバーランド公トマス・パーシーはメアリーに会い、翌1月にはデ・スペとも接触した。そのとき、パーシーはデ・スペに対して、フェリペ2世がメアリーと再婚し、イングランドに宣戦布告するように強く勧奨したといわれる。

　反セシル派の中央貴族には、第19代アランデル伯ヘンリー・フィッツアラン（Henry FitzAlan, 19th Earl of Arundel: 1512-8）やその義理の息子の初代ルムリ男爵ジョン・ルムリ（John Lumley, 1st Baron Lumley: c.1533-1609）、第2代ペンブルック伯ヘンリー・ハーバート（Henry Herbert, 2nd Earl of Pembroke: c.1538-1601）などがいた。かれらは、3番目の妻を亡くしたばかりの33歳のノーフォーク公トマス・ハワードとメアリー女王との結婚を画策するようになった。そして69年5月、メアリーの側近だったスコットランドのロス司教ジョン・レズリー（John Lesley: 1527-96）を介してノーフォーク公がメアリーと再婚する意志のあることをメアリーに伝えた。彼女はそれを聞いて大いに喜び、その申し出を受け入れた。

　ちなみに、第4代ノーフォーク公トマス・ハワードの祖父は同名の第3代ノーフォーク公。その孫であるハワードの最初の結婚相手は上記アランデル公の娘メアリー・フィッツアランだった。かれはそののちも再婚を重ね、3回の結婚を通じてイングランド北部はおろか、イングランドでも最有力といってよい貴族のひとりになっていた。3人の妻はすべて出産後まもなくして亡くなっており、ハワードはエリザベス1世の又従兄弟でもあったから（エリザベスの母であるアン・ブーリンの母親が第2代トマス・ハワードの娘）、メアリーにとって血統という点でも申し分のない再婚相手だった。

　一方、そのノーフォーク公がメアリーとの4度目の結婚を考えたのはかれなりの理由があった。けれども、その理由づけは、エリザベス1世を廃位し、メアリー女王をスコットランド国王として復位させるのみならず、イングランド王にも据え、イングランドとスコットランドをカトリックの国に戻すといったフェリペ2

世や北部の叛徒貴族、アランデル伯などの思惑とは違っていた。というのも、エリザベス1世がメアリー女王を復位させたとき、その夫がイングランド人であれば、スコットランドとイングランドの関係は好転するだろうし、イングランドの王位継承問題も解決し、カトリックの陰謀からメアリーを遠ざけることもできるだろうと考えたからだった。

しかし、エリザベス1世がメアリー・スチュアートの復位など望んでおらず、彼女とノーフォーク公の結婚にも反対だとしたらどうなるか。ノーフォーク公も国家反逆罪に問われ、厳罰に処されるにちがいない。そういう意味で、メアリーとの再婚話は危うい賭けだった。

1569年9月になると、メアリーとノーフォーク公が結婚するらしいという噂が宮廷内に広がった。すぐにアランデル伯、ペンブルック伯などは宮廷内での蟄居を命じられ、厳しく尋問された。フランス大使を務めたニコラス・スロックモートン卿（Nicholas Throckmorton: c.1515-71）も一時期ウィンザー城に投獄された。かつてエリザベスの愛人でもあった初代レスター伯ロバート・ダドリー（Robert Dudley, 1st Earl of Leicester: 1533-88——初代ノーサンバーランド公ジョン・ダドリーの5男）は女王に詰問され、一部始終を告白した。

エリザベスはメアリーとノーフォーク公の結婚に断固反対した。9月23日、エリザベスはノーフォーク公を呼び出し、すべてを自白させた。かれは宮廷を辞して居城に戻り、すぐさまその事情を叛徒貴族リーダーのひとりである第6代ウェストモーランド伯チャールズ・ネヴィル（Charles Neville, 6th Earl of Westmorland: 1542-1601）に伝え、蜂起を断念するように強く促した。

孤立した北部の叛徒貴族はデ・スペに連絡をとり、ネーデルラントのアルバ公に軍事的支援を求めたが、アルバ公は一歩も動かなかった。そのため、やむなく叛徒貴族のノーサンバーランド伯とウェストモーランド伯らが蜂起した。1569年11月14日、300騎でダラムに侵攻し、大聖堂に乱入して英訳聖書、イングランド教会の祈祷書などを焼き払い、カトリックのミサまで行った。反乱軍はその勢力を増し、その数は5000人にも膨れ上がった。しかし叛徒の軍資金がまもなくして底をつき、かれらは烏合の衆と化した。エリザベスはサセックス伯を陣頭に立て、1万の軍勢を北部に派兵した。12月16日に反乱軍は解散し、多くの叛徒とともにノーサンバーランド公はスコットランドに落ちのびた。かれは摂政マ

リ伯に捕らえられ、72年6月にイングランドに引き渡され、翌73年8月にヨークで処刑された。ウェストモーランド伯やヨークシャー州長官リチャード・ノートンはネーデルラントに亡命したが、失意と窮乏生活のうちに亡くなった。死刑宣告された一般叛徒700人ほどのうち、600人近くが処刑された。宗教政策の寛大さとは対照的なエリザベス1世の断固たる処断だった（石井、2009: 340-59; 'Rising of the North', WP）。

(B) エリザベス1世の破門（1570年）について。1553年、イングランド教会はメアリー1世によってカトリシズムに復帰したが、エリザベス1世は59年1月に首長令を公布した。

かくしてイングランド教会はふたたびローマから独立。それに対して教皇ピウス4世（在位1559-65年）は61年、イングランド教会がカトリックに復帰するように要請した。しかしエリザベスはそれを峻拒した。63年にはルーヴァン大学神学部からエリザベス破門の建白書が出され、教皇もそれを同意した。しかしフェリペ2世やスペイン領ネーデルラントの宰相アントワーヌ・ド・グランヴェル枢機卿（Antoine Perrenot de Granvelle: 1517-86──メアリー1世とフェリペ王太子との結婚の交渉、カトー・カンブレジ条約の締結など優れた外交手腕を発揮し、61年に枢機卿）はエリザベスの破門によって国際秩序が不測の事態に陥ることを大いに懸念した。その結果、破門は棚上げされた。

しかし、つぎの教皇ピウス5世（在位1566-72年）の判断は違っていた。1570年2月5日、教皇はエリザベス弾劾の教会裁判を開き、法廷は1週間後にエリザベスに有罪判決を下した。そして同月25日、エリザベス1世に対して破門勅書「レグナンス・イン・エクスケルシス」（Regnans in Excelsis）が発布された。この裁判と勅書の背景になっていたのが、すでにみたような北部の反乱とカトリック叛徒の大量処刑であり、またアイルランドでジェームズ・フィッツジェラルド（James FitzMaurice FitzGerald: 生年不詳、1579年没──第14代デズモンド伯ジェームズ・フィッツジェラルドの甥）率いる第1次デズモンドの反乱（First Desmond Rebellion, 1569-73）が起き、イングランド王国の支配に抗してカトリック教徒が立ち上がったからだった。

この破門勅書がロンドンで出回るようになったのは、すでにふれたように、狂信的なカトリック教徒ジョン・フェルトンがそのコピーをロンドン司教邸の門扉

(C) リドルフィの陰謀(1571年)について。エリザベス1世に対するカトリックの攻勢はまだ収まらなかった。

　フレンツェの貴族であり、ロンドンで10年以上も金融業を営んでいたロベルト・リドルフィ（Roberto di Ridolfi: 1531-1612）は北部の反乱にも関わって逮捕されたが、巧妙に逃げのびた。その後、71年1月にメアリー・スチュアートと接触、「あの計略」はまだ生きていると告げた。その計略とは、エリザベス1世を廃位させ、メアリーがスコットランド王女として復位するのみならず、イングランド国王として即位すること、メアリーがノーフォーク公と結婚し、イングランドとスコットランドをふたつながらカトリックの国に戻すという策略だった。

　リドルフィはメアリーの代理としてローマでは教皇に、またマドリッドではフェリペ2世に、ブリュッセルではアルバ公に会ってその計略を開陳し、賛同を得るつもりだった。そしてそのことをメアリーに告げた。彼女はリドルフィの計画を受け入れ、大義を掲げてスペイン軍がイングランドに進攻すれば、多くのカトリック貴族たちが支援に立ち上がるだろうと教皇やフェリペ2世にも伝えてほしい、とリドルフィに申し渡した。それから1ヵ月ほどした2月8日、メアリーはノーフォーク公に会い、この「リドルフィの陰謀」を伝えた。リドルフィはロス司教やノーフォーク公秘書とともにデ・スペに会い、この計略への協力を要請した。デ・スペはその陰謀に加担し、そのための手続きを整えた。

　しかし、ブリュッセルで会ったアルバ公はリドルフィに対して猜疑心を露わにし、またローマで会った教皇ピウス5世もイングランド進攻計画には賛同するが、具体的支援は行えないと返答した。

　けれども、フェリペ2世は違っていた。7月7日、かれは御前会議を開き、かねてからのエリザベス暗殺計画を棚上げし、それに代わってイングランド進攻計画を進めようと企図した。ネーデルラントのアルバ公はこのフェリペ2世の計画に反対だったが、フェリペの命を受け、1万以上の兵力を率いてハーウィックあるいはポーツマスに上陸してロンドンに侵攻し、エリザベスを拘束あるいは殺害してメアリー・スチュアートを王座に据えることになっていた。

　一方、エリザベス1世の結婚話[22]も含めて、フランス王室に接近しつつあったセシル卿やイングランドの駐仏大使フランシス・ウォルシンガム（Francis Walsingham: c.1532-90——72年のフランスとのブロワ条約[23]締結に尽力し、73年に秘書官長。議会運営にも主導的役割を担った人物)はリドルフィやスペインの不穏な動きを察知し、この陰謀にイングランドの有力貴族の誰が関与しているのかについて内偵していた。ロス司教のほか、エリザベスの指示でメアリー・スチュアートも尋問された。メアリーは陰謀の計画などまったく知らないと白を切った。

しかし思わぬ経緯から、メアリーがフランスから受け取っていた寡婦年金のスコットランド送金にノーフォーク公が一役買っているという事実が明るみに出た。1571年9月7日、ノーフォーク公は逮捕され、リドルフィの陰謀の全容が浮かび上がった。ノーフォーク公はエリザベスとの誓約を破り、この陰謀の中心人物リドルフィやメアリーにも一度ならず会っていたことを自白した。さらに、10月に捕らえられたロス司教がこの陰謀の詳細を語った。スペイン大使デ・スペは71年12月、国外退去処分となった(石井、2009: 363-71; Brigden, 2000: 237-8; 'Ridolfi Plot', WP)。

こうして、ノーフォーク公もメアリー・スチュアートも逃れがたい窮地に追い込まれた。メアリーについては、72年春の議会で多くの議員が「悪魔のような女」「イングランドの敵」であるとし、メアリーを国家反逆罪で処断すべきだと発言した。それでもエリザベスは、メアリーのイングランド王位継承権を剥奪する法案を認めたものの(6月26日成立)、メアリーの処刑については頑なに首を縦に振らなかった。というのも、メアリーの子ジェームズ6世はまだ5歳。万一自分(エリザベス1世)の身に何かあれば、イングランドもスコットランドも大混乱に陥ると考えたからだった。そのメアリーが実際に処刑されたのは15年ほど後の87年2月8日のことである[24]。

他方、ノーフォーク公は72年1月15日、星室裁判所に喚問された。エリザベス女王の許可なくメアリー・スチュアートと結婚しようとしたこと、スペインと謀ってイングランドで反乱を起こそうとしたこと、リドルフィの陰謀に関与したことがその主な罪状だった。26人の陪審員すべてがかれを国家反逆罪で有罪とした。エリザベスは死刑執行書に署名しては翻意するといった行為を4度もくりかえした。しかし裁判の結果を覆すことはできなかった。結局、ノーフォーク公は72年6月2日、ロンドン塔のタワー・ヒルで斬首された。ノーフォークの公爵位は剥奪され、その所領は没収された(石井、2009: 371-4)。

このように、カトリック勢力によるエリザベス攻勢は1569年から71年にかけて噴出したが、なかでも北部の反乱とリドルフィの陰謀は事実上地続きの事件であり、その中心にはスコットランド君主の座を追われた女王メアリーとイングランド随一の貴族と目されていたノーフォーク公がいた。しかも、その背景にあって全体シナリオを戦略的に描いていたのが前女王メアリー1世の夫であり、イングランドの共同統治王だったフェリペ2世だった。しかし、かれの目論見は失敗に終わった。

　当然ながら、イングランドとスペインの関係は一挙に悪化し、それに反比例してイングランドとフランスの距離が急速に縮まった。エリザベス1世のアンジュー公アンリー（のちのフランス王アンリー3世）、さらにその弟のアランソン公フランソワとの結婚話が持ち上がり、ブロワ条約（1572年）が締結されたのも、イングランドとフランスの急接近を象徴する出来事だった。

　ともあれ、これら一連のカトリック攻勢を斥けたエリザベス1世は、すぐに3つの対応策を講じた。第1に、イングランドのすべての聖職者は「39ヵ条」（最終版1571年、「共同祈祷書」の重要部分を構成）に署名すること。第2に、イングランド国民はその教区において最低でも年1回、共同祈祷書に基づく礼拝に参加すること。第3に、エリザベス女王を異端あるいは教会分裂主義者と呼ぶことは国家反逆罪に相当するという法令を定めた。しかし、この対応策はエリザベスの意図を超えて、ピューリタンたちを「さらなる改革へ」と駆り立てることになった。これら3項目のうち、とくに第1点の「39ヵ条」への署名がピューリタンの信条（心情）を強く逆撫でした。

ピューリタニズムの成長

　1570年代はじめ、エリザベスにとっての宗教的脅威はカトリシズムだけではなかった。ピューリタンの活動が活発化したからである。そのいくつかの動向を探ってみよう。

　上記のカトリック攻勢へのエリザベスの対応がきっかけになって、ピューリタンが動き始めた。『殉教者列伝』の著者ジョン・フォックス、それにかつて護国卿サマセット公の秘書であり、クランマーの娘と結婚、ロンドン市と王権ならびに国政議会との初代調整官（City Remembrancer）を務め、熱狂的カルヴィニストと

してカルヴァンの主著『キリスト教綱要』(*Christianae Religiois Institutio*, 1536) を 1561 年に英訳した下院議員トマス・ノートンの (Thomas Norton: 1532-84) のふたりは、下院からカトリシズムの残滓を一掃するため、イングランド教会の改革案を提案した。しかし、それはエリザベスによって一蹴され、逆に 59 年の中庸的「解決」の遵守を命じられた。こうしたピューリタニズムの活性化を告げる出来事をひとつ、ふたつ追ってみよう。

(A) ケンブリッジ大学での確執について。ピューリタニズムの重要拠点は大学にあった。とくにケンブリッジ大学のセント・ジョーンズ・カレッジやトリニティ・カレッジがその拠点になっていた。大木英夫が「エリザベス時代のピューリタン運動の最大の指導者」と呼ぶトマス・カートライト[25] (Thomas Cartwright: c.1535-1603) はその講義のなかで——カートライトの評判は高く、その講義には多くの神学者が聴講したらしい——、真正面からイングランド教会を批判して憚らなかった。礼拝統一令や「39 ヵ条」には多くのローマ・カトリック教会の残滓が付着しており、その不純物を浄化する (purify) すべく、さらなる宗教改革を推し進めなければならないとカートライトは言い募った。その直截かつ直情的な発言は多くの学生を魅了した。カートライトは 69 年、ウィリアム・チャダートン (William Chaderton: c.1540-1608——69年から神学欽定講座教授) の後を襲って名誉あるレディー・マーガレット神学教授 (レディー・マーガレット [Lady Margaret Beaufort] はヘンリー 7 世の母) に任じられた。そのチャダートンの前任者がまもなくカートライトの手強い論敵となるジョン・ホイットギフト[26] (John Whitgift: c.1530-1604) である。

しかし、チャダートンはカートライトの主張に強い異論があった。そこでかれは 70 年 7 月、総長となっていたウィリアム・セシル卿 (William Cecil, 1st Baron of Burghley: 1520-98——のちに秘書官長と大蔵卿、初代バーリー男爵、その次男がロバート・セシル) に書簡を送り、カートライトが聖職者の叙任方法や位階秩序の存在を非難し、イングランド教会を攻撃していると伝えた。カートライトは学内審問のため、みずからの主張を文書にとりまとめ、大学に提出するよう命じられた。

カートライトが書き留めたのはつぎの 6 点だった。第 1 に、聖書にその根拠がないイングランド教会の大司教や大執事という名称と職位を廃止すること。第 2 に、教会の職制として神の言葉を説諭する長老 (bishop) と貧者に恵みを与える執事 (deacon) をおくこと。第 3 に、すべての教会は牧師 (ministers) と長老 (presbyters)

によって統治されること。第4に、牧師が信徒を管理監督すること。第5に、何人もみずから牧師の候補者となることはできないこと。第6に、牧師は世俗の権力によってではなく、教会によって選任されるようにすることといった内容だった (Neal, 1732: 2nd ed: 202)。このように、カートライトが主張したのは、イングランド教会の統治システムを現行の監督制から長老制に改革することだった。

セシル卿は事態を穏便に収めたいと考えていたが、カートライト批判の急先鋒だった副総長ホイットギフトは70年12月11日、カートライトを教授職から解任した。さらに、2年後の72年9月には大学のフェロー職も解き、カートライトをケンブリッジ大学から追放した。翌73年12月11日、高等裁判所はカートライトを逮捕するように命じたが、その直前辛くもカートライトはベーズに会うため、ジュネーヴに出立することができた (Muss-Arnolt, 1919: 476; 大木、1968: 23-32)。この解任劇によって象徴されるホイットギフトとカートライトの対立はそれに後続する両者の激しい論争の前哨戦にすぎなかった。

カートライトが大学を追われた1572年、ふたつの大きな出来事が起きた。ひとつは長老派教会がイングランドに創設され、一種の地下運動といってもよい聖書解釈集会 (prophesying) が各地で開かれるようになった。もうひとつは、「最初のピューリタニズムの古典的表現」とされる匿名の書『議会への勧告』が出版され、教義的にもピューリタニズムがその相貌を露わにした。

(B) 最初のピューリタン教会と聖書解釈集会の出現について。いまでは大ロンドンの一角を構成する、ロンドンの中心から4マイルほど離れたテムズ河沿いのサリー州のワンズワース (Wandsworth in Surrey) に初めて長老派教会が設立されたのが1572年。最初の司祭 (主祭) になったのはジョン・フィールド (John Field: 1545-88) だったが、創設にはウォルター・トラヴァース (Walter Travers: c.1548-1635) やトマス・ウィルコックス (Thomas Wilcox: c.1549-1608) など15人の聖職者のほか、多くの一般信徒も加わった。ウィルコックスは『勧告』の著者のひとりだったから、ふたつの事象はその担い手という点で重なる。11月20日には11人の長老 (elders) が選ばれ、ワンズワース教団と名乗った。

ロンドン司教のエドウィン・サンディーズ (Edwin Sandys: 1519-88 ──のちにヨーク大司教) はすぐに長老派教会が設置されたことを王権上層部に伝えた。エリザベス1世の意を体して、セシル卿は祈祷統一令に違反する秘密礼拝集会は認めな

いとして、その教会を閉鎖した。しかしそれにもかかわらず、類似の秘密集会が各地に広まっていった。そうした集まりでは、ひとりの議長（moderator）がおかれ、ピューリタンの唯一の行動規範たる聖書をいかに解釈すべきかついて信徒が互いの理解をぶつけあい、厳しい議論が交わされるようになった。そうした集会は長老主義を学び、習得する格好の場となった (Neal, 1732, 2nd ed: 301; 八代、1979: 212)。

こうした波状的に拡大していく聖書解釈集会の動きを封じ込めるため、セシル卿らは星室評議会とは別に、その姉妹機関として、のちのスチュアート朝の星室庁裁判所にあたる高等宗務官裁判所（court of high commission）をつくった。それでもピューリタンは増えつづけた。再洗礼派や過激なピューリタンは異端とみなされ、急進的ピューリタンの司教の一部は降格や投獄の憂き目にあった。この高等裁判所は陪審をおかず、迅速かつ強権的に一方的判断を下すという権能をもった。1583年にホイットギフトがカンタベリー大司教に就任すると、その性格が一層露わになり、ピューリタン弾圧の手段となった (Marsden, 1850: 62-6)。

「勧告」論争――カートライト対ホイットギフト

ピューリタンによるイングランド教会批判の論点は、礼拝様式や祭服といった問題から教会の組織や統治といったテーマに、さらには首長令といった事項に広がっていった。それに伴って、議論の場もエリザベスの影響力が強い聖職者会議を離れ、ピューリタンに許容的だった議会下院へと移っていった (Frere and Douglas eds., 1907, Introduction: x)。『議会への勧告』というタイトルがそれを象徴している。

1572年5月8日に始まったエリザベス1世の第5回議会でも、ピューリタンの議員から斬新な法案が提出された。そこには、礼拝統一令は共同祈祷書の「迷信的」部分およびカトリックの礼拝に限って適用すべきこと、司祭は祈祷書のうちから必要だと判断した箇所を選択的に用いることができるようにすること、礼拝様式はフランスやオランダの改革派教会のやり方を踏襲してもよいといった内容が盛り込まれていた。

もちろん、その法案は王権から厳しく批判され、トーンダウンした修正案がつくられ、5月21日の星室評議会に提出された。しかし、それに対しても非難が続出し、翌22日、下院議長はこの修正案の審議打ち切りを宣言した。そして今後は、宗教関係法案はすべて最初にイングランド教会の聖職者会議で議論され、

そこで承認されたものだけが議会に提出されるという手続きに変更された (Neal, 1732, 2nd ed: 283; Kemp, 1958: 260, note 37)。

　(A) 初期ピューリタニズムの出現について。議会は72年6月30日に閉会したが、その直前、匿名の著者による『議会への勧告』(The Admonition to the Parliament, 1572) が出版された。すぐに著者探しが始まった。9月11日、パーカーの取り調べに対してすでに獄に繋がれていたフィールドとウィルコックスは、自分たちが書いたと自白した[27]。

　それでも、大方ピューリタンが印刷業界を支配していたから、この冊子は巧みに検閲制度の網の目をくぐり抜け、瞬く間に人口に膾炙し、増刷を重ねた。初版にはふたつの手紙が附録として収められた。ひとつはツヴィングリの義理の息子であり、ブリンガー亡きあと、チューリッヒ教会のリーダーとなっていたルドルフ・クヴァルター (Rudolf Walther: 1519-86 ── 60年代の祭服論争に貢献、70年代にはその説教が英訳された) からカルヴィニストのノリッジ司教ジョン・パーカースト (John Parkhurst: c.1512-75) 宛の66年9月11日の手紙であり、もうひとつがベーズから当時のロンドン司教グリンダル宛て (日付不詳、グリンダルがロンドン司教だったのは70年5月21日まで) の長文の書簡である。『勧告』の再版では、さらにふたつの「司教への勧告」(An Exhortation to the Byshps) が付加された。

　この『勧告』を著したフィールドとウィルコックスは7月初めに逮捕され、翌73年10月まで1年4ヵ月にわたってニューゲート監獄に繋がれた。その『勧告』を援護射撃するため、カートライトは『第2の議会への勧告』(A Second Admonition to the Parliament, 1572) を執筆、それを72年10月に上梓した[28]。『勧告』からわずか4ヵ月後のことである。

　こうしてふたつの『勧告』が刊行され、しかもそれらが急速に巷に広がっていったため、イングランド教会は事態を黙視できなくなった。カンタベリー大司教パーカーからの依頼と支援を受けて、ケンブリッジ大学のホイットギフトが反論の筆を執った。それが1573年2月に公にされた『議会への勧告に対する回答』(An Answer to a Certen Libel Intituled An Admonition to the Parliament, 1573) である。

　こうしてカートライトとホイットギフトの論争が始まった。ホイットギフトの『回答』が公刊された4ヵ月後、カートライトがホイットギフトの批判に反論する著作 (『議会への勧告に反対するホイットギフト博士への返答』An Reply to an Answer made *of M. Doctor Whitgift against the Admonition to the Parliament,* 1573)を明らかにした。すると 74年 2 月、ホイットギフトは自らの『回答の弁護』(*Defense of the Answers to the Admonition against the Replies of T.C.,* 1574)を著してカートライト批判の矢を放った。それに対して、アントウェルペンとミデルベルクに逃れていたカートライトは 75 年と 77 年の 2 回に分けて、ホイットギフトを再批判する著作を出版。かくして、『勧告』の公刊から 5 年が経っても論争は収まらなかった。この「勧告」論争とでも呼ぶべきピューリタンとイングランド教会の論戦は、さらに 80 年代から 90 年代にかけて起きたマープレリット・トラクト (Marprelate Tracts) 論争に継承されていった。

この間 1574 年には、トラヴァースがラテン語で著し、それをカートライトが英訳して序文を付けた『教会規律宣言』(*Full and Plain Declaration of Ecclesiastical Disciple,* 1574)が公刊された。それはイングランド教会の宗教教義や礼拝様式、監督制的秩序を真正面から批判する告発書であった。

この「勧告」論争の出発点となった一方のフィールド、ウィルコックス、カートライトらのピューリタンと、他方のイングランド教会のホイットギフトの間には原理的というべき深い対立の溝があった。両者の係争は個々の宗教教義に限らず、教会の規律と統治制度にわたり、首長令の是非にも及んだ。それは互いに妥協の余地のない対立だった。

ピューリタンが依拠したのは唯一聖書のみ。それは聖書原理主義とでもいうべきものだった。聖書に記されていないものを遵守すること、使徒時代の原始教会 (primitive church) から逸脱した行為はすべて神に対す冒瀆であるとピューリタンは見做していた。

しかし、信仰教義は聖書によらなければならないとしても、教会の規律や統治制度はその時代の政治や経済のあり方とともに変化し、また成長していくものである。これがホイットギフトの揺ぎない考えだった (Neal, 1732, 2nd ed.: 293-9)。

この点、もうすこし立ち入って、この時代のピューリタニズの基本的性格についてふれておこう。

のちの議論を先取りすることになるが、この初期ピューリタニズムの精髄に息づいていたのは、「神の教会」を再構築するという目標であり、その理念に基づいて世俗社会を「キリストの王国」(regnum Christi) に改革していくことだった。そのためには、聖書を唯一の典拠としてイングランド教会に残存する諸々の「迷信」

を排除しつつ、聖職者のみならず会衆信徒も厳しい規律を身につけ、神の言葉に適った長老制的教会にイングランド教会を再編していく必要がある。これがピューリタンの確固たる信念だった。教会が「世界の基礎」なのであり、そのうえに政治社会、国家が成り立つとかれらは考えていた (Allen, 1928: 217, 221)。

だからこそ、ピューリタンはイングランド教会の職制と統治の改革を力説してやまなかった。キリスト教会のあるべき規律はことごとく聖書に記されており、いつの時代にも変わることがないと考えた初期ピューリタンからすれば、イングランド教会の監督制 (episcopalianism) を長老制 (presbyterianism) に変革し、信徒の民意を踏まえて教義に通暁した敬虔な長老を選任しなければならない。ホイットギフトの『回答』に対するカートライトの批判には、「長老なき教会は神に対する反逆である」という主張がくりかえし登場する (Allen, 1928: 216, note 3)。

また、国家と教会の関係についていえば、基本的には教会が優位する形で教会と国家を分離することが基本である。政教分離という意味では「シーザーのものはシーザーへ、神のものは神へ」(「マタイ福音書」第22章第21節) であるが、教会優位の政教分離という原則からすれば、エリザベスの首長令など断じて認めることはできない。じっさい、ピューリタンは再三再四、首長令を批判した。首長令に基づくイングランド教会によっては神の栄光を増すための「清浄な社会」 (sanctified society) を創造することなど決してできないからである。もっとも、教会と国家は完全に分離すべきものではなく、異端の抑圧など宗教的事案に関する国家の役割も認めていたピューリタンは、その意味での曖昧さを抱えていた。

こうしたピューリタンの考え方はその多くをカルヴァンとその弟子ベーズに負っており、したがってこの側面を強調していけば、初期ピューリタニズムはイングランド内在的な宗教思想ではなく、基本的にはジュネーヴからイングランドに移植されたものだったということになる。技術移転という言い方に倣っていえば、ひとつの文化移転あるいは文化移植といってよいだろう。

では、かれらのイングランド教会と首長令批判を突き詰めていくと、どこに行き着くのか。エリザベスは反キリスト的であり、イングランド教会は神の教会ではないということになる。そう自覚したとき、その現状を変革すべく、ピューリタンは武器をもって立ち上がるのか。

しかし、この点、スコットランドのノックスとは違って、イングランドの初期

ピューリタンが最初から武器を手にすることはなかった。「神の刃は殺された者たちの血で染まる」かもしれないが、世俗の権力者に剣を向けることは神によって禁じられているというのがその基本的理由だった。カートライトもトラヴァースも蜂起を正当化する抵抗権という考え方をもつことなく、したがってその発動条件を問うこともなかった。

興味深いことに、1580年代のマープレリット・トラクト運動 (marprelate tracts movement) を担ったジョン・ペンリー (John Penry: 1559-93)、ヘンリー・バロー (Henry Barrowe: c.1550-93)、ジョン・ウダル (John Udal: c.1560-92) といった過激なピューリタンたちも武力に訴えて神の王国を建設するという考え方を否定している (Allen, 1928: 223)。したがって、初期ピューリタニズムの理念は長老制的教会の再建に基づく「神の王国」「清浄な社会」の非暴力的構築ということになる。

(B)『勧告』とカートライトへの批判について。いまここで、ピューリタンとイングランド教会との延々と続いた応酬を詳細にわたって跡づけることはしないが、主要な対立点については一瞥を与えておかなければならない。

はじめに、「最初のピューリタニズムの古典的表現」とされるふたつの『勧告』についてふれたのち、それに対するホイットギフトの体系的な反論である『回答の弁護』をみてみよう。

まず、1644年の復刻版によれば、最初の『勧告』は総論的序文と3つの論説（第1論説がほとんどを占める）からなる「敬虔な聖職者が署名を拒んだイングランド教会に残るローマ教会的誤謬に関する見解」(A View of Popishe Abuses yet Remaing in the Englishe Church, for the which Godly Ministers have Refused to Subscribe) で構成されていた。他方、ホイットギフトは『回答の弁護』でカートライト、フィールド、ウィルコックスの主張を23篇（原文では「Tractate [論文]」に23までの通し番号がついたもの。ここでは便宜的に「篇」という。）にまとめたうえで反論しているが、このホイットギフトの分類は17世紀の伝記作家ジョン・ストリープ (John Strype: 1643-1737) や歴史家ダニエル・ニール (Daniel Neal: 1678-1743) によっても踏襲されている (Neal, 1732; Strype, 1822)。

では、その23篇とはいかなるものか。第1にキリストは聖職者による信徒の支配や優越性を禁じたかについて、第2に聖書に書かれていないことに対する教会の権威について、第3に一般信徒による聖職者の選任について、第4に資格な

き聖職者と有資格聖職者による儀礼について、第 5 に聖職者の住まい[29]について、第 6 に説教ができない聖職者と説教する資格について、第 7 に聖職者の祭服と着用拒否の理由について、第 8 に大司教、首都大司教 (metropolitans)、司教、大執事 (副司教 archdeacons) について、第 9 に祈祷書について、第 10 に安息日について、第 11 にいかなる説教が最も有効かについて、第 12 に秘跡の執行に先立つ説教について、第 13 に聖書の読解について、第 14 に信徒が選んだ執事 (deacons) による説教について、第 15 に聖餐 (communion) について、第 16 に洗礼について、第 17 に長老による教会統治について、第 18 に教会の規律について、第 19 に執事と補助者 (midwives) について、第 20 に聖職者に関する行政高官 (civil magistrate) の権威について、第 21 に祈祷書への署名について、第 22 に礼拝堂教会について、第 23 に聖職者に関する行政 (の役割) についてとなっている (Neal, 1732: 292-3; Strype, 1822, vol. 1: 67-8. カッコ内は引用者)。

そこでまず、『勧告』の総論的序文をみてみよう。おおよそつぎのような主張が展開されている。

第 1 に、その聖職者たちは金銭の授受や依怙贔屓によって司教から叙任されている。しかし今後は、教会構成員すべての合意 (the common consent of the whole church) によって選任されなければならない。「聖職者推薦権 (advousons)、叙任権、不正行為、司教の権威を取り去り、それらを信徒による真の選任にとって代えなければならない」。

いま聖職者はその聖務において祭服着用を強いられている。しかし、それは不当なことである。また、司祭は司教の許可がなければ説教することができないが、これも変えなければならない。かれら司祭がやっていることは聖書の言葉をただ棒読みするだけであり、真の伝道者とはほど遠い。

原始教会の時代、聖職者は説諭の中身について豊かな学識をもち、真の教義に通暁していた。しかし、いまではローマ教会的であり、反キリスト的な存在に堕している。かつてかれらは清貧で苦難に耐えた伝道者であったが、いまでは裕福で贅沢三昧の生活に溺れている。

いまは聖職者の間に多層的な位階秩序がみられる。それには首都大司教 (metropolitane)、大司教 (archbishppe)、司教 (loders bishop)、副司教 (suffragan) などがある。しかしこうしたものは原始教会にはなく、それらは神の言葉に反するものであ

る。したがって、そうした位階と職名を排除しなければならない。同時に、無知で無能な司教も追放しなければならない。「こうした過ちを一掃しなければ、神の正義は実現されず、この国に神の教会を打ち立てることはできない」(Frere and Douglas eds., 1907: 12)。

総じて、いまこそ原始教会を復活させ、大司教や司教に代わって聖職者の平等性 (equalitie of ministers) を確立しなければならない。長老と執事を教会の支柱とする神の言葉に忠実な「神の教会」を再建し、神の栄光を実現する必要がある。

第2に、秘跡についていえば、かつては、その機会に神の言葉が伝えられた。しかし、現在ではただ棒読みされるだけである。共同祈祷書にはきわめて多くの神の言葉に反することがらが含まれている。秘跡は洗礼と聖餐のふたつに限定されなければならない。他の5つは「謂われなき迷信」である。

かつて公の場で秘跡の儀礼が行われたが、いまでは私的に行うようになった。洗礼は聖職者の聖務だったが、いまでは執事などがその役割を担っている。聖体拝受や祭壇に跪くことは止めさせ、神の言葉、使徒書簡、福音書に基づく秘跡のみを行うようにしなければならない。

無知なる聖職者を退け、私的な祈祷や洗礼は止めさせ、執事を秘跡に関わらせてはならない。一般信徒は長老 (elders) の行いを支え、いかに馴染みのものであれ、一切の迷信を排除しなければならない。秘跡についても原始教会の純粋さ、簡素さを取り戻すことが肝要である。

第3に、教会の規律 (ecclesiastical discipline) についていえば、いまではイングランド教会から長老 (seniors) という名前が消えてしまった。その役割は他の聖職者とともに教会を統治し、過ちを正し、話し合いによって問題を解決していくことである。

ところが、ローマ教会はそれに代わって、多くの教会の上に立つ、州を超えて地域を統括する一人の司教を置き、その下に大執事、副司教、教会官吏 (officialles) などの多くの役職を設けて全体を支配するようにしてしまった。

いまでも執事という役職名は残っているが、原始教会にまで遡れば、その役割は寄付を集め、徘徊者 (loiterers) や浮浪者 (vagabounds) に対してではなく、病気の者や働けない者に分け与え、神の恵みを施すことにあった。かれらはときには説教することもあったが、原始教会にはどこでもそれぞれの教会にこうした執事が

いた。

　しかし、いまかれらがいるのは大聖堂教会だけである。そこでかれらは何をしているのか。寄付を集め、それを貧者に与えているのか。もちろん、否である(Frere and Douglas eds., 1907: 8-19)。

　では、この総論的序文に続く「見解」のほとんどを占める第1論説 (The first article) では何が主張されていたのか。

　はじめに、神の教会、神の国を穢す不正な行為を正し、福音を妨げているものを取り除き、キリスト教改革を進めなければならないとし、そのあとに全21項目からなる第1論説が続いている。さきの総論的序文とはその書きぶりがかなり違っているが、あるいは分担執筆のためかもしれない。

　ともあれ、「見解」が批判の俎上に乗せているのはイングランド教会の「39ヵ条」を中心とする共同祈祷書 (Common Prayer Book of the English Church) だった。

　じっさい、第1論説のほとんどが秘跡とその儀礼に関する議論に費やされている。私的祈祷、私的な洗礼、女性による洗礼、聖人に因んだ休日創設とその儀式、サープリスなど祭服など、聖職者の祭服着用、出産した女性への祝福 (churching of women) や賛美歌斉唱など数え上げれば切りがないが、これらの「愚かな行為と慣習」を排除しなければならない。それらが神の言葉にそぐわない迷信だからである (第1、3、7項)。拝礼に際して祭壇に跪く行為はローマ教会的悪弊のひとつ (第4項) であり、パンのみの一種陪餐 (第5項) も同じ過ちを犯している。公的洗礼も、聖水による罪の洗い落としをはじめ、否定すべき迷信が多い (第8項)。結婚式における新婦への指輪贈与、堅信礼、死者埋葬の儀式も迷信的あるいは偶像崇拝的であり、神の言葉と一致しない (第9、10、11項)。出産した女性を祝福する儀礼もユダヤ教的であり、愚かな行為である (第12項)。これら各種の儀礼で司祭が身に纏う祭服はローマ教皇に発するものであり、反キリスト的であり聖書に反している (第14項)。

　またこの「見解」には、聖職者やそれに連なる人々に対する多くの批判も盛り込まれている。司教およびその配下の大執事、副執事など各種の聖職者たちは、金銭の授受や依怙贔屓によって教会人事を欲しい儘にしている。イングランド教会の司教のうち、少なくとも3-4人は大邸宅をもち、多くの部下を擁し、豊かな生活を貪り、豪奢な祭服を身に着けている (第16項)。大聖堂にも多くの種類の

聖職者やそれを補佐する者がいる。主席執事、聖堂会参事会員、参事会の奉持官（purssebearer）や会計官、福音書を朗読する助祭（gospellers）、オルガン奏者、聖堂番（vergerirs）といった人たちである。しかし、いったいこれら者たちはどこからやってきたのか。答えは明白、ローマ教皇からである。かれは「神の国を滅ぼすために差しむけられたトロイの木馬である」（第17項）。教区司祭や礼拝堂聖職者、有給の治安判事もその魂を失っている（第18項）。しかし、原始教会で聖職者に求められたのは教義への精通であり、卓越した伝道者としての役割だった。

さらに、大司教法廷のみならず、他の宗教法廷も不道徳で憎悪すべきものに堕落し、絶大な権力を奮ってこの国を穢している。教区裁判所（commissary court）の管理運営は司教の権力下におかれ、多くの判事がかれのいうままに振る舞い、司教に服さない下級聖職者は破門されている。この事態は反キリスト的な専制というほかない（第19、20項）。

もうひとつ、この「見解」で見落とせないものに第15項がある。曰く――、君主や世俗の統治者によって大司教や首都大司教などが叙任されることは神の言葉に反している（Frere and Douglas eds., 1907: 20-34）。したがって、この批判に記されているのは政教分離という考え方であり、エリザベス1世の首長令を否定するものであり、国家反逆罪に相当する見解ということもできる。

このように、『勧告』は一方でイングランド祈祷書に残されたローマ教会的な迷信的教義や儀礼を批判し、他方で原始教会を復活させるべく、新たに長老制的な教会秩序の創出を提唱し、さらにその延長線上でエリザベス1世の宗教的「解決」の立脚点たる首長令を断罪した。そういう意味で画期的な宣言文だといってよい。「最初のピューリタニズムの古典的表現」と呼ばれる所以である。

すでにふれたように、この第1の『勧告』から4ヵ月後、カートライト[30]は『第2の勧告』を公表した。しかし、その内容は詳説されてはいても、第1の『勧告』と重なるところが少なくない。『勧告』では何を変えるべきかについては書いているが、いかにして変えるかという方法論が手薄だとカートライトは記している（Frere and Douglas, ed., 1907: 90）。しかし、『第2の勧告』がそういう内容になっているかといえば、必ずしもそうではない。

それでも、いくつか『勧告』を補足している箇所がある。たとえば、カートライトは、監督制的統治システムを長老制的なものに変えなければ、真の教会た

りえないことを力説し、「正しき牧師」(right ministers)と「教会の正しい管理」(right government of the churche)がその二本柱になると書いている。カートライトがその根拠として、聖書の第1コリント書(第12章28節)、エフェソの信徒への手紙(第4章8-11節)を引いている(McGinn, 1966: 15-6)。

では、そこには何と記されているのか。第1コリント書には、「神は教会に人を立てた。第1に使徒、第2に預言者、第3に教師、次いで力ある業を行う者、次いで癒しの賜物をもつ者、さらに補助者、管理者、種々の異言を語る者をおかれた」とある。また、エフェソの信徒への手紙には、「高みにのぼられたキリストの賜物とは、教会を支えるさまざまな人々、すなわち使徒、預言者、福音伝道者、牧師、教師にほかならない。これらの人々を通じて、キリストご自身が教会と信徒一人ひとりの面倒をみてくださる」と書かれている。

これらの記述から、カートライトは大胆にも(見方によっては、大なり小なり恣意的に)、使徒と預言者は別として、牧師と長老と執事からなる教会システムを構想し、それ以外の高位聖職者の諸階層、とりわけ大司教をなくしていこうという新たな教会像を打ち出し、併せてそれら聖職者の質を高めていく必要を説いた。しかも、この「真の教会」の聖職者は長老会(consistorie)において民意に沿って選ばれなければならない。

ピューリタンは当代のイングランド教会の聖職者たちを「口のきけない犬」「盲目の指導者」と非難したが、ピューリタンが聖職者に求めたのは、教義に秀でていることもさることながら、内面から湧き上がる敬虔な信仰心を抱き、一般信徒を篤い信仰と深い祈りへ導いていくことのできる人物だった。底辺に生きる知見に劣る才能なき者であっても、聖書あるいは神の選びがもたらす恩寵によって神の真理に到達することができる。これがピューリタンの基本的な考え方だった。そのために聖書解釈集会(prophesying)が大切な役割を担う。執事も原始教会に倣って、長老の忠告と同意に基づいて貧しき人びとのために施しをすること、それがその基本的聖務とされた。

もうひとつ、カートライトのイングランド教会に対する態度が見落とせない。というのは、カートライトは監督制に代わって長老制の導入を力説したのであるが、イングランド教会を脱会して分離主義者になろうとはせず、女王エリザベスを「最高の統治者」にいただくイングランド教会のメンバーに留まり続けた。い

つの日か、必ずや女王も議会も長老制的な教会統治システムに移行することに同意してくれるにちがいないと考えたからだった。

たしかに、いまのイングランド教会の多くの聖職者は無知で無教養であり、聖書の理解能力にも劣る。そのため説教の文章をただ棒読みしているだけである。しかし、それを克服できれば、長老制的な教会統治システムに変えていくことはさほど難しいことではないと判断してのことだった。もちろん、このカートライトの「甘い」期待が実現することはなかった (Cartwright, 1572, in Frere and Douglas ed., 1907: 96-101, 118-23; Haller, 1938: 169-70; McGinn, 1966: 15-20)。

(C) ホイットギフトの反論について。では翻って、ふたつの『勧告』を批判の俎上に乗せたホイットギフトは『回答の弁護』で両書をどのように批判したのか。じっさい、この著作はイングランド教会の立場を包括的かつ雄弁に物語っており、アングリカニズムの「最も重要な文献のひとつ」とされる (Kemp, 1958: 260)。

もっとも、この『弁護』はきわめて浩瀚な作品であり、その叙述はさきにふれた「23篇」毎に、ふたつの『勧告』から関係する箇所を引き、ときにはホイットギフトの最初の『回答』の文章を添えたうえで、「Jo. Whitgift」(Jo. は John の意) という筆者名を掲げて自説を展開するという形式をとっており、理路整然とした体裁をもっていた[31]。その膨大な反論は——カートライトの見解とはまったく相容れない、その意味で全面的なカートライト批判ではあったが——、現存する『ホイットギフト著作集』(The Works of John Whitgift, portion 1-3, ed. by John Ayre, 1851-3) の全3巻すべてにわたり、その総ページ数は1471ページにのぼる。なかでも第8編(「大司教、首都大司教、司教、大執事など」)は特に長く、第2巻の360 (77-437) ページを占め、ついで長い第3編(「一般信徒による聖職者の選任について」)は第1巻の173 (296-468) ページを割いていた。

したがって、ここでホイットギフトの『回答の弁護』の全貌を伝えることはできないが、さきの初期ピューリタニズムの精髄を念頭においたうえで、ひとつふたつの例を挙げておこう。

まず、第3編「一般信徒による聖職者の選任」について。ホイットギフトはカートライトが『返答』のなかで、一般信徒による聖職者の選任こそ聖書が指示する時空を超えた恒久的方法であると記した箇所を引いたうえで (Whitgift, 1574 [Ayre ed., 1851, Works, portion 1: 42])、しかし「聖書はそうした方法を命じてはいない」。む

第6章　宗教改革の振り子　597

しろ、その逆こそ理に適っているとして、聖職者選任に関する恒久的で不変の方法など存在しないと断言する。

　そう判断する根拠としてホイットギフトは3点を指摘する。第1に、聖書には聖職者に関する唯一正しい選任方法についての記載はなく、教会がその時代と情勢にふさわしい方法を採用してきたこと。第2に、その結果、聖職者叙任の方法は多種多様なものになったこと。第3に、一般信徒による聖職者選任が望ましくないと判断するだけの立派な理由がある、とホイットギフトは書いている。これら3つの根拠のうち、第1の根拠については新約聖書『使徒行伝』(Acts of the Apostles) から6つの「事実」を指摘し、第2の理由については幾多の歴史的「事実」にふれ、第3の根拠についても8つの理由を挙げている。

　第1の根拠に関する6つの「事実」のなかには、キリストは誰の合意もなく使徒を選んだこと、使徒パウロとバルナバ (Barnabas) は各都市に聖職者をおいたけれども、それは人々の合意によるものではなかったこと、パウロは弟子テモテ (Timothy) と友人テトス (Titus) を遣わし、かれらに聖職者叙任の権威を与えたことなどの例を挙げている。そのうえでホイットギフトは、当代のブリンガー、ツヴィングリ、カルヴァン、ベーズを引きながら、かれらもまた聖職者叙任について唯一の正しい方法があるなどとは考えていない、と結論づけている。

　また第3の根拠についても、ホイットギフトは教会史上の多くの歴史的「事実」にふれながら、たとえばローマ教皇の選任がその典型的ケースだが（ボニファティウス2世[32]の場合など）、いくつもの宗派や異端が現れると、たちまち教皇選任をめぐって教会も信徒も大混乱に陥ったことに注意を喚起している。また、一般信徒が聖職者の選任に関わることの危うさについてホイットギフトはつぎのように書いている。かれら一般信徒は新奇さに溺れ、派閥や党派に操られ、ご機嫌とりに欺かれやすい。カルヴァンの『キリスト教綱要』（第4篇20章）にもあるように、いかに立派な王国も付和雷同する一般民衆が一部の権力者に扇動されれば、たちまち悪質な専制支配に堕してしまう。概して一般民衆は無作法かつ無知であり、教会的事項に慎重さを欠き、支配されやすい存在であり、したがって、そうした一般信徒に聖職者の選任を委ねるわけにはいかない。むしろ、司教が一般聖職者を叙任するのがより適切な方法であるとホイットギフトは結論づけている (Whitgift, 1574 [Ayre ed.,1851, *Works*, portion 1: 455-68])。

ついで、第8編「大司教、首都大司教、司教、大執事など」の高位聖職者について。カートライトは原始教会の時代にはこうした聖職者の位階秩序はなかったと主張し、かれらの権威と身分を激しく論難する。

しかし、カートライトの主張は歴史的「事実」に反するだけでなく、教会の「精神的あるいは内的統治」(spiritual or internal government) と「外的統治」(external government) の違いをまったく理解していないとホイットギフトは批判する。

まず、歴史的「事実」についていえば、カートライトはホイットギフトへの『返答』のなかで、「サタン（はじめは神に仕えていたが、神の敵対者、地獄の長となった悪魔）が大司教、首位聖職者 (primate)、総大司教 (patriarch) といった身分をつくって位階秩序をなした。かれら反キリストたちはその階段を登って呪われた高座についた」（同書、72ページ、2-4節）と書き、とくに大司教はカルタゴ教会会議 Synod（第1回が251年、第2回が256年、第3回が345年、第4回が397年——カートライトはいつのカルタゴ会議かについて特定していない）や「アフリカ教会会議」[33]においてその名称を用いることが禁じられたと主張する。

しかし、これに対してホイットギフトは、第1に、「聖パウロの時代には、使徒、預言者、治療師、異言者などが必要とされ、かれらが教会の担い手になっていた。それにもかかわらず、カートライトはそれらを黙殺し、大司教や大執事のいない教会こそ聖パウロの時代の完全な教会だ」と言い募る。けれども、それは甚だ説得力に欠ける議論ではないかと反論する。第2に、使徒ペテロは各地の司教の上にかれらが従うべき大司教をおき、かれは首位司教 (primas) とも総大司教 (patriarcha) とも首都大司教 (metropolitanus) とも呼んだ。聖ペテロが反キリストでない以上、大司教もまた反キリストではない。第3に、上記の3つの聖職者（大司教、首位聖職者、総大司教）という呼び名は古代教会時代の第1回ニカイア公会議 (325年) で公認されたものである。第4に、セレウキア-テシフォン大司教 (Archibishop of Seleucia-Ctesiphon) は多くの年代記に登場する実在の人物であり、ペルシャ王シャープール (Sapores ——実際にはシャープール2世) によって処刑されたが、大司教と名乗っていた[34]。第5に、ローマ司教（教皇）のケレスティヌス1世（在位422-32年）宛てに認められた「アフリカ会議」の書簡には、大司教や首位聖職者、首都大司教といった名前が登場し、それらはいずれも司教の上に立つ「首座司教」を意味していた。第6に、ツヴィングリもこう書いている。「『使徒行伝』のなかで、

聖パウロは同じ人たちを司教とか長老とか呼んでいた。(中略)大司教という言い方はしなかったが、かれらのなかの或る者が他の者たちを支配した」ことなど多くの歴史的「事実」を指摘している。

　要するに、「大司教、大執事などは反キリスト者によって作られた反キリスト的な職位名称ではなく、おおかた古来のものであり、ローマ教皇が反キリスト的になる以前から教会のなかに定着していたものである」というのがホイットギフトの基本的見解だった。

　もうひとつ、ホイットギフトは、カートライトが教会の内的統治と外的統治を区別していない点にも批判の刃を向けている。内的統治とは精神世界における統治を指すのに対して、外的統治とは教会組織やその活動の管理運営を意味している。精神世界の最高かつ最終的な典拠は聖書に求めなければならない。しかし、外的統治はそうではない。もしその時代と情勢にふさわしい管理システムをもたなければ、その間隙をぬって再洗礼派が出現し、大きな混乱が生じるだろう。有効かつ効率的な教会統治システムを構築し、維持していくことが肝要であるとホイットギフトは主張して譲らない。

　さらにいまひとつ、本書の附論にあるブレンターノによるウェーバー批判のポイントのひとつである「petitio principii（論点先取りの誤謬）」、すなわち、論証すべきことがらをすでに論証済みのものとして前提にしてしまう誤った推論がカートライトの立論にはしばしばみられるとホイットギフトはいう。たとえば、カートライトは「大司教や大執事を任命することは新しい聖職者をつくる反キリスト的所作である」とくりかえし主張する。しかし、聖ヒエロニムスが「教会の分裂を避けるため、聖職者たちがそのなかから一人を指名して他の聖職者を管理させようとした」とき、それが新しい聖職者をつくることになるのだろうかといえば、断じてそうではない。というのも、大司教や大執事という教会に恒久的聖務と職位はキリストによってつくられたものであり、人為的に新たにつくったり、廃止したりすることのできるものではないからである。

　大司教といい司教といい、その聖務は決して「偶像崇拝的なもの」ではなく、キリストの言葉に基づいて使徒の時代に実行されていたことである。したがって、カートライトの議論は「論点先取りの誤謬」と臆断から成り立ったものにすぎないとホイットギフトは批判している（Whitgift, 1574［Ayre ed., 1851, *Works*, portion 2,

1852: 84-5, 117-8, 126, 168-71, 174])。

　さらに、第17編「長老による教会統治について」。カートライトもピューリタンも異口同音に、一般信徒によって選ばれた長老が教会を統治すべきだと主張する。しかし、教会統治は長老の役割ではないとホイットギフトは反論する。

　ホイットギフトはいう。使徒の作品を読めば、長老(presbyter)は「監督者(episcopus)」「牧師(minister)」「精神的指導者(pastor)」を意味する言葉として使われていることが分かる。新約聖書のひとつである『使徒行伝』によれば、聖パウロは同じ人物を「長老(seniors)」あるいは「司教(bishops)」と呼んでいた。長老は「司教」であり「精神的指導者」である。聖パウロは2種類の長老を区別したが、長老という言葉でかれが意味していたのは神の言葉を理解し、秘跡を司る牧師のことだった。カルヴァンも『綱要』(第4篇第11章第1節)で2種類の長老を区別しているが、いずれも説教師または牧師を指していた。さらに使徒パウロとバルナバは、古代シリア王国の首都アンタキア(Antioch)のすべての教会に長老をおいた。しかし、その仕事が何であるのかを特定していない。

　たとえ長老が信徒によって選ばれたとしても、かれの仕事が教会の統治にあるというカートライトの主張を十分に証拠立てる聖書の記述や歴史的「事実」は見当たらない。第一コリント書(第7章第28節)や『使徒行伝』(第14章第4節)にも、長老の仕事がカートライトの主張するようなものだとは書かれていない。総じていえば、カートライトの長老による教会統治という推論は臆断にすぎない(Whitgift, 1574 [Ayre ed., 1853, vol. 3: 157-8])。

　そしてこの第8編の最後には、「恒久的に認められるべき唯一の教会統治パターンなど存在しない」という見出しがつけられ、そのうえであらためてその6つの理由を指摘されている。重複を厭わず再説すれば、第1に、聖書のどこにも唯一の「正しい」教会統治システムに関する記述など見出せない。第2に、使徒の時代、教会には使徒、預言者、秘跡者、治療師、異言者がおり、それぞれ教会の管理運営に関わっていた。しかしその統治パターンは同一ではなかった。第3に、第1コリント書(第12章)にある総督(gubernationes)が教会統治に関わったかもしれない。しかし、それを根拠にしてその役職が恒久的な仕事であるべきだと主張することはできない。第4に、使徒の時代でも、教会統治パターンは事情によって区々だった。第5に、当代の傑出した宗教改革者、たとえばヴォルフガンク・ムスク

ラス (Wolfgang Musculus: 1497-1563) やさきにふれたルドルフ・クヴァルター、さらにカルヴァンやベーズも教会統治のあり方は時と場所によってさまざまであり、可変的なものとみなしている。唯一再洗礼派を別にすれば、そう考えなかった学識者はいない。第6に、使徒の時代とは異なる教会統治のあり方があってよい。使徒の時代には教会を統治するキリスト教の君主など存在していなかった。しかし、神の加護下にある君主が教会統治に関与することがあっても差し支えない (Whitgift, 1574 [Ayre ed., 1853, vol.3: 150-3, 155-8, 214-9])。

　以上、カートライトとホイットギフトの論戦を中心に「勧告」論争を追ってみたが、ホイットギフトの再度の批判と反論にもかかわらず、カートライトは再びホイットギフトに批判のペンを執った。しかし両者の論戦は、かつてのエラスムス対ルター、モア対ティンダールの論争もそうだったように、平行線のまま互いに折り合うことはなかった。一方が聖書の文言と「事実」にこだわる、しかも政権を担う実証主義的な現実主義者であり、他方が同じ聖書から特定の理念を抽出して新たな構想を樹立しようとする理想主義的な改革者であってみれば、所詮どこまで行っても平行線、互いに交わるところなどなかったのかもしれない[35]。いきおいこうした事態に決着をつけたのは、ペンではなく剣だったようにみえる。

カルヴァンの教会論

　カートライトのみならず、ひろくピューリタンにとっても、かれらのイングランド教会批判の最も重要な根拠になっていたのは、ひとつはスコットランドのノックスの長老主義。もうひとつは、エドワード6世時代にロンドンに置かれた外国人教会のラスキ・モデルの影響も決して侮れないが、カルヴァンの教会論だった。したがって、ここでごく簡潔にでもカルヴァンの教会についてふれておくのがよいだろう。

　カルヴァンの活動時期を考えると、すこし時間を遡ってみなければならない。1536年という年は69歳のエラスムスがバーゼルで病没し、26歳のカルヴァンが『キリスト教綱要』のラテン語初版を同地で上梓し、イングランドでは前後7年にわたる宗教改革議会が「終了」したという意味で、宗教改革史上ひとつの記憶すべき年であるにちがいない。

　カルヴァンは『綱要』の校正を終え、ルイ12世の娘で人文主義と福音主義に深

い関心を寄せていたフェラーラ公妃ルネ・ド・フランス (Renée de France: 1510-74) の招きに応じて1年余り滞在したバーゼルを発ってイタリア北部のフェラーラに向かった。カルヴァンはその地で厚遇され、多くの亡命改革者と交わった。しかしフェラーラ公がカール5世の陣営に加わったため、カルヴァンはほどなくしてフェラーラを後にした。パリに立ち寄ったカルヴァンは弟や妹ともども自治的で宗教的にも寛大な国際自由都市ストラスブルクに移住しようと考えていたが、独仏間のイタリア戦争が再開したため、パリからストラスブルクへの直行路は断たれ、カルヴァンはやむなくジュネーヴに迂回した。

ところが、1536年7月24日、ジュネーヴに到着したその日、「一泊するだけ」と考えていたカルヴァンの許にベルンから派遣されていた宗教改革家ギヨーム・ファレル (Guillaume Farel: 1489-1565) が訪れてきて、ジュネーヴに留まってこの地での宗教改革を支援してほしいと懇請した。カルヴァンの述懐によれば、「神が上から手を伸ばし、私を掴んだごとく」にして、図らずもかれはジュネーヴに留まることになった。

ジュネーヴでは、その2ヵ月前の36年5月21日、すでに市民総会によって宗教改革が宣言されていたが、反対派も侮りがたい力をもっていた。そのうえ、ベルンでもチューリッヒでもエラストゥス主義の影響が強かったから、ジュネーヴでも市議会あるいは市当局が教会のあり方について強い発言力をもっていた。ファレルもカルヴァンもエラストゥス主義には批判的で、政教分離の原則、教会自律の立場にあったが、現実的妥協は厭わなかった。カルヴァンが38年9月から3年間、ジュネーヴを追われ、ストラスブルクに留まることになった。エラストゥス主義との確執に敗れたためだった。

というのも、カルヴァンはジュネーヴ教会の再構築にあたって、教会の再組織化とあわせて市民に対して厳しい規律を求め、市民の信仰告白の手引きとして21条からなる「ジュネーヴ教会信仰告白」(Confession de la foy, 1537)[36] と『信仰の手引き』([宗教改革著作集14巻、森井真訳「信仰告白」、同訳『信仰の手引きと告白』——いずれも渡辺信夫訳あり])を作成した。後者は前者を詳述したものであるが、前者は議会で承認され、市民はそれに対する宣誓を強いられた[37]。けれども、これに多くの市民が強く反発し、反ファレル・反カルヴァンの火の手があがった。その勢力は瞬く間に広がり、38年2月の市民総会の選挙では行政長官 (syndiques) 4人

すべてが反ファレルになった。1538年4月23日、ファレルとカルヴァンはジュネーヴを追われ、カルヴァンはバーゼルを経てストラスブルクに逃れた。かくして、カルヴァンの最初のジュネーヴでの宗教改革の試みは失敗に終わった。

ストラスブルクに逃れたカルヴァンは当地のブツァー(クランマーの招きによる渡英は1549年)に強い印象を受けたといわれる。カルヴァン研究家の久米あつみは、「カルヴァンの傷ついた魂はこの思慮深い指導者(ブツァー)の下で和らげられ、広げられ、深められていった。とくにブツァーの冷静な歴史感覚に基づく聖書註解の方法がカルヴァンに与えた影響はきわめて大きい」(久米、1980: 156、括弧内は引用者)と記している。

ストラスブルクに滞在中、カルヴァンは『ローマ人への手紙註解』(1539年)や『綱要』のラテン語第2版(1539年)を出版したのみならず、寡婦で二人の子持ちであり、再洗礼派の信徒だったイドレッド・ド・ビュール(Idelette Stordeur de Bure: 1500-49)と結婚した。

しかし、そのストラスブルクでの滞在は3年で終わった。反ファレルの勢力が衰えたジュネーヴでは、カルヴァンに戻ってきてほしいという声が高まったからだった。その申し出を受け入れ、カルヴァンがジュネーヴに帰還したのは1541年9月13日のこと。かれは直ちに市議会が選んだ6人の憲法作成委員とともに憲法・教会規則づくりに取りかかった。数週間の集中作業の結果、37年に作られた規則(「教会規定条項」)を増補改訂した新たな「教会規則」(「ジュネーヴ教会規則」)原案が出来上がった。そこには、4年前の「条項」(聖餐、詩編、子弟の教育、結婚の4つが基本的な柱)に比べて、教会統治についてのカルヴァンの考え方がより明確な形で描き出されていた。

この「規則」原案には教会を担う4つの職制(ordre)が記載されていた。第1に牧師(pasteur)、第2に教師(docteur)、第3に長老(ancien)、第4に執事(diacre)である。訳語のあとの表記はフランス語だが、訳語と表記の関係は必ずしも明白とはいえない[38]。たとえば、聖書では牧師に4通り(evequez, anciens, ministers, surveillans)の言葉が使われていた。そのため、長老と牧師は同じ表記になってしまう。じっさい、カルヴァン自身も『綱要』(最終版、1559年)において監督と長老が互換的に使われた聖書の箇所を例示しており、また聖書では「教会を治める人」のことを「監督」「長老」「仕え人」とも呼んだと書いている(『綱要』渡辺信夫訳IV/1、第4篇第3章第8節)。

ともあれ、「規則」にある牧師の職務は、神の言葉の宣教と教化、聖礼典の執行のほか、譴責や勧告、懲戒、さらに矯正にも及ぶ。また牧師に選ばれるためには、聖書の教理に関する試験、日常生活行状の査問、市参事会による審査と推挙、会衆信徒に対する説教と評定、市政府当局に対する忠誠の宣誓といった幾重もの審査と手続きを経なければならなかった。

また、教師の務めについては、原文には「きわめて牧師職に近く、また教会の統治に関連がある」とだけ記されていた。その任職は市参事会の承認によるが、教師の候補者については牧師会が選ぶとされている。つぎの長老については、「規則」最終版（1561年）には「市政府から長老会へ派遣された委員または代表」とあるが、その職務は信徒の日常生活の監督、神の言葉から外れた者に対する譴責、懲戒、矯正とされた。したがって、長老と牧師の職務の重複は避けがたい。しかし、その選任は市議会が行うとされ、牧師に長老の決定権は与えられなかった。その任期は1年だが、「長老は市の他の役職に任命されないかぎり、解任されない」とされた。その長老と牧師でつくるのが長老会（consistoire）であり、週1回開かれるのが原則。教会の規律に反する事案がないかどうかを検討し、必要があれば、その対処策を講じるとされた。

これら三職に比べれば、執事の仕事はより明示的である。原始教会でもそうだったが、執事には2種類の仕事があり、ひとつは財務管理を行う者（procureur）、もうひとつは病弱者や生活困窮者の世話をする者（hospitallier）がいた。この歴史的「事実」を踏まえて2種類の執事がおかれ、執事は長老に準じた方法によって選ばれるとされた。

しかしながら、このカルヴァンの「規則」原案は市参事会によっていつくか重要な修正を施された。たとえば、原案では牧師会が指名する教職候補者を市参事会は承認するだけとなっていたが、市政府の拒否権が書き加えられた。また、教職にある者の不適切な言動に対する懲戒・処罰権は市政府にあるとされた。さらに、毎月行うとされた聖餐式は従前どおり年4回と書き換えられた。したがって、41年の「規則」においてもカルヴァンの教会の自律、政教分離という考え方が十分に反映されたとは言い難い。

カルヴァン的原則がより鮮明な形で表現されるためには、20年後の1560年の「教会規則」改訂版を待たねばならなかった。それによって、長老の選出、長老

第6章 宗教改革の振り子

会への出席資格とその権能、牧師の選出などの規定が改められた。

たとえば、行政長官であっても、長老会に出席するためには長老の資格をもたなければならない。また議会が長老を選出するとしても、牧師会の同意なしに長老を選ぶことはできない。長老を選ぶ議会はこれまで反カルヴァン勢力の多かった旧市民がその実権を握っていたが、今後は新市民（新興市民階層や新たな移住してきた宗教改革者）にも同等の権利を保障することになった。

興味深いことのひとつは、このように長老の選出と長老会の働きが大きくクローズアップされたことである。また牧師の選出については、すでに41年の「規則」に謳われていた会衆信徒の同意があらためて求められ（それまで実行されなかった）、信徒の異議申し立ての権利が付与されることになった（出村、1971: 251-9, 279-82; 久米、1980: 138-65）。

ところで、このジュネーヴ教会規則の改定作業とは別に、カルヴァンは『綱要』（第3版1543年、最終版1559年——両者の異同は僅少なので、以下最終版による。）の第4篇第3章（「教会の教師と仕え人たち。かれらの選任と任務について」）と4章（「古代教会の状態および教皇制が行われるようになる前の統治方式について」）において、あるべき教会の職制と選任方法にふれている。そこでのカルヴァンの見解を追ってみよう。ちなみに、この第4章のほとんどは第3版によって加筆されたものである（渡辺信夫訳『綱要』IV/2: 270-2; 渡辺信夫編、1965[別巻]: 132）。

まず、カルヴァンは、聖パウロが教会統治を担う5つの職制を挙げていたことにふれている。その5つとは、第1に使徒、第2に預言者、第3に伝道者、第4に牧師、第5に教師である。しかし、カルヴァンによれば、前三者は恒久的な制度でなく、「特別の職務」であり、正しい秩序を確立した教会においては、「ところを得ない」存在である。他方、牧師と教師はいかなる「教会においても決して欠けてはならない」。牧師の仕事は「教会訓練にも聖礼典の執行にも、戒告にも勧告にも、聖書の解き明かし」のすべてに関わるが、基本的にはふたつの務め、すなわち「福音の説教」と「聖礼典の執行」を担う。これに対して、教師の務めは聖書の解き明かし、「真実あるいは健全な教理を信仰者の間で保たれるようにすること」にある。したがって、教師は教会訓練にも聖礼典の執行にも、戒告や勧告などにも関与しないというのがカルヴァンの考え方だった（渡辺信夫訳『綱要』IV/1: 70-4）。

しかし、教会には「治めること」だけでなく、もうひとつ「永久に残る」仕事がある。それが「貧しい人たちへの配慮」である。その役割を担うのが執事である。内容的には「施し」を管理する執事のほか、病人や貧窮者の面倒をみる執事が必要になる（上記『綱要』第4篇第3章第8-9節）。

では、誰がどのようにしてこうした職制を選ぶのか。カルヴァンはこう書いている。使徒の任命はキリストと父なる神の意志によって行われる。しかし、同じことを監督または長老、仕え人に適用することができない。では、長老(presbyterus, prestre)あるいは監督(episcopus)はいかにして選ばれるのか。まず、「健全な教理に適い、聖なる生活を営み、いかなる悪徳も知られていない」人物を候補者として選び出さねばならない。そのうえで、教会毎に会衆の投票によるか、すべての会衆の挙手によって長老または監督を選ぶのがよい、と。もっとも、この「民衆の同意と是認」とはいっても、「群衆が軽々しく、あるいは悪しき熱狂によって、または騒々しく選挙する過ちを犯さないように」他の長老が管理しなければならない、という注意書きをカルヴァンは添えていた[39]（『綱要』第4篇第3章第3-5節）。

このように、『綱要』最終版では、教会の職制は牧師、教師、長老、そして執事の4つになる。それはジュネーヴ教会規則と平仄がある。

カルヴァンの教会論の主張を要約すると、第1に、すべての教会に牧師と教師をおく。牧師は長老とともに長老会を構成し、その長老会が教会統治を担う。それと同時にかれらが世俗の行政機関との意思疎通を図る。そのほか施しのための管理と実務に携わる執事が必要である。したがって、カルヴァンの教会職制は長老、牧師、教師、執事の四者構成ということになる。第2に、これら職制の選任方法に関するカルヴァンの記述は必ずしも明晰でないが（たとえば、長老や牧師などの選び方や会衆信徒の資格など）、選任に当たっては、ひとつには教会の自律的優位が確保されること、もうひとつは会衆信徒の合意が求められると考えていた。第3に、教会統治のリーダーシップは長老と牧師で構成する長老会が執る必要がある。ピューリタンが監督制から長老制へと唱えたのはそのためだった。第4に、教会は聖書を唯一の根拠とする神の教会でなければならない。そのため、教会を担う職制はもちろんのこと、一般信徒にも聖書に基づく厳しい規律が求められねばならない、とカルヴァンは考えた。

以上、この時代のイングランド宗教界への影響という意味でいえば、カルヴァ

ンはプロテスタンティズムの長老派を力強く牽引した人物として、初期ピューリタニズムの形成に貢献したということができる。

分離主義と会衆主義

いまいちど、イングランドの1570年代に戻ってみよう。すでにみたように、1572年のふたつの『勧告』に盛られた考え方はその多くをカルヴァンに負っていた。しかしすぐに目につく違いもある。カートライトたちが構想する教会職制のなかには教師という職務が書き込まれていなかったことである[40]。

そのカートライトが70年代半ば、オランダで75年と77年の2度にわたってホイットギフトへの2度目の反論をものしてまもなくの頃、イングランド教会のみならず、長老派ピューリタニズムからも分離する形で会衆主義あるいは独立派という新たな考え方と運動が立ち上がった。そのリーダーがロバート・ブラウン (Robert Browne: 1550s-1633) であり、かれに共鳴する人々はバラウニストと呼ばれた。ブラウンは80年代の半ば以降、「改心」してイングランド教会に戻ったが、のちにブラウニストの一派[41]は1620年、「巡礼始祖」(pilgrim fathers) としてメイフラワー号に乗って北米に渡たり、マサチューセッツ州プリマスに植民地を拓いた (Martin, 1954: 68-9)。

そこで、そのブラウニストの登場についてみておこう。パーカー大司教が75年5月17日に亡くなったあと、セシル卿の強い推薦でグリンダルが83年までの8年間、カンタベリー大司教を務めた。先代パーカーに比べれば、比較的平穏な時代ではあったが、ピューリタンは着実に増えつづけていた。グリンダルが対処しなければならなかった問題のひとつはピューリタンの秘密礼拝集会 (puritan conventicle) の取り扱いについてだった。それがピューリタニズム浸透の有効な手段になっていたからである。

エリザベスは77年、この聖書解釈運動 (prophesying movement) の広がりに強い懸念を抱き、グリンダルに対してカンタベリー大司教区でのこの種の集会を禁止するよう命じた。しかしグリンダルはこれに反発、エリザベスに諫言の書簡を認めた、すなわち、たしかに女王陛下は偉大で強力であります。しかし不死ではなく、神に対する責任をおもちの身であります、と。「不屈のプロテスタント」グリンダルは、聖書解釈集会にもそれなりの意義があると考えていた。しかし女王

の命を蹴ったため、星室評議会から半年間の聖務停止処分を受け、そののちも数年にわたって自宅軟禁状態におかれた。1581年には聖職者会議(convocation)からグリンダルの聖務復帰を求める請願が出されたが、エリザベスはそれに応じなかった。そのためグリンダルの解任が取り沙汰されるようになった。まもなくしてグリンダルはエリザベスに謝罪し復職したが、かれの態度はその後も揺れ動いた[42]。いよいよ解職かと思われた矢先、グリンダルは亡くなった。1583年7月6日のことである。そしてその後を襲ったのがホイットギフトだった。

もうひとつ、グリンダルはその最晩年、ブラウンやその共鳴者たちにいかに対処するかという問題にも直面した。

そのブラウンはケンブリッジ大学コーパス・クリスティ・カレッジ在学中、友人ロバート・ハリソン(Robert Harrison: 生年不詳、1585年没)とともにカートライトから強い影響を受けた。卒業してから3年間、ブラウンはロンドン市内のサザーク(Southwark)で学校の教師をしていたが、ロンドンでペストが流行したため、78年秋、ふたたびケンブリッジ大学に戻った。

その頃から、ふたりはイングランド教会の内部からの改革というカートライトの方針に疑問を抱くようになった。その穏健な改革路線では宗教改革を前進させることはできないと考えたからである。1580年冬、体調を崩してしばらく病床にあったブラウンは、春になってノリッジで病院長をしていたハリソンを訪ねた。ふたりはそこで「使徒の教会」(apostolic church)という理念を抱くようになった。会衆主義的な教会は前世紀のロラード派によっても模索されたが、それを理論的構想にまとめあげたのはブラウンだった。ふたりはノーフォークのノリッジに会衆派教会を設立し、サフォークのベリー・セント・エドムンズ(Bury St. Edmunds)やイースト・アングリアにも布教の範囲を広げた。地域の人々は、概して好意的にかれらを迎えた。

この地方は、当代イングランドの羊毛産業の代表的拠点として名高いだけでなく、第1次大内戦の初期、1642年末にはエセックス、ハートフォードシャー、ノーフォーク、サフォーク、ケンブリッジシャーからなる東部連合(Eastern Association)と名乗るピューリタン市民軍を組織し、議会の勢力拡大に尽力したことでも知られる。1580年代はじめのベリー・セント・エドムンズには多くのオランダ商工業者が住み、そのなかには再洗礼派の信徒も少なくなかった。

しかし、ノーフォークやサフォークでのブラウンらによる教会づくりと布教活動は 81 年 4 月、ノリッジ司教エドムンド・フレーク (Edmund Freke: c.1516-91 ── 前任者パーカーストとは異なるイングランド教会の保守的人物、84 年にウスター司教に叙任) の目に止まった。ブラウンやハリソンが「怪しげで危険な教義」を民衆に吹聴していると判断したフレークは、すぐにそれをグリンダルに報告した。まもなくしてふたりは投獄された。さいわい、ブラウンの遠縁にあたるセシル卿 (セシル卿はその後もブラウンの実質的庇護者) の介入によってかれらは釈放されたが、活動禁止処分となった。

そのため、81 年の秋、それ以上の迫害を恐れたふたりは、イングランド人が入植していたオランダのミデルブルフ (Middelburg in Zealand) に渡り、そこで新たな布教活動をはじめた。けれども、その地の人々はアントウェルペンから移ってきた亡命ピューリタンの指導者であり、ふたりにとっては旧師であるカートライトの強い影響下にあったため、かれらの会衆主義布教活動は思うに任せなかった。まもなくブラウンはハリソンとの折り合いを欠き、83 年 11 月、わずかの仲間とともにスコットランドに渡った。かれらがエディンバラに着いたのは 84 年 1 月のことである。他方、ハリソンはミデルブルフに留まり、カートライトの教会に入ったのち、85 年に同地で亡くなった。

ブラウンはスコットランドに到着してまもなく一時投獄されたのみならず、スコットランド教会の長老派と対峙しなければならず、数ヵ月のかれの滞在は決して心地よいものではなかった。1584 年 7 月 7 日、かれはロンドンで一時逮捕されたが、同年の秋あるいは初冬にスタンフォード (Stamford) に行き、さらにオランダ (おそらくミデルブルフ) に逃げた。しかし、85 年の前半にはふたたびスタンフォードに戻り、そこで長老派のカートライトへの『回答』(*An Answer to Master's Cartwright's Letter for Joining with the English Churches*, 1585) を認めた。

その『回答』[43] が出版されると (85 年 4 月 16 日以前とされる)、ブラウンはまたまた投獄され、カンタベリー大司教ホイットギフトによって喚問され、一連の著作について厳しく問い糺された。そこで、ブラウンは 5 ヵ条の文書に署名した。そこには、カンタベリー大司教に従順を誓うこと、イングランド教会が神の教会であると認めること、今後はイングランド教会の平和を乱さないこと、すでにブラウンには洗礼を受けた幼女ジュアンがいたが、イングランド教会の様式による聖

餐を認めることなどが書き込まれており、署名の日付は 1585 年 10 月 7 日となっていた (Burrage, 1906: 37-9)。

このブラウンの 5 ヵ条への署名がどれほど内発的なものだったのか、審らかにしない。というのも、この時期を前後してかれは宗教的葛藤に苦悶し、精神を病み、一時期常軌を逸したというクリッペンのような見方もある。たしかにこの時期、ブラウンは長い逃亡生活、みずからの孤立と度重なる投獄(生涯を通じてじつに 32 回)、破門の恐怖[44]、ブラウニストへの迫害などに悩んでいた (Crippen, 1903: 8-10; Horne, 1903: 15-8; Burrage, 1906: 37-9)。

ともあれ、かれのイングランド教会への「復帰」は転向とみなされ、ピューリタン分離主義者であり、のちに処刑されたジョン・グリーンウッド (John Greenwood: 生年不詳、1593 年没) やヘンリー・バロー (Henry Barrowe: c.1550-93) から厳しい批判を受けることになった。ブラウンとかれらの論争はいまふれた大司教ホイットギフトによる喚問と署名に多少とも先立つものだった。

「厳格な分離主義者」のグリーンウッドとバローは当時の代表的ブラウニスト(ときにバローニスト Barrownist とも呼ばれる)だが、かれらの批判はブラウンのブラウニストとしての精神的揺らぎ、その「徹底しない分離主義」を告発するものだった[45]。しかし、それに対するブラウンの応答が文書で公表されたのはそれから数年後のこと。それが「ある分離主義者とその教義に対する非難」(A Reproof of Certain Schismatical Persons and their Doctrine, Touching ther Hearing and Preaching of the Word of God —— 1905 年にチャンプリン・バレッジが発見したもの)であり、公刊時期は 87 年後半あるいは 88 年前半だったと推論される。

バレッジによれば、ブラウンの「非難」の内容はこうである。イングランド教会の牧師には優れた者も劣った者もいる。しかし、総じていえば、かれらは人々に真の信仰をもたらし、神の言葉を伝え、その祈りは偽りのないものであり、多くの人々の誤謬を正している。じっさい、宗教改革はかれらによってもたらされつつある。したがって、もはや厳密に分離主義的企ては必要でなくなった (Burrage, 1906: 53-4)、と。

この内容はつぎにふれる 5 年ほど前のブラウンの著作『誰かを待つことなき宗教改革』(1582 年) や『真のキリスト者の生活と礼儀作法』(1582 年) とは相容れないものであり、その意味で、ブラウンは 80 年代半ば以降にイングランド教会に「復

帰」したとみることができる。

　ここで、会衆主義あるいは独立派の宗教思想についてふれておこう。ブラウンがみずからの会衆主義という考え方を公にしたのは 1582 年のこと。ミデルブルフに到着後、かれは堰を切ったように、数ヵ月のうちに 2 冊の著作を出版した。ひとつは『真のキリスト者の生活と礼儀作法』(*A Book which sheweth the Life and Manners of all True Christians, and howe unlike they are unto Turks and Papistes and Heathen Folke*, 1582 ──最終的には 3 つの論考[46]からなる論文集)、もうひとつが上記の『誰かを待つことなき宗教改革──為政者が命じるまで改革しようとしない聖職者の邪悪さについて』(*A Treatise of Reformation without Tarying for Anie, and of the Wickedness of those Preachers which will not Reform till the Magistrate Command or Compell them*, 1582) である。

　このうち、『生活と礼儀作法』は合計 185 項目からなる教理問答集であり、そこには問いとその回答、反論、定義などが盛り込まれている。その原典は入手できなかったが、ウィリンストン・ウォーカー (Willinston Walker) はその著書『会衆主義の心情と綱領』(Walker, 1893) においてこの問答集から「ブラウンらしい見解」を抜粋し、摘記している。

　この『生活と礼儀作法』の第 3 部が「最も理性的かつ建設的な」論考になっているので、バレッジの解説を参考にしながら、ブラウンの真の教会のあり方に関する考え方を整理してみよう。

　ブラウンの構想はつぎのようなものだった。すなわち、イングランドの人々のためにイングランド教会を改革したい。理想とする教会にとって「大司教、大執事、大聖堂参事会員、その他の聖書にない役職」は不要である。司教という忌まわしい名前も使うべきではない。教会のすべての事柄は人々（会衆）のため、人々によって規制されるべきである。ひとまとまりの会衆がひとつの教会をなすのであり、それはキリストの直接的恩恵によって存立する。但し、特に重要な案件については他の会衆（教会）や多くの教会から構成する教会会議 (synod) と相談すべきである。すべての教会において人々は最も先見の明がある賢者を長老として選ぶべきである。その長老の役割は人々の邪悪を正し、助言すること、そして牧師を叙任することである。人々は長老を選ぶのと同じ仕方で他の職制も選ぶべきである。

　また、人々（会衆）は反キリスト者と悪魔の王国を破壊し、神の王国を築くと

いう責務を負っている。人々は互いに監視しあい、邪悪な者を排する必要がある。神の教えに反する者は私的にも公的にも邪な者として斥け、教会を真に正しき者の集まりとしなければならない。

さらに、教会の支配と統治には、為政者に社会 (common wealth) の合意が求められるように、その会衆と教会の合意がなければならない (Walker, 1893: 18-27; Burrage, 1912: 102-3)。

もう1冊の『宗教改革』では、ブラウンは全篇を挙げてつぎのように主張している。すなわち、イングランド教会がローマ教皇を反キリスト的だとして退けたのは当然であるが、エリザベス女王がイングランドの社会のみならず、教会まで支配するのは神の言葉に反している。為政者と議会の良識に待て (待機せよ) というが、このままではいつまで待っても神の支配を確立することはできない。

じっさい、為政者の権威に従い、かれらに媚びるだけの邪悪な司教やカトリック的聖職者が社会に跋扈し、蔓延っている。キリストは「わが王国はこの世のものではない」といわれた。しかし、司教と為政者はキリストの精神的王権をこの世のものに移し替え、教会を支配している。いまや精神的指導者は偽善者となり、神の言葉と王国を穢している。

けれども、「神の王国はあなた自身のなかにあり」、その内的な精神的服従だけが神の王国に通じている。神の恵みなどの精神的な糧にとって外的儀礼など世俗の用意は無用の長物である。世俗の権力が教会に及ぶことがあってはならない。その権力は社会を支配するための道具にすぎない。外的な正義によって社会を支配することは為政者の役目だが、教会の支配は精神的なものでなければならず、世俗の手法によって行われるべきではない (Browne, 1582 [Crippen ed., 1903: 17-31]、訳 195-221)、と。

このようにみてくると、分離主義という言葉には少なくとも4つの含みがあるようにみえる。すなわち、第1にピューリタンの穏健的「待機」組からの分離、第2に邪悪な教会信徒の排除あるいは分離、第3に教会統治における他の教会から分離独立、第4に教会と国家の原理的分離である。

では、会衆主義のほうはどうか。実質的にこの分離主義の意味内容と重なるところが多いが、ひとつは「独立した」教会における一般信徒 (会衆) 本位の統治、もうひとつは教会の国家あるいは世俗権力からの分離独立。このうち前者につい

ては、ひとつの教会はキリストの直接的恩寵の下にあり、それが独立した教会として存立すること、また長老など教会職制の選任は会衆によって行われ、教会統治は会衆によって、そして会衆のために行われることが強調されている。また後者ついては、教会(会衆)の統治は精神的なものであり、したがって教会は世俗の権力や為政者から自立するばかりでなく、ひとつの会衆集団が相当の自立性をもつことが望ましいとされた。したがって、この会衆主義の立場からすれば、イングランド教会の支配者はいうまでもなく、その陣営に留まって内部改革をめざす長老派的ピューリタンも、かれらとは原理的に相容れない存在だった。

　ブラウンのこうした「扇動的で分離主義的な誤った」(seditious, schismatic and erroneous)著作が1583年6月、イングランドで出版されると、たちまち非難の嵐が巻き起こった。それを煽り立てたのはエリザベスの判断と新任のカンタベリー大司教ホイットギフトだった。というのも、6月30日、エリザベスは勅令を発し、首長令と共同祈祷書、「39ヵ条」の遵守を厳命したからである。これに反発して相当数の(数百人ともいわれる)ピューリタン聖職者が自発的な引退の道を選び、エリザベス、セシル卿、ホイットギフトを驚かせた。

　しかしそれでも、女王はその方針を撤回しようとはしなかった。多くのピューリタン聖職者は「神の言葉に反しないかぎりで」署名を余儀なくされた。そればかりか、王権はブラウンの著作を発禁処分とした。そしてそれらを販売していたブラウニストのエリアス・サッカー(Elias Thacker)とジョン・コッピング(John Copping)を逮捕し、ベリー・セント・エドマンズで絞首刑に処した。このふたりは以前から「札付きの扇動者」とみなされていたのである(Marsden, 1853: 134-6; Crippen, 1903: 6-8; Horne, 1903: 18-20; Frere, 1911: 203-4)。

ホイットギフトによる分離主義と会衆主義の弾圧

　1580年代後半の出来事として見逃せないのはふたつ。ひとつは1588年から89年にかけてマーティン・マープレリット(Martin Marprelate)という仮名の著者(複数)によるイングランド教会を痛烈に風刺した小冊子シリーズが出回るようになったこと。もうひとつは会衆主義あるいは分離主義に対する政権による弾圧政策が露わになったことである。これらのふたつの動きは、一方ではジョン・ペンリー(John Penry: 1559-93)というウェールズ出身の分離主義者によって、他方ではカンタベ

リー大司教ホイットギフトによって結節されていた。

　折しも、スコットランドではジェームズ・スチュアート（スコットランド王ジェームズ6世、のちのイングランド王ジェームズ1世）が親政を敷き、84年5月には暗黒法 (The Black Acts, 1584) を発布、司教制度を復活させた。スコットランド長老派は駆逐され、多くの長老派メンバーがイングランドに難を逃れた。そのなかにはアンドリュー・メルヴィル (Andrew Melville: 1545-1622) もいた。これがひとつの契機となって、84年と87年のイングランド議会においてイングランド教会の共同祈祷書を「ジュネーヴ祈祷書」(Genevan Book of Order, 1556──ジュネーヴにいたイングランド会衆によって使われていた祈祷書) に置き換え、長老派の進展を図ろうとする法案が提出された。しかしその試みは失敗した。

　(A) マープレリットの出版と「大学才人」の動員について。ホイットギフトは86年、積極的反撃に着手した。星室評議会の指示に基づいて、かれ自身およびロンドン司教エイルマーからみて容認しがたい扇動的な著作やパンフレットを取り締まる権限を手に入れ、それを盾に異端的ピューリタンの出版活動の禁止に乗り出した (Donaldson, 1971: 182, 訳 184)。

　その措置に反対したピューリタンたちは、「マーティン・マープレリット」(Martin Marprelate) という仮名を名乗って、88年から89年にかけてイングランド教会とその高位聖職者[47]を揶揄する一連のパンフレット攻勢に打って出た。

　その評判は上々で、小冊子は大いに人口に膾炙した。現存する小冊子は合計7冊。出版順に、① The Episte (1588年10月刊)、② The Epitome (88年11月)、③ Certain Mineral and Metaphysical Schoolpoints (89年2月)、④ Hay Any Worker for Cooper (89年3月)、⑤ Martin Junior (89年7月)、⑥ Martin Senior (89年7月)、⑦ Protestation of Martin Parprelate (89年9月) がそれである。

　このうち、①の戯言的「書簡」は、ソールズベリー司教ジョン・ブリッジ (John Bridge: 1536-1618──のちにオックスフォード司教) がカートライトやチャダートン、トラヴァースを厳しく批判してイングランド教会の正統性を擁護した著作『教会や聖職者に関するイングランド教会の擁護』(A Defence of the Government Established in the Church of England for Eccsesiastical Matters, 1587) を俎上にのせ、それを激しく非難するとともにホイットギフトやエイルマーなどの私生活を暴露し、清貧なペンリーやユダルを擁護するものだった。また翌月に刊行された②は、内容的に①よりも辛辣

なものだったが、同じくブリッジの著作を「要約」して批判し、エイルマーを非難するものだった。④は上記①の「書簡」を論難したウィンチェスター司教トマス・クーパー（Thomas Cooper: c.1517-94）の作品、『イングランド国民に対する警告』(*Admonition to the People of England*, 1589) を批判しつつ、それを嘲笑し揶揄したものだった。ちなみに、イングランド教会に忠実なクーパーの著書は、①「書簡」の記述についてかれが抱いた「異論」を摘記し、それに対して逐一クーパー自身の「回答」（反論的解釈）を書き留めたものである。しかし一般民衆にとって、④の本文203ページからなる書物は小難しくて冗長、その評判は芳しいものではなかった。

しかし、すでにこの種の国家反逆罪的なパンフレットの出版は禁じられていたから、ペンリーの印刷所である「巡礼出版」(Pilgrimage Press) は官憲の目を逃れるため、度々移転しなければならなかった。この印刷所が第4代ダービー伯ヘンリー・スタンリー (Henry Stanley, 4th Earl of Derby: 1531-93) の配下によって発見されたのは89年8月のこと。翌月に出た上記⑦がこのマープレリット・トラクト・シリーズの最後の小冊子となった。

それにしても、これらのブックレットの肝心の著者は誰だったのか。この点をめぐってその当時から色々な推論と憶測が飛び交った[48]。有力な候補として現在まで20人を超える名前が挙げられている。そのなかには、ペンリー（本人は強く否定）やバローといった人物のほか、セシル卿の秘書を務めたミハエル・ヒックス卿 (Sir Michael Hicks: 1543-1612) や対スペイン戦争で多くの武勲をあげたロジャー・ウィリアム卿 (Sir Roger William: 1539/40-95) といった有力者のほか、法律家で地主、ドーチェスター出身議員でもあったピューリタンのジョージ・カールトン卿 (George Carleton: 1529-90)、あるいはウォーリックシャーのジェントリーあるいは准騎士で国会議員だったジョブ・スロックモートン (Job Throckmorton: 1545-1601) などの名前をみることができる。

いまも判然としない部分が残されているが、それでもスロックモートンが主たる執筆者であり、それをペンリーとジョン・ウダル (John Udall: c.1560-92) が手助けしたという見方が有力視されている (Auchter, 2001: 231)。

他方、ホイットギフトらはこうしたマープレリット・トラクト・シリーズの出版活動を反撃するため、大学才人 (university wits) と呼ばれた文人を動員した。その当時、ようやくイングランドでは最初の職業的劇作家が誕生しつつあったが、

ジョン・リリー（John Lyly: 1554-1606）、ロバート・グリーン（Robert Greene: 1558-92）、トマス・ナッシュ（Thomas Nashe: 1567-c.1601）などがピューリタニズム批判の筆を執った（ナッシュについては憶測にすぎないという見方もある）。リリーの『手斧をもった俗物』（*Pap with a Hachet*, 1589）、ナッシュの『鸚鵡のためのアーモンド』（*An Almond for a Parrot*, 1589）等がその代表作とされる。1589年にはマーティン・マープレリットを批判する演劇（台本は現存しない）まで上演されたらしい。

ところで、ホイットギフトによるイングランド教会批判グループに対する取締りと弾圧はマープレリット・トラクト運動の粛正によって終わったわけではない。むしろ、本命といってもよい分離主義あるいは会衆主義の制圧という大きな課題が残されていた。その対象とされた中心人物がバローとグリーンウッドであり、また分離主義者となったペンリーだった。

このうち、マープレリット・トラクトの執筆と印刷に中心的役割を担ったペンリーは90年1月、ノーサンプトンの自宅を捜索され、その著作物が多数押収された。かれはスコットランドに逃れ、その地でもいくつかの論文を書き、翻訳も手懸けた。しかし92年9月にはロンドンに戻り、分離主義者の集会に参加するようになった。翌年3月にかれは逮捕され、2ヵ月後の5月21日の午後4時、妻エリノアや4人の娘たちに会うことも叶わず絞首刑になった。その罪状は「扇動的な書物の企画および刊行」だった。

他のふたり、名うての分離主義者バローとグリーンウッドはペンリーよりも1ヵ月以上早く4月6日に処刑されたが、かれらについてはいくつか補足しておくべきことがある。

ふたりが知り合ったのはケンブリッジ大学在学中、すでに当時からかれらはカートライトなどピューリタン「同調主義者」に対して違和感を抱いていた。バローより2歳年下だったグリーンウッドは卒業後、イングランド教会からの叙任勧誘を「神の言葉に反する」ことだとして断り、86年までにはロンドン在住の分離主義者たちのリーダーになった。かれが当局に逮捕されたのは同年10月、翌87年5月にはフリート監獄に移送された。かれは88年の秋、いったん釈放されたが、92年10月に再逮捕され、93年3月にはバローとともに裁判にかけられた。その罪状は（ペンリーと同じという説もある）非同調主義の喧伝および非合法集会への出席などであった。2回の執行猶予ののち、同年4月6日、ふたりは絞首刑に

処された (Frere, 1911: 264-5; Burrage, 1912, vol. 1: 128-31)。

(B) バローの会衆主義について。もう一点、そのバローの会衆主義の思想についてもふれておこう。

ふたつの審問記録をみてみよう。ひとつは1587年11月19日および27日、ランベス宮殿(カンタベリー大司教のロンドン公邸)で行われたホイットギフトらによる高等宗務官裁判所での審問であり、もうひとつは翌88年3月18日のセシル卿のほか、大法官クリストファー・ハットン (Christfer Hatton: 1540-91)、ホイットギフト、ロンドン司教エイルマーらが出席して行われた枢密院での審問である。いずれの場合も、その発言内容は獄中にあったバローが記憶を頼りにみずから書き起こしたものである。

まず、前者の審問のなかから興味深いやりとりを拾ってみよう。冒頭、ホイットギフトは「聖書の上に手を置いて誓いの言葉を述べるように」と迫ったが、誓約は極めて重要なこと、中身を分からずに誓約することはできないとバローは答え、執拗に誓約を要求するホイットギフトに対して、「私の自由を行使します」「いかなる権力も私の自由を拘束することはできない」と突き放した。ホイットギフトが「お前は教会に行かないと聞いておる。しかもイングランド教会は真の教会ではないといっておるとか」と問い詰めると、その証拠を示してもらえば、お答えしましょうと回答を拒否。「お前は分離主義者であり、権威に刃向かう反抗分子、扇動的な異端的人物」というホイットギフトの決めつけにも動じず、私は「そうした者ではない」とバローは答えた。では、「お前は何者なのか」と尋ねられると、私は「神の自由人」 (God's freeman) と返答した。

しばらくして、ホイットギフトは11の問いを発した。バローの回答のみを列挙してみると、たとえば、イングランド教会の共同祈祷書は偶像崇拝的であり、それに基づく聖餐は真の聖餐ではない。洗礼もそのひとつ(しかし再洗礼の必要については否定)。イングランド教会の規律と統治は不法なものであり、反キリスト的である。イングランド教会は真の教会とはいえない。女王はこの国の最高の統治者であるが、いかなる君主も教会の規則をつくることはできない。なぜなら、キリストはその言葉によってすでにそれを示しておられるからである。必要とあれば、聖職者は君主を破門することができる。すべての地区教会が長老をもつべきであり、それぞれの会衆が最後の権限をもつ必要がある、といったものだった。

印象的なのは、バローの自由の権利に関する不動の信念であり、偶像崇拝的な共同祈祷書の峻拒であり、イングランド教会では真の聖餐が行われていないという見解であり、キリストが残した言葉以外、いかなる君主も教会権力や教会を規制することはできないといった鮮明な分離主義的主張であり、それぞれの会衆ユニットが管理運営する教会という会衆主義の考え方であり、したがって首長令を含むイングランド教会のあり方を真正面から否定するその思想についてである。

　ついで、後者の大法官ハットンやセシル卿等による審問をみてみよう。「なぜイングランド教会に行かないのか」というセシルの問いに対して、「多くの理由があります」としたうえで、バローはイングランド教会には神を冒瀆する邪悪な者が多いこと、反キリスト的な聖職者が教会を支配していること、偶像崇拝的かつ迷信的なマナーで聖餐が行われていること、イングランド教会がキリストの言葉によらず、カトリックの教会法によって統治されていることなどに触れ、さらに私が願っているのは「神の教会に通うことです」と付け加えた。

　また10分の1税については、ガラテア書（第6章6節）や「祭司制が変われば、必ず律法にも変化があるはずである」（ヘブライ書、第7章12節）という一節を引きながら、10分の1税自体は合法的なものであるが、真の牧師（preistes）のみがそれを受け取るに値すると答えた。

　では、「presbyterという言葉は何か」というロンドン司教の問いに対して、バローは「長老です」と返答する。「それは年齢のことか」という質問には、「いいえ、テモテ（Timothie）は若者でした」と答え、さらに続けて、「ラテン語でpresbyterは牧師のことではないのか」という司教に対して、「ラテン語ではなく、ギリシャ語で長老の意味です」とバローは答えた。すると、大法官がカンタベリー大司教とロンドン司教を指差しながら、「お前はこのお二人を知らないのか」と問いかけると、バローは「司教は知りません」と答えたため、大法官は「それではあの方は誰か」と畳みかけると、「かれの名前はエルマー（Elmar——エイルマー［Aylmer］のこと）です」と答えたバローに対して、「では、あの人物は」とカンタベリー大司教を指差した。「まことに畏れ多いことながら、あの方は怪物（monster）です！惨めな合成人物（miserable compound）、聖職者でも行政官でもありません」と大胆不敵な回答を返している（Barrow, n.d.［1586］; Horne, 1903: 38-44; Pierce, 1909: 40-2, 47）。司教を司教とも、また大司教を大司教とも思わぬ挑戦的な態度であり応答だった。

(C) 弾圧法制と会衆主義者のプロフィールについて。ところで、この時期の出来事として注目されるのは、分離主義者の処断もさることながら、重要な法律が制定されたことである。

ひとつは通称ピューリタン取締法 (Act of Against Puritans) と呼ばれる 1592 年宗教法 (Religion Act, 1592)、もうひとつがカトリック反抗者取締法 (Popish Recusants Act, 1592) である。最初は後者だけが下院に上程されたが、上院に回付されたとき、その内容が緩和されるとともに、ブラウニストやバローニストを規制する新たな立法の必要が決議された。

前者のピューリタン取締法は、イングランド教会に出席しない者あるいはそうするように他者を勧誘した者、宗教的事項に関する女王の権威を否定する者、非合法な宗教的集会に参加した 16 歳以上の者については、告発後 3 ヵ月以内に改心するか、外国に永久追放とすること。こうした人物を匿った場合、月 10 ポンドの罰金を科すといったものであり、告発の主体は高等宗務官裁判所とされた。この法律の有効期限は次期議会の終わりまでと定められたが、実際にはその後も存続した。

また、後者はその法律の名称どおり、女王の聖俗統治とイングランド王国に危害を加えようとする邪悪で扇動的な 16 歳以上のカトリックの反抗者を取り締まるため、現議会の終了後、その者たちは 40 日以内にこれまでの住まいから 5 マイル以上離れた場所に許可なく転居してはならないとし、もしそれに違反すれば、その者のすべての土地、家屋や家財、年金、地代、相続財産、家畜等を没収するというものだった。その前提として、特にそれと覚しき者については教区副牧師がその居住地を確認すること、かれらが仕事で移動するとか旅行する場合には当局の許可を受けることなどが定められた (Gee and Hardy eds., 1896: 492-508)。

このように、ピューリタン取締法はピューリタン一般ではなく、そのうちの分離主義あるいは会衆主義を信奉するピューリタンの勢力拡大を抑えようとするものだった。この法律の効果がどれほどのものだったかには判然としない。さきのバロー、グリーンウッドの処刑はこのピューリタン取締法に関係があったようにもみえる。また、この法律の間接効果かもしれないが、バローらの処刑後、多くのバローニストが法の執行を待つまでもなく、自発的にオランダに出国していった。他方、長い監獄生活を送る (あるいは送ったのち、保釈中の) バローニストあり、

イングランド教会に復帰した者ありといった具合で、かれらの対処方法は区々だった。

　1592年9月、投獄中のグリーンウッドに代わって、ロンドンの会衆派教会は分離主義者となって日の浅いフランシス・ジョンソン (Francis Johnson: 1563-1618) によって引き継がれた。職制をみてみると、かれが牧師、教師がグリーンウッド、長老がふたり (Daniel Studley と George Knifton)、執事もふたり (Nicholas Lee と Christpher Browman) となっている。この構成はカルヴァンの『綱要』に忠実であったようにみえる。

　この1590年代はじめ、バローニストは漸増しつつあった。しかし、かれらの集会場所は、当局の監視の目を逃れるため、転々とせざるをえなかった。ジョンソンの会衆派教会に出席した者の数は60人から100人のあいだであったが、そのメンバーのうち、48人ほどについては名前と職業、年齢、投獄歴などがわかる。

　そのなかでいくつか興味深い性格を拾い上げてみると、第1に、そのほとんどが35歳以下の男性であること。第2に、職業的には服屋 (5人)、船大工 (5人)、金細工職人、雑貨小間物商、公証人 (2人)、下層自由農 (husbandoman)、大工、学校長 (2人)、織布工、召使い (2人)、魚屋 (2人)、靴職人、手袋製造販売人、織物工、小物入れ職人、ドミニコ会修道士、銅細工職人、フェルト職人など区々であるが、全体としては各種の職人がめだつ。第3に、地域的にはロンドン市内やその周辺が多かったが、なかにはロンドンから遠く離れた町からやってきた者もいた。したがって、社会階層的にこれら分離主義者あるいは会衆主義者は、ほぼ40年前に「血塗られたメアリー」によって国内で焚刑された人々と大方重ねているようにみえる (Burrage, 1912: 145-8)。

　では、この時代にどれほどの分離主義者 (ブラウニストまたはバローニスト) がいたのだろうか。エリザベス1世の寵臣であり、北米への植民地設営計画でも名高い文筆家ウォルター・ローリー卿 (Sir Walter Raleigh: 1552-1618) は93年3月の議会において、ブラウニスト (バローニストを含む) がイングランド全体で2万人にのぼるのではないかという懸念を表明したことがある。しかし、それは根拠のない憶測にすぎないと断定したバレッジは、1630年以前であれば、およそ「500人から600人が真正のブラウニストあるいはバローニスト」だったのではないか」とみている (Waddington, 1880: 78; Burrage, 1912: 141-54)。

他方、エリザベス時代末期のカトリック教徒の数については、全人口460万人の1.5%から20%まで(6.9万人から92万人)という推計があるが、それに比べれば、ブラウニストあるいはバローニストの数はめだって少なかった(Eire, 2016: 35 ── 推計の根拠も文献は示されていない)。

このエリザベス時代の末期、新しい世代(必ずしも年齢ではない)にとってかつての論争は次第に色褪せたものに映りはじめ、忘却の淵に追いやられようとしていた。

たしかに、1593年の分離主義と会衆主義を奉じたバロー、グリーンウッド、ペンリーの処刑は「エリザベス時代における油断のならないピューリタン的煽動の終焉を告げていた」(Allen, 1928: 216)。こうした時代の情景を捉えてジョン・マースデンはこう書いている。「親の激しい憎悪もそのままの形で子に継承されることは滅多にない。憎しみのなかにあっても人は新しい目的をめざすものだ」と(Marsden, 1853: 239)。

フッカーの法哲学と宗教思想

ラディカルな分離主義、会衆主義の退潮ムードのなかにあって見落とせない重要な人物がいる。エリザベス1世の中庸的統合に基づく宗教的「解決」というシナリオは、これまで跡づけてきた多くの紆余曲折を経てひとつの集約点に到達しようとしていた。しかも、そこからは17世紀の新たな眺望さえ開けていたようにみえる。その重要な役割を担ったのがリチャード・フッカー(Richard Hooker: 1554-1600)である。

フッカーとはいかなる人物か。オックスフォード大学コーパス・クリスティ・カレッジを卒業する前後、かれは「メアリーの亡命者」だったソールズベリー司教ジョン・ジュエルの知遇を得、ヨーク大司教エドウィン・サンディーズ(Edwin Sandys: 1519-88)と同名の息子で、のちの下院議員さらに北米ヴァージニア植民地の開拓者となったサンディーズ(Edwin Sandys: 1561-1629)のテューターを務め、トマス・クランマーの甥ジョージ・クランマー(George Cranmer: 1563-1600)も教えたほか、フッカーのテューターであり、ジェームズ1世の「欽定聖書」編纂者となったピューリタンのジョン・レイノルズ(John Rainolds: 1549-1607)とも知りあい、刎頸の友となった。これら4人はフッカーの生涯にわたって、かれの力強い支援者

であり続けた。

　27歳のフッカーは81年、セント・ポールズ・クロスでの公開説教[49]でピューリタンの予定説を批判して注目を集めた。1585年には女王によってロンドンのテンプル教会[50]の主任牧師(master)に任ぜられたが、カトリック教徒でも救済されるとするフッカーの見解をめぐって、テンプル教会の同僚でカートライトの友人でもあったウォルター・トラヴァースと論争になった[51]。それでもふたりは1年ほどの間、午前と午後に分かれてテンプル教会の説教壇に立った。トラヴァースは平易な言葉で情熱的かつ雄弁に語りかけたが、フッカーの説教は対照的でその評判は芳しいものではなかった。両者の論争は86年3月、ホイットギフトがトラヴァースの説教を禁じるまで続き、「朝のカンタベリーと午後のジュネーヴ」の論戦と呼ばれた。

　(A)『諸法』の構成と狙いについて。この論戦が大きなきっかけとなって、フッカーはその主著『教会統治の諸法について』(*Of the Laws of the Ecclesiastical Polity*, 1594 [Books 1-4], 1597 [Book 5], 1648 [Books 6, 8], 1662 [Book 7]——以下、『諸法』と記す。)の執筆にとりかかった。

　ホイットギフトに願い出て、フッカーは91年にテンプル教会を離れ、ウィルトシャーのセント・アンドリュース・ボスコム (St. Andrew's Boscombe in Wiltshire) の牧師となった。住まいはロンドンにあったが(かれは81年頃、ロンドンの名高い商人ジョン・チャーチマンの娘ジョアンと結婚)、多くの時間をソールズベリーで過ごすようになった。ソールズベリー聖堂の副執事として聖堂図書館を自由に使うことができたからである。1595年、フッカーはカンタベリー近郊に家族とともに移り住み、そこで46歳の短い生涯を閉じた。30歳代前半からの10数年、かれは執筆活動に専念し、その思索を成熟させていった。

　ところで、この論争の成果ともいえる『諸法』全8巻であるが、第1巻から4巻までは1593年に出版され、第5巻が1597年に上梓された。しかし、第6巻と第8巻は1648年と1651年に出され、第7巻は1662年に刊行されている。したがって、フッカーは1600年に亡くなっているから、生前に出版されたのは第1巻から第5巻までであり、残りはかれの死後、遺稿を元にして編集されたことになる。

　死後の出版となった第6巻から第8巻までの草稿はフッカーの友人であり、のちにコーパス・クリスティ・カレッジの学寮長となったジョン・スペンサー (John

Spenser: 1559-1614) によって保管されていたが、彼の死後はロンドン司教ジョン・キング (John King: 生年不詳、1621 年没、在位 1611-21 年) の手に渡り、さらにカンタベリー大司教ジョージ・アボット (George Abbot: 1562-1633、在位 1611-33 年) の時代にランベス宮殿の図書館に移管された。しかしイングランドで大規模な内戦が始まると、その遺稿は議会によって没収され、43 年にはオリヴァー・クロムウェルの腹心ヒュー・ピーターズ (Hugh Peters: 1598-1660) に与えられたといわれる (西原、1995: 11-9)。

こうした経緯を辿ったため、第 6 巻以下の遺稿について、フッカー研究家の F. J. シャーリーは第 7 巻をほとんど「偽書」[52] とみなし (Shirley, 1949: 53-4)、またケンブリッジ大学のクリストファー・モリスが序文を寄せたエブリマンズ・ライブラリー版 (1907 年) の場合、第 6 巻から第 8 巻まではすべて割愛され、第 1 巻から第 5 巻までが 2 巻本として刊行されている。

しかし、ひとつの作品であるにもかかわらず、なぜ「完結」に半世紀もの歳月を要したのか。真相は闇の中だが、遺稿編纂上の問題 (加筆や削除) もさることながら、この『諸法』の見解がスチュアート朝の憲政および宗教政策のみならず、当時のカトリックやピューリタン、さらには一時期王権神授説を受け入れたイングランド教会とも齟齬するものだったことが影響していたようにみえる (Shirley, 1949: 202; 妹尾、2014: 13-4)。

さて、フッカーは『諸法』の狙いについてその序文で、「われわれは十分な理由があってこの国の教会法を守っているのであり、あなた方 (ピューリタン) が教会法を非難しなくてはならない必然性はないということを分かっていただくことにある」(Hooker, 1593 [1907: 122]、訳 331) と述べている。

『諸法』の構成をみると、第 1 巻 (「法一般について」) の前には長い序文がおかれ、その第 7 節で各巻の内容が簡潔に紹介されている。それによれば、第 1 巻では、法とは何か、法にはいかなる種類があり、その権能はいかなるものであるかが示される。第 2 巻では、「聖書にある神の法はわれわれの行為すべてを方向づける唯一の規範なのか」と自問し、第 3 巻では、「聖書に記された教会統治の法についていかなる付加も変更も許されないのか」という問題が検討される。いずれも、「貴方がた (代表的にはカートライトやトラヴァース) の主張の全般的な基礎」に関わる問いである。つづく第 4 巻では、イングランド教会に対するピューリタンの全

般的批判が取り上げられる。「教会統治の法はローマ・カトリック的であり、改革派教会はそれを排除しているというが、例外はないのか」について考察し、第5巻では、「教会の公的義務に関する法は迷信的であり、腐敗しているといえるのか」。第6巻では、「教会の管轄権は改革派教会においては平信徒の長老にあるとされるが、それは神の法に適っているか」。第7巻では、「教会の管轄権や特権を司教に与えることは望ましくないのか」。第8巻では「世俗の最高統治者または君主が教会統治権あるいは至上の権威をもつことは不法なことか」といったように、各巻のテーマが簡潔に表現されている (Hooker, 1593 [1907: 145-6])。

こうした第2巻以下の問いに対する答えは、文脈上ほとんど自明であるようにみえる。すなわち、第2巻でいえば、「神の法は唯一の規範」ではないこと。第3巻の問いについては「付加も変更も」ありうること。第4巻の問いかけに対しては「例外」が存在すること。第5巻の場合には、一概に「迷信的であり、腐敗している」とはいえないこと。第6巻に関しては、教会管理権を平信徒の長老に委ねるのは「神の法に適っていない」こと。第7巻でいえば、司教に教会管理権や特権を与えることは許されること。第8巻では、君主の教会に対する権限は正当なものである、といったようにフッカーは回答している[53]。

(B)『諸法』の序文について。しかし、序文および第1巻は他の巻とは少々その趣を異にしている。まず、その序文からみてみよう。

序文の冒頭でフッカーはこう書いている。神の法と人間の理性に基づくかぎり、イングランド教会の支持者が過ちを犯しているという証拠はない。また、改革派(ピューリタン)が新たな教会統治システムの拠り所としている「キリストの命令」は危うい論拠であり、誤解に基づくものである。かれらが新たな教会規律というとき、カルヴァンがその典拠とされる場合が多い。たしかに、カルヴァンの仕事は高く評価されなければならない。しかしいかに「賢い人といえども (一個の) 人間。真実は真実である」(序文第2節、括弧内は引用者)、と。

序文第3節の初めでも、フッカーは大胆な命題を掲げている。およそ、ものごとの善悪を決めるのは人間の理性とその判断力 (discretion) である、と。しかもその判断力には優劣の個人差がある。さらに、その判断が容易い場合もあれば、複雑で難しい場合もある。難しいものの判断は感情ではなく、理性に基づく判断が求められる。そうしたとき、「偉大な医者ガレノス[54]」によれば、賢い者が進むべ

き道を示さなければならない。こうした考え方は宗教的事象だけでなく、あらゆることについて成り立つ。たとえば、国家の最善の政体（王政か貴族制か、あるいは共和制か）がいかなるものであるかという問いに対する回答と同じように、最善の教会統治システムが何であるかについて特別の知見をもたない民衆一般が判断できるとは思われない。

　それにしても、なぜ民衆は改革派（ピューリタン）の見解を「大義」とみなすのか。改革派のリーダーが辛辣な言葉でイングランド教会の高位聖職者をくりかえし罵倒してきたからであり、世の中の一切の矛盾や堕落はイングランド教会の統治機構のせいだと言い募ったからであり、その統治機構を改革することが諸悪の根源を正す唯一の方法だと吹聴してきたからであり、要するに、改革派の巧みな大衆操作によって新たな教会統治システムに関する喧伝が功を奏したからである。いまあるものに対する嫌悪や不満に取り憑かれ、理性ではなく情念に翻弄されやすい人間はそれ（喧伝）を鵜呑みにしてしまうものだ。

　しかし、と呟きながらフッカーはいう。社会の欠陥や汚点は「人間の弱点や堕落に根差す」ものであり、過去も現在も「これからも世の終わるまで」、いかなる統治機構が採用されようとも苦情の絶えることはないだろう、と。こうした「思慮分別のない無知な人たち」が理性的な思考を放棄してしまうのは、一切の不満を解消してくれる新たな教会規律が神の恩寵によるものであり、そう理解できる者だけが神の子であると教え込まれてきたからである（序文第3節）。

　このように、この箇所でのフッカーの分析は、これまでの神学者にはほとんどみられない、怜悧な社会心理学的な絵解きであり、16世紀末に登場した大いに興味深い大衆社会論として読むことができる。

　つづく序文の第4節では、肝心の教会統治システムについてこう述べている。果たしてこれまで改革派（ピューリタン）がいうような教会規律によって組織された教会があったのだろうか。改革派の人々は使徒時代の教会がそうだったという。しかし使徒時代といっても、その前期なのか後期なのか。いずれであれ、当時の教会組織の規律や規範がいかなるものであったか、明らかではない。これが紛うことなき歴史的事実である。じっさい、使徒時代にあったとされる教会職制が「必要かつ十分に普遍的なルール」(a rule universally either sufficient or necessary)であったと断定するだけの根拠はない。他方、使徒時代にはなかったが、のちに新たに付

け加えられた有益かつ重要な教会制度がある。聖職者を扶養するための10分の1税、貧者のための救貧院、教区への信徒の振り分けなどがそれである。およそ教会組織もその統治システムも、その時代に適合したものに変わっていくものである、という経験的事実をフッカーは強調してやまない。

　序文では、さらにもうひとつ、「公正な最終的決定」を遵守することの重要性が力説されている。果てしなく紛争を長引かせるのではなく、たとえ異論があっても、しかるべき手続きを経てしかるべき識見をもった人々によって下された「最終的決定」を発効させることが重要である。そうしなければ、無秩序が社会を覆い尽くしてしまうだろう。神は「無秩序の主 (author) ではなく、平和の主である」。無秩序は避けねばならない。まずは、「最終的決定」に従うことだ。そうしなければ、「われわれの本性は我が儘で利己的 (willfulness and self-liking) なものだから、争いは終わることがない」(序文第6節)。端的にいえば、利己的人間が集まったとき、いかにして社会に平和と秩序をもたらすことができるのか、とフッカーは自問する。フッカー自身を社会契約論へと誘導していった重い問いかけである。

　ドイツのヨハネス・アルトジウス (c.1557-1638) の『政治学』(1603年) に先立つこと10年、いままさにひとつの神学的省察が啓蒙的な社会哲学という新たな地平にむかって刮目すべき飛躍を遂げようとしていた。後代のサン・シモンやコントの人間精神発達史の図式に即していえば、神学的精神が形而上学的精神へと進化し、「17世紀の新たな視界」[55]が開かれようとしていたのである。そして、その進化を解く鍵は序文に続く第1章にある。

　(C) 法の分類・社会契約・中庸について。第1巻で注目されるのは、ひとつは法の性格づけとその分類、もうひとつがそれを踏まえたフッカーの社会契約についての考え方である。

　まず、法とは何か。事象や人の行いの源泉となり、善き行いを指示する規則や規範が法である。すべての法の究極的な源泉は神の永遠の法 (the law eternal) にある。神の法は神の啓示によって知覚されるが、神の法が人間に理性を与える。自然法 (the law of nature) の定義はフッカー独自のものであり、天然自然に関する普遍的な法を意味する。神の法はこの自然法を包括する。しかしフッカーの法概念の理解にとって重要なのが理性の法である。神の啓示によらず、理性によって人間は事象の因果関係を学び、ことがらの善悪について判断を下すことができる。

神の法と理性の法は排他的でなく、両立し補完しあう。このように、神の法と理性の法 (the law of reason) は他を斥けず、互いに両立する。もうひとつ、実定法 (the positive law) がある。実定法は理性の正しい使用に基づいて、特定の制度的権威によって定められたものであり、状況依存的で可変的な法である。しかも、実定法は構成員の「同意と承認」によって成り立つ。政治形態はもちろん、教会の制度的形態や儀礼のあり方を定めた教会法も実定法であり、したがってそれらは時代や情勢とともに変化していくものと理解しなければならない。

このように、フッカー（ひいてはアングリカニズム）にとって理性の権能はきわめて大きい。肝心なことはその理性を正しく用いることである。というのも、理性は聖書の正確な解釈の前提になるし、聖書が明示していないことがらの判断を決めるのも理性の働きによるからである。

では、どのようにしたら正しい理性の使用が可能となるのか。ドグマから離れた柔軟な思索を身につけること、そして異論に耳を傾ける対話を積み重ねていくこと、その結果として生み出される「集団的理性」(corporate reason or collective reason) という結晶体を大切にしていくことである、とフッカーは考えていた (Hooker, 1593 [1907, vol. 1: 188-90, 193]；西原、1995: 74-5)。

他方、ピューリタンは聖書を絶対視し、そこに記された啓示的な神の法のみを認め、理性の法や実定法を貶価した。したがって、フッカーからみれば、ピューリタンは理性を正しく用いていない。人間がおかれている文脈や環境を抜きにして、純粋に霊感的な方法によっては聖書の言葉の意味を把握することができない。

主として第5巻で論じられているテーマであるが、こうした理性の法や実定法の位置づけと関連するのが「分散された権威」についてのフッカーの考え方である。ピューリタンにとっては聖書が唯一の権威。しかしフッカーからみれば、聖書と理性と伝統（有意義な経験知）のいずれもそれぞれの権威をもつ（正確には、聖書と理性のふたつに対して伝統は比較劣位)。「聖書」を正しく理解するためには「理性」が必要であり、聖書にその記述がない事案の判断は個々人の自由に委ねられる（つまり、アディアフォーラ）というよりも、「伝統」の濾過された経験知が重要である。そうした形で三者は関係しあう。しかも理性が扇の要としての役割を担う。聖書のみにあるいは伝統のみに拘り、それぞれを絶対視して執着する頑迷固陋な姿勢は改めなければならない (Atkinson, 1997: 11-7, 46-61; Neelands, 1997: 76, 86-7, 92)。

定義上、実定法には多くのものがある。そのなかには国家間の関係を定めた国際法も含まれる。しかし何より注目されるのは、フッカーの社会契約についての考え方である。

人間自然あるいは人間性 (human nature) は、一方において共同体を希求する自然な性向をもつ。他方、「高位聖職者でさえ自らの過度の利益追求を抑えることができない」ほどに、人間は自己中心的で利己的性格をもっており、他者を傷つけてでも自己の快楽や利益を手に入れようとする。そうした罪深き存在である人間がいかにして公共社会を形成しうるのか。ひとことでいえば、自分一人では衣食など必要なものを手に入れられないからである。結果として人間は他者との交わり (communion) を求め、政治社会 (politique societies) あるいは「公共社会」(publique societies) を形成する。そうした共同体の結合を維持していくためには、明示的にまたは暗黙裏に合意された秩序が求められる。それが共同体の法にほかならない。そしてその目的は公共善の達成にある。

その公共社会において構成員は和解的契約[56]と合意 (composition and agreement) に基づき、その統治を特定の人々に委ねる。反対に、合意に基づかない統治は、征服や神によって選ばれた者による統治を別にすれば、暴政 (tyrannye) となり、その暴政は公共善を踏みにじる（もっともフッカーは構成員の抵抗権について明言していない）。したがって、統治者の権限が構成員の契約と合意に基づくものとみるかぎり、たとえばスチュアート朝のジェームズ1世やチャールズ1世がイングランドに移植しようとした王権神授説は否定されなければならないことになる。

もうひとつ、ふれておく必要があるのは『諸法』全体を貫き、フッカーの思索を特徴づけている簡潔に「中庸」「中道」とでも訳される「ヴィア・メディア (via media)」という言葉の含みについてである。いうまでもなく、この表現はエリザベス1世がイングランド教会の立場を象徴し、またそれを牽引するべく用いたものである。

イングランド教会が洗礼とともに認めるもうひとつの秘跡は聖餐であるが、フッカーはパンと葡萄酒がキリストの肉と血になるといったローマ・カトリックの聖体拝受説を斥ける一方、聖餐を通じて「私たち自身の『生』あるいは生き方を変えていくこと、神の一方的行為ではなく、神と人間の相互交流の機会として聖餐を捉えていた。したがって、ヴィア・メディアとは「生きた相互媒介」ある

いは対話という意味であり、さらにいえば、互いの対話を通じて対立をより高い次元にむけて統合していこうとする主体的な営みとして理解することできる、というのが西原廉太によるヴィア・メディア解釈の核心であり、ひとつの傾聴すべき見方であるにちがいない(Dowden, 1900: 80-5; 西原、1995: 136-44)。

やがてフッカー神学から多くの支流が生まれ、アングリカニズムと総称されるようになったが、フッカーが生きた時代、まだそうした用語は定着していなかった。アングリカニズムという言葉が使われ始めてからでも、その用語には異質な教義が内包されていた。

そうなると余計のこと、あらためてフッカー神学の精髄をどう捉えたらよいかという問いが頭をもたげる。じっさい、この点をめぐって、これまでも多くの回答が与えられ、いまもその模索が続いている。

たとえば、ある者は、フッターをアクィナスの末裔的神学者であると断じ、他の者はエラスムスとの通底和音を考えれば、フッカーを「神中心的な人文主義者」(a God-centred humanist)と呼ぶのが相応しいと述べ、別の者はフッカーには三位一体論に疑義を申し立てたアリウス(Arius: 250-336)など異端の陰翳が差し込んでいると難じ、さらに他の者は、アングロ・カトリシズムという概念を生み落とした19世紀前半のオックスフォード・ムーヴメント(その担い手の一人がジョン・キーブル)の先駆的思索をフッカーのなかにみてとることができるとし、また別の者はフッカーを広義のカルヴァン主義者とみなしてきた3世紀にわたる知的伝統を大切にしなければならない、といった具合である。くわえて、フッカーを論争家とみる向きもあれば、『諸法』をかれの「神学大全」とみなす人も少なくない(Atkinson, 1997: Introduction; Schoeck, 1997; Secor, 1997)。

こうした多面的なフッカーの相貌を考えれば尚更のこと、かれの神学理論について多少の補足をしておく必要があるだろう。

(D) ダブリン草稿について。『諸法』の第5巻(1597年)までが出版されてまもなく、「あるイングランドのピューリタン」と称する匿名の著者[57]によって『諸法』を批判する『キリスト者の書簡』(*A Christian Letter*, 1599)が刊行された。この批判に答えるため、フッカーは入念な準備を始めた。そのために用意した3つの文書が残っており、『フッカー著作集』のフォルガー版第4巻にそれらが収録されている。「『キリスト者の書簡』に関するフッカーの署名入りノート」(Hooker's Autograph

Notes on *A Christian Letter*)、「予定説草稿のためのノート」(Notes toward a Fragment on Predestination ――ダブリンのトリニティ・カレッジ所蔵)、いわゆる「ダブリン草稿」(The Dublin Fragments: Grace and Free Will, the Sacraments, and Predistination) である。フッカーが亡くなったのは 1600 年 11 月だから、これらの未刊の 3 篇は基本的にフッカーの遺稿ということになる。それでも、「ダブリン草稿」の一部には執筆時期が 80 年代と想定されるものも含まれる。しかし加筆修正が亡くなる年に跨がっているものもある。最初の「署名ノート」が「書簡」原本へのフッカーの書き込みであるから、執筆時期としては最も遅いといってよいだろう。

ここでは、比較的完成度の高い「ダブリン草稿」からフッカーの基本的教義をいくつか拾い出してみよう。第 1 に神の恩寵と人間の自由意志の関係について、第 2 に秘跡について、第 3 に予定説についてである。

まず、第 1 の神の恩寵と人間の自由意志の関係について。フッカーの主張はこうだ。神の恩寵がなければ、人間は敬虔さと信仰心をもつことができない。神の特別の恩寵に助けられなければ、人の行為も思考も邪なものに堕してしまう。他方、人はあるものを選び、あるものを拒むことができる。それが人間の自由意志である。それを奪われれば、人間的自然、つまり人間性を失ってしまう。「われわれは生来、活動の自由をもつ。しかし有徳な活動は恩寵のおかげである」。さらに一歩を進めてフッカーはいう。「先見 (prescience)、予定 (predestination)、恩寵 (grace) は人にものごとを押しつける必然的な力ではない。人間が善き行いをするのは自由な選択によってである。(中略) もし先見が必然を課すのであれば、先見は善のみならず悪を為す。アダムが罪を犯したのはかれの意志ではないからだ。もし予定が必然を課すのであれば、アダムに自由な意志はない。かれの為すことは予定されていたからである。もし恩寵が必然を課すのであれば、アダムはどうして他のことを為すことができようか」と。大切なことは自然法と超自然的な真理および法 (supernaturall trueth and lawes) を区別することである。超自然の法はアダムの堕落に先立って存在したものであり、善悪の判断に関わる「知識の木」から隔絶している。カルヴァンはこうした法の違いを峻別していない。ペラギウスは人の原罪を認めず、人間は生来魂を自己救済するだけの力をもつと自惚れている。いずれも正鵠を射ていない (Hooker, n. d., *in* Booty, ed., 1982: 102-3, 106-9)。

こうしたフッカーの考えを要約すれば、神の恩寵と人間の自由意志は両立しう

る。神の恩寵によって人は腐敗や堕落から救われる。しかし、人間の自由意志を認めないような「先見や予定、恩寵」に関する決定論的理解は自然法と人間性に反する。自然法と超自然法の違いを理解することが肝要である。カルヴァンとペラギウスの両極端は否定されねばならない。

第2に、恩寵と秘跡について。秘跡(sacraments)とは神の民にのみ明かされる神の計り知れない秘密であり、超自然的な真理である。聖書に記された秘跡はふたつ。ひとつは洗礼であり、もうひとつが聖餐である。その秘跡が人に神の恩寵をもたらす。その恩寵によって人は義(righteousness)となる。義とは神が人の罪を赦すことであり、人に清められた生をもたらす。洗礼ののち、人の罪が神によって赦されるのはキリストの血によってである。われわれに求められるのは何よりも信仰心(faith)である (Hooker, n.d., *in* Booty ed., 1982: 115-9)。

第3に、予定説について。神は人間すべてを救おうとしているのか、それともある人々を地獄に落とすべく破滅に定めているのか。

この問題を考えるためには、必然的な(necessarie)事象と状況的な(contingent)事象を区別する必要がある。必然的事象の原因は変わることなく一定だが、状況的事象の原因は可変的であり、一定しない。この世の出来事のほとんどは必然的原因と状況的原因がともに作用することによって生じている。しかも、状況的原因が働くことで特定の結果(事象)が生まれる。

神がすべての事象を過誤なく予見するからといって、すべての事象が必然的に起きるわけではない。必然的に起きるものと状況的に起きるものとがあるからだ。

後者の状況的事象は可変的であるため、よき結果を得るための手段を探して人は理性を研ぎ澄ます。そう意欲する人間の意志には必然的な働きがある。すべての人間は幸福を追求する。これが自然法[58]である。

およそ世界を創造し、統治する神が悪意をもつことはない。人間に関わる神の意志といえば、すべての罪は神に反するものであり、罪人は神の敵であるというものだ。したがって、「罪の悪(evill of sinne)は神の先見(prescience)のなかにあるが、かれの予定(predestination)のなかにはない」。なぜならば、神の一般的意志であり、また神の主たる願いといえば、すべての人間が幸福を追求することである。それが意味しているのは、すべての人が救われるということであるにちがいない。ここに、「その罪にも関わらず、すべての人よ、永遠の幸福をめざせという神の

一般的意志と人類に対する神の自然な愛をみてとることができる」(Hooker, n.d., *in* Booty ed., 1982: 124-5, 142, 152)。

このように、「ダブリン草稿」においては、超自然法と自然法の違い、必然的事象と状況的事象の区別、一方における神の恩寵とその一般意志、他方における人間の自由意志と理性、幸福追求の自然法という印象的な二分法を踏まえたうえで、神の一般意志（罪を斥け、人の永遠の幸福を願う意志）と人間の幸福追求の自然法が表裏一体の共鳴的関係にあるものとして描き出されている。まことに印象的な構図といわなければならない。

したがって、フッカーの自然法的柔和とカルヴァンの超自然法的冷厳の対抗的屹立については、もはや贅言を要しないだろう。

けれども、フッカーの没後、フッカーの思索とその作品がそれに相応しい評価を受けるようになったのかといえば、そうではない。つぎの第7章でみるように、スチュアート朝になると、急激にピューリタンがその勢力を伸ばし、フッカーの声望は衰え、フッカー神学の影響力も後退していったからである。その再評価には没後60年、王政復古を待たなければならなかった。

こうして、ヘンリー8世が動かし始めたイングランド宗教改革の振り子はエドワード6世、メアリー1世、エリザベス1世の3代を経て揺れ続け、スチュアート朝になっても止まるどころか、かえってその振幅を増した。その振り子がふれ切れたところにチャールズ1世とカンタベリー大司教ロードの処刑があったのである。

英西戦争——オランダ独立戦争・無敵艦隊・アイルランド9年戦争

さて、宗教改革の教義論争からいったん離れ、エリザベス1世時代の後期から末期にかけて起きた一連の宗教戦争といってもよい英西戦争（Anglo-Spanish War: 1585-1604）に注目しよう。

国内的にみれば、エリザベスの宗教的立場はカトリックにもピューリタンにも偏らない中庸的「解決」をめざしていたが、国際的にみれば、彼女は歴としたプロテスタント、カトリックの牙城たるスペイン王の仇敵にほかならない。

じっさい、英西戦争はイングランドのエリザベス1世とスペインのフェリペ2世の敵対関係に起因する。16-7世紀のヨーロッパ世界を覆い尽くしたプロテスタ

ント対カトリックという宗教対立がその根幹にあったことはいうまでもない。それが北部ネーデルラントのスペインからの独立戦争(1568-1648年)、メアリー・スチュアートの女王復位とエリザベスの廃位に関する策謀(1583、86年)、そしてメアリーの処刑(1587年)、アルマダの海戦(1588年)、ユグノー戦争(1598年に終結)、アイルランド9年戦争(1593-1603年)などとなって噴出した。

エリザベスとフェリペとの確執は根深く、すでにみたように、北部の反乱(1569年)やリドルフィの陰謀(1571年)といった事件が起きていた。そこから浮かび上がってくるのは、エリザベスを庶子とみなし、メアリーをスコットランド女王として復位させるだけでなく、イングランドの王位継承者にも押し立て、スコットランドとイングランドをふたつながらカトリック国に変革しようとする、エリザベスの義姉だった前王メアリー1世との共同統治王フェリペ2世の遠大な計画だった。

(A) オランダ独立戦争と「12年間の休戦」について。1477年、神聖ローマ帝国皇帝マクシミリアン1世 (Maximilian I: 俗称マクシミリアン大帝、在位1508-19年) はブルゴーニュのマリー女公 (Marie de Bourgogne: 1457-82) と結婚し、ネーデルラント地方をハプスブルク家の所領とした。マクシミリアンの孫カール5世 (スペイン王カルロス1世) はネーデルラント17州を統治したが、かれが56年に退位したあと、ハプスブルク家の所領は二分され、長男フェリペ2世がスペインとネーデルラントを継承した。

しかし、ネーデルラントでは次第にカルヴァン主義の影響に晒されるようになっていた。フェリペは異端審問に力を注ぎ、プロテスタントの弾圧に乗り出した。その先頭に立ったのがネーデルラント総督の第3代アルバ公フェルナンド・アルバレス・デ・トレド (Fernando Alvarez de Toledo, Duque de Alba: 1507-82) だった。かれは「血の審判所」と呼ばれた審問機関を設け、容赦なくプロテスタントに鉄槌を下した。

これに抗して、1566年にフランドルを起点に反スペインの反乱がネーデルラント全域に広がった。この反乱でエフモント伯ラモラール (Lamoraal van Egmont: 1522-68) やホールン伯フィリップ (Philippe de Montmoreency: 1524-68) など20人以上の有力貴族が反逆罪で斬首された。1568年6月のことである。この68年の蜂起の先頭に立っていたのは、のちにネーデルラント連邦共和国のリーダーとなるオ

ラニエ公（オレンジ公）ウィレム1世（Willem I: 1533-84 ──名誉革命後にイングランド王、スコットランド王、アイルランド王となったウィリアム3世の曾祖父）だった。スペインとネーデルラントとのいわゆる「80年戦争」の始まりである。この反乱に失敗したウィレムはドイツに難を逃れたが、その所領は没収された。

　捲土重来を期すウィレムは72年になってプロテスタントが支配するホラント州とゼーラント州の総督として返り咲き、反スペインの橋頭堡を再構築した。それに伴ってネーデルラント諸州から多くのプロテスタントがこれら2州に流入。1577年にはユトレヒト州、翌78年にはアムステルダムを糾合し、79年1月23日、北部ネーデルラント7州を束ねてスペインに対抗するためのユトレヒト同盟（Unie van Utrecht, 1579）を立ち上げた。まもなくアントウェルペンなどの主要都市も加わり、80年には残りの北部4州も同盟のメンバーとなった。その中核にはホラント州（いまのオランダに相当し、アムステルダム、ロッテルダム、ハーグを含む）があり、ウィレム1世がリーダーシップを発揮した。

　このユトレヒト同盟に参加した北部ネーデルラント7州は1581年、フェリペ2世の統治を公然と否定した。そのため、のちに79年から81年のあいだに「ネーデルラント7連邦共和国」（Republiek der Zeven Verenigde Nederlanden ──7つとはヘルデルラント、ホラント、ゼーラント、ユトレヒト、フリースラント、オーフェルアイセル、フローニンゲン）が誕生した。しかし、とくに独立宣言といったものが起草されたわけではなかった。しかも80年には、アラス同盟（1579年）に対抗するため、連邦共和国がフランス王アンリー3世の弟アンジュー公フランソワをかれらの君主に擁立しようとしていたことを考えると、共和制にどれほど執着していたのか判然としない。

　それでも、このユトレヒト同盟の前史が見落とせない。1570年代の前半から半ばにかけて、ウィレムはしばしば軍事的に苦境に立たされ、第3代アルバ公とその後任者デ・レケセンス（Luis de Requesens y Zúñiga: 1528-76）に攻め滅ぼされる危機に瀕した。そのため、かれはエリザベス1世に軍事的支援を求めた。しかしエリザベスは、スペインとの68年以来の数年にわたる貿易戦争に終止符を打つため、74年8月21日、ブリストル条約（Treaty of Bristol, 1574）を結んだばかりだった。そのため、ウィレムの要請に応えるわけにはいかなかった。

　ところが、1576年3月4日、総督デ・レケセンスがブリュッセルで急死し、フェ

リペ2世からのスペイン兵士に対する給与支払いが滞っていたこともあって、11月初めに兵士たちの不満が爆発。ジーリックゼー（Zierikzee）やアールスト（Aalst）、アントウェルペンなどで掠奪騒動が起きた。合計8000人の市民が虐殺されたといわれている。この事件によってネーデルラント全域で一挙に反スペインの気運が高まり、11月8日、スペイン軍追放のためのゲントの和約（Pacification of Ghent, 1576）が結ばれた。しかし、南部ネーデルラントのカトリック諸州（いまのベルギーやルクセンブルクの一部）と北部のカルヴァン主義の影響が強かった7州との年来の違和感が障害となって、この和約が機能することはなかった。じっさい、ユトレヒト同盟が結ばれた同じ月（1579年1月）の初め、南部諸州が集まってアラス同盟（Union of Arras）が結成された。

ユトレヒト同盟の理念はその前文にもあるように、3年前のゲントの和約の精神に則って、スペインなど外国の勢力を斥け、ネーデルラントのすべての州と都市がひとつに纏まっていくことにあった。軍事費の一部共同出資を謳いながら、各州の自治権や特権をできるだけ保全し、宗教についても州や都市の自主的判断を重視しつつ、個人の宗教的自由を担保しようとした。ネーデルラント全体をカバーする緩やかな連邦体を構築しようとしていたからである。

では、ユトレヒト同盟に基づく北部ネーデルラントの「連邦共和国」はいかなる統治組織をもっていたのか。

まず、連合共和国とはいえ、その実態は統合されたひとつの国ではなく、各州および各都市からなる連邦国家といってよいものだった。各州の統治パターンは区々で、「（州内の）各都市はひとつの小国で、その固有の機構と特権をもっていた」（Braure, 1974: 46、訳53）。各州には州議会があり、総督あるいは知事がいた。連合共和国のレベルには、最高行政裁判所のほか連邦議会が設けられ、各州議会から選ばれた40人の代表者によって構成された。しかし、これら代表者は連邦議会での票決に際して州議会の意向を徴する必要があり、それがときに連合共和国の集権性を損ね、意思不統一の原因にもなった。

それでも、ホラント州は「その住民の数からばかりでなく、その富、（連合国の）国費に対する負担額、対外関係におくても他の州とは桁違いに重要な州」（Bruare, 1974: 48、訳55）だったから、おのずからホラント州を拠点とするオラニエ公ウィレム1世以下、歴代のオラニエ公は連邦7州の議会あるいは連邦議会が任命する

総督に就いたばかりでなく、他の4つあるいは5つの州の総督あるいは知事となり、あたかも世襲制による君主のごとき存在となっていた。したがって、制度上の分権制はこのオラニエ公の働きによって連邦共和国としての集権性を保つことができたとみることができる。

　しかし、84年6月19日、アンジュー公フランソワが29歳で病没し、ついで7月10日にはネーデルラント独立運動のリーダーだったウィレム1世がデルフトで狂信的なカトリック教徒の兇弾に倒れると、事態が急速に流動化しはじめた。北部ネーデルラントの軍事拠点のひとつ、ゲントがスペイン軍の手に落ち、アントウェルペンも陥落の危機に直面した。

　ネーデルラント連邦議会の代表団が85年6月24日、エリザベス1世のネーデルラントへの出兵を懇願すべく、ロンドンにやってきたのもそうした危機的状況を踏まえてのことだった。しかし、エリザベスは10年前と同じように、スペインとの直接対決を避け、北部ネーデルラントとスペインの仲介役に留まりたいと考えていた。会談のなかでエリザベスにネーデルラント総督(Governor General of the Provinces)になってほしいと要請されたが、それを断ったのもそのためだった。しかし85年8月19日、結局エリザベスは代表団とノンサッチ条約(Treaty of Nonsuch, 1585)を交わすことになった。条約締結の3日前、スペイン軍がアントウェルペンを包囲したことが直接の引き金になったが、それよりも大きかったのは84年12月31日、フランスのギーズ家率いるカトリック同盟(Catholic League)がフェリペ2世とジョワンヴィル条約(Treaty of Joinvill, 1584)を結んだことだった。その条約は、スペインがカトリック同盟を財政的に支援するだけでなく、「プロテスタント」のエリザベス1世とナバル王エンリケ3世(Henrike III, King of Navarre: 在位1572-1610年——のちのフランス王アンリー4世)のふたりを念頭において、その攻略を狙ったものだったからである。

　エリザベスはノンサッチ条約に基づいて重い腰を上げ、本格的な海外派兵に踏み切った。スコットランド派兵のためのベリック条約(1560年)から25年、ユグノーの要請に応えたハンプトン・コート条約(1562年)からでも23年が経っていた。好戦的な父ヘンリー8世とは違い、いかにエリザベスが戦争回避的であったかが窺える。

　この条約では、エリザベスが1000人の騎兵および6400人の歩兵を派遣してア

ントウェルペン包囲網を解くこと、年間60万フローリンを支援すること、その見返りとして連邦共和国はブリル（Brill）とフラッシング（Flushing）をイングランドに割譲すること、連邦議会にイングランドから2人のメンバーを送り込むことなどが約束された。

その条約締結の直前、ジョン・ノリス卿（Sir John Norreys: c.1547-97）を指揮官とする最初の分遣隊が北ネーデルラントにむけて出立し、次いでかつての愛人で結婚まで噂された寵臣の初代レスター伯ジョン・ダドリーを総指令官とする本隊が12月初め、フラッシングにむけて船出した。上陸したレスター伯は破竹の勢いで進軍し、ホラント州のロッテルダムやハーグ、デルフトやライデン、さらにゼーラントのミドルバーク（ミデルブルフ）などの主要都市を勢力下に収めた。1586年1月24日、その快進撃を讃えて連邦議会はレスター伯にネーデルラント総督の称号を与えた。

しかしそれがエリザベス1世の神経を逆撫ですることになった。エリザベスは、連邦議会からの要請があったにせよ、イングランドが北ネーデルラントのリーダーになり、スペインとの全面的対決に陥る事態だけは避けなければならないと考えていた。したがって、レスター伯がネーデルラント総督などになってはならないことだった。結局3月14日、かれは総督の称号を返還した。しかし、このことがきっかけになってレスター伯の人望は衰え、派遣軍の統率は弛み、連邦議会との関係も悪化した。追い討ちをかけるようにして、エリザベスからの資金が届かなくなり、兵士の給与も払えなくなった。戦費は想像以上に膨らんでいた。

イングランド議会が承認した2年間の戦費は85年が9000ポンド、86年も同額だった。しかし、実際の経費は13万4000ポンドにのぼった。そのため、エリザベスは王室所有の30万ポンドに手をつけねばならず、87年末までにその預金の半分を費消した。エリザベスはネーデルラント派兵を深く後悔するようになった（Rowen ed., 1972: 69-74; 石井、2009: 387-9, 422-3; 'Union of Utrecht', 'Pacification of Ghent', 'Treaty of Nonsuch', WP）。

レスター伯は86年末にイングランドへの帰途についたが、イングランド軍はそれから15年以上も北ネーデルラントに駐留し、反スペインの連邦共和国の戦いを支援してしかるべき軍功も挙げた。

他方、1585年のアントウェルペン陥落のあと、フェリペ2世の国際戦略上の

関心はイングランドへの進攻と「プロテスタント」のナバル王エンリケ3世のフランス王位継承阻止に注がれるようになった。

1590年代のネーデルラントでのスペインと連合共和国の戦いは一進一退を繰り返したが、スペインのネーデルラント総督パルマ公アレッサンドロ・ファルネーゼ (Alessandro Farnese: 1545-92) がフェリペ2世の指示でフランス各地を転戦。しかし、かれは92年のアンリー4世軍との交戦で戦没した。くわえて、95年にはアンリー4世がフェリペ2世に宣戦布告。しかし翌96年にはスペイン軍がカレーを奪還したため、それに軍事的脅威を感じたエリザベスは急遽アンリー4世と英仏同盟を結んで出兵した。この同盟にはネーデルラント連邦共和国も参戦したため、期せずしてイングランド、フランス、オランダが共同してスペインに対抗するという国際的構図が出現した。ところが、96年にはフェリペ2世が3度目の破産宣言に追い込まれた。前2回の場合と同様、戦費を賄い切れなくなったからである。

結局、フェリペ2世は亡くなる直前の1598年5月2日、ナントの勅令 (1598年4月13日——ユグノーなどプロテスタントにカトリックと同等の権利を与え、信仰の自由を保証したもの) を発したばかり。しかもフランス王となるために93年にカトリックに改宗してまがないアンリー4世 (ナヴァル王エンリケ3世) とヴェルヴァン条約 (Treaty of Vervins, 1598) を結び、ユグノー戦争に終止符を打った。

このヴェルヴァン条約、そしてイングランドとのロンドン条約 (1604年) を締結したスペインは、その兵力を安んじてネーデルラント連邦共和国攻略に投入することができた。

折しも1605年、オランダ東インド会社 (1602年創設) がモロッコを拠点にしてポルトガルの香辛料貿易に割り込み、スペインの海外交易に重大な脅威を与えはじめた。そのポルトガルは25年も前 (1580年) にフェリペ2世によってスペインに併合されていた。

かくして1606年、スペイン軍はオラニエ公マウリッツ (Maurits van Nassau: 1567-1625 ——ウィレム1世の次男) の防衛戦にもかかわらず、北部ネーデルラント7州の一角、オーフェルアイセル州のオルデンザール (Oldenzaal)、ヘルデルラント州のロッヘム (Lochem) とグルンロー (Groenlo) を攻め落とした。

しかし、スペインのこの軍事的成功は戦費膨張と表裏一体のものだった。1607年11月9日、フェリペ3世はまたまた財政破綻に追い込まれた。そうなって残

された方途は唯ひとつ、休戦と和議だけだった。そのための協議交渉が2年間にわたって重ねられ、フランスからブルゴーニュ議会の議長ピエール・ジーナン (Pierre Jeannin: 1540-1622) が、イングランドからはのちの枢密院顧問官ラルフ・ウィンウッド (Ralph Winwood: c.1563-1617) 休戦協議に加わり、重要な仲介役を演じた。ようやく09年4月9日、スペインおよび南ネーデルラントのカトリック連合はネーデルラント連邦共和国との和議書に調印し、その時点から1621年までの「12年間の休戦」(Twelve Years' Truce, 1609-21) が始まった。これによってネーデルラント17州のうち、北部7州がネーデルラント連邦共和国として実質的な独立を勝ち取ったが、それが広く国際的に承認されるようになったのは80年戦争の終結を告げるヴェストファーレン条約 (1648年) によってであった ('Twelve Years' Truce', WP)。

(B) 陰謀事件とメアリー・スチュアートの処刑について。ここですこし時間を遡って、イングランド国内に目を転じてみよう。

エリザベスはその生涯を通じて「20回以上の暗殺の危機」を経験したといわれる。ウォルシンガムが73年に秘書官長になると、諜報機関が設けられ、80年代にはその諜報ネットワークはヨーロッパの主要都市に拡張され、年間予算も2000ポンドという法外な水準に達した。

じっさい83年には、スロックモートンの陰謀 (Throckmorton Plot) が発覚し、半年間の内偵によって主犯のフランシス・スロックモートン卿 (Sir Francis Throckmorton: 1554-84) が捕らえられた。厳しい拷問の末、かれはエリザベス1世の殺害、メアリー・スチュアートのスコットランド女王復位とイングランド王位継承を目的とする計画を、メアリー・スチュアート、スペインの駐英大使ベルナルディーノ・ドン・メンドサ (Bernardino de Mendoza: c.1540-1604)、フランスのギーズ公アンリー1世と練っていたことを自白した。そのため、この陰謀が実行されることはなかったが、フランシスは国家反逆罪で84年7月に処刑された。

この事件が機縁となって84年10月には「女王の身を守る忠誠の誓い」(Bond of Association) が枢密院で合意され、さらに11月末には、「女王の安全等に関する法」(Safety of the Queen etc. Act, 1584) まで定められた。この法律によって貴族24人以上および枢密院顧問官からなる審査会が設置された。1585年2月初め、下院議員でイエズス会士のウィリアム・パリが女王暗殺計画を立てていたとして逮捕され、

3月2日に国家反逆罪で処刑された。

　同じ頃、さきのスロックモートンの陰謀に類するバビントンの陰謀(Babington Plot)と呼ばれるより大規模な陰謀が画策されていた。首謀者はアントニー・バビントン(Anthony Babington: 1561-86)とジョン・バラード(John Ballard: 生年不詳、1586年9月20日処刑)、そのほか詩人チディオック・ティッチボーン(Chidiock Tichborne: 1562-86)もこの陰謀に関与した。イエズス会士バラードはパリでメアリー・スチュアートの代理人チャールズ・パジェット(Charles Paget: c.1546-1612)と接触、メンドサにも会い、エリザベスの暗殺、メアリー・スチュアートのスコットランド王への復位とイングランド王位の獲得、そしてフェリペ2世とフランスのカトリック同盟の連合軍総勢6万人によるイングランド進攻によってイングランドをカトリック社会に復帰させるという遠大な計画について話し合い、そのうえで、メアリー・スチュアートの熱烈な支持者バビントンをこの陰謀に引き入れた。

　他方、ウォルシンガムは、ギルバート・ギフォード(Gilbert Gifford: c.1560-90)、ロバート・ポリー(Robert Poley: 1568-1602)、トマス・フェリップス(Thomas Phelippes: 1556-1625)といった二重スパイを放っていたため、いち早くこの策動を察知し、メアリー・スチュアートの陰謀参画について動かぬ証拠を集めていた。1586年7月には計画が熟し、監禁中のメアリー・スチュアートとバビントンの間で手紙が行き交った。7月17日、メアリーは、秘書官長ウォルシンガムが喉から手が出るほど欲しかった決定的な手紙をバビントンに書き送った。すぐに、その手紙の写しが二重スパイで暗号解読人のフェリップスを介してウォルシンガムの手許に届けられた。

　その手紙には、イングランドのカトリック勢力からの支援の中身と自分(メアリー)を解放する段取りや外国からの軍事的支援を確認してから行動を起こすべきことなどが記され、そのあとに、「計画が整ったら、私はすぐにここから出て、計画通りあなた方と落ち合い、馳せ参じる外国からの味方の到着を待つことにしましょう」と書かれてあった。まもなくしてウォルシンガムが動いた。8月4日にバラードが捕えられ、かれは陰謀者の名前すべてを自白した。10日後にはバビントンも捕縛され、ロンドンに連行された。そして9月20日と21日の両日、陰謀者たちは公開処刑された。バビントン、バラード、ティッチボーンなど首謀者は20日に生きたまま内臓を抉られ、そのあと縛り首になった。あまりの惨た

らしさに、21日の7人の処刑はまず絞首刑にし、息絶えたのち内臓を抉り、四肢分断するように、とエリザベスは命じなければならなかった。

　しかし、肝心の問題が残っていた。メアリー・スチュアートの処罰である。1586年9月25日、メアリーはノーサンプトンシャーのファザリンゲイ城に移送され、10月14日と15日、セシル卿、ウォルシンガムなどのほか陪審員36人が出席して同城で第1回裁判が開かれた。

　その裁判において、メアリーはバビントンに会ったこともないし、手紙の交換もない。証拠品はすべて偽物だと言い張って譲らなかった。しかし10月25日の星室庁裁判所の判決では、メアリーはエリザベス女王暗殺容疑で有罪とされ、11月19日、メアリーは自らの死刑判決を知らされた。けれども今回もまた、25年前のリドルフィの陰謀事件のときと同様、エリザベスはメアリーの死刑執行に戸惑いを隠さなかった。迷いにまよった挙げ句、エリザベスが死刑執行令状に署名したのは翌年2月1日のことだった。そして1週間後の87年2月8日、メアリー・スチュアートは威厳をもってファザリンゲイ城での斬首刑に臨んだ。享年45歳、イングランドに亡命して19年の歳月が流れていた（石井、2009: 437-48; 'Babington Plot', WP）。

　(C) スペイン無敵艦隊との戦いについて。エリザベス1世のイングランドとフェリペ2世のスペインの直接対決にもふれておく必要があるだろう。英西戦争を通じてひとつの分水嶺となったスペイン無敵艦隊（アルマダ）とイングランド海軍の洋上海戦についてである。

　メアリー・スチュアートの処刑から2ヵ月ほどした87年4月19日、名うての私掠船[59]の船長フランシス・ドレーク（Francis Drake: c.1543-96）の船団が地中海に面するスペインのカディス湾（Bay of Cadiz）に侵入し、イングランド攻撃のために集結していたスペイン艦隊を砲撃して大きな損害を与えた。また、ポルトガル沿岸でも100艘以上の小型船を沈没あるいは拿捕して積み荷の樽材を大量に焼き払い、遠征時の飲料水や食糧の保管に甚大な影響を与えた。それがスペインによるイングランド攻略計画の大きな躓きの石となった。

　それでも、翌年5月までにスペイン無敵艦隊はその態勢を立て直し、イングランド攻略をめざした。艦隊にはスペインとポルトガルからだけでなく、ヴェネチア、ジェノヴァ、シシリーなどの諸都市、ビスケー湾に面するバスク地方からも

多くの船隊が加わった。無敵艦隊はメディナ・シドニア公が指揮する旗艦サン・マルチーニョ号（1000 トン、砲数 48、兵士 300、水夫 177）が先頭となり、第 1 列はガリオン船 24 艘を中心にして小型快速船団が両翼を固め、第 2 列は大型武装商船が並び、全体として半月形陣型をとっていた。総計では船舶数 130 艘、総トン数 5 万 7868 トン、砲数 2431 門、乗組員 3 万 493 人（うち兵士 1 万 8973 人、水夫 8050 人など）となっていたが、この無敵艦隊が英仏海峡に到達する頃には、船舶は 120 艘以下、乗組員も 2 万 4000 人を下回っていた。さらに、実際の戦闘に加わった艦船と兵士になると、それぞれその半数以下になる。

他方、イングランド艦隊もすべてがエリザベス直属あるいは経費負担の艦船や兵員ではなく、ドレークの商船隊 34 艘、ロンドン市が経費負担した商船団 30 艘などからなり（エリザベスに全艦隊の戦費を賄うだけの財政的余裕がなかった）、総数でいうと、艦船 197 艘、乗組員 1 万 5925 人という陣容で、旗艦はハワード卿が乗ったガリオン船アーク・ローリー号（800 トン、砲数 50、兵士 155、水夫 270）だった。しかし、イングランド艦隊についても、実戦に関わった艦船や兵士の数になると、スペイン無敵艦隊の場合と同様、かなり削減しなければならない。

こうした不正確さを免れない艦船や砲数あるいは兵員数もさることながら、両軍の優劣は砲撃における射程距離の長短、艦隊の陣形、潮流や風向きの変化など地（海）の利に基づく経験知の違い、指揮采配の優劣、兵士の戦闘経験などによって大きく左右された。

イングランド海軍総司令官は 85 年 5 月に海軍卿（Lord High Admiral）となった初代ノッティンガム伯チャールズ・ハワード（Charles Howard, 1st Earl of Nottingham: 1536-1624）であり、ドレークが副司令官を務めた。他方、スペイン艦隊の総司令官は 88 年 2 月 9 日、艦隊司令官だったサンタ・クルス公アルヴァロ・デ・バサン（Álvaro de Bazán, Marquesado de Santa Cruz de Mudela: 1526-88 ――かれは 86 年 3 月 12 日、556 艘、9 万 4222 人からなるイングランド攻撃のための無敵艦隊構想をフェリペ 2 世に提出していた人物）が急逝したため、名門貴族のメディナ・シドニア公アロンソ・ペレス・デ・グスマン（Alonso Pérez de Guzmán, Séptimo Ducado de Medina Sidonia: 1550-1615）が後任に指名された。しかしかれには海戦の経験はなく、フェリペ 2 世に就任を断ったが、認められなかった。

1588 年 8 月に入って海戦の幕が切って落とされた。プリマス沖海戦、ポート

ランド沖海戦、ワイト島沖海戦、カレー沖海戦、グラヴリンヌ沖海戦といった戦い（その総称がアルマダの海戦）を重ねるうちに、次第にイングランド艦隊の優勢がはっきりしてきた。イングランド艦隊は地の利を得ていたうえ、その兵装や砲撃戦術、指揮官や兵士の戦闘経験などでも優っていたからだった。それに追い討ちをかけたが、南ネーデルラントのパルマ公からのスペイン無敵艦隊に対する軍事支援が滞ったことだった。

これといった戦果もなく、メディナ・シドニア公は帰国の途についたが、航路はスコットランド沖、ついでアイルランド沖に迂回したため、食料と水はほとんど底を突き、乗組員は死線を彷徨った。海路に疎く、船団からはぐれて座礁する船も続出した。スペイン無敵艦隊のこの第1回遠征による死者のうち、戦闘による死者よりも、洋上で病死あるいは餓死した者、難破して溺死した者、アイルランドに上陸して現地人に虐殺された者、帰国後に病死した者のほうがはるかに多かった。

無敵艦隊の旗艦サン・マルチーニョ号は88年9月22日、スペインに帰港したが、最終的に帰還できた船舶は67隻、兵士役1万人だった。したがって、この遠征によってそれぞれその半分が失われたことになる。他方、イングランド海軍の被害はスペインに比べて少なかったが、戦死とは別に疫病の流行や餓死などによって亡くなった兵士が数千人にのぼったといわれる。

とくにイングランド軍で深刻だったのは、このアルマダの海戦での勝利にもかかわらず、海軍士官や水兵などへの報償はもちろん、ろくに給与さえ支給されず、そのため生き残りの兵士たちのなかから多くの病死者や餓死者が出たことだった。ハワード卿はその窮状をエリザベスやバーリー卿セシルに訴えたが、さしたる改善はなく、ハワード卿やドレークが自腹を切って救済するほかなかった。ひとことでいえば、イングランドでも戦費が嵩み、財政的にきわめて厳しい状態にあったからである（Navy Record Society, 1894, vol. 1, Introduction: 25-6, 39-58, 27-33, 62-5, 68-9, 72, 339, vol.2: 379-81; Mattingly, 1959: 106-7, 308-11, 326-8; 石島、1981: 265-74; 石井美樹子、2009: 462-4）。

こうして、フェリペ2世によるイングランド攻略をめざした最初の無敵艦隊派遣は惨敗に終わった。アルマダ海戦の心理的影響は双方にとって大きなものだった。ヨーロッパのプロテスタントを勇気づける一方、カトリックにとっては、も

はやスペインがリーダーではないという印象を刻み込んだからである (Mattingly, 1959: 335-6)。

　しかし、これでスペインとイングランドの海戦が終わったわけではない。双方ともまもなくして戦闘体勢を立て直し、長期にわたって互いに波状攻撃を繰り返したからである。

　まず、イングランド海軍は翌89年のポルトガル、スペイン商船などの経由地である大西洋上アゾレス諸島への遠征を試みたが、失敗。それに懲りず、94年の夏、エリザベスはドレークとその従兄弟ジョン・ホーキンス (John Howkins: 1532-95) に命じて中南米のスペイン植民地を襲わせた。しかしその航海の途中でホーキンスは病没。1596年1月27日にはドレークも赤痢で落命した。この遠征の戦果はほとんどなく、エリザベスが注ぎ込んだ2万8000ポンドは水泡に帰した。

　ほぼ同じ時期、1595年12月から96年4月にかけて、エリザベスは再度のカディス攻撃のため、寵臣第2代エセックス伯ロバート・デヴロー (Robert Devereux, 2nd Earl of Essex: 1566-1601 ──レスター伯の義理の息子) とさきのハワード卿のふたりを総司令官に任命し、150隻 (ネーデルラント連邦共和国海軍の艦船18隻を含む) と兵士6500人からなる艦隊を整えた。艦隊は96年6月3日にプリマス港を出航し、20日にはスペインのカディス港に到着した。スペイン艦隊の司令官は88年のときと同じメディナ・シドニア公だった。彼は和議 (400万ダカットと引き換えにカディスを攻撃しないという内容) を申し入れたが、エセックス伯はそれを拒否。2週間の攻撃でスペイン艦船100隻以上を破壊し、港町カディスで掠奪も行った。他方、メディナ・シドニア公は、スペイン船の時価300万ポンド相当の積み荷を焼き払い、のちに引き上げる魂胆で金貨1200万ダカットを湾内に沈めた。

　1587年のカディス奇襲のときに比べると、今回 (1596年) のスペイン側の被害は計り知れないほど深刻なものだった。船舶についてはひとつの大きな艦隊を失うほどのものであり、また意図したこととはいえ、莫大な金額にのぼる積み荷を焼いてしまった。そのため、フェリペ2世はネーデルラントのアルバ公に対する軍資金150万ダカットを送れなくなり、王室の借款も45%しか支払えず、多くの銀行や商館が破産に追い込まれ、国内では金融恐慌が起きた。けれども、こうした惨憺たる敗北とその後の災禍にもかかわらず、多くの教会や地方都市から続々とマドリッドに資金が寄せられ、廷臣や貴族、聖職者や市民の間から、いか

に費用がかかってもイングランドに対する第2回の無敵艦隊派遣を決行すべきだという声が澎湃として湧き上がった (石島、1981: 214)。

一方、イングランドでは、今回もカディス攻撃に成功したが、その戦利品のほとんどは遠征資金の出資者たち、士官や兵士に配られ、5万ポンドを費やしたエリザベスの手許にはこれといった戦利品は残らなかった。おまけに、エセックス伯とハワード卿はこの戦いで武勲があった64人に騎士の称号まで与え、エリザベスの怒りを買った。エリザベスは翌97年8月、アゾレス諸島でスペイン商船を迎撃し、積み荷を掠奪するよう命じた。エセックス伯のほか、ウォルター・ローリー卿もこの計画に加わった。しかし、エセックス伯はこのときも「獲物」を取り逃した。

他方、スペイン無敵艦隊は96年以降、4回にわたってアイルランド、イングランドあるいはアゾレス諸島に出撃した。1588年 (アルマダの海戦) に続く2回目の出撃は8年後の1596年10月、3回目は97年10月、4回目はフェリペ3世時代の99年8月、そして5回目は1601年9月だった。

このうち、2回目の遠征はイングランドに反旗を翻した北アイルランドの第2代ティロン伯ヒュー・オニールやティルコネル族長のオドンネルからの度重なる派兵要請に応えたものであり、100艘以上の艦隊は兵士1万2000人を乗せてアイルランドにむかった。しかしスペイン北部のビスケー湾沖合で4日間も激しい暴風に見舞われ、艦船75艘と兵員3000人を失った。やむなく、この遠征は中止となった。

それから1年ほどのうちに、イングランド艦隊はスペイン無敵艦隊の軍事物資の集積地であるスペイン北西端のフェロル (El Ferrol) 港攻略をめざして艦船98艘、兵士6000と水夫5000を擁してプリマスを出港した。しかしまもなくして大嵐に見舞われ、大損害を受けた。それでも艦隊の一部がフェロル港に到着した。しかし援軍は現れず、空しく帰国の途につかねばならなかった。

第3回のスペイン無敵艦隊は、メディナ・シドニア公に代わったカスティリア総督のマルティン・デ・パディラ公 (Martín de Padillay Manrique: 1540-1602) が総司令官となり、97年10月初めフェロル港を出航した。イングランド攻略のため、イングランド西南部コーンウォールのファルマス港をめざした。しかし生憎、そのファルマス港を目前したところで激しい嵐に遭い、艦隊は大打撃を受けた。その

嵐は3日間も続き、大型のガリオン船も次々と損傷し、パディラ公は作戦を中止せざるをえなかった。

　フェリペ2世が翌98年9月13日に病死。20歳の息子がフェリペ3世として登位した。パディラ公は99年7月、38隻のガリオン船と大型武装商船、23隻のガレー船、50隻の輸送船団、それに8000人の軍隊をスペイン北西端のフェロル港とあまり遠くないラ・コルニア港（ア・コルーニャ A Coruña）に集結させた。この第4回遠征では、当初のイングランド上陸という目標を変更し、無敵艦隊はアゾレス諸島にむかった。すでにかなりの戦力をもっていたオランダ艦隊が同諸島にむかったという知らせを受けてのことだった。しかしこのときも、無敵艦隊の前に立ち塞がったのは敵艦隊ではなく、大嵐だった。

　最後の5回目の無敵艦隊派遣の狙いはさきの2回目（1596年）と同様、カトリック教徒の第2代ティロン伯オニールなどによるアイルランドの反乱を支援するためだった。しかしこのときも大嵐に災いされ、艦隊の一部はラ・コルニア港に引き返さなければならなかった。そのままアイルランドをめざした多くの輸送船は途中イングランドの私掠船に襲われ、その積み荷や軍需品を奪われた。それでも主力艦隊は1601年10月2日、ようやくアイルランド南端のキンセール港に到着、兵士4000人が上陸した。

　しかし、ティロン伯らの拠点はアイルランド北部のアルスターにあったから、上陸したスペイン軍はその援軍が到着するまでの約2ヵ月間、独力でイングランド軍の攻撃に耐えなければならなかった。失脚したエセックス伯に取って代わった第8代マウントジョイ男爵チャールズ・ブロウント（Charles Blount: 1563-1606）は歩兵6000、騎兵600を率いてキンセールに進軍、10月末にはキンセール港に注ぐバンドン河上流でスペイン兵150人の守備網を突破した。スペイン軍はキンセール城に立て籠もり、ティロン伯軍の到着を待った。この間、イングランドとスペインそれぞれの援軍が続々とキンセールに集結した。

　1601年12月24日、キンセールの戦い（Battle of Kinsale, 1601）が始まった。ティロン伯らのアイルランド軍はこの戦いに敗れ、かれらの掠奪行為に対する地元住民からの報復を受けて兵士数100人が殺された。この戦いにイングランド軍が勝利し、開戦からほぼ1週間して休戦協定が結ばれた。スペイン軍の兵士ら総勢3300人は殺害もされず、身代金の要求もなく、ほとんどが無事母国に帰還す

ることができた。このキンセールの戦いは事実上、スペイン無敵艦隊の最後のイングランド攻略を意味していたのみならず、20年に及んだ英西戦争の終わりを告げるものでもあった (石島、1981: 215-42; 石井、2009: 498-505; 'Spanish Armada', 'Siege of Kinsale', WP)。

(D) アイルランド9年戦争について。このキンセールの戦いはアイルランド9年戦争の事実上最後の大きな戦いでもあった。しかし多少時間を遡って、いくつか補足しておこう。

キリデアの乱がきっかけとなって、ヘンリー8世はアイルランド王国法 (1541年) を公布し、アイルランドの「イングランド化」に乗り出したこと、またエリザベス1世がこの路線を継承強化したことについてはすでにふれた (第5章第3節)。

しかし、このイングランド化のなかには、カトリックからみれば、同意しがたい宗教改革的要素が含まれていた。アイルランド農民は地代の金納化については受け入れたが、敬虔なカトリックの強制的なイングランド教会化 (プロテスタント化) に対して多くのアイルランド貴族や族長、農民は強い違和感を覚えた。その反発のバネは反乱となって弾けた。アイルランド9年戦争の端緒となったオニールの反乱がその代表例である。

この反乱のリーダーである第2代ティロン伯ヒュー・オニール (Hugh O'Neil, 2nd Earl of Tyrone: c.1565-1616) は、アイルランド南部マンスター地方で起きた第2次デズモンドの乱のときにはイングランド軍に加わり、第15代デズモンド伯ジェラルド・フィッツジェラルド (Gerald Fitzgerald, 15th Earl of Desmond ——第11代キルデア伯ジェラルド・フィッツジェラルドと親交があった。) と戦い、84年にはイングランドの新任アイルランド総督ジョン・ペロット (John Perrot: 1528-92 ——エリザベスから託されたのはマンスターでのイングランド植民地建設) を助けてアイルランド北部アルスターにおけるスコットランドとの戦闘に参加。さらに93年にはベリークでのフェルマナ卿ヒュー・マグワイア (Hugh Maguire, Lord of Fermanagh: 生年不詳、1600年没) との戦いでもイングランドからの入植者ヘンリー・バジェナル (Henry Bagenal: c.1556-98) を支援、イングランド軍に加担した。こうして、ティロン伯はアルスターの最有力の貴族に熨し上がった。

しかし、1590年代半ば以降、ティロン伯はイングランド統治に対して不満を抱くようになった。ひとつの契機はバジェナルが指揮したアルスターへの地方総

督制（provincial presidency）の導入だった。このイングランドによるアイルランド統治制度の強化に加え、カトリックのプロテスタント化政策にも拍車がかかった。ティロン伯の仇敵だったオドンネル族長ヒュー・オドンネル（Hugh Roe O'donnell: 1572-1602）はすでに 93 年からイングランドの支配に抗して反旗を翻していたが、ティロン伯はかれと和睦し、ふたりでスペイン、スコットランドの支援を求めるようになった。1596 年 4 月、ティロン伯はようやくフェリペ 2 世からアイルランド防衛に関する無敵艦隊派遣の約束を取りつけた。

しかし、ティロン伯は平行してイングランドとの和解も模索し、2 年間の休戦に漕ぎつけ、さらにエリザベスから恩赦も受けた。ところが、その 2 ヵ月後の 98 年 8 月 10 日、ティロン伯とオドンネルはイエロー・フォードの戦い（Battle of Yellow Ford, 1598）でイングランド軍を破り、その指揮官バジェナルを敗死させた。この敗戦はイングランドにとって大きな打撃となった。

1599 年 3 月、エリザベス 1 世は起死回生の機会をうかがうエセックス伯からの申し出を聞き入れ、かれを司令官とする 1 万 7000 人の大軍を北アイルランドに送った。しかしこの遠征でもエセックス伯は敗北を重ね、99 年 9 月 7 日にはエリザベスの承諾なしにティロン伯との和平交渉に踏み切り、独断で休戦協定まで結んでしまった。そのうえ、ふたたびエリザベスの了承なしにかれはロンドンに戻ってきた。

これら一連の行動によって、エセックス伯の声望は地に落ち、エリザベスのかつての寵臣は事実上、失脚した。しかしその後も、かれは宮廷における長年のライバルだった初代ソールズベリー伯ロバート・セシル（Robert Cecil, 1st Earl of Salisbury: 1563-1612）を追い落とすという暴挙に出た。その策動は事前に察知され、捕らえられたエセックス伯は反逆罪に問われ、1601 年 2 月 25 日、ロンドン塔で処刑された。まだ 34 歳の若さだった。

さて、肝心のアイルランドでの 9 年戦争のその後であるが、1600 年 1 月、ティロン伯はイングランドのマンスター植民地を破壊したものの、結局はすでにみたように、マウントジョイ率いるイングランド軍にキンセールの戦い（1601 年 12 月）で敗れ、ヒュー・オドンネルは支援を求めてスペインに落ちのびた。しかし、まもなくして、かれはスペインで亡くなった。毒殺されたという見方がある。一方ティロン伯領では、翌 02 年にかけてイングランド軍による穀物や家畜の破壊や

掠奪があった。ティロン伯は02年6月、中心地ダンガノン (Dungannon) を打ち壊し、グレンコンケイン (Glenconkeyne) の森に逃れた。しかし翌03年4月、マウントジョイは亡くなる直前のエリザベス1世からティロン伯と和平協議に入るよう命じられ、メリフォント条約 (Treaty of Mellifont, 1603) を結んだ。これによってアイルランド9年戦争は終結した。

この条約の中身は、第1に、ゲール系の家名ユニ・ネイル (Uní Néil ——英語名がオニール) を放棄する代わりに、いったん取り上げたティロン伯という称号を回復し、アイルランド議会上院の議員に任命すること。第2に、ティロン伯の伝統的領地を回復すること。第3に、ティロン伯はイングランド王権に忠誠を誓い、外国からの支援を求めないことを前提にして、ティロン伯に恩赦を与えること。第4に、ティロン伯の所領に対して伝統的なブレホン法 (Brehon Law)[60] ではなく、イングランド法を適用すること。第5に、ティロン伯はゲール人の吟遊詩人、放浪楽人を支援しないこと。第6に、公用語は英語とすること。第7に、カトリックの大学や学院は建設しないことなどが決められた。ティロン伯とその所領統治の「イングランド化」である。

この条約締結のあと、ティロン伯は、ヒューのあとオドンネル族長となった初代ティルコネル伯ローリー・オドンネル (Rory O'Donnell, 1st Earl of Tyrconnell: 1575-1608) を伴ってロンドンに赴いた。すでにジェームズ1世が登位していたが、ティロン伯のアルスターでの条約に盛られた事項以外の権益や処遇については結論が出ないまま、ティロン伯らはアルスターに戻った。

しばらくして、1607年9月14日、「伯爵の逃亡」(flight of the earls) として知られる事件が起きた。ティロン伯とオドンネル伯、そしてその家族ら総勢99人がアルスターを捨てスペインにむかったのである。天候に災いされ、その年の冬はオランダに留まり、翌08年4月、一行はローマに到着。そこで教皇パウルス5世 (在位1605-21年) に大歓迎された。しかしオドンネル伯は3ヵ月後の7月30日、ローマで没した。

一方、ティロン伯は13年、アイルランド議会において私権剥奪されたのち16年7月20日、同じくローマで病死した。

ともあれ、このティロン伯とオドンネル伯、その家族のアイルランド脱出行が意味していたのはアイルランドにおける古いゲール的秩序の終焉だった。この「逃

亡」のあと、イングランドから多くの移民がアイルランドに流入した（'Nine Years' War'、'Treaty of Mellifont'、'Hugh O'Neil, Earl of Tyrone'、'Rory O'Donnell, 1st Earl of Tyrconnell '、'Flight of the Earls', WP）。

　以上、英西戦争およびアイルランド9年戦争について素描した。このうち、前者はスチュアート朝初代のジェームズ1世とフェリペ3世が締結したロンドン条約（1604年）によって終わりを告げた。

　そのロンドン条約は1604年8月18日、ロンドンのサマセット・ハウスで調印された。イングランド代表団はロバート・セシル伯、チャールズ・ブロウント伯ら5人、スペイン代表団は第5代フリアス公ジュアン・フェルナンデス・デ・ヴェラスコ（Juan Fernández de Velasco, 5th Duke of Frías）ら3人のほか、スペイン領ネーデルラントからブリュッセル枢密会議議長ジーン・リシャルド（Jean Richardot, President of the Brussels Privy Council）ら2人をくわえた、それぞれ合計5人だった。

　この条約では、第1に、スペインはイングランドにおけるローマ教会の復活という計画を放棄すること。第2に、イングランドは大西洋横断あるいは植民地の設営に関わるスペイン船舶を攻撃しないこと。第3に、英仏海峡をスペインに解放すること。第4に、イングランドはオランダでの反乱には介入せず、軍事的・財政的支援も行わないこと。第5に、商用か軍用かを問わず、船舶の改修や避難あるいは商取引のため、両国の船舶は各主要港を使用できること。また、オランダの反乱鎮圧に際して、8隻以下であれば、スペインの艦船はイングランドの海軍基地に寄港できることなどが約束された。双方にとって、それぞれ利点のある条約だったから、イングランドでもスペインでもロンドン条約の評判は上々だった（'Treaty of London', WP）。

　このロンドン条約によって、スペインはイングランドがプロテスタント王国になることを承認した。しかし火種がなくなったわけではない。この条約についてスペインのカトリック保守派から懸念の声が上がり、イングランドではスチュアート朝初代ジェームズ1世がカトリックに対して寛容となり、ついにはイエズス会などのイングランドへの浸透を放置するのではないかという不安が広がった。

　ここで、英西戦争についてもう一言。これまでみてきたように、エリザベス時代の後半に起きた20年にわたる英西戦争にはオランダ独立運動支援のためのネーデルラント出兵、スペイン無敵艦隊との戦い、アイルランド派兵などが含ま

れており、それだけ膨大な戦費調達を必要とした。しかも90年代のイングランド経済は大きな困難に直面した。各地で疫病が流行し、「16世紀で最悪」ともいわれる大凶作に見舞われた。そのため、98年に救貧法が出され、食料の緊急輸入も行われた。

　こうしたことの結果、エリザベス政権は最後になって深刻な財政危機に陥った。じっさい、エリザベス時代末期の戦費はネーデルラント出兵に140万ポンド、スペイン無敵艦隊との交戦に33万ポンド、さらにアイルランド派兵には240万ポンドもの大金（財政史家デーツによれば、1588年以降で合計340万ポンド）が投入された。数次の派兵とはいえ、いかにアイルランド派兵の負担が大きかったかが窺われる[61]。

　この点、バーリー卿ウィリアム・セシルは72年に大蔵卿になってから精力的に財政立直しに取り組み、英西戦争前夜の84年には王室に30万ポンド（正確には29万8954ポンド）の蓄えができた。じっさい、イングランド財政史上、72年から85年までをさして「質素倹約の時代」というのもそのためである。しかしそれも束の間、90年にはその貯蓄も底をついた（Dietz, 1964: 48, 93）。

　16世紀のヨーロッパは、中南米のスペイン領から大量の金や銀が流入した結果、深刻な「価格革命」を経験した。エリザベス1世の時代はその渦中にあったから、イングランドでも激しい物価騰貴が起きた。それにもかかわらず、彼女の財政に関する基本方針は王領地代や関税をできるだけ据え置き、無理に新たな税収源を求めることもせず、歳出を切り詰め、質素倹約に努めるというものだった。エリザベスが「吝嗇の女王」と呼ばれる所以である。

　それでも、1596年以降になると、仕方なく王領地を切り売りして毎年数万ポンドを手に入れ、また独占特許状を発行してその見返りとして上納金を収めさせた。一部は私掠船の海賊行為にも期待するほどだった。それでも、エリザベスが波乱に満ちた69歳の生涯を閉じたとき、先代メアリー1世がエリザベス1世に残した負債は20万ポンド以下だったとされるが、スチュアート朝初代のジェームズ1世には30万ポンドの負債[62]が残された（Dietz, 1964: 7; 青木、2000: 212-5）。

ひとつの時代認識

　ところで、この章ではエドワード6世以降のテューダー朝後期における宗教改

革の振り子運動を追尾した。しかし、イングランドの宗教改革はエリザベス1世時代に幕を下ろしたわけではない。むしろ、スチュアート朝になってその激しさを増した。その象徴的出来事がいわゆるピューリタン革命の勃発だった。

しかし、中世レジームの最後の基柱として残っていた教皇制に大きな亀裂が走った。その教皇制は3つの要素から成り立っていた。第1にローマ教皇・教会の国際的権威とその影響力、第2に政教分離と世俗の劣位、第3に宗教教義と教会制度におけるカトリシズム[63]である。

そこで、もういちど歴史的経緯の大筋を辿ってみよう。ヘンリー8世は首長令(1534年)を定め、制度的にイングランド教会をローマ教会から分離独立させ、国王がイングランド教会の首長となった。1538年、かれはローマ教皇から破門されたが、ほぼ時期を同じくして大小の修道院を、ついで礼拝堂を解散に追い込んだ。しかし、エドワード6世のあとに登位したカトリック信徒のメアリー1世はカトリシズムに回帰し、父ヘンリー8世の「上からの」宗教改革を反転させようと企てた。その治世はわずか6年足らずだったが、プロテスタントに対して激しい弾圧が加えられた。けれどもエリザベス1世はその流れをふたたび反転させ、首長令や祈祷統一令を復活させて父ヘンリー8世の改革路線に回帰した。そのため、その統治初期にはカトリシズムから激しい集中砲火を浴び、1570年には父と同じくローマ教会から破門された。

エリザベス1世時代、聖職者の祭服や礼拝マナーに関する論争が絶えず、70年代になると新たにピューリタンが登場し、「不純」でローマ教会的なイングランドの教会制度とその統治方式に強い異議を唱えはじめた[64]。そのなかから長老派、分離主義や会衆主義が姿を現した。

また、宗教教義についていえば、ヘンリー8世時代の10ヵ条(1536年)から出発し、エドワード6世時代にクランマーが作成した42ヵ条(1553年)を経て、エリザベス時代にはイングランド教会の基本教義として39ヵ条(1563年)が制定された。この39ヵ条は17世紀半ばの共和制あるいは空位時代に一時停止されたものの、王政復古によって復活。基本的には現代まで継承されている。こうした歴史的経緯とその重みを軽んじてはならないだろう。もうひとつ、39ヵ条の精髄をなしているのがピューリタニズムではないが、歴としたプロテスタンティズムの精神であったことも忘れてはならない。

こうしたごく簡潔な整理からみても、教皇制の第1と第2の構成要素は首長令によって崩れ去り、第3の要素も39ヵ条がイングランド教会の基本教義となることでカトリシズムと袂を分かった。したがって、ヘンリー8世が先鞭をつけ、エリザベス1世が復活継承した首長令と祈祷統一令によってイングランド教会は名実ともにローマ教会から独立し、自らの存立基盤を確立したのである。そのことはイングランドにおける教皇制の終焉を示唆し、ひいてはイングランドにおける中世レジームの崩壊を物語っているようにみえる。

　しかしことがらはそう簡単ではなかった。エリザベス1世が亡くなってテューダー朝が終わり、スチュアート朝になると、一方ではカトリシズムへの振れ戻りが始まり、他方ではそれに呼応してピューリタニズムのカトリシズム怨嗟の火が高々と燃え盛ったからである。

　じっさい、外形からすれば、スチュアート朝前期4代を通じて当代のイングランド教会は実質的にカトリシズムへ傾斜していった。その結果、宗教改革の振り子がふたたび大きく振れることになったのである。

第5節　変わる経済と社会——テューダー朝からスチュアート朝へ

　ここで、スチュアート朝前期の宗教改革の振り子運動についてみるまえに、テューダー朝後期からスチュアート朝前期までの1世紀ほどを念頭において、イングランド経済社会が経験したいくつかの重要な変化について一瞥を与えておこう。

　とりあえず、5つのテーマを取り上げる。第1に人口・階層・社会移動、第2に「教育革命」と識字率、第3に経済産業活動、第4に生活水準と救貧政策、第5に徴利政策についてである。

人口・階層・社会移動

　まず、イングランドの総人口は、第2章でもみたように、黒死病以降の1世紀、つまり1350年から1450年までのあいだに激減した。土地供給が増え、土地価格や地代は下がり、人口および労働力の大きな減少によって賃金は上昇し、生産コストは高騰した。ようやくヨーク朝の15世紀第4四半期以降、次第に人口

は回復しはじめたけれども、しばらくは増減をくりかえし、確実な増加基調に転じたのはテューダー朝のヘンリー8世時代の後期あるいはエリザベス1世の時代になってからのことである。

　ケンブリッジ大学のリグリーとショフィールド、ウォリック大学のブロードベリーらの推計によれば、イングランドの総人口は16世紀から18世紀前半までに、235万人（1522年）→ 277万人（1541年）→ 341万人（1576年）→ 410万人（1601年）→ 528万人（1656年）→ 506万人（1701年）→ 558万人（1741年）と推移した。

　したがって、第1に、エリザベス1世時代に人口が急増し、その勢いはスチュアート朝前期まで続いた。第2に、しかし王政復古後、半世紀のあいだに人口は微減する。第3に、それが反転してふたたび緩やかな人口増にむかうのは18世紀に入ってからのことである（Wrigley and Schofield, 1981: Table A3.1; Hinde, 2003: Table 6.1; Broadberry *et al.*, 2015: Table 1.06, Table 1.10）。

　では、エリザベス時代後期の社会階層あるいは身分秩序はどのようなものだったのか。当代のいくつかの作品、たとえばトマス・スミス[65]（Thomas Smith: 1513-77）の『イングランド共和国』（*De Republica Anglorum: A Discourse on the Commonwealth of England*, 1583 ──素稿は1562-5年執筆、初版1583年。この書名そのものが記憶に値する）、ウィリアム・ハリソン（William Harrison: 1534-93）[66]の『イングランド記』（*A Description of England*, 1577）、トマス・ウィルソン[67]（Thomas Wilson: c.1560-1629 ──著者は『徴利論』の同名著者の甥である可能性）の『イングランド情勢』（*The State of England*, 1600）をみてみると、いずれにおいても4つの階層が指摘されている。内容的にはスミスとハリソンの記述がほぼ一致する。スミスがハリソンの見方に倣ったためだろう。

　そのハリソンによれば、4つの階層とは、第1に「ジェントルマン」（gentlemen）、第2に自治都市などの市民（citizens and burgesses）、第3にヨーマン（yeomen or yeomanry）、第4に職人や労働者（artificer and labourers）である。かれの説明によれば、第1の「ジェントルマン」の上層は国王を含む貴族階層からなり、下層には騎士とエスクワイア、狭義のジェントルマン（ジェントリー）が含まれる。第2の市民は都市の自由民であり、そのなかでは商人層が大きな比重を占めている。なかには行政に関与する者もいた。第3のヨーマンという言い方はサクソン語のzeomanあるいはgeomanに由来する表現であるが、年間40シリング以上の土地収入がある自由民（農）をさす。かれらは職人や労働者よりも豊かであり、住居も

整っていた。なかには浪費家の「ジェントルマン」から土地を買いとるとか、子弟を学校や大学に進学させるとか、法曹院 (inns of the court) に送り込むといったヨーマンもいた。第4の職人や労働者のなかには、日雇い労働者、貧しいハズバンドマン、土地謄本所有者や各種の職人などが含まれる。しかし、この人々は被支配者であり、かれらには社会的発言力も権威もなかった。

けれども、「イングランドには奴隷や農奴 (slaves and bondmen) はいない。それがわが国の優れたところであり、ドイツなどとは違う」とハリソンは誇らしげに記している (Harrison, 1577 [1876: 1-13])。上記のように、こうしたハリソンの叙述はスミスのそれと重なっている (Smith, 1583 [1906: 29-47])。

ウィルソンの『情勢』(1600年) でも階層は4つに区分されている。しかし、かれはもっぱら上層に関心を注いでいた。第1に、貴族または高貴な人々 (nobility) は上下に二分され、合計61人の貴族 (侯爵1、伯爵19、子爵2、男爵39[68]という内訳。その地代など年収の推計総額は22万ポンド、したがって単純平均した年収は4300ポンド程度)のほか、司教 (合計年収推計は2万2500ポンド) もこの上層に入る。しかし、かれら高位聖職者の政治経済的影響力は弱まり、その衰退がめだった。「高貴な人々」の下層を形成するのは騎士やエスクワイア、ジェントルマンのほか、法律家や教授、大執事や牧師などである。およそ500人の騎士の平均年収は1500ポンド、1万6000人のエスクワイアの平均年収は750ポンド。増加著しい法律家の数は4000人ほどだが、最も高い法律家の年収は3万ポンドにもなった。

第2に、商人など都市エリート階層が形成されていた。ロンドンの大商人であれば、その年収は10万ポンドにのぼる。ノリッジのような有力都市の商人の場合、年収2万もあれば、地元では大商人とみなされた。一般的にいって、「古参の」ヨーマンは衰退しているが、年収1000ポンドを超えるヨーマンが約1万人、年収500ポンドのヨーマンが8万人程度はいるとウィルソンは書いている。したがって、一般的にいって所得尺度でみた階層秩序がかなり入り乱れ、変化してきている様子が分かる (Heard, 1992: 82-3)。

ところで、プリンストン大学の歴史学者ローレンス・ストーン (Lawrence Stone: 1919-99) はテューダー朝後期からスチュアート朝前期までの1世紀ほどを念頭において、イングランドの社会階層と社会移動についておよそつぎのように述べている。

(A) 身分階層区分について。第1に、社会(身分)階層は6つに区別できる。①貴族(公爵、侯爵、伯爵、子爵、男爵の6階層)、②地方エリート(准男爵 baronets [1611年に創設、貴族に分類されない]や騎士、エスクワイアやジェントリー)、③小ジェントリーあるいは教区ジェントリー、④ヨーマンやハズバンドマン、⑤農村や都市の労働者、⑥「慈善依存的な無業者」(高齢者や寡婦、徒弟、失業者など)である。しかし、これらとは別に、こうした「農村的」階層秩序には十分包摂されない半自立的な(semi-independent)都市的職業として、商人、法律家、聖職者、中央行政官の4つがいた。

第2に、全体としてみれば、この階層秩序の大きな断層はジェントリー以上(①か②)かどうかにある。最下層の「慈善依存的な無業者」は成人男子全体の15-25%を占め、階層④から⑥までを括ると、全体の9割以上を占める。

第3に、都市的4職業のうち、(a) 商人(たとえば輸出業者、卸売業者、小売業者、金融業者)はその所得も権力も権威も区々だったが、大商人は地方エリートと融合していた。(b) 法律家も様々だったが、その4分の3はロンドンの複数の法曹院で訓練を受けており、地位的にはジェントリー層に近かった。(c) 聖職者には大司教から教区教会の助祭までが含まれ、一概なことはいえない。その社会的出自も多様であり、謄本所有農からエスクワイアまでに広がり、ミッドランドのように相対的に豊かで開明的な地方では、17世紀初めの聖職者の4分の3はその親の職業がジェントリー以外の階層だった。たとえば、1630年代の28人の司教のうち、父親がジェントリーだった者は9人、聖職者が8人、商人が7人、ヨーマンが1人、職人などが3人だった。高位聖職者の世襲制は大きく崩れ、聖職者に対する敬慕の念も萎えていた。じっさい、テューダー朝の時代、高位聖職者の権威は失墜し、その数も減った。一般的に下層聖職者の収入は低く、一般労働者と大差ないものだった。(d) 17世紀はじめ、中央行政官の多くはその出自がエスクワイアやジェントリーだった。しかし、それより低い身分の出身者もいた。

第4に、この身分階層はおおかた所得階層と共鳴する。税引き後の年間所得が1000ポンド以上であった家族が約1000世帯、その金額は不熟練労働者の100倍以上であった。

第5に、この身分と権力とは一般的に正相関するものの、身分と所得の関係ほど密ではない。さきの貴族からヨーマンまで、さらに半自立的な4つの都市的職

業に携わる者はすべて選挙権をもっていた。しかし、じっさいに議会選挙が行われることは稀であり、地元有力者の談合や持ち回りによっていた。

(B) 階層別の絶対数・所得などの時系列変化について。第１に、大きな傾向として、総人口が増大していくなかで、一方で上層階級（①や②および一部の「豊かな」都市的職業）が増え、他方で下層階級（⑤と⑥）も増加した。したがって総人口の増加とパラレルに、階層の二極化傾向が進んだということであり、しかも上層・下層それぞれの階級増加率は総人口の増加率を上回った。

1558年から1641年までの期間（つまり、エリザベス１世からジェームズ１世およびチャールズ１世までの時代）をとると、概数でいえば、貴族は60から160へ（ストーンのいう「名誉インフレ」the inflation of honours を示唆）、騎士は500から1400へ、エスクワイアは800から3000へ、ジェントリーは5000から１万5000へと増加した。

また、法律家と医師といった都市専門職も激増した。1590年代から1630年代の間に、ロンドンの法曹院の卒業生は４割ほど増え、民事訴訟裁判所（court of common pleas）に登録された弁護士数も、1578年からの55年間ほどに342人から1383人に増加した。正確な数字は不明だが、医者の数も激増し、17世紀前半には都市部で1000人にのぼった。そのほか、識字率の向上に伴って管理的職業や専門的サービスに携わる者も増え、中央行政官僚制の発展によって中央官僚の数も増えた。さらに商業活動の国際化によって裕福な商人の数も大きく膨らんだ（Stone, 1972: 70-6, 訳 108-13）。

しかし、この時代の聖職者数については浮き沈みがあった。1560年には、それに先立って修道院や礼拝堂が次々と解散させられたため、修道士や礼拝堂聖職者はおおかた姿を消し、聖職禄（livings）9000のうち2000が空席状態になった。その結果、それに先立つ数世紀に比べてイングランドの聖職者数は激減した。それでもその後、1640年代にかけてその空席は次第に埋まっていった。けれども王政復古のあと、宗教的熱情は衰え、ふたたび聖職者数は減少した。

第２に、各階層の時系列の所得変動についていえば、16世紀を通じて労働力の過剰供給が続き、失業率は高まり、実質賃金はダウンした。フェルプス・ブラウン尺度（1451-75年=100）によれば、16世紀初頭からその末まで（1510-1600年）の下げ幅は50％近くにも達した。13世紀以降、これほど実質賃金が下落したことはない（Brown and Hopkins, 1956: Fig.3, Appendix B）。そのため、16世紀イングランド

労働者の生活水準は落ち込み、17世紀になっても容易に回復しなかった。

このように、ひとつの階層としてみた場合（したがって個々人の浮き沈みとは別に）、ヨーマンは農産物価格の上昇によって傾向的に富裕化し、その家屋の部屋数も増えた。ジェントリーについても似たことがいえる[69]。1575年からの50年間、「ジェントリーの勃興」を例解するような建築ブームが起きた（若原、1988: 500-1）。また、ロンドンの大商人や金融業者の所得水準は大いに高まった。さらに、法律家や医者、行政官についても基本的に所得は上昇した。しかし貴族や廷臣については区々で一概なことはいえない。逆に、高位聖職者の所得は宗教改革によって低落した。その下げ止まりがみられたのは王政復古後、チャールズ2世時代の後期になってからのことである。それでも下層聖職者の所得は低下傾向を辿った。

このように、階層別の所得水準の時系列変化は、膨張した上層階級では所得が増え、同じく膨張した下層階級では所得が下がった。そういう性格をもった二極分解だった。

第3に、政治的影響力としての権力についていえば、一般的に16世紀を通じて王権が強化され、貴族の権力は低下した。17世紀には議会の発言力が高まり、廷臣の権力は低下した。いずれの時代においても、政治的発言力を高めたのは上昇ジェントリーだった。しかし、高位聖職者の権力は宗教改革によって基本的に衰退した。したがって、大量観察的にいえば、「貴族や高位聖職者から勃興ジェントリーへ」といった権力移転の趨勢をみてとることができる。

(c) 社会移動について。社会移動には階層的移動と地理的移動がある。第1に、この時代の階層移動は上昇であれ下降であれ、一般的に活発だった。イングランドの農村社会は静態的でも閉鎖的でもなく、土地の売買や開墾、結婚や職業移動によって他の地域に移動していった農民が少なくなかった。その動きを象徴していたのが土地市場の拡大である。土地の売買は1610年代にピークを迎え、50年前の2.5倍に達した。こうした土地や農産物の市場拡大は達成意欲の強いヨーマンにとってジェントリーなどに上昇移動していく絶好の機会となった。またジェントリーが騎士やエスクワイア、貴族に上昇していく方法は、結婚以外であれば、法曹院を卒業して法律家になること、あるいは後援者の計らいで重要な行政職に就くこと、新興企業家として成功することなどが出世の早道となった。

他方、この時代は下降移動も日常茶飯事だった。活況を呈した土地市場もさす

がに大内戦期から王政復古後の17世紀後半にかけてその勢いを失い、地価の高騰もなくなった。この混乱期、ジェントリーやヨーマンも下降移動から自由であったわけではない。

　第2に、地理的移動に関係することでいえば、ひとつには都市の発展があったし、新大陸への移民もあった。16世紀の初め、ロンドンの人口は推計6万人。他に2万人を超える都市はなかった。しかし、1550年からの1世紀ほどのうちに、ほとんどの市や町で人口が急増した。たとえばノリッジ、ニューカッスル、ヨーク、ブリストルの人口は2倍から3倍に増えた。しかしロンドンではじつに6倍以上、一挙に総人口35万人に膨張し、1603年から25年まで腺ペストの波状的猛威によってロンドンの人口は15%も縮小したにもかかわらず、17世紀末には55万人という大都市に飛躍的発展を遂げた。一般的にはこの時代潮流は都市化（urbanisation）といわれるが、その人口増の原因には浮浪者の流入も大きかった。

　もうひとつ、とくに1620年から40年にかけて、約8万人のプロテスタントを中心とするイングランド人がアメリカ、西インド諸島に移民していった。かれらの多くが移民先でイングランドでは入手しがたい広大な土地を手に入れ、17世紀半ばのマサチューセッツでは、多少の誇張を畏れずにいえば、ジェントリーや貧農のいないヨーマン中心の「中産的農村社会」が生み出された。

　しかし、もうひとつの移民先があった。それがすでにみたアイルランドへの入植だった。総じていえば、アイルランドであれ、アメリカ東部であれ、あるいは西インド諸島であれ、イングランドからの入植者が経験したのは社会的上昇移動だったといってよい(Stone, 1966: 33)。

　第3に、しかし、こうした社会移動に対して中世カトリシズムの世界観の一角を構成したひとつのイデオロギーが障害になった。それが「自然の階段」('scala naturae' or great chain of being) という秩序観[70]である。それは神にはじまり、天使、星座、人間、動物、植物、鉱物へと繋がっていく位階秩序のことである。この上下の階層ハエラーキーは恒久的な秩序であり、階層間の移動は好ましからざる行動とみなされた。

　しかも、天使以下鉱物にいたるまで、それぞれの位階には副次的な位階が存在し、たとえば、動物であれば、まず哺乳類、鳥類、魚類が上下に区分され、さらに哺乳類のなかでもライオンと象がトップ、ついで野生哺乳類、有益哺乳類、家

畜哺乳類という順番で格づけがおこなわれた。その論理は人間についても適用され、君主がトップ、ついで貴族諸侯と聖職者、その下に農民階級がおかれた。そして君主の位置づけを確固不動の非人為的なものとしたのが王権神授説である。その教説の熱心な唱導者がスチュアート朝初代のジェームズ1世だったことは銘記されてよいだろう。

ともあれ、ストーンによれば、この「自然の階段」という16世紀になっても影響力をもっていた秩序観は、多少とも社会移動の活性化に対するブレーキの役割を果たした。というのも、この考え方によれば、上昇移動も下降移動も非難の対象とされ、いまの地位や階層に留まり、それぞれの伝統的義務を果たすことが重要であるとみなされていたからである。

それにもかかわらず、エリザベス時代の16年世紀後半以降、実態的に社会移動は活発になり、一方では「ジェントリーの勃興」やヨーマンの富裕化、商人や都市の専門的職業階層（法律家、医師、中央行政官など）への上昇移動が誰の目にも明らかとなり、他方では伝統的貴族や高位聖職者の衰弱が否定しがたいものとなるにつれ、この「自然の階段」という秩序観は現実に馴染まないものとして次第に批判の対象となるか、あるいは無視されるようになった。

第4に、テューダー朝後半からスチュアート朝前半にかけて、いまみたような社会的上昇移動の気流が湧き立ったのであるが、興味深いことに、それがかえってその上昇気流に乗った人々の不満の種になったという側面も見落とせない。下降移動した者が不満をもつのは自然なことだろうが、上昇移動した者がなぜ不満を抱いたのか。

現代社会学では、一般的にこの現象を「地位の非一貫性」(status inconsistency) という言葉で説明している。まず、社会的地位は富・権力・名誉威信 (wealth, power, prestige) の3要因から構成される。特定の職業集団や階層をとったとき、これら3要素の値がすべて高い（豊かで権力をもち、威信も高い）というわけではなく、威信はあるが、金も権力もない。卑俗な言い方をすれば、「色男（威信）、金と力（権力）は無かりけり」といったことがしばしば起きる。この場合、地位を構成する3要素のとる値の配列が、ある値は高いが、他の値はめだって低いというように一貫しないことがしばしばみられる。そうした事態を指して地位の非一貫性という。

こうした地位の非一貫性によって社会の不平等化に歯止めがかかり、結果とし

て比較的安定した社会秩序が保たれるという側面がある。しかしいつでもそうであるとは限らない。その地位の非一貫性が社会秩序の大きな地殻変動を誘発する構造的原因となることもあるからである。じっさい、スチュアート朝の17世紀前半、経済的に潤った商人たちは社会的威信を手にするができず、また成功した法律家やエスクワイアは宮廷権力から遠ざけられたままだった。そうした不満が内乱期に噴出したという側面がある。

「教育革命」と識字率の向上

エリザベス1世時代以降、スチュアート朝前期にかけて、「教育革命」とでも呼ぶべき目覚ましい事象が起きた。そのいくつかの側面を追ってみよう。

(A) 初等中等教育について。16世紀の半ば以降、ジェントリーや裕福な商工業者だけでなく、貴族もまたその子弟を大学に行かせることがひとつの流行になった。しかし高等教育が充実するためには、それに先立ってあるいはそれと平行して、初等中等教育の充実が欠かせない。その動向についてみてみよう。

第5章第3節で修道院の社会的機能に関連してふれたが、16世紀のイングランドには初等中等教育機関として3種類の学校があった。教区学校と「小さな」学校 (petty school)、そしてグラマー・スクール[71]である。このうち、教区学校では司祭が無償で地域の男の子たちに初歩的な読み書きと算数を教えた。「小さな」学校でも教区学校と大差ない科目が教えられていたが、なかには簿記を教えて徒弟教育の一端を担っていたケースもあった。これらふたつは初等教育のための学校である。

しかし、グラマー・スクールになると、教科目もその教育水準も前二者とは大いに違っていた。このグラマー・スクールは中等学校 (secondary school) あるいは中等教育といってもよいものだった (Stowe, 1908)。グラマー・スクールの教科目はギリシャ語、ラテン語といった古典語の修得を中心に編成されていた。主としてジェントリーや裕福な商工業者、聖職者の子弟などを対象[72]にして、大学や法曹院に入学するための古典語教育を行うというのがグラマー・スクールに託された基本的役割だった。

一般的に、こうしたグラマー・スクールは16世紀後半に急増したといわれるが、教育史家のモンロー・ストウはエリザベス1世時代に創設されたか、あるいはそ

れ以前に開校し、エリザベス時代になっても存続していたグラマー・スクールのリストを作成している。

その一覧表にある合計288校のうち、エリザベス時代以前に開校し、エリザベス時代にも存続していたものが88校、また開設年の不明なものが3校あった。したがって、エリザベス時代に開校したとみられるグラマー・スクールは197校にのぼる。またエリザベス時代以前に開校していた88校のうち、ヘンリー8世時代の創設が27校、エドワード6世時代の開校が22校となっている。したがってその統治期間を勘案すると、エドワード6世時代のグラマー・スクールの開校数が多い。その勢いがエリザベス時代になって一層強まったとみてよいだろう。ちなみに、この一覧表にある最古のグラマー・スクール（この呼称が一般化するのはテューダー朝以降のこと）はダービー校（1162年創設、以下も同じ）、ついでセント・オールバンズ校（1195年）、セトフォード校（1328年）、エクセター校（1343年）、ウィンチェスター・カレッジ（1373年）、ペンリス校（1395年）、ハイガム・フェラーズ校（1422年）、イートン・カレッジ（1440年）などとなっている（Stowe, 1908, Appendix A: 157-68）。

このグラマー・スクールの設立主体は国王のほか、ギルドやコーポレーション、市や教会、個人など区々だったが、生徒数も1校当たり数人から1581年のシュルーズベリー校の360人までというように大小様々だった（平均では1校40-60人ほど）。生徒はジェントリーや商工業者の子弟が多かったが、貧家の子弟の入学も許された。なかには貧しい生徒に特別枠を設け、その生徒たちに4年間の教科書代などを供与するグラマー・スクールもあった。一般的には、貧富の差よりも教区の若年男子であることが重視された。入学年齢は6歳から9歳まで、卒業年齢は12歳から20歳といったようにかなりのバラつきがあった。入学要件も一様ではなかったが、「小さな」学校などで修得可能な読み書き能力が問われた。カリキュラムについては、文字どおり古典語の文法が中心におかれたが、古典語とはまずラテン語、ついでギリシャ語だった。古典語は文法のほか詩や散文、書簡なども取り上げられた。古くはウェルギリウス（Virgil: B.C. 70-19）やオヴィド（Ovid: B.C. 43-c. A.D. 17）、新しいところではエラスムスの『対話集』『痴愚神礼賛』が教材にされた。そのほか、イングランド教会の教理問答集、新約聖書、共同祈祷書といった英語の教材を用いるグラマー・スクールも少なくなかった。その意味では、

古典語の修得とともにイングランド教会に準拠した宗教教育も行われていたようにみえる。

　(B) 高等教育について。当時のイングランドには、オックスフォード大学、ケンブリッジ大学のほか「第3の大学」があった。それが法曹院である。リンカン法曹院、グレイ法曹院、ミドル・テンプル法曹院、インナー・テンプル法曹院という4つがロンドンにあったが、いずれもいつ設立されたのか正確な年次は定かでない。

　それでも、リンカン法曹院は遅くても1442年(ヘンリー6世時代)には現在地にあったとされ、その図書館は1471年の記録に登場する。グレイ法曹院の名称は文書上1388年まで遡ることができる。しかし設立年については不明。ミドル・テンプル法曹院が記録に出てくる最古の年次は1501年。しかし実際には13世紀前半まで遡るとされている。もうひとつのインナー・テンプル法曹院が最初に記録に登場するのは1460年のこと。しかしこれもまた、その創設は13世紀前半に遡及できるとされている。

　ともあれ、イングランドおよびウェールズの判事および法廷弁護士はいずれかの法曹院に所属するものとされ、これらの法曹院は法律家養成の高等専門教育機関として多くの人材を輩出した。この時代の人物でいえば、リンカン法曹院からはトマス・モア、フランシス・ウォルシンガム。グレイ法曹院からはフランシス・ベーコン、トマス・クロムウェル、バーリー卿ウィリアム・セシル、その子の初代エクセター伯ロバート・セシル。ミドル・テンプル法曹院からはリチャード・リッチ(大法官)、ウォルター・ローリー卿。インナー・テンプル法曹院ではトマス・オードリー、ロバート・ダドリー、ロバート・デヴァルー(第2代エセックス伯)、そしてクリストファー・ハットン(大法官、オックスフォード大学総長)などの卒業生の名前を見出すことができる。

　この法曹院について興味深いことのひとつは、オックスフォード大学やケンブリッジ大学を卒業したあと、あるいはオックスブリッジを中途退学して法曹院に進学する者が少なくなかったことである('Lincoln' Inn', 'Inner Temple', 'Middle Temple', 'Gray's Inn', WP)。

　では、その子弟を法曹院に入学させたのはどういう社会階層の人々だったのか。ミドル・テンプル法曹院の1570-1639年までの70年間の入学者のうち、親

の階層がわかる資料によれば、総計 3879 人のうち、じつに 3157 人 (81.4%) がジェントリーによって占められている。それ以外では、法律家などの専門職や都市の商工業者、豊かな聖職者が数パーセントずつを占めていた。このミドル・テンプル法曹院のデータから推論するかぎり、その子弟を法曹院に送り込んだのは圧倒的にジェントリーだったことが窺える。ちなみに、当代のオックスブリッジでも、その入学者のおよそ半分がジェントリー階層の子弟によって占められていた。

そのほか、貴族やジェントリー、富裕な商工業者のなかには、その子弟をヨーロッパの大学に留学させる者もいた。その正確な数字は把握できないが、無視できるほど小さい数でもない。

オックスブリッジ、4 つの法曹院、海外留学組の 3 つを合わせた 1560 年から 17 世紀末までの入学者総数に関する推計データによれば、1560 年代 (約 780 人) を 100 とすると、続く 70 年代 (116.7) から 1600 年代 (110.3) までは微増傾向を辿ったあと、1610 年代に 137.2、20 年代に 138.5、そして 30 年代 (1240 人) には 159.0 というように、スチュアート朝前期にめだって増えていたことがわかる。しかし、大内戦時代の 1640 年代には 98.7 と大きく落ち込み、50 年代には 121.8 と回復したものの、王政復古した 1660 年代が 124.4、70 年代に 129.5、80 年代に 109.0、さらに 90 年代には 105.1 というように減少している。

したがって、イングランドの高等教育入学者数は、エリザベス時代にゆるやかに増え、スチュアート朝前期に飛躍的に増加、王政復古後は逓減していった様子がわかる。しかし、高等教育入学者数が最大となった 1630 年をとっても、男子 17 歳人口に占める割合はわずか 2.5% にすぎなかった (Stone, 1964: 41-64、訳 15-48; 若原、1988: 582-95)。

(C) 貴族の「危機」と教育革命の原因について。ではエリザベス時代のグラマー・スクールの叢生、スチュアート朝前期の高等教育入学者数の激増にみてとれるイングランドの「教育革命」の原因は何だったのか。

ひとつには、ヘンリー 8 世時代の「4 人のトマス」(ウルジー、クロムウェル、クランマー、オードリー) が代表するような平民出身の新たな権力エリートが有力廷臣として王権政治の中枢に登場し、それに伴って世襲原理に基づく遊蕩怠惰な貴族の凋落傾向が浮き彫りになったということがある。そこに、社会学者タルコット・パーソンズのパターン変数でいえば、「属性主義から業績主義へ」という時代精

神の変化を垣間見ることができるだろう。こうした事態に直面した貴族のなかから、かれらの政治的影響力の将来について強い危惧と不安が生じた。

　もうひとつは、イタリアから移植された人文主義が浸透していくなかで、碌に自署さえできない、したがって英文で聖書も読めないような一部の貴族に対して、開明的なジェントリーや富裕な商工業者から公然と誹りと侮蔑の声が挙がるようになった。したがって、この時代の教育革命の背景には、一方にはジェントリーや都市の専門職層（法律家、医師、行政官など）、商工業者の力強い台頭があり、他方には旧来貴族の権力と権威の失墜があったといってよいだろう。のちにみるように、スチュアート朝初期の「名誉インフレ」がそれに拍車をかけた。

　これらふたつの原因が共鳴するなかで、一方では新たなあるべき貴族像が描き出され、他方では騎士やジェントリーあるいは豊かな商工業者のみならず、危機感を募らせながら起死回生を狙う貴族のなかからも、その子弟を高等教育機関に送り込もうという社会的気運が醸成され、高まったようにみえる。

　このうち、新たに浮き彫りされた貴族像とはいかなるものか。端的にいえば、貴族の貴族たるゆえんは生まれの良さにあるのではない。かれらの世襲的特権が正当化されるとすれば、それはかれらが「国民社会」(commonwealth) に貢献するかぎりにおいてである。そのため、かれらは徳を積み、技術に習熟し、言語を修め、書物を読み、歴史を学ぶ必要があった。ところが、実態のほうはどうか。ヘンリー7世時代の下院議長で有能な行政官でもあったエドムンド・ダドリー(Edmund Dudley: c.1462-71/2) は率直な筆致で、イングランドの貴族は「他のどのキリスト教国に比べても最悪の仕方で育てられている」と書いていた。また、人文主義者で政治理論にも明るかった1世代後のトマス・スターキー(Thomas Starkey: c.1495-1538) は、ヘンリー8世の時代の貴族教育のあり方について、「わが国の最たる悪弊は貴族教育に関するものだ。狩猟や鷹狩り、博打やトランプ遊び、飲み食いといった、要するに、どうでもよい詰まらないことや娯楽のマナーばかりを教えられている」と記していた (Stone, 1965a: 674-5)。

　そこで、貴族教育の新旧カリキュラムをみてみよう。ヨーク朝初代エドワード4世時代の宮廷学校(court school)では、乗馬、馬上槍試合、鎧兜の着用、礼儀作法、管楽器演奏、舞踏、歌唱、道徳教育といった教科が中心であり、アカデミックな科目といえば、唯一言語だけだった。しかし1世紀後の1570年のエリザベス1

世時代、北米やアイルランドの植民地開拓に大きな役割を果たしたハンフリー・ギルバート卿（Sir Humphrey Gilbert: c.1539-83）が貴族のための王立学校のカリキュラムを編成しようとしたとき、その中心にアカデミックな科目が挙げられ、自然科学の教科目も重視されるようになっていた。ラテン語、ギリシャ語、ヘブライ語、論理学、修辞学、ヨーロッパの政治制度と軍事制度、ヨーロッパの主要4言語、自然哲学、神学、外交法、コモン・ロー、天文学、幾何学と代数学、航海術、医学といった科目である。

このように、新旧カリキュラムの違いは一目瞭然だが、新カリキュラムが強く示唆していたのは、貴族がこれからも政治社会でリーダーシップを発揮しようとすれば、これらの教科目の修得が欠かせないということだった。安穏と世襲原理に居座っていられる時代は過ぎ去ろうとしていたという意味で、貴族はひとつの「危機」に直面していたとみることができるだろう。

じっさい、教育革命後の貴族がどうなったのかについては次章以降に譲ることとして、ひとつだけ小さな補足をしておこう。ジェントリーについてである。

まず、この時代においてもジェントリーという言葉は独特の曖昧さをもっていた。しばしば「ジェントルマン」という言い方と混交して用いられた。さきにハリソン『イングランド記』（1577年）の4階層論に言及した際、かれが「ジェントルマン」を二分し、その上層には国王から貴族までを、下層には騎士から狭義のジェントリーまでを包括してジェントルマンと呼んでいたことについてふれた。ジェントリーという言葉は伝統的に農村社会の地主層を指していたが、16世紀後半から17世紀前半の時代になると、農村ジェントリーも都市に住むようになり、逆に都市の高度専門職や裕福な商工業者も農村に住んでジェントリーあるいはジェントルマンと自称するようになっていた。地方の各種官職に関わったジェントリーは少なくない。ジェントリーとは、端的に「准男爵、騎士、エスクワイア、ジェントルマンの4つの位階を含む身分的カテゴリー」（若原、1988: 473）と言い切るような見方もある。

もうひとつ、歴史家の有名な論争のなかで、「単なるジェントリー」（mere gentry——この時代のインフレに呻吟しつつ、代替的収入源がないまま零落を余儀なくされた地方の中小地主）という言葉が使われたことも見落とせない。

この用語を最初に使ったのは論争的な歴史家トレヴァー・ローパー。かれは

トーニーの命題、すなわち、この時代の貴族の衰退とそれに取って代わった「ジェントリーの勃興」(Tawney, 1940) を主張したもの——を批判したとき、トーニーとは対照的に、彼が注目していたのは、一方では「単なるジェントリー」の大量衰退とそれに取って代わるヨーマン (yeomanry) の台頭、他方では法律や通商に関わるかあるいは王室の豊饒な贈与や利権に巧みに食い込んだ勃興ジェントリーや貴族の存在についてだった (Trevor-Roper, 1953 [Stone, 1965b: 19-33])。したがって同じくジェントリーといっても、一方には没落していく「単なるジェントリー」「地方ジェントリー」(country gentry) がおり[73]、他方には宮廷の権力者にのし上がり、法曹界で幅を効かせ、独占的利権を手に入れた勃興ジェントリーが多数存在した。これがトレヴァー・ローパーの見方である。

しかしいまここでの論点は、トレヴァー・ローパーの歴史図式（宮廷対地方 court vs. country ——二極化したジェントリー同士の対立とも理解できる図式）やその延長線上での歴史解釈、すなわち没落していく「単なるジェントリー」が1640年代には王権派と戦い、クロムウェルの軍隊を支援し、独立派の急進的勢力となったかどうかという点にはない（ちなみに、このトレヴァー・ローパーの見解もザゴーリン、ヒルらによる厳しい批判に曝された—— Richardson, 1988: 120)[74]。むしろ見落とせないのは、ジェントリーという用語がひとつのまとまった政治的、経済社会的な階層を意味しないばかりか、勃興ジェントリーはしばしば複数の職業に関与する「兼職者」(plurist) でもあったという事実である。そのことがジェントリーという言葉遣いを難しいものにし、また曖昧なものにもした。この点は、ひとりトレヴァー・ローパーのみならず、ストーンも強調していた。

ともあれ、およそ概念なしに歴史を物語ることはできない。しかし、ジェントリー概念の多義性は歴史を物語ることの困難さを例解し、強く印象づけてやまない。

(D) 識字率の推移について。上記「教育革命」の一環といってもよいが、テューダー朝後期からスチュアート朝前期にかけての時代、一般民衆（成人男子）の識字率は上昇した。識字率の判断尺度は婚姻届や遺言状、あるいは教会裁判所での宣誓供述書に自署できるかどうかにある。しかし、識字率の時系列変化を辿ることは容易でない。成人男性による宣誓供述書への自署データを長期にわたって収集することは難しい。

それでも、1580年から1700年までの120年間にわたるノリッジ教区における宣誓供述書(標本数5000以上)を用いた分析によれば、聖職者や専門職の識字率はほぼ100％、ジェントリーと貴族で自署できないものの割合はわずかに2％だった。しかし全人口比でいえば、これらの人々はごく一握りにすぎない。商人と職人をあわせた文盲率は44％。しかしそのなかでも、子弟をグラマー・スクールに通わせていた場合、親の文盲率は6-12％と低かった。また、ヨーマンの文盲率は35％に留まった。けれども、ハズバンドマン以下の貧しい農民になると、その文盲率は79％に跳ね上がる。識字率でかれらに劣ったのは下層階級に属する女性だった。一般的に彼女たちには読み書きの能力は求められなかったからである。1600年当時、文字を書けた女性はおよそ1割だった。

では、識字率の全国データはないのか。それに近いものがある。18歳以上の男性は、1641年7月の議会決定に基づいて、チャールズ1世への「忠誠宣誓書」(protestation)に署名するよう求められた。その際、自署できなかった者の割合が7割にのぼった。したがって、17世紀半ばのイングランド識字率は18歳以上の男性全体の3割ということになる。

もちろん、この識字率は社会階層によって異なるだけでなく、時間の経過とともに変化する。一時点をとっても、性差のほか、どの年齢階層の識字率か、つまり学齢期の男子なのか成人男性(婚礼時あるいは宣誓供述書の署名時)なのかによっても違ってくる。さらにいえば、ロンドンとその近郊が高く、ロンドンから離れるに伴って低下していくといった地域差も無視できない。

じっさい、学齢期男子のサンプルをとった場合、ヨーマンの子の文盲率は1550年代の55％から70年代の30％へ、また商人の子では55％から40％に、ハズバンドマンの子では90％から70％にそれぞれ低下した。しかし16世紀末には教育機会が減り、識字率も低落した。さらに17世紀半ばの大内戦期から護国卿時代にはその識字率は一層下がっている(Cressy, 1976: 314-6)。

しかし新郎の識字率をとった場合、同じ傾向はみられない。オックスフォードシャー司教区とグロスターシャー司教区の合計値になるが、新郎識字率は一定の階層差をもちながら(大内乱期でも商人・職人が7割、ヨーマン・ハズバンドマンで6割)、大内戦期から王政復古後にかけて上昇したからである(Stone, 1969: 100-1, 111, 120, 訳120-1, 133, 148)。

それにしても、テューダー朝時代になぜ識字率が高まったのか。ひとつの有力かつ直接的な理由を挙げることは難しい。しかし、その時代の気運を伝播する力が働いていたことは明らかである。そのひとつが安価な紙と活字の発明に支えられた印刷業の盛況である。それは、テューダー朝になってからの文字文化の浸透に大いに貢献した。とりわけ、英語で書かれた演劇や小説、軍記物などの文芸作品のほか、政治的あるいは宗教的パンフレットの大量出版は民衆の文字への関心を高めずには措かなかった。先に取り上げた1580年代のマープレリット・トラクトというパンフレット・シリーズの出版はその代表例のひとつである。チャールズ1世の時代になるが、大内戦期になると、印刷出版の世界はますます活況を呈した。歴史家ストーンは、「1642年だけでも2000種ものパンフレットが出版され、45年には700以上の新聞が発行された」(Stone, 1969: 99、訳119)と書いている。

もうひとつ、印刷業の隆盛とパラレルに進展したプロテスタンティズムの影響力も大きかった。文字を理解できれば、自分で聖書や祈祷書(英語あるいはウェールズ語)を読むことできるという新たな事態の出現は、民衆にとって画期的な出来事だった。この時代のプロテスタンティズムの浸透は、市井の人々を「ミサの民から聖書の民へ」「偶像の文化から言葉の文化へ」と誘い、ひとつの識字社会を生み出していった。

さらに、教育政策の効果もあった。為政者は怠惰な民衆を鍛え直すための民衆教育に強い関心を示した。トマス・クロムウェルもそのひとりだった。その考え方はスチュアート朝になって強まった。目指すものがなんであれ、その教育政策は識字社会の発展を促した。もっと漠然とした時代の雰囲気でいえば、すでにふれたグラマー・スクールの叢生といった民衆の目に届く目覚ましい動きはかれらの文字文化への憧憬を培ったようにみえる。

いくつかの経済産業活動

16世紀後半からスチュアート朝前半にかけて、イングランドの経済社会はどれほど変わったのか。この点については、その都度必要に応じてふれてきたが、いくつか補足をしながら整理しておこう。

(A) 土地市場の拡大とジェントリーの勃興について。この時代でも、農業がイングランド経済の基盤を形成していた。そこで、まず土地市場の拡大と活性化に

ついてふれておこう。土地市場が成立するということは、土地が世襲あるいは婚姻に伴って継承されることとは別に、所有権あるいは用益権が売買されることを意味する。すこし時代を遡るが、イングランドにおける土地市場形成の最初の大きな要因は、黒死病による総人口および農業人口の激減と領主マナー経営の商業化、農奴制の衰退にあった。それに続く大きな転機はヘンリー8世による修道院解散とその所領没収、廷臣や貴族などへの修道院領の譲渡や売却に求めることができる。テューダー朝初期までに農奴制は崩壊し、賦役労働や領主諸税も廃止され、農民は基本的に自由の身になった。貧農にも地理的移動の自由が認められ、15世紀の終わりまでには、農奴に代わって謄本保有農やリース保有農がめだって増加した。16世紀になっても謄本保有農は増えつづけ、エリザベス時代の末期からスチュアート朝にかけて、地域にもよるが、3世代の世襲が認められた謄本保有農は自由農とみなされるようになった。

　土地市場の活況はスチュアート朝初期にピークを達したが、この土地市場の活性化はイングランド社会に何をもたらしたのか。長期趨勢としていえば、ジェントリー層内部における激しい浮沈と二極化を伴いながら、したがって、一方では「単なるジェントリー」が没落し、他方では王権に影響力をもつような有力な新興ジェントリーが台頭するといった形で「ジェントリーの勃興」がもたらされた。

　図式的になることを厭わずにいえば、一方ではテューダー朝を通じて修道院領や王領の売却が続き、他方では中・下層農民の保有地が吸収され、それらが上昇ジェントリーの懐に流れ込んだといってよいだろう。1536年から1世紀ほどの間に、多くの王領が売却され、その総額は1630年の価格ベースで約650万ポンドにのぼった。貴族もまた、修道院の解体によってその所領の一部を手に入れたが、「その多くは16世紀後半にジェントリーに再売却あるいは転売された」(Stone, 1972: 73、訳110)。謄本保有農なども物価や地代の高騰で土地を手放し、ジェントリーや豊かなヨーマンに買い取られることが少なくなかった。

　(B) エンクロージャーと土地利用の変化について。この時代には、土地市場の活性化がみられただけでなく、それと同時並行して土地利用の形態にも大きな変化が生じた。その動きを象徴する言葉がエンクロージャーである。のちの産業革命期の「議会エンクロージャー」に対比して、この時代のエンクロージャーを第1次あるいは初期エンクロージャーと呼ぶことがあるが、ここではただエンクロー

ジャーと記す。

　土地所有および利用が「共有から私有へ」と傾斜していったところにエンクロージャーの基本的性格があった。囲い込まれた土地は塀によって区画されることが多かった。エンクロージャーには共有地や小規模の農地を糾合して大規模化していくというパターンがみられた。しかしそれとは別に、その生産物を「穀物から羊毛へ」といった形で、もっといえば「羊が人間を喰う」といった仕方で農地を牧草地に転用していったパターン[75]もあった。

　共有から私有へというとき、それが意味していたのは、共有地の私有化を伴うような開放的三圃農法 (open three-field system) の崩壊だった。この伝統的農法では、領主直営地も含めて地条を3分割し、そのひとつを放牧のための休耕地としながら、夏穀・冬穀作物を輪作していくといったことにくわえて、隣接する森林や荒蕪地を農民の共同利用に供するというのがその一般的な姿だった。共有地は村の農民の薪拾いや家畜の放牧、野生果実の収穫に欠かせないものだった。しかしエンクロージャーは、共有地の私有化を進めるとともに、三圃農法をより効率的な農法に変えていった。

　では、こうした土地囲い込みがどれほどの規模で行われたのか。1517年のバークシャーの記録には、囲い込まれた土地の6割が穀物生産のためだったとある。したがって、地域差が大きいものの、羊毛生産のためのエンクロージャーがすべてだったわけではない。じっさい、羊毛生産のための土地囲い込みについていえば、地理的にはオックスフォードシャー、ノーサンプトンシャー、バッキンガムシャー、バークシャーなど中部ミッドランドでめだち、全農地に占める囲い込む地の割合は8-9%にのぼった。しかしノーフォークシャー、エセックス、ノッティンガムシャー、グロスターシャーなどになると、その比率はせいぜい1-2%に落ち込み、それ以外の地方では羊毛エンクロージャーはほとんど起きていない。そうした事実が示唆しているのは、この時代のエンクロージャの原因がひとつではなかったということである。かなりの地域差を含みながら、羊毛価格の騰貴、地味の枯渇(牧場転換による地味回復)、農業労働者の賃金抑制、農産物価格の高騰、散在地条の効率化など多くの事情が重なったものとみなければならない。

　この時期のエンクロージャー全体を捉えた全国データはほとんどない。しかし全国34州について、1455年から1607年までの150年ほどの間に、51万6673エー

カー（20万ヘクタール）の農地が囲い込まれ、その広さは全農地の 2.76% にあたるという記述がある (Gay, 1903: 586; 小松、1961: 105; 'England in the 15th Century', EB)。もしこの 3% 弱という数字が実態を表しているのであれば、エンクロージャーは大した出来事ではなかったようにみえる[76]。

しかし、この時代のエンクロージャーの政治的・心理的影響には侮りがたいものがあった。牧羊地の拡大が農民を追い立て、しばしば村の人口を激減させ、大きな非難の的となったからであり、それを背景とする農民の反乱も各地で起きた。また追い立てられた農民は都市に流入し、失業者や浮浪の民となって社会不安を煽ったからでもあった。そのため、多くのエンクロージャーを禁止する法令が発布された。

このうち、農民の反乱についていえば、ケットの乱 (1549 年) に関してはすでにふれたが（本章第 1 節）、ヘンリー 8 世時代に限っても、それに先立っていくつものエンクロージャー反対の農民騒擾があった。そしてケットの乱以降、こうした性格の反乱が全国な広がりをみせた。スチュアート朝になってからも、1607 年のミッドランドの乱 (Midland Revolt) があり、1626 年から 32 年にかけてウィルトシャー、グロスターシャー、ウスター、ヘリフォードなど西部イングランドで御料林 (royal forest ——君主のための狩猟場) での森林伐採と囲い込みに反対する農民一揆が起き、その余波は大内戦期を超えて護国卿時代にまで及んだ。

ここでは、ミッドランドの乱についてだけ一言しておこう。この騒擾の原因はノーサンプトンシャーのニュートンに拠点があったカトリックの名門ジェントリー、トマス・トレシャム卿 (Sir Thomas Tresham: 1543-1605) による共有地の囲い込みだった。ジェームズ 1 世が 1607 年 6 月、州副長官 (deputy lieutanant) に対して反乱鎮圧を命じたが、州軍の出動は見送られ、同月 8 日、トレシャム自らが叛徒弾圧に乗り出した。農民 40-50 人が犠牲になったほか、リーダーら数人が縛り首になり、四肢分断された。しかしそのトレシャム家はまもなく衰弱した。トマスの長男フランシスが 1605 年 11 月に発覚したジェームズ 1 世らの爆殺策謀事件 (gunpowder plot) に関与し、ロンドン塔に繋がれたのち、獄死したことが大きかった ('Enclosure', 'Midland Revolt', WP)。

もうひとつ、反エンクロージャー法についていえば、ヘンリー 7 世時代の 1489 年のふたつのエンクロージャー禁止法を皮切りにして、ヘンリー 8 世治世

下でも5回にわたって同主旨の法律が公布され、さらにエンクロージャーに関する調査委員会が1517年と48年に設けられた。

　この1489年法からスチュアート朝の大内戦勃発前夜までの150年間をとると、前後11回にわたってエンクロージャー禁止法が制定され、調査委員会も8回設けられた。しかし、それらの立法や調査委員会活動によってエンクロージャーの弾み車が止まることはなかった。掛け声だけで実効力の乏しい禁止法と調査委員会の活動だったといわなければならない。

　このエンクロージャーには、マイナスの側面とともにプラスの側面があった。当代ジェントリーのジョン・フィッツァーバート（John Fitzherbert ――生没年不詳）の作品といわれる『農業読本』[77]（*Book of Husbandry*, 1523）によれば、囲い込まれた土地は穀物生産のみならず、牧羊業にとってもよい影響を与えたとされる。いずれの場合も、それぞれの市場動向にみあったより効率的でより専門化した生産システムに変わっていったからである。そのひとつが新しい農地ローテーション方式の採用だった。囲い込んだ土地の一部を数年間は穀物栽培にあて、つぎには同じ期間、牧羊地として使い、それを繰り返していくというこの「転換農法」（up-and-down husbandry）は、かつての三圃農法に比べてしばしば数倍の収穫をもたらした。また、灌漑設備や家畜肥料の改善、新規作物の栽培も積極的に試みられた。とくに後者で目を引くのは工業用作物の栽培である。たとえば染色のためのサフランやホソバタイセイ（woad）、ロープ製造のための麻などがその代表である。

　こうした農業の新展開を捉えて、経済史家エリック・カーリッジは16世紀後半のイングランドで全国民を潤す「農業革命」が起きたと主張した（Kerridge, 1967）。しかしその見方に同調する研究者は多くない。というのも、人口がめだって増えたこの時代、インフレと物価高騰、貧富の格差が拡大していった時代にあって、疫病が流行し、1590年代には大凶作に見舞われたことも大きかったが、イングランド農業は国民に十分な食糧を供給することができず、そのためエリザベス1世は農民に穀物生産を奨励する一方、外国から穀物の緊急輸入を行わなければならなかったからである。

　(C) 毛織物産業の新たな展開について。この時代のイングランド製造業といえば、代表格はやはり毛織物産業になる。すでに1470年代、したがってヨーク朝エドワード4世の時代、毛織物の半製品輸出が羊毛輸出を上回るほどになり、次

第にイングランドは原料輸出国としての性格を弱め、それに伴ってヨーロッパの販路や商圏も変化しはじめたことについてはすでにふれた（第4章第3節）。

けれども、その後の変化は緩慢なものだった。イングランドやウェールズの高級羊毛は、依然としてフランダースやイタリアなどの先進的毛織物業者から大きな引き合いがあり、また西部イングランドのグロスター、ウィルトシャー、サマセットでは毛織物半製品（旧服地が中心）の生産も盛んに行われていたからである。じっさい、1475年から1550年までの間、こうした羊毛および半製品の輸出総額は倍増した。

それでもこの時代、こうした伝統的パターンの盛況と平行して、ヨークシャーでは毛織物完成品が手懸けられ、それがハルやニューカッスルからアントウェルペンへ輸出されるようになった。この新しい業態では、問屋制家内工業という生産システムが採用され、問屋あるいは織元（clothiers）が工程毎の原材料を家内労働者に提供し、加工された各材料を次工程に搬入、最後には全体として毛織物が完成するといったものだった。その生産システムは、それまで都市に展開してきたギルド型の毛織物生産とは異なり、その労働者に特段の徒弟訓練などは課されず、新規参入に対するギルドの障壁もなかった。

この問屋制家内工業の中心には織元と呼ばれた人々がおり、かれら問屋は産業資本家というよりも商人的存在だった。ジェントリー、豊かなヨーマンやハズバンドマン、あるいは商工業者がその担い手になっていた。そこにも、かれらの兼業的職業スタイルをみてとることができる。長繊維のウーステッド（worsted）生産であれば、全工程数は30にのぼったが、その工程の多くを担っていたのはパートタイムで働く副業的労働者であり、そのほとんどが女性だった。しかも生産用具の梳機や紡毛機などはおおかた彼女たちが所有し、報酬は出来高払いだった。

しかし、おおまかにいえば、1560年代まではイングランド毛織物半製品の生産は短繊維の重い「旧服地」（old draperies）が中心だった。けれども、アントウェルペン市場でのこの旧服地の評判は芳しいものではなかった。もっと軽量で長繊維の羊毛地（新服地 new draperies）が好まれるようになっていたからである。部分的には綿やリネンとの混紡も始まっていた。

16世紀の後半、こうした「旧服地から新服地へ」という重要な変化に対してイングランドの毛織物産業は後れをとった。折しもオランダとスペインの宗教紛争

が激化したため、1560年以降になると、フランドルやワロンのプロテスタント毛織物職人がノーフォークやイースト・アングリアに難を逃れ、同地に新技術をもたらした。バーリー卿セシルは新たな技術や産業の移植に大きな役割を果たす専門的技能に秀でたこれらの外国人に対して最長20年といった独占的特許状を与え、その自由な活動を支援した。

避難してきた繊維職人たちが得意としていたのは、それまでの重い広幅の短繊維の羊毛地（「旧服地」）に比較して軽くて良質な長繊維の「新服地」だった。それはウーステッドという名の高級服地として知られ、エリザベス時代の末には、新服地生産がイングランドにも定着し、国際的には「ノリッジもの」(Norwich stuffs)と呼ばれるようになった(Heard, 1992: 44-7)。

それでも、総じていえば、テューダー朝後期からスチュアート朝にかけての時代、イングランド毛織物産業の技術水準はネーデルランド、フランス、イタリアに比べて見劣りし、キャッチアップ型経済の後進性から抜け出すことができなかった。

(D) 他の製造業と鉱業について。エリザベス時代になると、独占的特許状の公布によってヨーロッパ大陸から多くの新産業が導入された。たとえば絹織り、靴下編み、レース造り、麻織り、ファッション用服地のための澱粉生産といったもののほか、これまでのガラス瓶生産とは異なる大きな建物用の高品質の窓ガラス製造技術もネーデルラントから移植された。

こうしたものと平行して、化学製品の生産技術の移転もめだった。ミョウバン、染料、皮なめし用薬品、火薬製造のための硝酸カリウムの生産などである。いずれも重要な一歩ではあったが、その生産規模は小さなものだったから、しばしば同種のイングランド産よりも輸入品のほうが安価だった。特許状公布がかえってこうした新産業や新製品をめぐる自由な競争を阻害した側面があった。

この時代のイングランド鉱業では石炭鉱業の成長が見落とせない。大型石炭船の導入によってニューカッスル産石炭のロンドンなどへの搬送が容易になり、石炭を利用した製塩業、石灰とレンガ製造業の生成もみられた。しかし、当時の石炭鉱業は基本的に露天掘りあるいはそれに類似した鉱法に依存しており、ニューカッスルを別にすれば、その生産規模は小さなものだった。

製鉄業の中心はその当時もサセックスのウィールド地方にあった。15世紀の

末、この地方の製鉄業に進出したジェントリーやヨーマンはナムール（いまのベルギー）から高炉法の導入を図った。しかし燃料は依然として木炭だった。それが石炭に変わるのは18世紀になってからのことである。

ウィールドの主製品は大砲製造に使われる鋳鉄 (cast iron) だった。しかし16世紀の前半まで、イングランドでの鋳鉄や大砲生産はその多くをフランスやネーデルラントに依存していた。ようやく1543年、ウィールドで最初の鋳鉄生産が始まった。1540年代末から70年までにウィールドの高炉数は26から100に増え、それとともに大砲もウィールドで製造されるようになった。それでも、イングランド産の鉄鉱石はその品質に劣り、良質な鉄製品を作るためにはスウェーデン産の鉄鉱石を使わなければならなかった。17世紀後半にかけて、ウィールド製鉄業の主製品はますます大砲生産に傾いていった。しかし、鍛冶屋などを顧客とする加工用棒鉄 (bar iron) の生産では王政復古後にスウェーデン産の棒鉄が大量輸入されたため、ウィールド棒鉄はその市場競争力を失っていった。

そのほか、西イングランドのコーニッシュでは錫生産が行われたが、他の鉛や亜鉛鉱業も含めてその経営規模は小さく、生産量も少なかった (Heard, 1992: 47-50; 'Wealden iron industry', WP)。

要するに、これらの毛織物以外の製造業あるいは鉱業セクターにおいても、新しい発芽はみられたものの、それぞれにおいて「先進国」が存在し、総じてイングランドの当該産業はその後塵を拝さなければならなかったのである。

(E) 海外進出と国際通商について。15世紀には、他のヨーロッパ諸国と同じく、イングランドも国際貿易の縮減に悩まされた。しかし16世紀になると、状況は変わりはじめた。

まず、テューダー朝の前期、ロンドンはネーデルラントのアントウェルペンと太い通商路で結ばれるようになり、羊毛と毛織物半製品（カージー織りなどの旧服地）を中心に鉛や錫なども輸出した。1550年代になると、この通商ルートは「ロンドン・アントウェルペン経路」(London-Antwerp Funnel) と呼ばれるようになり、双方が物流の重要拠点としてそれぞれ繁栄の道を歩んだ。

イングランドはワイン、香辛料、砂糖、宝石、銀製品、ガラス、絹などの多くをアントウェルペン経由で輸入した。そのほか、武器を含む金属製品はドイツから、火薬用の硝石や鋳鉄はフランスから、鉄鉱石はスウェーデンから、青色染料

用のホソバタイセイ、塩、オリーブ・オイル、ワックス、ミョウバンをフランスやイタリア、中央ヨーロッパから、また木材、ロープ、造船用タールやピッチをバルチックからそれぞれ輸入した。こうした当時のイングランドの輸出入構造が示唆していたのは、端的にいえば、テューダー朝のイングランド経済がいまだ技術的後進性のなかにあったということである。

ロンドンへの物流集積化は他のイングランド商都(ブリストル、サンウィッチ、コルチェスター、ボストン、ハル、ニューカッスルなど)の相対的衰弱を伴った。そのため、1550年代にはロンドン経由の貿易総額はイングランド全体の9割に達した。1世紀前が約5割だったから、ロンドンの急速な発展ぶりがうかがえる。それとともに、ロンドンは金融センターとしての役割をもつようになった。その性格はすぐあとでふれる海外進出のための無限責任型の株式会社(joint stock company)の創設ブームとも関係していた。ロンドンの繁栄は冒険商人(merchant adventures)に代表されるロンドン商人の活躍と軌を一にしていた。すでにロンドンでの輸出入取引全体の7割をロンドン商人が担っていた。

ところが、テューダー朝後期のエリザベス1世時代になると、事情は一変した。さきのロンドン・アントウェルペン経路が壊れ始めたからである。じっさい、アントウェルペンでのイングランド商人の活動に対するスペインによる規制が強まり、1564年にはアントウェルペンにいた多くのイングランド商人が同地から撤退し始めた。

その背景になっていたのが宗教改革に関わる国際紛争だった。すでにみたように、プロテスタントの支配する北ネーデルラント7州がスペインからの独立をめざし、イングランドがそれを支援したため、イングランドとスペインの関係が悪化、度重なる戦争など(20年にわたる英蘭戦争、陰謀事件とメアリー・スチュアートの処刑、アイルランド9年戦争など)が起きた。結果として、商取引の国際拠点はアントウェルペンから北部のアムステルダムへ移動した。

この時代、ポルトガルとスペインの海洋進出を追跡するようにして、ロンドンの冒険商人たちは新商路の開発に乗り出した。勅令によって独占的特許状を与えられた株式会社が次々と創設された。そうした会社のひとつに、1555年には新大陸冒険商人会社(company of merchant adventurers to new lands)があり、ポルトガルやスペインとの衝突を避けるため、それとは異なるルートで中国や東インド(イ

ンドネシア)への進出をめざした。当初の出資者は合計240人、各人が25ポンドの株式を保有した。この新商路開発事業に関連して同じ55年、ロシア・ルート開発のため、同種の株式会社としてモスクワ会社 (Muscovy company)、また79年にはペルシャ・ルートの開発およびトルコとの貿易促進のためのレヴァント会社 (Levant company) など多くの会社が作られた。こうした新商路の開発には大きな困難と多くの失敗が伴った。それでも17世紀前半には、バルチックや地中海交易がイングランドの海洋貿易のなかで重要な位置を占めるようになった。アジア進出という意味で、さらにはインドの政治的支配という意味で後世に大きな影響を与えることになった東インド会社 (1600年創設) はレヴァント会社に集まった商人たちの構想になるものだった。

　この東インド会社についてふれるまえに、北アメリカでの植民地建設について一言しておこう。エリザベス1世時代の1560年代、ジョン・ホーキンスはスペインに倣って北アメリの植民地とカリブ海周辺、アフリカのセネガルなどを繋ぐ毎回300-400人規模の奴隷売買に関わった。前後3回の奴隷貿易のうち、第1回 (1562-3年) と第2回 (1564-5年) は成功したが、3回目はスペイン船隊の攻撃をあって失敗に終わった。それから10年ほどして、従兄弟のフランシス・ドレークは太平洋やインド洋を経て世界周航に成功した。しかしそうした企ては探険と冒険航海、私掠行為といった性格を色濃く帯びており、つねにスペインとの戦いを覚悟しなければならず、多くの死傷者を出すことも珍しくなかった。

　1580年代になると、北アメリカへの植民構想が公然と唱えられるようになった。ハンフリー・ギルバート卿 (Sir Humphrey Gilbert: c.1539-83) は北アメリカの北東海岸におけるイングランドの植民地づくりを提案し、みずから83年に5艘の船団と200人の移住者を率いてニュー・ファンドランド島のセント・ジョーンズをめざした。しかし船団は難破、ギルバートは溺死した。しかし、この不幸な出来事によってイングランド人の北アメリカ進出意欲が削がれることはなかった。ウォルター・ローリー卿はスペインからの攻撃に曝されにくいヴァージニアでの植民地建設を提言し、アイルランド開拓に実績のあったリチャード・グレンヴィル卿 (Sir Richard Grenvill: 1542-91) がそれに同調、85年4月9日、10艘の船団と108人の入植者とともにプリマスを出発した。しかし嵐に遭って船団はちりぢりになり、グレンヴィルは5月11日にロアノーク諸島 (Roanoke Islands ——いまのノース・

キャロライナに所属)に先着したものの、スペイン人や先住民との争いが頻発。その後も数年にわたって同地での植民地建設を試みたが、結局多くの入植者が命を落とし、ロアノーク開拓は失敗した。それを形容して「失われたコロニー」という言葉が生まれた('Richard Hakluyt', 'Humphrey Gilbert', 'Roanoke Colony', WP)。

こうした困難にもかかわらず、フランス駐在のイングランド大使であり、初代ソールズベリー伯ロバート・セシルの個人司祭も務めたリチャード・ハクリット(Richard Hakluyt: 1553-1616)は、89年に出版した主著『航海術要綱』(*Principal Navigations*, 1589)のなかで北アメリカでの植民地開拓はひとり新市場の開発につながるだけでなく、イングランドが抱える失業者・浮浪者問題の解決にも役立つはずだと主張し、北アメリカへの植民政策促進を高唱した。メイフラワー号がプリマス港を出航したのはそれから30年ほど後のことである。

さて、もういちど東インド会社に戻ってみよう。16世紀の末、オランダはイングランドよりも一足早く東インドに到着し、胡椒やスパイスなどの香辛料貿易に乗り出していた。商取引という意味で、ポルトガルがオランダよりも早く現地に進出していた。そのため、17世紀初めには、ポルトガル(スペイン)とオランダの間で軍事的小競り合いもあった。

東インド会社の創設はオランダよりもイングランドが僅かに早く、1600年12月31日のこと、エリザベス1世によって独占的特許状が交付された。他方「フォール・コンパニーエン(先駆会社)」が合併して「株式会社の起源」となったオランダの東インド会社(正式には「連合東インド会社」)は1602年3月20日の創設。資本金650万ギルダー、その出資金は10年間固定され、株主は有限責任とされた。これに対して、イングランド東インド会社は一航海毎に資金を集め、利益は投資額に応じて配分され、航海が終われば、会社は決済後に「解散」するといった「当座会社」という性格をもっていた。

見落とせない点であるが、イングランドの東インド会社はもともとイングランドの毛織物の新たな販路開拓のために設立されたものだった。しかし、実際どうなったかといえば、王政復古後の17世紀後半になってからのことだが、インド産のキャラコ(綿布)や綿織物がイングランドで爆発的な人気を博し、「キャラコ熱」「インド・ブーム」が起きた。その結果、毛織物あるいは絹織物産業は後退を余儀なくされ、それに代わって綿産業が勃興するという皮肉な現象が起きた。し

かもその綿産業がやがて産業革命を牽引していったことを考えると、ここで簡潔にでもその経緯を辿っておくのがよいだろう。

オランダとイングランドの東インド会社の確執は胡椒およびそれよりも数倍の高値で取引されたスパイスの争奪に端を発していた。17世紀の前半、これらの香辛料がオランダ東インド会社の輸入額全体の7割以上を占めていた。しかし1619年、オランダとイングランドの両政府は東インドにおける両国の対立を緩和し、ヨーロッパに輸入される香辛料の競争的廉売を避けるため、ふたつの東インド会社を合併させようと模索していた。その年に取り交わされた協定には、東インド会社は互いに現地における航海の自由を保証し、価格競争は行わず、買い入れは共同で行い、買い入れたものは折半する。ただし香辛料については、オランダの既得権を尊重し、イングランドが3分の1、オランダが3分の2とする。すでにそれぞれが占有している地域はそのままとし、新たな征服地は等分することなどが記されていた。

しかし、現地総督などの思惑はこうした協定とはまったく異なるものだった。そして双方の香辛料争奪戦はついに軍事衝突にまで発展した。その代表例が1623年3月初めに起きたアンボイナ事件（Amboyna massacre ──別称はアンボン事件）である。同月、正式にオランダ東インド会社の第4代現地総督ヤン・ピーテルスゾーン・クーン（Jan Peterszoon Coen: 1587-1629）は本国政府の妥協的姿勢を非難し、ジャカルタ（オランダ名はバタヴィア）で川を挟んで対峙していたイングランド商館を襲撃した。その報に接したイングランドとオランダ政府は直ちに東インド会社の合併交渉を中止した。

この事件は23年2月23日、イングランド商館の日本人傭兵の七蔵が建設中だったオランダの要塞を内偵したとして拷問にかけられ、その自白に基づいてイングランド商館長ガブリエル・タワーソンら30人が捕らえられ、厳しい拷問の末、オランダ要塞の占領計画を認めたことがその根拠になっていた（いまではクーンによる「でっち上げ」事件という見方が有力）。3月9日、クーンはタワーソンらイングランド人10名、日本人9名、ポルトガル人1名を斬首、パラ・ルン島をはじめ香料諸島（モルッカ諸島）からイングランド勢力を一掃してオランダによる香辛料貿易の独占を図った。じっさい、それ以後半世紀にわたって、オランダが東インド香辛料貿易を支配した。

このアンボイナ事件をきっかけとして、イングランドの東インド会社の活動拠点は東インドや日本から（平戸のイングランド商館は1613年に開かれたが、23年12月に閉鎖）、インドやイランに移っていった。しかし東インドでもインドでも、現地人はイングランドの毛織物にほとんど関心を示さなかった。そのため、本国やイランから大量の銀を持ち出すことになったが、香辛料に代わって紅茶や藍、硝石などのほか、キャラコを買い付けることができた。その効果は絶大だった。

　その後の転機といえば──3次におよぶ英蘭戦争（第1次が1652-4年、第2次が王政復古後の65-7年、第3次が72-4年）を経てではあるが──、オリヴァー・クロムウェルによる東インド会社の再編成、それに続くイングランドとオランダとの胡椒・スパイスの輸入競争の再燃、70年代に生じた香辛料価格の大幅な下落だった。折しもイングランドで「キャラコ熱」「インド・ブーム」が起き、空前の好景気が訪れた。東インド会社の株式は投機の対象となり、インサイダー取引が横行し、81年に総督になったジョサイア・チャイルド（Josiah Child: c.1630-99）はその渦中にあって巨万の富を掌中にした。この時代、イングランドでもオランダでも東インド会社の主たる輸入品は「香辛料からキャラコへ」と大きく転換していった。

　より正確にいえば、イングランドの東インド会社はその創設後まもなくしてインド産キャラコ（積出港がカリカットだったことによる命名）の輸入に乗り出した。不思議なことだが、17世紀になるまでヨーロッパではキャラコの存在はほとんど知られていなかった。羊毛に比べると、キャラコは軽くて吸湿性に優れ、しかも丈夫。厚地から薄地までいろいろな生地があり、自由に染められ、色落ちもしない。肌触りはよく、肌着にも適していた。何より魅力的だったのは、一般民衆が買えるほど安かったことである。こうした性格が理解されるようになると、キャラコはイングランドに急速に浸透していった。衝撃的だったのは、王政復古後にキャラコの用途がテーブルクロス、敷布、カーテンといった調度品から衣料にも広がり、ジェントリーや裕福な商工業者の夫人たちが競ってキャラコ地の色鮮やかな衣装を身に着け、一大消費ブームが引き起こされたことだった。それに続く一般民衆の追従的消費行動がその流行の火に油を注ぐことになった。これがキャラコ熱である。ヨーロッパ大陸諸国でも、イングランドに続いて似通ったブームが起きた。

　しかし、こうした現象が短期間のうちに起きれば、それなりの反発が起きる

のは必定。じじつ、スチュアート朝後期の 1680 年代になると、伝統的な毛織物あるいは絹織物業者、レヴァント会社から非難と怨嗟の声が挙がった。それが 1720 年代まで続いたキャラコ論争である。

激しいパンフレット合戦が展開され、合計 100 編ほどの小冊子が出版された。さらに、立法化の動きも生じた。1696 年に上程されたインド織物着用を禁止する法律こそ否決されたが、まもなくしてキャラコ禁止法 (1700 年) が成立した。しかし趨勢的には、東インド会社によるキャラコ輸入はその後 20-30 年経っても減らず、むしろ増加傾向を辿った。興味深いことに、この 1700 年法は白キャラコの輸入を禁じておらず、綿糸の輸入は増えていった。この立法の底意には、これらの原材料を用いた国内での染色、裁断、縫製などイングランド綿工業の成長を促すという狙いがあった。したがって、1700 年法は毛織物業の不振やそれに伴う失業者の増加、織布工の騒擾などを抑えるどころか、その不満の炎に油を注ぐ結果になった。そのため、20 年後にあらためてキャラコ使用禁止法 (1721 年) が公布され、違反者には罰金 20 ポンドが課されることになった。しかし、その中身はいかにも生ぬるい法律だった (永積、1971: 53-83、浅田、1984: 122-36; 1989: 55-66; Broadberry and Gupta, 2005: Table 5; 'Calico Acts', WP)。

以上が、17 世紀初めに作られた 2 つの東インド会社の現地での香辛料争奪戦、オランダ東インド会社による香辛料貿易の独占、インドに展開したイングランド東インド会社によるキャラコ輸入の急増、そのイングランド毛織物産業へのマイナスの影響、それに取って代わる綿工業の勃興といった歴史的経緯に関するごく大まかな見取り図である。

民衆の生活と救貧法

すでにみたように、この時代は貴族やジェントリー、一部の法律家や裕福な商人などからなる上層階級 (その内部に多くの兼職と激しい個人的浮き沈みを含みながら) と下層階級への二極化が進行し、全体として所得格差が拡大していった。

そこで、民衆の生活に関わるいくつかの事柄についてみておこう。

(A) 一般民衆の家族と婚姻について。テューダー朝後期から 17 世紀初めにかけての一般民衆 (さきのストーンの 6 階層論でいえば、「農村と都市の労働者」および「慈善依存的な無業者」の一部が中心) の家族と婚姻についてふれてみよう。

その当時、拡大家族がみられたのは貴族や先祖代々続く富裕な名家においてだった。逆に、下層階級の家庭は核家族がほとんどを占め、長子相続が基本であり、長男の結婚は父親が亡くなってからのことが多かった。その長男も含めて兄弟姉妹は6歳ぐらいから家庭内で働きはじめて家計を助け、10歳代半ばまで生家に留まった。その後は徒弟や手伝い奉公人 (servant) になって家を出ていくのが慣行になっていた。

かれら奉公人は1年単位で雇われ、地域の治安判事が定める年俸で働いた。使用人の家で寝食を共にし、衣服を与えられ、仕事を覚えていった。1年経つと、別の使用人のところに奉公し、同じような生活を送って新たな技能を身につけた。女性や子どもは家庭内で毛織物産業の紡糸や梳き作業などに携わったが、内職代はごく低廉なものだった。

それでも、上流階級の女性とは違って、下層階級の女性はお見合い結婚 (arranged marriage) ではなく、自由な恋愛によって結婚した。下層階級の親には碌な財産などなく、したがって娘が誰と結婚するかについてあまり拘らなかった。じっさい、彼女たちは婚約や結婚にあたって親の同意を得なければならないとは考えておらず、それがひとつの風習になっていた。婚前妊娠はごく普通のこと。というのも、婚約すれば、若いカップルは一緒に生活するのが通例になっていたからである。しかし、下層階級の男女が結婚によって上昇移動する機会はごく限られていた。奉公人となった女性は職人の徒弟訓練を受けた男性と結婚することを望んだ。その当時、親元を離されて独身でいることは当局から猜疑心をもってみられがちだったし、不況にでもなれば、独身で生計を立てていくことはほとんど不可能だった。したがって、結婚相手と死別したときには彼女たちは躊躇することなく再婚した (Heard, 1992: 104-7)。

(B) 都市貧困調査について。すでにみたように、ストーンはこの時代の最下層の「慈善依存的な無業者」、したがって貧者窮民が成人男子全体のおよそ2割を占めたとみている。その貧者も、古くはケンブリッジ令 (1388年)[78] にまで遡ることができる区別、すなわち健常者であるにも関わらず働こうとせず、物乞いをして各地を放浪して彷徨きまわるような「怠け者」の貧者と、真に働く能力のない貧者とがおり、それぞれ異なった政策対応がとられてきた。

16世紀半ば以降、17世紀前半にかけての時代、つまりエリザベス1世時代か

らスチュアート朝初期にかけて、6つの都市に限られるが、貧者数を調べた調査報告が残っている。①ウスター調査 (1557年)、②ノリッジ調査 (1570年)、③ウォーリック調査 (2教区のうちセント・メアリー教区のみ、1587年)、④イプスウィッチ調査 (12教区中の9教区、1597年)、⑤ハッダースフィールド調査 (1622年)、⑥ソールズベリー調査 (3教区中の2教区、1635年) の6つである。それぞれの時期にこうした貧困者調査が行われた背景には、物価の高騰と窮乏者の増加があったことは想像に難くない。

では、これら各都市の人口に占める貧者の割合はどれほどのものだったのか。上記の①から⑥まで、順に18％、22％、12％、13％、20-25％、5％ となっている。しかし、各調査における問題関心だけでなく、貧者の定義や対象も同じではない。たとえば、⑥ソールズベリー調査では「教区救済」(parish relief) の対象者のみの調査になっている。したがって、そこには放浪者・浮浪者は含まれていない。逆に、③ウォーリック調査の対象は物乞い (mendicants) だった。しかしそのうちの半数が救済の対象となっていた。このように、どちらのケースも2種類の貧者総数を調べたものではない。しかし、④イプスウィッチ調査は、①ウスター調査の場合と同じように、「労働能力に欠ける者」(9％) だけでなく、「他のすべての貧者」(4％) も調査対象にしていた。

これら6つの調査のうち、サンプル数も多く、もっとも包括的なものが②ノリッジ調査であるが、5000人ほどの外国人 (そのなかにはかなりの貧者がいた) は調査対象から外されていた。家族数 (790件) でいうと、全体の4分の1が教区救済の対象になっていた。また、同市人口の5％がなんらかの施し物をえており、他の20％ほどが困窮したときには教区救済の対象になることができた。

それら以外にも、この6つの調査から多くの事実がわかる。第1に、貧者の年齢階層については、⑥ソールズベリー調査 (教区救貧者のみ) の場合、年齢不詳者 (13.6％) を除くと、60歳以上が35.6％、10歳未満が20.4％、10-19歳が17.1％ となっており、合計73.1％になる。つまり、教区救済者のなかの4人に3人が高齢者か若年者である。逆に、物乞いのみを調査対象にした③ウォーリック調査の場合、同じく年齢不詳者 (11.9％) を除外すると、10歳未満が28.4％、10-19歳が19.7％、60歳以上が26.4％ と分布し、合計74.5％になる。とくに19歳以下 (48.1％) が全体の半分を占めている点が注目される。また、2種類の貧者すべてを調査し

た④イプスウィッチ調査の場合、10歳未満が30.5%、10-19歳が20.6%、60歳以上が15.6%となっており、19歳以下の合計が51.1%と全体の半数を超えている。要するに、貧者の年齢階層分布は19歳までの年少者と若者、60歳以上の高齢者が合計7割以上という大きな比重を占めていることが知られる。

第2に、家族の人数をみると、6つの調査平均で3.1人。したがって、いかに核家族化していたかが窺える。また、寡婦または未婚の女性が家計主である家族の割合は調査によって大きなバラツキがある。上記の⑥ソールズベリー調査では、その比率が6調査中で最高の62.4%に達し、逆に、⑤ハッダースフィールド調査では18.1%に留まる。また、家族のなかに子どもがいるかどうかの割合も調査毎の差異が大きい。調査⑤(85.2%)や調査④(71.7%)ではかなり高いが、調査⑥(37.6%)や調査①(38.6%)では低い値になっている。

第3に、貧困に陥った主たる理由については、6つの調査のうち、②ノリッジ調査(1570年)と⑥ソールズベリー調査(1635年)からその理由がわかる。教区救済者だけを対象にした後者のソールズベリー調査によれば、最大の理由は65歳以上の「高齢」(39%)であり、次いで「病気」(27%)が大きい割合を占める。ふたつを合わせると66%にのぼる。その他の理由では「賃金稼得者の死亡」と「その他」がそれぞれ8%となっている。他方、前者の②ノリッジ調査をみると、最大の理由が「その他」で33%、次いで「失業または不規則な就労」(17%)、「高齢」(16%)となっている(Slack, 1988: 73-9)。

このように、ひとくちに貧者窮民といっても、一方には病身や障害、幼子を抱えた寡婦や10歳未満の子どもなど「真の」貧者がおり、他方には健常であるにも関わらず、働こうとしない「怠け者」あるいは「偽の」貧者がいるという社会的理解あるいはレイベリングがテューダー朝になると、広く定着していった。もちろん、具体的に後者を判断することは容易でなく、働こうとしても機会が得られず、仕方なく失業を強いられ、盗みや物乞いをして生き延びるしかなかった人々も少なくなかったからである。

(C) ヨーロッパ都市の救貧政策とヴィヴェス『救貧論』について。こうした貧者の大群は同時代のヨーロッパ諸都市でも一般的な光景の一部になっていた。1492年のゲント(Ghent)では18%の家族が貧者として同市の支援を受けていた。1550年代のリヨンでは全人口の5%が貧者とされていたが、その数字は飢饉の年にな

ると、一挙に数倍に膨れ上がった。16世紀前半には、ヨーロッパの多くの都市で救貧政策が講じられるようになった。1522年にはニュルンベルクで、23-4年にはストラスブルクやライスニクで、25年にはイーペルで、28-9年にはヴェニスで、また30年代になると、リヨン、ルーエン、ジュネーヴで、さらに40年代には、パリ、マドリッド、トレドで都市の救貧政策が動きはじめた。

その細目の違いに拘らずにいえば、これら諸都市の救貧プログラムにはいくつかの共通項があった。第1に、物乞いを減らすだけでなく、しばしばそれを禁じたこと。第2に、公的に救済すべき者と健常な怠け者を区別し、後者には就労を課したこと。第3に、世俗の権威ある機関が救貧政策に責任をもつようになったこと。第4に、総合病院の建設をはじめ、多様な慈善活動を糾合して集権的に管理するようになったことなどである。

こうした救貧プログラムに先鞭をつけたのはストラスブルクやライスニクなどのプロテスタント都市だった。逆に、スペインなどでは世俗的権力が慈善サービスに手を出すことは教会や修道院の領分を犯す行為だとして批判された。

しかし、イーペル（Ypres）やリヨン、ヴェニスなどカトリック都市では早くから世俗的救貧政策が導入された。換言すれば、プロテスタント都市でもカトリック都市でも、あまり大きな時間の隔たりなく、類似した都市救貧政策が動き出したということができる。

ひとつには、いずれの都市でも、カトリックかプロテスタントかの違いを超えて深刻な都市貧困問題に直面し、その規模と性格は伝統的な手法（教会や修道院または篤志家による救済）によって対処できる水準を超えていた。

もうひとつは人文主義の影響があったようにみえる。その象徴的作品がスペインの人文主義者ファン・ルイス・ヴィヴェス（Juan Luis Vives: 1492-1540）の『救貧論』（*De Subventione Pauperum*, 2 vols., 1526）である。かれはエラスムスやモアの友人であり、ヘンリー8世の知遇を得たのち、短期間だが、かれの娘のメアリー（のちの女王メアリー1世）の家庭教師を務めたことがある。1523年、かれはオックスフォード大学に留まって哲学を講じた。1524年にはブルージュに移り住んだが、翌25年、市当局から救貧政策についてアドバイスを求められた。1月6日、かれはひとつの文書を認めて市議会に提出した。それが『救貧論』である。その第2巻は実践編（全10章）になっていた。

そこにはこう説かれていた。ブルージュ市は貧者に意を用いなければならない。身体に喩えれば、かれら貧民は心臓から遠い足や手のようなもの。しかし、手足がなければ人は動くこともできない。貧民を無視することは手足の病に無関心な医者に等しい。かれら窮民は贅沢品に金を注いでいる富者に対して憧れというよりも恨みの感情を抱いている。それがときに騒擾をもたらす。かれらは町に疫病を持ち込み、キリストの教えを学ぶ代わりに、教会の前で物乞いをしている。かれらをこのままに放置しておくことは、百害あって一利なし。

したがって、救貧プログラムが必要になる。4つのステップを踏まなければならない。第1にすべての貧者を調査し、登録させること。第2に健常な物乞いには仕事を与えること、第3にすべての慈善団体の基金をひとつにまとめ、第4にその基金を使って残りの貧者にしかるべきサービスを提供することである、と。

いくつか補足すれば、貧民のなかには救貧施設に入っている者、貧困家庭の者、物乞いや路上生活者、外国人窮民が含まれる。また、他の町や市からやってきた健常な窮民あるいは外国人を送還する場合、しかるべき食糧を与え、少なくとも隣町に行き着くだけの金を与えること。他方、地元出身の健常な浮浪者に対しては就労を促すこと、かれらが新たな仕事に就かねばならない場合、職業訓練の機会を提供すること。物乞いが安逸に流れるようなことがあってはならないこと。よく吟味すれば、充足すべき数多くの仕事があるものだ。鍛冶屋で鞴を吹き、ワイン絞り器を踏み、盲目の女性でも毛糸を紡ぐことができる。それぞれに見合った仕事をみつけることが大切だ。捨て子は養育院に収容するが、母親が分かれば、6才までは育てさせなければならない。しかし、その後は公立学校に通わせる必要がある。読み書きを勉強し、礼節や品行、質素倹約などを教えねばならない。また、多くの慈善団体の会計をひとつにするとともに、誰でも寄進できる救貧箱を設置すること。物乞いのいないブルージュ市にすることは市当局と市民の大きな誇りになるだろう。なぜならば、そこでは盗みや強盗、殺人や不穏な騒擾がなくなるからである (Vives, 1526 [1917: 6-47])。

もっとも、こうしたヴィヴェスの提案がブルージュで実行されたのはそれから30年以上経った1557年のことだったが、1530年代のイングランドや神聖ローマ帝国における救貧政策はこの作品から大きな影響を受けた ('Juan Luis Vives', WP)。

(D) 先駆的なロンドンでの試みについて。テューダー朝からスチュアート朝前

期 (1514-1644 年) までを視野に収めたひとつの古典『イングランド初期救貧史』(*The Early History of English Poor Relief*, 1900) の著者エレン・レオナード (Ellen Marianne Leonard: 生没年不詳) によれば、イングランドにはその救貧政策の展開を支えた 3 つの制度的要因があった。

そのいずれが中心的重みをもつかによって 3 つの時期を区分することができる。その 3 つの制度的要因とは、第 1 に都市の救貧政策、第 2 に議会による救貧法制、第 3 に枢密院と治安判事による救貧政策の執行である。第 1 期 (1514-69 年まで) は都市の救貧政策が先行した時代、第 2 期 (1569-97 年) は議会と枢密院が大きな役割を果たした時代、そして第 3 期 (1597-1644 年) は 1601 年の旧救貧法 (エリザベス救貧法) をピークにして、次第に議会から枢密院へ救貧政策の執行機能が移っていった時期にあたる。

これら 3 つの制度的要因はどのように関連していたのか。イングランドでも、まず都市の救貧政策が先行し、その経験を踏まえて議会で救貧法が制定された。しかし 1629 年、チャールズ 1 世は権利の請願 (1628 年) を破棄して議会を解散し、その後 11 年間にわたって親政を敷いたため、議会に代わって枢密院が救貧政策の執行を担うことになった。

そこでまず、先駆的な都市救貧政策の形成過程についてみてみよう。イングランドにおける都市救貧政策の先駆けとなったのはロンドン市だった。同市の人口は 1550 年が 7 万人だったが、1600 年には 20 万人に増え、さらに 1650 年には 40 万人まで急膨張した。それは基本的には社会増、つまり他地域からの人口流入によるものだった。そのなかには多くの放浪者や浮浪者が含まれていた。「生存のための移住」者の流入が毎年 7000 人にのぼったという見方がある (佐藤清隆、1999: 66)。

ロンドン市長や市参事会 (court of aldermen) といった行政機関と立法機関である市議会 (common council) に問われたのは、この放浪者や浮浪者の大群にどう対処するかということだった。1518 年の条例では、浮浪者の物乞いを禁止し、かれらを市街から追放すること。市民が「労働可能な」物乞いに施し物をすることも禁じられた。そのために、「労働不能な」者にはバッジが配られ、その着用が課された。したがってここでも、2 種類の貧者が区別され、そのうえで怠惰な健常者を政策ターゲットに選び、基本的には市から放逐するという政策がとられた。

一般的にいって、16世紀半ばまでの時代、ロンドンにかぎらず、ヨーロッパの諸都市が悩まされていた最大の問題といえば、こうした都市に屯する健常な放浪者や浮浪者たちの急増だった。どこでも、かれらは忌むべき怠惰な厄介者、市民に大きな災いをもたらす者といった負のレッテルが貼られ、鞭打ちや市外追放あるいは郷里への送還といった懲罰的方法がとられた。しかしいったん追い出したところで、かれらはまた都市に舞い戻ってくる。1533年の条例では、行政機関であるロンドン市参事会のメンバー（当時は26人）が教区市民から寄付を募り、教区教会前でそれを貧民に分け与えることにした。しかしこの「自発的施し」というもうひとつの対処療法も、「甘い汁」を求めてロンドンに放浪者や浮浪者を呼び寄せるだけだった。

求められていたのは世俗の権力による、放浪者や浮浪者に対するより積極的な対応策であり、また労働不能な真に貧しい人々に対する救貧政策だった。当時のイングランドでは、それ固有の事情があって世俗の権力者による救貧政策の拡充が希求されていた。というのも、宗教改革の一環として、1530年代末に修道院が強制的に解散させられたからだった。修道院はいくつもの救貧機能をもっていたが、その修道院が強権的に解体された以上、世俗の権力による機能的代替物の再構築が強く求められていたのである (Leonard, 1900: 26, 62)。

1547年、ロンドンで大きな一歩が踏み出された。それが教区毎の救貧税 (poor rate) の強制徴収である。同年に同じ施策がイプスウィッチでも導入されたが、それが全国的に拡張されたのは1572年以降のことである。興味深いことだが、ロンドン市における強制的救貧税の導入にはつぎのような経緯があった。すなわち1536年当時、ハンセン病患者収容施設や精神病院も含めてロンドン市内には15の病院があった (その一覧表については Leonard, 1900: 27参照)。しかし、そのうち8つの病院が存廃の危機にあった。そこで市長のリチャード・グレシャム (Ricahrd Gresham: c.1485-1549 ――グレシャムの法則で有名なトマス・グレシャムの父) と市参事会は1538年、ヘンリー8世宛てに請願書を送り、労働不能な貧者のための病院への財政支援、タワー・ヒル聖堂の新設、4つの教会の市への委譲などを願い出た。6年後の44年6月23日、ヘンリー8世はロンドン市のいくつかの要請を容れ、総合病院としてセント・バーソロミュー病院を再建すること、その円滑な運営のため、もし市参事会が同額の財政援助をするのであれば、毎年500マーク (1

マークが約3分の2ポンド) を供与する用意があると回答した。しかし、ロンドン市にとっても資金調達は容易なことではなかった。教区教会で日曜寄進などが試みられたが、芳しい成果は挙がらず、最終的には市参事会が労働不能な貧者救済のため、救貧税を強制的に徴収するという判断を下した (Leonard, 1900: 28-9)。

　その後もエドワード6世時代の50年代、ロンドン市長のリチャード・ドッブス (Richard Dobbs: 1531-c.73) やジョージ・バーンズ (George Barnes: c.1500-58) らによって王立病院の再建整備計画が立てられ、そのための土地譲渡や他の病院改修、あるいは孤児のための学校建設が企てられた。さらに、当時のロンドン司教ニクラス・リドリー (Nicholas Ridley: c.1500-55 ──メアリー1世によって処刑された殉教者) によって斬新な構想が打ち出された。かれはバーリー卿セシル宛ての書簡やエドワード6世に対する説教のなかで、ブライドウェル (Bridewell) 宮殿をロンドン市に譲渡し、路上生活を余儀なくされている「怠惰」で健常な貧者に住まいを与え、同時にかれらに仕事や訓練機会を与える矯正就労院 (house of correction) に改築することができれば、その企ては国王の名声を高め、ロンドン市民にとっても大いに役立つはずであると力説した。

　ロンドン市長と市参事会はこのリドリー提言に賛同し、枢密院宛てにその実現方を請願した。その請願文では、貧者は「貧しい孤児」「病身あるいは労働不能な貧者」「健常な浮浪者」の3つに区別され、とくに最後の労働可能な浮浪者に対する新たなプログラムの開発が重要だとしたうえで、健常な浮浪者の実態についてこう書いていた。大方の物乞いは売春紛いの悪行、戦争、病気、その他の不運に災いされて、人々の信頼を失い、いまも悲惨な生活に喘いでいる。かれらが働く意欲をみせても信じてもらえず、却って畏れられている始末だ。そのため、ほとんどの者が仕事につけないでいる。しかし、かれらに仕事を提供し、意欲のある者には訓練の機会を与えて働かせるようにすれば、それはイングランド社会 (commonwealth) を大いに裨益するにちがいない、と。さらに続けて、再建された病院にはかれらに与えるべき多くの仕事がある。病院に収容中の健常な「失業者」(貧者) に原材料を与え、それをかれらに加工させて工賃を払うこともできると記していた (Leonard, 1900: 32-3)。

　1547年に登位したエドワード6世と枢密院はこのロンドン市の提案に大いに啓発され、その計画を後押しすべく特許状を公布した。まず、セント・トマス病

院とクライスト病院が王立病院となり、ついでセント・バーソロミュー病院にも特許状を付与した。さらに、53年にロンドン市に譲渡されたブライドウェル宮殿が改修され（精神病院として使われたベドラム[Bedlam]病院とともに2000ポンドでロンドン市が購入）、新たにブライドウェル監獄病院（Bridewell Prison and Hospital）と称して、王立病院となった。

　ロンドン市が作成した「1552年セント・バーソロミュー病院報告」によれば、100床のベッドはフル稼働、過去5年間の治癒者は年平均800人（ほかに死亡者170人）、病院の運営経費は年間で800ポンド。市および国王による負担金が666ポンド13シリング4ペンス（83.3％）、不足分は「市の個人篤志家からの寄付」に負っていた。またロンドン市のサウスウォーク地区を所管していた「1553年セント・トマス病院報告」によれば、同院では「高齢者、負傷者、疾病者」260人の面倒をみていたが、その他同院に住む500人ほどの貧者に対して公的扶助（pension）[79]を供与したとある。クライスト病院（孤児280人を収容）とセント・トマス病院をあわせた年間経費は3240ポンド15シリング4ペンスに達したが、そのうち2914ポンド（全体の90.0％）が「ロンドン市民の寄付」に負っていたことを考えると、代々のロンドン市長や司教の優れたリーダーシップもさることながら、いかにロンドン市民が救貧政策に対して寛大であったかがわかる（Leonard, 1900: 33-5）。

　イングランド救貧政策の形成に先導的役割を果たしたロンドン市の取り組みはこうしたものだったが、その経験にはいくつか注目すべき点がある。

　第1に、「怠惰な」健常の貧者に対する政策態度が数十年のうちに一変した。最初はそうした「怠け者」は市外へ追放するという伝統的手法がとられた。しかしそうした放浪者・浮浪者の数は膨れ上がり、排斥政策は必ずしも有効でないことが明らかになり（追放してもまた舞い戻ってくる）、人文主義者ヴィヴェスの『救貧論』の影響力もあってのことだろうが、「怠惰な」健常貧民に仕事と訓練機会を与えれば、かれらも心身ともに健康な一人前の市民になれるのではないかという考え方に180度転換していった。そういう意味で、さきのブライドウェル監獄病院の建設とそこでの試みは「最も革新的かつ新たな救貧システムのなかで最も特徴的な制度」だった（Leonard, 1900: 39）。たしかにうまくいけば、それは一石数鳥の成果に結びつく。

　しかしそのためには、かれら路上生活者を収容し、仕事や訓練の機会を提供で

きる建物や場所が要る。大きな資金を用意しなければならない。他の各種の病院運営にも沢山のお金が必要だった。市参事会は熟慮の末、最後は救貧税の導入という画期的方法に踏み切った。これが注目すべき第 2 点である。

第 3 に、しかし上記のセント・トマス病院やクライスト病院の例がそうであったように、すべてが救貧税で賄われたわけではない。必要資金の調達という点でいえば、ロンドン市民の浄財が大きな役割を果たした。

第 4 に、ロンドン市と国王あるいは枢密院の良好な意思疎通という点も注目に値する。ロンドン市の先駆的な試みの延長線上にイングランドの救貧政策が立ち上がったというとき、事実上国を巻き込んだ形でいくつもの先行実験が行われたのだといってもよいだろう。

第 5 に、救貧政策のシステム化が図られたという点でもロンドン市の経験は貴重なものだった。年端もいかない孤児、徒弟訓練を受けられる年齢に達した捨て子、家庭で乳飲み子を抱える寡婦、病弱者や障害者、働くことができないひとり暮らしの老人や夫婦、「怠惰な」健常の放浪者・浮浪者など、ひとくちに貧者窮民といってもそのニーズは決して一様ではない。それぞれの必要に見合った施策メニューが求められ、ロンドン市はそれに対応しようと努めたようにみえる。そのなかには生活困窮者に対する公的扶助 (pension) 制度も含まれていた。

(E) 旧救貧法の制定にむけて。エリザベス時代になると、こうしたロンドン市などでの都市救貧政策の先駆的展開を受けて、イングランド救貧法制定の動きが活発になった。ひとつが 1570 年代の救貧法制、もうひとつが 1597 年から 1601 年にかけての旧救貧法 (後述) の制定である。

まず、1572 年浮浪者法 (Vagabonds Act 1572、第 5 回議会第 5 会期に成立) だが、上下両院での争点はふたつ。ひとつは放浪者・浮浪者 (vagabond) の定義、もうひとつは救貧税の強制徴収だった。前者については、同法で合計 10 種類の人々が例示された。法律代理人 (proctors or procurators)、健常だが、生計を立てるだけの「土地や親方」をもたない者 (アイルランドやマン島からの貧しい移民を含む。ただし、かれらは送還が原則)、慣習的賃金では働こうとしない労働者 (common labourers)、通行証偽造者または偽造と知っていて通行証を使った者、学長や副学長の許可なく受講料等を求めるオックスフォード大学およびケンブリッジ大学の学者、船乗り資格のない船員、許可なく物乞いをした囚人などが広く放浪者・浮浪者のなかに

括られた。実質的には放浪者・浮浪者というよりも、物乞いに近い例示と理解することができる。難航した議会での審議の末、個別具体的判断は2人の治安判事に委ねられることになった。この法律で注目されるのは放浪者・浮浪者に対する罰則の厳しさである。初犯については身元保証人が1年間の保護監察を引き受けないかぎり、鞭打ちの刑に処し、耳に穴を空ける。重犯については、同じく身元保証人が2年間の保護監察を引き受けないかぎり、重犯罪人として投獄する。三犯は死刑もありうるといった厳罰主義を掲げていた。

　他方、労働不能な貧者に対する救貧策も盛り込まれた。治安判事や市長は教区毎に「労働不能な」貧者の名簿を作成管理する。住民は教区の貧者のため、「その善なる意志によって」(by their good discretions)、毎週救貧税を納める。その徴税実務のため、市長や治安判事は徴税官や救貧監視官を任命することになった。自発的とはいえ、徴税に応じない「頑固者」(obstinate person)は2人の治安判事の前に呼び出され、徴税に応じない場合は投獄された。しかしこの72年法では、こうした頑固者に対する救貧税の強制徴収までは踏み込んでいない。

　貧者の就労については、75年救貧法(Poor Act 1575、第6回議会第3会期に成立)によって補足された。治安判事は各町や市に羊毛、麻、鉄などの加工作業ができる建屋を設け、そこで地域の若者たちに仕事をさせ、かれらが「怠惰な不良」(ydle roges)にならないように指導した。それに応じない者は「矯正就労院」に送り込まれた。

　その後も、80年代後半には貧困家庭の増加を抑えるため、1軒に1家族という原則、4エーカー以上の土地をもたない者は新たに家を建ててはならない(家屋建築法 Erection of Cottage Act 1588、第9回議会第7会期に成立)とか、ロンドン市内における家の新築禁止、木賃宿への転用禁止や同居人の制限(家屋規制法 Restriction on Building Act 1592、第10回議会第6会期に成立)といった規制のほか、同じ92年の第4会期に負傷兵手当の増額(Disabled Soldiers Act 1592)が議会で承認された(Leonard, 1900: 68-73; 'List of Acts of the Parliament of England, 1485-1601', 'Act for the Relief of the Poor 1601', WP)。

　ともあれ、1570年代から80年代にかけての救貧政策をみると、ロンドン市での取り組みとは大違い、一方では放浪者・浮浪者あるいは物乞い、怠惰な若者に対する懲罰主義がめだつ。他方、救貧税に踏み出していながらも腰が引けている。

貧困家庭の増加抑制といっても、対処療法に終始している。

しかし、まもなくして、こうした消極的な政策対応に大きな変化が生じた。イングランド救貧政策史上、ひとつの画期をなす救貧法の集大成が始まったからである。その直接のきっかけは1594年から97年にかけての大凶作だった。穀物価格が高騰、90年代初頭の4-5倍にもなった。各地で自然発生的な騒擾が起きた。そのため、97年10月24日に下院が召集され、穀物の不正買い占めの禁止が議決された。

それに関連して、同年、イプスウィッチから選出の下院議員であり、エリザベス1世の最初の女王顧問(queen's counsel)となったばかりのフランシス・ベーコンはエンクロージャーを厳しく批判し、それが「村の人口を減少させることで怠惰を生み出し、耕作地を荒廃させ、慈善を蝕み、貧民を痛めつけ、この国を貧しいものにしている」として調査委員会の設置を提案した[80]。これがひとつの契機となって翌98年にかけて12件にのぼる救貧関連法案が上程された。その結果、下院にベーコンのほか、トマス・セシル(のちの初代エクセター伯)、ベーコンの好敵手だった法律家のエドワード・コーク卿((Edward Coke: 1552-1634)などが中心となり、貧困問題の専門家も加えた委員会が設置され、上程された諸法案がつぶさに検討された。

それらの法案は貧者救済と放浪者・浮浪者取締まりに関するものだった。当初案はこの委員会による度重なる議論を通じて大幅に修正され、その下院案が上院に回付された。極度の穀物不足時における貧者救済に関する法案が新たに加えられたが、矯正就労院法(Bill for Houses of Correction)については議論が白熱した。バーリー卿とカンタベリー大司教ホイットギフトが参加した委員会が設けられ、そこで小さな修正が行われたうえで、法案は下院に送られた。下院では再度、ローリー卿とベーコン、貧困問題専門家からなる委員会でその法案が検討された。その後も両院間でいくどか激論が交わされた。

最終的には、97年議会で成立した重要な救貧政策関係法は大きくはふたつ。ひとつは救貧法(Act for the Relief of the Poor, 1597)、もうひとつは「不良分子、浮浪者、健常な物乞い処罰法」(Act for the Punyshment of Rogues, Vagabonds and Sturdy Beggars, 1597)だった。いずれが画期的だったのかといえば、それは議論の余地なく前者である。治安判事によって毎年任命される教区委員と救貧監視官(教区毎に4人)は、

親に扶養能力のない貧しい子どもには仕事を与えるか、徒弟となる機会を提供すること。失業していても労働能力のある成人には羊毛や麻、亜麻や鉄などの材料を与え、（賃）仕事をさせること。労働不能な者、老人、障害者にはしかるべき現金給付を行い、病人には空き地に病院を建てて加療すること。これらの活動のための基金は収入等に応じた課税によること。自らの教区以外での物乞いは不良分子とみなされることなどが規定された。

この旧救貧法で注目に値するのは、働けない者や障害者に対する院外救貧としての現金給付であり、貧しい子どもや健常な失業者に対する院内救貧としての職業訓練や就労支援であり、そして全国的普及にはかなりの時間を要したが（1690年までには、イングランドのほとんどの教区で救貧税が徴収された── Slack, 1988: 10）、救貧税の導入である。

また後者については、それまでの矯正就労院などの関係法規はすべて廃止され、治安判事が矯正就労院の建設および管理について権限をもつこと、浮浪者は鞭打ちの刑に処され、そのうち健常者は矯正就労院に送られ、働く規律と能力を習得することになった（Leonard, 1900: 73-8）。

それから4年後の1601年、いわゆる旧救貧法（Poor Relief Act 1601、第12議会第2会期で可決）が成立した。それは97年法とどれほど違っているのか。結論的にいえば、97年との差異はほとんどない[81]（原文は *The Statutes of the Realm*, vol. 4, part 2: 962-5）。この旧救貧法も暫定法として定められたが、スチュアート朝のジェームズ1世、チャールズ1世によっても継承され、1834年の改正救貧法（Poor Law Amendment Act of 1834）までその骨子は変わることなく存続したのである。

ところで、この時代に関する多くの救貧政策研究が言及しているように、重要なのはいまみたような立法だけでなく、それを実行する行政の役割である。とりわけ枢密院とそれが統括する治安判事のローカルな行動が大きな意味をもった。エレン・レオナードは、この行政の効果的かつ効率的な対応が他のヨーロッパ諸国と比べたとき、イングランドの重要な特長だったとみていた。エリザベス1世時代の後半以降、枢密院や治安判事が率先して関与した凶作時における穀物流通の統制管理、貧者窮民に対する低廉な価格での穀物供給などがその格好の例である（Leonard, 1900: 90-4）。その枢密院の重要性はチャールズ1世時代に一層高まった。1629年以降11年間にわたって、議会が開かれなかったからである。

それにしても、救貧財やサービスの提供という供給サイドからみても（たとえば、伝統的な慈善行動の存続、救貧税導入の地域差）、その逆に需要サイドからみても（「怠惰な」健常者の人数、救貧ニードの地域的多様性など）、この時代のイングランドの救貧活動の実態についてひとつの鮮明な構図を描くことは難しい。それでも、長期的趨勢という意味でいえば、いくつかのことを指摘することができる。

　第1に、時間の地平を長くとれば、救貧活動の中心的担い手は教会・修道院、各種のギルドあるいは個人篤志家から、都市さらには国家へと変化していった。その趨勢的変化を「救貧政策の世俗化」と呼ぶことができるだろう。

　第2に、この時代の救貧政策は都市貧困問題から出発した。住む家がない放浪者・浮浪者、物乞い等「危険な」貧者が都市に溢れ、治安や衛生の水準がめだって劣化した。凶作が続いて物価が高騰すれば、事態は一層深刻化する。その主要な背景のひとつに、第1次エンクロージャーの進展があった。多くの試行錯誤の末、救貧政策は治安対策的で懲罰的なものから字義通りの救貧政策へと転換していった。それは「治安対策から救貧政策へ」ということができる。

　第3に、この時代の救貧政策の形成主体は次第に「都市から国家へ」と変わっていった。先鞭をつけたのは大きな都市（イングランドではロンドン）だった。この時代を近世（近代初期）と呼ぶとすれば、その光景は「近世福祉国家」の誕生といってよいだろう。

　第4に、需給両面から救貧政策のシステム化が進められた。貧者窮民がふたつあるいはそれ以上に分類され、それぞれにみあった対処メニューが用意された。特記されてよいのは、一方では放浪者・浮浪者など「怠惰で」健常な貧者に対する就労促進政策が立てられたこと、他方では救貧政策にかかる費用の一部を賄うため、一定の所得水準以上の教区住民に対する救貧税の強制徴収制度が導入されたことである。

　こうしたイングランドにおけるヨーロッパ世界では先進的だった近世福祉国家の誕生[82]について、もうひとつふたつ補足しておこう。

　ひとつは、その構築に与って力があったのが、都市の先駆的「実験」を別にすれば、王権（国王と枢密院）と議会の協働関係だった。この協働関係こそ制限された君主制を体現するものであり、その対極的事例がチャールズ1世の専制政治と議会との対立関係だった。このイングランドの近世福祉国家が中世後期に形成さ

れた制限君主制という政治的伝統に基づいて構築されたという点は銘記されてよい。

その場合、見落とせないことのひとつは、下院議員の主体が「カントリー・ジェントルマン」(Tawney, 1912: 275 ——下院議員は特定の地方選挙区から選ばれたから、「カントリー」という言葉に特定の意味はない)だったことである。したがって約めていえば、イングランドの近世福祉国家はジェントリーに負うところが大きかった。また、下院でこの福祉国家構築に大きな力を発揮したベーコンやトマス・セシルが当代の多くの法律家を輩出したグレイ法曹院の出身者だったことも興味深い。

もうひとつ、イングランドにおける近世福祉国家の形成プロセスを追ってみると、第1に長子相続の核家族が一般化した社会にあって、第2に「怠惰な」健常者に対してはその勤勉意欲と就労によって自助自立を促し、第3に一般市民・住民は応能負担に基づいて福祉国家の財源確保に協力し、第4に中央政府が全国統一的な福祉メニューとともに実務機関を整備し、第5に公益(治安および衛生水準の維持向上、公的扶助による「労働不能な」真の貧者窮民に対する生活保障)への貢献を旨とする制度設計など、いくつもの意味で現代の福祉国家に通じる性格をもっていたといってよいだろう。

変わる徴利の理解と徴利政策

これまでヘンリー8世からチャールズ1世までの時代を念頭において、いくつか重要な経済社会変動について素描してきた。最後に、徴利政策(usury policy)についてふれておこう。

それに関わるこの時代の出来事として最も注目されるのはヘンリー8世による法定最高利子率の決定(1545年)とエリザベス1世によるその復活(1571年)であり、さらにジェームズ1世時代に議決された徴利禁止令(1624年)である。

(A) 徴利の原典と教説について。徴利(usury[83]——高利のことではなく、元金を超えた利息徴収一般をさす。)を認めないという考え方は、中世キリスト教経済倫理の中核のひとつをなすものだった。いまここでその汗牛充棟の徴利教義史を辿る余裕はないが[84]、それでも大きな節目についてはふれておかなければならない。

まず、徴利禁止という考え方は旧約聖書に遡る。モーゼ5書のうち、出エジプト記(Exodus)第22章25節、レビ記(Leviticus)第25章36-7節、申命記(Deuteronomy)

第23章19-20節にはそれぞれ、「同胞の貧しい者に金を貸す場合には、金貸しのように振る舞うな。利息を取ってはならぬ」「兄弟(同胞)から利息を取ってはならぬ。(中略)あなたは利息を取って金を貸してはならぬ」「同胞から利息を取ってはならぬ。(中略)異邦人には利息を取って金を貸してもよい」とあり、したがって、申命記が同胞でない異邦人からであれば、利息を取って金を貸してもよいと記している。その申命記の記述が、ユダヤ人とキリスト教徒の間での高利の金銭貸借を正当化する根拠となってきた。

バビロンの幽囚後、預言者エゼキエル(Ezekiel)は、「利息を天引きして金を貸し、高利を取るならば、かれはどうして長命を得ようか。かれは忌まわしいことをしたのだから、(そのために)必ず死ぬ。その責任はかれにある」(エゼキエル書、第18章13節。括弧内は引用者)と厳しい調子で徴利(高利貸し)を弾劾している。

中世のキリスト教世界を通じて徴利(usura)批判の基礎となったのは、東ローマ帝国ユスティニアヌス朝の第2代皇帝ユスティニアヌス1世(在位527-65年)が編纂した『ローマ法大全』(*Corpus Iuris Civilis*)のうち、その『学説彙纂』(*Digesta or Pandectae*, 533)に盛られた貸付(mutuum)契約に関する記述である。その注釈によれば、貸付から満期までのあいだに、借りた金銭や物財によって借り手が獲得した収益はその借り手のものであり、したがって元金(principal)を上回る利息の取立ては盗みになる(つまり徴利は盗み[rapina])。こうした考え方は基本的に個人間の金銭や物財の貸借契約に適用されるものであり、借り手は約束した満期までに同額または等価の金銭あるいは物財を貸し手に返せばよい。しかし他方では、地代あるいは事業投資に伴う収益は公認されていた。

中世盛期、第2回(1139年)と第3回(1179年)、第4回(1215年)のラテラノ公会議においても、徴利禁止が宣言された。トマス・アクィナスはこうした徴利禁止の考え方を体系化しようとした。かれの徴利論もまた、アリストテレスから大きな影響を受けていた。アリストテレスによれば、貨幣は原理的に交換の手段であり、いかなる新たな価値も生み出すことのない不毛で非生産的なものである。したがって、貨幣を貸与して利息を取ることはこの原理に反する不正な行為である。アクィナスは基本的にこの考え方を踏襲し、葡萄酒や水と同じように、貨幣を交換財に対比して消費財(使えばなくなってしまうもの)とみなした。しかしながら、このアクィナスの貨幣理論は地代が賦役や物納であるような静態的で商業化して

いない農業経済には見合っていたかもしれないが、信用取引なしには機能しない都市経済や国際貿易はもちろんのこと、商業化した農業セクターにおいてもその説得力に欠ける憾みがあった。

中世経済思想史家レイモン・ド・ローヴァー[85] (Raymond de Roover: 1904-72) がいうように、アクィナスが徴利に関するスコラ哲学を代表していたわけではない。たとえばアクィナスよりも1世代下にフランチェスコ会の神学者ピーター・オリーヴィ[86] (Peter Olivi: 1248-98) がいた。かれは貨幣 (pecunia) と資本 (capitale) を区別し、貨幣は単なる交換の手段ではなく、その使用者の「勤労」によってその価値を生み出すものであると考えた。したがって、その使用機会を奪うことは貨幣所有者の機会損失 (lucrum cessans) につながる。それは弁償に値するのではないかというのがオリーヴィの考え方だった。かれは資本についても、ソキエタス (societas) やコメンダ (commenda) といった形で事業に出資して得られる利益は正当なものとみなした。パートナーシップは金銭の貸与とは異なるリスクを伴う契約であると考えたからである。

(B) 抜け穴と副次効果について。じっさい徴利禁止にはいくつも抜け穴があった。たとえば、満期をすぎても元金が戻ってこないとき、あるいは天変地異や疫病、凶作など予期せざる事態によって貨幣価値や物価水準が大きく変動し、貸し手の元金に多額の損失が生じたときには利息が支払われるか、あるいは徴利の是非が裁判によって争われた。また、贈与や便宜供与という形で実質的な利息とみなされるものが貸し手に与えられることもあった。じっさい、法外な金額とはいえ、イングランド王がイタリアの金融業者から借金をするときは、利息を払うのが慣習になっていた。そのほか、虚偽のパートナーシップ、売却とみせかけた貸付、前貸しに対する法外な利息なども随所でみられた。さらに、天変地異によらずとも、物価変動が激しい状況であれば、借り手が満期になって同額あるいは等価で返すとすると、貸し手と借り手のいずれかがその購買力あるいは物財価格において得をする (損をする)、つまり実質上の利息を払うあるいは受け取ることになる (Tawney, 1926: 48-9、上巻 92)。

こうした実態を捉えてのことだろうが、中世史家アンリー・ピレンヌは徴利禁止令の類の効果について、それはアメリカの禁酒法のケースと似ていると書いている (Pirenne, 1936: 15; Bolton, 1980: 338, 341-2; Kirshner, 1974: 17-8)。

もうひとつ、徴利禁止には「抜け道」だけでなく、意図せざる副次効果もあった。この点、デ・ローヴァーはこう述べている。「利息が禁じられたため、銀行家たちは利潤が上がる別の方法で金を貸すことになった。その格好の方法が為替手形だった。この取引には利息が隠れていたが、銀行家や商人、そしてほとんどの神学者もこの交換取引を金銭の貸与ではなく、貨幣の交換あるいは外国貨幣を売買することだと主張した。したがって、こうした交換は徴利にあたらない。貸与なきところに徴利はないからである」。けれども、為替手形の運用実態からすれば、振出人（借り手）が借金をし、半年後に10％の利息を払うこととどこが違うのか、判然としない。手形割引となれば、その現実がもっと赤裸々になるだろう。そういう意味で「キリスト教の徴利禁止という考え方がなかったならば、銀行の進化はまったく異なったコースを辿っていたことだろう」(De Roover, 1971: 9)、と。かくして、銀行家も金融業者も、利息ではなく為替手形の売買によって大きな利益を上げることができた。じっさい、14世紀までに為替手形が普及し、国際的為替取引が銀行の主要業務となっていた (Bolton, 1980: 342-3)。

　それでも、プロテスタンティズムの影響力が強まると、徴利禁止の教義がたちまち息を吹き返した。したがって、のちにふれるヘンリー8世の徴利に関する法定最高利子率の設定という政策は大いに注目すべきものであるが、そうかといって、それによって徴利禁止という考え方まで消滅したと臆断してはならない。たとえば、エリザベス1世時代に下院議長となり、1610年代に枢密院顧問官を務め、「権利の請願」（1628年）の起草者となったエドワード・コーク卿は1620年代、スコラ哲学に則って徴利は非難されるべきものであり、禁止しなければならないと述べ、徴利は神の法のみならず、自然法にも反すると喝破した。トーニーもまた、17世紀半ばの護国卿時代のプロテスタントの説教師たちは、徴利が魂を堕落させ、破壊するものだとして厳しく非難し続けたと書いている (Coke, 1644:151-2; Tawney, 1925: 117; 1926, 91-115, 132-9, 178-89; Kerridge, 2002: 23, 56; Munro, 2011: 14)。

　(C) ルターとカルヴァンの徴利理解について。では宗教改革家はどうか。まず、ルターは徴利をどう捉えていたのか。

　かれの考え方は「利子購買」（Zinskauf）に対する激しい批判のうちによく示されている。聞き慣れない言葉だが、利子購買とは字義どおり、「利子を購入する」ことである。実質的には売買取引という形式をとった利子の徴収にほかならない。

現代とは買い手と売り手の位置が逆転しており、大いに理解しにくいが、債権者（貸し手）が買い手として貨幣または物財によって一定の収入を手に入れ、逆に債務者（借り手）は貨幣または物財と引き換えにその収入の売り手となるという売買関係をさして利息購買という。ルター自身の表現によれば、利子購買は「高利であろうとなかろうと、高利貸しが行っているのとまったく同じ働きをしている」のであり、したがって利子購買は厳しく指弾されなければならない。かれからみれば、いまの「ドイツ国民の最大の不幸」はこの利子購買の浸透にある。それが普及しはじめて100年、もし今後100年も続くとすれば、「ドイツは一文なし」になってしまう。こんなものを考え出したのは「悪魔」である教皇。利子購買のため、「世俗的財産も教会的財産も私どもから失われざるをえなくなった」（『ドイツ国民のキリスト教貴族に与う』[*An den Christlichen Adel deudscher Nation*, 1520]、成瀬治訳 175-6、『商業と高利』[*Von Kaufshandlung und Wucher*, 1524]、魚住昌良訳 366）。それゆえ、断じて徴利を許してはならない。これがルターの断固とした主張だった。もちろんルターの場合も、スコラ哲学者と同様に、この利子購買とビジネスに投資される資本を区別していたことは付け加えておかなければならない。

　それでは、カルヴァンのほうはどうか。かれは主著『綱要』（1536年）において、「人は正直でありながら、同時に高利貸しであることは稀であり、高利貸しが習慣になっている人物は教会から追放しなければならない」と述べている。しかし、のちの『エレミヤ書講釈および書簡と回答』(*Praelectiones in Libris Prophetiarum Jeremmaie, Epistolae et Responsa*, 1575) になると、かれの徴利に関する論調は条件づきの肯定論に変わっている。そこでは、つぎの7つの条件が充たされるならば、利息を取ることを認めているからである。その7つとは、第1に貧しき者からは利息をとらず、第2に利息を貪ることなく、第3に契約においてはキリストの教え以外いかなる条件も付け加えることなく、第4に借り手が貸し手以上に潤うように心がけ、第5に神の言葉のみに基づいて不正な方法をとらず、第6に社会に益する行為として、第7に国が定める最高利子率を上回ることのない利息であれば、徴利を認めることができるというのがカルヴァンの考え方だった (Kerridge, 2002: 93-5; Tawney, 1925: 118; Munro, 2011: 12 参照)。

　このカルヴァンの見解は、一方で徴利に関する旧約聖書の原義を生かしながら（第1条件）、他方で変わりゆく経済事情との整合性も大切にする（第7条件）といっ

た微妙な徴利解釈として注目に値する。このカルヴァンの理解はアリストテレス、アクィナス、ルター、ツヴィングリとは対立したが、ブツァーやブリンガーの考え方とは十分共鳴するものだった (Tawney, 1925: 119-20; Kerridge, 2002: 89, 129; Munro, 2011: 12-3)。

こうした均衡を期したカルヴァンの見方も、具体的事例の判断になると、回答に窮する両義性が付着していたことは否めない。それでも、年齢的にはかれよりも先輩のブツァーやブリンガー、また1世代下のピーター・バロ (Peter Baro: 1534-99) などがこのカルヴァンの見解に賛同するか、あるいはそれに近い考え方をしていたことは見落とせない[87]。しかも時間を追うにしたがって、徴利の捉え方はこのカルヴァンの7条件を踏まえた肯定論に傾いていったようにみえる。

(D) イングランドの法定最高利子率について。そこで、こうした徴利をめぐって宗教改革家の意見の違いを念頭におきながら、テューダー朝以降の徴利政策の大まかな推移を追ってみよう。

古く遡れば、アングロ・サクソン時代から、イングランドでも徴利禁止という考え方が支配的だった。1290年、エドワード1世はユダヤ人を国外に追放したが、高利貸しに対する非難と迫害はその後も続いた。オッカムもウィクリフも徴利批判という点では伝統の継承者だった。しかし、15世紀後半になって次第に物価や地価が上昇しはじめると、あらためて高利貸しや徴利に対する社会的関心が高まった。王権はその動きを牽制し、徴利を禁じるという伝統的姿勢を強めた。

ところが、16世紀半ば、イングランドでも徴利禁止という旧約聖書[88]の教理にもかかわらず、最高利子率の法定化という動きが表面化した。

それに先鞭をつけたのは神聖ローマ帝国カール5世 (在位1516-56年)、したがってスペイン国王カルロス1世だった。1540年10月4日、かれは低地諸国における商業ローンの最高利子率を12%と定めた。それは古代ローマの利子率と同じものであり、これを超えれば不当高利であり、非合法とされた。イングランドでは、その5年後の1545年、ヘンリー8世が法定最高利子率を一律10%と決めた。しかし、それが機能したのはわずか9年間だけだった。というのも、「プロテスタント」エドワード6世が登位すると、最高利子率の法定化という政策それ自体を覆したからである。トーニーによれば、この転換はラティマーやポネットら急進的改革派の進言に基づくものだった (Tawney, 1925: 131)。

しかし、エリザベス1世の時代になって13年目、事態がふたたび反転した。1571年、まずは5年間という時限つきで徴利の最高利子率を10%とするという規則が定められ (The Statutes of the Realm, vol. 4, part 1: 542-3)、ヘンリー8世の徴利政策を復活させたからである。その理由については、前年の1570年、エリザベス1世が教皇ピウス5世 (在位1566-72年) の勅書 (Regnans in Exceisis) によって破門されたことも小さな陰を落としていたが、それよりもエドワード6世によってヘンリー8世の法定最高利子率が破棄されたのち、イングランド各地で高利貸しが横行し、1560年代の実効利子率が30%にも達したことがその大きな背景になっていた。初代バーリー卿セシルは当初この立法に反対したが、徴利が避けられないのであれば、その規制 (法定最高利子率の決定) もやむなしと考えるようになった。

この法定最高利子率10%という決定がどれほどの大きな影響をもったかについては、判然としない。しかし、その後の実効利子率は70年代には平均20%に下がり、エリザベス1世が没した1603年には10%程度まで低下した。さらにその後も1624年の徴利禁止法によって法定最高利子率は8%に下げられ、ピューリタン革命最中の51年には6% (1713年まで)、1713年には5% (1854年まで) に低下、最終的には1854年に徴利禁止法そのものが破棄され、法定最高利子率もなくなったのである (Jones, 1989: 34-42, 76-90; Munro, 2011: 17-9)。

ここで、さきのイングランドにおける近世福祉国家構想のリーダーであり、熱心なイングランド教会信徒でもあったベーコンの『随想集』(Bacon, 1st ed. 1597; 4th ed. 1612; 9th ed. 1625) にふれておこう。その第4版と第9版に収めたふたつの文章のなかでベーコンは徴利について注目すべき見解を開陳している。そのひとつは「富について」(1612年)、もうひとつが「利子について」(1625年) である。

前者の「富について」(Of Riches) では、ふつうの職業の利得は勤勉と公正な取引によって生まれる。したがって、「利息づきで貸すことは、いちばん確かな利得の手段だが、いちばん悪いもののひとつである (Usury is the certainest Meanes of Gaine, though one of the worst)。自分のパンを『他人の額に汗を流させて』食べることになるからである。そのうえ、日曜日にも働くことになる」という文章を書いている。このくだりは聖書に基づく徴利批判と読んでも差し支えない。他方、この小論において、「富を軽蔑するようにみえる人をあまり信用してはいけない」と述べ、また「人はその富を血縁者か公共社会 (their kindred or the public) に残

す。ほどよい額がどちらの場合もいちばんよい」(Bacon, 1612 [1864: 127-31]、訳172-3、一部改訳) という興味深い記述も残している。

しかし後者の「利子について」(Of Usery) になると、その主張は一変する。「人間は心が冷酷で、ただでは貸そうとしないから、利子は許されなければならない」とあっけらかんと言い放ったうえで、利子(高利)の短所にふれ、商人を窮乏化させてその数を減らし、国王や国の税収を減らし、国富を少数の人に集中させ、商取引と土地市場の活力を削ぎ、そのために「あらゆる産業、改善、新発明」(all Industries, Improvements and new Inventions) を鈍化させ、最終的には「社会公共の貧困」(public poverty) にいたる、とベーコンは述べている。

他方、利子の長所は商取引を活性化できることであり、したがって「利子の廃止というようなことを口にすることは無駄なこと」である。問題は短所を抑え、長所を生かす制度的工夫であるに違いないが、ベーコンはそのために2種類の利子(率)の設定を提案している。ひとつは一般向けの5%の利子率であり、それによって地価を上昇させ、人々の勤勉を促し、利益となる各種の改善を刺激することができる。もうひとつ、貸し手となるためには許可を必要とするが、商取引向けのより高い利子率を設定することである。しかしその利率は「以前いつも払っていたよりも、いくぶん(借り手が)楽になる」利子率でなければならない。その場合、この一般向けよりもやや高い利子率を適用する地域は主要都市などに限定する必要がある、とベーコンは追記している。

総じていえば、「(利子を)公認して利子(率)を下げたほうが、黙許して暴れ放題にするよりもよい」というのがベーコンの現実的判断だった (Bacon, 1625 [1845:148-52]、訳188-93、一部改訳)。

この「利子について」という文章は、1625年版の『随想集』に初めて収められたものだが、前年に「徴利禁止法」(Act against Usury, 1624) が制定され、法定最高利子率が10%から8%に引き下げられたことを踏まえたものだった。そしてその翌年 (1626年)、ベーコンは他界している。

ちなみに、この「利子について」のなかで、「国家の繁栄するのは、富が比較的平均してバラ播かれているときである」とも記している。かれの近世福祉国家構想にも通じる示唆的な発言だといってよいだろう。

最晩年のベーコンの徴利に関する見解はこの小論「利子について」のなかに集

約されていた。徴利論争を宗教世界から切り離し、徴利をひとつの「世俗的な」経済事象として捉え、より正確にいえば、利子率の変化を国民経済の発展と関係づけて論じようとするベーコンの揺るぎない姿勢をみてとることができる。帰納法重視のイギリス経験論に大きな革新をもたらしたベーコンの面目躍如たる徴利論といわなければならない。徴利論争はその後も続き、ときに大きな火柱となって燃え上がったが、歴史的潮流という意味ではベーコンのこの徴利論がひとつの里程標となった。そこに、徴利に関する宗教教義から脱却した・イ・ン・グ・ラ・ン・ド・啓・蒙の鮮明な姿をみてとることができるだろう。

　以上、16世紀後半から17世紀初期までの時代を念頭において、イングランドがいかなる社会経済的あるいは産業的変化を経験したかについて素描した。
　重複を厭わずにいえば、この時代のイングランド総人口はめだって増加し、社会階層という点では貴族や高位聖職者に代わって、その内部に零落する者を含みながらも「ジェントリーの勃興」がみられ、法律家や医師、行政官をはじめとする都市専門職が台頭し、活発な階層移動がみられ、結果として階層間格差は拡大した。都市人口の急増（都市化）が進行し、なかでもロンドンはヨーロッパ有数の大都市に成長した。スチュアート朝初期にはピューリタンなど大量移民が北米や西インド諸島をめざした。その多くがその地で階層上の上昇移動を経験した。
　教育についていえば、エリザベス1世時代にグラマー・スクールの叢生がみられ、それに続く高等教育ではオックスブリッジのほか、法曹院への進学がめだった。この時代、概して一般民衆の識字率（各種公的文書への自署が尺度）も上昇した。しかし、階層間の格差は依然として歴然たるものだった。それでも、「ミサの民から聖書の民へ」というプロテスタンティズムの浸透は識字率の改善を手助けし、それがまた印刷業、さらにはマス・メディアの成長を後押しした。
　では、経済産業活動についてはどうだったか。農業セクターでは伝統的な三圃農法から転換農法への移行が生じ、灌漑設備、肥料の改良、新規作物の栽培などと相俟ってその生産力を高めた。同時に、後世の本格的な「議会エンクロージャ」とは異なるものの、一部では牧草地の拡大を狙いとする「領主エンクロージャ」が進み、追い立てられた農民が都市に流入して失業者や浮浪の民となり、都市社会の不安を醸成した。

この時代の毛織物業や他の製造業あるいは鉱業についていえば、毛織物業では半製品のみならず完成品の生産と輸出が行われ、長繊維の新服地生産も始まった。しかし、いまだイングランド毛織物産業の技術水準はネーデルラント、フランス、イタリアに及ばなかった。その当時の製鉄業や石炭鉱業についても基本的には同じことがいえる。

　海外通商が活発化し、ロンドンでの商業および金融集積がめだった。エリザベス時代、ロンドン冒険商人たちはポルトガル、スペイン商人たちの航跡を追った。1600年には東インド会社が設立され、東インド（インドネシア）の胡椒やスパイスなど香辛料貿易でオランダと激しく競いあった。オランダ東インド会社との現地係争に敗れたイングランド東インド会社は、結果としてインド産キャラコ貿易に注力し、それが17世紀後半のキャラコ熱の導火線となった。1580年代になると、北アメリカへの植民構想が現実化した。

　もう一点、経済倫理という点でいうと、ヘンリー8世が法定最高利子率を導入したことで徴利に関する伝統的な考え方に変革がもたらされ、その利子率は時代を下るとともに低率になっていった。長期的には、それがインダストリー（勤勉と産業）の成長を助け、産業活動の活性化に貢献した（第8章第3節参照）。

　家族や婚姻についていえば、下層階層では核家族と男系長子相続が一般的であり、結婚は自由恋愛によっていた。男子は6歳で働きはじめ、10歳までには親元を離れ、徒弟や奉公に出た。女子は結婚しても紡糸や綿布づくりの内職をして家計を助けた。

　この時代、都市には貧者窮民が屯していた。エリザベス時代にもいくつもの貧困調査が行われ、都市窮民が19歳未満の子どもや若者、それに高齢者というふたつのクラスターから成り立っていることが分かっていた。しかし内容的には、一方に病身や障害者、幼児を抱えた寡婦など働くことが困難な貧者がおり、他方にはいわば健常な「怠け者」がいた。

　窮民対策という点でもロンドンが先駆的だった。怠け者の追放という伝統的政策は放棄され、かれらに職業訓練を施し、就労の機会を与えるという政策への転換がみられた。親に扶養能力のない貧しい子どもにも同じ施策が適用された。救貧活動の担い手が教会や礼拝堂あるいは篤志家から都市へ、さらに都市から国家へと代わっていった。「救貧政策の世俗化」であり、「近世福祉国家」の誕生だった。

フランシス・ベーコンがその計画づくりに大いに尽力したことも、かれの現実主義的で世俗化した啓蒙主義的な利子論とともに忘れることができない。

さて、次章（下巻）では、いまいちど宗教改革の振り子に立ち戻ってみることにしよう。そこにもまた、思わぬ世界が待ち構えていた。

注

1　この礼拝統一令はクランマーを座長とする委員会によって起草され、1549年1月の上院では激論となった。それでも、18人の司教のうち、10人が賛成、8人が反対するという僅差で承認された。この統一令に反対したのはカトリックであったことはみやすいが、ジョン・フーパー（John Hooper: c.1495/1500-55年──グロスターおよびウスター司教。ヨーロッパ滞在中、ツヴィングリ主義者ハインリヒ・ブリンガー [Heinrich Bullinger]、マルチン・ブツァー [Martin Bucer] などと知り合い、やがてスイス・カルヴィニズムのリーダーとなる。帰国後は護国卿サマセット公付き司祭、メアリー1世時代に異端として火刑された。）のような急進的改革派からも批判された（'Act of Uniformity 1549', 'John Hooper', WP）。

2　トマス・モアが「いまや（羊は）大食で乱暴になりはじめ、人間さえも食らい、畑、住居、都市を荒廃、破壊するほどです」と書いた『ユートピア』が出版されたのは1516年のことである。

3　国王からの返書には、食糧の法外な価格高騰に対する反対声明を出したこと、エンクロージャーや住民の減少などの改革のため、権威ある使節を任命したこと、地代を40年以前の水準に引き下げるため、国王使節に責任ある行動を取らせること、羊毛価格についても国王使節に応分の措置を講じさせること、聖職者は多くの聖職禄や借地を保有すべきではないことなどが書き記されていた（Russell, 1859: 58-9; 富岡、1965: 548-9）。

4　フェルプス・ブラウン指標（Phelps Brown Index）によれば、物価が安定していた1451-75年＝100としたとき、1548-9年は193、1550年にはじつに262に暴騰していた（Phelps Brown and Hopkins, 1955）。

5　ヨーマン（yeoman or yeomanry）という言葉は時代によって多義的に用いられたが、16世紀半ばの法律家にとって、ヨーマンは自由保有農（freeholder）のことを意味し、狭くはみずからが保有する自由な土地からの収入が年間40シリング以上である自由農をさした。しかし一般的には、ヨーマンとは「ジェントルマンの下に位置づけられた富裕な農民」のことを意味し、ときに謄本保有農（copyholder）も含む言葉としても使われた。

しかし、ヨーマンの衰退が自由保有農の減少を意味するのだとすれば、それはこの16世紀半ばに起きたというよりも、その後2世紀半を費やして進行していった現象であると、トーニーはみている (Tawney, 1912: 27-9)。

6　1078年に聖オズモンド (St. Osmund: ノルマン貴族で生年不詳、1099年没) がローマ典礼を下敷きにしてつくったパターンを、13世紀になってソールズベリー司教だったリチャード・プア (Richard Poor: 生年不詳、1237年没) が発展させて完成させたのがセイラム式文である (青柳, 2012: 125)。

7　このとき解散になった礼拝堂は8つ、カレッジ教会が7つ、フリーチャペルが1つ、ホスピタルが3つだった。その固有名詞については Keider (1979: Appendix 2) に詳しい。

8　議会での新たな礼拝堂解散令の審議は紛糾した。それを象徴しているのが、他の高位聖職者 (保守派も改革派もいた) の数名とともに、クランマーが法案に反対したことだった。エドワード6世が成人するまで礼拝堂の資産売却は控えるべきだというのがその理由ではなかったかと推論されている (Kreider, 1979: 190, 260, footnote 14)。

9　エドワード6世の自筆になる「王位継承のための遺言状」(my deuise for the succession) は厳密には4つのヴァージョンがある。重要なのはオリジナル (第1ヴァージョン——1553年1-2月作成) とその一部が修正された第2ヴァージョンである。オリジナルには、「私に子がいないとき、レディー・フランセスの男子後継者に、つぎにレディー・ジェーンの男子後継者に、ついでレディー・キャサリンの男子後継者に、さらにレディー・メアリーの男子後継者に」というように王位継承順位が指定されていた。

ところが、第2ヴァージョンでは、ひとつには、フランセスの男子後継者のあとの表現が、「レディー・ジェーンとその男子後継者」というように書き直された。もうひとつ、フランセスの男子後継者についても、「私が亡くなるまでに (男子後継者に恵まれる)」という条件が付け加えられた。なぜそうした加筆修正が行われたのか審らかにしないが、王位継承者を「レディー・ジェーン」に絞り込むため、時の権力者ノーサンバーランド公の教唆があったと考えるのが自然なことだろう。

この遺言にあるように、エドワード6世は父ヘンリー8世と同じく、当初は男子による王位継承を考えており、またふたりの腹違いの姉メアリーとエリザベスをいずれも庶子であるとみなしていた。さらに、王位継承者はカトリックであってはならないとも考えていた。それだけでなく、メアリーであれエリザベスであれ、外国人の君主や王子と結婚するようなことはイングランド王国の独立性を危うくする可能性があり、望ましくないと考えていた (Pollard, 1910: 83-4; Ives, 2009: 137-49)。ちなみに、エドワード6世のこの遺言を複写したものが Ives (2009) の図版27として掲載されている。

10　第1王位継承法 (1533年) と第2王位継承法 (1536年) では、王女メアリーとエリザベスは庶子とされ、王位継承権は認められていなかった。そのあと、37年に王子エ

ドワードが産まれ、かれがヘンリー8世亡きあと、王位を継承することになった。そして43年7月、第3王位継承法が定められた。ヘンリー8世は6番目の王妃キャサリン・パーの強い希望を入れて、ふたりの王女メアリーとエリザベスの王位継承権を認めた。但し、いずれの場合も、その結婚にあたっては枢密院の許可を得なければならないという条件をつけた。重要なのは、一方で王位継承権を認められながら、他方ではふたりとも庶子のままにされたという点である。

この第3王位継承法によれば、王位継承順位は、まずエドワード6世、ついでかれの子（男子）、さらにヘンリー8世とキャサリン・パーの子供（男子）となり、そのあとに王女ふたりが位置づけられた。ヘンリー8世の最終遺言はこの第3王位継承法に基づいて46年12月30日、したがってかれの死の1ヵ月前に認められた。そしてそこで、第1位がエドワード6世、第2位が王女メアリー、第3位が王女エリザベスと決められたのである。エドワード6世が未成年の間、16人からなる執行会議が国政を担うといったこともこの遺言によって決められていた（*The Statutes of the Realm*, vol. 3, 471, 655, 955; Tanner, 1922: 382-8, 389-95, 397-400）。

11　したがって、エドワード6世付きの司祭になり、クランマーによる祈祷書の作成にも関わり、メアリー1世の登位後、54年1月にディエップ（Dieppe）を経てジュネーヴに逃れたスコットランド人の宗教改革者ジョン・ノックス（John Knox: c.1513-72）はここには含めない。

12　少数だったが、ワイアットの乱に関与した者も含めて、その反スペイン感情からフランスに逃れたジェントリーもいた。ノーサンバーランド公の陰謀に深く関与したヘンリー・ダドリー卿（Sir Henry Dudley）、トマス・スタッフォード（Thomas Stafford: c.1531-57）、ブライアン・フィッツウィリアム（Bryan Fitzwilliam: c.1516-60）、ピーター・カリュー卿などである（Garrett, 1938 [1966: 30-8, 104, 147-9, 154, 294]; Dickens, 1964: 389）。

13　「メアリーの亡命者」であるポネットが王権の実質的権限の源泉を民衆の合意に求め、不正な君主に対する民衆の抵抗権を認めるようになった発端は、メアリー1世が法の前の平等取り扱いという原理的規範を無視し、大陸に逃れた宗教的亡命者たちの土地等の所有権（ポネットによれば、自然権のひとつ）を犯そうとしたからだった（Peardon, 1982: 35, 42-5）。

14　飯島啓二によれば、カルヴァンはノックスの女性君主排除という考え方を「奇説」とし、バーリー卿セシル卿への手紙のなかで批判していた。カルヴァンは「王国と公国を世襲権によって女性たちに委譲してもよいとすることは、慣習と公の同意と長い慣行に基づいて決められたのであるから、この問題を持ちだす必要はない」とし、特別の神意によって定められた政府を不安定な状態に陥れることは法に適わないと主張した。ノックスもエリザベス1世について、「神の特別な配慮によって統治の地位に

着いている」とみなしていた(飯島、1976: 157-9, 185-6)。

15 その9人とは、上記「メアリーの亡命者」の箇所でふれた①ジュエル、②スコリー、③コックス、④デヴィッド・ホワイトヘッド(David Whitehead: c.1492-1571 ── 54年にエムデンに亡命したのち、フランクフルトに移る。同地での論争ではコックス派に属した)、⑤サンディーズ、⑥グルンダル、⑦ロバート・ホーン(Robert Horne: 1510s-79 ──チューリッヒ、フランクフルト、ストラスブルクに亡命。帰国後、60年から亡くなるまでウィンチェスター司教)、⑧エイルマー、⑨エドムンド・ギーストまたはゲスト(Edmund Gheast/Guest: 1514-77 ──マシュー・パーカーの高弟で60年にロチェスター司教、71年にソールズベリー司教。39ヵ条の作成に関与)である(Birt, 1907: 100)。

16 スコットランドの宗教改革の場合、社会階層に沿った宗教的帰属(下層の過激派へのコミットメント)の亀裂といった現象はみられなかった。飯島啓二によれば、その主因は「土地所有関係よりも親族・血縁関係を重視するスコットランドの特殊な社会環境」に求められるが、ノックスが「両階級の結節点として働いたという事実」もあるとしている(飯島、1976: 192)。

17 この英文全体は1571年版の「39ヵ条」によっているが、1801年のアメリカ版では、「by faith」の前のカンマがない。したがって、直訳すれば、「信仰による救世主たるイエス・キリストの功績によってのみ」となる。しかし、1563年のラテン語版でも71年のイングランド版(本文中のもの)と同じように、「per fidem」の前にカンマがある。(Schaff, 1877, vol. 3: 494)。

18 亡命プロテスタントのうち、祭服着用が否定されていたジュネーヴに滞在し、帰国後に司教となったのはジェームズ・ピルキントン(James Pilkington: 1561-76、ダラム司教)、トマス・ベンサム(Thomas Bentham: 1513-78、コヴェントリー司教)、ジョン・スコリー(ヘリフォード司教)の3人。このうち、ピルキントンは祭服着用反対派であり、非同調主義に共鳴していた。

19 チャプリン・バレッジ(Champlin Burrage)によれば、ピューリタニズムという言葉が最初に使われたのは1566年頃だという。その当時、ピューリタニズムはイングランド教会のなかに留まって祭服着用批判などを展開した「非同調主義者」のことを意味した(Burrage, 1912, vol.1: 37)。

20 殉教と国家反逆とは形式上別のことであり、殉教者と叛徒とも違うといえば、いえるかもしれない。しかし、イェール大学の歴史学教授カルロス・エイヤー(Carlos M. Eire)は注目すべき近著『宗教改革』(2016年)のなかで、エリザベスが1603年に亡くなるまで、彼女の王権はおよそ200人のカトリック信徒を処刑した。そのうち聖職者は123人、一般信徒が60人だったこと。そのほとんどはエリザベス治世の晩年20年間に集中していたと書いている(Eire, 2016: 353)。

21　アンブロジウス（Ambrosius: c. 340-97）は西方教会の4教会博士のひとりであり、カトリック、ルーテル教会、イングランド教会などの聖人であり、4世紀の有力な教会政治家、また神学者として知られる。かれの教説はアウグスティヌスに大きな影響を与え、その回心の契機となったとされる。

22　リドルフィの陰謀が発覚したのち、アンジュー公アンリー（のちのフランス王アンリー3世：在位1574-89年）やその弟のアランソン公フランソワ（Henri François de France: 1555-84）との結婚話が協議され、じっさいフランソワは来英してエリザベスにも会っている（石井、2009: 374-6）。

　しかし、エリザベスとの結婚話が取り沙汰されようになったとき、エリザベスは37-8歳になっていたが、アンリーは19歳、フランソワは16歳だった。しかもふたりともカトリックであったことを考えれば、所詮現実味のない話だったとみるべきだろう。ちなみに、アンリー3世は宗教的内戦に巻き込まれて89年に暗殺され（ヴァロワ朝が断絶）、弟のフランソワはそれより5年も早く、84年に29歳で病死した。

23　1572年4月19日、エリザベス1世とフランスの摂政カトリーヌ・ド・メディシスの間で交わされたブロワ条約（Treaty of Blois）によって、英仏はそれぞれが軍事的脅威に曝された時、互いに支援することになった。もちろんスペインが仮想敵国だった。エリザベスには、この条約によってフランスのフランダース進攻に歯止めをかけるという狙いもあった（'Treaty of Blois', WP）。

24　メアリー・スチュアートが死刑判決を下されたのは1586年10月25日のこと。エリザベスが致し方なく、その死刑執行令状に署名したのは翌87年2月1日のことだった。それより数日前の87年1月26日、メアリーの子であるスコットランド王ジェームズ6世はエリザベス宛てにつぎのような書簡を送っている。「女王よ、わたしの最も近い隣人であり、わたしと誠実な友好関係にある陛下が、独立国の君主であり、わたしの産みの母である人をかくも厳しい死に追いやるとは、王であり息子であるわたしの名誉をひどく損なう行為であります！」（石井、2009: 444）、と。

25　カートライトについてはBrook（1845）、邦文では松谷好明（2007、第1部）参照。

26　アレンはホイットギフトを「根っからのエラストゥス主義者」といっている。他方、クラッグによれば、ホイットギフトは論敵に劣らず、カルヴァン主義者だったと書いている（Allen, 1928: 175; Cragg, 1966: 14）。

27　この『勧告』の著者については、「メアリーの亡命者」でカルヴィニストだったギルビーとサンプソンが一役買っていたという、ホイットギフトの後を襲ってカンタベリー大司教となったリチャード・バンクロフト（Richard Bancroft: 1544-1610）の有力な推論があり、政治思想史家アレン（J. W. Allen）も、おそらくそれが正しいだろうとみている（Allen, 1928: 215）。

28　ふたつの『勧告』は1589年および1617年に復刻され、最初の『勧告』は1644年にも

再刊された (Muss-Arnolt, 1919: 474)。

29　聖職者の住まいが問題になるのは、複数聖職禄 (pluralism) の承認に伴って不在聖職者 (non-residency) が生まれるからである。

　　ヘンリー8世時代にも制限つきながら、複数聖職禄は認められていた。つづくエドワード6世とメアリー1世の時代、複数聖職禄という問題がスキャンダルになった。エリザベス1世時代の教会法 (A Booke of Certaine Canons, 1571) では2つ以上の聖職禄をもつことは禁じられ、また2つの聖職禄をもった場合でも、その場所が26マイル以上離れていてはならないとされた。「ほとんどすべての司教に対してコメンダム (commendam) と呼ばれた空席聖職禄を保有することが認められていた」から、2つといわず、多くの複数聖職禄をもつ聖職者がほとんどだった。その例外としては、いずれも「メアリーの亡命者」だったソールズベリー司教ジュエルとノリッジ司教パーカーストが名高い。他のほとんどの司教は貪欲で享楽的な生活に耽っていた。

　　それにもかかわらず、1584年、ホイットギフトはこの複数聖職禄を9つの理由を挙げて擁護した。ピューリタンによる議会での複数聖職禄廃止法案に反対するためだった (Strype, 1822, vol. 1: 380-1)。

30　ちなみに、『第2の勧告』の著者はカートライトとされているが、カートライトはその改訂に関わっただけだという見方もある。政治思想家のアレンは『第2の勧告』もフィールドとウィルコックスによるものであり、内容的にも最初の『勧告』を敷衍しただけだとみている (Allen, 1928: 215, note 2)。

31　ホイットギフトはふたつの『勧告』に対する反論の狙いについて、友人トマス・ノートン (Thomas Norton: 1532-84 ——政治家で法律家、晩年は狂信的なカルヴァン主義者としてカトリック弾圧政策の一翼を担った人物) 宛ての1572年10月25日の手紙でつぎのような5つの理由を挙げていた。

　　第1に、いずれの『勧告』も教義、礼拝儀式、司教制、教会統治などイングランド教会全体に対して「不正な」攻撃を加えている。第2に、かれらの著作にはドイツの再洗礼派と同じ要素が含まれており、放置することができない。第3に、すでに多くの一般民衆がふたつの『勧告』という「危険な書物」を手にしており、イングランド教会として公式にかれらの「勧告」に応答しなければ、一般民衆は幻惑され続けることになる。第4に、すべての敬虔なキリスト教徒が異端を排し、真理を理解し、みずからの良心に反する罪を犯すことがないようにしなければならない。第5に、私自身、かれらの誹謗中傷に曝されており、かれらの非を糾す必要がある (Strype, 1822, vol. 1: 61-2; Ayre, 1853: 10)。

32　ボニファティウス2世 (在位530-32年) は正式な手続きを経ずにフェリクス4世 (在位526-30年) によって後継者に指名された。ディオスクルス (Dioscorus) がそれに反対し、多くの票を集めて対立教皇として立ったが、22日後に死去。ボニファティウ

スは対立教皇に投票した者を罰したが、次期教皇を指名したため、ふたたび混乱が広がった。そのボニファティウスが亡くなったあと、醜悪を極めた選挙戦が繰り広げられ、陰謀や買収が横行、政界にも多額の賄賂がまかれて市民信徒の大きな不興を買ったとされる (Maxwell-Stuart, 1997: 42、訳 50)。

33 アウグスティヌス（あるいはヒッポのアウグスティヌス―― Augustine of Hippo: 354-430) は 418 年 5 月 1 日の大教会会議 (Great Synod) をアフリカ教会会議 (Council of Africa) と呼んだ ('Councils of Carthage', WP)。

34 その名前は Mar Shimun Bar Sabbae (生年不詳、345 年没)。かれは事実上の東方教会の首長だった。ペルシャ帝国サーサーン朝の第 9 代君主シャープール 2 世 (Shapur II: 在位 309-79 年) の迫害を受け、処刑された。

のちに同職のアイザック (Issac) は 399 年から 410 年まで東方教会 (Church of the East) の「大都市司教で首位聖職者」(grand metropolitan and primate) だった。しかも Wikipedia (英文) には「Issac (patriarch)」とも記されている。したがって、5 世紀はじめにこうした職位名称が用いられていたことがわかる。

35 『カートライトの生涯と作品』(*Memoir of the Life and Writings of Thomas Cartwright*) を著したブルックの筆致は明らかにカートライト贔屓の感があるが、かれは両者のこうした立ち位置の違いを幾重にも強調したあとで、この論争からカートライトが導き出した結論は、イングランド教会はイエス・キリストの教会の原則から外れているというものだったと述べている (Brook, 1845: 211)。

36 この「信仰告白」でふれられている職制は唯一牧師のみであるが、第 20 条（「御言葉の仕え人」）は教会の牧師について、かれら牧師は「神の言葉の忠実な仕え人」であり、「託された神の民を導き、管理しまた治める以外のいかなる権力も権威ももたない」としている。また 21 条（「為政者」）では、かれら為政者が「神に背かないかぎり」、われわれは「彼ら（為政者）を神の代官または代理」と考えるべきであり、「神そのものに対して逆らうことなしに、彼らに逆らうことはできない」としている。

ちなみに、もうひとつの『信仰の手引き』の第 13 条（「選びと予定について」――「信仰告白」にはこれに対応する項目がない）では、「選ばれた者は神の憐れみの器」であり、また「退けられた者は神の怒りの器」であるが、なぜ神がこうした選びを行うのかについては詮索すまい、また自分をいずれに予定されているかについても知ろうとすまい、とカルヴァンは語りかけている。

37 「信仰告白」の扉辞には、「ジュネーヴ市のすべての市民、住民ならびにこの地に属する人民が守り、行うことを宣誓すべきもの」と記されていた。

38 『綱要』（最終版）の訳者である渡辺信夫によれば、「長老という名称は原始教会への復帰という意味で採択された」という。また、「カルヴァンが制度上の範を求めたストラスブルク教会」――出村彰はこの見方に同意せず、「カルヴァンが理想として脳裏に

描いていた教会の姿はいわゆる『古カトリック教会』と呼ばれる時代の教会」だったとしているが (出村、1971: 265)——では、「教会世話人」(kirchenpfleger) となっていた。

また渡辺信夫は、古代教会の用語法でいえば、長老がやがてラテン教会 (古カトリック教会) の司祭 (presbyter) に変わっていったこと、「中世ローマ・カトリック教会の職制における司祭 (教区司祭) の位置を継いでいるのは宗教改革の教会では牧師である」とも書いている (渡辺信夫、1976: 205)。

なお、ここでいう原始教会とは紀元1世紀の使徒時代の教会を、また古代教会とはその後6世紀のグレゴリウス1世即位前の古キリスト (あるいは古カトリック) 教会を意味している。

39 この点にふれて、政治思想史家のアレンは——ピューリタンの改革者はこの点を曖昧にしがちだったが——、ピューリタンが教会の民主的統治を主張したと誤解してはならないという。というのも、投票や挙手に与ったのは敬虔で信仰心篤き信徒に限られていたからである (Allen, 1928: 219-20)。

40 出村彰はこの点 (教師が職制にないこと) にふれて、牧師・長老・執事からなる三重職制がカルヴァンの真意であると理解するのが、「より現実に即しているのではあるまいか」と述べている。

また、出村はつぎのような興味深い歴史的事実を記している。すなわち2世紀中葉までの原始教会において最も一般的だったのは「長老 - 執事」からなる二重職制だったこと、しかし「古カトリック教会」が登場する頃には、すでに「司教 = 監督 - 長老 - 執事」という三重職制が各地で成立したこと、その時期は地域差があるものの、2世紀後半から3世紀初頭、遅くとも4世紀頃だったことなどについてである (出村、1971:262-7)。

41 ブラウニストではなく、バローニスト (グリーンウッドやバローの影響を受けた人々) という理解もある ('History of the Puritans under Queen Elizabeth I', WP)。

42 このエリザベスとグリンダルの確執に関する詳細については、八代 (1979: 211-21) 参照。

43 この『回答』を書いたときのブラウンは、その内容からしてイングランド教会に改心したというものではなかった (Burrage, 1906: 31-5)。

44 一時ブラウンが常軌を逸したとされる時期と重なるが、ブラウンは86年、ピーターボロー司教のリチャード・ハウランド (Richard Howland: 1540-1600) によって破門された可能性があるが、それを否定する者もいる。バレッジがそのひとりである。(Burrage, 1906: 43)。

45 グリーンウッドやバローは会衆主義という考え方をブラウンではなく、カートライトやその支持者から導き出したと自負していた (Burrage, 1912: 28)。

46 バレッジは、ある著書ではその第2部が「マタイ福音書第23章に関する考察」(A

Treatise of the 23d of Matthew, both for an Order of Studying and Handling the Scriptures and also for Avoiding the Popish Disorders and Ungodly Communion of all False Christians, especially of Wicked Preachers and Hirelings, 1582) であるとしているが (Burrage, 1912: 101-2)、より早く出版されたブラウンに関する別の著書では、バレッジはその第2部の論考をほとんど1冊の独立した作品であるかのごとく扱っている (Burrage, 1906: 21)。

　この「考察」の論旨はその長い副題のなかによく表現されている。すなわち、聖書を学ぶことによって、「カトリック的無秩序」「誤った邪悪なキリスト者」を排除していく必要があると説かれている。

　ちなみに、マタイ福音書の第23章には、「偽善的な律法学者、パリサイ人たちよ。あなた方は災いである」という言い方がくりかえし登場する。かれらは上席に着くこと、先生とか教師と呼ばれることを好む。しかし、その内面は不浄な「死人の骨」「貪欲と放縦」で溢れている。この「律法学者、パリサイ人」がイングランド教会のお歴々であることは明らかである。国家の教会を説く者も、また待機組のピューリタンもそれに連なっている (Burrage, 1906: 21-5)。

47　この Marprelate という言葉はときに「mar-prelate」とも記されるように、「mar」つまり故障や障害あるいは加害といった表現に、「prelate」つまり高位聖職者（イングランドの大司教や司教など）をつけた合成語として理解することができる（八代崇は「高位聖職者をやっつけろ」とでも訳すべきかと記している──八代、1986: 411）。そういう意味で、この言葉自体がマープレリット・トラクト論争あるいは運動の性格を象徴している。

　ウィンチェスター司教クーパーは「マープレリット・トラクト」の①「書簡」を批判した著書のなかで、mar-prelate と名乗る著者は「mar-prince」「mar-state」「mar-lawe」「mar-magistrate」といった言い方をすることになるかもしれないと書いている (Cooper, 1589 [1847: 27])。

48　当代の多作な論争家マシュー・サクリフ (Matthew Sutcliffe: 1549/50-1629 ── 1589-1629年までエクセターの聖ピーター教会礼拝堂首席司祭) はヘンリー・バローの著作『女王陛下への請願』(*A Petition directed to her Most Excellent Majestie*, 1592) に対する批判のなかでマープレリット・トラクトの著者に言及し、「ジョン・ペンリー、ジョン・ウダル、ジョン・フィールド、ジョブ・スロックモートンのすべてが Martin 作成に協力した」としたうえで、その巻末近くでは特にスロックモートンに触れ、かれが「Matin」の名前で書いた一連の著作によって女王をはじめイングランド教会の高位聖職者を嘲笑し、その名誉を毀損したと記している。これに対してスロックモートンが翌94年に反論を書き、ついで95年にはそれにサクリフが『回答』書を公刊して両者の激しい論争となった ("Matthew Sutcliffe, An Answew (1595)", The Martin Marprelate

Press: A Documentary History, University of Massachusetts Amherst.）

49　ここで説教壇に立てるのはロンドン司教によって指名された者だけであり、その説教はときに大きな政治的意味をもった（西原、1995: 24、注17）。

　　スペインを追われた宗教改革者アントニオ・デル・コッロ（Antonio del Corro: 1527-91）はローザンヌやジュネーヴを訪れ、カルヴァンとも論争した。アントワープのスペイン教会牧師を経て、67-70年の間にイングランドにやってきた。セシル卿の支援でロンドンのスペイン教会の牧師となり、71年にはテンプル教会の牧師（lecturer）となったが、同年の説教で予定説を批判。そのため主任牧師リチャード・アルヴィー（Richard Alvey: 生年不詳、1584年没——したがってフッカーの前任者）と対立した。そのため3年後の74年にオックスフォード大学に移り、78年にリーダー（reader）となったが、そこでもピューリタンのジョン・レイノルズ（John Rainolds: 1549-1607）と激しく対立。その結果、デル・コッロの神学博士号授与は見送られた。デル・コッロは「ローマ人への手紙」に注釈を加え、人間の自由意志を強調したため、ペラギウス主義の異端ではないかと非難された。81年のフッカーの説教はこのデル・コッロに通底しているとみられた（Booty, 1982, Intoroduction: 26）。

50　テンプル教会はテンプル騎士団（1307年に廃止され、教会はエドワード2世によって王室管理となった）のものだが、1540年、ヘンリー8世によって聖ヨハネ騎士団に与えられていた教会はふたたび王権によって接収された。しかし1608年、ジェームズ1世は附属の法曹院に対して礼拝堂としてその教会を使用する権利を与えた。

51　ふたりの論争についてはそれぞれの論文が残っている。トラヴァースが枢密院への嘆願（A Supplication made to the Privy Councel）を書いたのち、フッカーがその反論（「トラヴァースの嘆願への回答」Answer to the Supplication）を書いている。なお、西原廉太は両者の説教に関する評価の違いは、一方のフッカーのキケロ的修辞学、他方のトラヴァースのラムス的修辞学の差異に深い関わりがあるとみている（西原、1995、第3章）。

52　シャーリーは、半世紀以上経って刊行された特に第7巻および第8巻がどこまでフッカーの素稿に忠実だったのかは検討の余地があるとし、とりわけ第7巻はその内容が最初の5巻と齟齬があるとして5点にわたって具体的な文章を引いてその問題点を指摘している（Shirley, 1949: 41, 53-7）。

　　その第7巻はウスター司教だったジョン・ゴーデン（John Gauden: 1605-62）が編集して1662年に刊行したものだが、ダウデンはフッカーの素稿を元にかれの友人たちが一定の修正を施した可能性があるとしている（Dowden, 1900: 76-7）。

53　各巻の詳しい内容については、妹尾（2014）参照。

54　1480年代後半、イタリアに留学したリナカーがガレノスの医学書を英訳したことについては、第5章第2節の「イタリア人文主義の移植」の項でふれた。

55 ジョン・ロックはその『統治二論』(*Two Treatises of Government*, 1689 ——『統治論』あるいは『市民政府論』とも訳される)のなかで 15 箇所にわたって、「明敏な」とか「賢明な」といった形容詞までつけてフッカーの名前を挙げている。もちろん、好意的な文脈においてである。そのうち、『諸法』からの引用は 12 箇所に及ぶ。1 箇所だけ、その第 3 巻から引かれているが、残りはすべて第 1 巻からのものである。

　ここで「17 世紀の新たな視界」というのは、狭くはこのフッカーのロックへの大きな影響を念頭に浮かべてのことである。両者は等値できないが、ロックがフッカーを尊敬すべき重要な先駆者とみていたことが明らかである。

　もうひとり、フッカーとリチャード・バクスターの間にも微妙な通奏和音を聞き取ることができるように思われる。この点については、第 8 章第 2 節でふれるが、同章の注 34 も参照。

56 フッカー自身は社会契約という言い方をあまり多用しておらず、実定法について「人々が自らに課し、他者と契約する」(『諸法』第 1 巻第 10 章 1 節) といった文章があるだけである (Hooker, 1593 [1907, vol. 1: 193])。

57 この匿名の著者が誰であるかについては、『勧告』の著者ウィルコックスやカートライトの名前が取り沙汰されてきたが、ブーティによれば、「あるイングランドのピューリタン」とはアンドリュー・ウィレット (Andrew Willet: 1561-1621) のことであるという。かれは神学的にはカルヴァン主義者だが、イングランド教会に反旗を翻すことはなかった。またかれはカトリシズムのみならず、反カルヴァン主義や当時ケンブリッジ大学で台頭しつつあったアルミニウス主義にも強い敵意を抱いていた (Booty, 1982, Introduction: 19-25)。

58 したがって、フッカーのいう人間自然 (人間性) は自由意志、利己主義、共同体の希求、そして幸福追求という 4 つの要素から成り立っている。

59 私掠船 (privateer) とは戦時期、敵国の艦船を攻撃し、その船や積み荷を掠奪することを国王によって認められた個人所有の船あるいは小船団のことをさした。大航海時代以降、海軍力の不足によって生じた現象である。

60 ブレホン法はアイルランドの古代慣習法の総称であり、8 世紀半ばに集大成された。ここでの文脈に関わることでいえば、遺産相続については、嫡出子や庶子かに関係なく、男子均等相続が原則。土地の広さは兄弟均等だったが、長男、次男、三男という順番で相続したい場所を選ぶことができた。子がいない場合、父の近親者血族に遺産が継承された。ちなみに、ブレホンとは法律家階級の呼称である ('Early Irish Law', WP)。

61 エリザベス 1 世最後の 5 年間 (1598-1603 年) とジェームズ 1 世最初の 5 年間 (1603-8 年) の歳出を比べてみると、著しい違いがみられるのはアイルランド出兵およびオランダ派兵関係の経費である。「海軍および (兵士・水兵等の) 食糧調達」(41 万 7000 ポ

ンド→19万3000ポンド)、弾薬等を含むアイルランド戦費(60万115ポンド→9万1069ポンド)、アイルランドへの兵員輸送等(6万9500ポンド→2800ポンド)、アイルランド軍食費(29万ポンド→6万5000ポンド)といった費目である(Dietz, 1964: 111-2)。

62　エリザベス1世が亡くなったとき、王室帳簿には35万5886ポンドの資金と債権(1601年の議会で課税が決まったものの未回収分を含む)が残されていた。しかし、1610年時点での計算によれば、エリザベスの債務総額は42万2749ポンド(そのときまでの返済分28万9249ポンドを含む)だった。しかし古い負債の回収は容易ではなかった(Dietz, 1964: 113-4)。

63　すでにプロテスタントとの多くの教義論争をレヴューするなかでカトリシズムの主要な教義のいくつかについてはふれた。三位一体説、7つの秘跡、ミサ、聖体拝受説、煉獄の存在、原罪と人為的贖宥などがその一部である。しかし宗教教義としてのカトリシズムの間口は広く、奥行きは深い。なお、本章第5節で、「自然の階段」(scala naturae)や徴利禁止の教義についても取り上げる。

64　イングランド教会がローマ教会から継承した教会制度とその管理運営方法は、文中に記した教皇制の3要素に比べれば、相対的にその比重が軽い。

65　スミスはケンブリッジ大学のクイーンズ・カレッジを卒業後、1530年にフェローとなり、自然哲学とギリシャ語を講じた。42年にフランスとイタリアに留学、パドア大学で法学博士の学位を取得。43年にケンブリッジ大学の初代市民法欽定講座の教授となった。

66　ハリソンはエセックス教区牧師などを務めた聖職者。1560年にオックスフォード大学クライスト・チャーチに入り、メアリー1世時代にいったんカトリックに改宗後、58年までにプロテスタントとなる。この『イングランド記』はラファエル・ホリンズヘッド(Raphael Holinshed: 1529-80)の『年代記』の一環をなす('William Harrison', WP)。

67　ウィルソンはケンブリッジ大学卒業後、バーリー男爵セシルによって1594年にトリニティ・ホールのフェローに推薦されたが、不首尾。その後、イタリア、ドイツなどに滞在、セシル親子の諜報員として活躍した。1606年、ロバート・セシルの推挙でホワイトホール記録官(keeper of the records)、1618年には騎士に叙任。『イングランドの情勢』はロバート・セシルに献呈された('Thomas Wilson', WP)。

68　'List of Peers 1590-99' (WP)の名簿によれば、1600年時点での侯爵、伯爵、子爵の数はウィルソンの記述と一致するが、男爵の数は44になっている。

69　しかし、もうすこし違った見方もある。1558年から1642年までについて、ヨークシャーのジェントリー家族数は延べ963あった。そのうち所領を拡大したのは308、所領の全部または一部の売却あるいは負債による没収397。残り258が変化なしということになる。このように、上昇したジェントリーもあれば、下降あるいは没落し

たジェントリーもいた。そういう意味では、ジェントリーのなかでも二極化が進んだといってよい。上昇を支えた要因には「地代の改良と所領経営の多角化、鉱山業はじめ諸産業分野への進出、(中略)官職保有とパトロニジによる地位と各種特権の獲得など」があり、他方没落の要因になったのは「所領経営の不合理性であり、過剰な消費であり、課税や社会的出費の負担」などであった（若原、1988: 503, 508-9）。

70　この「自然の階段」という秩序観はプラトン、アリストテレス、プロティノス、プロクロスなどに淵源する思想であるが、中世カトリシズムと融合したのち、近世の新プラトン主義にも継承された（Lovejoy, 1964 [1933]）。

71　グラマー・スクールのうち、その名門校はパブリック・スクールと呼ばれるようになった。この言葉遣いも時代とともに変わったが、テューダー朝後期からスチュアート朝前期にかけてであれば、貴族やその他の富裕階級の子弟がオックスブリッジなどへの入学をめざして通った名門のグラマー・スクールを意味していた。文中でもふれているウィンチェスター、イートンなどがそれにあたる（詳しくは、Ogilvie, 1957: 1-10; 若原、1988: 546-7）。

　ちなみに、50年単位でみたパブリック・スクールの設立数は16世紀前半が30校、同後半が37校、17世紀前半が15校、同後半が1校、18世紀前半が10校、後半が5校、19世紀前半が35校、同後半52校がという統計がある（越智、1966: 358。越智が依拠したのはOgilvie [1957: 8-10]。そこには1956年現在の固有名詞一覧が掲載されている）。

72　ストーンによれば、「貴族や准男爵の子弟は通常のグラマー・スクールの生徒名簿にまったくといってよいほどその名前はみえない」（Stone, 1964: 45、訳10）。1630年代までは、貴族の場合、ほとんどの子弟は家庭教師によって教育されるか、グラマー・スクールでもウェストミンスターやイートンといった特定の名門校で教育を受けたためであった。

73　ジョン・オグランダー卿（Sir John Oglander: 1585-1655）はその著書『ある王権主義者の記録』（出版年不詳、1936年にF. Bamfordが編集刊行）のなかで、1630年代のイングランドの地方ジェントリーにふれて、もはや「単なる地方のジェントリー（a mere country gentry）が豊かになるとか、立派な家を普請するとかいったことは不可能になっている。かれは遺産を相続するだけでなく、廷臣や法律家、商人など何か別の仕事をもたなければならない」状態に陥っていると書いた（Oglander, 'The Grumbles of a "Mere Gentleman", in Stone, 1965b: 126）。

74　トーニー、トレヴァー・ローパー、ザゴリン、ヘクスター、ヒル、ストーンなどを巻き込んで展開された「ジェントリー論争」については、邦文でも多くの文献がある（越智、1966: 第2章第3節; 森、1978: 第5章、第7章; 今井、1984: 第1章補論; 若原、1988: 第2部第1章など）。しかし論争当事者による整理も見落とせない。その代表作のひとつがStone (1965b, Introduction [1972, chap. 2 収録])である。またイギリス革命

研究史の一齣としてこの論争にふれているのが Richardson (1977 [今井宏訳、第6章]、1998: chap. 7) である。

75 『ユートピア』の訳者である近代史家の沢田昭夫は、有名なくだり(「羊は非常におとなしく、また非常に小食だということになっておりますが、いまや [聞くところによると——沢田] 大食で乱暴になり始め、人間さえ食らい、畑、住居、都会を荒廃、破壊するほどです」)に脚注をつけてつぎのように解説している。すなわち「モアの叙述は修辞的目的のために誇張されている。囲い込みは区画整理、農業合理化のためにも行われ、牧羊のためとは限らなかったし、牧羊のための囲い込みは英国全土にわたったのではなく、人口の多い中部地方に限られていた。そこでも囲い込みが農民の同意、かれらの権利を尊重して行われた場合には問題を起こさなかった。(中略) ただし、中部地方で現実に起きた社会問題の厳しさはモアの批判を喚起するに足るものだった」(沢田昭夫訳『ユートピア』渡辺一夫責任編集『エラスムス、トマス・モア』1969年、367頁、訳注5) と。

76 ここで、このテューダー朝の第1次エンクロージャーの実態に関する研究史に立ち入ることはできないが、いまでも小松 (1961、第1部) が最も有益なもののひとつである。
本文中にあるエンクロージャーに関するゲイの試算 (2.76%) が仮に事実に近いものだとしても、トーニーが強調しているように、「被害者」となった農民たち、為政者や知識人なども含めて当代の人々がエンクロージャーをどのように受け止め、またいかなる政策対応が必要と考えたのかはおのずから別の問題である (Tawney, 1912: 264-5)。

77 この本の著者 (原書には Master Fitzerbert とある) は民事訴訟裁判所の判事であり、イングランドのコモン・ローの古典的体系書 (*La Novelle Natura Brevium*, 1634) など有力な法律書を著した兄のアンソニー・フィッツァバート卿 (Anthony Fitzherbert: 1470-1538) ではないかという推論がある (Skeat, 1882: Introduction: p. 9f.)。

78 このケンブリッジ令 (The Statute of Cambridge, 1388) には、労働可能な貧者と労働不能な貧者の区別、労働者の離職禁止と賃金の固定、浮浪の禁止と浮浪者の就労義務づけ、違反者に対する罰金などが書き込まれていた。
ブラント、ブラウン、トーニーによれば、このケンブリッジ令は「おそらく黒死病からエリザベス時代に至るまでの労働者に関する諸立法の中で最も重要なものである。それは労働不能な貧窮者と健常な浮浪者とを区別し、また『四季巡回裁判所』(quarter sessions) を設けて最高賃金を固定するなど、その後の浮浪者および救貧法制の基礎となったものである」(Bland, Brown and Tawney eds., 1914: 171, note 3) としている。なお、ケンブリッジ令の原文は *The Statutes of the Realm*, vol. 2: 56-9 参照。

79 この時代のロンドンにおける貧者に対する公的扶助 (pension) 制度については審らかにしない。
菅原秀二はロンドン市セント・マルティン教区の「救貧監視官会計簿」(Overseer's

Account) を用いて 17 世紀前半の公的扶助の実態について分析している。それによれば、収入の半分は救貧税から、残りは個人篤志家などからの寄付だった。他方、支出はもっぱら公的扶助にあてられ、その受給者は孤児や捨て子、あるいは貧困家庭の寡婦や幼児などだった。この公的扶助の受給者比率は世帯ベースで全体の 7%、しかしこの公的扶助は必要生活費の半分ほどを充足したにすぎなかった。この受給には審査が伴い、「労働可能な者」や教区徒弟に出すことができる孤児、さらに生活態度の悪い者には支給されなかった。救貧監視官になったのは教区の商工業者だったことなどが明らかにされている（菅原、1999: 234-54）。

しかし、17 世紀前半のロンドン市の公的扶助の支給実態は他の都市における公的扶助のケースと同一視することができない。

たとえば、ノリッジ市の場合、全人口に占める公的扶助受給者の割合は、1620-30 年代に 3% だったが、1651 年には 5% に上昇した。しかしその後はやや低下し、1700 年以降になって同水準に戻った。公的扶助の金額も 1640 年以前は週 9 ペンスだったが、1651 年には 10.6 ペンスに上がった。またヨーク市の場合、1632 年から 77 年までの 5 年毎の 10 時点データによれば、公的扶助受給者の全人口に占める比率は平均で 5.6%、最低は 1647 年の 4.0%、最高は 77 年の 6.8% だった。平均の週当たり支給金は 10 時点平均で 5.2 ペンスだった。また、そのヨーク市での救貧税の全世帯比の課税率および週当たり救貧税額は、同じ期間（1632 年から 77 年までの 5 年毎の 10 時点データ）の平均でみると、課税率が 26.8%、また週当たり救貧税額は 3.6 ペンスとなっている。趨勢的な変化をみると、ヨーク市では、公的扶助の受給者率もまたその金額も、さらに救貧税の課税世帯率も 17 世紀後半になって高まる傾向にあった。

この趨勢はエクセター（1563, 1691 年）、ノリッジ（1578-9, 1633-4, 1679-80 年）、ソールズベリー（1606, 1635, c.1725 年）、ブリストル（1696 年）という 4 都市に関する全人口比の公的扶助受給者率と週当たり支給額の時系列データを並べてみると、より長期的な趨勢として確認することができる。その意味で、この 4 市の長期趨勢は全体として「社会福祉の成長」を物語るものといってよいだろう（Slack, 1988: 173-82）。

80　このベーコンの問題提起は「耕作地維持法」（Act for the Maintenance of Husbandry and Tillage: 39 Eliz., c. 2 [エリザベス 1 世治世 39 年第 2 会期]── *The Statutes of the Realm*, vol. 4, part 2: 893-6）に結実した。

この法律によって、現国王エリザベス 1 世が登位した 1558 年 11 月 17 日以降、その時点を問わず、牧羊地あるいは牧牛地に転用された穀物農地（tillage）であっても、その後 12 年間穀物栽培可能な用地とされてきた（いる）場合、土壌などの性格や酪農地としての期間を踏まえつつ、来る 1599 年 5 月 1 日までに穀物農地に再転換することなどが定められた。そしてその対象地域として、ノーサンプトン、レスター、ウォーリック、バッキンガム、ベドフォード、オックスフォード、バークシャー、ワイト島、

グロスター、ウスター、ノッテンガム、ハンプシャー、ウィルトシャー、ドーセット、ダービー、ラトランド、リンカン、ヘリフォード、ケンブリッジ、ハンティントン、ヨーク、サウス・ウェールズのペンブローク、ダラム司教区などを特定し、法律に違反した場合には毎年1エーカー当たり12シリングの罰金を課すとした。その前提にあったのは、「富めるときも貧しきときも、平和なときも戦争のときも、わが国の穀物農地こそ社会存立の礎である」という考え方だった。

　ちなみに、1601年議会の下院では、この耕作地維持法の存廃が議論され、ローリー卿などが廃止を唱え、逆にベーコンやトマス・セシルは法律の存続を主張した。そのうち、ローリー卿の廃止論が興味深い――、すなわち、いまではすべての国で穀物は豊富に手に入る。そのなかでもオランダは穀物を栽培していない。しかし、かれらはモノづくり (industry) で他の国に役立っている。「最良の方法は交易を自由にすること、すべて人の自由に委ねることだ。それこそ、真のイングランド人の望みである」として自由貿易論を展開していたからである (Bland, Brown and Tawney eds.,1914: 268-70, 174-5)。

　ともあれ、1597年議会で、一方ではエンクロージャーの動きを止めようとする法律が制定され、他方で救貧法が定められたという事実の関係が見落とせない。じっさい、ベーコンやロバート・セシルが主張したように、両者（第1次エンクロージャーと旧救貧法制定）との間には密接な結びつきがあったからである (Tawney, 1912: 266-80)。

81　違いといえば、たとえば、物乞いを不良分子とみなす定義の拡大（「食べ物の物乞いも含む」と修正）、親の子どもに対する養育義務という場合、「親」を「健常な祖父母」にまで拡張すること、1教区当たり4人だった救貧監視官の数を教区の大小によって2人から4人とすること、働くことを拒否した者は矯正就労院に収容するとしていたものを、管区の同院がない場合には、刑務所 (gaol) を含むとすること、女子徒弟の上限年齢は21歳だったが、それ以前に結婚すれば、その時点でこの規定を不適用とすることなどのほか、新たに救貧監視官を任命しなかった治安判事に対する罰則（5ポンドの罰金）規定などが付加された (Leonard, 1900: 134-5)。

82　ストーンは、大陸ヨーロッパ諸国に比べたイングランド福祉国家形成の先進性とともに、貧者への課税がヨーロッパ諸国よりも格段に軽かったことについてふれている (Stone, 1972 [1986: 76-7]、訳114)。

83　ラテン語では usura のほか、foenus (fenus or faenus) という言い方もあった。しかし後者の用語法も変化し、16世紀には両者は区別せず使われるようになった。旧約聖書が厳しく批判していたのは狭義の徴利であるが、広義には地代や正当な利息も含めて徴利という人やケースもあった。詳しくは、Kerridge (2002: 25-30) 参照。

84　Tawney (1925)、Nelson (1949)、Noonan (1957)、Langholm (1992)、De Roover (1974)、

Jones (1989)、Munro (2011) など。

85　デ・ローヴァーの基本的見解といえば、商業革命が中世ヨーロッパの 12-3 世紀に起きたこと、20 世紀の資本主義的制度や企業経営の手法の多くが中世およびルネサンス直系の末裔であること、多くの古典派経済学の理論的枠組みが中世スコラ哲学の所見にその起源をもっていること (たとえば効用理論、貨幣供給説、機会コスト、流動性選好など) が挙げられる。かれは中世と近代の連続性を強調した人物である (Kirshner, 1974)。

86　ピエール・ド・ジャン・オリーヴィについては大黒 (2006) が詳しい。また大黒は、オリーヴィの『売買・利子・返還論』や『自由討論集』を大阪市立大学文学部紀要『人文研究』(第 42 巻第 4 分冊 [1990 年]、第 45 巻第 10 分冊 [1993 年]、第 47 巻第 8 分冊 [1995 年]) に抄訳している。

87　1605 年に出版された匿名著者による『徴利論』(*A Treatise of Usury*, 1605) は、合法的な徴利と非合法的な徴利を対照的に明らかにしようとした作品であるが、内容的にはカルヴァンの 7 条件論に近いものだった (Kerridge, 2002: document 35, 161-3)。

88　新約聖書のなかには徴利禁止に関する明示的教義はほとんどないようにみえる。徴利論に関連して引かれる『マタイ福音書』(第 7 章 12 節)、『ルカ福音書』(第 6 章 35 節) などの当該箇所には、それぞれ「すべて自分にしてもらいたいことは、あなた方もそのように人々にせよ」とか、「あなた方は敵を愛し、人によくし、何も当てにせずに貸しなさい (Mutuum date, nihil inde sperantes)。さすれば褒美は多かろう」といった一般的箴言が示唆されているだけであり、徴利禁止については明言していないようにみえる。カルヴァンも、この後者の「何も当てにせず」という箇所について、その「何」は元金を超える利子を意味するのではないと解釈している (Kerridge, 2002:33)。

著者紹介

稲上　毅（いながみ　たけし）

1944年東京都生まれ。東京大学名誉教授。博士（社会学）。単著に『労使関係の社会学』（東京大学出版会、1981年）、『現代英国労働事情』（東京大学出版会、1990年）、『現代英国経営事情』（日本労働研究機構［現労働政策研究・研修機構］、1997年）、『企業グループ経営と出向転籍慣行』（東京大学出版会、2003年）、『ポスト工業化と企業社会』（ミネルヴァ書房、2005年）、『ヴェブレンとその時代』（新曜社、2013年）など。共著に『ネオ・コーポラティズムの国際比較』（日本労働研究機構、1994年）、*The New Community Firm* (with D. Hugh Whittaker, Cambridge University Press, 2005)、編著に『現代日本のコーポレート・ガバナンス』（東洋経済新報社、2000年）、『労働CSR』（NTT出版、2007年）のほか共訳、編著多数。

近世イギリスの誕生【上巻】

2024年9月20日　初版第1刷発行　　　　　　　　　　〔検印省略〕
　　　　　　　　　　　　　　　　　　　　　定価はカバーに表示してあります。

著者Ⓒ稲上毅／発行者　下田勝司　　　　　　　印刷・製本／中央精版印刷

東京都文京区向丘1-20-6　　郵便振替 00110-6-37828
〒113-0023　TEL (03)3818-5521　FAX (03)3818-5514　　発行所　㈱東信堂
　　　　　Published by TOSHINDO PUBLISHING CO., LTD.
　　　　　1-20-6, Mukougaoka, Bunkyo-ku, Tokyo, 113-0023, Japan
　　　　　E-mail: tk203444@fsinet.or.jp　http://www.toshindo-pub.com

ISBN978-4-7989-1928-7　C3030　Ⓒ INAGAMI, Takeshi

東信堂

近世イギリスの誕生〔上巻〕	稲上毅	九五〇〇円
近世イギリスの誕生〔下巻〕	稲上毅	七五〇〇円
市場都市イギリス・ヨークの近現代——市場再編と貧困地域	武田尚子	六九〇〇円
安藤昌益——社会学者から見た昌益論	橋本和孝	二五〇〇円
地域社会研究と社会学者群像——社会学としての闘争論の伝統	橋本和孝	五九〇〇円
コミュニティ思想と社会理論	橋本和孝・吉原直樹編著	二七〇〇円
有賀喜左衛門——社会関係における日本的性格	速水聖子・熊谷苑子	二三〇〇円
自然村再考	高橋明善	六四〇〇円
再帰的=反省社会学の地平	矢澤修次郎編著	二八〇〇円
社会的自我論の現代的展開	船津衛	二四〇〇円
ハーバーマスの社会理論体系	永井彰	二八〇〇円
シカゴ学派社会学の可能性——社会的世界論の視点と方法	宝月誠	六八〇〇円
ヴェーバー後、百年——社会理論の航跡 ウィーン、東京、ニューヨーク、コンスタンツ	森元孝	五八〇〇円
未来社会学 序説	森元孝	二〇〇〇円
理論社会学——社会構築のための媒体と論理	森元孝	二四〇〇円
貨幣の社会学——経済社会学への招待	中島道男	一八〇〇円
清水幾太郎の闘い	中島道男	二八〇〇円
エミール・デュルケム（シリーズ世界の社会学・日本の社会学）	中島道男	一八〇〇円
丸山眞男——課題としての「近代」	中島道男	二四〇〇円
ハンナ・アレント——共通世界と他者	中島道男	二四〇〇円

※定価：表示価格（本体）＋税

〒113-0023 東京都文京区向丘1-20-6 TEL 03-3818-5521 FAX03-3818-5514
Email tk203444@fsinet.or.jp URL:http://www.toshindo-pub.com/